Expertise comptable

LMD

DCG 4
Droit fiscal

MANUEL + APPLICATIONS + CORRIGÉS

Sous la direction d'Alain Burlaud

Cédric Devaux, *enseigne le droit fiscal et la comptabilité à l'IAE de Poitiers. Ancien élève de l'École nationale des impôts.*

Lila Maata-Devaux, *enseigne le droit fiscal à l'IAE de Poitiers. Elle est co-responsable du Master 2 Gestion Fiscale de l'IAE de Poitiers et avocate fiscaliste (Paris). Ancienne élève de l'École nationale des impôts.*

Jean-Luc Mondon, *enseigne le droit fiscal à l'IAE de Poitiers, responsable du Master 2 de gestion fiscale et avocat fiscaliste. Ancien élève de l'École nationale des impôts.*

Jean-Yves Jomard, *praticien de la fiscalité, enseigne le droit fiscal à l'IAE de Poitiers. Ancien élève de l'École nationale des impôts.*

ISBN 978-2-216-16970-2

Préface

Le monde de la comptabilité, du contrôle de gestion, de l'audit, de la finance et du droit des affaires bouge. L'enseignement de ces disciplines aussi, s'ajustant en permanence aux évolutions politiques (la normalisation comptable), économiques, juridiques, éthiques et technologiques (la révolution numérique) qui transforment l'exercice du métier : apparition de normes mondiales pour la formation initiale des professionnels de la comptabilité (*International Federation of Accountants*), de normes européennes (*Common Content Project*), réorganisation des études universitaires en trois niveaux (licence, master, doctorat ou LMD) dans la plupart des pays.

Les réformes des études supérieures comptables

Les études comptables supérieures comportent aujourd'hui trois diplômes :

- le diplôme de comptabilité et de gestion, DCG (bac + 3, grade licence) ;
- le diplôme supérieur de comptabilité et de gestion, DSCG (bac + 5, grade master) ;
- le diplôme d'expertise comptable, DEC, diplôme final qui ne peut être présenté qu'après le stage professionnel réglementé de trois ans, soit 8 ans après le bac.

Le cursus a connu les évolutions récentes suivantes : après une refonte complète en 2007, l'ouverture à la « validation des acquis de l'expérience » (VAE) du DCG et du DSCG (2010), puis du DEC (2018), l'obtention du grade licence pour le DCG et du grade master pour le DSCG (ce qui signifie qu'ils ouvrent les mêmes droits qu'une licence ou un master), les programmes ont fait l'objet d'une nouvelle révision en 2019.

Ce cursus conserve l'esprit d'ouverture qui a fait son succès depuis plus d'un demi-siècle : des unités d'enseignement (UE) indépendantes et capitalisables, la compensation des notes (avec, toutefois, des notes éliminatoires), des entrées possibles à différents niveaux avec des dispenses d'épreuves, des sorties à chaque niveau avec des débouchés professionnels clairement identifiés, des diplômes reconnus et appréciés, délivrés par l'État. Depuis 2006, la « mesure » de chaque UE en unités *European Credit Transfer System* (ECTS) facilite la portabilité des acquis dans les différents établissements d'enseignement supérieur, y compris à l'étranger.

Le cursus intègre pleinement le dispositif de validation des acquis de l'expérience. Enfin, la réforme de 2019 introduit dans les programmes la notion de « compétences », en lien avec les connaissances, pour les rendre plus lisibles et plus attractifs, tant pour les étudiants que pour leurs futurs employeurs. En effet, le monde du travail raisonne en termes de compétences acquises.

Pour correspondre à ce nouveau référentiel, la collection « Expertise comptable » des Éditions Foucher a été entièrement remaniée en 2019.

La réécriture des ouvrages s'inscrit dans une démarche de qualité, de recherche d'excellence qui se construit pas à pas, souvent grâce au dialogue que nous entretenons avec nos lecteurs et les professeurs des différentes disciplines concernées.

Qu'apporte la collection « Expertise comptable » des Éditions Foucher ?

Depuis plus de quarante ans, les Éditions Foucher publient des ouvrages de référence préparant aux examens comptables de l'État, également très appréciés par les étudiants des universités, grandes écoles, IUT, classes post-baccalauréat des lycées et, aussi, largement utilisés dans le cadre de la formation continue.

Aujourd'hui, la collection « Expertise comptable » répond totalement aux ambitions d'un cursus reconnu et recherché, aux nombreux débouchés professionnels.

Chaque ouvrage est un outil multimédia utilisant au mieux l'ergonomie de plusieurs supports. Le livre offre le meilleur confort de lecture, des possibilités d'utilisation nomade, la facilité d'appropriation et de mémorisation des contenus en annotant et en surlignant.

Le numérique apporte aussi la possibilité de mises à jour instantanées et d'applications dynamiques comme l'utilisation du tableur.

Le contenu des ouvrages, fruit du travail des meilleurs auteurs et spécialistes des différentes disciplines, est mis en valeur par une présentation particulièrement soignée.

Outre les manuels et les applications et cas, mis à jour régulièrement, la collection, qui couvre l'ensemble des unités d'enseignement du DCG et du DSCG, offre une série, « Tout le DCG » et « Tout le DSCG », comprenant des mémos et des batteries d'exercices corrigés pour faciliter vos révisions.

Enfin et surtout, les ouvrages de la collection « Expertise comptable » ont pour ambition de donner un sens à la connaissance ; ils privilégient le raisonnement sur la description, la déduction sur l'énumération. Ils développent une pratique raisonnée des différentes disciplines qui, conformément à l'esprit du LMD, conduit à la réussite académique et professionnelle.

Quelles perspectives universitaires et professionnelles ?

Le cursus comptable supérieur est marqué par une triple ouverture.

- Ouverture sur **l'université** : les ECTS associés à chaque épreuve du DCG ou du DSCG et le grade licence pour le DCG ou master pour le DSCG permettent des passerelles dans l'ensemble des universités de l'Espace européen de l'enseignement supérieur qui regroupe 48 pays.
- Ouverture sur les **métiers** : les nouveaux diplômes comptables de l'État ayant le grade licence ou master, correspondent à des repères précis et appréciés des employeurs pour tous les métiers de la comptabilité : comptabilité financière, contrôle de gestion, audit, finance. Tous offrent de très beaux débouchés. De plus, la validation des acquis de l'expérience (VAE) rapproche encore plus étroitement profession et formation.
- Ouverture sur le **monde** : les professions comptables sont celles qui sont le plus ouvertes sur le monde, qu'elles soient exercées en entreprise, dans l'économie sociale et solidaire, dans le secteur public ou en cabinet.

Quel projet personnel ?

Que faut-il de plus pour réussir dans cette voie ? Simplement un peu d'ambition, les moyens de ses ambitions et de bons outils. Cet ouvrage de la collection « Expertise comptable » est un excellent outil au service de votre ambition.

Alain BURLAUD

Professeur émérite du Conservatoire national des arts et métiers

Avant-propos

Cet ouvrage vise à présenter au lecteur les règles qui gouvernent les impôts, taxes et autres contributions composant le système fiscal français, pour le familiariser avec elles et le préparer à les mettre en œuvre. Même s'il garde le constant souci, dans le chapitre introductif mais aussi au fil des pages, de donner à comprendre, d'expliquer l'origine et la signification des dispositions qu'il présente, il ne porte pas sur la théorie de l'impôt mais bien sur la technique fiscale, dans ce qu'elle a de précis et de rigoureux.

Il s'adresse principalement à un public désireux d'en acquérir les **fondements**, et plus particulièrement aux apprenants engagés dans le parcours conduisant à l'Expertise comptable (UE 4 – Droit fiscal), étant entendu toutefois que des professionnels, en quête d'un point ou d'une mise à jour sur telle ou telle question, pourront utilement le consulter. Il se veut complet en ce sens qu'il ne fait l'impasse sur aucun impôt ; il ne s'agit cependant ni d'un traité ni *a fortiori* d'une encyclopédie, mais bien d'un **manuel** : loin de prétendre à l'exhaustivité, il vise à rassembler **l'essentiel** d'une matière mouvante, en s'appliquant à en faciliter l'étude à l'aide d'exemples et applications ; à charge pour le lecteur de se reporter, pour des compléments d'informations, aux documentations par ailleurs disponibles.

Il regroupe trois catégories de développements :

- le corps de chaque chapitre présente, d'une façon qui se veut synthétique, les principales dispositions en rapport avec l'impôt considéré, avec des exemples de leur mise en œuvre ;
- des « éclairages » viennent périodiquement illustrer l'exposé, et permettre au lecteur de prendre un peu de recul, de saisir la raison d'être de tel régime ou de telle prescription ;
- enfin, puisque l'apprentissage d'une technique inclut nécessairement son application, il est proposé, en fin de chapitre, des entraînements, des applications, de difficulté inégale, allant du simple exercice au mini dossier, tel qu'en traitent les professionnels.

À chaque lecteur évidemment de doser ses efforts, en fonction de ses objectifs, du temps dont il dispose et de sa curiosité ... En tout état de cause, le débutant devra aller pas à pas, et prendre bien soin de focaliser son attention sur les principes, les règles de base avant de s'attarder aux exceptions et aux cas particuliers.

Daniel Gouadain

Professeur à l'Université de Poitiers

Expert comptable diplômé

Programme

DROIT FISCAL (UE 4)

Niveau L : 150 heures – 14 ECTS

Inscrite dans l'axe du droit des affaires, l'unité d'enseignement de droit fiscal privilégie le raisonnement juridique en fiscalité.

1. INTRODUCTION GÉNÉRALE AU DROIT FISCAL (5 heures)

Sens et portée de l'étude **Le pouvoir de prélever l'impôt est inscrit dans la Constitution. En pratique, les impôts sont nombreux et contribuent de manière variable à alimenter les recettes budgétaires de l'État ou des collectivités territoriales. Cette diversité des prélèvements a donné naissance à différentes tentatives de classifications des impôts et taxes. Si la loi constitue la source essentielle du droit fiscal, il est nécessaire de prendre en considération d'autres sources : le droit de l'Union européenne, les conventions fiscales internationales...**

COMPÉTENCES	SAVOIRS ASSOCIÉS	MANUEL
▪ Repérer et distinguer le droit fiscal parmi les différentes branches du droit. ▪ Caractériser les principales sources du droit fiscal. ▪ Identifier les principaux prélèvements obligatoires. ▪ Mettre en évidence le rôle de l'administration fiscale et le rôle du juge fiscal. ▪ Identifier les règles fiscales applicables à une situation donnée et repérer leurs évolutions. ▪ Rechercher, identifier et appliquer les nouvelles dispositions fiscales.	▪ Identification des caractéristiques du droit fiscal. ▪ Sources du droit fiscal. ▪ Classifications des impôts et taxes. ▪ Organisation et rôle de l'administration fiscale. ▪ Rôle du juge fiscal. ▪ Fiabilité des sources d'information fiscale. ▪ Nécessité et mise en œuvre d'une veille fiscale.	Introduction

2. IMPÔT SUR LE REVENU DES PERSONNES PHYSIQUES (20 heures)

Sens et portée de l'étude **L'impôt sur le revenu (IR), même s'il ne constitue pas le principal impôt dans le système fiscal français, revêt une grande importance à la fois sur le plan social, sur le plan symbolique et sur le plan économique.**

COMPÉTENCES	SAVOIRS ASSOCIÉS	MANUEL
▪ Schématiser l'organisation générale de l'impôt sur le revenu.	▪ Les principes généraux de l'impôt sur le revenu : revenus catégoriels, progressivité de l'impôt, calcul par foyer fiscal, charges déductibles, etc.	Chapitres 1 et 2

2.1 Champ d'application

Sens et portée de l'étude Il s'agit d'un revenu familial, la cellule fiscale de base étant le foyer fiscal, déterminé annuellement.

COMPÉTENCES	SAVOIRS ASSOCIÉS	MANUEL
▪ Qualifier les personnes imposables. ▪ Déterminer la composition du foyer fiscal.	▪ Personnes imposables et non imposables. ▪ Territorialité de l'impôt. ▪ Composition du foyer fiscal.	Chapitre 3

2.2 Détermination du revenu global imposable

Sens et portée de l'étude Le revenu imposable qui sert de base au calcul de l'impôt est un revenu global, somme d'une série de revenus catégoriels de source française comme de source étrangère.

COMPÉTENCES	SAVOIRS ASSOCIÉS	MANUEL
▪ Identifier les caractéristiques du revenu global. ▪ Qualifier et classer un revenu selon sa catégorie fiscale. ▪ Calculer et justifier le montant du revenu imposable selon sa catégorie.	▪ Modalités de détermination et caractéristiques du revenu global. ▪ Qualification professionnelle ou non professionnelle des bénéfices et des déficits. ▪ Traitements et salaires, rémunération des dirigeants. ▪ Bénéfices industriels et commerciaux, plus-values professionnelles. ▪ Bénéfices non commerciaux. ▪ Bénéfices agricoles. ▪ Revenus fonciers. ▪ Revenus des capitaux mobiliers. ▪ Plus-values des particuliers.	Chapitres 2 et 13

2.3 Calcul, déclaration et paiement de l'impôt

Sens et portée de l'étude Le passage du revenu imposable à l'impôt conduit à tenir compte des charges de famille du contribuable, afin d'atténuer la progressivité du barème de l'impôt, mais aussi de mesures d'incitation fiscale qui prennent la forme de réductions ou de crédits d'impôt.

COMPÉTENCES	SAVOIRS ASSOCIÉS	MANUEL
▪ Déterminer et justifier l'impôt sur le revenu d'un foyer fiscal. ▪ Déterminer les réductions et crédits d'impôt. ▪ Expliquer les modalités de déclaration et de paiement de l'impôt.	▪ Règles générales de déclaration. ▪ Charges déductibles du revenu global. ▪ Calcul de l'impôt avec prise en compte des réductions et crédits d'impôts. ▪ Modalités de paiement de l'impôt sur le revenu.	Chapitre 3

3. PRÉLÈVEMENTS SOCIAUX (5 heures)

Sens et portée de l'étude **Les prélèvements sociaux concernent la plupart des revenus du particulier. Leur calcul est abordé conjointement avec les revenus concernés.**

COMPÉTENCES	SAVOIRS ASSOCIÉS	MANUEL
▪ Déterminer et justifier le calcul des prélèvements sociaux, déductibles et non déductibles, à partir d'une documentation fiscale. ▪ Expliquer les modalités de déclaration et de paiement. ▪ Expliquer et calculer le montant déductible et les modalités de déduction.	▪ Principes généraux. ▪ CSG / CRDS et autres prélèvements sociaux. ▪ Revenus d'activité et de remplacement. ▪ Revenus du patrimoine. ▪ Produits de placement.	Chapitre 4

4. IMPOSITION DU RÉSULTAT DE L'ENTREPRISE (60 heures)

Sens et portée de l'étude **Le Code général des impôts définit les règles de détermination du résultat des entreprises individuelles. Pour les sociétés, le droit fiscal opère essentiellement par renvoi aux règles des entreprises individuelles en ajustant ces dispositions pour tenir compte de l'exercice de l'activité dans un cadre sociétaire.**

COMPÉTENCES	SAVOIRS ASSOCIÉS	MANUEL
▪ Distinguer les entreprises relevant de l'IS de celles relevant de l'IR. ▪ Décrire et justifier le passage du résultat comptable au résultat fiscal.	▪ Principes généraux d'imposition des entreprises.	Chapitre 5

4.1 Imposition des résultats dans le cadre de l'entreprise individuelle soumise aux BIC

Sens et portée de l'étude L'imposition du résultat de l'entreprise individuelle n'est pas dissociable de l'imposition de l'exploitant dans le cadre de l'impôt sur le revenu. L'étude des bénéfices industriels et commerciaux (BIC), domaine dont les règles sont transposables pour la détermination du résultat d'un certain nombre de sociétés, est essentielle.
Pour la détermination du résultat, le législateur s'est efforcé de limiter ou de simplifier les obligations fiscales qui pèsent sur les entreprises les plus petites en taille. À côté de régimes normaux d'imposition coexistent ainsi des régimes plus ou moins simplifiés en fonction de la taille des entreprises.

COMPÉTENCES	SAVOIRS ASSOCIÉS	MANUEL
▪ Identifier et expliquer les différences entre le résultat comptable et le résultat fiscal. ▪ Caractériser le traitement fiscal des différentes opérations comptables et opérer les retraitements nécessaires. ▪ Qualifier les plus ou moins-values professionnelles et identifier les différents traitements fiscaux applicables. ▪ Déterminer le résultat fiscal, ses modalités d'imposition ou la gestion du déficit. ▪ Proposer des conseils et recommandations en matière fiscale pour les entreprises individuelles relevant des BIC.	▪ Champ d'application des bénéfices industriels et commerciaux. ▪ Principes généraux de détermination du résultat fiscal. ▪ Produits imposables et non imposables. ▪ Charges déductibles et non déductibles. ▪ Plus-values et moins-values professionnelles. ▪ Détermination du résultat fiscal. ▪ Modalités de déclaration du résultat fiscal. ▪ Traitement des déficits. ▪ Régimes d'imposition des entreprises : micro et réel (normal et simplifié). ▪ Centres de gestion agréés et experts-comptables conventionnés.	Chapitres 6, 7, 8, 9, 10 et 11, 12 et 13

4.2 Imposition des résultats dans le cadre des sociétés de personnes non soumises à l'IS

Sens et portée de l'étude Les sociétés de personnes déterminent et déclarent un résultat fiscal. En revanche l'impôt correspondant est acquitté individuellement par les associés. Il s'agit du régime dit de la « translucidité fiscale ».

COMPÉTENCES	SAVOIRS ASSOCIÉS	MANUEL
▪ Schématiser, dans une situation donnée, le mécanisme d'imposition des sociétés de personnes non soumises à l'impôt sur les sociétés. ▪ Déterminer et justifier la quote-part du résultat fiscal imposable ou déductible au niveau de chaque associé. ▪ Proposer des conseils et recommandations en matière fiscale pour les sociétés relevant ne relevant pas de l'impôt sur les sociétés.	▪ Champ d'application et modalités d'imposition. ▪ Détermination du résultat fiscal au niveau de la société. ▪ Détermination de la quote-part du résultat fiscal et de la plus ou moins-value professionnelle imposable au niveau de chaque associé.	Chapitre 14

4.3 Imposition des résultats dans le cadre des sociétés soumises à l'impôt sur les sociétés

Sens et portée de l'étude Les sociétés soumises à l'impôt sur les sociétés (IS) sont des entités qui disposent de la pleine capacité fiscale. Il s'agit de sociétés ou de groupements qui déterminent un résultat, le déclarent et acquittent l'impôt correspondant. Les règles applicables empruntent en grande partie aux règles fiscales en vigueur dans l'entreprise individuelle mais avec un certain nombre de spécificités (tant au niveau des règles de détermination de la base imposable qu'au niveau du calcul de l'impôt).

COMPÉTENCES	SAVOIRS ASSOCIÉS	MANUEL
▪ Identifier et expliquer les différences entre le résultat comptable et le résultat fiscal. ▪ Analyser et expliquer le traitement fiscal des différentes opérations comptables et déterminer le retraitement nécessaire. ▪ Qualifier les plus ou moins-values professionnelles, déterminer et justifier les différents traitements fiscaux applicables. ▪ Déterminer et justifier le résultat fiscal, ses modalités d'imposition ou la gestion du déficit. ▪ Proposer des conseils et recommandations en matière fiscale pour les sociétés relevant de l'impôt sur les sociétés.	▪ Champ d'application et territorialité de l'impôt sur les sociétés. ▪ Étude des règles spécifiques de détermination du résultat fiscal applicables aux sociétés soumises à l'impôt sur les sociétés dans le cadre des comptes individuels. ▪ Plus ou moins-values professionnelles des sociétés relevant de l'impôt sur les sociétés. ▪ Détermination et déclaration du résultat fiscal. ▪ Liquidation et paiement de l'impôt sur les sociétés et des contributions additionnelles. ▪ Traitement des déficits.	Chapitres 1 16, 17 et 18

4.4 Réductions, exonérations et crédits d'impôts

Sens et portée de l'étude Le législateur utilise fréquemment le droit fiscal comme outil incitatif en direction des entreprises, pour favoriser la création d'entreprises, développer l'investissement ou la recherche. À côté de mesures conjoncturelles ou temporaires, certains dispositifs se sont pérennisés.

COMPÉTENCES	SAVOIRS ASSOCIÉS	MANUEL
▪ Identifier l'intérêt pour l'État d'accorder des réductions, exonérations et crédits d'impôts. ▪ Déterminer et calculer les différentes dispositions de faveur à partir d'une documentation fiscale.	▪ Exonérations d'impôts. ▪ Réductions et crédits d'impôts accordés aux entreprises.	Chapitres 1 et 17

5. TAXE SUR LA VALEUR AJOUTÉE (35 heures)

Sens et portée de l'étude **Principale recette fiscale du budget de l'État, la taxe sur la valeur ajoutée constitue le premier impôt sur la dépense. Son étude prend une importance particulière du fait de son caractère général et de son application dans l'ensemble des États de l'Union Européenne. En principe, fiscalement « neutre » pour l'entreprise, sa détermination, sa déclaration et son paiement n'en constituent pas moins une charge administrative pour l'entreprise.**

COMPÉTENCES	SAVOIRS ASSOCIÉS	MANUEL
▪ Qualifier les opérations et justifier les règles applicables en matière de taxe sur la valeur ajoutée. ▪ Déterminer et mettre en œuvre, dans une situation donnée, les mécanismes d'exigibilité, de déduction et de régularisation de la taxe sur la valeur ajoutée. ▪ Déterminer le montant de la taxe sur la valeur ajoutée due ou du crédit de taxe sur la valeur ajoutée. ▪ Justifier l'intérêt de prendre des options en matière de taxe sur la valeur ajoutée.	▪ Champ d'application. ▪ Territorialité de la taxe sur la valeur ajoutée. ▪ Taxe sur la valeur ajoutée exigible : fait générateur, exigibilité, base et taux. ▪ Taxe sur la valeur ajoutée déductible : conditions générales de déduction, coefficients de déduction, secteurs distincts d'activité. ▪ Régularisations de la taxe sur la valeur ajoutée déductible. ▪ Régimes particuliers de taxe sur la valeur ajoutée : opérations immobilières ; biens d'occasion ; locations immobilières ; auto liquidation. ▪ Régimes d'imposition réel normal et réel simplifié, et franchise en base. ▪ Liquidation et déclaration de la taxe sur la valeur ajoutée. ▪ Paiement, remboursement ou report du crédit de taxe sur la valeur ajoutée.	Chapitres 19, 20, 21, 22, 23 et 24

6. TAXES ASSISES SUR LES SALAIRES (5 heures)

Sens et portée de l'étude **Les salaires versés par les entreprises servent d'assiette à différents prélèvements. Ces impositions constituent une charge importante pour les entreprises.**

COMPÉTENCES	SAVOIRS ASSOCIÉS	MANUEL
▪ Expliquer le champ d'application de ces taxes. ▪ Déterminer et justifier l'assiette. ▪ Expliquer les principes de calcul en s'appuyant sur une documentation.	▪ Champ d'application, détermination de l'assiette, calcul de l'impôt dans le cadre des situations les plus courantes pour l'entreprise : - taxe sur les salaires ; - taxe d'apprentissage ; - participation des employeurs au financement de la formation professionnelle continue ; - participation des employeurs au financement de la construction.	Chapitre 28

7. IMPOSITION DU PATRIMOINE (15 heures)

Sens et portée de l'étude **Dans le système fiscal français, c'est la détention ou la transmission d'un patrimoine qui peut faire l'objet d'une imposition.**

COMPÉTENCES	SAVOIRS ASSOCIÉS	MANUEL
▪ Identifier et expliquer les règles générales de l'imposition du patrimoine.	▪ Principes généraux.	Chapitre 25

7.1 Impôts locaux

Sens et portée de l'étude Au fil du temps, la fiscalité locale a pris une importance croissante et se révèle sensible aux yeux des contribuables. Si la contribution économique territoriale relève du domaine de la fiscalité des entreprises et la taxe d'habitation, à l'inverse, de la fiscalité des ménages, la taxe foncière, elle, est susceptible de peser sur les deux catégories de contribuables. Si les règles d'assujettissement sont déterminées par le législateur, en revanche les taux d'imposition voire certains dispositifs d'exonération sont de la compétence des collectivités locales.

COMPÉTENCES	SAVOIRS ASSOCIÉS	MANUEL
▪ Identifier et expliquer le champ d'application, les modalités de calcul et de déclaration de la taxe foncière, de la taxe d'habitation et de la contribution économique territoriale. ▪ Déterminer et justifier le mécanisme de plafonnement de la contribution économique territoriale. ▪ Expliquer les modalités de paiement de ces impôts.	▪ Taxe d'habitation. ▪ Taxe foncière. ▪ Contribution économique territoriale : cotisation foncière des entreprises et cotisation sur la valeur ajoutée des entreprises.	Chapitre 27

7.2 Droits d'enregistrement

Sens et portée de l'étude Ancrés depuis fort longtemps dans le droit fiscal, les droits d'enregistrement frappent les mutations qui portent sur des éléments du patrimoine. Ils concernent aussi bien l'entreprise que le particulier.

COMPÉTENCES	SAVOIRS ASSOCIÉS	MANUEL
▪ Distinguer et qualifier les notions d'apport à titre onéreux et d'apport à titre pur et simple. ▪ Déterminer et expliquer la base d'imposition. ▪ Déterminer et justifier le montant des droits d'enregistrement. ▪ Expliquer pour les immeubles, si la cession est soumise aux droits d'enregistrement ou à la taxe sur la valeur ajoutée.	▪ Généralités sur les droits d'enregistrement. ▪ Droits de mutation à titre onéreux sur les cessions d'immeubles, de fonds de commerce et de droits sociaux. ▪ Droits d'enregistrement lors de la constitution de sociétés ou d'une augmentation de capital.	Chapitre 26

7.3 L'imposition de la fortune

Sens et portée de l'étude L'impôt portant sur la fortune taxe le patrimoine détenu par les personnes physiques dès que sa valeur excède un certain seuil. Même si son rendement budgétaire est peu important, il exige du contribuable un inventaire détaillé de son patrimoine.

COMPÉTENCES	SAVOIRS ASSOCIÉS	MANUEL
▪ Expliquer la composition de l'assiette de l'impôt sur la fortune. ▪ Déterminer et justifier l'assiette. ▪ Déterminer le montant dû (le barème est donné dans le sujet). ▪ Qualifier et expliquer les particularités liées aux exonérations des biens professionnels. ▪ Expliquer les modalités de calcul, de déclaration et de paiement.	▪ Personnes imposables. ▪ Assiette de l'impôt sur la fortune : biens imposables, biens exonérés (totalement ou partiellement) et passif déductible. ▪ Particularité des biens professionnels. ▪ Calcul de l'impôt sur la fortune en tenant compte des réductions et du plafonnement. ▪ Modalités de déclaration et de paiement.	Chapitre 25

8. NOTIONS DE CONTRÔLE FISCAL (5 heures)

Sens et portée de l'étude **L'administration fiscale est dotée, par la loi fiscale, du pouvoir de contrôler l'application qui est faite de la réglementation et de sanctionner, le cas échéant, les erreurs ou les irrégularités constatées. Le contrôle fiscal peut revêtir plusieurs formes, la vérification de comptabilité étant la vérification la plus approfondie à laquelle une entreprise puisse être confrontée.**

COMPÉTENCES	SAVOIRS ASSOCIÉS	MANUEL
▪ Expliquer les principes généraux du contrôle fiscal. ▪ Déterminer les délais de prescription et les garanties du contribuable. ▪ Déterminer les sanctions des principales infractions aux obligations fiscales. ▪ Identifier la juridiction compétente en cas de contentieux.	▪ Différentes formes de contrôle fiscal. ▪ Délais de contrôle et de prescription. ▪ Garanties du contribuable. ▪ Conséquences de la vérification de comptabilité. ▪ Sanctions fiscales et pénales applicables. ▪ Compétence des tribunaux en matière de contrôle fiscal.	Chapitre 29

Sommaire

Corrigés téléchargeables sur www.editions-foucher.fr et foucherconnect.fr

Introduction

À quoi sert l'impôt ?
Cette question banale appelle des réponses multiples.

COMPÉTENCES REQUISES SUR L'INTRODUCTION

- **Repérer et distinguer le droit fiscal parmi les différentes branches du droit.**
- **Caractériser les principales sources du droit fiscal.**
- **Identifier les principaux prélèvements obligatoires.**
- **Mettre en évidence le rôle de l'administration fiscale et le rôle du juge fiscal.**
- **Identifier les règles fiscales applicables à une situation donnée et repérer leurs évolutions.**
- **Rechercher, identifier et appliquer les nouvelles dispositions fiscales.**

La fonction financière

Si la fonction première de l'impôt demeure la couverture des charges publiques, le niveau atteint par celles-ci en change radicalement les conditions d'exercice. Par suite des choix de société faits principalement depuis 1945, et en particulier de l'abondance des services mis gracieusement à la disposition des citoyens, des prélèvements obligatoires permettant de drainer des pourcentages considérables du revenu national ont succédé à une « fiscalité modeste ». Pour faire face à cette mutation, les systèmes contributifs ont dû être profondément remaniés : leur assiette a été élargie de façon à atteindre l'ensemble des formes de richesses y compris les plus nouvelles ; des prélèvements « synthétiques », portant sur la totalité des consommations, sur l'ensemble du revenu ou du patrimoine d'un contribuable, ont pris le relais des « impôts analytiques » assis sur tel ou tel élément de ceux-ci. En France, ces changements ont été tardifs, et donc relativement brutaux, puisque ce n'est qu'à partir de 1914 que se sont progressivement mis en place les instruments appelés à fournir le gros des ressources publiques actuelles : impôt sur le revenu des ménages et des sociétés, taxe sur le chiffre d'affaires (TVA), cotisations sociales... ; le temps d'adaptation étant compté, la « montée en complexité », au demeurant indéniable, y a peut-être été plus durement ressentie qu'ailleurs.

Elle a été d'autant plus sensible, que l'évolution, loin d'être linéaire, ne s'est pas faite sans rencontrer de résistances, sans susciter des allers-retours, sans entraîner un enchaînement d'actions et de réactions : les contribuables (ou certaines catégories d'entre eux) s'efforçant d'obtenir de la Représentation nationale, particulièrement à l'occasion de changements de majorités politiques, des amendements favorables à leurs intérêts, tout en explorant les possibilités de se dérober à l'extension ou à l'alourdissement du prélèvement, le législateur a été conduit, d'une part à aménager continuellement l'existant, d'autre part à préciser ses prévisions pour ne pas laisser subsister de zones d'ombre propices aux échappatoires. D'où la multiplication des dispositions concernant les principaux impôts en même temps que l'apparition et le développement, jusque dans les dernières décennies, de branches entières de la fiscalité : fiscalité des plus-values mobilières et immobilières des particuliers, contribution sociale généralisée (CSG), impôt de solidarité sur la fortune (ISF), fiscalité des groupes de sociétés (intégration fiscale des groupes)...

La fonction socio-économique

Deux missions socio-économiques confiées à la fiscalité au XXe siècle (surtout après 1945) retentissent fortement sur sa structure. La première concerne son rôle en tant qu'outil d'égalisation des conditions, c'est-à-dire de redistribution des revenus (impôts sur le revenu, y compris impôt de solidarité sur la fortune, devenu l'impôt sur la fortune immobilière) et accessoirement des patrimoines (impôt sur les successions). Elle a impliqué la mise en place d'impôts à la fois synthétiques et progressifs, dont l'assiette et la liquidation nécessitent des opérations de collecte et de traitement d'informations autrement plus « lourdes » que celles préalables au recouvrement d'impôts analytiques et proportionnels. D'autant que cette fonction redistributrice est à réaliser en recherchant de délicats points d'équilibre.

Véhicule privilégié de l'interventionnisme, la fiscalité est mise en effet simultanément au service d'une multitude d'objectifs économiques et sociaux. Son action peut être structurelle, et il s'agit alors de favoriser des comportements ou activités jugés utiles : d'aider les familles, d'encourager telle catégorie d'épargne, d'inciter à tel type d'investissement... Elle peut être aussi conjoncturelle et viser à augmenter ou diminuer la demande (par exemple en allégeant ou alourdissant l'imposition des revenus) aussi bien que l'offre (par exemple en jouant sur les charges et les possibilités de déduction des entreprises). Compte tenu du grand nombre de situations envisageables, la conséquence est évidemment une inflation des dispositions législatives et réglementaires.

Celle-ci est d'autant plus marquée que les objectifs économiques et sociaux sont à concilier avec les préoccupations tenant au rendement (et à la redistribution). Dans leurs tentatives d'arbitrage entre des buts largement antinomiques, d'« efficacité économique et financière » d'un côté, de « justice sociale » de l'autre, les Pouvoirs publics n'ont « techniquement » d'autre issue que d'affiner leurs analyses, de multiplier les cas de figure, de prévoir limites, butoirs, exceptions, dérogations, dispositions ou régimes de faveur... D'où une multiplication des « dépenses fiscales », dans une sorte de « fuite en avant » dont l'impôt sur le revenu offre l'exemple et qu'illustrent bien les avatars du système du « quotient familial » : initialement, chaque enfant à charge était compté pour une demi-part ; puis, pour aider les familles les plus nombreuses, à partir du troisième, une part entière a été attribuée ; enfin, pour limiter l'avantage offert aux contribuables les plus aisés, tout en allégeant le coût budgétaire du système, a été institué un « plafonnement » des effets du quotient familial...

La fonction politique

Sous leurs apparences parfois techniques, les décisions relatives à l'impôt se révèlent bien sûr fondamentalement politiques : du poids de celui-ci dépend le partage entre économie publique et économie privée, de sa structure et de ses caractéristiques, la répartition de la charge entre les différentes catégories de la population. Des dépenses globalement modérées, un recours préférentiel à la fiscalité indirecte, des prélèvements directs faiblement personnalisés, proportionnels ou modérément progressifs, assis sur des « signes extérieurs » plutôt qu'à partir de « déclarations contrôlées », sont considérés comme les signes d'un système faisant la part belle aux couches favorisées. Le XIXe siècle finissant, avec ses impôts « analytiques », ses « droits indirects » et contributions directes « indiciaires » en fournissait l'archétype ; de quoi mesurer, par opposition, le chemin parcouru...

On comprend la place qu'occupent les prélèvements obligatoires dans le débat public des sociétés démocratiques, qui ont inscrit le principe du consentement à l'impôt au fronton de leurs institutions, les controverses que suscitent leur importance et leurs modalités. Tout programme partisan inclut un volet les concernant, toute majorité se soucie de les faire évoluer pour ménager les intérêts de ses mandants (et notamment leurs revenus disponibles...), mais aussi pour manifester symboliquement le changement dont elle entend se faire le héraut. L'alternance politique aidant, chaque loi de finances apporte son lot de mesures nouvelles, au détriment de la simplicité du système, parfois de sa cohérence d'ensemble, et le contribuable n'échappe pas toujours à une désagréable impression d'instabilité fiscale...

*

Les trois fonctions de l'impôt se combinent ainsi et se renforcent mutuellement pour accroître une complexité qui finit par s'alimenter elle-même : de nouvelles dispositions doivent être introduites pour combattre les effets pervers, au regard de tel objectif du prélèvement, de mesures prises dans un tout autre but... Et elle se déploie d'autant plus facilement qu'elle ne rencontre sur sa route aucun obstacle insurmontable, mieux que grâce pour une bonne part à l'outil informatique, elle s'avère « gérable » dans des conditions finalement tolérables.

Bilan de la campagne de déclaration 2022 sur les revenus 2021

D'après la DGFIP, près de 34,5 millions de foyers fiscaux (88,6 %) avaient déclaré leurs revenus 2021 en ligne ou de manière automatique.

Le nombre de déclarants en ligne a continué de progresser de 2,7 % en 2022, avec 23,9 millions de déclarants (+ 620 000) et 29 millions de déclarations en ligne. Cette même année, encore 10,8 millions de foyers ont déclaré leurs revenus de manière automatique, sans aucune démarche de leur part, après simple vérification de leurs données fiscales.

Impôts directs et impôts indirects

Quelles sont les différences entre impôts directs et impôts indirects ? Fiche thématique sur le site service-public.fr

Le foyer fiscal

Définition du foyer fiscal sur le site de l'INSEE

La constitution du 4 octobre 1958

Le texte intégral de la Constitution de la Ve République sur le site du Conseil constitutionnel

La direction générale des Finances publiques (DGFiP)

Une présentation des principaux services de la DGFiP sur le site du ministère de l'Économie, des Finances et de la Souveraineté industrielle et numérique

Notions fondamentales

Définition et caractéristiques de l'impôt

1 Définition

Il n'existe pas de définition légale de l'impôt : nous retiendrons par conséquent celle donnée par le doyen Gaston Jèze.

L'impôt peut être défini comme *une prestation pécuniaire, requise des personnes physiques ou des personnes morales de droit privé, voire de droit public, d'après leurs facultés contributives, par voie d'autorité, à titre définitif et sans contrepartie déterminée, en vue de la couverture des charges publiques et/ou à des fins d'intervention de la puissance publique*[1].

2 Les éléments constitutifs de l'impôt

La prestation d'impôt, qui suppose l'existence d'une **matière imposable**, incombe à la **personne imposable**, à la suite d'un événement ou en raison d'une situation qui constitue le **fait générateur**.

Ces trois éléments : matière imposable, personne imposable, fait générateur sont de nature qualitative ; ils définissent le domaine ou champ d'application de l'impôt.

Les éléments quantitatifs sont la **base de l'impôt** (ou base d'imposition), le **tarif** et le **montant** de l'impôt.

La base d'imposition est le résultat obtenu par le dénombrement, la mesure ou l'évaluation des constituants de la matière imposable. En appliquant à cette base le tarif, dont le degré de complexité varie suivant l'impôt considéré, on obtient le montant du prélèvement fiscal. Ce troisième élément procède donc des deux premiers. Mais il peut aussi être affecté par l'application de règles complémentaires, notamment par des déductions. Celles-ci s'appliquent, le plus souvent, à la base d'imposition, mais peuvent aussi affecter directement le montant de l'impôt.

a. Notion de prélèvement

La politique fiscale et, plus généralement, la politique financière (et monétaire) de l'État ne peuvent plus, de nos jours, être conçues et mises en œuvre sans que soit pris en considération l'ensemble des prélèvements obligatoires autres que les impôts.

À l'intérieur de cet ensemble, tandis que la parafiscalité ne revêt qu'une importance secondaire, ce sont essentiellement des cotisations de Sécurité sociale (et de leurs prolongements) qu'il s'agit, non seulement en raison de leur poids financier, mais aussi parce que, dans certains pays, la Sécurité sociale est ou peut être fiscalisée, en tout ou en partie.

Le taux des prélèvements obligatoires en 2020 en % du PIB

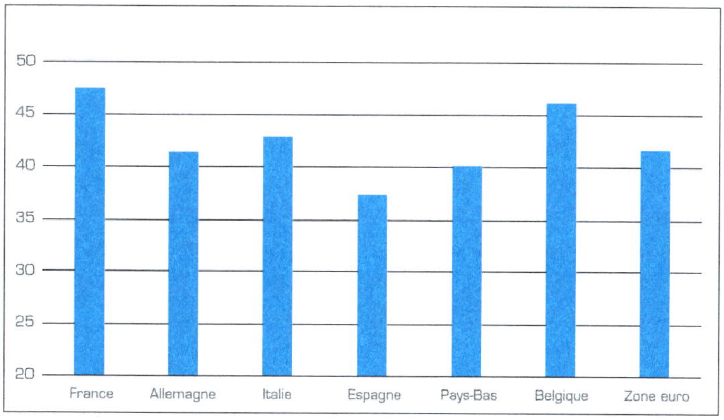

Source : Eurostat ; FIPECO

1 Voir Gaston Jèze, *Cours de finances publiques. 1936-1937*, Paris, LGDJ, 1937, p. 38.

b. L'impôt est obligatoire

Créé et établi par l'autorité publique, l'impôt est un prélèvement obligatoire, perçu par voie d'autorité.

Le caractère obligatoire de l'impôt est exprimé par sa dénomination. Mais cela ne signifie pas, du moins en général, qu'il soit fait usage de la contrainte pour le recouvrement de l'impôt. En effet, du point de vue juridique, le contribuable ne subit des mesures de contrainte que s'il n'exécute pas ses obligations convenablement et dans les délais impartis.

Le caractère autoritaire de l'impôt l'oppose aux autres formes de couverture des dépenses publiques et notamment à l'emprunt qui est, en principe, volontaire. Lorsque celui-ci ne l'est pas, la seule différence avec l'impôt est que ce dernier est définitif, alors que l'emprunt est remboursable.

Cette notion d'obligation créée par voie d'autorité, qui est l'un des caractères de l'impôt, doit être nuancée. Imposé, en effet, à chaque contribuable, le prélèvement fiscal doit, du point de vue collectif, dans les États démocratiques, être consenti. La nécessité du consentement populaire se traduit par le fait qu'en règle générale, l'impôt ne peut être créé et recouvré qu'en vertu d'une loi votée par le Parlement. Les dénominations de contribution ou de cotisation suggèrent l'existence de ce consentement collectif, sinon individuel.

c. L'impôt ne comporte pas de contrepartie et n'est pas affecté

Lorsqu'on avance que l'impôt est une prestation requise sans contrepartie, on entend par là, non pas que la personne physique ou morale ne reçoit rien de la collectivité qui l'a assujettie, mais qu'il n'y a pas de corrélation préalablement définie entre la prestation du contribuable et la valeur des services ou avantages que lui offre la collectivité publique. C'est pourquoi il est utile de préciser qu'il s'agit d'un versement sans contrepartie, ou sans contre-prestation, spéciale et déterminée.

À cet égard, l'impôt doit être distingué de la taxe, au sens strict, et de la rémunération pour services rendus.

Dans le droit financier classique, on entend par taxe ou taxe administrative, un prélèvement établi en contrepartie d'un service mis à la disposition du redevable. Il est vrai qu'aujourd'hui le mot « taxe » sert à désigner, par abus de langage, sous l'influence de l'anglais, de véritables impôts et non des moindres, tels que la taxe sur la valeur ajoutée.

La taxe, au sens strict, se rapproche cependant de l'impôt : outre que, comme l'impôt, elle ne peut, tout au moins en droit français, être instituée que par une loi, elle est due, même si le service mis à la disposition du redevable n'est pas en fait utilisé par lui. Enfin, si la taxe correspond à une prestation déterminée, il n'existe pas, en revanche, de proportionnalité entre le montant de la taxe et le service rendu. Ainsi les droits d'inscription dans une université sont-ils analogues à une taxe, puisqu'à l'évidence il n'y a pas d'équivalence entre ce qui est perçu et la prestation d'enseignement.

La rémunération pour services rendus, ainsi dénommée en France par l'ordonnance du 2 janvier 1959 et désignée souvent, même dans les textes officiels, sous le nom de redevance, n'est due, par définition, que si le service est effectivement rendu. Plus éloignée de l'impôt que la taxe au sens classique, la rémunération pour services rendus suppose une équivalence entre son montant et la valeur du service rendu. En France, elle peut être établie par décret en Conseil d'État. *Exemples* : redevance « télévision », péages d'autoroutes...

Les classifications des impôts et des taxes

La classification économique

La distinction entre les impôts sur le revenu, les impôts sur le capital, les impôts sur la dépense prend comme critère la **ressource économique** atteinte par l'impôt.

La distinction entre l'impôt sur le revenu qui atteint la richesse en formation, l'impôt sur le capital qui concerne la richesse acquise et l'impôt sur la dépense qui se perçoit sur la richesse consommée est apparemment claire. Il peut cependant être difficile de distinguer le revenu du capital lorsqu'on adopte une notion large du revenu ; de la même façon, le revenu tend à se confondre avec la dépense lorsque ces deux notions servent de base à l'application d'impôts généraux et progressifs.

Le critère économique, fondement de la distinction entre impôt sur le revenu, sur le capital et sur la dépense, permet d'opérer de nouvelles subdivisions à l'intérieur de chacune de ces classes d'impôts.

Ainsi, il est possible de répartir les impôts en distinguant ceux qui portent sur une matière imposable conçue comme un ensemble économique indivisible et ceux dont la matière imposable est constituée seulement par un élément de cet ensemble ; on retrouve ici la distinction entre **impôt synthétique** et **impôt analytique**.

L'adjectif « réelle » a ici un sens différent de celui qu'il revêt dans l'expression « impôt réel ». Par revenu ou chiffre d'affaires réel, on entend le revenu ou le chiffre d'affaires effectivement réalisé, tel qu'il ressort, généralement, de la comptabilité.

1 L'imposition du revenu

En matière d'impôts sur le revenu, le critère envisagé conduit à distinguer entre les impôts cédulaires (c'est-à-dire portant sur une catégorie de revenus) et l'impôt unitaire sur le revenu global.

2 L'imposition de la dépense

Dans la classe des impôts sur la dépense, le critère retenu permet de distinguer entre les contributions indirectes ou accises qui portent sur des produits entre lesquels sont opérées des discriminations, et les taxes sur le chiffre d'affaires qui visent à atteindre la dépense en général.

3 L'imposition du capital

Pour les impôts sur le capital, il fait apparaître une division entre les impôts perçus périodiquement sur la détention ou la transmission d'un patrimoine, c'est-à-dire d'un ensemble de biens (impôt sur la fortune et impôt sur les successions), et les impôts qui affectent tel élément du capital, généralement à l'occasion d'une mutation (droits sur les mutations à titre onéreux et taxation des gains en capital) ou en raison de sa détention (impôts fonciers).

La classification impôts directs/impôts indirects

L'opposition entre impôt direct et impôt indirect n'est pas sans intérêt pratique, ne serait-ce que parce qu'elle a été longtemps à la base de l'organisation des services fiscaux.

Les impôts directs sont les impôts établis annuellement, souvent d'après une base forfaitaire, sur la propriété ou la profession, et les impôts sur le revenu, tandis qu'on range dans les impôts indirects les droits de consommation et de circulation, les taxes sur le chiffre d'affaires, notamment la TVA, les droits de douane et les droits d'enregistrement.

Mais cette division n'a guère de valeur scientifique. Ni la notion d'incidence, ni la théorie du fait générateur, ni même le critère juridique du rôle [2] ne peuvent rendre compte de cette distinction.

---

[2] Défini comme le document administratif utilisé pour le recouvrement des impôts directs et portant le nom des contribuables et le montant de leur imposition.

C Les autres classifications

1 Impôts réels/impôts personnels

La distinction entre impôts réels et impôts personnels est traditionnelle : on la retrouve notamment dans notre ancien droit (taille réelle et taille personnelle). Elle n'en prête pas moins à contestation, car tout impôt est à la fois personnel et réel, puisqu'il atteint nécessairement des biens à travers une personne. Mais la distinction repose sur l'importance relative donnée, suivant l'impôt considéré, à l'élément personnel et à l'élément réel.

Par impôt réel, on entend aujourd'hui celui qui vise à atteindre un élément économique sans considération de la situation personnelle de son détenteur.

L'exemple le plus caractéristique est la contribution foncière qui est établie d'après les données du cadastre. Mais le droit de consommation sur l'alcool, le droit d'enregistrement sur les ventes d'immeubles qui, sauf exceptions, sont imposées sans égard à la qualité des parties intéressées, sont aussi des impôts réels. Il en était de même, en principe, dans le premier impôt sur le revenu (mis en place en 1914-1917), des impôts cédulaires sur le revenu[3], par opposition à l'impôt progressif qui s'y superposait[4].

L'impôt personnel atteint en principe l'ensemble de la capacité contributive de l'assujetti, appréciée en termes de revenu ou de capital, en tenant compte de sa situation et de ses charges de famille. L'expression d'impôt personnel est d'ailleurs en partie inexacte, précisément dans la mesure où l'on prend en considération la famille du contribuable. En effet, lorsqu'il s'agit de l'impôt global sur le revenu, l'imposition est en principe établie, dans un certain nombre de pays et notamment en France, par foyer, en faisant masse des revenus du ménage et des enfants mineurs.

Il reste que l'impôt tient compte de la situation personnelle et familiale par un abattement à la base et par un aménagement de la progressivité obtenue par divers procédés (dont le système français du quotient familial).

2 Impôt de répartition et impôt de quotité

Impôt de répartition : l'impôt étant destiné à couvrir les charges publiques, il peut être opportun de fixer à l'avance son montant global et de le répartir ensuite entre les contribuables. Cette technique, qui subsistait encore au XIXe siècle, a été, presque partout, abandonnée au profit du système de la quotité.

Impôt de quotité : dans ce système, c'est le taux de l'impôt qui est fixé à l'avance et non le produit de celui-ci (qui est cependant évalué approximativement dans les prévisions budgétaires). Ce produit est fonction à la fois du taux et de la quantité de matière imposable.

Le montant recouvré varie donc en raison directe des bases d'imposition, ce qui peut être avantageux (cas d'une économie en expansion). Autrement dit, l'impôt de quotité est sensible à la conjoncture ; de plus, on peut, dans le système de la quotité, aménager sans difficulté la progressivité, qui est de règle dans les impôts modernes sur le revenu et sur la fortune. Pour les impôts sur la dépense, le système de la quotité est le seul concevable.

3 Taux spécifiques ou *ad valorem*

Le taux de l'impôt est spécifique lorsqu'il est exprimé en unités monétaires par unité de quantité de la base d'imposition (poids, volume, surface, etc.). Les taux spécifiques se rencontrent en matière d'impôts indirects (taxes uniques sur les vins, sur l'alcool en France), et parfois en matière de droits de douane.

---

3 Qui portaient sur différentes catégories de revenus (les cédules : revenus fonciers, revenus mobiliers...).

4 Et frappait l'ensemble des revenus d'un contribuable.

Il existe aussi une variété particulière d'impôts spécifiques : ce sont les droits fixes. L'impôt ne dépend plus alors de la quantité de matière imposable. Il suffit pour déterminer son montant de constater l'existence de celle-ci et la réalisation du fait générateur. Tel est le cas des divers droits d'enregistrement, de certains droits de timbre, de l'impôt de capitation [5] (non gradué).

Le taux est *ad valorem* lorsqu'il est exprimé en pourcentage de la base d'imposition évaluée en unités monétaires.

4 Impôt progressif et impôt proportionnel

Un impôt est proportionnel ou progressif suivant que son taux est constant, croît ou décroît par rapport à la variable de référence, qui peut être la base d'imposition ou la ressource économique (revenu ou capital).

Lorsqu'on parle d'impôt proportionnel ou progressif, il faut, en principe, préciser l'élément par rapport auquel se manifeste cette proportionnalité ou cette progressivité. En effet, un impôt progressif sur le loyer (base de l'impôt) n'est pas nécessairement progressif quant au revenu (ressource économique atteinte par l'impôt). Un impôt proportionnel sur le chiffre d'affaires peut être régressif par rapport au revenu du contribuable effectif. Mais, le plus souvent, les expressions d'impôt proportionnel ou d'impôt progressif, employées sans autre précision, sous-entendent par rapport à la base d'imposition.

L'impôt est proportionnel lorsque son montant est exprimé par une fonction linéaire de la base d'imposition. Le taux est alors constant et s'énonce, dans le cas d'un impôt *ad valorem*, par un pourcentage fixe de la base d'imposition. Tel est le cas par exemple des impôts sur le chiffre d'affaires, de l'impôt sur les sociétés, de l'impôt sur les mutations immobilières à titre onéreux (en général). Dans ces différents cas, l'impôt représente une fraction constante du chiffre d'affaires, du revenu ou de la valeur en capital.

L'impôt progressif croît plus vite que la base d'imposition, tout au moins jusqu'à une certaine valeur de celle-ci. Il ne peut guère s'appliquer qu'au revenu ou au capital pris comme base d'imposition. Un impôt sur le chiffre d'affaires est en principe proportionnel. La progressivité est pratiquée généralement par « tranche » (impôt sur le revenu, IFI, droits de succession, etc.).

Éléments de technique fiscale

Le champ d'application

1 Les personnes imposables

Pour caractériser le champ d'application d'un impôt, il faut préciser quelle est pour cet impôt la personne, physique ou morale, imposable, qualifiée de contribuable, de redevable ou d'assujetti.

La personne imposable est définie pour chaque impôt. Ainsi, c'est le propriétaire de l'immeuble qui est redevable de l'impôt foncier. Ce même impôt est dû par l'usufruitier – et non par le nu-propriétaire – en cas de démembrement de la propriété. La taxe d'habitation qui frappe la détention d'un logement meublé est due par l'occupant (qu'il soit propriétaire habitant son immeuble ou locataire). L'impôt sur le revenu est dû en principe par celui qui réalise le revenu imposable ; les taxes sur le chiffre d'affaires, par le vendeur ; l'impôt sur les successions, par les héritiers et légataires.

Un examen approfondi du concept de personne imposable ou, plus généralement, de personne soumise à l'obligation fiscale, montre qu'il comporte trois notions distinctes : celle de redevable légal ou contribuable de droit (notion juridique), celle de contribuable réel ou effectif ou de fait

[5] Impôt par tête (du latin *caput*, *-itis*, tête), c'est-à-dire prélevé sur chaque individu ; cet impôt, qui a pour l'essentiel disparu, était souvent forfaitaire (tant par individu), mais il pouvait aussi être gradué, notamment si les assujettis étaient répartis en différentes classes.

(notion économique), celle de collecteur d'impôt (notion technique). Ces trois qualités peuvent être ou non réunies dans la même personne.

En effet, si en matière de droits de consommation, le redevable légal est le producteur ou le commerçant, le contribuable effectif est, au moins dans une large mesure, le consommateur. Le phénomène de « translation » de l'impôt n'est d'ailleurs pas propre aux impôts sur la dépense. Il peut se manifester aussi pour les impôts sur les mutations et les impôts sur les revenus.

Certains impôts, notamment l'impôt sur le revenu, peuvent être perçus à la source. C'est désormais le cas pour la France depuis le 1er Janvier 2019.

L'employeur, chargé de recouvrer l'impôt à la source, n'est pas, en cette qualité, contribuable. Il est collecteur de l'impôt.

En matière d'imposition des revenus de valeurs mobilières, qui peut revêtir des formes diverses, le débiteur est le bénéficiaire du revenu. Mais c'est souvent la partie versante, par exemple la société ou la banque payant les dividendes, qui est tenue d'opérer, le cas échéant, le prélèvement à la source et d'en acquitter le montant au Trésor.

En matière d'impôt sur les revenus, la personne imposable peut dépendre des options offertes aux contribuables entre l'imposition collective et l'imposition individuelle. Ainsi, les sociétés de personnes dont les membres sont imposés distinctement à raison de leur part dans les revenus sociaux, peuvent opter pour le régime des sociétés de capitaux, lesquelles sont directement contribuables et font l'objet d'une imposition globale sur leurs profits réalisés. En matière d'impôt sur le revenu en France, le principe est l'imposition par foyer. Mais, sous certaines conditions, le chef de famille peut demander l'imposition distincte des revenus de sa femme et de ses enfants mineurs.

2 La matière imposable

On entend par matière imposable un élément, ou un ensemble d'éléments, ayant une valeur économique, à partir duquel est déterminée la base d'imposition, au cours des opérations dites d'assiette de l'impôt.

La matière imposable varie dans sa nature et sa consistance. En dépit de sa dénomination, elle n'est pas toujours une chose matérielle. Il peut s'agir, par exemple, de biens incorporels ou d'une notion économique comme le revenu.

3 L'évaluation de la matière imposable

La méthode de l'évaluation administrative, c'est-à-dire de l'évaluation opérée unilatéralement par l'administration, est aujourd'hui abandonnée en matière d'impôts directs. Le forfait agricole a été remplacé par un « micro-BA », après plus de 65 années d'application.

En ce qui concerne les impôts directs locaux (taxes foncières, taxe d'habitation, cotisation foncière des entreprises), c'est la notion de valeur locative qui est le critère le plus employé. L'évaluation de la valeur locative des biens fonciers et des biens assimilables est faite suivant des règles nettement précisées par la loi fiscale.

En ce qui concerne l'impôt sur le revenu et l'impôt sur les sociétés, l'évaluation administrative unilatérale, arrêtée sans procédure contradictoire, est employée seulement à titre de sanction, lorsque le contribuable, tenu de rédiger une déclaration, s'est abstenu de la produire ou a fourni des données inexactes (taxation d'office, rectification d'office). Tel est le cas aussi en matière de TVA, de douane ou d'enregistrement.

B Fait générateur et exigibilité

Si l'apparition du fait générateur fait naître la créance d'impôt, elle n'a pas en général pour effet de créer d'emblée une obligation de paiement à l'encontre de la personne imposable. Pour caractériser cette obligation, il faut faire appel à une notion auxiliaire : le fait qui rend l'impôt exigible ou exigibilité ; le fait générateur, élément du champ d'application de l'impôt, est en rapport avec l'assiette de celui-ci, tandis que l'exigibilité concerne le recouvrement.

Le fait générateur est soit un état (situation), soit, le plus souvent, un changement d'état (événement, acte).

Le calcul ou liquidation de l'impôt

L'opération appelée liquidation de l'impôt a pour objet de déterminer le montant de la dette fiscale par application, à la base d'imposition, d'un tarif qui comporte essentiellement un ou des taux et éventuellement des abattements et déductions, des réductions ou majorations. C'est l'opération qui suit l'assiette et précède le recouvrement (dans le procédé des droits au comptant, ces opérations peuvent être très proches l'une de l'autre dans le temps).

Le recouvrement de l'impôt

Le recouvrement est l'ensemble des procédures financières par lesquelles l'impôt passe du patrimoine du contribuable dans les caisses du Trésor public, procédures qui se déroulent dans le cadre d'une structure administrative déterminée.

De nos jours, l'impôt est partout assis et recouvré par les fonctionnaires publics. C'est le système de la régie institué par la Révolution et organisé sous le Consulat et l'Empire. Ainsi s'explique l'appellation de « régies financières » qui était donnée avant leur fusion aux administrations fiscales en France.

Le paiement de l'impôt peut être fait soit par le contribuable lui-même, soit par un tiers, suivant des règles fixées par la loi et qui comportent des garanties pour le Trésor.

S'il est fait par le contribuable lui-même, il peut être soit ordonné, soit spontané.

Le paiement est ordonné lorsque l'impôt est perçu par voie de rôle. Le contribuable reçoit alors un avis d'imposition qui est une notice l'invitant à payer l'impôt dans un certain délai.

Le paiement de l'impôt peut être aussi effectué par les « parties versantes ». C'est la méthode dite de la retenue à la source, qui est utilisée dans certains pays pour le recouvrement de l'impôt sur le revenu, et désormais par la France, tout au moins en ce qui concerne les salaires et pensions, les revenus des indépendants, les revenus fonciers et les revenus de valeurs mobilières. L'avantage du système est de simplifier le travail administratif, d'accélérer les rentrées de l'impôt et de diminuer l'importance des non-valeurs.

En ce qui concerne l'impôt sur les sociétés, les entreprises doivent faire périodiquement des versements spontanés (en France, tous les trimestres).

Les sources du droit fiscal

La Constitution

L'article 14 de la Déclaration des Droits de l'Homme et du Citoyen de 1789 le souligne avec force :

« Tous les citoyens ont le droit de constater par eux-mêmes ou par leurs représentants, la nécessité de la contribution publique, de la consentir librement, d'en suivre l'emploi et d'en déterminer la quotité, l'assiette, le recouvrement et la durée. »

L'article 34 de la constitution du 4 octobre 1958 précise que « la loi fixe les règles concernant : [...] l'assiette, le taux et les modalités de recouvrement des impositions de toutes natures [...] », en d'autres termes, il pose le principe de la légalité de l'impôt, dans le prolongement de l'article 14 de la Déclaration de 1789.

L'article 55 de la constitution donne aux traités régulièrement ratifiés, une valeur juridique supérieure à celle des lois, pourvu que les autres États parties au traité l'appliquent également.

Le deuxième niveau de la pyramide des normes juridiques sera ainsi formé par les traités internationaux intervenus en matière fiscale.

Les justiciables ont désormais la possibilité d'invoquer l'inconstitutionnalité d'une norme devant le juge, en posant une *question prioritaire de constitutionnalité* (QPC). Mais la procédure ne permet d'interroger le Conseil constitutionnel qu'en cas d'atteinte portée par une loi à des « droits et libertés que la constitution garantit ».

B La loi

Le Parlement doit intervenir pour toute création ou toute suppression d'impôt. Cette intervention peut prendre deux formes : celle d'une loi de finances ou celle d'une loi « ordinaire ».

L'impôt est en principe créé par une loi de finances.

L'ordonnance du 2 janvier 1959 portant loi organique relative aux lois de finances précise dans son article premier : « Les lois de finances déterminent la nature, le montant et l'affectation des ressources ». La loi organique sur les lois de finances du 1er août 2001, qui se substitue à l'ordonnance, reprend dans son article premier la même formule. De fait, les impôts sont souvent modifiés voire créés par une loi de finances. Mais les lois de finances étant soumises à un calendrier précis et contraignant, le droit fiscal a souvent sa source dans des lois ordinaires.

Ainsi, la loi de finances générale pour 2022 a été promulguée par le Président de la République le 31 décembre 2021 et publiée au Journal officiel du 31 décembre 2021.

C Les sources conventionnelles

Les conventions fiscales internationales sont des traités internationaux qui règlent les relations entre deux États pour ce qui concerne les impôts sur le revenu, les droits de succession, de donation. Les conventions ne traitent ni des taxes sur le chiffre d'affaires, ni des droits indirects qui relèvent de la seule compétence nationale.

Les conventions fiscales internationales ont pour principal objectif d'éviter qu'un même contribuable soit imposé plusieurs fois, au titre d'une même matière imposable, par différents États. Ces accords bilatéraux ont, nous l'avons vu, une valeur juridique supérieure aux règles nationales.

Ils organisent également la lutte contre la fraude et l'évasion fiscale, et prévoient des procédures d'échanges de renseignements entre administrations fiscales des États parties à la convention. Ils contiennent enfin des dispositions spéciales en matière de lutte contre les discriminations fiscales et mettent en place des procédures amiables entre États pour l'application et l'interprétation des conventions.

Le principe de subsidiarité des conventions fiscales a été énoncé par le Conseil d'État dans un arrêt du 28 juin 2002, société **Schneider Electric**. Selon cet arrêt, le juge national doit rechercher si une imposition est effectivement possible en droit interne avant de rechercher si une stipulation conventionnelle y fait obstacle.

D Les sources communautaires

C'est le traité de Rome du 25 mars 1957 instituant la Communauté économique européenne qui est à l'origine du droit communautaire. Signé à l'origine par l'Allemagne, la France, l'Italie, la Belgique, le Luxembourg et les Pays-Bas, il a institué le Marché commun.

Ce traité a été modifié à plusieurs reprises (traité de Maastricht en 1992, traité d'Amsterdam en 1997, traité de Nice en 2001, traité de Lisbonne en 2007...).

La Communauté européenne, qui compte aujourd'hui 27 pays depuis la sortie du Royaume-Uni, repose sur les fondements suivants :

- la libre circulation des marchandises, qui exige l'élimination d'une part des restrictions quantitatives, d'autre part des droits de douanes entre les États membres ;

- le fonctionnement et le développement d'un marché commun pour les produits agricoles ainsi que l'établissement d'une politique agricole commune ;
- la libre circulation des personnes, des services et des capitaux avec l'abolition des discriminations fondées sur la nationalité des travailleurs, et l'interdiction des restrictions à la liberté d'établissement des ressortissants des États membres.

Selon l'article 43 du traité de Rome, « les restrictions à la liberté d'établissement des ressortissants d'un État membre dans le territoire d'un autre État membre sont interdites ».

De plus, la Communauté européenne veille au respect du libre jeu de la concurrence ; à ce titre, elle interdit les accords entre entreprises ayant pour objet d'empêcher ou de restreindre celui-ci et surveille les régimes d'aide, notamment fiscales ; à ce titre, elle peut prescrire à un État membre, sous le contrôle éventuel du juge communautaire, de supprimer une aide qui lui serait contraire (article 88 du Traité).

Ainsi, dans un arrêt GEMO du 20 novembre 2003, la Cour de justice des Communautés européennes (CJCE) a considéré qu'une taxe finançant un service public gratuit pour seulement certaines entreprises participe d'un dispositif instaurant une aide d'État incompatible avec le droit communautaire.

Contrairement aux conventions fiscales internationales, le Traité de Rome ne se borne pas à impartir aux États membres un objectif d'élimination de la double imposition intracommunautaire. Il limite les compétences nationales en matière fiscale à un double point de vue :
- en premier lieu, il interdit aux États d'utiliser l'arme fiscale comme moyen de remplacer les barrières douanières abolies et d'aider les exportations.
- en second lieu, il donne aux organes communautaires le pouvoir de promouvoir l'harmonisation des législations fiscales de l'ensemble des États membres.

Pour ce faire, un ensemble de directives ont été adoptées.

Selon le traité en son article 249 : « la directive lie tout État membre destinataire quant au résultat à atteindre, tout en laissant aux instances nationales la compétence quant à la forme et aux moyens ».

Longtemps contestées par l'Administration et les tribunaux nationaux, les directives ont vu leur importance se développer avec l'évolution de la jurisprudence.

Les directives adoptées s'imposent donc aux États membres avec l'obligation de modifier les lois internes pour les mettre en conformité avec les dispositions communautaires.

En cas de retard dans leur application ou d'application imparfaite, tout contribuable peut saisir la Cour de Justice de l'Union européenne (CJCE). De nombreux arrêts ont eu des répercussions directes en droit fiscal interne français (voir arrêt GEMO précité).

La primauté du droit communautaire sur le droit interne est admise sans aucune restriction par le Conseil d'État.

Les règlements et la doctrine

C'est le produit de l'interprétation des textes fiscaux par l'Administration, et ils n'ont pas de caractère contraignant pour les contribuables, car ils ne peuvent être assimilés à la loi.

En effet, par sa doctrine, l'Administration interprète la loi. La doctrine inclut les circulaires, instructions publiées, les réponses ministérielles aux questions écrites des parlementaires.

La question de l'opposabilité de la doctrine administrative est réglée par les articles L. 80 A et L. 80 B du Livre des procédures fiscales (LPF).

Ainsi, l'article L. 80 A du LPF interdit à l'Administration de sanctionner le contribuable qui appliquerait de bonne foi une doctrine formellement admise par elle dans le passé.

L'article L. 80 B (LPF) accorde ces mêmes droits au contribuable lorsque l'Administration a pris position sur l'appréciation d'une situation de fait par rapport à un texte fiscal.

F La jurisprudence

Les litiges entre les contribuables et l'administration fiscale sont tranchés devant le juge de l'impôt. En matière fiscale la loi établit un partage de compétence, dans le traitement du contentieux fiscal, entre les juridictions administratives et les juridictions judiciaires.

En pratique les tribunaux administratifs interviennent en matière d'impôts directs et de TVA, alors que les tribunaux de l'ordre judiciaire sont compétents pour les autres contributions indirectes et pour les droits d'enregistrement.

Il est important de souligner que si, en principe, la jurisprudence a la même portée qu'en droit privé, l'Administration n'en tire pas systématiquement d'elle-même toutes les conséquences. Ainsi, lorsqu'une décision a été rendue sur un différend entre elle et un contribuable, la solution jurisprudentielle ne s'applique pas automatiquement aux litiges de même nature ; si les assujettis entendent s'en prévaloir, ils devront l'invoquer devant le juge de l'impôt, jusqu'à ce que celui-ci leur donne satisfaction.

Cependant, d'une manière générale, la jurisprudence permet de clarifier certaines dispositions et oblige parfois le législateur à modifier les lois pour préserver tel dispositif ou pour annuler les effets d'un jugement qu'elle considère comme dangereux pour la sauvegarde des finances publiques.

5 L'organisation administrative

La Direction Générale des Finances Publiques (DGFiP) est issue de la fusion de la Direction Générale des Impôts (DGI) et de la Direction Générale de la Comptabilité Publique (DGCP). Elle a été créée lors du deuxième Conseil de modernisation des politiques publiques (CMPP) qui s'est tenu le 4 avril 2008.

Cette fusion vise à offrir un interlocuteur fiscal unique aux particuliers, de façon à ce qu'ils soient placés dans une situation comparable à celle des professionnels vis à vis des Services des impôts des entreprises.

A La filière fiscale

La DGFiP reprend les attributions de la DGI (les services fiscaux) en matière fiscale, et leur adjoint la compétence de la DGCP (le Trésor Public) en matière de recouvrement. Avant la fusion, la DGCP était en charge du recouvrement des impôts sur rôles[6].

Au côté du service des impôts des entreprises s'ajoute le service des impôts des particuliers. Chaque catégorie de contribuables dispose alors d'un interlocuteur unique induisant une fusion des services fiscaux et des trésoreries. À l'heure actuelle, la suppression des petites trésoreries en milieu rural n'est cependant pas à l'ordre du jour. Depuis septembre 2009, tous les services de proximité compétents en matière d'impôts, y compris ces trésoreries rurales, possèdent un accueil fiscal de proximité pour répondre aux questions des particuliers et recevoir leurs dossiers fiscaux.

B La filière gestion publique

La filière Gestion publique (ex Trésor Public) reprend la partie de l'activité de la DGCP qui concernait avant la fusion la gestion des comptes des collectivités et entreprises publiques. En effet, la DGCP (plus simplement, le Trésor Public) qui comprenait environ 60 000 fonctionnaires, partageait son activité en deux grands secteurs :

- le recouvrement des impôts pour environ 20 % de son activité (moins de 10 000 équivalents agents) ;
- la comptabilité et le conseil aux collectivités publiques pour 80 % de son activité.

6 Impôt sur le revenu (IR), taxe d'habitation (TH), taxe foncière (TF).

Présentation des missions de la Direction générale des Finances Publiques

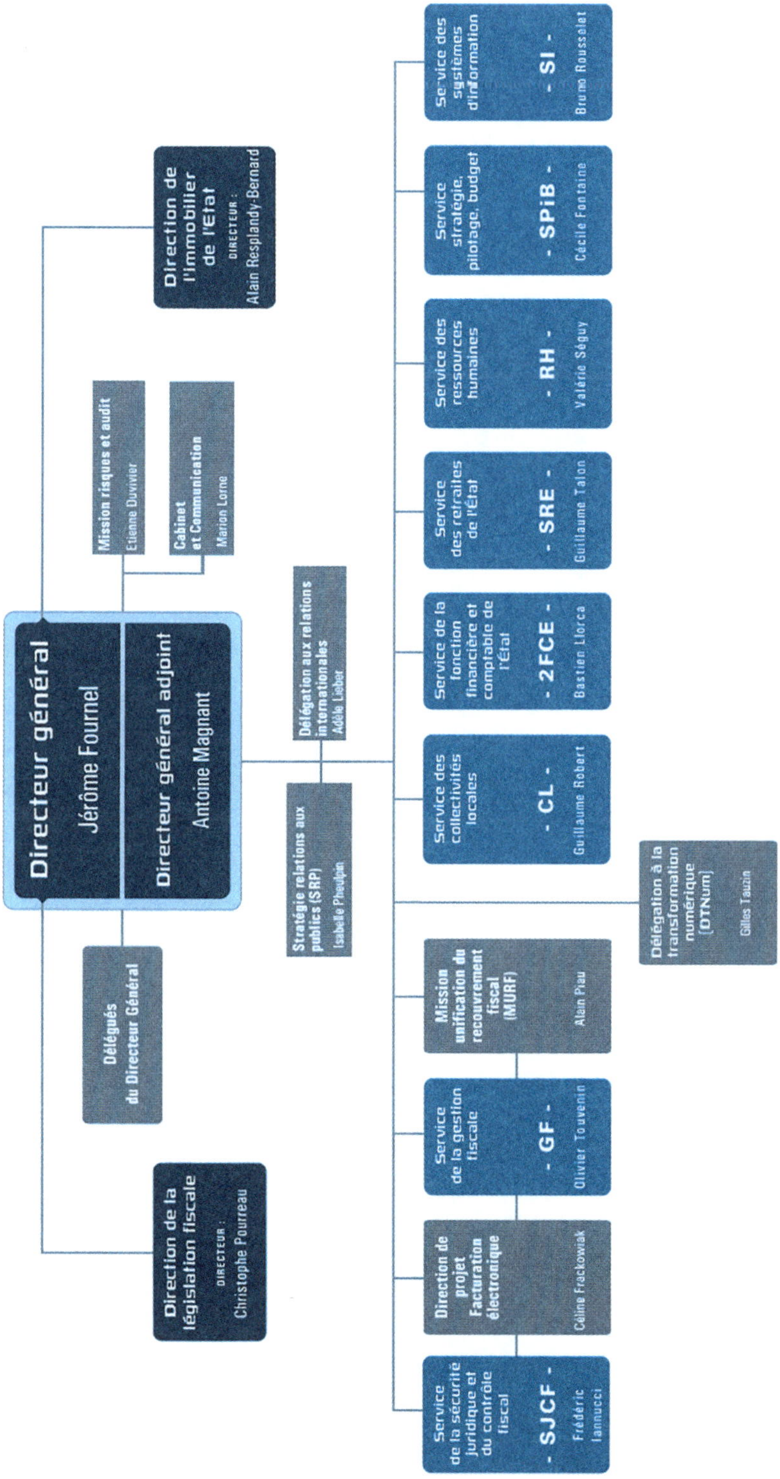

Partie 1

L'imposition des revenus des personnes physiques

Certains considèrent que l'étude de la fiscalité passe essentiellement et prioritairement par l'étude de la fiscalité de l'entreprise, que cette entreprise soit fiscalisée à l'impôt sur le revenu (IR, en abrégé) ou à l'impôt sur les sociétés (IS, en abrégé).

Or l'imposition des revenus des personnes physiques est, à notre sens, un préalable indispensable à la maîtrise de la fiscalité de l'entreprise. Comment comprendre la technique d'imposition des bénéfices commerciaux si l'on ne sait rien du mécanisme de progressivité de l'IR ?

Nous avons ainsi fait le choix de commencer par présenter les règles fiscales propres à l'imposition des personnes physiques.

Dans une entreprise, les dirigeants sont directement concernés par l'impôt, et les règles qui leur sont appliqués sont les règles de l'IR. Les techniques d'optimisation fiscale les plus ingénieuses sont souvent imaginées en fiscalité des particuliers.

Ces règles s'appuient sur des principes dont l'origine remonte pour certains au début du 20e siècle.

L'impôt sur le revenu, décrié par certains parce qu'anti-économique, insuffisant dans son *quantum* pour d'autres qui proposent de relever les tranches supérieures du barème pour les hauts revenus, demeure un pilier de notre système fiscal auquel une majorité de Français est profondément attaché.

L'impôt sur le revenu est un impôt difficile à aborder, car il est extrêmement personnalisé et très lié à l'évolution économique et sociale de notre société.

Ce « monument » de notre droit fiscal qu'est l'impôt sur le revenu est présenté à travers trois chapitres distincts, le quatrième étant réservé aux prélèvements sociaux, de création plus récente :

Principes généraux de l'impôt sur le revenu

Chapitre 1

COMPÉTENCES ATTENDUES ET SAVOIRS ASSOCIÉS

- **Savoir schématiser l'organisation générale de l'impôt sur le revenu.**
- **Les principes généraux de l'impôt sur le revenu, l'étude des revenus catégoriels, la technique de progressivité du barème de l'IR, le calcul par foyer fiscal, les charges déductibles du revenu brut global, etc.**

L'impôt sur le revenu (IR, en abrégé) est un impôt dû par les personnes physiques. Sa base d'imposition est déterminée par la somme des revenus nets de chaque catégorie de revenu. L'impôt sur le revenu repose sur le principe de la progressivité (plus on gagne, plus on paie) ; toutefois, le système du quotient familial permet de corriger la progressivité en tenant compte des charges de famille du contribuable. Mais sa portée réelle est de plus en plus limitée.

PLAN DU CHAPITRE

SYNTHÈSE P. 44

APPLICATIONS P. 45

LES RÉFÉRENCES POUR COMPRENDRE LE CONTEXTE

« La chose la plus difficile à comprendre au monde c'est l'impôt sur le revenu ! », Albert EINSTEIN

L'impôt sur le revenu ?

Qu'est-ce que l'impôt sur le revenu ? Fiche thématique sur le site vie-publique.fr

La territorialité de l'impôt sur le revenu

Le texte de l'article 4 B du CGI sur le site Legifrance.gouv.fr

La détermination du revenu net imposable

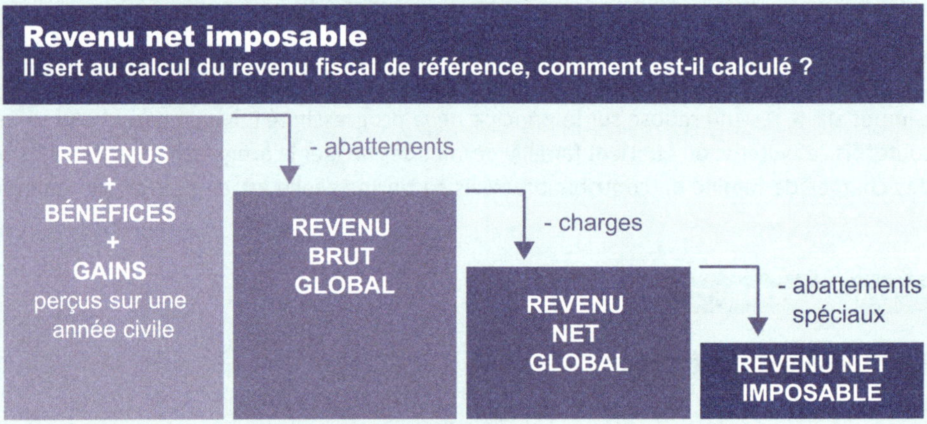

La déduction des pensions alimentaires

Impôts 2023 : les plafonds de déduction des pensions alimentaires. Fiche thématique sur le site service-public.fr

1 Les personnes imposables

Il s'agit des personnes physiques qui ont leur domicile fiscal en France.

A Personnes physiques

1 Principe

L'article 1er A du CGI dispose qu'« il est établi un impôt annuel unique sur le revenu des **personnes physiques** désigné sous le nom d'impôt sur le revenu ». Seule une personne physique peut payer l'impôt sur le revenu. Cela est impossible pour une personne morale, compte tenu de la très forte personnalisation de cet impôt. Il n'empêche qu'une personne morale peut relever de l'impôt sur le revenu : il s'agit de la société de personnes (on parle de « sociétés semi-transparentes »), mais seuls ses associés personnes physiques seront en mesure de l'acquitter.

Les personnes morales autres que les sociétés de personnes relèvent de l'impôt sur les sociétés : seuls les associés personnes physiques peuvent être imposés à l'impôt sur le revenu, s'ils perçoivent des revenus de la société (salaires ou dividendes).

2 L'imposition par foyer fiscal

On considère que toutes les personnes membres d'un même foyer fiscal doivent faire l'objet d'une imposition unique. Les exceptions à ce principe sont rares, et concernent les époux séparés de biens et ne vivant pas sous le même toit, les époux en instance de séparation lorsqu'ils sont autorisés par le juge à avoir des résidences séparées et la situation où l'un des époux abandonne le domicile conjugal, chacun des époux disposant de revenus distincts (article 6, 4 du CGI).

Ainsi, des personnes mariées ou pacsées font l'objet d'une imposition unique, ce qui n'est pas le cas de personnes vivant en concubinage. Pour des concubins, chacun doit faire sa propre déclaration d'impôt.

Il n'est, en principe, pas possible de déroger à la règle de l'imposition par foyer, pour les personnes qui en font partie de plein droit. Une exception est toutefois prévue pour les enfants mineurs qui en feraient la demande et qui disposeraient de revenus distincts (cas relativement rare – enfants artistes, par exemple, ou disposant par héritage d'une fortune personnelle).

La détermination des membres composant le foyer fiscal et ses conséquences fiscales est présentée au Chapitre 3.

B Territorialité de l'impôt sur le revenu

On distingue les personnes ayant leur domicile fiscal en France des personnes ayant leur domicile fiscal hors de France.

1 Les personnes domiciliées en France

Une personne est considérée comme fiscalement domiciliée en France lorsqu'elle remplit alternativement l'un des quatre critères ci-après, qu'il convient néanmoins d'examiner dans l'ordre suivant :

- la personne dispose d'un foyer en France, le foyer étant entendu comme le lieu de résidence de la famille ;
- la personne a son lieu de séjour en France, c'est-à-dire qu'elle y séjourne plus de 183 jours par an ;
- la personne exerce une activité professionnelle principale en France ;
- la personne a, en France, le centre de ses intérêts économiques, c'est-à-dire la gestion de ses affaires, le centre de ses activités professionnelles ou l'activité dont elle retire l'essentiel de ses revenus.

La France s'entend de la métropole, de la Corse et des îles du littoral, des départements d'outre-mer (DOM – Guadeloupe, Guyane, Martinique, Réunion), à l'exclusion des territoires d'outre-mer (TOM – Nouvelle-Calédonie, Polynésie française, Îles Wallis-et-Futuna, Îles de l'océan indien, terres australes et antarctiques françaises).

Si une personne est considérée comme fiscalement domiciliée en France, son obligation fiscale est illimitée. Cela signifie qu'elle sera imposée en France à la fois sur ses revenus de source française, mais aussi, si elle en perçoit, sur ses revenus de source étrangère.

2 Les personnes domiciliées hors de France

Elles ne sont pas, en principe, imposables en France, sauf bien sûr sur leurs revenus de source française. Ces personnes ont une obligation fiscale limitée.

3 Le rôle des conventions internationales

Le principe de territorialité de l'IR peut engendrer des risques de double imposition. Imaginons un contribuable dont le foyer fiscal serait en France, parce que sa famille vit en France, et qui travaillerait toute l'année comme salarié à Madrid. Il paierait un impôt en Espagne, puisqu'y exerçant son activité professionnelle, et il paierait l'IR en France sur son revenu mondial, c'est-à-dire sur l'ensemble de ses revenus de source française et étrangère.

Les conventions fiscales internationales ont notamment pour objet d'atténuer la double imposition de ces revenus.

Exemple

1. Les données

M. Dupont est salarié pendant toute l'année N de la banque Mucho Peseta à Madrid. Sa femme et ses enfants résident à Poitiers, et ils se retrouvent tous à Poitiers pour les vacances scolaires.

M. Dupont aimerait connaître les modalités d'imposition des salaires qu'il perçoit en Espagne et des revenus fonciers qu'il perçoit en France pour la location d'un appartement à Paris.

2. La solution

M. Dupont est incontestablement imposable sur ses salaires en Espagne. Il devra également les déclarer en France puisqu'étant résident français, il est imposé, au titre de l'année N, sur son revenu mondial, soit l'ensemble de ses revenus de source française et étrangère. Il devra consulter avec attention la convention franco-espagnole afin de limiter le risque de double imposition. Ainsi, si la convention prévoit que le salaire est exonéré en France, M. Dupont le déclarera pour l'imposition des revenus de source française selon la méthode du taux effectif. Si la convention prévoit que le salaire est imposable en France : pour éviter une double imposition, un crédit d'impôt égal à l'impôt étranger ou à l'impôt français s'appliquera le plus souvent.

L'appartement qu'il loue étant situé en France, ses revenus fonciers sont imposables en France.

C Les personnes exonérées

L'IR étant un impôt extrêmement personnalisé, certaines personnes vont bénéficier d'allègements, voire d'exonérations.

1 Les salariés détachés à l'étranger

Sous certaines conditions, les salariés domiciliés fiscalement en France et que leur employeur envoie travailler dans un autre pays peuvent bénéficier d'exonérations totales ou partielles d'impôts.

2 Les ambassadeurs, les consuls et les membres du corps diplomatique

Sous réserve de réciprocité (la France doit également exonérer les membres du corps diplomatique des autres États), les membres du corps diplomatique sont exonérés d'impôt sur leurs revenus professionnels. C'est le seul cas d'exonération prévu par la loi.

2 Le revenu imposable

A Caractéristiques générales

Le revenu n'est pas en tant que tel défini par la loi. Il est toutefois possible, à la lecture du Code général des impôts, de dégager les caractéristiques essentielles du revenu imposable :

1 Revenu annuel

Le contribuable est imposé en N sur les revenus qu'il a perçus en N–1. On retient, en principe, les revenus de l'année civile. Pour les professionnels qui clôturent leurs comptes en cours d'année, on retient le résultat de l'exercice clos au cours de l'année d'imposition. Depuis le 01/01/2019, le contribuable paie en N l'impôt sur les revenus qu'il a perçus en N (système du prélèvement à la source).

Exemple : M. Durand est commerçant. Son exercice court du 1/4/N–1 au 31/3/N. Il déclarera en N+1 le résultat de l'exercice clos en N.

2 Revenu net

L'article 13, 1 du CGI dispose que les revenus bruts doivent être diminués des « dépenses effectuées en vue de l'acquisition ou de la conservation du revenu ». Le revenu catégoriel imposable sera un revenu net.

Il conviendra, par conséquent, de se poser la question suivante : la dépense concourt-elle à la réalisation d'un revenu imposable ? Si la réponse est positive, la charge est déductible. Si elle ne l'est pas, la charge ne peut être déduite.

Exemple

M. Martin loue un appartement non meublé pour se procurer un complément de revenus, mais son locataire vient de le quitter. Il engage des travaux de rénovation de son appartement (réfection des peintures et des moquettes) afin de relouer dans les meilleures conditions.
S'agit-il de charges déductibles ? Oui, puisque ces dépenses sont engagées dans le but de relouer l'appartement et d'en retirer un revenu qui supportera l'impôt.

3 Revenu disponible

Le revenu imposable est, le plus souvent, un **revenu encaissé**. Toutefois, un revenu qui serait à la disposition du contribuable et que ce dernier tarderait à encaisser pour des raisons dépendant de sa seule volonté, serait imposable.

Tel serait le cas d'un dirigeant de société qui laisserait en compte courant sa rémunération de décembre N, et choisirait de l'encaisser en janvier N+1. Dans ce cas, le salaire devrait être déclaré en N puisque disponible en N, même si encaissé en N+1.

4 Revenu global

C'est la somme algébrique des différents revenus nets catégoriels soumis au taux progressif de l'impôt. Certains revenus, soumis à un taux proportionnel (il s'agit d'un taux fixe, le plus souvent de 12,8 % ou, 19 % du revenu encaissé) n'entrent pas dans le calcul du revenu global.

__Attention__ toutefois aux abus de langage : le revenu imposable repose sur une démarche logique et chaque étape de sa détermination correspond à la terminologie suivante :
- *le __revenu global__ : c'est la somme algébrique des différents revenus nets catégoriels ;*
- *le __revenu brut global__ : on passe du revenu global au revenu brut global en imputant les déficits globaux des six années précédentes ;*
- *le __revenu net global__ : certaines charges, limitativement énumérées par la loi, viennent s'imputer sur le revenu brut global ;*
- *le __revenu net global imposable__ : on pratiquera sur le revenu net global des abattements spéciaux (enfants mariés rattachés ou personnes âgées). Le revenu net global imposable, ou RNGI, constitue la dernière phase de détermination du revenu imposable.*

B Détermination des revenus nets catégoriels

Les revenus nets catégoriels s'organisent autour de deux types de revenus : les revenus du travail d'une part, les revenus du capital de l'autre. Chaque catégorie obéit à ses règles propres, ce qui complexifie inévitablement les choses.

1 Les revenus du travail

S'agissant des revenus du travail, citons les cinq catégories suivantes.

a. Les traitements et salaires (TS)

Cette catégorie englobe l'ensemble des rémunérations perçues par les salariés, mais aussi les pensions, retraites et rentes viagères.

b. Les bénéfices agricoles (BA)

Cette catégorie concerne les bénéfices ou déficits retirés des activités de culture et d'élevage.

c. Les bénéfices non commerciaux (BNC)

C'est la catégorie des professions libérales, des titulaires des charges et offices, mais également de tous les revenus non expressément affectés à une catégorie donnée.

d. Les bénéfices industriels et commerciaux (BIC)

Cette catégorie, qui nous intéresse plus particulièrement et qui fera l'objet de développements spécifiques, concerne les revenus des commerçants, industriels et artisans.

Il est à noter que pour ces trois catégories (BA, BNC, BIC), les revenus sont ventilés en fonction du mode d'imposition de l'activité professionnelle (régime micro, régime simplifié, régime normal) et du taux d'imposition (taux normal pour les résultats courants ou taux proportionnel pour les plus-values).

e. Les revenus des gérants et associés (RGA) dits de l'article 62 du CGI

Cette catégorie concerne les revenus des gérants et associés des sociétés soumises à l'impôt sur les sociétés lorsqu'ils n'ont pas la qualité de salarié.

2 Les revenus du capital

Concernant les revenus du capital, il existe trois catégories.

a. Les revenus fonciers (RF)

Cette catégorie regroupe les produits des immeubles bâtis et non bâtis donnés en location.

b. Les revenus de capitaux mobiliers (RCM)

Appelée aussi « revenus de valeurs mobilières », cette catégorie concerne les produits de placements à revenu fixe (intérêts de prêts, obligations…) et à revenu variable (dividendes).

c. Le régime des plus-values des particuliers (PV)

Se retrouvent dans cette catégorie, d'une part les plus-values immobilières réalisées à l'occasion de la cession d'un bien immeuble et d'autre part les plus-values mobilières réalisées lors de la cession de valeurs mobilières et de droits sociaux.

Ces différentes catégories de revenus feront, selon leur importance respective, l'objet d'une étude plus ou moins approfondie.

C Imputations déficitaires

Le revenu global étant constitué de la somme algébrique des différents revenus nets catégoriels, il est normal que se compensent les revenus positifs et les revenus négatifs. Mais ce principe de bon sens devient aujourd'hui de plus en plus exceptionnel, et ce pour des raisons aisément compréhensibles.

Exemple

Prenons un exemple pour l'illustrer
N = 2022
Imaginons un couple marié sans enfants. M. Martin est artisan et réalise en N un BIC de 50 000 €.
Mme Martin exerce une profession libérale et réalise un déficit BNC de – 40 000 €.
Leur revenu imposable sera de 10 000 € pour 2 parts, ils ne paieront pas d'impôt sur le revenu.
Si Mme Martin avait eu un BNC égal à 0, l'impôt du couple aurait été de 3 129 € en N. Un contribuable fortement imposé peut être enclin à diminuer son impôt en générant des déficits fiscaux. D'où la volonté du législateur de limiter les cas où l'imputation sera possible.

Il existe des limitations en matière de déficits fonciers, agricoles, de déficits d'activités commerciales ou non commerciales à caractère non professionnel. Nous étudierons ces règles dans les chapitres consacrés aux différents revenus catégoriels.

D Charges déductibles du revenu brut global

Les charges qui s'imputent sur le revenu brut global sont strictement encadrées par la loi. Elles doivent remplir les conditions suivantes :

- être prévues par la loi, ce qui interdit la déduction d'une charge dont la déduction n'est pas prévue par le code des impôts ;
- ne pas avoir été déjà déduites d'un revenu catégoriel, auquel cas cette déduction ferait double emploi ;
- être payées au cours de l'année d'imposition ;
- être justifiées.

Ces charges sont les suivantes :

- les pensions alimentaires ;
- les frais d'accueil de personnes âgées de plus de 75 ans ;
- certaines cotisations sociales ;
- les versements pour la retraite du combattant, les intérêts des prêts consentis aux rapatriés, les arrérages (somme d'argent échue ou à échoir versée périodiquement au créancier d'une rente ou d'une pension) de certaines rentes ;
- les charges foncières des immeubles historiques ;
- une partie de la CSG afférente à certains revenus du patrimoine et produits de placement.

Nous étudierons ici les deux premières.

1 Les pensions alimentaires

Il convient de distinguer les pensions versées à un ascendant ou à un descendant de celles versées en cas de séparation ou de divorce.

a. Les pensions versées à un ascendant

Elles sont normalement déductibles du revenu brut global du débiteur puisqu'elles s'inscrivent dans le cadre de l'obligation alimentaire posée par les articles 205 à 207 du Code civil. Ces articles prévoient une obligation réciproque entre ascendants et descendants en ligne directe.

L'article 208 du Code civil prévoit notamment que la pension doit être fixée au regard des besoins de celui qui la perçoit et de la fortune de celui qui la verse. Le droit fiscal ne dit pas autre chose : une pension versée à un ascendant sera déductible dans cette double limite. Notons que les services fiscaux admettent, sauf cas particulier, une déduction justifiée dans la limite d'un Smic mensuel par ascendant. À défaut de justifications, une somme forfaitaire de 3 592 € peut être déduite par ascendant pour l'année 2022.

b. Les pensions versées aux descendants

Pour les pensions versées aux descendants, il faut distinguer les pensions versées aux enfants majeurs des pensions versées aux enfants mineurs :

- les pensions versées à des enfants majeurs peuvent venir en déduction du revenu brut global de leurs parents dans la limite de 6 368 € par enfant, avec un maximum de 12 736 € ;
- si l'enfant vit sous le toit du contribuable, ce dernier peut déduire 3 592 € sans avoir à apporter de justifications particulières.

S'agissant des enfants mineurs, sont déductibles les pensions versées en cas de divorce ou de séparation, lorsque le contribuable ne compte pas l'enfant à charge. Lorsqu'une décision de justice est intervenue, ou, à compter de 2017, une convention de divorce par consentement mutuel, la pension versée pour l'entretien des enfants à l'ex-conjoint est déductible dans la limite du montant fixé par le juge du divorce mais également pour les sommes versées de manière amiable qui complètent ce montant. S'il s'agit d'une simple séparation de fait, la pension est déductible si elle n'est pas excessive.

Enfin, il est possible, sous certaines conditions, de déduire les prestations compensatoires en cas de divorce lorsqu'elles sont versées sous forme de rentes ou sous la forme d'un capital en argent.

Exemple

M. et Mme Durand, tous deux cadres supérieurs dans une banque internationale, ont eu des quintuplés qui se retrouvent aujourd'hui étudiants dans l'enseignement supérieur. Leurs fils étant âgés de 22 ans, les parents ont choisi de déduire la pension qu'ils leur versent à raison de 6 000 € chacun, soit une charge annuelle de 30 000 €.
M. et Mme Durand pourront déduire de leur revenu brut global au maximum 12 736 €.

2 Frais d'accueil des personnes âgées de plus de 75 ans

Le contribuable peut déduire de son revenu brut global (RBG) l'avantage en nature consenti à une personne âgée de plus de 75 ans avec laquelle il n'entretient aucun lien de parenté, à la condition que la personne vive sous son toit et qu'elle ne dispose que de revenus modestes (son revenu imposable n'excède pas le plafond de ressources fixé pour l'octroi de l'allocation de solidarité aux personnes âgées (Aspa)).

La déduction du revenu brut global du contribuable est plafonnée à 3 592 € pour 2022 par personne recueillie.

E Abattements applicables sur le revenu net global

Ces abattements se pratiquent sur le revenu net global.

Il s'agit des abattements pour enfants à charge mariés, pacsés ou chargés de famille (c'est-à-dire qui ont déjà un ou plusieurs enfants) et des abattements en faveur des personnes âgées ou invalides de condition modeste.

Les enfants mariés ou pacsés, ou chargés de famille, procurent à leurs parents auprès desquels ils se rattachent fiscalement (lorsqu'ils remplissent les conditions légales du rattachement – voir Chapitre 3) un abattement, et non une majoration du quotient familial. Cet abattement s'élève à 6 368 € pour 2022 par personne rattachée.

Pour les personnes autres que les enfants, l'abattement dépend du montant du revenu net global du contribuable.

Détermination du revenu net global imposable

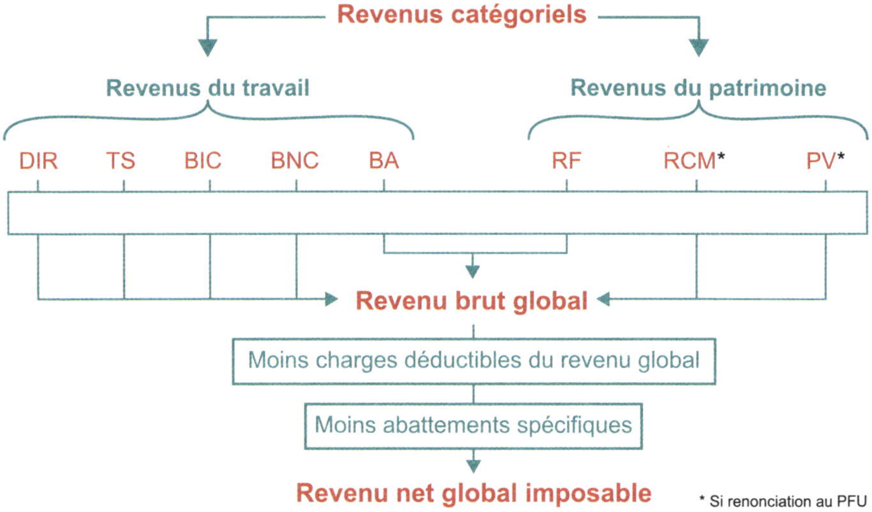

* Si renonciation au PFU

EXEMPLE

1. Les données

M. Martin est salarié dans une entreprise publique, il perçoit une rémunération nette imposable de 54 000 € par an.

Son épouse est dentiste, elle exerce son activité dans un cabinet privé, ses revenus professionnels nets se sont élevés à 60 000 € au cours de l'année.

M. et Mme Martin ont deux enfants :

- Sophie, 19 ans, est étudiante à l'IUT de Créteil. Elle est mariée avec François, âgé de 20 ans et actuellement sans emploi ;
- Marc, 12 ans, est collégien.

Indiquer les conséquences du rattachement de Sophie au foyer fiscal de ses parents (voir Chapitre 3).

2. La solution

Sophie étant mariée, son rattachement au foyer de ses parents se traduit non pas par une majoration du nombre de parts, mais par un abattement sur le revenu net global de M. et Mme Martin de 6 368 × 2 = 12 736 €.

Soit 114 000 – 12 736 = 101 264 €.

Marc étant mineur, il fait partie de plein droit du foyer de ses parents et compte pour 0,5 part.

PRINCIPES GÉNÉRAUX DE L'IMPÔT SUR LE REVENU	
Les personnes imposables	L'IR est dû sur le revenu mondial par les personnes physiques qui ont leur domicile fiscal en France. Les non-résidents ne sont imposés que sur leurs revenus de source française. Il s'agit d'une imposition par foyer fiscal.
Le revenu imposable	Il s'agit d'un revenu annuel, net, disponible et global. 9 catégories sont identifiées : TS, RF, BIC, BNC, BA, Art. 62, RCM, PV mobilières, PV immobilières. Certains déficits viennent s'imputer sur le revenu global, d'autres sont simplement reportables. Enfin, des charges diminuent le revenu brut global : elles sont strictement définies par la loi fiscale.

Applications

EXO 01.01 Cas Terry

Plusieurs personnes vous consultent sur leur situation fiscale :

1. Jean, avocat en activité, a enregistré un chiffre d'affaires de 400 000 €, et ses dépenses professionnelles se sont élevées à la somme de 150 000 €.
2. Gérard, commerçant en activité, dispose d'un revenu de 40 000 € par an. Il est propriétaire d'une villa en Corse, dont il se réserve la jouissance, et dans laquelle il emploie un jardinier.
3. Daniel travaille dans une banque en Belgique. Il revient en France, à Paris, 2 jours par semaine (en général, le week-end) pour retrouver son épouse, Bérangère, et leurs deux filles, Lise et Marie.
4. Laure est propriétaire de divers biens immobiliers qu'elle donne en location.
5. Jacques et Émilie (mariés et quatre enfants) disposent des revenus suivants :
   - salaires de Jacques, consultant en informatique : 70 000 € ;
   - salaires d'Émilie, ingénieur : 75 000 €.

→ Travail à faire

Vous êtes chargé de renseigner ces différents contribuables et vous devez déterminer la catégorie de revenu imposable de chacun d'eux (sauf pour Daniel qui vous demande uniquement s'il est ou non assujetti à l'impôt sur le revenu en France).

Les revenus nets catégoriels

Chapitre 2

COMPÉTENCES ATTENDUES ET SAVOIRS ASSOCIÉS

- **Modalités d'imposition des revenus des particuliers, par différence avec l'imposition des professionnels (BIC, BNC, BA), dont l'étude figure aux chapitres suivants.**
- **L'étudiant doit être capable de qualifier et classer un revenu selon sa catégorie fiscale, de calculer et justifier le montant du revenu imposable selon sa catégorie.**

Nous étudierons dans ce chapitre les modalités d'imposition des revenus des particuliers, par différence avec l'imposition des professionnels (BIC, BNC, BA), dont l'étude figure *infra*.

Certains de ces revenus sont imposables au taux progressif de l'IR, tels les salaires, pensions, revenus fonciers et revenus de capitaux mobiliers. Les plus-values relèvent d'un taux progressif ou proportionnel, fixé en principe à 12,8 ou 19 % du revenu imposable.

PLAN DU CHAPITRE

SYNTHÈSE P. 68
SYNTHÈSE P. 73
APPLICATIONS P. 74

LES RÉFÉRENCES POUR COMPRENDRE LE CONTEXTE

Les revenus déclarés des foyers fiscaux en 2020

Catégorie de revenus	Répartition des revenus déclarés, perçus en 2020 (en%)	Évolution sur un an (en%)
Traitements et salaires	61,9	2,3
Pensions et rentes	27,1	2,4
Bénéfices non commerciaux	2,9	-3,0
Revenus de capitaux mobiliers	2,7	-2,1
Revenus fonciers	2,1	1,6
Revenus divers (dont plus-values)	1,5	2,6
Bénéfices industriels et commerciaux	1,3	-7,6
Bénéfices agricoles	0,4	-2,1
Total	100	1,8

Note : Ce tableau diffère de celui présenté sur les revenus perçus en 2019, dans la mesure où les revenus ont été groupés différemment, et ne comprennent pas les abattements sur les traitements et salaires mais ceux sur les revenus issus des professions indépendantes et sur les revenus fonciers. Les bénéfices non professionnels sont inclus dans les revenus divers.

Lecture : Les traitements et salaires représentent 61,9 % des revenus déclarés par les foyers fiscaux en 2021 au titre des revenus perçus en 2020.

Champ : Ensemble des revenus bruts déclarés, y compris abattements sur les chiffres d'affaires pour les indépendants, ensemble des foyers fiscaux déclarant l'IR.

Source : Fichiers des déclarations sur les revenus 2019 et 2020, DGFiP.

Décomposition des revenus déclarés des foyers fiscaux, perçus en 2020, et évolution sur un an, en %. Tableau extrait des statistiques fiscales de la DGFIP, mai 2022

Les frais déductibles des revenus imposables

Trois questions sur les frais déductibles des revenus imposables. Vidéo explicative sur la chaîne YouTube du Groupe Revue Fiduciaire

L'imputation du déficit foncier

Trois questions sur l'imputation du déficit foncier. Vidéo explicative sur la chaîne Youtube du Groupe Revue Fiduciaire

Le prélèvement forfaitaire unique (PFU)

Comment fonctionne le prélèvement forfaitaire unique (PFU) ? Fiche thématique sur le site du ministère de l'Économie, des Finances et de la Souveraineté industrielle et numérique

1 Les traitements et salaires, pensions et rentes viagères

A Traitements et salaires (TS) CGI, art. 79

1 Définition des salaires imposables

a. Rémunération principale

Sont imposables dans la catégorie des TS les rémunérations qui proviennent de l'exercice d'une activité salariée. Cette qualité de salarié est reconnue aux personnes qui sont liées à un employeur par un contrat de travail, et qui sont placées dans un état de subordination vis-à-vis de cet employeur.

Remarque. Cette distinction est fondamentale. Elle permet de distinguer les salariés (subordonnés) des non-salariés (indépendants).

Sont imposables dans cette catégorie tous les éléments de rémunération de l'activité salariée, quelles que soient leur forme ou leur dénomination. Il en va ainsi des rémunérations fixes ou variables : commissions, participations aux bénéfices, primes, gratifications, avantages en nature, indemnités diverses, etc. Les heures supplémentaires (et, pour les salariés à temps partiel, les heures complémentaires) sont exonérées d'IR dans la limite annuelle de 7 500 € par salarié.

b. Avantages en nature

Les avantages en nature sont également imposables. Il s'agit principalement de la mise à disposition gratuite pour le salarié d'un logement, de nourriture ou encore d'un véhicule automobile.

c. Allocations pour frais

Ces allocations pour frais d'emploi correspondent aux remboursements de frais professionnels, indemnités forfaitaires, allocations en nature que l'employeur verse au salarié.

Elles sont normalement exonérées lorsqu'elles sont utilisées conformément à leur objet et lorsqu'elles couvrent des dépenses strictement professionnelles, dans la mesure où le salarié n'a pas opté pour la déduction de ses frais réels.

Les allocations forfaitaires versées aux dirigeants salariés de sociétés sont, quant à elles, toujours imposables (art. 80 *ter* du CGI).

d. Revenus de substitution

Les indemnités journalières (maladie, maternité) versées aux salariés par les organismes de sécurité sociale sont, en principe, imposables au même titre que les salaires. De même, les allocations de chômage versées par Pôle Emploi sont imposables dans la catégorie des TS. Les indemnités temporaires de Sécurité sociale versées à la suite d'un accident du travail ou d'une maladie professionnelle sont imposables pour la moitié de leur montant.

e. Exonérations

Il existe un certain nombre d'exonérations allouées essentiellement pour des motifs sociaux : prestations familiales, allocation logement et aide personnalisée au logement, allocation aux adultes handicapés, allocation personnalisée d'autonomie, allocations d'assistance et d'assurance versées par l'État.

Les rémunérations des **étudiants** comportent certaines exonérations :

- tout d'abord, les indemnités de stage versées en vertu de conventions conclues depuis le 1er septembre 2015 sont exonérées dans la limite d'un Smic annuel ;

- de même, sur option, les salaires versés aux élèves ou étudiants âgés de moins de 25 ans au 1er janvier de l'année d'imposition et qui rémunèrent une activité exercée pendant leurs études scolaires ou universitaires ou pendant les congés d'été sont exonérés, sur option de leur part, dans la limite de trois fois le Smic mensuel, soit 4 936 € pour 2022 ;
- les salaires versés aux apprentis sont exonérés sur la partie de leur salaire qui n'excède pas le montant annuel du Smic.

- **S'agissant des indemnités de licenciement :** les indemnités versées dans le cadre d'un plan de sauvegarde de l'emploi (PSE) sont exonérées.

  De même, les indemnités accordées par le juge qui sanctionne le non-respect de la procédure de licenciement, le licenciement sans cause réelle et sérieuse, le licenciement pour motif discriminatoire lorsque le salarié n'est pas réintégré dans l'entreprise ou encore le non-respect de la procédure prévue en cas de licenciement collectif pour motif économique sont exonérées.
- S'agissant du licenciement des mandataires sociaux et des dirigeants fiscalement assimilés à des salariés (cessation forcée des fonctions) : leur indemnité de licenciement est exonérée dans la limite de trois fois le plafond annuel de la Sécurité sociale.
- **S'agissant des indemnités de départ à la retraite ou en préretraite :**
  - s'il s'agit d'un départ à la retraite dans le cadre d'un PSE, l'indemnité est exonérée.

    Dans le cas contraire, lorsque le salarié part à la retraite, il faut distinguer selon qu'il s'agit ou non d'un départ volontaire.
  - s'il s'agit d'un départ à la retraite volontaire, l'indemnité est imposable.

2 Détermination du montant imposable

Le revenu imposable dans la catégorie des TS est un revenu net.

Du revenu brut encaissé au titre de l'année d'imposition se déduisent des cotisations sociales. Certaines d'entre elles sont intégralement déductibles, d'autres partiellement.

a. Déduction des cotisations sociales

- Cotisations sociales intégralement déductibles : ce sont les cotisations versées dans le cadre de régimes légalement obligatoires (régimes de base de sécurité sociale, retraite et prévoyance).
- Cotisations sociales partiellement déductibles : ce sont celles qui sont versées par les salariés aux régimes supplémentaires de retraite et complémentaires de prévoyance.
- Il existe une particularité concernant les prélèvements sociaux prélevés par l'employeur : la contribution sociale généralisée (CSG), qui est calculée au taux de 9,20 % sur une base représentée par 98,25 % du salaire du contribuable, n'est déductible que pour 6,80 % de son montant.
- La contribution pour le remboursement de la dette sociale (CRDS), qui s'élève à 0,5 % sur une base identique n'est pas déductible.

b. Déduction des frais professionnels

Il existe deux techniques de déduction des frais professionnels des salariés. La première repose sur une prise en compte forfaitaire de leurs frais, par le biais d'une déduction forfaitaire de 10 %. La deuxième, optionnelle, consiste pour le salarié à déduire de son revenu semi-net (salaire brut diminué des cotisations sociales) ses frais professionnels réels. Ce choix est annuel.

c. Déduction forfaitaire de 10 % : le régime de droit commun

La déduction de 10 % couvre les dépenses professionnelles courantes : frais de déplacement du domicile au lieu de travail, dépenses de restauration sur le lieu de travail, frais de documentation professionnelle et de vêtements spécifiquement professionnels. Si l'employeur rembourse au salarié des dépenses couvertes par la déduction de 10 %, elles doivent être déclarées. En revanche, les remboursements de frais professionnels consentis au salarié par l'employeur sont exonérés.

Cette déduction de 10 % s'applique sur le salaire semi-net : elle comporte un minimum de 472 € et un maximum de 13 522 €.

Remarque. Ces déductions s'appliquent à chaque rémunération et non à l'ensemble. Pour un couple de salarié, chacun a droit à sa propre déduction forfaitaire.

Exemple

N = 2022
M. et Mme Dupont ont une rémunération, cotisations sociales déduites, de 150 000 € et 3 000 € en N. Ils n'ont pas opté pour les frais réels.
Salaire net imposable de M. Dupont : 150 000 – 13 522 = 136 478 €. Le maxima s'applique au lieu de la déduction de 15 000 €.
Salaire net imposable de Mme Dupont : 3 000 – 472 = 2 528 €.

d. Déduction des frais réels : le régime optionnel

S'il y a intérêt, le salarié peut renoncer à la déduction forfaitaire de 10 % et opter pour la déduction de ses frais réels.

L'option consiste à porter le total des frais sur la déclaration d'impôt n° 2042 et à joindre la liste détaillée en annexe de la déclaration. Les frais réels doivent être justifiés, ce qui contraint le salarié à conserver les justificatifs qui peuvent lui être réclamés par les services fiscaux dans le délai légal de reprise (3 ans, en général).

Remarque. L'option pour les frais réels entraîne l'imposition des remboursements de frais professionnels versés par l'employeur.

Les principales catégories de frais professionnels que le salarié pourra porter en déduction sont les suivantes :

- déplacements du domicile au lieu de travail : s'ils n'excèdent pas 40 kilomètres, soit 80 kms AR, ils sont intégralement déductibles. S'ils dépassent 40 kms, le salarié doit pouvoir justifier que l'éloignement ne résulte pas de convenances personnelles. S'agissant des frais de déplacement, le salarié a tout intérêt à appliquer le barème kilométrique de l'administration. Ce barème, qui tient compte de la distance parcourue et de la puissance fiscale du véhicule (dans la limite de 7 CV pour les automobiles), est publié chaque année par l'administration fiscale. Tous les frais afférents au véhicule sont couverts par le forfait, à l'exception des frais de péage d'autoroute, des frais de location de garage et des intérêts d'emprunt si le véhicule est acquis à crédit ;
- dépenses de nourriture : seules les dépenses excédant la valeur d'un repas pris à domicile (fixée à 5 € en 2022) sont déductibles ;
- déplacements professionnels (missions, voyages, etc.) ;
- frais afférents aux locaux professionnels (éclairage, chauffage, loyers, entretien, etc.).

Le barème kilométrique pour 2022 est le suivant :

Puissance administrative	Jusqu'à 5 000 km	De 5 001 à 20 000 km	Au-delà de 20 000 km
3 CV et moins	d × 0,529	(d × 0,316) + 1 065	d × 0,370
4 CV	d × 0,606	(d × 0,340) + 1 330	d × 0,407
5 CV	d × 0,636	(d × 0,357) + 1 395	d × 0,427

Puissance administrative	Jusqu'à 5 000 km	De 5 001 à 20 000 km	Au-delà de 20 000 km
6 CV	d × 0,665	(d × 0,374) + 1 457	d × 0,447
7 CV et plus	d × 0,697	(d × 0,394) + 1 515	d × 0,470
d représente la distance annuelle parcourue			

Exemple

N = 2022
1. Les données
M. Dupont est voyageur représentant placier (VRP). À ce titre, il perçoit en N une rémunération semi-nette (c'est-à-dire cotisations sociales déduites) de 85 000 €. Son employeur lui a remboursé ses frais professionnels à hauteur de 20 000 €.
En réalité, M. Dupont peut faire état de frais professionnels justifiés pour 30 000 €.
Que lui conseillez-vous ?
2. La solution
Si M. Dupont choisit le régime de la déduction forfaitaire, il sera imposé sur une base de 85 000 – 8 500 = 76 500 €. Les remboursements de frais professionnels consentis par son employeur sont exonérés.
S'il opte pour les frais réels, il sera imposé sur une base de 105 000 (les remboursements de frais sont imposables) – 30 000 = 75 000 €.
M. Dupont a donc intérêt à opter pour les frais réels, mais de très peu !

B Pensions et rentes viagères

Il s'agit principalement des pensions de retraite ou d'invalidité, et des rentes viagères constituées à titre gratuit ou à titre onéreux.

1 Définition du revenu imposable

Les pensions de retraite, de même que les pensions versées à raison d'une invalidité temporaire ou définitive, sont imposables.

Sont imposables également les pensions alimentaires versées à titre obligatoire, mais uniquement à hauteur du montant déduit du revenu de celui qui la verse.

S'agissant des rentes viagères, elles sont en principe imposables. Les rentes viagères sont constituées à titre gratuit lorsqu'aucune contrepartie n'est réclamée en échange de la rente. Au contraire, la rente est constituée à titre onéreux lorsque la personne qui verse la rente dispose d'une contrepartie, qui peut être, par exemple, la constitution d'un capital immobilier.

2 Détermination du montant imposable

Les pensions bénéficient d'un abattement de 10 %, avec un maximum de 422 € par personne et un plafond de 4 123 € par foyer au titre des revenus de l'année 2022.

Exemple

N = 2022
M. et Mme Durand ont pris leur retraite en N–1. En N, ils ont perçu les pensions de retraite suivantes :
- M. Durand : 50 000 €
- Mme Durand : 3 000 €.

L'abattement forfaitaire de 10 % est plafonné à 4 123 € pour le foyer fiscal, alors que (50 000 + 3 000) × 10 % = 5 300 €.
Il convient de répartir le plafond de 4 123 € entre les deux époux.
Pour Mme Durand : 4 123 × 3 000 / (50 000 + 3 000) = 233 €, retenu à hauteur de 422 € (minimum).
La pension nette de Mme Durand est donc de 3 000 – 422 = 2 578 €.
Il reste 4 123 – 422 = 3 701 € d'abattement disponible.
La pension nette de M. Durand est donc de 50 000 – 3 701 = 46 299 €.
Le revenu net catégoriel (dans la catégorie pensions) s'élève ainsi à 2 578 + 46 299 = 48 877 €.

Il existe, enfin, une particularité pour les rentes viagères constituées à titre onéreux. Il est tenu compte, pour la détermination de la rente imposable, de l'âge du crédirentier, c'est-à-dire du bénéficiaire de la rente, lorsqu'il est rentré en jouissance de la rente :

- si le crédirentier avait moins de 50 ans lors de son entrée en jouissance de la rente, le montant imposable est de 70 % ;
- s'il avait de 50 à 59 ans inclus, 50 % ;
- s'il avait de 60 à 69 ans inclus, 40 % ;
- s'il avait plus de 69 ans révolus, 30 %.

Exemple

M. Martin perçoit une rente viagère annuelle de 10 000 € suite à la vente en viager d'un immeuble. Il est entré en possession de la rente pour la première fois le jour de son 58e anniversaire.
Montant imposable : 10 000 × 50 % = 5 000 €.
L'abattement de 10 % n'est pas applicable à cette fraction imposable.

C Cas particulier des rémunérations des dirigeants

1 Distinctions selon les formes de sociétés

Il existe, en l'espèce, une différence essentielle selon que la société qui verse la rémunération relève ou non de l'impôt sur les sociétés.

a. La société versant la rémunération relève de l'IS

Tel est le cas des SA, SAS, SARL, sociétés en commandite par actions pour les rémunérations des gérants commandités : les rémunérations allouées par ces sociétés à leurs dirigeants relèvent, en principe, de la catégorie des traitements et salaires.

Quelques exceptions doivent néanmoins être soulignées. Tout d'abord, les administrateurs et les membres du conseil de surveillance des SA peuvent percevoir des jetons de présence, qui sont censés rémunérer l'assiduité de ces personnes aux réunions du conseil.

S'il s'agit de jetons de présence ordinaires, ils relèvent de la catégorie des RCM. Seuls les jetons de présence spéciaux, qui sont versés aux administrateurs au titre de leurs fonctions salariées de direction sont imposable en TS.

Pour les SARL, il convient de distinguer si la gérance est minoritaire ou majoritaire. La gérance est dite « majoritaire » lorsque le dirigeant associé détient, directement ou par l'intermédiaire de son conjoint ou de ses enfants à charge, plus de 50 % du capital social. La gérance est également majoritaire lorsqu'un collège de gérants détient plus de la moitié du capital social.

Si le gérant est minoritaire ou s'il n'est pas associé, il est assimilé à un salarié et ses rémunérations sont imposées en TS.

Si le gérant est majoritaire, sa rémunération est imposée dans la catégorie de l'article 62 du CGI. Cela étant, il n'y a aucune différence fiscale avec l'imposition dans la catégorie des TS, seul le régime des cotisations sociales est différent : les gérants majoritaires supportent les cotisations sociales des non-salariés.

Pour les sociétés en commandite par actions (SCA), le régime est identique à celui des SARL : la rémunération des gérants commandités des SCA, lorsqu'ils sont associés, est imposable dans la catégorie de l'article 62, et il est fait application des règles fiscales des TS. S'ils ne sont pas associés, la catégorie est celle des TS.

Remarque. Les termes « jetons de présence » ont été supprimés du Code de commerce et des textes fiscaux par l'article 185, II de la loi 2019-486 du 22 mai 2019 et remplacés par ceux de « rémunération prévue par l'article L 225-45 du Code de commerce ». Cette différence terminologique n'entraîne aucune modification au fond du régime juridique et fiscal applicable à ces rémunérations versées aux membres du conseil d'administration ou de surveillance, pour leur participation à celui-ci (jetons de présence ordinaires) que pour les missions notamment de direction qu'ils exercent (jetons de présence spéciaux). L'expression « jetons de présence » sera par conséquent maintenue dans les développements qui suivront.

b. La société versant la rémunération relève de l'IR

Si la société qui verse la rémunération est soumise à l'IR, la rémunération reçue par le dirigeant personne physique, lorsqu'il est **associé**, relève de la catégorie de revenus correspondant à l'activité de la société, et non de la catégorie des TS. Dans ce cas, la rémunération est analysée fiscalement comme un prélèvement sur le résultat de la société, ce résultat étant imposable chez les associés de la société.

Si le dirigeant n'est pas associé, sa rémunération relève de la catégorie des TS.

> **Exemple**
>
> M. Martin est associé dans une SNC qui exerce l'activité de plombier chauffagiste et il exerce les fonctions de gérant. La société lui verse une rémunération de 25 000 € à l'année. Sa rémunération ne sera pas imposée dans la catégorie des TS, mais dans celle des BIC, M. Martin étant associé de la SNC.
> S'il était gérant non associé, sa rémunération serait imposable dans la catégorie des TS.

2 Contrôle de la normalité des rémunérations

Certaines rémunérations, versées aux dirigeants des sociétés soumises à l'IS, peuvent relever de la catégorie des RCM et non des TS.

Il s'agit des rémunérations versées aux dirigeants de sociétés soumises à l'IS et que l'administration fiscale, dans le cadre de ses contrôles, qualifie d'« exagérées ». Dans ce contexte, l'administration compare le niveau de la rémunération allouée au dirigeant, en incluant toutes ses composantes (avantages en natures, allocations pour frais, etc.) avec les rémunérations versées aux dirigeants d'une même région et d'un même secteur économique.

Si elle estime que la rémunération versée au dirigeant est excessive au regard du service qu'il rend à la société, elle requalifiera la partie de la rémunération jugée excessive en revenus distribués imposables dans la catégorie des RCM.

2 Les revenus fonciers (CGI, art. 14)

A Champ d'application des revenus fonciers

1 Revenus imposables (CGI, art. 14)

On trouve dans cette catégorie les revenus provenant de la location d'immeubles bâtis ou non bâtis (terrains, par exemple). S'agissant des immeubles bâtis, ces derniers doivent être loués **non meublés** : à défaut, ils relèveraient des BIC.

Ces locations peuvent être réalisées soit directement par le contribuable, soit indirectement par l'intermédiaire d'une société. Lorsque la société relève de l'IR, l'associé personne physique va déclarer sa quote-part de résultat dans la catégorie des revenus fonciers.

> **Exemple :** M. et Mme Martin sont associés à égalité de parts de la SCI SALOUE. La SCI a réalisé en N un résultat de 30 000 € pour la location d'un immeuble loué nu qui figure à son actif.
> M. et Mme Martin devront déclarer en revenus fonciers chacun une quote-part de 15 000 €.

2 Revenus accessoires aux revenus fonciers

Certains revenus sont à déclarer dans la catégorie des revenus fonciers : il s'agit principalement des revenus provenant de la location du droit d'affichage, du droit de chasse ou de pêche, et des locations de toit pour les antennes de téléphonie mobile.

3 Exonérations

Il est prévu une exonération expresse (art. 15, II du CGI) pour les logements dont le propriétaire se réserve la jouissance. Cette règle interdit aussi bien la prise en compte d'un revenu que la déduction d'une charge.

B Détermination du revenu imposable

Deux régimes d'imposition coexistent : le régime dit du « micro-foncier » et le régime réel.

1 Le régime du micro-foncier (CGI, art. 32)

C'est le régime qui s'applique de plein droit lorsque les recettes brutes annuelles n'excèdent pas 15 000 €. Ce régime n'a pas vocation à s'appliquer pour les cas spéciaux comme les locations *via* une ou des sociétés interposées, les régimes « défiscalisants » (Perissol, de Robien, Borloo, etc.). Le micro-foncier est applicable au dispositif Pinel (voir *infra*) ouvrant droit à réduction d'impôt.

Ce régime consiste à reporter les recettes brutes annuelles directement sur la déclaration d'impôt sur le revenu nº 2042. Les charges sont déduites forfaitairement : il est, en effet, appliqué aux recettes un abattement de 30 %.

Ce régime cesse de s'appliquer au titre de l'année où les recettes brutes dépassent les 15 000 €.

Attention. Il n'est pas possible d'appliquer le micro-foncier lorsque le contribuable est seulement détenteur de parts de SCI de location immobilière.

> **Exemple :** M. Dupont loue un appartement dont les loyers annuels s'élèvent à 13 000 €.
> Son revenu net foncier imposable s'élève à 13 000 – 30 % × 13 000 = 9 100 € (ou 13 000 × 70 %).

2 Le régime du réel

Ce régime va s'appliquer de plein droit en cas de dépassement des limites de 15 000 €. Il peut également s'appliquer sur option du contribuable.

a. Application de plein droit

Ce régime consiste à déduire des recettes les charges engagées pour l'acquisition et la conservation du revenu foncier, lorsqu'elles sont payées au cours de l'année d'imposition.

Les recettes à retenir

Les recettes à retenir sont les loyers ou les fermages effectivement encaissés, ainsi que certains revenus accessoires.

Remarque. Les dépôts de garantie versés par les locataires ne sont pas imposables au moment de leur versement, mais uniquement si le propriétaire les conserve lors du départ du locataire (dans l'hypothèse où le locataire aurait, par exemple, commis des dégradations ou n'aurait pas acquitté tous les loyers).
Doivent être déclarées par le propriétaire les dépenses qui lui incombent normalement mais qui, par convention, sont mises à la charge du locataire. Tel est le cas par exemple de la taxe foncière, dont le paiement incombe légalement au propriétaire.
Sont également à déclarer certaines recettes exceptionnelles, telles que les indemnités d'assurances, les subventions de l'Agence nationale pour l'amélioration de l'habitat (ANHA), lorsqu'elles servent à financer des charges déductibles.
Dans certaines conditions, les loyers peuvent être soumis à la TVA. En tout état de cause, ce sont les recettes hors taxes qui seront déclarées par le contribuable.
Sur ces recettes s'imputent des frais et charges, de manière à obtenir un revenu net foncier.

Les dépenses déductibles

Les dépenses déductibles du revenu brut foncier sont principalement les suivantes :

- frais de gestion : ils concernent les rémunérations des concierges et des gardes, et les frais de gérance versés à une agence immobilière, les frais de procédure, les honoraires versés à un conseil pour l'établissement de la déclaration de revenus fonciers n° 2044. Les autres frais (correspondance, téléphone...) sont couverts par un forfait de 20 € par local ;

- primes d'assurances : elles doivent correspondre aux immeubles loués ;
- dépenses acquittées par le propriétaire pour le compte du locataire et restant définitivement à sa charge :
  - provisions pour charges de copropriété : elles sont déduites du revenu foncier de l'année de leur paiement et sont régularisées l'année suivante ;
  - l'indemnité d'éviction versée à un locataire lorsque le propriétaire reprend l'immeuble pour le louer à des conditions plus favorables ;
  - dépenses d'entretien et de réparation : il s'agit des travaux ayant pour finalité de maintenir ou de remettre l'immeuble dans un état en permettant un usage normal, mais sans en modifier la consistance ou l'agencement initial (ex. : réfection de la toiture) ;
- dépenses d'amélioration : il s'agit des dépenses visant à apporter à un logement un équipement ou un élément de confort nouveau, sans que soit modifiée la structure de l'immeuble ;
- intérêts des emprunts : ils sont déductibles lorsqu'ils se rapportent à des emprunts contractés pour l'acquisition, la réparation ou l'amélioration des immeubles loués. La déduction porte non seulement sur les intérêts d'emprunts, mais aussi sur les frais d'emprunts (frais de dossier, primes du contrat d'assurance-vie, etc.).

Remarque. Seules les dépenses d'amélioration, qui sont effectuées dans des locaux réservés à l'habitation au moment des travaux, sont déductibles. Par ailleurs, tous les travaux de construction, de reconstruction ou d'agrandissement de l'immeuble sont exclus des charges déductibles.

La différence entre les recettes et les charges payées au cours de l'année d'imposition permet d'aboutir soit à un **résultat net foncier** bénéficiaire, soit à un **déficit**.

b. Application sur option

Lorsqu'il y a intérêt, le contribuable peut décider d'opter pour le régime du réel alors même qu'il relèverait de plein droit du régime micro. Cette situation intervient principalement dans l'hypothèse où les dépenses excèdent le montant de l'abattement de 30 %.

Exemple

Reprise de l'exemple précédent
M. Dupont loue un appartement dont les loyers annuels s'élèvent à 13 000 €. Son revenu net foncier imposable s'élève selon le régime micro à 13 000 – 30 % = 9 100 €. Mais M. Dupont s'aperçoit que le total de ses charges déductibles s'élève à 7 000 € pour l'année. Il optera pour le régime du réel, son revenu foncier imposable s'élevant par conséquent à 6 000 € au lieu de 9 100 €.

L'option se matérialise par la souscription d'une déclaration n° 2044 dite « revenus fonciers ». Cette option concerne les revenus de toutes les locations du foyer, et elle s'applique obligatoirement pour une période d'au moins trois ans.

C Traitement des déficits fonciers

Si l'imposition du bénéfice foncier ne soulève pas de difficultés, il n'en va pas de même des déficits, dont le traitement fiscal mérite certaines précisions.

Rappelons tout d'abord que l'imputation du déficit foncier ne se rencontre que dans le régime réel, toute réalisation de déficit étant impossible dans le régime micro.

Afin de mesurer dans quelle limite le déficit foncier peut s'imputer sur les autres revenus du contribuable, il convient de répondre préalablement à la question suivante : le déficit foncier est-il constitué par les intérêts d'emprunt ?

Si la réponse est positive, la partie du déficit composée par les intérêts d'emprunt ne pourra s'imputer que sur les revenus fonciers du contribuable des 10 années suivantes, et non pas sur ses autres revenus.

Si la réponse à cette première question est négative, la deuxième question à se poser est la suivante : le déficit foncier excède-t-il 10 700 € pour l'année ?

Si tel est le cas, seule la partie du déficit n'excédant pas 10 700 € pourra s'imputer sur les autres revenus du contribuable, ou, à défaut, constituer un déficit global.

La partie du déficit excédant 10 700 € sera reportable sur les revenus fonciers des 10 années suivantes.

Remarque. L'imputation du déficit foncier n'est définitivement acquise que si le contribuable affecte le logement à la location pendant une durée minimum de trois ans.

Exemple

1. Les données

M. Dupont loue un appartement qu'il a acheté en juillet N et il perçoit, à ce titre, des recettes annuelles de 4 000 €. Il déclare, par ailleurs, un salaire imposable de 28 000 €.

Ses charges se décomposent ainsi :

- travaux d'entretien et de réparation : 3 000 € ;
- intérêts d'emprunt : 5 000 €.

Son déficit foncier s'élève par conséquent à 4 000 €. Peut-il s'imputer sur ses autres revenus ?

2. La solution

Pas en totalité, puisque le déficit est composé pour 1 000 € par les intérêts d'emprunts : en effet, les intérêts de l'emprunt excèdent les recettes de 1 000 €.

Il pourra imputer sur ses salaires seulement 3 000 €, et les 1 000 € de déficit provenant des intérêts d'emprunt s'imputeront uniquement sur les revenus fonciers des 10 années suivantes.

Exemple

Reprenons l'exemple précédent, mais imaginons que M. Dupont perçoive toujours 4 000 € de loyers et qu'il ait seulement effectué des travaux de réparation pour 30 000 €.

Son déficit foncier s'élève à 26 000 €. Il ne pourra imputer sur ses autres revenus que 10 700 €, les 15 300 € d'excédant se reporteront sur les revenus fonciers des 10 années suivantes.

Attention. Un immeuble cédé dans les trois ans de l'imputation du déficit foncier ou qui cesse d'être affecté à la location entraîne la remise en cause du déficit imputé sur le revenu global. Toutefois, les déficits fonciers restant à reporter après l'arrêt de la location pourront s'imputer pendant dix ans sur les revenus fonciers provenant d'autres biens locatifs : à défaut de tels biens, ces déficits seront perdus.

D Régimes spéciaux

Il s'agit de règles spécifiques qui concernent soit des dispositifs de défiscalisation anciens (Périssol, Besson, Robien, Borloo, Scellier), soit des déductions spécifiques en cas de démembrement de propriété d'un immeuble ou lorsque l'immeuble est classé monument historique. Ces régimes se succèdent au gré de l'imagination des différents ministres qui en sont les initiateurs. Citons à titre d'exemple le dispositif « PINEL » : ce dispositif s'adresse aux personnes qui acquièrent, entre le 1er janvier 2013 et le 31 décembre 2024, un logement neuf destiné à la location, situé dans une zone géographique à forte demande locative et affecté à l'habitation principale du locataire. Les investisseurs PINEL bénéficient d'une réduction d'impôt sur le revenu répartie sur une durée pouvant aller de 6 à 12 ans, dans la limite d'un plafond d'investissement ne pouvant excéder 300 000 € par logement, avec un plafond de 5 500 € par m^2 habitable. La réduction maximale ne peut excéder au total 18 % de l'investissement. Ce dernier doit respecter certaines normes énergétiques et les loyers sont plafonnés et inférieurs de 20 % aux loyers du marché (il s'agit ainsi de favoriser le logement social).

3 Les revenus de capitaux mobiliers (RCM)

Il s'agit d'une catégorie de revenus particulièrement dense, où coexistent des revenus de nature et de configuration fiscale différentes.

A Produits de placements à caractère variable

Nous trouvons dans cette catégorie principalement les dividendes. Le dividende peut être défini comme la rémunération de l'investissement en capital consenti par un associé à une société. Son caractère variable dépend directement du niveau de résultat comptable réalisé par la société distributrice : à faible résultat, faible dividende, sauf à distribuer des réserves dont la société serait éventuellement dotée. Précisions que les développements qui suivent ne concernent que les distributions opérées par les sociétés relevant de l'IS.

Remarque. Pour les sociétés à l'IR, pas de distribution imposable puisque le résultat fiscal est imposé chez les associés dès sa réalisation (voir chapitre 14).

1 L'imposition des dividendes

Les dividendes constituent les formes les plus habituelles de distribution. Il s'agit des sommes prélevées prioritairement sur les bénéfices comptables de l'exercice, ou sur les réserves, et dont l'assemblée générale ordinaire de la société, qui se réunit au plus tard dans les six mois de la clôture des comptes, a décidé la distribution.

Cette distribution est qualifiée de « régulière », puisque justement décidée par la communauté des associés ou actionnaires.

Le dividende fait la plupart du temps l'objet d'un paiement en numéraire, mais rien n'interdit qu'il soit payé en nature (par remise d'un immeuble, par exemple).

Il existe toutefois d'autres formes de distributions, dont la distribution du boni de liquidation d'une société, lors de la dissolution de la société.

2 Conditions d'imposition (CGI, art. 200 A. 1)

Les dividendes supportent depuis le 1er janvier 2018 un prélèvement forfaitaire unique (PFU) au taux de 12,8 % (avec option possible du contribuable pour une imposition au barème progressif de l'IR). À ce PFU s'ajoutent les prélèvements sociaux (CSG, CRDS, PS, RSA) qui représentent au total 17,20 % du dividende brut annuel prélevés à la source par l'organisme payeur. Ces 17,20 % s'obtiennent pour 2021 de la manière suivante :

- contribution sociale généralisée (CSG) de 9,20 % ;
- contribution au remboursement de la dette sociale (CRDS) de 0,5 % ;
- le prélèvement de solidarité de 7,5 % ;
- 6,8 % de la CSG payée en N est imputable sur le revenu brut global de N+1 si le contribuable opte pour l'imposition progressive du dividende (voir *infra*).

a. Le prélèvement forfaitaire unique (PFU)

Le PFU ne constitue qu'une avance sur l'impôt à venir : **il n'est donc pas libératoire d'impôt**.

En outre, une dispense peut être accordée aux personnes dont le revenu fiscal de référence de N-2 n'excède pas 50 000 € (personne seule) ou 75 000 € (couple marié ou pacsé).

Remarque. Le PFU ne s'applique pas aux titres inscrits sur un plan d'épargne en actions (PEA).

Le PFU est calculé sur le montant brut des revenus perçus, sans aucune déduction (frais, abattement) et il s'élève à 12,8 % du dividende brut.

Le prélèvement est effectué par l'établissement payeur du dividende à l'aide d'une déclaration n° 2777, au plus tard le 15 du mois suivant le paiement des revenus.

Le PFU est un acompte d'impôt sur le revenu, et il s'impute sur l'impôt dû sur le dividende.

En N+1, deux cas de figure peuvent se présenter :

- Soit le contribuable n'opte pas pour l'imposition progressive, alors l'acompte de 12,8 % s'impute sur l'impôt dû sur le dividende impose au même taux = aucun impôt complémentaire n'est dû ;
- Soit le contribuable opte pour l'imposition progressive, et deux situations peuvent se présenter ;
- Soit le PFU payé en N est inférieur à l'IR progressif acquitté en N+1 : le contribuable paiera le complément ;
- Soit le PFU payé en N est supérieur à l'IR progressif acquitté en N+1 : le contribuable bénéficiera d'une restitution d'impôt.

Exemple

N = 2022
Jean, marié, deux enfants, est associé unique d'une SASU, qui lui a distribué en N un dividende brut de 50 000 €. Ce dividende provient d'un résultat qui a supporté l'IS au taux de 25 %. Jean est imposé dans la tranche du barème progressif à 41 % (par hypothèse).
Son revenu fiscal de référence pour N-2 = 90 000 €.
A. Le déroulement des opérations fiscales est le suivant :
B. En N : Pour la société qui distribue le dividende :
1. Prélèvements sociaux : 17,20 %
La société prélève 50 000 × 17,20 % = 8 600 €
2. PFU : 12,8 %
La société prélève 50 000 × 12,8 % = 6 400 €, puisque le revenu de référence N-2 de Jean excède 75 000 €.
3. En N, Jean a donc perçu 50 000 – (8 600 + 6 400) = 35 000 €
En N+1 : chez Jean :
4. Impôt sur le revenu en année N+1 :
Montant déclaré : 50 000 € correspondant au dividende brut de N
5. Hypothèse 1 : Jean n'opte pas pour l'imposition progressive :
Imposition à 12,8 % du dividende (l'impôt ayant déjà été acquitté en N-1, il s'impute sur l'impôt de N pour un montant égal, aucun complément n'est dû par Jean ;
6. Hypothèse 2 : Jean opte pour l'imposition progressive
Dividende imposable : 50 000 – (abattement de 40 %) = 30 000
Tranche IR 41 %
soit 30 000 × 41 % = 12 300 €
7. Imputation du PFU de 6 400 € en N, soit 12 300 – 6 400 = 5 900 € de complément à payer.
Prélèvement fiscal total sur le dividende : (8 600 + 6 400) + 5 900 = 20 900 €
8. Jean déduira en outre en N+1 de son RBG 6,80 % de la CSG, soit 50 000 × 6,80 % = 3 400 €
9. Soit 20 900 / 50 000 = 41,80 %. Cette seconde hypothèse 2 est défavorable.

b. L'imposition au barème progressif de l'IR sur option

Le dividende est inclus sur option dans le revenu imposable et il supporte le taux progressif de l'IR.

Le dividende imposable va toutefois être diminué, uniquement dans ce cas, d'un abattement de 40 %, qualifié d'« **abattement proportionnel** », qui s'applique aux abattements distribués par les sociétés françaises et étrangères, sous conditions (sociétés étrangères ayant leur siège dans un État de l'Union européenne ou dans un État ayant conclu une convention d'assistance administrative avec la France). L'abattement s'applique aux distributions qualifiées de « **régulières** », c'est-à-dire celles décidées au sein de l'assemblée générale ordinaire ou extraordinaire, ainsi qu'au boni de liquidation. Il s'applique également aux distributions exceptionnelles de réserves, aux acomptes sur dividendes, aux dividendes payés en nature et au remboursement consécutif à une réduction de capital.

Attention. L'option pour le barème est globale et elle s'applique à tous les revenus de capitaux mobiliers.

Exemple

N = 2022
M. Durand est gérant majoritaire de la SARL Durand qui lui distribue en N un dividende brut de 50 000 €.
La société aura dans un premier temps prélevé à la source les prélèvements sociaux, soit 50 000 × 17,20 % = 8 600 € et les aura reversés à l'État.
S'il opte pour l'imposition progressive, M. Durand sera imposé en N+1 sur 50 000 – 40 % = 30 000 €.
M. Durand pourra déduire de son RBG, en N+1, 6,80 % de 50 000 €, soit 3 400 €.

c. Les cas particuliers des distributions irrégulières

S'agissant des **autres distributions** : les distributions qui ne peuvent être qualifiées de « régulières » sont imposables en théorie au PFU ou au taux progressif de l'impôt sur le revenu, **sans abattement**.

Il s'agit, le plus souvent, des conséquences des redressements de bénéfices sociaux effectués par l'administration fiscale dans le cadre de ses contrôles. Un exemple permet d'illustrer ce mécanisme.

Exemple

N = 2022
Prenons exemple de M. Dupont, PDG de la société Toujours Plus. Il a reçu en N une rémunération annuelle de 150 000 €.
Cette rémunération a été soumise à l'IR, à hauteur de 150 000 – 13 522 = 136 478 €. Étant célibataire et sans enfant, M. Dupont a payé un impôt de 41 962 €. Nous avons vu que l'administration fiscale, après avoir effectué une comparaison avec les rémunérations versées à d'autres dirigeants exerçant des fonctions similaires à celles de M. Dupont, a considéré qu'une rémunération « normale » s'élevait à 80 000 €.
Les 70 000 € d'écart de rémunérations vont être imposés dans la catégorie des revenus de capitaux mobiliers, au titre des revenus distribués, sans le moindre abattement.
Notons enfin que les sommes réputées distribués sont retenues pour le calcul de l'IR, à hauteur de 125 % de leur montant.
Dans notre exemple, le revenu distribué imposable s'élève à 70 000 × 1,25 = 87 500 €.
Le PFU est applicable.

d. L'assujettissement aux cotisations sociales des dividendes versés aux gérants majoritaires de sociétés passibles de l'IS

Les dividendes versés à compter du 1er janvier 2012 aux gérants majoritaires de SARL supportent les cotisations sociales. De revenu de capital, les dividendes deviennent des revenus d'activité, mais uniquement pour la part qui excède 10 % du capital majoré des primes d'émission et des comptes courants.

À ce titre, ils supportent les prélèvements sociaux au taux de 9,7 %.

Exemple

N = 2022
Une SARL verse en novembre N à son associé unique et gérant des dividendes pour un montant de 200 000 € : son capital social s'élève à 150 000 €. La fraction des dividendes assujettie aux cotisations sociales obligatoires est par conséquent égale à : 200 000 € – (150 000 € × 10 %) = 185 000 €. Les prélèvements sociaux au taux global de 17,20 % ne s'appliqueront qu'à 15 000 €.

B Produits de placements à caractère fixe

Les placements à revenus fixe sont censés, comme leur nom l'indique, assurer à leur détenteur un revenu fixe, contrairement aux placements plus risqués que constituent les produits à revenus variables.

1 Modalités générales d'imposition

Ces produits sont imposés au PFU de 12,8 % (ou au barème progressif sur option) et aux prélèvements sociaux de 17,20 %.

Notons que les prélèvements sociaux ne sont pas applicables aux produits de placements perçus par les non-résidents.

a. L'application du prélèvement forfaitaire unique aux produits de placement fixes

L'application d'une imposition à taux fixe constitue désormais le principe et l'imposition progressive l'exception.

Remarque. Sur les produits de placements à revenu fixe, il n'existe aucun abattement d'aucune sorte, contrairement aux dividendes.

b. Technique d'application du prélèvement forfaitaire unique (PFU) pour les produits de placement fixes

À l'instar des dividendes, le PFU de 12,8 % (ou le barème progressif, sur option) et les 17,20 % de prélèvements sociaux sont appliqués en N sur le montant brut des produits de placements fixes, de source française ou étrangère, versés à un résident fiscal.

Une dispense de paiement de l'acompte de 12,8 %, qui est une déclaration sur l'honneur, peut être demandée dans l'hypothèse où le bénéficiaire des produits dispose d'un revenu fiscal de référence en N–2 n'excédant pas 25 000 € (personne seule) ou 50 000 € pour un couple marié ou pacsé (50 000 ou 75 000 € pour les dividendes).

Ce prélèvement est effectué par l'établissement payeur, dans les 15 premiers jours du mois suivant le paiement.

2 Règles spécifiques

Nous envisagerons les modalités d'impositions des principaux produits de placements.

a. Revenus exonérés

Certains produits de placements à revenu fixe sont exonérés, mais ils ne sont pas légion :

- intérêts du livret A, intérêts des sommes déposées sur les livrets d'épargne populaire, livrets jeunes, livret de développement durable ; ces produits sont à la fois exonérés d'impôt et de prélèvements sociaux ;
- intérêts des plans d'épargne-logement (PEL) de moins de douze ans, et des comptes d'épargne logement (CEL). Mais pour les PEL ouverts depuis le 1/01/2018, les intérêts supporteront le PFU.

b. Revenus d'obligations et d'emprunt

On place dans cette catégorie, outre les intérêts d'obligation les arrérages (montant échu d'une rente), lots, titres participatifs, effets publics et tous autres titres d'emprunt négociables émis par l'État et les collectivités publiques.

Remarque. La retenue à la source sur les produits des obligations et titres assimilés émis avant le 1er janvier 1987 est désormais applicable aux seuls produits perçus par des personnes morales ou des non-résidents, à l'exclusion des personnes physiques.

Exemple

M. Martin reçoit en N des intérêts d'obligations pour 20 000 €.
Son revenu fiscal de référence de N–2 excède 25 000 €, et il relève de la tranche à 45 %.
En N, l'établissement débiteur des intérêts d'obligations versera au Trésor 20 000 × 12,8 % + 20 000 × 17,20 %, soit au total 2 560 + 3 440 = 6 000 €.
En N+1, M. Martin a deux possibilités :
Soit il supporte l'impôt à 12,8 % sur son revenu, et il n'a en ce cas aucun complément à payer ;
Soit il opte pour l'impôt progressif, soit : 20 000 × 45 % = 9 000 €.
Ayant déjà acquitté 2 560 € au titre du seul PFU, il lui reste à verser 6 440 €. Ce choix n'est évidemment pas judicieux.

c. Intérêts de créances, dépôts, cautionnements et comptes courants d'associés

Ces revenus sont soumis au PFU ou au barème progressif de l'IR sur option, le PFU étant prélevé par l'organisme débiteur des revenus. Il n'y a plus lieu de distinguer entre les intérêts en provenance de comptes courants bloqués ou non bloqués.

Exemple

Imaginons une SARL avec deux cogérants, A et B, chacun détenant la moitié du capital social qui s'élève à 10 000 €.
La société ayant des difficultés de trésorerie, chaque associé apporte en compte courant en N 50 000 €, soit un total de 100 000 €. La société rémunère les avances des associés à un taux annuel de 4 %.
Pour A : PFU de 30 % ou option pour une imposition au barème progressif de l'IR.
La situation est identique pour B.

d. Bons de caisse

Il s'agit de billets à ordre ou au porteur (d'une durée de 5 ans au plus) délivrés par les entreprises industrielles ou commerciales ou par les établissements de crédit, en contrepartie de prêts qui leur sont consentis.

Les produits des bons de caisse supportent le PFU ou l'impôt progressif sur option.

e. Bons anonymes

Certains placements à revenu fixe bénéficient d'un régime fiscal spécifique lorsque le bénéficiaire de ces placements n'autorise pas l'établissement payeur à divulguer son identité et son domicile fiscal à l'administration fiscale (Régime de l'anonymat fiscal).

Le régime de l'anonymat fiscal est supprimé depuis le 1er janvier 2018 (les intérêts produits par les bons anonymes à compter de cette date sont imposés à un prélèvement forfaitaire non libératoire de 30 % (12,8 % au titre de l'impôt sur le revenu et 17,2 % au titre des prélèvements sociaux).

C Régimes spéciaux

Nous envisagerons uniquement la fiscalité des contrats d'assurance-vie et des plans d'épargne en actions (PEA).

1 Contrats d'assurance-vie et de capitalisation

La fiscalité applicable dépend de la date de souscription du contrat ou du bon.

Contrats ou bons souscrits avant le 1er janvier 1983

Les produits de ces placements sont exonérés d'impôt sur le revenu lorsqu'ils se rapportent à des primes versées avant le 10 octobre 2019, mais pas de prélèvements sociaux.

Contrats ou bons souscrits entre le 1er janvier 1983 et le 26 septembre 1997

Exonérés ou imposables selon la période de souscription.

Contrats ou bons souscrits à partir du 26 septembre 1997

La fiscalité est avantageuse si les sommes versées restent en compte pendant au moins huit ans. En effet, en cas de retrait après huit ans, un abattement annuel est pratiqué sur les intérêts dans la limite de 4 600 € pour une personne seule et 9 200 € pour un couple marié ou pacsé. La fraction qui excède ces montants peut être, sur option du contribuable, soumise au prélèvement forfaitaire libératoire (PFL) de 7,5 % (cette fiscalité douce participe notamment au fait que l'assurance-vie est présentée comme le placement favori des Français) :

- en cas de retrait avant quatre ans, le PFL est de 35 % sur les produits perçus ;
- en cas de retrait entre quatre et huit ans, le PFL est de 15 %.

Mais le contribuable conserve toujours la possibilité d'intégrer ces produits dans ses RCM imposables.

Le PFL dispense le contribuable de toute nouvelle imposition du revenu.

La fiscalité de l'assurance-vie s'est récemment complexifiée :

Pour les intérêts afférents aux primes versées à compter du **27 septembre 2017** sur un contrat d'assurance-vie, trois situations sont à distinguer :

- Si le contrat sur lequel le rachat est opéré a moins de 8 ans : le taux d'imposition de ces produits est de 12,8 % (+ 17,2 % de prélèvements sociaux, soit au total 30 %) ;
- Si le contrat sur lequel le rachat est opéré a plus de 8 ans et le total des primes nettes versées (avant et après 2017) est inférieur à 150 000 € : le taux d'imposition est de 7,5 % (+ 17,2 % de prélèvements sociaux, soit au total 24,7 %) ;
- Si le contrat sur lequel le rachat est opéré a plus de 8 ans et le total des primes nettes versées (avant et après 2017) est supérieur à 150 000 € : le taux d'imposition est de 7,5 % (+ 17,2 % de prélèvements sociaux, soit au total 24,7 %) pour la fraction des produits afférents aux primes n'excédant pas 150 000 € versées à compter du 27 septembre 2017 et de 12,8 % (+ 17,2 % de prélèvements sociaux, soit au total 30 %) au-delà.

Attention. Ce seuil de 150 000 € s'apprécie par souscripteur sur l'ensemble de ses contrats d'assurance-vie et de capitalisation. Il sera toujours possible, pour les contribuables qui y ont intérêt (ceux qui sont peu ou pas imposables), d'éviter le PFU en optant pour l'imposition de tous leurs revenus mobiliers au barème progressif de l'impôt sur le revenu.

2 Le plan d'épargne en actions (PEA)

Le PEA « classique » permet d'effectuer des placements en actions tout en étant exonéré d'impôt sur les dividendes ou les plus-values, à la condition de n'effectuer aucun prélèvement avant cinq ans. Les versements sur le plan sont plafonnés à 150 000 € par plan.

Pour le PEA « PME-ETI », le plafond des versements est fixé à 225 000 €.

Les titres éligibles au PEA « PME-ETI » sont des titres émis par des entreprises de taille intermédiaire (ETI) européennes : l'ETI est une entreprise qui occupe moins de 5 000 personnes et qui a un chiffre d'affaires annuel n'excédant pas 1 500 M € ou un total de bilan n'excédant pas 2 000 M €.

Remarque. Le cumul d'un PEA et d'un PEA-PME/ETI est possible mais le plafond cumulé ne devra pas dépasser 225 000 €. En cas de retrait avant cinq ans, le dispositif fiscal applicable est le suivant :

- si le retrait ou le rachat a lieu avant cinq ans, le taux d'imposition des produits est de 12,8 % (PFU), plus 17,20 % de prélèvements sociaux ; le retrait sur le PEA avant 5 ans entraîne sa clôture ;
- si le retrait a lieu après 5 ans, les rachats ou retraits sont totalement exonérés d'impôts, mais pas de prélèvements sociaux ; dans ce cas, le PEA n'est pas clos et de nouveaux versements sont possibles.

Revenus variables (dividendes)	
Prélèvement et impôt	Régime
En N : Prélèvement à la source obligatoire (acompte sur l'impôt sur le revenu)	• Taux : 12,8 % depuis le 1/01/2018 (1) • Applicable à l'ensemble des revenus distribués • Prélèvement non libératoire (ce prélèvement ne dispense pas du paiement de l'impôt sur le revenu au titre des revenus concernés) mais imputable sur l'impôt sur le revenu dû au titre de l'année au cours de laquelle il a été opéré (et restitué s'il excède l'impôt sur le revenu dû) • Dispense de prélèvement pour les foyers fiscaux dont le revenu fiscal de référence de l'avant-dernière année est inférieur à 50 000 € (célibataires) ou 75 000 € (couples)
En N+1 : Impôt sur le revenu	• Maintien de l'imposition à 12,8 % ou option pour le barème progressif de l'impôt sur le revenu (2) • Dans ce seul cas, abattement proportionnel de 40 % applicable
En N : Prélèvements sociaux	Prélèvements sociaux sur les revenus du capital : 17,20 % (dont 6,8 % déductibles mais uniquement si imposition du dividende au barème progressif de l'IR)

Revenus fixes	
Prélèvement et impôt	Régime
En N, prélèvement à la source obligatoire (acompte sur l'impôt sur le revenu)	• Taux : 12,8 % (1) • Prélèvement non libératoire (ce prélèvement ne dispense pas du paiement de l'impôt sur le revenu au titre des revenus concernés) mais imputable sur l'impôt sur le revenu dû au titre de l'année au cours de laquelle il a été opéré (et restitué s'il excède l'impôt sur le revenu dû) • Dispense de prélèvement pour les foyer fiscaux dont le revenu fiscal de référence de l'avant dernière année est inférieur à 25 000 € (célibataires) ou 50 000 € (couples)
En N+1, impôt sur le revenu	Maintien de l'imposition à 12,8 % ou option pour le barème progressif de l'impôt sur le revenu (aucun abattement applicable en cas d'option pour le barème progressif) (2)
En N, prélèvements sociaux	Prélèvements sociaux sur les revenus du capital : 17,20 % (dont 6,8 % déductibles mais uniquement si imposition au barème progressif de l'IR)

(1) Retenue à la source de 75 % lorsque les intérêts sont versés dans un ETNC.
(2) Auquel s'ajoute le cas échéant la contribution exceptionnelle sur les hauts revenus.

4 Les plus-values mobilières (CGI art. 150-0 A à 150-0 E)

A Champ d'application

Il s'agit des plus-values ou des moins-values réalisées par les particuliers qui cèdent des valeurs mobilières ou des droits sociaux dans le cadre de la gestion de leur patrimoine privé.

Remarque. Il ne faut surtout pas confondre ce régime avec celui qui s'applique aux plus-values professionnelles, réalisées par les entreprises, qu'elles soient à l'IR ou à l'IS.

Les plus-values peuvent être réalisées lors des cessions à titre onéreux, des apports en société, des opérations d'échanges ou de prêts de titres.
Les plus-values réalisées sont soumises à l'IR dès le premier euro de cession.

Exemple : M. Durand cède en N des valeurs mobilières pour 30 000 € qu'il a acquises pour 27 000 €. Il réalise une plus-value de 3 000 €. La plus-value de 3 000 € est imposable en totalité.

Les plus-values réalisées à compter du 1er janvier 2018 supportent le PFU au taux de 12,8 %, auquel s'ajoutent les prélèvements sociaux au taux de 17,2 %. En cas de renonciation au PFU et d'option pour l'imposition au barème progressif de l'IR, les modalités d'imposition diffèrent selon la qualité du cédant, l'antériorité et la nature des titres cédés.

B Modes de calcul

La plus-value est déterminée par différence entre le prix de cession et le prix d'acquisition des titres. Pour les titres cotés, le prix de cession est constitué par le cours de bourse ; s'il s'agit de titres non cotés, il s'agit du prix convenu entre les parties.

Le prix de cession peut être corrigé dans certaines hypothèses (charges augmentatives du prix, frais engagés par le cédant, clauses de variation de prix...).

Le prix d'acquisition s'entend du prix d'achat des titres ou de leur valeur s'ils ont été reçus par donation ou par succession. Lorsque les titres ont été acquis pour des prix différents et à des dates différentes, il y a lieu de faire application de la règle du coût moyen pondéré (CMP).

Exemple

N = 2022
M. Durand a acquis les titres suivants :
- en **N-17** : 50 actions X au prix unitaire de 40 €.
- en **N-13** : 100 actions X au prix unitaire de 70 €.
- en N+1, il cède 100 actions au prix unitaire de 100 €.

Le CMP des titres est le suivant : [(50 × 40) + (100 × 70)]/150 = 60 €.
La plus-value imposable s'élève à (100 × 100) - (100 × 60) = 4 000 €.

C Modalités d'imposition

Les plus-values de cession de valeurs mobilières et/ou de droits sociaux sont désormais soumises au PFU ou sur option au barème progressif de l'IR. Ce régime est applicable aux impositions dont le fait générateur intervient à compter du 1er janvier 2018.

1 Le régime de droit commun

La plus-value de cession est globalement imposée au taux de 30 %, soit 12,8 % d'IR (PFU) et 17,20 % de prélèvements sociaux. Les prélèvements sociaux s'appliquent toujours à la plus-value brute.

Sur option du contribuable, la plus-value peut être soumise au barème progressif de l'IR, sans abattement.

Remarque. En cas de départ à la retraite du dirigeant (voir *infra*), la plus-value est déterminée après application d'un abattement fixe de 500 000 €. L'application de l'abattement fixe est notamment subordonnée à la condition que les titres aient été détenus depuis au moins 1 an à la date de la cession : il a été prorogé jusqu'au 31/12/2024.

2 Dispositifs applicables sur option (clause dite de sauvegarde)

Si le contribuable renonce au PFU, et soumet sa plus-value mobilière au barème progressif de l'IR, des **abattements** spécifiques peuvent être appliqués dans trois situations. Ces dispositifs optionnels s'appliquent uniquement aux titres acquis avant le 1/01/2018.

a. Situation 1 : régime général

En cas d'option pour l'imposition au barème progressif, la plus-value peut être diminuée d'un abattement égal à :
- 50 % après 2 années de détention ;
- 65 % après 8 années de détention.

Pour l'application des abattements, la durée de détention est décomptée à partir de la date de souscription ou d'acquisition des actions, parts, droits ou titres sociaux.

b. Situation 2 : titres souscrits ou acquis dans les 10 ans de la création de la société (art. 150-O D 1 *quarter*-B du CGI) ou régime « jeunes PME »

Des conditions sont à respecter à l'époque de la souscription ou de l'acquisition.

La société doit être une PME au sens communautaire (employant moins de 250 personnes et chiffre d'affaires n'excédant pas 50 millions d'euros OU un bilan n'excédant pas 43 millions d'euros.)
- La société doit être créée depuis moins de 10 ans au jour de l'acquisition ou de souscription des titres.
- Elle ne doit pas être issue d'une concentration, d'une restructuration, d'une extension ou d'une reprise d'activités préexistantes.

Des conditions sont à remplir de manière continue depuis la création de la société.
- Elle doit n'accorder aux souscripteurs que les seuls droits résultant de leur qualité d'associé ou d'actionnaire (pas de garantie en capital ou autre avantage).
- Elle doit être passible de l'impôt sur les bénéfices ou équivalent.
- Elle doit avoir son siège dans un État de l'Espace économique européen.

- Elle doit exercer une activité commerciale, industrielle, artisanale libérale ou agricole, à l'exception de la gestion de son propre patrimoine mobilier ou immobilier.
- Dans cette hypothèse, l'abattement pour durée de détention applicable est le suivant :
  - 50 % après un an de détention et moins de quatre ans ;
  - 65 % après quatre ans de détention et moins de 8 ans ;
  - 85 % après huit ans de détention.

c. Situation 3 : départ à la retraite d'un dirigeant (art. 150-0 D *ter* du CGI)

Les bénéficiaires

L'exonération s'applique au dirigeant fondateur de PME qui part en retraite, et aux membres de son groupe familial.

Conditions tenant à la société dont les titres sont cédés

Il doit s'agir :

- d'une PME communautaire (société individuelle ou familiale, qui compte moins de 250 salariés au 31 décembre précédant la cession, un CAHT < 50 M € ou un total de bilan < 43 M € à la clôture du dernier exercice) ;
- non détenue à plus de 25 % par une société ne présentant pas ces caractéristiques au cours du dernier exercice clos ;
- d'une société qui a son siège dans un État de l'Union européenne (UE) ou dans l'Espace économique européen (EEE) ;
- d'une société opérationnelle, exerçant une véritable activité économique ;
- soumise à l'IS.

Conditions tenant au cédant

- Le cédant détient au moins 25 % des droits de vote ou des droits financiers depuis 5 ans au moins.
- Le cédant a exercé une fonction de direction pendant les 5 ans précédant la cession.
- Il a perçu une rémunération représentant plus de 50 % des revenus professionnels.
- Il cède plus de 50 % des droits de vote ou l'intégralité des titres.
- Il ne détiendra pas plus de 1 % de l'entreprise cessionnaire.
- Il fait valoir ses droits à la retraite dans les 24 mois (ou 36 mois pour ceux ayant fait valoir leur droit à la retraite entre le 1/01/2019 et le 31/12/2021) qui suivent ou qui précèdent la cession.

En cas de départ à la retraite du dirigeant, et uniquement dans ce cas, la plus-value nette est réduite d'un abattement de 500 000 €.

Remarque. Les prélèvements sociaux de 17,20 % restent dus dans tous les cas sur la plus-value brute avant abattement.

Exemple

N = 2022
Monsieur Durand fait valoir ses droits à la retraite en mai N. Il cède les titres de la SAS Durand qu'il détient depuis 20 ans, qui n'a fait l'objet d'aucune restructuration, et qui sont éligibles au dispositif de l'abattement « jeunes PME ». Il est imposé dans la tranche à 41 %.
Prix d'acquisition des titres : 300 000 €
Prix de cession : 1 000 000 €
Plus-value = 700 000 €
Hypothèse 1 : application du PFU après déduction de l'abattement de 500 000 €
Reste à imposer 200 000 € à 12,8 % soit un IR de 25 600 €
Les prélèvements sociaux, calculés sur la plus-value brute, s'élèvent à 700 000 × 17,20 % = 120 400 €
Soit un total de 146 000 €.

>>>

>>>

Hypothèse 2 : option pour l'imposition progressive :
2 possibilités :
Régime « départ à la retraite » :
Abattement de 500 000 €, soit 700 000 - 500 000 = 200 000 € taxables à 41 % (par hypothèse) = 82 000 €
Et prélèvements sociaux de 120 400 €
Soit un total de 202 400 €
Régime « jeunes PME »
Abattement incitatif : 85 % (les titres sont détenus depuis plus de 8 ans)
Plus-value imposable = 700 000 × 15 % = 105 000 €, taxée au taux progressif de l'IR, soit 41 % = 43 050 €.
Les prélèvements sociaux s'appliquent sur 700 000 € et s'élèvent à 120 400 €
Soit un total de 163 450 €
Synthèse : l'hypothèse de l'imposition au PFU est la plus favorable.

3 Le sort des moins-values

Les moins-values s'imputent uniquement sur les plus-values de cession de valeurs mobilières de l'année N ou à défaut sur les plus-values mobilières des dix années suivantes.

Aucune imputation n'est possible sur le revenu global. L'abattement pour durée de détention ne s'applique plus aux moins-values.

Exemple

N = 2022
M. Martin a cédé pour 60 000 € de titres en N, et il a réalisé à ce titre une moins-value de 10 000 €. Les titres sont détenus depuis moins de deux ans et il ne peut donc bénéficier d'aucun régime incitatif. Cette moins-value ne peut pas s'imputer sur ses autres revenus imposables de l'année, mais uniquement sur ses éventuelles plus-values sur cessions de titres des 10 années à venir.

Remarque. Les opérations de cession doivent, outre la déclaration n° 2042, être mentionnées sur une déclaration n° 2074.

4 La taxe de sortie ou « exit-tax »

Afin d'éviter les délocalisations fiscales des personnes physiques, le législateur a instauré une imposition sur les plus-values latentes et sur les plus-values en report d'imposition. Les plus-values sont imposées au PFU de 12,8 %, ou soumises sur option au barème progressif de l'IR. Dans ce dernier cas, l'impôt est calculé par différence entre l'IR sur le revenu mondial (revenu français et étrangers), majoré des plus-values soumises à la taxe de sortie, et l'IR calculé sur les seuls revenus de source française.

Cette taxe concerne les personnes fiscalement domiciliées en France pendant au moins six des dix ans précédant leur départ à l'étranger.

Sont concernées les participations qui représentent au moins 50 % des bénéfices sociaux d'une entreprise ou dont la valeur est supérieure à 800 000 €.

Une procédure de sursis de paiement s'applique automatiquement (depuis le 1/1/2019 en cas de départ dans un pays de l'UE ou dans un pays ayant conclu avec la France une convention d'assistance avec l'administration en vue de lutter contre la fraude et l'évasion fiscale et une convention d'assistance mutuelle en matière de recouvrement) ou sur demande expresse en cas de départ hors de ces pays.

Toujours pour les transferts de domicile effectués à compter du 1/1/2019, le droit à restitution, en cas de paiement de l'exit-tax, est acquis désormais au bout de deux ans (au lieu de 15 ans auparavant) et au bout de 5 ans si la valeur globale des titres est > à 2,57 millions d' €.

Éclairage

Le projet de suppression de l'exit tax a été remplacé par des assouplissements substantiels du dispositif.

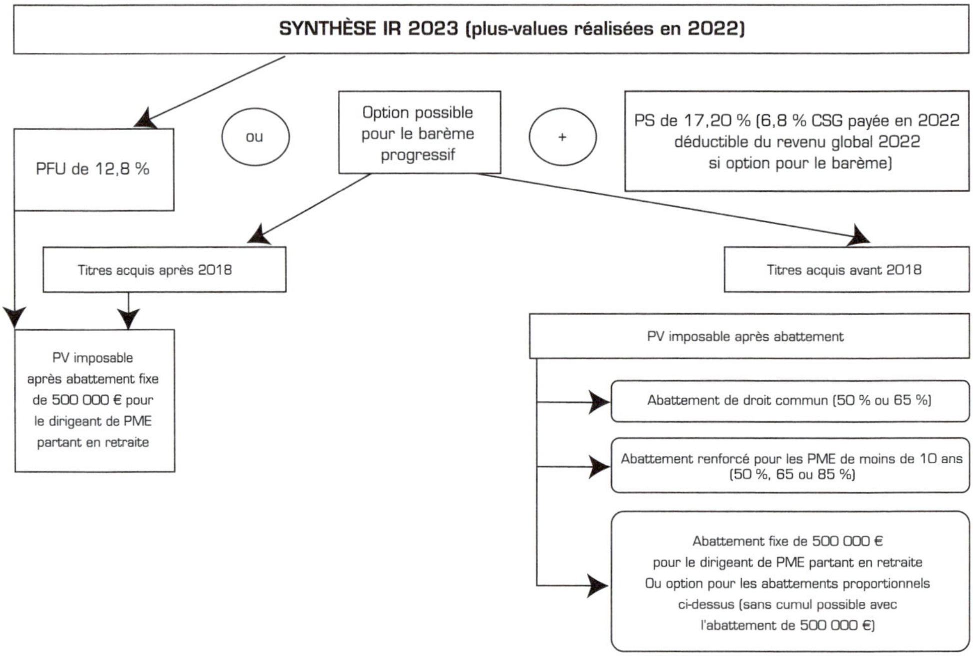
SYNTHÈSE IR 2023 (plus-values réalisées en 2022)
PFU de 12,8 %
ou
Option possible pour le barème progressif
+
PS de 17,20 % (6,8 % CSG payée en 2022 déductible du revenu global 2022 si option pour le barème)
Titres acquis après 2018
Titres acquis avant 2018
PV imposable après abattement fixe de 500 000 € pour le dirigeant de PME partant en retraite
PV imposable après abattement
Abattement de droit commun (50 % ou 65 %)
Abattement renforcé pour les PME de moins de 10 ans (50 %, 65 ou 85 %)
Abattement fixe de 500 000 € pour le dirigeant de PME partant en retraite Ou option pour les abattements proportionnels ci-dessus (sans cumul possible avec l'abattement de 500 000 €)

5 Les plus-values immobilières (CGI art. 150 U à 150 VH)

A Champ d'application

Il s'agit de plus ou moins-values réalisées par les particuliers qui cèdent un bien immobilier, soit directement, soit par l'intermédiaire de sociétés civiles immobilières soumises à l'impôt sur le revenu.

Les biens imposables sont les immeubles bâtis ou non bâtis, c'est-à-dire les constructions et les terrains, et dans certains cas les titres des sociétés (sociétés immobilières relevant de l'IR).

Sont imposables les ventes, mais aussi les échanges et les apports, si ces opérations sont réalisées à titre onéreux.

S'agissant des règles de territorialité : les résidents français sont imposables en France, sauf si le bien cédé est situé dans un pays qui a conclu avec la France une convention fiscale. Les non-résidents sont imposables en France si le bien cédé est situé en France.

Dans ce dernier cas, la plus-value supporte un prélèvement de 19 % s'il s'agit d'un non-résident personne physique.

B Exonérations

Il existe tout d'abord une exonération attachée à la cession de la résidence principale du contribuable. Il s'agit, pour que l'exonération soit effective le jour de la cession, que le contribuable occupe lui-même l'immeuble, une tolérance d'une année existant pour les immeubles vacants au moment de la vente. Cette exonération concerne la résidence et ses dépendances nécessaires et immédiates.

Sont également exonérées les cessions n'excédant pas 15 000 €, ce plafond étant apprécié pour chaque bien cédé et non pas globalement pour l'année.

Pour une résidence secondaire, la plus-value réalisée lors de la première cession d'un logement ne constituant pas la résidence principale du vendeur est exonérée à condition que :

- le vendeur n'ait pas été propriétaire de sa résidence principale dans les quatre ans précédant la cession ;
- le vendeur remploie dans les vingt-quatre mois tout ou partie du prix de cession dans l'acquisition ou la construction d'un logement affecté à sa résidence principale.

Est également exonérée la plus-value réalisée par les retraités ou invalides de condition modeste résidant en maison de retraite ou en foyer d'accueil qui cèdent leur ancien domicile dans les deux ans, ainsi que certaines cessions d'immeubles au profit d'organismes ou d'acheteurs créant des logements sociaux.

C Mode de calcul

La plus-value se calcule par différence entre le prix de cession et le prix ou la valeur d'acquisition.

1 Prix de cession

Le prix de cession est le prix mentionné dans l'acte. Il peut être augmenté des charges supportées par l'acquéreur, et diminué des frais de cession supportés par le vendeur, telle une commission versée à un intermédiaire par exemple.

2 Prix d'acquisition

C'est le prix qui figure dans l'acte d'achat du bien. S'il s'agit d'une acquisition à titre gratuit, c'est-à-dire par succession ou donation, le prix d'acquisition s'entend de la valeur retenue pour l'assiette des droits de donation ou de succession.

Ce prix d'acquisition doit être corrigé des éléments suivants :

- s'il s'agit d'un achat, le prix d'acquisition est majoré forfaitairement de 7,5 % pour tenir compte des frais d'acquisition. Si cela est plus favorable, le vendeur peut choisir de substituer à ce forfait les frais réels (honoraires du notaire, frais d'intermédiaire, droits d'enregistrement, par exemple...) ;
- les travaux qui ont été effectués par une entreprise dans l'immeuble cédé viennent majorer le prix d'acquisition. Si l'immeuble est acquis depuis plus de 5 ans, un forfait de 15 % est applicable, et ce même s'il n'y a pas eu de travaux effectués dans l'immeuble (solution favorable). Comme précédemment, si les travaux excèdent le forfait, le vendeur a le choix de retenir les travaux pour leur montant réel.

a. Plus-value brute

La différence entre le prix de cession et le prix d'acquisition corrigé de l'immeuble nous donne une plus-value brute.

La plus-value brute va être diminuée d'un abattement de 6 % de la 6e à la 21e année de détention, et de 4 % pour la 22e année de détention (soit une exonération au terme de 22 années de détention). Il est fait abstraction des fractions d'années, l'abattement se calculant par périodes de douze mois.

Attention. Pour le calcul des prélèvements sociaux, l'abattement est de 1,65 % pour chaque année de détention au-delà de la cinquième, 1,60 % pour la vingt-deuxième année de détention, et 9 % pour chaque année de détention au-delà de la vingt-deuxième.
L'exonération totale au titre des prélèvements sociaux est acquise à l'issue d'un délai de détention de 30 ans.

Il conviendra d'attendre 22 ans pour une exonération totale d'IR et 30 ans pour une exonération totale de prélèvements sociaux.

Attention. Un abattement exceptionnel de 70 ou 85 % est susceptible de s'appliquer, sous certaines conditions, lors de la cession de terrains à bâtir en vue de la construction de logements neufs, situés dans des zones « tendues » connaissant un fort déficit de logements.

b. Plus-value nette

Dans l'hypothèse où l'immeuble cédé entraîne la réalisation d'une moins-value, cette moins-value n'est ni imputable, ni reportable (sauf dans le cas particulier où il s'agit d'un immeuble acquis par fractions successives).

D Règles d'imposition

1 L'imposition à taux proportionnel (19 %)

La plus-value est déterminée et l'impôt payé à la date de l'acte notarié, quelles que soient les modalités de règlement du prix.

La plus-value est taxée à 19 % et majorée des prélèvements sociaux de 17,20 %, soit un taux effectif d'imposition de **36,20 %**.

L'impôt est prélevé par le notaire (sauf s'il s'agit d'une cession de titres) sur le prix versé par l'acquéreur de l'immeuble, et il est payé au service de la publicité foncière dans le mois qui suit la vente. La déclaration de plus-value est souscrite sur un imprimé 2048 IMM, et la plus-value immobilière est désormais reportée sur la déclaration n° 2042 pour déterminer le revenu fiscal de référence.

Exemple

1. Les données
N = 2022
M. Durand vend, le 7 mars N, une résidence secondaire acquise à titre onéreux le 15 septembre N-11. Pour rechercher un acquéreur, il a eu recours aux services d'une agence spécialisée qui lui a réclamé 5 000 € au moment de la signature du compromis de vente. Le prix de vente est de 320 000 € et le prix d'achat de 170 000 €. Il a refait la toiture de sa résidence en N-8 pour un coût total de 30 000 €.
Calculez la plus-value imposable et le montant de l'impôt dû.
2. La solution
Sa plus-value de cession se calcule ainsi :
- prix de cession, diminué de la commission versée à l'intermédiaire : 320 000 – 5 000 = 315 000 € ;
- prix d'acquisition : 170 000 € ;
- frais d'acquisition : 7,5 % × 170 000 = 12 750 € ;
- travaux : forfait de 15 % ou frais réels ? 15 % × 170 000 = 25 500 €. Il est préférable de retenir les frais réels, soit 30 000 € ;
- prix d'achat corrigé = 170 000 + 12 750 + 30 000 = 212 750 € ;
- plus-value brute = 315 000 – 212 750 = 102 250 € ;
- abattement pour durée de détention : il est de 6 % au-delà de la cinquième année, pour 10 années pleines, soit 30 % = 30 675 € ;
- plus-value nette imposable : 71 575 € ;
- montant de l'impôt à payer : 71 575 × 19 % = 13 599 €.

Calcul des prélèvements sociaux :
- plus-value brute = 102 250 € ;
- abattement pour durée de détention : il est de 1,65 % au-delà de la cinquième année, soit 8,25 % = 8 436 €.

Base soumise aux prélèvements sociaux :
102 250 – 8 436 = 93 814 € ;
CSG = 93 814 × 9,20 % = 8 631 € ;
CRDS = 93 814 × 0,5 % = 469 €.
Prélèvement social, contribution additionnelle et prélèvement de solidarité = 93 814 × 7,50 % = 7 036 €
Surtaxe progressive = 1 432 € (voir ci-après)
Total à payer (hors taxe sur les plus-values immobilières, voir *infra*) = 31 167 €

2 La surtaxe progressive sur les plus-values immobilières

Une taxe sur les plus-values immobilières réalisées à compter du 1er janvier 2013 a été instaurée. Ne sont pas concernées par cette nouvelle taxe les cessions de la résidence principale ainsi que les plus-values sur cession de terrain à bâtir.

La taxe est calculée sur le montant de la plus-value immobilière imposable.

Cette taxe est déterminée selon le barème progressif suivant :

(en euros)

Montant de la plus-value imposable	Montant de la taxe
De 50 001 à 60 000	2 % PV – (60 000 – PV)*1/20
De 60 001 à 100 000	2 % PV
De 100 001 à 110 000	3 % PV – (110 000 – PV) × 1/10
De 110 001 à 150 000	3 % PV
De 150 001 à 160 000	4 % PV – (160 000 – PV) × 15/100
De 160 001 à 200 000	4 % PV
De 200 001 à 210 000	5 % PV – (210 000 – PV) × 20/100

	(en euros)
Montant de la plus-value imposable	**Montant de la taxe**
De 210 001 à 250 000	5 % PV
De 250 001 à 260 000	6 % PV - (260 000 - PV) × 25/100
Supérieur à 260 000	6 % PV
(PV = montant de la plus-value imposable)	

Exemple : La plus-value nette imposable s'élève à 71 575 €.
La surtaxe s'élève par conséquent à 2 % × 71 575 = 1 431,50 € arrondi à 1 431 €.
Le total de l'impôt de plus-value s'élève à 31 166 € (29 735 + 1 431).

LES REVENUS NETS CATÉGORIELS

LA BASE D'IMPOSITION	
Les traitements et salaires (TS)	Revenus perçus dans le cadre d'une activité salariée ou pensions de retraites et rentes viagères Déduction forfaitaire de 10 % ou option pour les frais réels Revenu imposable au taux progressif
Les bénéfices industriels et commerciaux (BIC)	Revenus perçus par les commerçants, artisans et industriels Régime micro ou régime réel : revenu imposable au taux progressif
Les bénéfices agricoles (BA)	Revenus perçus par les exploitants agricoles Régime micro ou régime réel : revenu imposable au taux progressif
Les bénéfices non commerciaux (BNC)	Revenus perçus dans le cadre d'une activité libérale (professions médicales, paramédicales, juridiques, ingénieurs conseils, etc....) Régime micro ou régime de la déclaration contrôlée : revenu imposable au taux progressif
Les rémunérations des gérants de sociétés, dites de l'article 62 du CGI	Rémunérations des gérants majoritaires de sociétés à l'IS Déduction forfaitaire de 10 % ou option pour les frais réels Revenu imposable au taux progressif
Les revenus fonciers	Revenus provenant de la location des immeubles bâtis ou non bâtis. Régime micro ou réel : revenu imposable au taux progressif
Les revenus de capitaux mobiliers (RCM)	Revenus d'actions, d'obligations, de créances, etc.... Prélèvement forfaitaire unique de 30 % ou imposition au barème progressif sur option globale (après déduction d'un abattement de 40 % pour les dividendes) et déduction de 6,80 % de la CSG de N
Les plus-values mobilières	Revenus tirés de la cession de valeurs mobilières Prélèvement forfaitaire unique de 30 % ou imposition au barème progressif sur option globale, après éventuelle application d'abattements en fonction de la durée de détention des titres et de leur date d'acquisition.
Les plus-values immobilières	Revenus tirés de la cession de biens immobiliers Imposition au taux fixe de 19 % majoré de 17,20 % de prélèvements sociaux Pas d'imposition optionnelle au barème progressif.

Applications

EXO 02.01 Cas Daniel Delta

N = 2022

M. Daniel Delta est pilote de ligne à Air France, et il assure les liaisons entre la France et l'Amérique latine.

Il a perçu en N les sommes suivantes :

– salaires bruts :	153 000 €
– prime de vol :	7 300 €
– prime de risques (vols de nuit) :	14 000 €
– indemnité pour frais d'emploi (hôtel et restaurant lors des escales à l'étranger) :	17 000 €

De plus, il a bénéficié d'avantages en nature d'une valeur réelle de 6 000 €.

Le total des frais réels justifiés par M. Delta est de 15 800 €.

En outre, M. Delta a supporté, en N, les retenues suivantes au titre de :

– l'assurance maladie :	10 740 €
– l'assurance vieillesse :	1 350 €
– la retraite complémentaire obligatoire des cadres :	2 570 €
– l'assurance chômage (versement à Pôle Emploi) :	1 960 €

Enfin, M. Delta a personnellement versé à sa compagnie d'assurance une somme de 8 600 € pour la constitution d'une retraite complémentaire à capital aliéné.

→ **Travail à faire**

Déterminer le revenu net à retenir au titre de la catégorie des traitements et salaires, en retenant la solution la plus avantageuse pour M. Delta. Il sera fait abstraction de la CSG.

EXO 02.02 Cas SATRIME

N = 2022

M. et Mme Satrime ont déclaré en N les salaires suivants :

A. Salaires de Thierry Satrime

Thierry Satrime exerce les fonctions de représentant de commerce pour la région Poitou-Charentes de la SA SEPASSEBIEN, spécialisée dans la fabrication de matériel électroménager. Au cours de l'année, il a perçu les sommes suivantes, après retenue des cotisations sociales :

– commissions :	109 000 €
– remboursements de frais :	16 000 €
– participation des salariés (sommes bloquées dans un compte courant de la société pendant 10 ans)	5 300 €
Total :	**130 300 €**

L'intéressé a engagé des frais réels pour son activité salariée. Il vous les communique afin d'établir le régime fiscal le plus favorable dans son cas :

1. Frais de trajet du domicile au bureau

M. Satrime est domicilié à Poitiers (86) où son épouse, proviseur du lycée Sacartonne, est logée par nécessité de service. Les bureaux du siège de la SA SEPASSEBIEN, où M. Satrime reçoit ses instructions et dépose ses rapports d'activité, sont situés à Châtellerault, ville distante de 35 kms de Poitiers.

M. Satrime a effectué 120 fois le trajet aller-retour Châtellerault-Poitiers avec son véhicule personnel d'une puissance fiscale de 8 CV.

Nombre de kilomètres parcourus à titre professionnel : 35 × 2 × 120 = 8 400 kms.

2. Amortissement du véhicule

Prix d'achat en N–1 d'un véhicule Volvo = 38 000 € TTC.

Soit 38 000 € × 20 % = 7 600 €.

3. Location d'un garage : 760 € pour l'année.

4. Assurance automobile : quittance payée chaque année le 1er février : 1 200 €.

5. Rémunération : versée en N à une personne assurant les tâches de secrétariat pour le compte de M. Satrime (notamment dactylographie) : 7 700 €.

6. Voyages d'affaires (pour lesquels M. Satrime n'utilise pas son véhicule personnel).

Cette rubrique comprend :

- les dépenses exposées à l'occasion de la prospection de la clientèle de la région Poitou-Charentes ;
- les frais supportés lors de déplacements en d'autres points du territoire national, à l'occasion notamment de congrès, foires-expositions, etc.

L'ensemble des dépenses se décompose ainsi :

- transports (train – avion) : 2 600 €
- hôtel : 20 jours – prix moyen de la chambre : 38 €
  Soit : 120 × 38 € = 4 560 €
- restaurant : 120 jours – 2 repas par jour – prix moyen du repas : 12 €
  Soit : 240 × 12 € = 2 880 €

Autres renseignements

L'intéressé est en mesure de produire toutes les pièces justificatives concernant les dépenses dont il fait état :

- l'allocation forfaitaire de 16 000 € est destinée à couvrir :
  - pour 6 700 € : les frais d'utilisation du véhicule personnel de M. Satrime ;
  - pour le surplus, soit 9 300 €, les dépenses occasionnées par les voyages d'affaires ;
- M. Satrime parcourt en moyenne 25 000 kms par an (déplacements privés compris) ;
- M. Satrime vous précise qu'il souhaite faire usage du barème kilométrique de l'administration pour les dépenses liées à l'utilisation de son véhicule automobile.

B. Salaires de Mme Satrime

Mme Satrime a perçu en N des salaires pour 90 000 €.

C. Salaires de Paul Satrime

Paul, 21 ans et rattaché au foyer de ses parents, a travaillé deux mois durant l'été N, au service des urgences du CHRU de Poitiers. À ce titre, il a perçu 2 200 € nets.

→ Travail à faire

Vous indiquerez à M. et Mme Satrime l'option la plus avantageuse pour la détermination de leurs salaires imposables, en la chiffrant.

EXO 02.03 Cas Gripsoule

N = 2022

M. Gripsoule est propriétaire d'un immeuble de 5 étages situé à Limoges (87) d'une superficie totale de 1 800 m^2 qu'il donne en location.

Ses recettes de N sont les suivantes :

- au titre de la location d'appartements nus (A) représentant 900 m^2 = 32 000 € ;
- au titre de la location d'appartements munis de mobilier (B) représentant 900 m^2 = 38 000 € ;
- au titre d'une location de panneaux d'affichage installés sur l'immeuble : 3 000 € ;
- au titre de la location de garages indépendants des appartements : 15 500 € ;
- une indemnité d'assurance lui a été versée pour des dégradations consécutives à une inondation dans les appartements (A) = 7 600 € ;
- à l'occasion de l'entrée de nouveaux locataires dans les appartements (A), M. Gripsoule a perçu 6 100 € de dépôts de garantie ;
- lors de la sortie des locataires précédents (A), il a imputé à hauteur de 2 300 € les dépôts de garantie versés à l'origine, en compensation de loyers demeurés impayés ;
- en plus des loyers, M. Gripsoule a perçu de ses locataires des remboursements de charges leur incombant pour les montants suivants :
  - appartements A = 9 150 €
  - appartements B = 12 200 €.

Au cours de l'année N, M. Gripsoule a supporté les charges suivantes :

- fournitures et services destinés à l'usage commun des locataires (eau, chauffage, éclairage, ascenseur, etc.) :
  - appartements A = 9 150 €
  - appartements B = 10 500 € ;
- frais d'huissier pour recouvrement de loyers impayés sur appartements (A) = 800 € ;
- frais d'avocat et de procédure pour un procès en exécution de la garantie décennale contre un entrepreneur = 2 300 € ;
- salaire et charges de la concierge = 9 150 € ;
- travaux d'installation d'une salle de bain dans un appartement (A) = 3 050 € ;
- travaux d'installation d'une antenne collective de télévision = 2 300 € ;
- importants travaux de rénovation ayant conduit à la réfection totale de la toiture, à la transformation du grenier en appartements type (A) avec percement de fenêtres nouvelles et à des travaux de gros œuvre = 38 000 € ;
- au deuxième étage, une rénovation complète a également été entreprise, ayant conduit à quelques modifications du cloisonnement intérieur afin de créer des appartements type (A), à l'implantation de cuisines, d'installations sanitaires, à la réfection d'installations électriques, à l'élargissement de portes et fenêtres pour y placer des huisseries normalisées. Le tout n'a pas affecté le gros œuvre ni accru le volume et la surface habitable = 22 900 € ;
- à l'occasion de ces travaux, M. Gripsoule a contracté un emprunt de 61 000 € pour lequel il a payé 4 600 € d'intérêts, 3 050 € de remboursement de capital et 152 € d'assurance-vie. Lors de la conclusion du contrat de prêt, M. Gripsoule avait acquitté 305 € de frais de dossier et 915 € de frais d'acte hypothécaire ;
- M. Gripsoule a payé 5 500 € de taxe foncière pour l'immeuble entier.

→ **Travail à faire**

Déterminer les revenus fonciers de M. Gripsoule de N.

EXO 02.04 SCI DUBATEAU

N = 2022

La SCI DUBATEAU a un capital de 182 000 € divisé en 1 100 parts de 165, 45 € réparti comme suit :

- Mme LAMERE :	624 parts
- Mlle LESVOILES :	256 parts
- M. LEQUAI :	19 parts
- Mme LAHUNE :	19 parts
- SA SAFLOTTE :	182 parts

La société dispose d'un immeuble à usage industriel à Tours (37). Cet immeuble est loué non équipé à une société industrielle, la SA DUBATEAU.

Charges et revenus de la SCI DUBATEAU :

- loyers encaissés

4e trimestre N-1 le 01/01/N :	11 500 €
1er trimestre N le 01/04/N :	11 500 €
2e trimestre N le 17/04/N :	11 500 €
3e trimestre N le 22/10/N :	14 200 €
4e trimestre N le 18/01/N+1 :	12 100 €

- taxe foncière : 12 590 € le 10/11/N
- honoraires conseil : 506 € TTC, payés 250 € le 15/03/N et 256 € le 15/01/N+1
- amortissements N : 7 500 €

Il est précisé que la SCI n'a pas opté à la TVA sur ses loyers.

→ Travail à faire

Déterminer le résultat fiscal de la SCI DUBATEAU, et la quote-part de résultat revenant à chaque associé.

EXO 02.05 Cas Loison

N = 2023

M. Claude Loison, dirigeant, actionnaire et administrateur de sociétés, domicilié à Bordeaux, 10 place de la Bourse, a bénéficié au titre de l'année N, de revenus de capitaux mobiliers au sujet desquels il fournit les précisions suivantes :

1. En tant qu'actionnaire de la société anonyme Coupons Zessions, spécialisée dans le négoce de bois, il a reçu le 17 mai N-1 un virement de ladite société d'un montant de 42 000 € correspondant à un dividende net mis en distribution de 60 000 €, crédité en compte à sa banque BNP le 18 mai N-1.
2. Il possède également des actions de diverses sociétés françaises dont les dividendes ont été encaissés le 30 septembre N-1 à la Banque Crédit de l'Est : net encaissé = 6 800 €
3. Il a également perçu des produits des dividendes d'une société espagnole pour 17 000 €. La société a pratiqué une retenue à la source de 15 % du dividende.
4. En juillet 1986, il a souscrit à l'emprunt émis par la Caisse nationale de l'énergie en achetant 10 obligations de 1 000 € au taux de 11 %. Les intérêts courus du 20 avril N-2 au 19 mars N-1 ont été payés le 20 mars N-1.
5. M. Loison a encaissé des intérêts de compte courant d'associé pour un montant net de 7 000 €. Le montant des avances qu'il a réalisées en compte courant s'élève à 200 000 €, et la société a rémunéré ces avances à 5 %.

6. M. Loison a reçu, en tant qu'administrateur de la SA ZEBULON, des jetons de présence ordinaires pour 25 000 €. La société a déduit ces jetons de son résultat fiscal pour 20 000 €.
7. M. Loison a perçu en N la somme de 1 000 € correspondant aux intérêts d'un livret A de caisse d'épargne.
8. M. Loison loue pour 1 000 € par an un coffre pour y détenir des lingots d'or et souscrit un abonnement annuel de 350 € pour un journal spécialisé dans le marché financier (*L'investisseur averti*).
9. Il a enfin acquitté des droits de garde de titres pour 400 €.

M. Loison est célibataire ; il est né le 24 février 1949. Son taux marginal d'imposition est de 45 %. Son revenu net fiscal de référence pour N-2 est supérieur à 50 000 €.

→ Travail à faire

Vous déterminerez les revenus nets imposables et vous indiquerez à M. Loison les modalités d'imposition de ses revenus de capitaux mobiliers, en retenant s'il y a lieu la solution qui vous paraît la plus favorable.
Vous tiendrez compte des prélèvements sociaux.

EXO 02.06 Cas Yves Vantout

N = 2022

M. Vantout est marié, trois enfants, salarié, son revenu net imposable s'élève à 107 000 € en N-1, soit une tranche supérieure d'imposition de 30 %.

Il possède un appartement à Paris (VIIe) acquis en mai N-28, loué de N-26 à N-12 et occupé depuis en résidence principale. Le prix d'acquisition était de 350 000 €, plus 3 000 € d'honoraires de notaire et 31 000 € de droits et coûts de formalités.

En juin N, M. Vantout, à la suite d'une restructuration de l'entreprise, se voit affecté dans le nord de la France et déménage le 1er août. Il revend son appartement de Paris le 20 septembre N pour 915 000 € et achète une nouvelle résidence principale en octobre N.

Il revend également en N, le 10 octobre, une villa ancienne achetée à la Tranche-sur-Mer (85) le 23 août N-8 pour 55 000 €, majorée de 4 900 € de frais. Il n'a jamais déduit les intérêts de l'emprunt contracté pour l'acquisition et il a réalisé 7 700 € de travaux d'amélioration en juin N-7. Il a payé 1 600 € d'intérêts par an pendant 3 ans, de N-7 à N-3, et n'a encore jamais revendu d'autre immeuble.

Prix de vente : 137 200 € et il règle une commission à la vente de 7 600 €.

Le père de Monsieur Vantout est décédé le 1er février N-19 : M. Vantout a alors hérité de la moitié d'un immeuble locatif à Limoges (87), évalué à l'époque 30 500 €. Les droits de succession se sont élevés à 1 500 € à la charge de M. Vantout, et les honoraires du notaire et les frais de formalités d'acquisition à 2 300 €.

Sa mère décède le 20 mai N-10 et il hérite alors de la deuxième moitié de l'immeuble évalué alors à 76 000 € et après redressement par l'administration, à 84 000 €. Les droits de succession alors payés par M. Vantout se sont élevés à 4 500 € et les frais de mutation à 2 800 €.

Il a effectué sur cet immeuble 15 300 € de travaux d'amélioration en N-9. Il possède par ailleurs un patrimoine foncier locatif très important, dont le revenu est largement bénéficiaire. Il revend cet immeuble de Limoges le 12 décembre N pour 152 500 €.

→ Travail à faire

Calculer l'impôt dû à raison de ces cessions.

Le calcul de l'impôt sur le revenu

Chapitre 3

COMPÉTENCES ATTENDUES

- **Déterminer la composition du foyer fiscal.**
- **Déterminer et justifier l'impôt sur le revenu d'un foyer fiscal.**
- **Déterminer les réductions et crédits d'impôt.**
- **Expliquer les modalités de déclaration et de paiement de l'impôt.**

PLAN DU CHAPITRE

SYNTHÈSE P. 92

APPLICATIONS P. 93

LES RÉFÉRENCES POUR COMPRENDRE LE CONTEXTE

Proverbe de fiscaliste : « Dans chaque niche fiscale se tient un chien prêt à mordre ».

Le quotient familial

Quotient familial et impôt sur le revenu : comment ça marche ? Fiche thématique sur le site du ministère de l'Économie, des Finances et de la Souveraineté industrielle et numérique

Tranches et taux d'imposition 2023

TRANCHES
POUR 1 PART DE QUOTIENT FAMILIAL

Revenu annuel net imposable

Tranche 1	Tranche 2	Tranche 3	Tranche 4	Tranche 5
Jusqu'à 10 777 €	De 10 778 € à 27 478 €	De 27 479 € à 78 570 €	De 78 571 € à 168 994 €	Plus de 168 994 €
0 %	11 %	30 %	41 %	45 %

Les réductions d'impôt, crédit d'impôt et déduction fiscale

Connaissez-vous les différences entre réduction d'impôt, crédit d'impôt et déduction fiscale ? Vidéo explicative sur la chaîne YouTube du Service Public

Le prélèvement à la source

Outil de calcul du prélèvement à la source sur le site impots.gouv.fr

1 Règles générales de calcul de l'impôt sur le revenu

L'impôt sur le revenu est basé sur la technique de la progressivité. L'idée, qui repose sur un principe de justice sociale, est que plus le revenu est élevé, plus l'impôt est important.

Mais ce principe est tempéré par un certain nombre de mécanismes : le plus significatif, même si sa portée s'est amenuisée depuis quelques années, est le quotient familial, qui consiste à pondérer l'impôt en fonction des personnes dont le contribuable a la charge.

La progressivité et le quotient familial, c'est l'alpha et l'oméga de l'impôt sur le revenu.

A Mécanisme du quotient familial

Le quotient familial (QF), c'est la division du revenu imposable (RI) par le nombre de parts (P) : ce nombre de parts est déterminé en fonction des personnes qui sont considérées comme étant fiscalement à la charge du contribuable.

$$QF = \frac{RI}{P}$$

Pour apprécier les charges de famille, il convient de se placer au premier janvier de l'année d'imposition ou au 31 décembre, si la situation est plus favorable.

Exemple

Mme Durand est mariée et elle vient de mettre au monde le 31 décembre N à 23 h 55 son troisième enfant, Jules.
Jules sera pris en compte pour le calcul du quotient familial de l'année N, et il procurera une part entière au foyer Durand. C'est, compte tenu de la date et de l'heure de sa naissance, incontestablement un beau bébé fiscal !

Nous verrons quelles sont les personnes qui composent le foyer fiscal.

1 Les enfants

Nous distinguerons les enfants à charge de plein droit des enfants qui peuvent être rattachés sur option.

Sont toujours à la charge du contribuable les enfants mineurs, c'est-à-dire ceux âgés de moins de 18 ans. Si l'enfant a 18 ans au cours de l'année, il peut être compté à charge par ses parents sans formalité particulière.

Sont à la charge du contribuable les enfants de moins de 21 ans, ou de moins de 25 ans s'ils sont étudiants, lorsqu'ils en font la demande dans le cadre d'une demande de rattachement.

À partir de sa majorité, l'enfant peut, s'il le souhaite, faire l'objet d'une imposition distincte.

Remarque. C'est bien l'enfant majeur, lorsqu'il remplit les conditions, qui demande son rattachement, et ce sont le ou les parents qui l'acceptent ou le refusent. Notons que le refus du rattachement de l'enfant par les parents peut s'expliquer lorsque l'enfant a des revenus, ceux-ci s'ajoutant alors à ceux de ses parents.

Il existe deux cas particuliers. Tout d'abord, les enfants mariés, pacsés ou chargés de famille, c'est-à-dire des enfants qui remplissent les conditions pour faire partie du foyer de leurs parents (il suffit que l'un des enfants remplisse les conditions).

Dans ce cas, le rattachement est global et il a la particularité de ne pas se traduire par une augmentation du nombre de parts, mais par un **abattement** sur le revenu net global. Cet abattement s'élève à 6 368 € par personne rattachée en 2022.

Remarque. Le rattachement sera possible si, pour un couple marié ou pacsé, l'un des deux enfants remplit les conditions.

Exemple

N = 2022
Jean et Marie Dupont, dont le revenu net global s'élève à 70 000 €, ont un fils unique, Luc. Celui-ci a 27 ans en N, il est sans emploi et il vient de se marier avec Lucie, qui a 22 ans et qui est étudiante. Il peut, s'il le demande et si ses parents l'acceptent, se rattacher à leur foyer. Dans ce cas, la conséquence du rattachement se traduit par un abattement de 6 368 € × 2, soit 12 736 €.
Le revenu net global imposable de Jean et Marie Dupont s'élève à 70 000 – 12 736 = 57 264 € pour 2 parts.

Les enfants **recueillis** peuvent faire partie du foyer fiscal du contribuable s'ils ont été recueillis mineurs.

Les enfants infirmes, quel que soit leur âge, peuvent toujours faire partie du foyer fiscal de leurs parents, et ce même s'ils ne sont pas titulaires de la carte d'invalidité. Toutefois, la carte d'invalidité entraîne une majoration du quotient familial d'une demi-part.

Remarque. Le rattachement est fiscal. Il n'est pas nécessaire que les enfants majeurs, y compris invalides, vivent sous le toit de leurs parents pour pouvoir être rattachés.

2 Personnes à charges autres que les enfants

En dehors des propres enfants du contribuable, seules quelques personnes peuvent être comptées à charge, dans des cas strictement prévus par la loi.

Tel est le cas exclusivement pour toute personne titulaire de la carte d'invalidité, quel que soit l'âge et quel que soit le lien de parenté avec le contribuable, du moment qu'elle vit sous le toit du contribuable.

Remarque. Aucune autre personne ne peut être comptée à charge.

3 Le calcul du nombre de parts

Pour déterminer le nombre de parts dont le contribuable peut bénéficier, il faut distinguer si le contribuable est seul ou marié ou pacsé.

a. Le contribuable est seul (célibataire, divorcé ou veuf)

Il a droit à **une part** de quotient familial.

La première personne à charge compte pour une part, une demi-part, ou un quart de part :

- elle compte pour une part : c'est le cas où le contribuable est seul, et ne vit pas en union libre. Pour tenir compte du fait qu'il est plus difficile d'élever seul un enfant que lorsqu'on est en couple, une part entière est accordée ;
- elle compte pour une demi-part : le contribuable ne vit pas seul, mais en union libre. Dans ce cas, il n'a droit qu'à une demi-part, de la même manière que les couples mariés ou pacsés ;
- elle compte pour un quart de part : c'est le cas des enfants dont la garde est partagée entre les deux parents.

b. Le contribuable est marié ou pacsé : le couple a droit à deux parts

- La première personne compte pour une demi-part ;
- la deuxième personne compte pour une demi-part.

Dans les deux situations, la troisième personne à charge compte pour une part entière, ainsi que les personnes suivantes.

Toute personne invalide confère une demi-part supplémentaire de quotient familial.

Remarque. L'année du mariage, les époux souscrivent une seule déclaration, avec possibilité d'option pour le dépôt de déclarations séparées.
La situation de famille sera appréciée soit au 1er janvier, soit au 31 décembre de l'année d'imposition.
Un dispositif similaire est mis en place l'année de la séparation.

Exemple

1. Les données

M. et Mme Dupont ont cinq enfants :

- Paul, 28 ans, infirme, vit toute l'année dans un centre d'aide par le travail (CAT) : il est titulaire de la carte d'invalidité ;
- Jean, 24 ans, étudiant en médecine ;
- Marie, 20 ans, sans emploi ;
- Luc, 17 ans, lycéen ;
- Sophie, 9 ans, écolière.

Vit également sous leur toit Ernestine Martin, mère de Mme Dupont. Elle est âgée de 85 ans, n'a aucune ressource, et a un bon coup de fourchette ! Elle est une charge réelle pour ses enfants.

M. et Mme Dupont veulent connaître leur quotient familial, en distinguant les personnes qui font partie de plein droit de leur foyer fiscal et celles qui peuvent en faire partie sur option.

2. La solution

- Personnes composant **de droit** le foyer fiscal :
  - M. et Mme Dupont : **2 parts** ;
  - Paul, même s'il est majeur et a 28 ans, fait de plein droit partie du foyer fiscal de ses parents car il est invalide. Étant titulaire de la carte d'invalidité, il procurera à ses parents 1/2 part de plus, soit 0,5 + 0,5 part = **1 part** ;
  - Luc et Sophie sont mineurs : ils appartiennent de plein droit au foyer de leurs parents : **0,5** et **une part**, puisque Sophie est la troisième personne à charge.
- Personnes composant **sur option** le foyer fiscal :
  - c'est le cas de Marie : elle a 20 ans, elle peut être rattachée puisqu'elle a moins de 21 ans. Elle doit demander son rattachement et ses parents doivent l'accepter : **1 part** ;
  - c'est le cas de Jean : il est majeur, mais il remplit les conditions pour être rattaché (moins de 25 ans et étudiant) : il doit, comme Marie, également demander son rattachement : **1 part**.
- Personnes **ne pouvant être comptée à charge** : c'est le cas d'Ernestine, qui, même si elle est une charge effective pour ses enfants, du fait notamment de son appétit féroce, ne peut être retenue dans le décompte des parts car elle n'est pas invalide.

Il sera toutefois possible de déduire forfaitairement des revenus de M. et Mme Dupont un montant de 3 592 € pour le logement et la nourriture (*cf. supra*).

Le foyer DUPONT disposera de **6,5 parts** de quotient familial.

Tableau récapitulatif du nombre de parts

Situation de famille	Nombre de parts
Célibataire, divorcé (ou séparé) ou veuf, sans enfant à charge	1
Célibataire, divorcé (ou séparé) ou veuf, sans enfant à charge et vivant seul	1,5 (sous conditions)
Marié sans enfant à charge	2
Célibataire ou divorcé ayant un enfant à charge	1,5 ou 2 (sous conditions)
Marié ou veuf ayant un enfant à charge	2,5
Célibataire ou divorcé ayant deux enfants à charge	2
Marié ou veuf ayant deux enfants à charge	3
Célibataire ou divorcé ayant trois enfants à charge	3
Marié ou veuf ayant trois enfants à charge	4
Célibataire ou divorcé ayant quatre enfants à charge	4
Marié ou veuf ayant quatre enfants à charge	5
Célibataire ou divorcé ayant cinq enfants à charge	5
Marié ou veuf ayant cinq enfants à charge	6
Célibataire ou divorcé ayant six enfants à charge	6
Et ainsi de suite en augmentant d'une part par enfant à charge du contribuable	

B Calcul de l'impôt

L'impôt sur le revenu s'appuie sur le mécanisme de la progressivité. Plus le revenu est élevé, plus il est imposé.

1 La détermination de l'impôt brut

Le revenu imposable est divisé par le nombre de parts composant le foyer fiscal.

Le quotient familial ainsi obtenu (revenu imposable/nombre de parts) est découpé en tranches soumises à un taux d'imposition qui augmente progressivement jusqu'à atteindre un taux maximum de 45 %. L'impôt ainsi obtenu est ensuite multiplié par le nombre de parts pour obtenir l'impôt dû par le foyer fiscal.

Le barème de l'impôt sur le revenu pour 2022 (imposition des revenus 2021) est le suivant :

- jusqu'à 10 777 € : 0 %
- de 10 778 € à 27 478 € : 11,00 %
- de 27 479 € à 78 570 € : 30,00 %
- de 78 571 € à 168 994 € : 41,00 %
- au-delà de 168 995 € : 45,00 %

La progressivité de l'impôt et le système du quotient sont illustrés dans l'exemple donné ci-après.

Exemple

1. Les données

N = 2022

M. Jérémy Hade exerce la profession d'antiquaire. Pour l'année N, le bénéfice net imposable de son entreprise s'est élevé à 55 000 €. Il a encaissé par ailleurs des revenus fonciers d'un montant imposable de 10 000 €. M. Jérémy Hade est célibataire.

Quel impôt devra-t-il acquitter en N+1 sur ses revenus de N ?

2. La solution

En mai N+1, Monsieur Jérémy Hade déclarera les revenus suivants sur l'imprimé spécial que lui fera parvenir l'administration :

– bénéfices industriels et commerciaux	55 000
– revenus fonciers	10 000
– revenu imposable	**65 000**

C'est l'administration qui procédera au calcul de l'impôt à payer en appliquant le barème progressif. Le calcul se fera de la façon suivante :

– tranche de revenu n'excédant pas 10 777 :	0 %	0
– tranche de revenu comprise entre 10 778 à 27 478 :	11 %	1 837,11
– tranche de revenu comprise entre 27 479 et 78 570 :	30 %	15 327,30
– impôt exigible		**17 164,41 arrondi à 17 164**

Auquel il faudra rajouter 1 720 € de prélèvements sociaux calculés sur les revenus fonciers (10 000 × 17,20 % : montant des prélèvements sociaux en 2022 – Voir Chapitre 4).

Son taux moyen d'imposition, hors prélèvements sociaux, est de 26,4 % (17 164/65 000).

Son taux marginal d'imposition, c'est-à-dire la partie de son revenu la plus fortement imposée, est de 30 %.

Si ce même contribuable était marié avec 4 enfants à charge, son quotient familial serait égal à 65 000/5 = 13 000.

L'impôt s'établirait comme suit :

– tranche de revenu n'excédant pas 10 777	0 %	0
– tranche de revenu comprise entre 10 778 et 13 000 :	11 %	244,42
– impôt dû pour une part		244,42

Impôt dû pour 5 parts : 244,42 × 5 = 1 222,10 arrondis à 1 222 avant décote

Après décote, (cf *infra* pour les modalités de calcul de la décote), l'impôt s'élève à 397 €.

Cet exemple montre que par le jeu du quotient familial, l'impôt passe, hors prélèvements sociaux, de 17 164 € à 397 €.

Il n'y a donc pas de barème spécifique pour l'imposition des bénéfices d'une entreprise, ceux-ci ne sont que l'un des éléments du revenu global imposable au nom du contribuable.

Il n'est pas nécessaire de « monter » à chaque fois les tranches du barème pour calculer l'impôt. Des formules de calcul rapide le permettent :

soit : R = revenu imposable I = impôts N = nombre de parts

Barème de l'impôt sur le revenu (CGI. art. 197) Revenus 2022		
Fraction de revenu imposable	**Tarif applicable**	**Formule de calcul rapide de l'impôt (N = nombre de parts)**
N'excédant pas 10 777 €	0%	0
Compris entre 10 778 € à 27 478 €	11 %	(RNGI x 0,11) - (1 185,47 x N)
Compris entre 27 479 € à 78 570 €	30 %	(RNGI x 0,30) - (6 406,29 x N)
De 78 571 € à 168 994 €	41 %	(RNGI x 0,41) - (15 048,99 x N)
Supérieur à 168 995 €	45 %	(RNGI x 0,45) - (21 808,75 x N)

Reprise de l'exemple précédent : QF = 13 000.

I = (65 000 × 0,11) - (1 124,75 × 5) = 1 526,25 arrondi à 1 526 € (avant décote).

Remarque. Une contribution exceptionnelle sur les hauts revenus a été mise en place : il s'agit d'une contribution « conjugalisée » : les règles du quotient familial ne s'appliquent pas, seule compte la présence ou non d'un conjoint ou partenaire d'un PACS.
Cette contribution est assise sur le Revenu Fiscal de Référence (RFR).

Taux de la CEHR

Fraction du RFR	Célibataire, veuf, séparé ou divorcé	Marié ou pacsé soumis à l'imposition commune
< 250 000 €	0 %	0 %
> 250 001 € et < 500 000 €	3 %	0 %
> 500 001 € et < 1 000 000 €	4 %	3 %
> 1 000 001 €	4 %	4 %

2 Cas particuliers

Il existe une technique qui permet, lorsque le contribuable perçoit des revenus exceptionnels ou différés, d'atténuer la progressivité de l'impôt sur le revenu.

Cette technique s'applique tout d'abord aux revenus exceptionnels : est exceptionnel le revenu qui n'est pas susceptible d'être recueilli annuellement. Tel est le cas, par exemple, d'une distribution de réserves d'une société.

Le revenu **différé** correspond à un revenu qui aurait dû être perçu au titre d'une année antérieure et qui fait l'objet d'un rattrapage : par exemple, des arriérés de salaires.

Pour qu'un revenu **exceptionnel** puisse bénéficier du système du quotient, il faut qu'il dépasse la moyenne des revenus nets du contribuable pour les trois années passées.

> **Exemple :** Une personne a, en 2020, 2021 et 2022 des revenus nets de 36 000 €, 41 000 € et 43 000 €, soit une moyenne de 40 000 €. Le quotient ne s'appliquera que si le revenu exceptionnel de l'année 2022 excède 40 000 €.

À compter de l'imposition des revenus 2009, la technique, qui n'est pas d'une simplicité absolue, est la suivante :

a. Revenus différés

Le calcul de l'impôt est le suivant :

1) calcul de l'impôt sur le revenu hors revenu exceptionnel et différé (I.1) ;

2) calcul de l'impôt sur le revenu hors revenu exceptionnel et différé majoré du revenu différé que divise le nombre d'années civiles correspondant aux échéances normales de versement augmenté de 1 (I.2) ;

3) multiplication par le nombre d'années civiles correspondant aux échéances normales de versement augmenté de 1 de la différence entre I.2 et I.1 (I.3) ;

4) addition de I.1 et de I.3 (I.4).

b. Revenus exceptionnels

Le calcul de l'impôt est le suivant :

1) calcul de l'impôt sur le revenu hors revenu exceptionnel ou différé (I.1) ;

2) calcul de l'impôt sur le revenu hors revenu exceptionnel ou différé majoré du 1/4 du revenu exceptionnel (I.2) ;

3) multiplication par 4 de la différence entre l'impôt 2 et l'impôt 1 (I.3) ;

4) addition du montant de I.1 et de I.3 (I.4) ;

Les calculs sont réalisés avant décote, réduction et crédits d'impôts.

Exemple

N = 2022
Un contribuable célibataire a perçu en N, 30 000 € de revenus après abattement au cours de ces trois dernières années. Il a perçu, en plus, un revenu exceptionnel d'un montant de 60 000 € après abattement.

1. **Montant de l'impôt sur le revenu hors revenu exceptionnel (correspondant à 30 000 € de revenus) : 30 000 × 0,3 - 6 406,29 = 2 594 €.**
2. **Montant de l'impôt sur le revenu exceptionnel majoré du 1/4 du revenu exceptionnel (correspondant à 45 000 € de revenus) : 45 000 × 0,3 - 6 406,29 = 7 094 €.**
3. **(7 094 - 2 594) × 4 = 18 000 €.**
4. **L'impôt à acquitter sera donc de : 2 594 + 18 000 = 20 594 €.**

Pour 90 000 € de revenus, l'impôt correspondant pour un célibataire serait de 21 851 € en l'absence d'option pour le régime des revenus exceptionnels, soit un gain d'impôt de 1 257 € (21 851 - 20 594).

Remarque. La technique du quotient est optionnelle : le contribuable doit opter expressément pour le système du quotient sur la déclaration n° 2042.

3 Les corrections de l'impôt brut

Afin notamment de respecter le caractère social de l'impôt sur le revenu, certains correctifs sont apportés à l'impôt brut. Il s'agit du plafonnement des effets du quotient familial, de la décote, des réductions d'impôts, de l'impôt sur les plus-values, des reprises de réductions ou de crédits d'impôts et des imputations diverses.

a. Le plafonnement des effets du quotient familial

Cette technique vise à limiter l'avantage en impôt qui résulte de l'application du quotient familial lorsque le revenu du contribuable est élevé. En effet, du fait de la progressivité de l'impôt, plus le revenu imposable est élevé, plus l'économie d'impôt procuré par les parts, demi-parts ou quarts de part de quotient familial est importante.

Pour un couple marié, le plafond est de 1 678 € pour chaque demi-part excédant deux, et de 839 € par quart de part excédant deux parts.

Pour un parent isolé, l'avantage procuré par la première part de quotient familial est plafonnée à 3 959 €.

Pour savoir si l'impôt est plafonné, il convient de réaliser deux calculs : le calcul avec le nombre de parts procuré par le foyer fiscal du contribuable, et un autre calcul sans retenir aucune personne à charge.

Exemple

Un contribuable marié dispose de 500 000 € de revenu imposable en N et il a trois enfants à charge.
Son quotient familial s'élève à 500 000/4 = 125 000.
Son impôt s'élève à (500 000 × 0,41) – (15 049,99 × 4) = 144 800 €.
Si l'on calcule l'impôt comme si le contribuable n'avait personne à charge, on obtient :
quotient familial : 500 000/2 = 250 000.
I = (500 000 × 0,45) – (21 808,75 × 2) = 181 383,5 arrondi à 181 384 €.
La différence entre les deux cotisations d'impôt s'élève à 181 384 – 144 800 = 36 584 €.
Or le plafond applicable, c'est-à-dire l'économie d'impôt maximale pouvant être obtenue du fait des personnes à charge, s'élève à 1 678 × 4 = 6 712 €. Il existe en effet 4 demi-parts au-delà des deux parts attribuées au couple marié.
L'impôt dû s'élève par conséquent à 181 384 – 6 712 = 174 672 €, soit une différence de 29 872 € avec l'impôt non plafonné.

Par ailleurs, il existe pour les personnes vivant seules et qui ont élevé un ou plusieurs enfants pendant au moins 5 années et qui sont imposés distinctement une majoration du quotient familial d'une demi-part. L'avantage en impôt procuré par cette demi-part est plafonné à 1 002 €.

b. La décote

Pour l'imposition des revenus 2022, elle est accordée :

- au célibataire dont la cotisation d'impôt brut est inférieure à 1 746 € ;
- au couple marié ou pacsé dont la cotisation d'impôt brut est inférieure à 2 889 € ;
- la décote représente la différence entre 790 € ou 1 307 € et 45,25 % de l'impôt brut.

Exemple

M. Dupont a une cotisation d'impôt brut de 800 €.
Qu'en est-il de la décote s'il est célibataire ou marié ?
- **S'il est célibataire : 833 € – (800 € × 45,25 %) = 471 €**
- **S'il est marié et soumis à imposition commune : 1 378 € – (800 € × 45,25 %) = 1 016 €**

Impôt après décote :
- **S'il est célibataire : 800 € – 471 € = 329 €**
- **S'il est marié : 800 € – 1 016 = 0 € (pas de restitution car il ne s'agit pas d'un crédit d'impôt).**

c. Les réductions d'impôts

Les réductions d'impôt s'imputent sur le montant brut de l'impôt progressif déterminé, sous réserve de l'application du dispositif de plafonnement des « niches fiscales ».

Certaines réductions d'impôt ont un caractère social, d'autres plutôt économique. Il n'est ni concevable, compte tenu de leur très grand nombre, ni souhaitable, compte tenu du temps qui nous est imparti de les étudier dans le détail : en voici la liste, sachant que ces réductions d'impôts, dont certaines sont conjoncturelles, sont particulièrement évolutives :

- souscription au capital de PME ;
- souscription au capital d'entreprises de presse ;
- investissements « Duflot-Pinel-Denormandie » ;

- opérations de restauration immobilière « Malraux » ;
- investissements dans le secteur forestier ;
- dons et subventions ;
- frais de scolarisation des enfants à charge ;
- prestations compensatoires ;
- frais de séjour en établissement pour personnes dépendantes ;
- cotisations syndicales des salariés et pensionnés ;
- travaux de conservation ou de restauration d'objets classés monuments historiques ;
- frais de tenue de comptabilité et d'adhésion supportés par les adhérents de centres de gestion ou associations agréés ;
- investissements outre-mer ;
- investissements locatifs non professionnels dans des résidences meublées.

Exemple

M. et Mme Durand ont trois enfants mineurs à charge. Le premier est collégien, le second est lycéen et le troisième est étudiant dans l'enseignement supérieur.
La réduction d'impôt dont peuvent bénéficier M. et Mme Durand s'élève à 61 € (collégien) + 153 € (lycéen) + 183 € (étudiant), soit au total 397 €.

d. Corrections diverses

Outre ces corrections, l'impôt brut doit être affecté des reprises de réductions d'impôt ou de crédits d'impôts ultérieurs, lorsque le contribuable n'a pas rempli les conditions de leur application.

Puis viennent les imputations de crédits d'impôts, dont la liste (non exhaustive) est également impressionnante.

Pour les ménages :

- premier abonnement à la presse ;
- crédit d'impôt pour l'emploi d'un salarié à domicile ;
- crédit d'impôt pour frais de garde des jeunes enfants ;
- crédit d'impôt au titre des cotisations syndicales des salariés et pensionnés et des cotisations aux associations professionnelles nationales de militaires ;
- crédits d'impôt dont bénéficient certains revenus de source étrangère en application d'une convention internationale ;
- investissements forestiers ;
- dépenses en faveur de la transition énergétique réalisées dans l'habitation principale ;
- dépenses en faveur de la protection des personnes réalisées dans l'habitation principale ;

Pour les entreprises à l'IR :

- crédit d'impôt en faveur des métiers d'art (CIMA) ;
- crédit d'impôt pour la formation du chef d'entreprise ;
- crédit d'impôt famille ;
- crédit d'impôt pour adhésion à un groupement de prévention agréé ;
- crédit d'impôt maître-restaurateur ;
- crédit d'impôt au titre des dépenses de remplacement pour congés de l'exploitant agricole ;
- crédit d'impôt en faveur de l'agriculture biologique ;
- crédit d'impôt pour investissement en Corse ;
- crédit d'impôt au titre des dépenses en faveur de la rénovation énergétique des locaux de PME.

Remarque. Quelle est la différence entre réduction d'impôt et crédit d'impôt ?
Une réduction d'impôt n'est pas restituable lorsqu'elle excède le montant de l'impôt dû, alors qu'un crédit d'impôt peut faire l'objet d'une restitution. Par exemple, un contribuable non imposable se fera restituer le crédit d'impôt accordé pour frais de garde des jeunes enfants.
Enfin, l'impôt ne sera pas mis en recouvrement s'il est inférieur à 61 €.

Exemples de réductions et de crédits d'impôts

Réductions d'impôt	
Nature des dépenses	**Montant de la réduction (2021)**
Dons aux organismes sans but lucratif	- 66 % des sommes versées aux associations d'intérêt général, aux fondations et associations reconnues d'utilité publique et aux partis politiques, plafonnées à 20 % du revenu imposable (excédent reportable sur les 6 années suivantes) ; - 75 % des sommes versées aux associations d'aide aux personnes en difficulté ou aux victimes de violence domestique plafonnées à 1 000 € pour les sommes versées en 2022 (le surplus ouvrant droit le cas échéant à la réduction de 66 %).
Cotisations syndicales	66 % des cotisations versées plafonnées à 1 % du revenu brut imposable dans la catégorie des traitements, salaires et pensions après déduction des cotisations sociales (crédit d'impôt depuis 2012).
Dépenses de dépendance pour les contribuables accueillis dans un établissement ou un service assurant l'hébergement des personnes âgées dépendantes ou dans une section de soins de longue durée d'un établissement de santé	25 % des dépenses plafonnées à 10 000 € par personne hébergée (soit une RI de 2 500 € maxi ou 5 000 € si le couple est hébergé).
Frais de scolarisation des enfants à charge	- 61 € par enfant au collège ; - 153 € par enfant au lycée ; - 183 € par enfant suivant une formation d'enseignement supérieur.
Souscription au capital de PME	18 % (ou 25 %, selon la date de versement) des versements plafonnés à 50 000 €/célibataire et 100 000 €/couple (en 2021).
Investissement locatif « Duflot-Pinel »	Pourcentage du prix de revient du logement, retenu dans la limite de 5 500 € par mètre carré de surface habitable, selon la durée de location du bien et plafonnée à 300 000 € (logement BBC).
« Loi Malraux »	22 % ou 30 % des dépenses plafonnées à 400 000 €.

Crédits d'impôt

Dépenses concernées	Montant du crédit d'impôt
Emploi d'un salarié à domicile : garde d'enfants, soutien scolaire, assistance aux personnes âgées ou handicapées, garde-malade (à l'exclusion des soins), entretien de la maison et travaux ménagers, petits travaux de jardinage, travaux de petit bricolage, assistance informatique et Internet, etc.	50 % des dépenses payées pour les services rendus à leur domicile par un contribuable dans la limite annuelle de : - 12 000 € (+ 1 500 € par enfant à charge) avec un maximum de 15 000 € ; - 15 000 € pour l'emploi direct d'un salarié pour la 1re fois (+ 1 500 € par enfant à charge) avec un maximum de 18 000 € ; - 20 000 € si le foyer comprend un invalide.

4 Le plafonnement des « niches fiscales »

La loi de finances pour 2009 a institué un plafonnement global de l'avantage fiscal procuré par un certain nombre de réductions ou de crédits d'impôt. Le législateur s'est ému du fait que certains contribuables pouvaient payer peu ou pas d'impôt malgré de confortables revenus, en utilisant les réductions et crédits d'impôts légalement à leur disposition.

Le plafonnement concerne, en principe, les seuls avantages fiscaux accordés en contrepartie d'un investissement ou d'une prestation dont bénéficie le contribuable. Ainsi, les avantages fiscaux liés à la situation personnelle du contribuable ou à la poursuite d'un objectif d'intérêt général sans contrepartie sont exclus du plafonnement.

Pour l'imposition des revenus 2022, le plafond est fixé à 10 000 €.

Les fractions de réductions d'impôt ou de crédits d'impôt ou de déductions qui excède le plafond sont définitivement perdues, sauf cas particuliers.

5 Avances perçues sur réductions et crédits d'impôt

Les réductions ou crédits d'impôt concernant certaines dépenses donnent lieu en début d'année au paiement d'un acompte égal, en principe, à 60 % du montant des dépenses de même nature acquittées par le contribuable au cours de l'année précédente.

2 Le paiement de l'impôt sur le revenu

A Établissement de l'impôt

Toute personne imposable doit obligatoirement souscrire chaque année auprès de l'administration fiscale une déclaration détaillée de ses revenus. En l'absence de revenus, le contribuable recevra un avis de non-imposition fort utile pour bénéficier de divers avantages sociaux. Cette déclaration est souscrite soit sur des imprimés fournis par l'administration complétés des salaires, pensions et revenus de capitaux mobiliers (déclarations nº 2042 et 2042 C), soit par Internet.

La déclaration par Internet est obligatoire depuis 2021 (revenus 2020) pour les contribuables dont le foyer est équipé d'un accès à Internet.

À compter de 2020 (déclaration des revenus de 2019), la déclaration de revenus « tacite » peut, sous certaines conditions, être une simple validation des éléments déjà connus de l'administration (salaires, pensions, RCM). Pour les autres revenus (BIC, BNC, BA et revenus fonciers), les contribuables souscrivent les formulaires de déclaration au moyen de la télédéclaration ou, à défaut, sous forme papier.

Dans cette hypothèse, et en cas de retard, une majoration de 10 % est en principe applicable. En cas de défaut de déclaration, le contribuable encourt la taxation d'office de ses revenus, lorsqu'il n'a pas régularisé sa situation dans les trente jours d'une mise en demeure.

À la déclaration générale n° 2042 peuvent s'ajouter d'autres déclarations dites catégorielles, en fonction des revenus réalisés par le contribuable : 2044 pour les revenus fonciers, 2031 pour les bénéfices industriels et commerciaux, 2074 pour les cessions de valeurs mobilières, 2072 pour les SCI, etc.

L'impôt sur le revenu est établi par voie de rôle, qui est le document officiel à partir duquel le comptable public peut réclamer le paiement de l'impôt. Lorsque le rôle est mis en recouvrement, le contribuable reçoit un avis d'imposition qui récapitule notamment les différents revenus déclarés.

B Liquidation de l'impôt

Il existait jusqu'au 31 décembre 2018 deux techniques de paiement de l'impôt sur le revenu : le régime des acomptes trimestriels et le régime de la mensualisation. Mais le prélèvement à la source, qui a été adopté dans la loi de finances pour 2017, change la donne depuis le 1/01/2019.

1 Le prélèvement à la source (PAS)

Depuis le 1er janvier 2019, l'impôt est prélevé à la source, et le décalage entre la perception du revenu et l'année de paiement de l'impôt est supprimé. Cette réforme, qui concerne la grande majorité des revenus et des contribuables, est d'une grande technicité.

Pour les salaires et pensions de retraite, c'est l'employeur ou la caisse de retraite qui effectue le prélèvement de l'impôt directement sur la feuille de paie ou sur le relevé de pensions (retenue à la source).

Pour les bénéfices professionnels (BIC, BNC, BA), un acompte dit contemporain est directement versé par le redevable en N : il est calculé sur son bénéfice de N–2 du 1er janvier au 31 août N et sur son bénéfice de N–1 du 1er septembre au 31 décembre N et prélevé sur son compte bancaire mensuellement ou trimestriellement.

Il en va de même pour les revenus fonciers.

Les revenus du capital mobilier, les plus-values mobilières et immobilières ne sont pas concernés par le PAS.

Le PAS ne concerne que les modalités de paiement de l'IR, et non son assiette. Un sort particulier a été réservé à l'année 2018, qui correspond à une année « blanche ».

Remarque. L'objectif principal de la réforme est de rapprocher la date de perception du revenu de celle du paiement de l'impôt y afférent. Cette réforme, qui devait intervenir initialement le 1/1/2018, a été reportée au 1/01/2019. Selon Bercy, la grande majorité des contribuables (90 %) aura un taux de prélèvement à la source compris entre 0 et 10 %.

LE CALCUL DE L'IMPÔT SUR LE REVENU

Il convient de diviser le revenu net imposable par le nombre de parts et d'appliquer le barème progressif, qui comprend 5 tranches de 0 à 45%.
De nombreuses corrections s'appliquent sur l'impôt dû.

Le quotient familial (QF)	C'est la division du revenu imposable (RI) par le nombre de parts (P) Il est éventuellement plafonné.
La détermination du foyer fiscal	Il s'agit des personnes qui composent de plein droit ou sur option la famille fiscale.
Le calcul du nombre de parts (P)	Il varie selon que la personne est seule, mariée ou pacsée, avec ou sans enfants.
Le calcul de l'impôt (I)	Une fois le quotient familial déterminé, on soumet le revenu issu du quotient au barème progressif. Les tranches sont au nombre de 5 (0 %, 11 %, 30 %, 41 % et 45 %) Il existe une contribution complémentaire de 3 ou 4 % pour les hauts revenus.
Les corrections sur l'impôt	Selon les cas, une décote, un plafonnement, des imputations diverses sous formes de réductions ou de crédits d'impôts peuvent intervenir.
Le paiement de l'impôt	Depuis le 1/01/2019, l'impôt est prélevé à la source sur la quasi-totalité des revenus (sauf RCM et PV mobilières et immobilières). Les modalités déclaratives ne sont pas modifiées.

Applications

EXO 03.01 Cas Quotient

N = 2022

1. M. Guy Yeurais, âgé de 25 ans, a épousé le 2 juillet N Mlle Catherine Ibay, âgée de 23 ans. Leurs revenus de l'année N sont constitués uniquement par les salaires figurant ci-après pour leur montant net imposable :

- M. Yeurais : 77 000 €
- Mme Yeurais, née Ibay : 15 600 €

→ Travail à faire

Examiner la situation des personnes concernées au regard de l'impôt dû au titre de N.
On supposera, par simplification, que les salaires sont constants et versés le dernier jour de chaque mois civil.

2. Un jugement de divorce est intervenu le 6 octobre N-1 entre les époux Stoufflet.
Mme Stoufflet (née Monet) a la garde de leur fille, née le 2 septembre N-1. Elle perçoit des revenus distincts provenant de son travail personnel.

→ Travail à faire

Indiquer le nombre de parts dont bénéficiera chacun des contribuables :

1. **au titre de N-2 ;**
2. **au titre de N-1 ;**
3. **au titre de N ;**
4. **lorsque l'enfant sera majeur.**

Les intéressés n'étaient pas séparés de corps antérieurement à leur divorce.

3. M. Luc Kraine, marié, a bénéficié durant l'année N d'un revenu dont le montant net imposable s'élève à 94 000 €.
Son fils Oto, célibataire et étudiant, né le 12 juin N-24, ayant demandé à être rattaché au foyer de son père, celui-ci l'a compté comme une personne à sa charge sur sa déclaration n° 2042.

→ Travail à faire

Calculer quel est, dans ces conditions, le montant de l'avantage fiscal qui doit être accordé à M. Kraine.

4. M. Doline, marié, a déclaré au titre des rémunérations de gérant de sociétés une somme nette imposable de 60 000 €.
Son fils unique, Armand, âgé de 23 ans, également marié et père d'une fille née en N-1, est étudiant en pharmacie.
Il a perçu pour l'année N des salaires dont le montant net s'élève à 13 500 €, et pour l'imposition desquels il a demandé le rattachement au foyer de ses parents.
En conséquence, M. Doline a inclus les revenus de son fils dans sa déclaration n° 2042.

→ **Travail à faire**

Préciser quelle est la situation de ce contribuable au regard de l'impôt sur le revenu.

5. Ernest Orburmat et Jeanne Heuton vivent depuis plusieurs années en concubinage. Ils ont eu un enfant né le 20 mai N-1, reconnu par Ernest.

Ils se sont mariés le 28 août N.

→ **Travail à faire**

Déterminer le quotient familial au titre de N-1 et N.

6. M. et Mme Thierry Satrime sont mariés et demeurent à Tours, 22, rue de la Jambe à l'Âne. Le foyer de M. et Mme Satrime comprend les personnes suivantes :

- Brigitte, née le 28 octobre N-19 ;
- Paul, né le 12 novembre N-23, étudiant en médecine ;
- Sophie, née le 18 avril N-17 ;
- Patrick, né le 10 mars 1994, s'est marié en N-1 avec Catherine Amfo-Paplus, née le 15 février N-24. Catherine est étudiante à la faculté de droit de Poitiers.

Brigitte, Paul, Patrick et Catherine ont demandé le rattachement au foyer fiscal de M. et Mme Satrime qui l'ont accepté.

En outre, Mlle Lasourie Annie, âgée de 30 ans, nièce de Mme Satrime, vit en permanence au foyer des époux Satrime.

Enfin, Mme Augustine Lebrun, mère de Mme Satrime, âgée de 76 ans, vit au foyer de ses enfants depuis juillet N-2. Mme Augustine Satrime a perçu une retraite de 4 900 € pour N.

→ **Travail à faire**

Déterminez le quotient familial des époux Satrime.

EXO 03.02 Cas de synthèse

N = 2022

Votre client, Monsieur Jean Deumille, vous communique les informations suivantes :

1. Identité et domicile

Jean Deumille est âgé de 41 ans, il est divorcé d'un premier mariage depuis le 15 janvier N-17. Il vit maritalement avec Lucie Secomssa, qui est âgée de 39 ans.

Ils demeurent ensemble rue des Saints-Pères à Paris.

2. Situation de famille

- M. Deumille et Melle Secomssa ont ensemble 3 enfants :
  - Luc, né le 3 février N-13, en classe de 3e au collège Saint Stanislas à Paris ;
  - Anne, née le 4 avril N-9, en classe de CM2 à l'école primaire Jeanne d'Arc à Paris ;
  - Marie, née le 30 juin N-3 en maternelle à l'école Notre-Dame à Paris.

Par ailleurs, de son précédent mariage, M. Deumille a une fille, Salomé, qui est née le 3 octobre N-19 et qui déclare, seule, ses revenus.

3. Revenus N

- M. Deumille est professeur de droit à la faculté de Paris II et il a perçu au titre de N une rémunération nette de 68 000 € ; en outre, M. Deumille a perçu de la faculté d'Orléans la somme de 5 300 € à titre d'allocation pour frais de participation à des colloques. Sa rémunération est assurée par le ministère de l'Enseignement supérieur. Il a chiffré ses frais réels de l'année N à 5 000 €.

- M. Deumille perçoit également des honoraires en sa qualité d'expert judiciaire auprès des tribunaux, la somme perçue en N est de 28 000 €. Il exerce son activité un jour par semaine, sur demande des autorités judiciaires. La rémunération est versée par le ministère de la Justice.
- Mlle Secomssa travaille au sein de la société en nom collectif (SNC) SECOMSSA et PASAUTREMENT à Neuilly depuis N-21. L'activité de cette société consiste en la vente de matériel pour discothèques. Mlle Secomssa est secrétaire comptable au sein de cette société et, à ce titre, elle perçoit une rémunération nette de 42 000 €. Par ailleurs, elle détient directement 50 % des droits sociaux de la SNC, la partie des bénéfices sociaux qui lui est attribuée en N est de 38 000 €. Melle Secomssa a reçu de la SNC en N un dividende de 15 000 € prélevé sur les résultats N-1 (la SNC n'a pas opté pour l'IS).
- Mlle Secomssa détient également 80 actions dans la société anonyme TOURS 2000. Cette SA, essentiellement familiale, est présidée par le père de Mlle Secomssa. Les dividendes perçus par Mlle Secomssa sont d'un montant total de 9 200 €.
- M. Deumille a réalisé en N une plus-value boursière de 7 800 € sur la revente d'actions d'une société BIBA. Les titres ont été acquis il y a 12 ans. Il n'a pas réalisé d'autres opérations que la revente de ces titres pour la somme de 45 000 € (le 20 mars N).

Par ailleurs, M. Deumille a perçu :

- une somme de 2 300 € représentative d'intérêts sur bons de caisse ;
- un montant de 300 € correspondant à des intérêts sur un livret A de la caisse d'épargne ;
- un montant de 5 200 € d'intérêts nets d'obligations françaises émises par la société Guillec en N-35 ;
- une somme de 14 000 € portée au crédit du compte bancaire de M. Deumille et correspondant à des dividendes d'actions de sociétés françaises ;
- M. Deumille a acquis en N-1 un appartement de type 2 pièces à Sainte-Maxime (83). Cet appartement est loué non meublé pour la somme de 1 500 € par mois, toutes charges comprises. Un changement de locataire est intervenu le 1er mars N. Le nouveau locataire a alors versé un dépôt de garantie de 2 300 €. L'ancien locataire, dont le loyer mensuel s'élevait à 1 160 €, était remboursé de sa caution de 2 000 € le 14 mars N (ce dépôt de garantie avait été payé par le locataire en N-1).

M. Deumille a réglé en N les charges suivantes :

- taxe foncière : 950 € ;
- prime d'assurances : 500 € ;
- réfection des moquettes et papiers peints : 5 500 € ;
- réfection de l'installation électrique : 7 900 € ;
- frais de recouvrement du loyer : 320 € ;
- versements au Crédit foncier : 12 000 € (dont 6 000 € au titre de l'amortissement du capital prêté) ;
- M. Deumille a reçu, suite à une donation consentie par ses parents le 2 janvier N-12, une villa à La Baule d'une valeur de 250 000 €. Les droits de donation avaient été pris en charge à l'époque par les donateurs. En N-3, il fait réaliser par un artisan de La Baule divers travaux de restauration de l'immeuble pour un montant de 45 000 €. Il revend cet immeuble le 19 septembre N pour 400 000 €. Les frais d'agence payés pour la transaction immobilière s'élèvent à 8 000 €. La villa n'a jamais été louée, mais elle est toujours occupée par M. Deumille et les enfants pendant les vacances.

4. Les charges payées en N

- M. Deumille verse à sa fille Salomé, étudiante, une pension alimentaire de 450 € par mois. Au titre de N, les versements ont été effectués pour l'année entière le premier jour de chaque mois. Il peut attester de la réalité des versements.
- M. Deumille s'est acquittée des frais de garde pour ses filles Anne et Marie qu'il confie les mercredis et vacances scolaires à une nourrice agréée. Les sommes payées sont de 820 € pour la garde d'Anne et de 590 € pour la garde de Marie.
- M. Deumille a versé à sa tante, âgée de 82 ans en N, une somme de 600 € par mois pour subvenir à ses besoins. Elle est sans ressources et M. Deumille lui est très attaché puisqu'il séjournait tous les étés chez elle durant les vacances scolaires quand il était enfant.

5. Informations diverses

Pour les déclarations fiscales, Luc, Anne et Marie sont à la charge de leur père.

M. Deumille souhaite, en ce qui concerne ses traitements et salaires, qu'il soit tenu compte de ses frais réels si cette solution est plus avantageuse fiscalement.

Il convient de considérer que toutes les charges dont il est fait état sont justifiées.

→ Travail à faire pour l'année N

Déterminer pour M. Deumille et Mlle Secomssa : Pensez à justifier et à motiver vos choix fiscaux et vos réponses.

1. **la composition du foyer fiscal et le nombre de parts ;**
2. **le montant du revenu net global imposable, en retenant la solution fiscale la plus favorable ;**
3. **le montant des réductions d'impôt ;**
4. **le montant de l'impôt sur le revenu à acquitter en N+1 sur les revenus de N pour M. Deumille uniquement.**

EXO 03.03 Cas Lebol

N = 2022

Le 11 septembre N–5, M. et Mme Lebol ont constitué la SCI MONREPOS, dont l'objet statutaire est l'acquisition, la propriété, la gestion et plus généralement l'exploitation par bail de tous immeubles à usage d'habitation ou professionnel.

La SCI a acquis le 8 octobre N–5 un appartement pour un prix de 564 000 € dans lequel elle a effectué des travaux de rénovation et de remise en état pour 70 000 €, l'ensemble étant financé par deux prêts bancaires.

La SCI MONREPOS a conclu en février N–4 un bail avec les époux Lebol à titre de résidence principale.

La SCI MONREPOS a acheté immédiatement après sa constitution cet appartement, donné en location aux époux Lebol, associés à 99,9 %.

Ce bien immobilier constitue le principal actif de la société et les charges imputées sont régulièrement très supérieures aux recettes déclarées par ailleurs : de ce fait, les époux Lebol imputent sur leurs autre revenus un déficit foncier cependant plafonné à 10 700 € par an.

Vous rencontrez les époux Lebol, qui ont un doute sur la régularité juridique du schéma mis en place par Me Luis Amor Ty, un vieil ami de la famille.

→ Travail à faire

Indiquez en quelques lignes votre sentiment sur cette situation fiscale en justifiant votre réponse.

Les prélèvements sociaux

Chapitre 4

COMPÉTENCES ATTENDUES

- **Déterminer et justifier le calcul des prélèvements sociaux, déductibles et non déductibles, à partir d'une documentation fiscale.**
- **Expliquer les modalités de déclaration et de paiement.**
- **Expliquer et calculer le montant déductible et les modalités de déduction.**

La contribution sociale généralisée (CSG) constitue le début d'une longue série de prélèvements dits « sociaux ». Créée en 1990 par le gouvernement de Michel Rocard, elle avait pour finalité d'élargir les sources de financement de la sécurité sociale.

Ce prélèvement a la nature d'une imposition lorsqu'il atteint les revenus du capital et les revenus de placement, et la nature d'une cotisation sociale lorsqu'il atteint les revenus d'activité et de remplacement.

Elle fut rapidement rejointe par d'autres prélèvements assez similaires : la contribution au remboursement de la dette sociale (CRDS), fondée pour combler le déficit de la Sécurité sociale, le prélèvement social dont les recettes alimentent les caisses d'allocations familiales et d'assurance vieillesse auquel se greffe une contribution additionnelle de qui alimente la Caisse nationale de solidarité pour l'autonomie.

On distingue les prélèvements sociaux sur les revenus d'activité et de remplacement des prélèvements sociaux sur les revenus du capital. Pour ces derniers, le total de ces prélèvements atteint 17,20 % en 2022.

PLAN DU CHAPITRE

SYNTHÈSE P. 102

APPLICATIONS P. 103

LES RÉFÉRENCES POUR COMPRENDRE LE CONTEXTE

Historique des prélèvements sociaux : évolution du taux des prélèvements sociaux entre 1996 et 2018

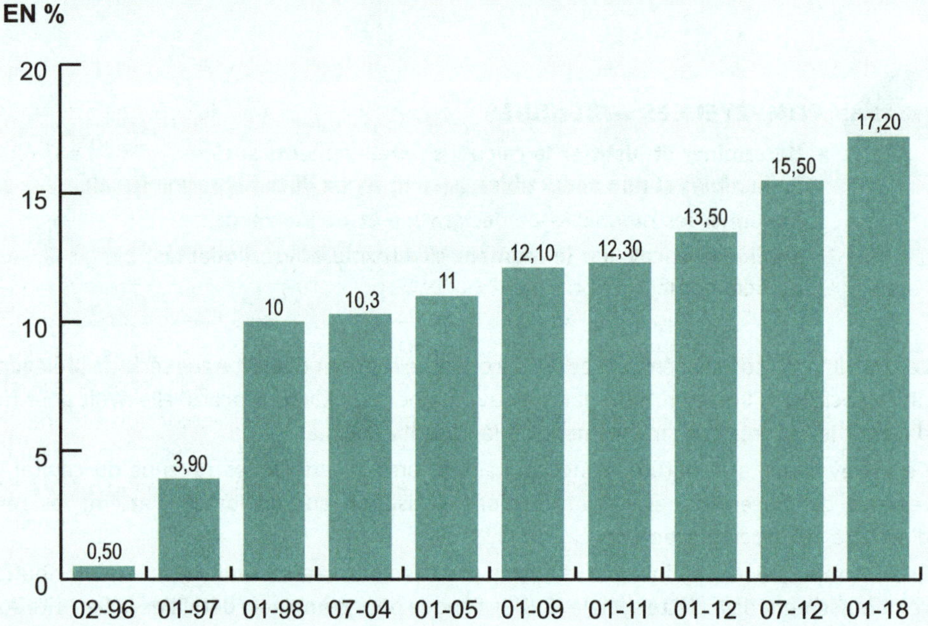

lafinancepourtous.com

Le taux des prélèvements sociaux

Quel est le taux applicable des prélèvements sociaux ? Fiche thématique sur le site service-public.fr

La CSG et à la CRDS

Les revenus salariaux soumis à la CSG et à la CRDS. Fiche thématique sur le site de l'URSSAF

Prélèvements sociaux (CSG, CRDS...) sur les revenus du patrimoine

Prélèvements sociaux sur les revenus du patrimoine. Fiche thématique sur le site service-public.fr

1 Prélèvements sur les revenus d'activité et de remplacement (CSG et CRDS)

A Assiette des prélèvements

Seules la CSG et la CRDS s'appliquent aux revenus d'activité et de remplacement. La CSG est entrée en vigueur le 01/02/1991 et la CRDS le 01/02/1996.

La CSG et la CRDS s'appliquent aux salaires, aux revenus professionnels non salariés (BIC, BNC, BA...) et aux revenus de remplacement (pensions de retraite, allocations de chômage, etc.).

Seules les personnes fiscalement domiciliées en France sont assujetties : la CSG et la CRDS ne s'appliquent pas aux non-résidents.

Remarque. En 29 ans, les prélèvements sociaux sont passés de 1,10 % à 17,20 % (pour les revenus du patrimoine et de placement).

B Calcul et recouvrement des prélèvements

La CSG est calculée aux taux suivants :

- revenus d'activités (salaires et autres revenus professionnels) : 9,20 % ;
- revenus de remplacement : 9,20 % pour les allocations de préretraite ayant pris effet depuis le 11 octobre 2007, 8,30 % pour les autres allocations de préretraite, pensions de retraite et d'invalidité et 6,6 % pour les autres revenus de remplacement, avec un taux de 3,8 % dans certains cas (non développés ici).

La CRDS se calcule au taux de 0,5 %.

La CSG et la CRDS sont calculées et recouvrées comme les cotisations de sécurité sociale.

Pour le calcul de l'IR, la CSG sur revenus d'activité et de remplacement est déductible du revenu brut global pour 6,80 % de sa base imposable, 2,40 % de celle-ci demeurant non déductible.

Exemple

1. Les données

M. Durand perçoit une rémunération nette mensuelle de 2 330 €.
Sa rémunération brute s'élève à 3 026 €.
Quelle est sa rémunération nette mensuelle imposable ?

2. La solution

La CSG et la CRDS sont assises sur 98,25 % de la rémunération brute totale (primes comprises) ; le taux de la CSG est de 9,20 % et celui de la CRDS de 0,5 %.
Elle se décompose en deux parties :

- une partie de 6,80 % déductible des impôts ;
- une partie de 2,4 % non déductible qui entre dans l'assiette de l'impôt sur le revenu. La CSG déductible s'élève à (3 026 × 0,9825) × 6,80 % = 202,17 €.

La CSG non déductible s'élève à (3 026 × 0,9825) × 2,40 % = 71,35 €.
La CRDS non déductible s'élève à (3 026 × 0,9825 × 0,5 % = 14,86 €.
La rémunération nette imposable de M. Durand s'élève à 2 330 + 71,35 + 14,86 = 2 416,21 €.

2 Prélèvements sur les revenus du capital (CSG, CRDS, prélèvement social et contributions additionnelles au prélèvement social)

A Assiette des prélèvements

Il s'agit des revenus du patrimoine (1) ainsi que des produits de placement (2).

1 Revenus du patrimoine

Sont redevables des prélèvements sociaux les résidents, c'est-à-dire les personnes fiscalement domiciliées en France. Les revenus fonciers et les plus-values immobilières réalisés par les non-résidents ne supportent pas la CSG/CRDS, à une double condition :

- De ne pas être à la charge d'un régime obligatoire français de sécurité sociale ;
- Et de relever d'un régime de sécurité sociale dans un autre État-membre de l'UE, de l'EEE ou de la Suisse.

Il leur est désormais appliqué un prélèvement de solidarité de 7,5 %.

Supportent la CSG, la CRDS, le prélèvement social et ses contributions additionnelles les revenus suivants :

- revenus fonciers ;
- rentes viagères à titre onéreux ;
- certains revenus de capitaux mobiliers ;
- plus-values taxées au taux proportionnel.

Ces revenus sont retenus pour leur montant net.

2 Produits de placement

Les produits de placement comprennent les revenus mobiliers suivants :

- produits de placements à revenu fixe ou à revenu variable, hormis ceux placés dans un PEA, qu'ils soient taxés au taux progressif de l'IR ou qu'ils supportent, à titre désormais exceptionnel (voir *supra*), le prélèvement forfaitaire libératoire ;
- certains produits exonérés de l'impôt sur le revenu.

Les autres produits financiers sont classés dans les revenus du patrimoine.

Très peu de revenus échappent aux prélèvements sociaux, c'est le cas des revenus suivants : intérêts des sommes placés sur un livret A, livret jeune, sur un livret d'épargne populaire (LEP), sur un livret de développement durable, sur un livret d'épargne entreprise (LEE).

L'assiette est toujours le montant brut.

B Calcul et recouvrement des prélèvements

1 Revenus du patrimoine

Les taux des prélèvements sur les revenus du patrimoine en 2022 sont les suivants :

- 9,20 % pour la CSG : 6,80 % de sa base imposable est déductible du revenu brut global de l'année suivante ;
- 0,5 % de CRDS ;
- 7,50 % de prélèvement de solidarité.
- Soit un total de 17,20 %.

Les contributions sociales sur les revenus du patrimoine sont déterminées à partir des revenus portés sur la déclaration n° 2042 du contribuable, et recouvrées par voie de rôle avec l'IR.

Attention. La CSG sur les revenus restant taxés au prélèvement libératoire n'est pas déductible.

Exemple

N = 2022
M. Dupont a, en N, des revenus fonciers nets imposables pour 20 000 €, des revenus de capitaux mobiliers soumis au PFU pour 40 000 € et il a réalisé une plus-value sur cession de valeurs mobilières de 15 000 € soumise au PFU.
L'assiette de ses prélèvements sociaux s'élève à 75 000 €.
Les prélèvements sociaux payés par M. Dupont sur ses revenus du patrimoine s'élèvent à 75 000 × 17,20 % soit 12 900 €. Certains sont prélevés à la source (RCM), d'autres directement sur l'avis d'imposition (revenus fonciers).
En N+1, il déduira de son revenu brut global 6,80 % de la base imposée à la CSG en N uniquement sur les revenus imposés au barème progressif de l'IR, soit 20 000 × 6,80 % = 1 360 €.

2 Produits de placement

Les contributions sur les produits de placement sont recouvrées selon les mêmes modalités que les revenus de capitaux mobiliers, c'est-à-dire par l'établissement payeur du revenu. Ils sont alors reversés à l'État en même temps que le prélèvement libératoire.

Exemple

1. Les données
N = 2022
M. Dupond, marié, dont le revenu N–2 excède 75 000 €, est associé au capital de la société DISTRIPLUS. Cette société décide de lui allouer un dividende de 100 000 € en août N. Combien percevra-t-il en réalité ?
2. La solution
Le dividende de M. Dupond supportera en N le prélèvement forfaitaire unique de 12,8 % et les prélèvements sociaux de 17,20 %, M. Dupont recevra donc 70 000 €.
En effet, sur les 100 000 € de dividende distribué, la société DISTRIPLUS versera :
- 17,20 % de prélèvements sociaux aux différents organismes destinataires ;
- 12,8 % de prélèvement obligatoire à l'État.

Soit au total **30 %** de son dividende.
En N+1, le dividende de 100 000 € sera fiscalisé soit au taux de 12,8 %, soit sur option au barème progressif de l'IR (après application dans ce seul cas d'un abattement de 40 %).
Le prélèvement de 12,8 % s'imputera sur l'impôt dû sur le dividende.
Si le contribuable choisit l'imposition à 12,8 % : il n'aura pas de complément d'impôt à acquitter ;
Si le contribuable choisit l'impôt progressif, soit il acquittera un complément d'IR, soit une restitution sera opérée en cas d'excédent.
La CSG de N s'imputera pour 6,80 % de sa base imposée en N sur le revenu brut global (RBG) de N+1 uniquement dans l'hypothèse où le contribuable choisit l'imposition progressive.

Prélèvements sociaux en 2021

	Revenus d'activité	Revenus de remplacement	Revenus du patrimoine et de placement
CSG	9,2 % (dont 6,8 % de part déductible)	De 8,3 % à 0 % (taux normal de 8,3 % taux médian de 6,6 %, taux réduit de 3,8 % ou exonération en fonction de la nature du revenu) (dont 6,8 % de part déductible	9,2 % (2) (dont 6,8 % de part déductible)
CRDS	0,5 %	0,5 %	0,5 %
CASA	-	De 0,3 % (sur les pensions de retraite, préretraite et invalidité soumises à la CSG au taux normal) à 0 %	-
Prélèvement de solidarité	-	Non (sauf pour les rentes viagères constituées à titre onéreux)	7,5 % (2)
Total	9,7 %	De 9,1 % à 0,5 % (1)	17,2 % (3)

(1) Il faut ajouter la cotisations maladie, invalidité, décès de 1 %, notamment sur les pensions de retraite de base, ainsi que sur les rentes d'épargne retraite (PERP, Madelin et PER dans certains cas), soit 10,1 % au total.

(2) Nouvelle répartition des prélèvements sociaux (suppression du prélèvement social de 4,5 % et de la contribution additionnel au prélèvement social de 0,3 %, réduction de la CSG de 9,9 % à 9,2 % et hausse du prélèvement social de 2 % à 7,5 %) :

- depuis le 1er janvier 2018 pour les revenus du patrimoine (dividendes, rachats sur des contrats d'assurance-vie, plus-values immobilières, etc.),
- depuis le 1er janvier 2019 pour les revenus de placement (revenus fonciers, revenus de locations meublées non professionnelles, plus-values de valeurs mobilières, etc.).

(3) Taux global des prélèvements sociaux de 17,2 % sur les revenus du patrimoine et de placement :

- depuis le 1er janvier 2017 pour les revenus du patrimoine (dividendes, rachats sur des contrats d'assurance-vie, plus-values immobilières, etc.),
- depuis le 1er janvier 2018 pour les revenus de placement (revenus fonciers, revenus de locations meublées non professionnelles, plus-values de valeurs mobilières, etc.).

Éclairage n° 1

Les gains de jeu n'échappent pas aux prélèvements sociaux.
La CSG et la CRDS s'appliquent aux gains de jeux organisés par la Française des jeux et le PMU selon des règles spécifiques : seuls les non-résidents y échappent.

Éclairage n° 2

Les arbitrages fiscaux réalisés par le gouvernement du Président Macron reflètent une baisse de la fiscalité des valeurs mobilières, et une hausse significative de la CSG, dont l'assiette est beaucoup plus large que celle de l'impôt sur le revenu.
Nombres d'économistes considèrent qu'il s'agit de cadeaux fiscaux consentis aux plus fortunés, alors que d'autres estiment qu'il s'agit au contraire de redonner confiance aux investisseurs financiers, et de relancer le moteur de la croissance, avec cependant des résultats plus que mitigés (l'acquis de croissance pour 2023 n'étant, d'après l'INSEE, que de + 0,3 % à l'issue du quatrième trimestre 2022, une fois les effets du rebond post-crise sanitaire passés).
L'impôt sur le revenu demeure ainsi un instrument politique de premier plan, tout particulièrement à l'approche des échéances électorales.

Les prélèvements sociaux sont des prélèvements de nature fiscale qui financent un objet social. Ils s'appliquent à la quasi-totalité des revenus, et leur taux et leur montant diffèrent selon la nature du revenu.

Applications

EXO 04.01 **Cas Prelev**

→ **Travail à faire**

Veuillez indiquer le montant des prélèvements sociaux exigibles sur les revenus suivants perçus en N (N = 2022) :

1. salaire brut annuel de 50 000 € ;
2. revenu foncier de 40 000 € ;
3. dividende de 20 000 € perçu le 1/09/N ;
4. intérêts de livret A de 300 € ;
5. intérêts sur fonds d'assurance-vie pour 10 000 € ;
6. gain de jeu (tiercé) : 15 000 € ;
7. bénéfice industriel et commercial de 45 000 € ;
8. déficit agricole de 30 000 € ;
9. intérêts d'obligations étrangères pour 3 500 € ;
10. plus-value immobilière de 150 000 €.

Partie 2

Les bénéfices industriels et commerciaux

Après avoir étudié la fiscalité des personnes physiques, notre étude sera consacrée à travers huit chapitres distincts aux modalités d'imposition des résultats des entreprises et sociétés relevant de l'impôt sur le revenu.

Les bénéfices industriels et commerciaux constituent l'une des huit catégories de revenus soumis à l'impôt sur le revenu (voir Chapitre 1).

Ils constituent la catégorie d'imposition des entreprises qui exerce une activité de nature commerciale, industrielle ou artisanale, que cette activité soit exercée sous la forme d'une entreprise individuelle ou d'une société de personnes.

L'entrepreneur ou la société devront déterminer leur bénéfice imposable à partir bien sûr de la comptabilité de l'entité mais également en tenant compte des règles spécifiques qui figurent dans le Code général des impôts.

Une fois le résultat fiscal déterminé, il viendra s'ajouter aux éventuels autres revenus dont le chef d'entreprise a disposé.

Étant alors « fondu » dans le revenu global, il sera soumis au barème progressif de l'impôt sur le revenu (IR).

Néanmoins, toutes les entreprises qui exercent une activité commerciale, industrielle ou artisanale ne relèvent pas nécessairement de l'impôt sur le revenu. Certaines relèvent d'un autre impôt qui s'appelle l'impôt sur les sociétés (IS).

Cet impôt sera spécifiquement étudié dans la troisième partie de cet ouvrage.

Nous verrons toutefois que les règles de l'IS s'appuient très largement sur les règles des BIC.

L'étude des BIC est donc un préalable indispensable à quiconque souhaite maîtriser les règles de la fiscalité de l'entreprise.

Nous verrons que ces règles reposent sur des principes dont certains sont stables. En revanche, certaines règles qui s'appuient sur l'environnement économique national et international sont en permanente évolution.

Il est recommandé au lecteur de chercher à comprendre la logique, lorsqu'elle existe, des règles qui vont être exposées. Cette logique aidera celui-ci à mémoriser les règles fiscales et à les appliquer plus efficacement.

Le plan de cette deuxième partie est le suivant :

L'imposition des résultats de l'entreprise

Chapitre 5

COMPÉTENCES ATTENDUES

- **Distinguer les entreprises relevant de l'IS de celles relevant de l'IR.**
- **Décrire et justifier le passage du résultat comptable au résultat fiscal.**

PLAN DU CHAPITRE

SYNTHÈSE P. 121

APPLICATIONS P. 122

LES RÉFÉRENCES POUR COMPRENDRE LE CONTEXTE

Entreprises à l'IR et entreprises à l'IS

Imposition des résultats : entreprises soumises à l'IR et entreprises soumises à l'IS. Fiche thématique sur le site impots.gouv.fr

Comptabilité d'engagement *versus* comptabilité de trésorerie

Qu'est-ce que la « Trésorerie d'engagement ? » Vidéo explicative sur la chaîne YouTube de FNEGE Médias

« Fiscalité : impôt sur le revenu ou impôt sur les sociétés, le dilemme du chef d'entreprise »

Article du journal en ligne *Les Échos* relatif aux avantages et inconvénients des régimes fiscaux applicables à la rémunération du chef d'entreprise

1 Les différentes catégories d'entreprise

De la forme juridique de l'entreprise dépend en principe l'imposition de son résultat. On distingue classiquement les entreprises relevant de l'impôt sur le revenu de celles relevant de l'impôt sur les sociétés.

A Entreprises relevant de l'impôt sur le revenu

Il existe deux grandes catégories d'entreprises relevant de l'impôt sur le revenu : les entreprises individuelles, caractérisées par le fait qu'elles ne disposent pas de la personnalité morale, et les sociétés de personnes.

1 Les entreprises individuelles

Sur le plan juridique, elles se confondent avec l'entrepreneur, car elles ne possèdent pas la personnalité juridique. Fiscalement, leurs revenus sont imposés obligatoirement à l'impôt sur le revenu, sans aucune possibilité d'option pour l'impôt sur les sociétés (voir toutefois ci-après la spécificité de l'entreprise individuelle à responsabilité limitée).

La catégorie de revenu correspond à l'activité exercée par l'entreprise : ainsi, un commerçant relèvera des BIC, un professionnel libéral des BNC, un agriculteur des BA.

Si l'entreprise réalise un déficit, ce déficit, qui constituera un déficit professionnel, s'imputera en principe sur les autres revenus catégoriels du foyer fiscal du chef d'entreprise, ou formera, à défaut d'autre revenu, un déficit global.

2 Les sociétés de personnes

Ces sociétés possèdent la personnalité morale, à l'exception des sociétés non immatriculées au registre du commerce (sociétés de fait et sociétés en participation).

Leur personnalité se distingue de celle de leurs associés, qui peuvent être des personnes physiques ou des personnes morales.

Fiscalement, ces sociétés relèvent de plein droit de l'impôt sur le revenu : sociétés en nom collectif, sociétés civiles, sociétés en commandite simple (SCS) pour la part revenant aux commandités, sociétés en participation, sociétés de fait, EURL (entreprises unipersonnelles à responsabilité limitée) lorsque l'associé unique est une personne physique, GIE (groupements d'intérêt économique).

Mais certaines sociétés de capitaux peuvent opter pour l'impôt sur le revenu, sous conditions (SAS, SA et SARL).

Ces sociétés ne supportent pas l'impôt, puisque l'impôt sur le revenu ne peut pas être acquitté par une personne morale. L'impôt est donc payé par les associés. Dans le cas où l'associé est une personne physique, il sera redevable de l'impôt sur le revenu dans la catégorie qui correspond à l'activité exercée par la société. On parle de « sociétés semi-transparentes » : elles ont la personnalité fiscale, mais elles ne paient pas l'impôt puisque ce sont les associés qui l'acquittent.

Notons que les associés sont imposés sur le résultat **réalisé** par la société, qu'il soit perçu ou non. **Si l'associé a perçu une rémunération, elle ne relèvera en aucun cas des traitements et salaires, mais de la catégorie de revenus qui correspond à l'activité exercée par la société**. Pour la société, les salaires versés aux associés ne sont pas déductibles fiscalement de son résultat.

Si la société réalise un déficit, chaque associé va appréhender une quote-part de déficit et l'imputer sur ses autres revenus, dans la mesure où il s'agit d'un déficit professionnel. Cette condition sera remplie si l'associé exerce son activité professionnelle principale dans la société : on parlera dans ce cas d'associé « actif ».

Exemple

M. et Mme Duchemin sont associés d'une société en nom collectif qui exerce l'activité d'hôtelier restaurateur.
M. et Mme Duchemin étant des personnes physiques, le bénéfice fiscal réalisé par la société relève de la catégorie des BIC et ce sont les associés qui paieront l'impôt sur le revenu sur leur quote-part de BIC.

B Entreprises relevant de l'impôt sur les sociétés

On trouve ici les sociétés de capitaux, au sein desquelles la structure financière importe plus que la personnalité des associés : il s'agit principalement des SA (sociétés anonymes), SAS (sociétés par actions simplifiée), SARL (sociétés à responsabilité limitée), SCA (sociétés en commandite par actions).

Titulaires de la personnalité morale, ces sociétés ont également la personnalité fiscale : elles sont redevables d'un impôt qui est calculé directement sur leur résultat fiscal. Cet impôt, c'est l'impôt sur les sociétés.

L'impôt sur les sociétés, qui représentait en principe un tiers du résultat fiscal, et désormais 25 % en 2022 pour un grand nombre d'entreprises, ne constitue pas une charge fiscalement déductible pour la société qui le verse.

Pour les associés, ils ne seront imposés qu'à hauteur des revenus que la société leur alloue : s'il s'agit d'un dividende, il supportera le prélèvement forfaitaire unique (voir Chapitre 2, catégorie des RCM) ou, sur option, l'impôt progressif sur le revenu dans la catégorie des revenus de capitaux mobiliers. Si l'associé est également salarié de la société, sa rémunération relèvera de la catégorie des traitements et salaires, et supportera l'impôt sur le revenu au taux progressif. La société pourra fiscalement déduire les salaires versés aux associés, dans la mesure où ils ne sont pas exagérés et s'ils correspondent à un travail effectif.

Fiscalement, on parle de sociétés « opaques » : il y a, entre la société et les associés, un écran juridique. La société paie son impôt, les associés acquittent le leur.

De prime abord, l'IS paraît plus juste puisque l'associé qui ne perçoit pas de revenus n'est pas imposé. Nous verrons que, dans certaines situations, le recours à une structure relevant de l'IR est plus favorable.

Si la société réalise un déficit, ce déficit sera « géré » au niveau de la société : il pourra faire l'objet d'un report vers l'avant ou d'un report vers l'arrière. Contrairement aux sociétés relevant de l'IR, il n'aura aucune incidence chez les associés.

L'exemple qui suit permet de se familiariser avec les modalités d'imposition des entreprises, qu'elles relèvent de l'IR ou de l'IS.

Exemple

Les données

N = 2022
La société TECHNO PLUS, créée en 2005, exerce une activité de négoce de produits informatiques. Elle est composée de M. Dupont et de M. Durand : chaque associé possède la moitié du capital social. Le chiffre d'affaires hors taxes de l'exercice N s'élève à 10 550 000 €, et le bénéfice comptable est de 300 000 €.
L'exercice comptable correspond à l'année civile. Le résultat de l'exercice N tient compte des opérations suivantes :

- M. Dupont, en sa qualité de gérant de la société, a perçu une rémunération de 40 000 € ;
- M. Durand, en tant que directeur administratif et financier, a perçu une rémunération de 25 000 €.

>>>

>>> **Questions**

a) Question 1 : en supposant que cette société relève du régime des sociétés de personnes, déterminez le résultat fiscal imposable et le revenu à déclarer par MM. Dupont et Durand à l'impôt sur le revenu.
b) Question 2 : même question, en supposant que cette société relève du régime des sociétés de capitaux. Calculez, de plus, l'impôt dû par la société sachant que la société ne peut pas, compte tenu du montant de son chiffre d'affaires, bénéficier de l'IS réduit (voir Chapitre 17).
Précisions
La société TECHNO PLUS est adhérente d'un OGA (organisme de gestion agrée).
MM. Dupont et Durand sont célibataires et n'ont pas de revenus autres que ceux provenant de leur activité dans la société TECHNO PLUS.

La solution

a) Question 1 : la société est une société de personnes relevant de l'IR
Les bénéfices ou déficits réalisés sont imposés non pas directement au nom de la société, mais au nom propre des associés, à l'impôt sur le revenu (puisqu'il s'agit d'associés personnes physiques), dans la catégorie correspondant à l'activité de la société (voir Chapitre 14).
L'entreprise TECHNO PLUS exerce une activité commerciale par nature ; de ce fait, les revenus seront déterminés selon les règles applicables à la catégorie des bénéfices industriels et commerciaux (BIC).
Pour les entreprises relevant de l'impôt sur le revenu, les sommes ou rémunérations prélevées par les associés d'une société de personnes ne sont pas déductibles des résultats de l'entreprise.
En conséquence, les rémunérations perçues par Messieurs Dupont et Durand doivent être réintégrées au résultat. Il convient donc de réintégrer la somme de : 65 000 € (40 000 + 25 000).

Bénéfice comptable :	300 000 €
Réintégrations :	
– rémunération de M. Dupont	40 000
– rémunération de M. Durand	25 000

Le bénéfice fiscal de l'entreprise s'élève à : 300 000 + 65 000 = 365 000 €.
Ce bénéfice n'est pas taxé au nom de la société, mais il doit être réparti entre les deux associés. Pour cela, il faut tout d'abord déterminer le résultat à répartir.
Le bénéfice à déclarer au titre des BIC par chacun des associés est le suivant :

M. Dupont :	
– quote-part du bénéfice social (les deux associés sont à égalité dans la société) :	300 000 × 50 % = 150 000 €
– + sa rémunération :	40 000 €
Soit un total imposable en BIC de :	**190 000 €**
M. Durand :	
– quote-part du bénéfice social :	300 000 × 50 % = 150 000 €
– rémunération :	25 000 €
Soit un total imposable en BIC de :	**175 000 €**

L'entreprise étant membre d'un organisme de gestion agréé, c'est ce bénéfice qui est imposé au titre de l'impôt sur le revenu, sans majoration (voir Chapitre 12).
M. Dupont sera donc imposé à l'impôt sur le revenu, dans la catégorie des BIC, sur 190 000 €.
M. Durand sera imposé sur un BIC de 175 000 €.

b) Question 2 : la société est une société de capitaux relevant de l'IS
Les rémunérations versées aux associés n'étant ni fictives, ni exagérées, elles sont déductibles fiscalement et imposées dans la catégorie des TS.
Le résultat fiscal est, dans ce cas, égal au résultat comptable, soit 300 000 €.
L'IS dû par la société à l'État s'élève à 300 000 × 25 % (la société ne relève pas de l'IS au taux réduit de 15 %) = 75 000 €.
La société pourra distribuer à ses associés un dividende de : résultat comptable – IS, soit 300 000 – 75 000 = 225 000 €. Chaque associé a donc droit à 112 500 €.
Cette distribution interviendra en N+1.
Si les dividendes sont intégralement distribués, le PFU (ou, sur option, l'IR progressif) et les prélèvements sociaux s'appliqueront. S'ils sont mis en réserve, il est évident que la formule IS présenterait plus d'intérêt compte tenu du fait que les associés seraient imposés sur les seuls salaires perçus.

2 Les principes directeurs de détermination du résultat imposable de l'entreprise

A Définition du bénéfice imposable

Le bénéfice imposable est égal à la différence entre les produits réalisés par l'entreprise et les charges qu'elle a engagées, corrigée des cessions d'éléments d'actifs. Telle est la définition de l'article 38.1 du CGI, analytique.

La définition synthétique du bénéfice imposable figure à l'article 38.2 du Code général des impôts. Cette définition mérite d'être citée *in extenso* :

Aux termes de l'article 38.2 du CGI : « Le bénéfice net est constitué par la différence entre les valeurs de l'actif net à la clôture et à l'ouverture de la période dont les résultats doivent servir de base à l'impôt diminuée des suppléments d'apport et augmentée des prélèvements effectués au cours de cette période par l'exploitant ou par les associés. L'actif net s'entend de l'excédent des valeurs d'actif sur le total formé au passif par les créances des tiers, les amortissements et les provisions justifiés ».

Cette définition repose sur la notion de **variation d'actif net** : il s'agit de comparer le bilan de clôture et le bilan d'ouverture de l'entreprise, toute variation des capitaux propres entraînant une variation du résultat imposable. Cette définition, plus riche que la précédente, peut constituer notamment pour l'administration fiscale une arme redoutable.

Exemple

Imaginons une entreprise qui a laissé figurer au passif de son bilan une dette fournisseur de 5 000 €. Le fournisseur ayant été mis en liquidation judiciaire, la dette aurait dû être soldée et une écriture de produit exceptionnel aurait dû être comptabilisée.
L'entreprise n'en a rien fait. Lors d'un contrôle fiscal de l'entreprise, un vérificateur des impôts constate ce passif injustifié, constitué par une dette qui n'existe plus.
Il indiquera à l'entreprise que, conformément aux dispositions de l'article 38.2 du CGI, la disparition de cette dette au passif entraîne une variation d'actif net d'égal montant et, de surcroît, une augmentation de son résultat imposable à hauteur de 5 000 €.

Remarque. Pourquoi faut-il corriger la variation d'actif net « des prélèvements effectués au cours de cette période par l'exploitant ou par les associés » ? Dans l'entreprise individuelle ou dans les sociétés à l'IR, le résultat n'est pas affecté par les prélèvements ou les apports du chef d'entreprise ou des associés. Ainsi, dans l'entreprise individuelle, les prélèvements figurent au débit du compte de l'exploitant (108) et les apports au crédit de ce même compte. Mais comptablement, les retraits diminuent le capital et les apports l'augmentent, entraînant ainsi une variation de l'actif net. Il faut donc, ainsi que nous y invite l'article 38.2, les neutraliser pour déterminer le résultat imposable, en retirant les apports et en ajoutant les prélèvements.

Exemple : M. Dupont a des capitaux propres à l'ouverture de l'exercice N de 45 000 € et de 70 000 € à la clôture. Ces 70 000 € tiennent compte d'apports réalisés en N pour 6 000 €.
Son résultat imposable est par conséquent de 70 000 – (45 000 + 6 000) = 19 000 €.

B Période d'imposition

Elle s'appuie sur le principe d'annualité de l'impôt, codifié à l'article 12 du CGI : les contribuables sont imposables en N sur les revenus réalisés en N–1.

Cette règle, qui soulève peu de difficultés pour les particuliers, peut s'avérer plus complexe pour les entreprises. Elle impose tout d'abord à l'entreprise qui se crée et qui relève de l'IR de déclarer un résultat l'année de sa création, même si aucun bilan n'a été arrêté. Ce résultat provisoire vient en diminution ou en augmentation du résultat définitif, selon les cas. Ce résultat peut résulter d'une simple estimation à défaut d'arrêté comptable intermédiaire.

Remarque. Comment connaître l'année d'imposition lorsqu'un exercice est à cheval sur deux années civiles ? Il faut se placer dans ce cas à la clôture de l'exercice. Ainsi, si un exercice comptable commence le 1er février N pour se terminer le 31 janvier N+1, c'est le résultat de l'exercice N+1 qui sera déclaré et imposé en N+2.
Par ailleurs, cette règle implique, lorsque plusieurs résultats sont déterminés la même année pour une même entreprise, d'établir la somme algébrique de ces différents résultats.
Illustrons ces règles par deux exemples.

Exemple

Création d'entreprise en N et clôture des comptes en N+1
M. Dupond crée le 1er octobre N une activité de marchand de chaussures. Il souhaite arrêter ses comptes au 30 septembre N+1.
Hypothèse 1 – Le résultat réalisé au 30 septembre N+1 est un bénéfice de 30 000 €
M. Dupond souhaite connaître les incidences fiscales d'un résultat provisoire déclaré au 31 décembre N pour :
- 10 000 € ;
0 € ;
+ 10 000 €
- s'il déclare un déficit provisoire de - 10 000 €, il sera imposé en N+1 sur 40 000 € (30 000 - (10 000)) :
- s'il déclare un résultat de 0, son résultat imposable au 30 septembre N+1 sera de 30 000 € (30 000 - 0) ;
- s'il déclare un résultat de + 10 000 € au 31 décembre N, son résultat définitif s'élèvera à 20 000 € (30 000 - 10 000).

Hypothèse 2– Le résultat réalisé au 30 septembre N+1 est un déficit de - 30 000 €
En reprenant les résultats précédents, nous aurons :
- un déficit de 20 000 € (- 30 000 - (- 10 000)) ;
- un déficit de 30 000 € (- 30 000 - 0) ;
- un déficit de 40 000 € (- 30 000 - 10 000).

Le dispositif retenu est donc un système « montant sur montant ».

Exemple

Plusieurs bilans sont arrêtés en N
M. Durand a arrêté au cours de l'exercice N, qui court du 1er avril N au 31 mars N+1, plusieurs bilans :
- bilan arrêté le 31 juillet N : résultat de 15 000 € ;
- bilan arrêté le 30 novembre N : résultat de - 7 500 € ;
- bilan arrêté le 31 mars N+1 : 20 000 €.

Il convient de faire la somme algébrique des bilans des différents exercices clos au cours de l'année N+1. Le résultat de l'année N+1 à déclarer en N+2 s'élève à 15 000 - 7 500 + 20 000 = 27 500 €. Notons que cette situation demeure assez rare en pratique.

C Créances acquises et dettes certaines : le principe de la comptabilité d'engagement

Comptablement et fiscalement (art. L. 123-13 du Code de commerce et 38.2 *bis* du CGI), les créances et les dettes sont rattachées à l'exercice au titre duquel elles sont devenues certaines dans leur principe et déterminées dans leur montant.

Cela signifie que leur comptabilisation est indépendante de leur encaissement ou de leur décaissement, contrairement aux règles applicables en BNC (de plein droit).

Concrètement, une entreprise sera imposée sur un produit qu'elle n'a éventuellement pas encore encaissé et déduira une charge qu'elle n'a pas nécessairement payé à la clôture de l'exercice.

Toutefois, il lui sera possible de provisionner une créance douteuse ou litigieuse, selon les modalités expliquées au Chapitre 10.

Cette comptabilité d'engagement est plus riche que la simple comptabilité de trésorerie « recettes-dépenses », et mieux à même de révéler la complexité de la gestion d'une entreprise commerciale.

Cette comptabilité d'engagement contraint l'entreprise à respecter le principe dit « de spécialité » des exercices comptables ou « d'indépendance » des exercices comptables. Ce principe s'entend de l'obligation pour l'entreprise de rattacher un produit ou une charge à l'exercice de son fait générateur, sans pouvoir l'anticiper ou le différer.

Si, par exemple, une charge est née en N, elle ne peut être déduite en N+1. En cela, le code des impôts ignore la notion comptable de charges sur exercices antérieurs. Il est important sur le plan fiscal que l'entreprise ne puisse à sa guise anticiper ou différer la comptabilisation de produits ou de charges, à des fins d'optimisation fiscale.

Il pourrait être tentant, par exemple, pour un chef d'entreprise de différer la comptabilisation d'une créance de fin d'exercice afin de limiter son impôt dû en N : le principe de spécialité des exercices comptables s'y oppose formellement.

D Définition de l'actif commercial de l'entreprise

La définition de l'actif commercial diffère selon que l'entreprise est exploitée ou non en société.

1 Actif commercial et entreprise individuelle

Sur le plan civil, le patrimoine de l'entreprise et celui de l'entrepreneur se confondent. Le droit français ne reconnaît pas de personnalité morale à l'entreprise individuelle, et il est fait application du principe d'unité du patrimoine.

Remarque. La loi du 14 février 2022 en faveur de l'activité professionnelle indépendante a instauré un statut pour l'entrepreneur individuel lui permettant de distinguer son patrimoine professionnel de son patrimoine personnel, et de déroger ainsi au principe selon lequel toute personne répond de ses obligations sur l'ensemble de ses biens. Le patrimoine personnel est défini comme constitué des éléments du patrimoine de l'entrepreneur individuel non compris dans le patrimoine professionnel. Les biens communs peuvent être inclus dans le patrimoine professionnel lorsqu'ils sont utilisés à des fins professionnelles. Le patrimoine professionnel de l'entrepreneur individuel est composé des biens, droits, obligations et sûretés dont il est titulaire et qui sont utiles à l'activité ou à la pluralité d'activités professionnelles indépendantes qu'il exerce. Appartiennent notamment à cette catégorie : le fonds de commerce, les biens incorporels (données relatives aux clients, brevets d'invention, licences, marques, nom commercial, enseigne), les biens meubles servant à l'activité (marchandise, matériel, outillage, véhicules), les éléments liés aux liquidités (sommes en numéraire, solde bancaire), les biens immeubles servant à l'activité, y compris la partie de la résidence principale de l'entrepreneur individuel utilisée pour un usage professionnel.

Sur le plan fiscal, il est reconnu un patrimoine d'affection. Par une fiction juridique, l'entrepreneur peut distinguer entre les biens qui vont composer son patrimoine privé et ceux qui vont composer son patrimoine professionnel.

Ce principe est qualifié habituellement de « principe de liberté d'affectation comptable ». Sans que ce principe soit remis en question, la possibilité de comprendre dans le bénéfice professionnel les charges et les produits qui ne se rapportent pas à l'exercice de l'activité professionnelle est supprimée à compter du 1er janvier 2012.

En cas de coexistence au sein d'une entreprise individuelle d'une activité professionnelle relevant de la catégorie BIC, BA ou BNC et d'une activité sans lien avec l'exercice de l'activité professionnelle (par exemple, revenus d'une activité relevant des revenus fonciers, des plus-values immobilières, des RCM ou encore des BIC non professionnels), deux résultats distincts seront déterminés.

Les produits et charges dégagés par cette activité seront exclus pour la détermination du bénéfice net imposable (catégorie BIC professionnels). Ainsi, ce résultat sera fiscalement :

- diminué des produits qui ne proviennent pas de l'activité exercée à titre professionnel ;
- augmenté du montant des charges admises en déduction qui ne sont pas nécessitées par l'exercice de l'activité à titre professionnel.

Les produits qui ne proviennent pas de l'activité exercée à titre professionnel et qui n'excèdent pas 5 % de l'ensemble des produits sont maintenus dans le bénéfice net relevant des BIC ou des

BA. Ce montant atteint 10 % si la condition des 5 % était respectée en N–1. Le retraitement des produits et des charges s'effectue automatiquement, sauf option contraire de l'exploitant.

Attention. Même si ces seuils sont respectés, les charges se rapportant à un bien non professionnel porté à l'actif ne sont déductibles du résultat qu'à hauteur du montant des produits réalisés par ce bien : aucun déficit n'est admis en déduction du résultat.

Illustrons le principe de liberté d'affectation comptable par l'inscription d'un immeuble au bilan.

Exemple

N = 2022
M. Durand choisit début janvier N d'inscrire à l'actif du bilan de son entreprise individuelle un immeuble de trois étages :
- au rez-de-chaussée, se trouve le fonds de commerce ;
- au 1er étage, un appartement loué à un médecin (il s'agit d'une location nue) ;
- enfin, au 2e étage, se trouve l'appartement que M. Durand occupe avec sa famille.

Quelles sont les conséquences fiscales de cette inscription de l'immeuble au bilan sur le BIC de M. Durand, tant au regard des produits que des charges ?
Pour le rez-de-chaussée : s'agissant des murs où est exploité le fonds de commerce, l'ensemble des charges sont déductibles du BIC, y compris dans ce cas les charges liées à l'utilisation du bien. Aucun produit n'est à déclarer du fait de l'inscription des murs commerciaux au bilan.
Pour le 1er étage : l'appartement n'est pas affecté à l'activité professionnelle de M. Durand, mais cette location relève d'une activité patrimoniale. Comptablement, les loyers et l'ensemble des charges sont pris en compte. Fiscalement, il convient de déduire du BIC les loyers qui seront imposés en revenus fonciers. Les charges de la propriété, de même que les charges liées à l'utilisation de l'appartement, doivent être réintégrées sur le tableau n° 2058-A.
Pour le 2e étage : il s'agit de la résidence principale de la famille. Les traitements comptables et fiscaux sont identiques au précédent.
Ces nouvelles dispositions applicables depuis le 1er janvier 2012 ne simplifient pas les calculs des plus ou moins-values en cas de cession des biens.
Le résultat de cession sera ventilé en distinguant la part qui correspond à la durée d'affectation professionnelle du bien, soumise aux règles des plus-values des entreprises et la part qui correspond à la durée d'affectation non professionnelle, soumise aux règles des plus-values des particuliers.
En cas de cession ou de retrait d'actif, une plus ou moins-value professionnelle sera déterminée.
Pour les murs commerciaux du rez-de-chaussée, il s'agit d'un local d'exploitation et la seule plus-value à long terme pourra faire l'objet d'un abattement de 10 % par année de détention au-delà de la 5e (dispositif de l'article 151 *septies* B, étudié dans le Chapitre 11).
Rien de tel en revanche pour les locaux des 1er et 2e étages qui sont des immeubles de placement : l'éventuelle plus-value de cession relève du régime des plus-values immobilières : il conviendra donc de déduire extra-comptablement la PV professionnelle.

De manière générale, il est en principe peu judicieux, sauf en cas de possible exonération de la plus-value de cession de faire figurer l'immobilier à l'actif du bilan d'une entreprise, surtout s'il s'agit d'immeubles qui ont vocation à se valoriser. Il est préférable de le loger dans une structure dédiée, telle une société civile immobilière (SCI), par exemple.

L'administration reconnaît désormais la possibilité pour l'exploitant individuel de louer un immeuble à son entreprise ; ce loyer sera déduit du résultat de l'entreprise, dans la mesure où il n'est pas exagéré, et imposé chez le chef d'entreprise dans la catégorie des revenus fonciers (CE 8 juillet 1998, Meissonnier).

Exemple

Les données

M. Martin a inscrit en le 1/1/N un immeuble de rapport (locatif) à l'actif de l'entreprise individuelle Martin pour 300 000 €.
Le compte de résultat fait apparaître :
- Des produits d'exploitation pour 270 000 € ;
- Des revenus locatifs pour 10 000 € ;
- Des charges immobilières pour 13 500 € ;

>>>

>>>

Question

Déterminez le traitement fiscal du revenu locatif.

La solution

Le résultat locatif est négatif pour 3 500 € (10 000 - 13 500)
Les recettes locatives n'excèdent pas 5 % du CAHT, soit 13 500 € (270 000 × 5 %)
L'entreprise MARTIN peut opter pour le non retraitement du résultat locatif.
Toutefois, celui-ci ne peut être négatif et diminuer le BIC (article 39 C du CGI)
Ainsi, le déficit foncier de 3 500 € sera réintégré au BIC.

2 EIRL et actif commercial

La loi du 15 juin 2010 portant création de l'entreprise individuelle à responsabilité limitée a mis en place la notion de **patrimoine d'affectation**.

Ce dispositif permet, depuis le 1er janvier 2011, aux exploitants individuels qui adoptent le régime de l'entreprise individuelle à responsabilité limitée (EIRL) de mettre leur patrimoine personnel à l'abri de leurs créanciers professionnels grâce au mécanisme juridique du patrimoine d'affectation : l'entrepreneur a la possibilité de séparer son patrimoine personnel du patrimoine qu'il affecte à son activité professionnelle. Seul ce patrimoine affecté peut servir de gage à ses créanciers professionnels, sans qu'une personne morale soit créée (ce qui distingue notamment l'EIRL de l'EURL).

Remarque La loi 2022-172 du 14-2-2022 a réformé le statut de l'entrepreneur individuel en faveur de l'activité professionnelle indépendante reposant sur la séparation **de plein droit** des patrimoines personnels et professionnels de l'exploitant individuel (cf. *supra*). Les biens utiles à l'exercice de l'activité professionnelle d'un entrepreneur individuel (cf. *supra*), c'est-à-dire son patrimoine professionnel, seront automatiquement séparés de ses autres biens (son patrimoine personnel), et le gage des créanciers dont les droits seront nés à l'occasion de cette activité sera limité au patrimoine professionnel, sauf renonciation de l'entrepreneur à cette limitation. Cette réforme s'accompagne de la suppression progressive du statut de l'EIRL : depuis le 15 février 2022, les exploitants ne peuvent plus opter pour ce statut, mais ceux qui l'ont déjà adopté y demeurent soumis.

3 Actif commercial et société

La question du choix de l'affectation comptable des biens ne se pose par pour les sociétés. En effet, il existe pour ces structures un patrimoine social distinct du patrimoine des associés. Seules les sociétés de personnes, au sein desquelles un associé exerce son activité professionnelle (il s'agit d'un associé actif), relèvent de la même analyse que l'entreprise individuelle. En effet, dans ces sociétés, les parts de l'associé « actif » sont analysées comme un élément d'actif affecté à l'activité professionnelle (article 151 *nonies* du CGI).

E Modalités de calcul de l'impôt

1 Du résultat comptable au résultat fiscal

Le résultat issu de la comptabilité va être retraité pour aboutir au résultat fiscal, selon les prescriptions du Code général des impôts. Il s'ensuit des réintégrations et des déductions fiscales que nous aurons le loisir d'étudier dans les chapitres suivants.

C'est sur l'état **2058-A** que sont effectués ces retraitements : il convient d'ajouter au résultat comptable les éléments non fiscalement déductibles et de retrancher les éléments non fiscalement imposables.

Résultat comptable + Réintégrations - déductions = Résultat fiscal

Exemple

Prenons un exemple simple pour illustrer ce mécanisme.
L'entreprise individuelle Martin a un résultat comptable de 50 000 € au titre de N. Ce résultat inclut une plus-value à court terme de 12 000 € qui fait suite à cession d'une machine, la rémunération de M. Martin pour 20 000 € et une amende pour excès de vitesse de 100 €.
Quel sera le résultat fiscal de l'entreprise Martin ?
La rémunération de M. Martin n'est pas déductible fiscalement et doit être réintégrée.
Il en est de même pour l'amende.
La plus-value à court terme peut faire l'objet d'un étalement sur trois ans, ce qui équivaut à déduire 2/3 de son montant au titre de l'exercice où elle est réalisée, soit 8 000 € (voir Chapitre 11).
Ainsi, le résultat fiscal de l'exercice N s'élève à 50 000 + 20 000 + 100 – 8 000 = **62 100** €.

Éclairage
Les épreuves du DCG consacrées aux BIC ou à l'IS consistent très souvent à déterminer un résultat fiscal en partant d'un résultat comptable. Il est demandé au candidat d'indiquer les retraitements fiscaux auxquels il convient de procéder. Attention toutefois à ne pas produire une simple grille faisant apparaître des réintégrations et des déductions : il convient d'expliquer clairement et succinctement la règle fiscale applicable.

2 Gestion des déficits

Pour les entreprises relevant de l'IR et imposables dans la catégorie des BIC, le déficit connaît deux formes de traitement possible :

- s'il s'agit d'un **déficit professionnel**, qui correspond à l'exercice d'une véritable activité professionnelle dans l'entreprise, nécessitant la participation personnelle et continue du chef d'entreprise, il s'impute sur le revenu global : à défaut d'un revenu global suffisant, le déficit global est reportable sur les revenus globaux des six années suivantes ;
- si, au contraire, il s'agit d'un **déficit non professionnel**, il est « tunnelisé », ce qui signifie qu'il ne pourra s'imputer que sur des revenus de même catégorie pendant les six années suivantes.

Dans le cas des entreprises relevant de l'impôt sur les sociétés, le déficit ne remonte pas chez les associés. Il s'imputera soit sur les prochains résultats bénéficiaires, sans condition de durée (on parle alors de report en avant), soit vers l'arrière, sur le bénéfice de l'exercice antérieur, sur option de l'entreprise.

3 Le calcul de l'impôt

Il est très différent selon que l'entreprise relève ou non de l'IS.

S'il s'agit d'une entreprise individuelle ou d'une société de personnes, l'impôt est payé par l'exploitant ou par l'associé. Le résultat réalisé par l'entreprise va ainsi majorer ou diminuer le revenu imposable à l'IR de ces personnes.

C'est la progressivité du barème de l'IR qui s'applique : pour chaque tranche, le taux varie de 0 à 45 % auquel il faut ajouter éventuellement la contribution sur les hauts revenus de 3 ou 4 % ainsi que 9,7 % de prélèvements sociaux (CSG et CRDS) applicable aux revenus non-salariés.

À l'IS, la société est une personne morale fiscalement imposable en tant que telle. Elle sera donc personnellement redevable de l'impôt sur son propre résultat en fonction du taux légalement applicable (26,5 % au taux normal pour 2021). Les associés supporteront l'impôt sur les seuls dividendes perçus, et sur leurs salaires s'ils exercent une activité rémunérée dans la société.

Le résultat net comptable sera déterminé par différence entre le résultat comptable et l'IS. C'est lui qui est reporté au passif du bilan, tableau n° 2051 ligne DI.

3 Les différentes catégories de chefs d'entreprises (exploitants individuels, associés de sociétés de personnes, dirigeants de sociétés de capitaux)

A Exploitant individuel

Dans l'entreprise individuelle, le chef d'entreprise est qualifié d'« **exploitant individuel** ». Sur le plan fiscal, nous l'avons vu, l'éventuelle rémunération qui lui est servie est déductible comptablement, mais pas fiscalement : elle doit être réintégrée sur le tableau n° 2058-A.

Cela étant, il est assez rare dans la pratique qu'un exploitant individuel s'alloue un salaire, ne serait-ce qu'au regard du coût des cotisations sociales. Il préférera plutôt effectuer des prélèvements de trésorerie, qui n'auront dans ce cas aucune incidence sur le résultat de l'entreprise et qui figureront au débit du compte 108, « prélèvements de l'exploitant ».

Éclairage pratique

Pour quelle raison la rémunération d'un entrepreneur individuel n'est-elle pas déductible de son résultat fiscal ?

Dans une entreprise individuelle, le résultat imposable à l'impôt sur le revenu est le résultat réalisé à la clôture de l'exercice. Ce qu'il advient du résultat en amont ou en aval de sa réalisation est neutre sur le plan fiscal. Ainsi, les salaires que s'octroie un exploitant individuel représentent une appréhension du résultat par anticipation et doivent être neutralisés pour la détermination du résultat imposable.

B Associé d'une société à l'IR

Dans une société qui relève de l'IR, les règles concernant les associés ne sont pas différentes de celles que nous venons de voir. De la même manière que dans l'entreprise individuelle, les associés sont imposés sur une quote-part du résultat réalisé par la société. S'ils sont rémunérés par la société, leur rémunération n'est pas déductible du résultat fiscal et elle est imposée chez eux dans la catégorie de revenus correspondant à l'activité de la société, et non dans la catégorie des TS.

Si les associés effectuent des prélèvements de trésorerie, ils apparaissent au débit du compte courant d'associé n° 455.

Il conviendra de se reporter au Chapitre 14 afin d'étudier en détail le régime fiscal de ces sociétés.

La rémunération du dirigeant non associé est fiscalement déductible si elle rémunère un travail effectif et si elle n'est pas exagérée au regard du service rendu à l'entreprise.

C Associé et dirigeant associé d'une société à l'IS

Deux situations sont à distinguer.

1 L'associé perçoit un salaire

Si tel est le cas, sa rémunération, dans la mesure où elle n'est pas exagérée et où elle correspond à un travail effectif, est déductible du résultat fiscal. En effet, la société qui verse la rémunération est ici « sujet » d'impôt (elle paie l'IS) et « opaque » du point de vue fiscal, contrairement aux sociétés de personnes qui sont semi-transparentes.

L'associé est fiscalement imposé dans la catégorie des TS, sauf cas de rémunération exagérée qui serait considérée comme un revenu distribué imposable en RCM avec une majoration d'assiette de 25 % (à l'IR uniquement, cette majoration ne s'appliquant pas en matière de prélèvements sociaux).

2 L'associé perçoit un dividende

L'associé, en tant qu'apporteur de capitaux, a droit à une partie des bénéfices de la société, voire à la totalité s'il s'agit d'un associé unique d'une EURL ou d'une SASU.

Le dividende ne constitue jamais une charge pour la société, mais il s'agit d'un revenu imposable pour le bénéficiaire.

- **Si le bénéficiaire est une personne physique**, ses modalités d'imposition sont celles décrites au Chapitre 2, point 3, catégorie des RCM : imposition au PFU ou, sur option, imposition au taux progressif de l'IR après application d'un abattement proportionnel de 40 %.
- **Si le bénéficiaire est une personne morale**, c'est-à-dire une société imposable à l'IR ou à l'IS, tout dépend de ses modalités d'imposition :
  - s'il s'agit d'une société imposable à l'IR, le dividende est compris dans son résultat imposable et il peut éventuellement faire l'objet d'une déduction extra comptable pour être imposé chez les associés de la société, dans la catégorie des RCM ;
  - s'il s'agit d'une société à l'IS, il faut s'interroger sur l'application du régime dit des sociétés mères et filiales (voir Chapitre 16) ;
  - si le régime mère fille est applicable, l'associé est imposé uniquement sur une quote-part de frais et charges de 5 % du dividende reçu ;
  - si le régime mère-fille ne s'applique pas, le dividende supportera l'IS (au taux réduit de 15 % s'il s'agit d'une PME ou à 25 % à défaut).

Exemple

N = 2022
Une EURL ayant opté pour l'IS réalise en N un résultat comptable de 100 000 €.
Son résultat fiscal est identique.
Ne bénéficiant pas du taux réduit de l'IS réduit des PME, elle acquitte au titre de N un IS de 25 000 €.
Son résultat net distribuable est, par conséquent, de 75 000 €, soit le résultat comptable diminué de l'IS.
Il s'agit du bénéfice distribuable, la société ayant doté intégralement sa réserve légale.

Hypothèse 1 : l'associé unique, marié, est une personne physique.

Son dividende imposable s'élève à 75 000 €. Il est imposable au PFU ou à l'IR au taux progressif. La société aura acquitté en N-1 le prélèvement forfaitaire non libératoire de 12,8 %, soit 75 000 × 12,8 % = 9 600 €. Ce prélèvement viendra en diminution de l'IR dû sur le dividende en N (voir RCM Chapitre 2). La société n'oubliera pas d'acquitter également les prélèvements sociaux (75 000 × 17,20 % = 12 900 €).

Hypothèse 2 : l'associé unique est une société passible de l'IR.

Le dividende fait l'objet d'une déduction extra comptable de 75 000 € pour être imposé chez les associés de la société en revenus de capitaux mobiliers (régime d'imposition plus favorable), puisque l'associé peut dans ce cas bénéficier du PFU ou sur option de l'abattement de 40 %).

Hypothèse 3 : l'associé unique est une société passible de l'IS. 2 possibilités existent :

- l'associé peut se placer sous le régime fiscal des sociétés mères et filiales (voir Chapitre 16) : le dividende est déduit fiscalement du résultat de l'associé. Seule une quote-part de frais et charges de 5 % de son montant doit être réintégrée ;
- l'associé ne peut pas se placer sous le régime fiscal des sociétés mères et filiales : le dividende est soumis à l'impôt chez l'associé, ce qui conduit à sa double imposition puisqu'il provient d'un résultat qui a déjà supporté l'impôt.

D Dirigeant non associé d'une société à l'IR ou à l'IS

Un associé peut être dirigeant de la société (gérant pour une SNC, SARL ou société en commandite, PDG ou président du conseil d'administration pour une SA, président pour une SAS, etc.), mais le dirigeant n'est pas toujours un associé.

Dans ce cas, que la société soit à l'IR ou à l'IS, la rémunération du dirigeant est comptablement et fiscalement déductible dans la mesure où elle n'est pas excessive et où elle correspond à un travail effectif.

Pour le bénéficiaire, il s'agit d'une rémunération imposable dans la catégorie des traitements et salaires.

Attention : Une confusion est fréquemment rencontrée entre associé, dirigeant et dirigeant-associé. Par exemple, dans une société de personnes, c'est la qualité d'associé qui entraîne la non-déductibilité de la rémunération. Si le dirigeant n'est pas associé, la déductibilité de la rémunération est admise.

LES DIFFÉRENTES CATÉGORIES D'ENTREPRISES	
Entreprise individuelle	Entreprise sans personnalité morale. Les bénéfices ou déficits réalisés sont intégrés dans le revenu imposable de l'exploitant.
Société de personnes	Société avec personnalité morale où la personnalité de chaque associé joue un rôle déterminant. Les bénéfices ou déficits réalisés sont imposés, non pas au nom de la société, mais directement au nom des associés, personnes physiques ou personnes morales. L'imposition intervient une seule fois sur le résultat réalisé, et en aucun cas sur le résultat distribué.
Société de capitaux	Ici, c'est la mise en commun d'un capital qui importe plus que la personnalité des associés. Les bénéfices ou déficits réalisés sont imposés à l'impôt sur les sociétés (IS), et l'impôt est acquitté par la société. Les associés ne sont imposés que sur les résultats qu'ils appréhendent dans la société (salaires ou dividendes).
LES PRINCIPES DIRECTEURS DE DÉTERMINATION DU RÉSULTAT	
La période d'imposition	Elle diffère selon que l'exercice coïncide ou non avec l'année civile, et selon que la société est à l'IR ou à l'IS.
Le principe de la comptabilité d'engagement	L'entreprise comptabilise ses créances et ses dettes indépendamment de leur encaissement ou de leur paiement.
Actif commercial	Il est fait application dans l'entreprise individuelle du principe de liberté d'affectation comptable. Mais certains retraitements peuvent être à effectuer si le bien n'est pas utilisé par l'entreprise.
LES DIFFÉRENTES CATÉGORIES DE CHEF D'ENTREPRISE	
Exploitant individuel	C'est le nom donné au chef d'entreprise individuelle : il est imposé sur un résultat réalisé.
Associés des sociétés IR et IS	L'associé d'une société à l'IR est imposé sur sa quote-part de résultat dans la société, même s'il n'est pas distribué : sa rémunération n'est jamais déductible fiscalement ; L'associé d'une société à l'IS est imposé sur le revenu qu'il prélève dans la société : sa rémunération est fiscalement déductible.

Applications

EXO 05.01 Cas STETE

Cet exercice a pour but de vous familiariser avec le principe d'annualité de l'IR pour les entreprises relevant des BIC.

1. Anatole Demururoa exploite une agence de voyages à Poitiers. Il a arrêté, jusqu'au 31 décembre N–1, ses exercices comptables à la fin de l'année civile.

À partir de N, ayant décidé pour des raisons de commodité de dresser son bilan à la fin du mois de juillet, il adresse au centre des Impôts de Poitiers une déclaration portant sur la période du 1er janvier au 31 juillet N et faisant apparaître un bénéfice de 75 000 €.

M. Demururoa est marié et a deux enfants à charge. Il ne dispose pas d'autres revenus que ceux provenant de son commerce.

➜ **Travail à faire**

M. Demururoa vous demande s'il doit, avant la souscription de sa prochaine déclaration (période du 1er août N au 31 juillet N+1), fournir un état approximatif de ses résultats au 31 décembre N.

2. Franck Lume, marchand de biens, a décidé d'arrêter désormais ses comptes au 31 décembre de chaque année et non plus au 30 juin comme précédemment. Il a produit au titre de l'année N–1 deux bilans :

- un bilan au 30 juin N–1 (période du 1er juillet N–2 au 30 juin N–1) ;
- un bilan au 31 décembre N–1 (période du 1er juillet N–1 au 31 décembre N–1).

Il compte présenter au titre de l'année N un seul bilan pour la période du 1er janvier au 31 décembre N.

➜ **Travail à faire**

Le peut-il ? Expliquez.

3. Jean Naitrody, entrepreneur de location de véhicules automobiles, est imposable d'après le régime du bénéfice réel normal. Il a commencé son activité commerciale le 1er avril N–3.

Pour des raisons d'opportunité diverses, ses exercices comptables se sont succédés jusqu'au 31 décembre N selon la périodicité suivante :

- 1er exercice du 1/04/N–3 au 31/3/N–2 (*) bénéfice déclaré	80 000 €
- 2e exercice du 1/04/N–2 au 30/06/N–1 bénéfice déclaré	100 000 €
- 3e exercice du 1/07/N–1 au 30/11/N–1 bénéfice déclaré	50 000 €
- 4e exercice du 1/12/N–1 au 31/03/N bénéfice déclaré	120 000 €
- 5e exercice du 1/04/N au 31/12/N bénéfice déclaré	70 000 €

(*) Bénéfice provisoire déclaré au 31/12/N–3 = **– 25 000 €**.

➜ **Travail à faire**

Quels sont les résultats que Jean Naitrody doit déclarer au titre de ces différents exercices ?

EXO 05.02 CAS Lexpaire

Cet exercice s'intéresse aux conséquences fiscales du principe dit de liberté d'affectation comptable dans l'entreprise individuelle. Cet exercice revêt la forme d'une **consultation** : aussi convient-il de répondre le plus précisément possible aux questions posées.

M. BRUN Jean
8, rue de la Boucherie
87000 LIMOGES

à : M. LEXPAIRE
Conseil fiscal
87000 LIMOGES

Monsieur Lexpaire,

Le décès accidentel de mes parents, survenu le mois dernier dans un accident de la route, me place brutalement à la tête d'un patrimoine et en face de décisions à prendre auxquelles je n'étais pas préparé.

Fils unique, âgé de 25 ans, je poursuis des études littéraires et je ne me destinais pas à succéder à mon père à la tête de son entreprise.

Il s'agit d'une petite fabrique de chaussures qu'il avait créée il y a 20 ans et qui réalise un chiffre d'affaires de 800 000 € HT.

Mon comptable m'a précisé que cette entreprise individuelle était fiscalement placée sous le régime du bénéfice réel normal.

L'usine et les bureaux figurent à l'actif du bilan, de même que deux pavillons jumelés à destination de logements ouvriers.

Ces pavillons sont donnés en location nue à des membres du personnel de l'entreprise, moyennant un loyer annuel par logement de 9 000 €.

Par contre, les circonstances que j'ai évoquées plus haut, me font hériter d'autres immeubles qui, d'après mon comptable, ne sont pas inscrits au bilan de l'entreprise.

Il s'agit :

- de la maison familiale (8 pièces + dépendances) qui constituent désormais mon habitation principale ;
- d'un immeuble de rapport (c'est-à-dire donné en location), situé à limoges (87), à usage d'habitation et loué nu. Il comprend 4 appartements loués chacun 6 000 € par an ;
- d'une maison d'agrément située dans une station balnéaire au Cap d'Agde, et louée en meublé par les soins d'une agence de tourisme.

Le comptable, m'ayant indiqué que certains immeubles se trouvent imposés en revenus fonciers alors que d'autres ne le sont pas, je me permets de vous demander de me préciser le régime de ces différents immeubles au regard de l'impôt sur le revenu et d'autre part, s'il est dans mon intérêt de conserver dans mon patrimoine privé, la maison familiale et l'immeuble de rapport.

→ Travail à faire

Répondre à M. Brun de manière claire et motivée.

Nota : de manière à expliquer clairement à votre client les incidences fiscales de l'inscription d'un immeuble de placement à l'actif du bilan de son entreprise, vous prendrez l'exemple d'une acquisition d'un immeuble le 1er janvier 2004 pour 300 000 €.

Les loyers n'excèdent pas 5 % des produits de l'exercice depuis le 1er janvier 2012.

Pour la détermination de la plus-value professionnelle, nous retiendrons un amortissement de l'immeuble sur 20 ans.

Les droits de mutation se sont élevés par hypothèse à 14 670 € (300 000 × 4,890 %, taux applicable à l'époque). À ces frais d'acquisition doivent être ajoutés les frais de notaire, ce qui n'a aucune influence en l'occurrence.

Il est cédé le 31 décembre 2021 pour la somme de 540 000 €.

→ Travail à faire

Vous chiffrerez les conséquences fiscales d'une inscription à l'actif de cet immeuble ou de sa détention dans le cadre d'une SCI soumise à l'IR.
Préciser, dans les situations envisagées ci-avant, les périodes d'imposition à retenir.

EXO 05.03 Cas Faure

M. Faure exploite une entreprise individuelle de pharmacie. Le 2 janvier N, il achète l'appartement situé au-dessus de son fonds de commerce, afin d'y installer sa résidence principale pour un montant de 300 000 € financé en totalité par un emprunt que lui consent sa sœur.
Il décide d'inscrire cet appartement au bilan de son entreprise individuelle.

→ Travail à faire

Répondre aux cinq questions que se pose M. Faure.

1. **Cette décision constitue-t-elle une décision de gestion régulière ou irrégulière ? Ou bien un acte anormal de gestion ?**
2. **L'inscription au bilan entraîne-t-elle une variation de l'actif net ? Si la réponse était positive, quelles en seraient les conséquences ?**
3. **Quelles sont les conséquences fiscales de cette décision sur les produits et charges de l'entreprise individuelle au titre de l'exercice N ?**
4. **En supposant que M. Faure cède son appartement en N+20, quelle en serait la conséquence fiscale ?**
5. **Dans l'hypothèse où M. Faure déciderait de maintenir cet immeuble dans son patrimoine personnel, et de l'utiliser pour son activité professionnelle, peut-il le louer à son entreprise ? Comment seraient dans ce cas analysés les loyers sur le plan fiscal, tant pour le bailleur que pour le locataire ?**

Chapitre 6

Le domaine d'application des bénéfices industriels et commerciaux

COMPÉTENCE ATTENDUE

- **Déterminer le résultat fiscal, ses modalités d'imposition ou la gestion du déficit.**

PLAN DU CHAPITRE

SYNTHÈSE P. 132
APPLICATIONS P. 133

LES RÉFÉRENCES POUR COMPRENDRE LE CONTEXTE

Les bénéfices industriels et commerciaux

Les bénéfices industriels et commerciaux : régime fiscal et déclarations. Fiche thématique sur le site service-public.fr

BIC, BNC ou BA ?

De quelle catégorie fiscale dépendez-vous ? Fiche thématique sur le site de la BPI

Le nouveau statut de l'entrepreneur individuel

Trois questions sur le nouveau statut de l'entrepreneur individuel. Vidéo explicative sur la chaîne YouTube du Groupe Revue Fiduciaire

1 Les définitions des BIC

Il existe dans le Code général des impôts plusieurs définitions des BIC.

A BIC par nature

Cette définition correspond à l'article 34, al. 1 du Code général des impôts. Les activités commerciales, artisanales et industrielles relèvent de cette première définition.

Ces professions doivent être exercées par des personnes agissant de manière habituelle, pour leur propre compte et dans un but lucratif.

Pour les activités commerciales, il s'agit des activités de négoce, de fourniture de logements (hôtellerie, restauration), d'agence d'affaires, des activités bancaires et financières, des activités d'assurances, etc.

Les activités artisanales s'entendent des activités où le savoir-faire technique revêt un rôle prépondérant (électricien, plombier, boulanger, etc.).

Les activités industrielles nécessitent des moyens techniques plus importants : on trouve les activités de transformation, les industries d'extraction (de pierre, de mimerais, de charbon...), les activités de manutention, de magasinage...

B BIC par détermination de la loi ou par assimilation

Certaines activités sont assimilées aux BIC, même si juridiquement elles ne constituent pas des activités commerciales, artisanales ou agricoles (art. 34, al. 2 et 35 du CGI).

Tel est principalement le cas des concessionnaires de mines, des revenus tirés de la location meublée, de locations d'établissements industriels et commerciaux munis du matériel nécessaire à leur exploitation, des revenus des locations-gérances de fonds de commerce.

C BIC par attraction

C'est l'article 155 du CGI qui prévoit la définition des BIC par attraction.

Elle intervient dans deux cas :

- lorsque deux activités sont exercées et que l'activité BIC est prépondérante ;
- lorsque l'activité accessoire, normalement imposable dans la catégorie des BNC ou des BA, découle de l'activité BIC.

En ce cas, un seul résultat sera déclaré au titre des BIC.

Exemple

M. Durand exerce principalement l'activité de boucher charcutier à Chénérailles dans la Creuse. Parallèlement à cette activité, il élève quelques bovins dans un champ qui lui appartient : les bovins finissent, ainsi que l'on peut le deviner, sur les étals de la boucherie, ses clients appréciant tout particulièrement la qualité de sa viande « élevée au grand air ».
Normalement, M. Durand relève de la catégorie des BIC pour son activité de boucher charcutier et des BA pour son activité d'éleveur. Mais ici, le BIC « attirant » à lui le BA, une seule imposition interviendra dans la catégorie des BIC. En effet, l'activité de boucher est prépondérante et l'activité agricole est effectuée dans son prolongement.

Remarque. L'article 155 ne laisse aucun choix. Si les conditions sont remplies, l'ensemble relève de la catégorie des BIC. Si dans notre exemple, l'exploitant souhaite à tout prix une imposition en BA, seule la constitution d'une société dédiée à cette activité agricole permettra d'y parvenir.

2 Les limites avec les autres revenus catégoriels

Malgré ces définitions, il n'est pas toujours aisé de se prononcer sur la nature de certains revenus. Aussi convient-il d'examiner les limites entre les BIC et les autres catégories de revenus.

A Limites avec les revenus fonciers (RF)

Les revenus fonciers concernent les revenus tirés de la location de biens immobiliers loués nus.

En revanche, certaines locations relèvent toujours de la catégorie des BIC :

- les produits de la location d'établissements industriels ou commerciaux munis du matériel ou du mobilier nécessaires à leur exploitation ;
- les profits retirés de la location en meublé ;
- les produits de la location d'un fonds de commerce ;
- les revenus de la location de garages ou de remises s'accompagnant de services ou prestations (lavage, distribution d'essence, atelier de réparations...).

B Limites avec les bénéfices non commerciaux (BNC)

Une activité sera qualifiée de « commerciale » si elle présente intrinsèquement un caractère libéral, mais pour laquelle :

- les capitaux investis,
- les moyens matériels utilisés,
- la main d'œuvre employée,

présentent une importance telle que cette activité procède plus d'une spéculation sur les moyens mis en œuvre que de l'exercice d'une science ou d'un art.

À titre d'exemple, on peut citer les auto-écoles : l'activité d'enseignement relève des bénéfices non commerciaux, mais dans certains cas, compte tenu du personnel employé et des moyens matériels mis en œuvre, l'activité relèvera des BIC.

Il en est de même pour un laboratoire d'analyses qui se comporterait comme une entreprise commerciale au regard de l'importance du matériel utilisé et du personnel employé.

Dans le cas où il y a simultanément exercice d'une activité commerciale et libérale, la règle est la suivante :

- si les activités sont distinctes : les deux activités doivent être imposées séparément (une en BIC et une en BNC) ;
- si les activités sont liées et l'activité commerciale prépondérante : on applique les dispositions de l'article 155 du Code général des impôts relatives aux activités commerciales par attraction. Le tout sera rattaché aux BIC.

Tel est le cas d'un marchand de biens (activité commerciale) qui, de façon accessoire, exerce une activité de conseil en placements (activité non commerciale).

C Limites avec les traitements et salaires (TS)

Le commerçant agit pour son propre compte et de façon indépendante.

Le salarié agit pour le compte de son employeur auquel il est lié par un contrat de travail (existence d'un lien de subordination et absence de spéculation chez le salarié).

D Limites avec les bénéfices agricoles

Pour les profits tirés de la vente en l'état de produits issus de l'exploitation, la règle est la suivante :

- seront considérées comme relevant des BIC, les ventes réalisées dans une installation commerciale spécialement agencée pour la vente au détail et distincte de l'exploitation agricole ;
- seront considérées comme relevant des bénéfices agricoles, les ventes à l'exploitation ou en dehors de l'exploitation si aucune installation n'est spécialement agencée pour cette activité : ce sera le cas des ventes sur les marchés. Le fait d'utiliser des procédés commerciaux comme le démarchage, le conditionnement, la publicité ou une marque, ne fait pas obstacle à l'imposition au titre des bénéfices agricoles.

Pour les profits tirés de la vente de produits transformés, il y aura imposition au titre des bénéfices agricoles si trois conditions cumulatives sont remplies :
- les produits transformés proviennent exclusivement de l'exploitation ;
- les produits transformés sont destinés à l'alimentation des hommes ou des animaux ou à servir de matières premières à l'agriculture ou à l'industrie ;
- les ventes ne sont pas réalisées dans un magasin de vente au détail distinct de l'exploitation agricole.

Enfin, lorsqu'il y a simultanément exercice d'une activité agricole et commerciale, la règle est la suivante :
- si l'activité commerciale est prépondérante, alors en vertu de l'article 155 du Code général des impôts, les deux activités seront imposées en BIC. Citons, à titre d'exemple, un fleuriste qui exerce à titre accessoire une activité horticole ;
- si l'activité commerciale est l'accessoire de l'activité agricole, il y aura imposition globale au titre des bénéfices agricoles si la moyenne des recettes accessoires de l'activité BIC des trois années civiles passées n'excède pas 50 % du chiffre d'affaires agricole et 100 000 € TTC. À défaut du respect de cette condition, les deux activités seront imposées séparément.

3 Les personnes imposables

A Entreprises individuelles

Nous avons vu au Chapitre 5 que sont imposables dans la catégorie des BIC les entrepreneurs individuels ou exploitants. Ces entreprises, privées de la personnalité morale, ne pouvaient jusqu'alors en aucun cas relever de l'IS. À compter du 14 mai 2022, les entreprises individuelles ont la possibilité d'opter pour leur assimilation à une EURL ou une EARL, sous réserve de relever d'un régime réel d'imposition, sans créer d'EIRL. Cette assimilation vaut option pour l'IS.

L'EIRL relève de plein droit de l'impôt sur le revenu. Toutefois, les EIRL créées depuis le 30 juillet 2011 peuvent opter pour leur assimilation à une EURL et cette option vaut assujettissement à l'IS.

Les EIRL créées avant cette date, c'est-à-dire entre le 1er janvier 2011 et le 30 juillet 2011, et qui ont opté pour l'IS, sont réputées avoir opté pour l'assimilation à une EURL. Depuis le 15 février 2022, il n'est plus possible de créer une EIRL.

B Sociétés de personnes

Sont passibles de l'IR dans la catégorie des BIC les membres des sociétés de personnes lorsque ces sociétés exercent une activité commerciale, industrielle ou artisanale. Seront ainsi imposés au titre des BIC les bénéfices revenant aux associés personnes physiques des sociétés en nom collectif (SNC), sociétés en commandite simple (SCS), sociétés en participation (SEP), sociétés de fait, entreprises unipersonnelles à responsabilité limitée (EURL) n'ayant pas opté pour une imposition à l'IS, groupements d'intérêt économique (GIE), copropriétés de navires.

C Sociétés nouvelles ayant opté pour l'IR pour une durée déterminée

Les sociétés anonymes (SA), les sociétés par actions simplifiées (SAS) et les sociétés à responsabilité limitée (SARL) peuvent opter pour le régime fiscal des sociétés de personnes à la condition de respecter les conditions suivantes :
- il ne s'agit pas d'une société cotée ;
- le capital et les droits de vote de la société sont détenus à 50 % au moins par des personnes physiques, et les dirigeants doivent détenir 34 % des titres de ladite société ;
- la société exerce une activité commerciale, artisanale, industrielle, agricole ou libérale, et ne se cantonne pas à la gestion de son propre patrimoine mobilier ou immobilier ;

- elle emploie moins de 50 salariés et son chiffre d'affaires hors taxes n'excède pas 10 millions d'euros au cours de l'exercice ;
- la société est créée depuis moins de cinq ans à la date d'ouverture de l'exercice où l'option est effectuée.

L'option est exercée avec l'accord de tous les associés et elle s'applique au maximum pendant cinq exercices. La société peut renoncer à son option à tout moment au cours des cinq ans.

D SARL de famille ayant opté pour l'IR

Indépendamment de l'option visée ci-dessus, les SARL peuvent opter pour le régime fiscal des sociétés de personnes lorsque les deux conditions suivantes sont remplies :

- la société doit exercer une activité industrielle, commerciale, artisanale ou agricole ; l'option n'est donc pas possible si la société exerce une activité civile ou libérale (par exemple, une location d'immeuble nu ou encore une activité de conseil) ;
- la société doit être formée uniquement entre parents en ligne directe (enfants, parents, grands-parents), entre frères et sœurs, ainsi que les conjoints et partenaires pacsés (pas de concubinage).

Remarque. Chacun des associés doit être directement lié aux autres soit par des liens de parenté directe ou collatérale.

L'option doit être exercée avec l'accord unanime de tous les associés et être adressée au service des impôts impérativement avant la date d'ouverture du premier exercice auquel elle s'applique, accompagnée de la signature de tous les associés.

Cette option peut être dénoncée par les associés, auquel cas la société sera à nouveau imposable à l'impôt sur les sociétés : dans ce cas, une nouvelle option pour le régime fiscal des sociétés de personnes est impossible.

4 La territorialité des BIC

A Exploitant fiscalement domicilié en France

Conformément au principe de territorialité de l'impôt sur le revenu, il convient de vérifier si l'exploitant est fiscalement domicilié en France.

Une personne est fiscalement domiciliée en France au regard des dispositions de l'article 4 B du CGI si elle répond alternativement à l'une des quatre conditions suivantes (à examiner dans l'ordre) :

- elle a son domicile en France ou le lieu de résidence de sa famille ;
- elle réside en France plus de 183 jours par an ;
- elle exerce en France son activité professionnelle principale ;
- elle a en France le centre de ses intérêts économiques (c'est-à-dire une gestion d'affaires, des investissements significatifs, etc.). Il peut s'agir également de l'endroit où elle a centralisé ses activités professionnelles ou d'où elle retire l'essentiel de ses revenus.

Si tel est le cas, cette personne est redevable de l'impôt sur son revenu mondial, c'est-à-dire la somme des revenus français et étrangers. Peu importe dans ce cas que son exploitation soit exercée en France ou hors de France, son impôt est dû en France également sur ses résultats étrangers.

Les solutions aux cas de double imposition sont, en principe, apportées par les conventions fiscales, mais encore faut-il qu'il en existe une, ce qui n'est pas nécessairement le cas (environ 120 conventions fiscales ont été conclues à ce jour par la France).

B Exploitant fiscalement domicilié hors de France

Si l'exploitant n'est pas fiscalement domicilié en France, il ne sera imposable en France qu'à raison des seules activités industrielles, commerciales ou artisanales exercées en France.

Exemple

Les données

M. Durand exploite un commerce de vente de faïences décoratives à Florence en Italie. Le résultat qu'il réalise au titre de l'exercice N s'élève à 60 000 €.
M. Durand est propriétaire d'un pavillon à Saint-Benoît, dans la banlieue de Poitiers. Sa femme et ses deux enfants y résident toute l'année.
Il perçoit en outre des revenus fonciers pour un montant net de 30 000 € annuels.
Pouvez-vous indiquer à M. Durand où il doit déclarer son BIC ?

La solution

Son résultat est imposable en France, car M. Durand ayant son domicile fiscal en France, il est imposable en France sur son revenu mondial, c'est-à-dire à la fois ses revenus français et étrangers. Étant déjà imposé sur son BIC en Italie, c'est la convention fiscale entre la France et l'Italie qui doit apporter une réponse à ce cas manifeste de double imposition juridique.

LE DOMAINE D'APPLICATION DES BIC

LES DÉFINITIONS DES BIC	
Les activités imposables par nature	Activités commerciales, activités industrielles, activités artisanales
Les activités imposables par détermination de la loi	Activités de caractère civil que la loi fiscale a classé dans la catégorie des activités commerciale (*ex.* = location meublée)
Les BIC par attraction	Ce sont les activités agricoles et non commerciales effectuées dans le prolongement d'activités BIC prépondérantes.
LES LIMITES AVEC LES AUTRES REVENUS	
Problématique fiscale	Il convient de bien différencier les frontières entre les BIC et les TS, BNC et BA car chaque catégorie a ses règles propres de détermination de son résultat fiscal. *Ex.* : BNC = comptabilité de trésorerie alors que BIC = comptabilité d'engagement
LES PERSONNES IMPOSABLES	
Entreprises imposables à l'IR de plein droit ou sur option	Il s'agit des entreprises individuelles, des sociétés de personnes (via les associés), des sociétés nouvelles ayant opté pour l'IR et des SARL de famille ayant opté pour l'IR.

Applications

EXO 06.01 **Cas Consulte**

N = 2022

1. M. Fourno exerce pour son propre compte, avec l'aide de sa femme, de son fils majeur et de quatre employés, la profession d'hôtelier-restaurateur. Il fournit à ses clients le logement et la nourriture, ainsi que des consommations sur place. Il effectue également la vente de plats cuisinés servis au domicile de la clientèle (mariages et cérémonies diverses).
2. M. Edmond Leroc est propriétaire d'une carrière qu'il exploite lui-même pour son compte, avec le concours de son fils Étienne et de deux ouvriers. Il extrait de la pierre à bâtir au moyen d'un matériel important. Il a réalisé, compte tenu de toutes les charges professionnelles, un profit de 27 500 € en N. Ouvrier carrier dans l'entreprise paternelle, M. Étienne Leroc a perçu en N un salaire de 12 900 €.
3. M. Joubi travaille exclusivement à façon pour le compte de la bijouterie-joaillerie Vendôme. Il confectionne des bijoux et des joyaux avec les matières premières (or, argent, pierreries) fournies par le donneur d'ouvrage.

   Il est propriétaire de son matériel ; il reçoit de la maison Vendôme une rémunération forfaitaire, mais il n'existe entre lui et son employeur aucun lien de subordination.
4. M. Faipalour, retraité, a acquis quinze appartements entre N–5 et N et en a revendu onze autres. Certains de ces appartements ont temporairement été occupés par M. Faipalour lui-même. Les cessions n'ont été motivées par aucune nécessité d'ordre familial ou financier.
5. M. Dubor est propriétaire d'un hôtel de tourisme qu'il a exploité lui-même jusqu'au décès de sa femme. À la suite de cet événement, il a confié le 30 juin N à M. Demer, pour une durée de cinq ans renouvelable, l'exploitation de son établissement.

   M. Demer exerce en son nom propre, et assure l'entière responsabilité d'une gestion dont il supporte tous les risques. Il verse à M. Dubor une redevance composée de deux parties : une partie fixe et une partie proportionnelle au chiffre d'affaires réalisé.

   Le contrat de gérance porte à la fois sur le fonds de commerce et sur l'immeuble affecté à l'exploitation, muni du matériel et du mobilier.
6. M. Grol exploite une fabrique de chaussures et a réalisé un chiffre d'affaires de 1 500 000 € HT. Il est propriétaire de l'usine qui figure avec toutes ses installations à l'actif du bilan.

   M. Grol est également propriétaire :
   - de la maison qu'il habite (non inscrite à l'actif) ;
   - d'un immeuble de rapport à usage d'habitation (non inscrit à l'actif) ;
   - de maisons ouvrières données en location nue au personnel de l'entreprise (inscrites au bilan).
7. M. Labouate exploite un domaine de 500 hectares, dont 120 sont affectés à la culture intensive des petits pois. Il met en conserve la totalité de sa récolte au moyen d'un matériel comportant 3 machines à écosser, une machine à trier, 9 autoclaves et 3 machines servant à sertir les boîtes. Il vend directement sa récolte à des restaurateurs.

8. M. Laplume procède à l'élevage de volailles qu'il commercialise après les avoir abattues. En N, il a vendu pour 250 000 € HT de volailles à des grandes surfaces, et pour 27 000 € HT dans un local spécialement aménagé.
9. M. Bauvin engraisse, dans les prés dont il est propriétaire, quelques bovins destinés à la boucherie. Le chiffre d'affaires réalisé en N se répartit comme suit :
   - ventes de bêtes engraissées : 91 500 € ;
   - commerce de bestiaux : 732 000 €.
10. M. Just Cause est avocat d'affaires. À ce titre, il donne quelques consultations juridiques, mais son activité principale consiste à rédiger des statuts de sociétés et des projets d'actes, à établir des déclarations fiscales et des mémoires pour ses clients, à répondre en leur lieu et place aux demandes de renseignements de l'Administration.
11. M. Lacasse exploite une auto-école. Six véhicules sont affectés à l'enseignement de la conduite. Les leçons de conduite sont confiées à cinq moniteurs, M. Lacasse dispensant lui aussi des leçons. Le travail de M. Lacasse consiste également à assurer la gestion commerciale et administrative de l'entreprise, et à aider son épouse qui assure l'enseignement du code de la route. Il assiste enfin les élèves lors des sessions d'examen du permis de conduire.
12. M. Ologue, docteur en médecine, tient une clinique chirurgicale conventionnée. Le personnel de la clinique comprend un assistant, lui-même docteur en médecine, qui l'aide au moment de ses interventions, ainsi qu'une standardiste, une secrétaire, huit infirmières, une cuisinière, et deux femmes de ménage. M. Ologue consacre ses matinées à son établissement et l'après-midi, il donne des consultations à son domicile.
13. M. Pin et M. Demy ont constitué le 15 janvier N–1 la société en nom collectif PIN-DEMY, qui a pour objet la fabrication et la vente de biscottes.
    M. Pin et M. Demy ont apporté chacun 7 600 € à la constitution de la société ; ces apports ont donné lieu à l'attribution de 50 parts sociales à chacun d'eux. Les statuts prévoient une répartition des bénéfices proportionnelle aux apports.

→ **Travail à faire**

Indiquer, en justifiant la solution retenue, si le bénéfice provenant des activités ou des opérations décrites relève ou non des BIC.

L'imposition des produits de l'entreprise

Chapitre 7

COMPÉTENCES ATTENDUES

- **Identifier et expliquer les différences entre le résultat comptable et le résultat fiscal.**
- **Caractériser le traitement fiscal des différentes opérations comptables et opérer les retraitements nécessaires.**

PLAN DU CHAPITRE

SYNTHÈSE P. 146
APPLICATIONS P. 147

LES RÉFÉRENCES POUR COMPRENDRE LE CONTEXTE

Le principe d'indépendance des exercices comptables

Texte de l'article L123-21 du Code de commerce sur le site Legifrance.gouv.fr

La distinction entre résultat comptable et résultat fiscal

Le bénéfice imposable est déterminé à partir du résultat comptable de l'entreprise. Mais, pour l'assiette de l'impôt, il convient d'apporter au résultat comptable des corrections extra-comptables pour tenir compte des règles fiscales spécifiques.

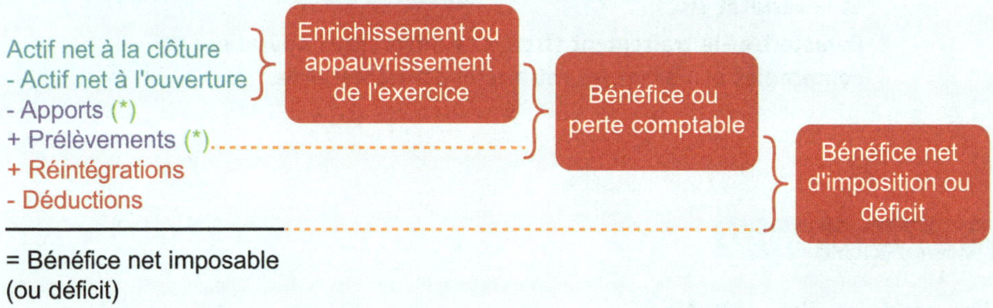

(*) Uniquement pour les entreprises individuelles

Texte de l'article 38 *quater* de l'annexe III au Code général des impôts sur le site Legifrance.gouv.fr

Le principe de rattachement des produits à un exercice

Texte de l'article 38-2 *bis* du Code général des impôts sur le site Legifrance.gouv.fr

1 Les produits d'exploitation

Il s'agit des produits courants et des produits accessoires qui correspondent à l'activité de l'entreprise.

Avant d'examiner ces différents produits, il convient de s'intéresser à leur exercice de rattachement.

A Principes de rattachement

Contrairement aux règles applicables en fiscalité des personnes physiques (pour les personnes physiques, on applique les règles d'une comptabilité de caisse), les règles de rattachement des produits et des dettes sont régies par les principes de la comptabilité d'engagement, qui déconnecte la prise en compte du produit dans le résultat imposable de son encaissement effectif.

Les règles de rattachement diffèrent selon la nature des produits et elles sont précisées à l'article 38.2 *bis* du CGI.

1 Ventes

Pour les ventes, l'exercice de rattachement des produits est la **livraison** des marchandises. La livraison renvoie à la notion civiliste de délivrance, c'est-à-dire, selon les termes de l'article 1604 du Code civil, du transport du bien « en la puissance et possession de l'acheteur ».

Certains cas particuliers méritent d'être envisagés :

- **vente avec clause de réserve de propriété** : la créance est acquise à l'entreprise au moment de la livraison matérielle du bien, qui vaut transfert de propriété, sans entendre le paiement du prix par l'acheteur ;
- **vente sous condition résolutoire** : la créance doit également être comptabilisée lors de la livraison ;
- **vente sous condition suspensive** (vente à l'essai) : la créance est, dans ce cas, rattachée à l'exercice où la condition s'est réalisée.

> **Éclairage pratique : un peu de vocabulaire...**
>
> **Une clause de réserve de propriété** : il s'agit de la garantie que peut se constituer le vendeur pour se protéger du risque de non-paiement par son acheteur. Elle lui permet de se réserver la propriété du bien vendu et de le revendiquer entre les mains de son acheteur et même auprès de tiers tant qu'il n'a pas été intégralement payé.
>
> **Une condition résolutoire** est une condition qui, lorsqu'elle s'accomplit, entraîne la révocation de l'obligation et remet les choses en même état que si l'obligation n'avait pas existé.
>
> **Une condition suspensive** conditionne l'exécution du contrat à la réalisation d'un événement. Le contrat ne sera exécuté que lorsque l'événement prévu se réalisera. Par exemple, un contrat de vente peut être soumis à l'obtention d'un prêt, d'un permis de construire... Pour être valable, une condition suspensive ne doit pas dépendre du hasard ou de la seule volonté d'une partie.

2 Prestations de services

Cas général : lorsque l'entreprise est prestataire de services, les créances doivent être rattachées à l'exercice d'**achèvement** des prestations, à l'exception des prestations continues et discontinues.

Pour les prestations continues : la créance est comptabilisée **au fur et à mesure de l'exécution** de la prestation. Il s'agit ici de prestations rémunérées principalement par des intérêts et des loyers.

Exemple

Les données

Une entreprise, dont l'exercice comptable coïncide avec l'année civile, dispose d'un immeuble à l'actif de son bilan. Elle consent une location de cet immeuble pour la période du 1/10/N au 31/03/N+1 pour 6 000 €.
Quel est l'exercice de rattachement des loyers, ces derniers constituant une prestation à caractère continue ?

La solution

La location est une prestation à caractère continu. Les loyers seront comptabilisés à hauteur de 3 000 € sur N et 3 000 € sur N+1. Si la société reçoit l'intégralité du produit sur N, elle utilisera le compte « produits constatés d'avance » afin de respecter le principe présenté ci-avant.

Pour les prestations discontinues à échéances successives : ce sont des prestations qui comportent des phases d'exécution étalées dans le temps et qui portent sur plusieurs exercices. C'est typiquement le cas des contrats d'entretien ou de réparation : dans ce cas, les créances correspondant à ces prestations doivent être comptabilisées au fur et à mesure de leur exécution.

3 Travaux d'entreprise

Pour les travaux d'entreprise et du bâtiment : c'est au titre de l'exercice de réception partielle ou complète des travaux qu'intervient la comptabilisation de la créance. Toutefois, l'administration fiscale autorise les entreprises de bâtiment, de travaux publics et de construction navale à comptabiliser leurs créances au fur et à mesure des différentes situations de travaux qui interviennent avant la clôture de l'exercice, à condition que les travaux soient exclus du poste « travaux en cours ».

B Évaluation des créances et des dettes

1 Situation générale

Les créances et les dettes de l'entreprise sont libellées en euros pour leur valeur nominale : il s'agit du principe dit « du nominalisme monétaire », qui s'applique tant en comptabilité qu'en fiscalité.

Lorsque les avoirs et les dettes de l'entreprise sont libellés dans une monnaie autre que l'euro, ils doivent être traduits en euros dans la comptabilité de l'entreprise. Conformément aux dispositions de l'article 38, 4 du CGI, l'entreprise doit, si la créance ou la dette figure toujours en comptabilité à la clôture de l'exercice, procéder à l'évaluation de cette dernière conformément à la valeur de la devise à cette date.

L'entreprise peut être confrontée à deux situations :

- l'évaluation se traduit par un **gain de change** : comptablement, ce gain de change n'apparaît pas en comptabilité car le principe de prudence l'interdit, le gain n'étant que virtuel. Un écart de conversion passif est inscrit au bilan (compte 477), mais il est sans incidence sur le résultat comptable, alors qu'il doit être pris en compte fiscalement ;
- l'évaluation se traduit par une **perte de change** : toujours afin de respecter le principe de prudence, une provision doit être comptabilisée. Fiscalement, la perte de change est déductible. Afin d'éviter une double déduction, la provision doit être réintégrée au résultat fiscal. Un écart de conversion actif est inscrit au bilan (compte 476), et il est également sans incidence sur le résultat.

Ce n'est qu'au dénouement de l'opération, lorsque la créance ou la dette sera payée, que le gain ou le profit réel sera comptabilisé. Les impositions ou déductions antérieures seront alors régularisées.

2 Opération de couverture

Par exception, lorsque le risque de change fait l'objet d'une opération de couverture qui a pour effet de fixer de manière définitive le taux de change supporté par l'entreprise, la créance ou la dette est inscrite directement au bilan pour la valeur calculée en devise nationale à ce taux.

Dans cette situation, les écarts de conversion ne sont pas constatés en comptabilité. Aucune réintégration ou déduction ne doit être effectuée de manière extra-comptable.

C Produits accessoires d'exploitation

Ces produits ne correspondent pas à l'activité première de l'entreprise. Il peut s'agir, par exemple, des produits de la location d'un bien inscrit au bilan, ou de produits de concession de brevets ou de marques.

Rappelons que sur le plan comptable, les revenus des immeubles inscrits à l'actif du bilan constituent un élément du résultat comptable de l'entreprise : les loyers rattachés à l'exercice sont les loyers courus, sans qu'il soit tenu compte de leur date d'échéance ou de paiement.

Fiscalement, s'il s'agit d'une entreprise individuelle et si le bien n'est pas utile à l'activité professionnelle, les produits doivent être extournés pour être imposés dans la catégorie des revenus fonciers (voir *supra*).

Exemple

L'entreprise individuelle Martin, qui exerce une activité industrielle et dont le CAHT s'élève à 100 000 €, a inscrit à son bilan un immeuble qu'elle loue à une société commerciale pour 2 000 € mensuels. L'exercice comptable de l'entreprise Martin court du 1er janvier au 31 décembre. Elle reçoit le 1/10/N de la société commerciale les loyers couvrant la période du 1/10/N au 31/03/N+1 pour 12 000 €.
Elle inclura dans son résultat comptable de l'exercice N les loyers courus au cours des mois d'octobre à décembre, soit 6 000 €.
Fiscalement, les loyers feront en N l'objet d'une déduction fiscale de 6 000 € pour être imposés dans la catégorie des revenus fonciers chez l'exploitant. La solution est identique pour les loyers N+1.
La tolérance de 5 % n'est pas applicable (6 000 > 100 000 × 5 %) et par hypothèse cette condition n'était pas satisfaite en N-1.

2 Les stocks et les produits en cours

A Stocks

1 Définitions

La définition fiscale des stocks repose sur le seul critère juridique de propriété, alors que la définition comptable s'appuie sur la notion de contrôle.

Contrairement aux immobilisations, les stocks appartiennent à l'actif circulant de l'entreprise et leur vente engendre des produits ou des charges d'exploitations courantes.

Les stocks sont composés de l'ensemble des marchandises, matières premières, fournitures consommables, productions en cours, produits intermédiaires, produits finis, produits résiduels et emballages non destinés à être récupérés.

Les stocks doivent être inventoriés au moins une fois par an (art. L. 123-12 du Code de commerce). Cet inventaire doit intervenir à la clôture de l'exercice ou à une date relativement proche.

2 Évaluation des stocks

Les stocks sont évalués à leur coût de revient, c'est-à-dire leur coût réel d'achat.

Toutefois, l'entreprise retiendra le cours du jour à la date de l'inventaire, si ce dernier est inférieur au coût de revient. Cette différence entre le prix de revient et le cours du jour est comptabilisée sous la forme d'une provision.

Le coût de revient comprend le prix d'achat, minoré des remises, rabais, ristournes, et augmenté des frais de transport, de manutention et sur option des coûts d'emprunt.

En revanche, les coûts administratifs sont exclus.

Les coûts sont fournis par la comptabilité analytique, ou à défaut selon des méthodes statistiques.

Si les éléments du stock ne peuvent être déterminés avec exactitude au jour de l'inventaire, l'entreprise peut s'appuyer sur la méthode du coût moyen pondéré (CMP) ou sur la méthode premier entré, premier sorti (PEPS), conformément aux prescriptions comptables.

Éclairage n° 1

Minorer le stock de sortie équivaut à minorer le résultat imposable et, potentiellement, à se rendre coupable du délit de fraude fiscale !

Les fraudes sur stock sont assez courantes. La plus classique est la minoration artificielle du stock de sortie. Cette minoration entraînera une minoration d'égal montant du résultat imposable. En effet, le stockage est analysé comme un produit et le déstockage est analysé comme une charge. Cela étant, le stock de sortie de N constitue le stock d'entrée de N+1, la variation de stock de N+1 sera augmentée d'autant.

Plus « originale » est la majoration artificielle du stock de sortie. Il peut s'agir pour l'entreprise de compenser une baisse anormale de son taux de marge.

Exemple

M. Dupont est détaillant en fruits et légumes, et il s'apprête à arrêter son bilan au 31 décembre N. Sur les mauvais conseils d'un ami, qui n'est pas expert-comptable mais expert en comptabilité (selon la formule heureuse de Jean-Pierre Marielle dans le film « Signes extérieurs de richesse » de Jacques Monnet), il n'a pas déclaré toutes ses recettes alors que l'ensemble de ses charges ont diminué son résultat imposable.

Les éléments qui ressortent de l'examen de son compte de résultat de N sont les suivants :

Ventes	120 000
Achats	90 000
SI	10 000
SF	10 000
Achats revendus	90 000
Marge commerciale	30 000
Taux de marge	**25,00 %**

Les Achats revendus correspondent aux achats de l'exercice + ou – la variation de stock.

Taux de marge commerciale = (Marge commerciale × 100)/Ventes HT.

Coefficient de bénéfice brut = Ventes HT/achats revendus.

Ce qui représente un coefficient de bénéfice brut de 120 000/90 000, soit **1,33**.

Or le taux de marge et le coefficient de bénéfice brut qui ressortent à la lecture des monographies professionnelles, dont les services fiscaux ont connaissance, s'élèvent respectivement à 30 % et 1,55. Son ami a donc l'idée de majorer artificiellement son stock de sortie de 10 000 € pour le porter à 20 000 €. Son taux de marge et son coefficient de bénéfice brut ne sont plus dans le rouge :

Ventes	120 000
Achats	90 000
SI	10 000
SF	20 000
Achats revendus	80 000
Marge commerciale	40 000
Taux de marge	33,33 %

>>>

>>> Et son coefficient de bénéfice brut est désormais de 1,5. L'administration fiscale a malgré tout les moyens de mettre en lumière son stratagème, car c'est désormais son stock qui présentera une rotation anormale.
Le coefficient de rotation des stocks est égal à : ventes/stock moyen, et il est de 120 000/15 000 = 8.
Et la vitesse de rotation = 360/Coefficient de rotation = 45 jours, ce qui est beaucoup pour des fruits et légumes frais ! Une vitesse de rotation des stocks anormalement lente peut donc notamment traduire une majoration artificielle du stock de sortie.

Éclairage n° 2
Le stock est un compte correcteur de charges. Lorsque des marchandises ou des matières premières sont acquises et non revendues à la clôture de l'exercice, la charge qui a été comptabilisée lors de l'achat des marchandises est neutralisée par une inscription en stock d'égal montant : le résultat de l'exercice n'est donc pas impacté par cette opération.

B Produits en cours

Ils sont définis comme les biens ou les services en cours de formation dans un cycle de production. Il s'agit, de manière générale, des travaux non encore achevés à la clôture de l'exercice.

Les productions en cours comprennent les coûts directs et indirects de production : main d'œuvre directe, coûts des matières premières et des fournitures diverses, etc.

Parmi les charges indirectes, figurent les frais généraux de production fixes, tels les amortissements des machines, des locaux utilisés pour l'activité de production...

En revanche, les amortissements dérogatoires ne sont jamais retenus, de même que les frais de commercialisation, la contribution économique territoriale, ou bien encore la taxe foncière des locaux utilisés pour le cycle de production.

Si une opération de production est déficitaire à la clôture de l'exercice, une provision pour perte sur travaux en cours peut être constituée, mais son montant est limité au plan fiscal.

Éclairage
Les travaux en cours constituent également un compte correcteur de charges, mais il n'apparaît pas comme les marchandises dans un compte de charges, mais dans un compte de produits. Lorsque des biens ou de services sont en cours de production à la clôture de l'exercice et n'ont fait l'objet d'aucune facturation, les charges engagées pour la réalisation de ces biens ou de ces services doivent être neutralisées, selon la même logique que celle exposée ci-avant pour les stocks.

À défaut, l'entreprise minorerait artificiellement son résultat imposable. En l'espèce, une variation positive d'en cours figurera en « production stockée » et augmentera les produits d'exploitation, alors qu'un stockage diminue les charges et apparaît entre parenthèses au tableau n° 2052 de la liasse fiscale.

3 Les produits financiers

L'inclusion des produits financiers dans le résultat imposable dépend pour l'essentiel de la nature de ces derniers. Afin de bien comprendre les développements qui suivent, le lecteur peut utilement se reporter au Chapitre 2 concernant l'imposition des revenus de capitaux mobiliers.

A Revenus du portefeuille-titre

La décision d'inscrire un portefeuille-titre à l'actif du bilan d'une entreprise individuelle relève d'un choix de gestion. S'il s'agit d'actions ou de parts sociales, l'entreprise percevra éventuellement une rémunération de ses titres : il s'agit du dividende. Les dividendes sont intégrés dans le résultat imposable à la date de leur perception.

Pour les entreprises relevant de l'impôt sur le revenu, les dividendes peuvent, par tolérance administrative, faire l'objet d'un retraitement extra-comptable, afin d'être imposés chez leurs bénéficiaires dans la catégorie des revenus de capitaux mobiliers. Tel est le cas pour l'exploitant individuel et pour les associés des sociétés de personnes qui n'ont pas opté pour l'IS.

L'intérêt est de permettre l'application du PFU ou sur option du chef d'entreprise de l'abattement proportionnel de 40 % – voir chapitre sur les revenus de capitaux mobiliers). Ce retraitement ne présentera aucun intérêt si l'entreprise est fiscalement déficitaire, et si le déficit est supérieur au dividende.

Pour les exercices ouverts depuis le 1er janvier 2012, cette tolérance est légalisée pour les dividendes qui ne proviennent pas de l'exercice de l'activité professionnelle mais les dividendes ne sont pas retraités en cas de mise en œuvre de la tolérance de 5 % (voir *supra*).

Exemple

L'entreprise individuelle Durand a, à l'actif de son bilan, des titres de placement. Au cours de l'exercice N, le comptable a enregistré en comptabilité des dividendes pour 10 000 €. M. Durand est marié et il est imposé dans la tranche de l'IR à 45 %.
Depuis le 1er janvier 2012, un retraitement fiscal est obligatoirement effectué. Dans ce cas, le BIC est diminué de 10 000 €.
M. Durand sera imposé dans la catégorie des RCM, soit au PFU (1), soit au barème progressif de l'IR (2).
Hypothèse 1 : PFU = 10 000 × 12,8 % = 1 280 €
Hypothèse 2 : Option barème progressif
Soit 10 000 – 40 % = 6 000 €.
Taxés à 45 %, l'impôt brut s'élève à 2 700 €, donc moins intéressant que l'hypothèse 1.
En l'absence de retraitement, l'IR aurait été de 4 500 € (10 000 × 45 %).
Les prélèvements sociaux s'élèvent dans les deux hypothèses examinées à 10 000 × 17,20 % = 1 720 €.

B Revenus de créances

Il s'agit des intérêts, arrérages et autres produits de créances, dépôts, cautionnement et comptes courants.

Ces produits ne peuvent être retraités, à l'instar des dividendes, lorsqu'ils sont perçus par une entreprise.

Ces produits sont rattachés à l'exercice au titre duquel ils ont couru.

C Produits de placements à caractère fixe

Nous trouvons dans cette catégorie les intérêts des obligations, des titres participatifs, des bons de caisse, des bons du Trésor sur formule. L'entreprise qui détient ces placements comptabilisera ces produits selon la règle déjà étudiée des intérêts courus.

De la même manière que pour les dividendes, les entreprises pratiqueront, en cas de revenus ne provenant pas de l'activité professionnelle, une déduction extra-comptable afin d'imposer ces produits dans la catégorie des revenus de capitaux mobiliers (RCM).

D Pénalités pour paiement tardif

Il s'agit des pénalités qui sont facturées par les fournisseurs lorsque les clients tardent à les payer. Contrairement à la règle qui veut que ce soit les intérêts courus qui soient comptabilisés, ce sont les intérêts encaissés par le fournisseur qui sont soumis à l'impôt. Pour le client qui règle les intérêts, ces derniers viennent en diminution de son résultat sur l'exercice de paiement.

4 Les produits exceptionnels

Il s'agit des produits que l'entreprise est amenée à percevoir ponctuellement, tels les subventions ou certaines indemnités.

A Subventions

Les subventions constituent un produit imposable au titre de l'exercice où la décision d'attribution de l'aide est connue de l'entreprise. Certaines subventions peuvent toutefois faire l'objet d'un traitement spécifique : tel est notamment les cas des subventions d'équipement.

1 Subventions d'équipement

a. L'étalement possible de la subvention (CGI art. 42 *septies*)

Il s'agit de subventions versées par des organismes publics : Union européenne, État, collectivités publiques...

Lorsqu'une entreprise perçoit une subvention d'équipement, qui lui permettra d'acquérir ou de financer une immobilisation déterminée, un étalement de la subvention peut être pratiqué par l'entreprise bénéficiaire.

L'immobilisation déterminée est celle qui est spécifiquement visée dans la décision d'octroi de l'aide.

Ce mécanisme d'étalement, codifié à l'article 42 *septies* du CGI, est optionnel pour l'entreprise. L'entreprise peut choisir d'imposer la subvention en totalité au titre de l'exercice d'octroi de l'aide.

Si l'entreprise choisit l'étalement, elle agira différemment selon que l'immobilisation subventionnée est amortissable ou non :

- **hypothèse 1** : l'immobilisation n'est pas amortissable ; la subvention est rapportée au résultat imposable par parts égales durant la période d'inaliénabilité du bien, c'est-à-dire durant la période pendant laquelle le bien ne peut pas être cédé. S'il n'existe pas de clause d'inaliénabilité, la subvention sera réintégrée par parts égales sur 10 ans ;
- **hypothèse 2** : l'immobilisation est amortissable ; dans ce cas, la subvention sera réintégrée au résultat imposable de l'entreprise proportionnellement à l'amortissement pratiqué sur le bien subventionné. Il s'agit du rapport entre la dotation annuelle aux amortissements pratiquée sur le bien et le prix d'achat du bien.

b. La réintégration du solde de la subvention en cas de cession du bien subventionné

Si la cession du bien intervient avant la réintégration de la totalité de la subvention, l'entreprise devra rapporter au résultat de l'exercice de cession le solde de la subvention.

c. Subvention se rapportant à un bien décomposé

Lorsqu'une subvention se rapporte à un bien décomposé (voir Chapitre 9 sur les amortissements), elle est réintégrée au résultat imposable sur la durée moyenne pondérée d'amortissement des biens, compte tenu des valeurs respectives de la structure et des composants.

Exemple

Imaginons qu'une entreprise ait reçu le 01/01/N une subvention de 20 000 € se rapportant à une subvention de 20 000 € se rapporte à immobilisation acquise pour 100 000 € et qui se décompose ainsi : une structure de 75 000 €, un **composant 1** de 15 000 € et un **composant 2** de 10 000 €.
La structure est amortissable sur 10 ans, le composant 1 est amortissable sur 5 ans, et le composant 2 est amortissable sur 4 ans.
La durée moyenne pondérée d'amortissement de l'immobilisation est la suivante :
$(10 \times 75\,000) + (5 \times 15\,000) + (4 \times 10\,000)/100\,000 = 8{,}65$ ans.
La subvention sera rapportée au résultat imposable sur une durée de 9 ans.

B Indemnités

1 Indemnités d'assurances

a. Régime général

Le traitement fiscal d'une indemnité reçue par l'entreprise est étroitement lié à la nature de la garantie, du risque ou de la charge que couvre cette indemnité.

Afin de déterminer si une indemnité a, au regard des BIC, la nature d'un produit imposable, il convient de se poser préalablement la question suivante : l'indemnité couvre-t-elle une perte déductible du résultat imposable ? Si la réponse est positive, l'indemnité est imposable. En revanche, si l'indemnité couvre une perte, un préjudice ou une dépréciation qui ne saurait être admis en déduction du résultat imposable, l'indemnité constitue un produit non fiscalement imposable.

Exemple

Exemple n° 1 : une entreprise reçoit une indemnité de son assureur après le vol de marchandises en stock.
Cette indemnité est fiscalement imposable car les marchandises ont, lors de leur achat, constitué des charges comptablement et fiscalement déductibles.
Exemple n° 2 : un cabinet comptable omet de déclarer la TVA de l'un de ses clients qui s'élève à 50 000 €. Le client doit, de ce fait, supporter une majoration de 5 000 €.
Le comptable, qui a une assurance professionnelle, demande à son assureur de prendre en charge le préjudice subi par le client. L'entreprise reçoit 5 000 € de l'assurance du comptable.
Cette indemnité n'est pas imposable fiscalement, car elle couvre une pénalité qui n'est jamais déductible du résultat fiscal.

b. Les assurances-vie et les assurances-décès

Il existe des modalités d'imposition spécifiques pour les indemnités couvrant les dirigeants et les « hommes-clés ». Il s'agit des indemnités versées par l'entreprise à une compagnie d'assurance pour se prémunir contre la disparition d'un dirigeant ou d'une personne dont l'utilité pour l'entreprise est déterminante.

Lorsque le risque survient, l'entreprise est indemnisée par l'assureur. Dans ce cas, l'entreprise peut étaler l'indemnité par parts égales sur cinq ans, en incluant l'année de réalisation de l'indemnité (art. 38 *quater* du CGI). Le même dispositif existe pour les indemnités versées à l'entreprise lorsqu'une assurance-vie a été contractée sur la tête d'un dirigeant en garantie d'un emprunt.

Exemple

L'entreprise Durand a contracté une assurance homme-clé sur la tête de M. Dupond, directeur technique et « homme-clé » de l'entreprise. À la suite de la disparition de M. Dupond, l'entreprise est indemnisée de ce préjudice par l'assureur à hauteur de 150 000 €.
Hypothèse 1 : l'entreprise soumet ce produit exceptionnel à l'impôt.
Hypothèse 2 : elle étale ce produit par parts égales de N à N+4 inclus, soit 30 000 € au titre de chaque exercice. Elle procédera donc à une déduction extra-comptable de 120 000 € au titre de N, et réintègrera sur son tableau n° 2058-A 30 000 € de N+1 à N+4 inclus.

2 Autres indemnités

Indépendamment des indemnités d'assurances, l'entreprise peut percevoir des indemnités d'expropriation, qui bénéficient d'un étalement dans les mêmes conditions que les indemnités d'assurances perçues suite à sinistre (voir Chapitre 11 sur les plus et moins-values).

C Remises de dettes

Lorsque l'entreprise bénéficie d'une remise de dette ou d'un abandon de créance de la part d'un fournisseur, son passif diminue et son actif net augmente. Il s'ensuit, conformément aux dispositions de l'article 38.2 du CGI, une augmentation de son résultat imposable.

Il existe toutefois une situation particulière pour ce qui concerne les abandons de créances à caractère financier consentis entre une société mère et sa filiale. Ce point sera étudié au Chapitre 16.

D Autres produits exceptionnels

1 Les dégrèvements ou remboursements d'impôts

Parmi les autres produits exceptionnels figurent les dégrèvements d'impôt. Un dégrèvement est un remboursement d'impôt : cette situation se rencontre lorsque l'entreprise a été trop imposée, c'est-à-dire qu'elle s'est trompée en sa défaveur (la situation inverse est plus courante !).

Comptablement, le remboursement d'un impôt dû par l'entreprise doit figurer au crédit du compte 77 « produits exceptionnels ». Fiscalement, il convient de s'interroger sur le caractère déductible ou non déductible de cet impôt :

- **situation n° 1** : l'impôt est déductible du résultat fiscal ; son remboursement est imposable fiscalement ;
- **situation n° 2** : l'impôt n'est pas déductible du résultat fiscal ; son remboursement n'est pas imposable.

Exemple

L'entreprise Durand reçoit en N un remboursement d'impôt de 20 000 € : ce remboursement comprend un trop versé de cotisation foncière des entreprises (CFE) pour 6 000 € et un trop versé d'IS pour 14 000 €. Ces deux impôts ont été acquittés par l'entreprise en N-1.
Comptablement, l'entreprise fait apparaître un produit exceptionnel de 20 000 €.
Fiscalement, seul le remboursement de cotisation foncière des entreprises est imposable, car seul cet impôt a diminué le résultat imposable de l'entreprise. L'IS étant un impôt non fiscalement déductible, son remboursement n'est pas imposable. En l'espèce, cette situation se traduit par une déduction extra-comptable de 14 000 € sur le tableau n° 2058-A de l'entreprise.

2 Dons et legs

Dans l'hypothèse où l'entreprise serait bénéficiaire de dons et legs, ils constituent en principe des produits comptablement et fiscalement imposables.

3 Les plus-values résultant de la cession d'un élément d'actif

Une étude spécifique leur est consacrée au Chapitre 11.

L'IMPOSITION DES PRODUITS DE L'ENTREPRISE

LES PRODUITS D'EXPLOITATION	
Nature du produit	**Exercice de rattachement**
Vente	Exercice où la livraison intervient
Prestation de service	Exercice d'achèvement de la prestation
Prestations continues ou prestations discontinues à échéances successives	Au fur et à mesure de l'exécution de la prestation
Travaux d'entreprise donnant lieu à réception	Exercice de réception des travaux. Tolérance administrative : au fur et à mesure des différentes situations de travaux.
LES STOCKS	
Stocks et production stockée	Les biens achetés et non livrés, ainsi que les biens en cours de production ou terminés mais non livrés, doivent être comptabilisés dans des comptes de stocks au bilan. Les biens en stock sont évalués au prix de revient ou au cours du jour si celui-ci est inférieur.
Production immobilisée	Ce poste mentionne les travaux réalisés par l'entreprise pour elle-même, et qui ont abouti à la réalisation d'immobilisations.
LES PRODUITS FINANCIERS	
Dividendes	Produits financiers à déduire du résultat fiscal pour les imposer à l'IR dans la catégorie des RCM au nom de l'exploitant ou des associés avec taxation au prélèvement forfaitaire unique (PFU) ou sur option au barème progressif après l'application de l'abattement de 40 %.
Autres	En principe imposition en BIC
LES PRODUITS EXCEPTIONNELS	
Subventions d'équipement	Étalement possible dans le temps, sous conditions.
Subvention d'exploitation	Immédiatement imposable
Indemnités, dommages-intérêts	Imposables, sauf si elles ont pour objet de compenser une perte ou une charge elle-même non déductible du résultat.

Applications

EXO 07.01 **Cas Créances**

Il est particulièrement important de bien maîtriser le fait générateur des créances. Cet exercice doit vous y aider.

N = 2022

Vous êtes consulté par M. Pidoux, comptable salarié du cabinet SABALANCE. M. Pidoux est un fiscaliste débutant et il sollicite votre aide sur huit dossiers.

Toutes ces entreprises ont des exercices comptables correspondant à l'année civile.

1. Prestations de services

M. Jean est à la tête d'une entreprise d'électricité. Il effectue des travaux de remise en état d'un local professionnel pour le client VOLTAGE. Les travaux débutent le 1er octobre N et s'achèvent le 31 décembre N. Prix facturé le 15 janvier N+1 = 6 000 € HT.

1. **l'entreprise doit-elle comptabiliser la créance en N ou en N+1 ?**

2. Vente de marchandises

M. Paul a reçu une commande de 50 ordinateurs de la part de la société Pilou le 5 décembre N. Le montant de la commande est de 5 000 € HT. L'expédition des ordinateurs a lieu le 30 décembre N. La marchandise est réceptionnée par la société Pilou le 3 janvier N+1.

2. **faut-il comptabiliser la créance en N ou en N+1 ?**

3. Vente à l'essai

M. Maxime, spécialisé dans les croisières en Méditerranée, passe commande le 17 novembre N d'un bateau de plaisance à l'entreprise LAVOILE pour 3 000 000 €. Le contrat indique qu'il s'agit d'une vente à l'essai et mentionne que le bateau – qui constitue un nouveau prototype – ne sera disponible qu'au terme d'une période préalable de navigation en mer turbulente. Les essais de navigation prennent fin dans le courant du mois de février N+1. L'entreprise LAVOILE a reçu 70 % du prix convenu le 15 décembre N, soit 2 100 000 €.

3. **faut-il comptabiliser la créance en N ou en N+1 ?**

4. Vente avec clause de réserve de propriété

M. Bastien vend à l'entreprise LABOULE un camion pour la somme de 90 000 € le 27 septembre N. Le contrat de vente indique qu'il est conclu avec une clause de réserve de propriété.

APPLICATIONS

4. faut-il, malgré la clause de réserve de propriété, comptabiliser la créance en N ?

5. Subvention d'équipement

L'entreprise BRICOLE est spécialisée dans la fabrication d'épluches-légumes électriques. L'entreprise BRICOLE bénéficie de subventions d'équipement de la Région pour des projets spécifiques. Le 1/12/N, la Région Nouvelle-Aquitaine l'informe de son désir de lui accorder une subvention de 30 000 € relative à un projet de 120 000 €. La subvention est virée à son compte bancaire le 3 janvier N+1. Les investissements ont été achevés et mis en service le 30 novembre N. Ils sont amortis sur 5 ans selon le mode dégressif.

5. comment comptabiliser la subvention ?

6. Vente sous condition résolutoire

L'entreprise LIGOUX a négocié, le 10 mai N, un contrat de vente avec son client Panache pour lui livrer une machine le 10 septembre N. Le contrat porte sur une machine-outil d'un montant de 50 000 € HT et il stipule que le produit vendu sera restitué si, en date du 31 janvier N+1, aucun financement n'aura été trouvé par l'acheteur. Ce dernier est en proie à de grosses difficultés financières. Le comptable n'a pas enregistré cette vente.

6. la créance doit-elle être comptabilisée, et au titre de quel exercice ?

7. Créance douteuse

La société POULAINC a vendu plusieurs lots de marchandises à la société LEBLANC pour un prix de 15 000 € payable le 30 septembre N. La société POULAINC n'a, à ce jour, reçu aucun règlement et le comptable vient d'être informé qu'une procédure de redressement judiciaire a été ouverte à l'encontre de la société LEBLANC. Le comptable estime qu'il a très peu de chance de récupérer sa créance, et de ce fait ne l'a pas comptabilisé.

7. le comptable a-t-il raison ?

8. Travaux d'entreprises

La société SARLET a facturé en N-N+1 le solde des travaux effectués dans les locaux du siège de la société POULI durant les exercices N-1 et N (la réception ayant eu lieu en N) pour un montant de 15 000 €. En outre, en N, elle a facturé un acompte de 4 000 € à la société SADECOIFFE en prévision des travaux de rénovation de l'usine qui vont débuter en juin N+1. Dans les deux cas, ces produits sont portés en compte d'attente.

8. Le comptable a-t-il bien fait ?

→ Travail à faire

Répondre aux différentes questions posées en justifiant vos réponses.

EXO 07.02 Cas Patchwork

N = 2022

Votre directeur fiscal, M. Gilou, soumet à votre sagacité fiscale les situations suivantes.

1. Opérations en devises

Au cours de l'exercice N, l'EURL DOISEAU a développé des échanges commerciaux avec une entreprise de Sonning (Grande-Bretagne)

À la clôture de l'exercice N, en raison de contrats libellés en livres sterling, la situation de l'EURL DOISEAU est la suivante :

Situation au 31.12.N

- pertes latentes de change : 1 600 € ;
- provision pour risque de change comptabilisée au 31.12.N : 1 600 €.

1. quel est le traitement fiscal de cette opération ?

2. Subvention d'équipement

Une entreprise a cédé, le 1er juillet N un matériel pour recycler les détritus, amorti en dégressif sur cinq ans, acquis le 1er juillet N–3 pour lequel l'amortissement économique est le linéaire. Ce matériel, d'une valeur de 150 000 € HT, a bénéficié d'une subvention d'investissement de 50 000 € HT. La subvention a été rapportée au résultat sur la durée de vie du bien. Le prix de cession HT a été fixé à 26 000 €. La fraction non encore réintégrée de la subvention relative à l'immobilisation vendue n'a pas a été reprise par M. Faiblart, le comptable, et n'est donc pas comprise dans le résultat comptable.

2. comment cette opération doit-elle être traitée ?

3. Dégrèvement d'impôt

Une SNC, qui n'a pas opté pour l'IS, a reçu en N de l'Administration fiscale un avis de dégrèvement de 500 € en matière de taxe sur les véhicules des sociétés. La société a comptabilisé ce dégrèvement en produit exceptionnel.

3. ce dégrèvement est-il fiscalement imposable ?

4. Indemnité suite à litige

L'entreprise QUATTRO a perçu une indemnité de 20 000 € à la suite d'un procès qu'elle avait intenté à un concurrent. Le PDG de la SA estime que cette indemnité est trop faible et a interjeté appel.

4. le comptable vous demande ce qu'il doit faire de cette indemnité.

5. Pénalités pour retard de paiement

L'EURL Lebon indique sur toutes ses factures que tout retard de paiement entraîne l'application d'une pénalité égale à 1,5 fois du taux de l'intérêt légal. Le comptable de la société constate, au 31 décembre N, que deux factures auraient dû être réglées depuis plus de 3 mois.

5. le comptable se demande s'il peut inscrire en produits le montant des pénalités correspondantes.

6. Indemnité de sinistre

Un incendie s'est déclaré le 11 mai N dans les locaux d'une entreprise commerciale à Poitiers. Cette société est imposable à l'IS. Les biens suivants ont été totalement détruits :

- bâtiment : celui-ci avait été mis en service le 2 janvier N-6 ; son coût d'acquisition était de 60 000 € ; il était amorti en linéaire sur 15 ans ;
- chariot élévateur acquis le 17 juin N-1 pour 16 000 €, amortissable en dégressif sur 5 ans ;
- marchandises : coût d'acquisition 10 000 €.

Les indemnités d'assurance ont été perçues début novembre N et se décomposent de la manière suivante :

- bâtiment : 67 000 € ;
- chariot élévateur : 11 500 € ;
- marchandises : 10 000 €.

Les écritures comptables de cession ont été correctement passées.

6. les indemnités perçues suite à sinistre sont-elles imposables ?

7. Dividendes

L'entreprise individuelle BARDINIERE, spécialisée dans la vente de jeux vidéo, a encaissé en N un dividende provenant des titres de la société AVATAR qu'elle détient à l'actif de son bilan. L'entreprise BARDINIERE détient 20 % de la SARL AVATAR qui est soumise à l'impôt sur les sociétés. Le montant perçu en N s'élève à 5 000 €. Le comptable a enregistré un produit financier de 5 000 €.

7. quelles sont les modalités d'imposition de ce dividende ?

8. Vente de meubles

Au 31 décembre N, figure dans le stock d'une entreprise de fabrication de mobilier un lot de meubles qui avait été fabriqué spécialement par l'entreprise pour un client. Celui-ci n'a pas honoré sa commande suite à sa mise en liquidation judiciaire. De ce fait, les meubles qui auraient dû être vendus 4 000 €, ne peuvent être mis en vente, compte tenu de leur spécificité, que pour 2 700 €. Leur prix de fabrication par l'entreprise (prix de revient) est de 2 400 €.

8. quelle est la conséquence pour l'entreprise ?

9. Prêt accordé par l'entreprise

Le 1er septembre N, M. Lebeau, exploitant individuel, a accordé un prêt de 100 000 € à sa fille. Cette créance, qui figure à l'actif du bilan, doit être remboursée le 31 juillet N+1, majorée des intérêts au taux de 3 %. Aucune écriture n'a été comptabilisée au 31 décembre N.

9. cette situation vous paraît-elle normale ?

→ **Travail à faire**

Répondre aux différentes questions posées et indiquer le traitement fiscal applicable dans ces différentes situations.

Cet exercice permet de faire un tour d'horizon sur quelques particularités fiscales en matière de comptabilisation de produits d'exploitation, financiers, exceptionnels.

La déduction des charges

Chapitre 8

COMPÉTENCES ATTENDUES

- **Identifier et expliquer les différences entre le résultat comptable et le résultat fiscal.**
- **Caractériser le traitement fiscal des différentes opérations comptables et opérer les retraitements nécessaires.**

PLAN DU CHAPITRE

SYNTHÈSE P. 172
APPLICATIONS P. 173

LES RÉFÉRENCES POUR COMPRENDRE LE CONTEXTE

Les conditions générales de déduction des charges

Texte de l'article 39-1 du Code général des impôts sur le site Legifrance.gouv.fr

Les charges déductibles du résultat fiscal

Quelles charges peuvent être déduites du résultat fiscal d'une entreprise ? Fiche thématique sur le site du ministère de l'Économie, des Finances et de la Souveraineté industrielle et numérique

L'intangibilité du bilan d'ouverture

Comprendre les dispositions fiscales sur le site du Bulletin Officiel des Finances Publiques – Impôts (direction générale des Finances publiques)

1 Règles générales de déductibilité des charges

Les charges comprennent :
- les achats de marchandises et de matières premières ;
- les frais généraux ;
- les amortissements ;
- les provisions.

Nous réserverons un chapitre spécifique aux deux dernières catégories, eu égard à leur importance.

A Conditions de fond

Pour être admises en déduction du résultat imposable, les charges doivent remplir cumulativement les trois conditions de fond suivantes :
- entraîner une diminution de l'actif net ;
- constituer un acte de gestion normal ;
- ne pas être exclues par une disposition spéciale du code général des impôts.

1 La diminution de l'actif net

Certaines charges entraînent une diminution de l'actif net comptable, d'autres non. L'actif net, ce sont les capitaux propres de l'entreprise. Lorsque l'entreprise achète une immobilisation, l'actif net n'est pas modifié. Si l'entreprise paie comptant, l'actif immobilisé augmente et la banque diminue ; si l'entreprise paie à crédit, l'actif immobilisé augmente et le passif augmente d'égal montant.

Dans ces deux situations, l'actif net ne subit aucune modification.

Si l'entreprise achète des marchandises, l'actif net est modifié. En cas de règlement comptant, la banque diminue ; en cas de règlement à crédit, c'est le passif à court terme qui augmente. Dans les deux cas, l'actif net diminue.

Exemple

L'entreprise Durand, qui a un exercice coïncidant avec l'année civile, verse le 1/12/N un acompte de 1 000 € pour une commande de marchandises qui lui seront livrées le 5/1/N+1.
Peut-elle comptabiliser une charge de 1 000 € au titre de l'exercice N ?
En aucun cas, car la comptabilisation de l'acompte ne fait pas varier l'actif net comptable. La banque diminue de 1 000 € et l'actif circulant augmente de 1 000 €, l'entreprise étant titulaire d'une créance de 1 000 € sur son fournisseur. L'actif net n'est pas modifié.

2 La charge doit constituer un acte de gestion normal

Seules les charges qui sont engagées dans l'intérêt direct de l'entreprise ouvrent droit à déduction. Cette règle, qui apparaît comme une règle de bon sens, exclut du droit à déduction toutes les charges dont l'intérêt direct pour l'entreprise n'est pas avéré.

L'administration fiscale, à travers les contrôles qu'elle diligente, disposera donc d'un droit de regard sur la normalité des actes commis par l'entreprise.

Remarque. L'administration n'a pas le droit de s'immiscer dans la gestion de l'entreprise. Si le chef d'entreprise est un piètre gestionnaire et qu'il réalise des pertes alors qu'il aurait pu réaliser des bénéfices, l'administration ne pourra pas contester sa gestion.

En revanche, l'administration pourra contester la décision qu'elle jugera contraire aux intérêts de l'entreprise.

À travers la théorie de l'acte anormal de gestion, l'administration tente de détecter, sous le contrôle du juge de l'impôt, les majorations injustifiées de charges qui diminuent artificiellement les résultats des entreprises.

Mais l'acte anormal ne se traduit pas exclusivement par des majorations de charges : il peut aussi se traduire par un manque à gagner, c'est-à-dire la perte d'un profit pour l'entreprise.

Conséquences fiscales de l'acte anormal de gestion

- S'il s'agit d'une majoration de charge, la charge indue sera réintégrée au résultat imposable.
- S'il s'agit d'un manque à gagner, un produit sera réintégré au résultat imposable.

Exemple

M. Durand est exploitant individuel. En N, il a notamment réalisé les deux opérations suivantes :
- voyage d'agrément à Malte avec son épouse pour 10 000 € comptabilisé en charges ;
- prêt sans intérêt de l'entreprise à un excellent ami pour 30 000 € le 1/06/N.

Ces deux opérations sont constitutives d'actes anormaux de gestion.
Le voyage étant un voyage d'agrément et non professionnel, il n'est en aucun cas engagé dans l'intérêt direct de l'entreprise. Les 10 000 € seront réintégrés au résultat imposable de l'entreprise.
Pour le prêt sans intérêt : en cas de contrôle, l'administration considérera que l'entreprise a commis un acte anormal de gestion en se privant d'un profit. Elle aurait dû demander un intérêt, ce qu'elle aurait fait si elle avait placé cette somme dans une banque.
Dans ce cas, le manque à gagner, calculé au taux de l'intérêt légal, sera rapporté au résultat imposable. Soit 30 000 × 0,76 % × 6/12 (taux de l'intérêt légal pour une opération de professionnel à particulier pour le 1er semestre 2022) = 114 €.

Citons notamment au titre des charges constitutives d'un acte anormal de gestion :
- les dépenses personnelles de l'exploitant ou des associés ;
- la prise en charge de dépenses concernant des entreprises tierces lorsqu'elles ne s'accompagnent d'aucune contrepartie ;
- les dépenses dont le montant est excessif (par exemple un loyer anormalement élevé, des rémunérations excessives versées à un dirigeant, etc.).

Dans une importante décision, le Conseil d'État a précisé que l'acte anormal de gestion est celui par lequel une entreprise décide de s'appauvrir à des fins étrangères à son intérêt (CE, 21 décembre 2018, nº 402006, Sté Croë Suisse).

Remarque. Un acte illicite n'est pas nécessairement un acte anormal de gestion.
L'acte illicite est l'acte commis par l'entreprise et contraire à une autre branche du droit que le droit fiscal. Cet acte illicite peut être fiscalement admis en déduction lorsqu'il est engagé dans l'intérêt direct de l'entreprise.

Exemple : Le fait que la remise de cadeaux en fin d'année à des clients constitue une infraction à la législation économique ne permet pas de l'analyser comme un acte de gestion anormale. La valeur des cadeaux remis aux clients peut valablement diminuer le résultat imposable de l'entreprise.

3 La charge ne doit pas être exclue par une disposition spéciale du Code des impôts

Certaines charges, qui entraînent une diminution de l'actif net de l'entreprise et qui constituent un acte de gestion parfaitement normal, ne peuvent être admises en déduction du résultat imposable. Ces charges, que nous étudierons ci-après, ne sont jamais déductibles, car le Code des impôts interdit formellement leur déduction (il s'agit des dépenses somptuaires).

B Conditions de forme

Pour être admises en déduction, les charges doivent être comptabilisées et justifiées. Là encore, rien de très original, car on conçoit mal qu'une charge puisse être admise en déduction du résultat sans être justifiée.

Dans certains cas très rares, certaines charges peuvent être forfaitairement admises en déduction (cas du régime micro-BIC, ou du régime super simplifié – voir Chapitre 12).

C Exercice de déduction de la charge

1 La déduction de la charge au titre de son exercice d'engagement

La charge, nous l'avons vu, doit être comptabilisée au titre de l'exercice où elle est devenue certaine dans son principe et déterminée dans son montant. C'est la stricte application du principe de spécialité des exercices comptables (voir *supra*).

Seront ainsi déduites les charges restant à payer à la clôture de l'exercice mais qui sont certaines dans leur principe et déterminées dans leur montant.

Une dette est certaine dans son principe lorsque la créance qui est née dans le patrimoine du co-contractant est acquise à ce dernier. Elle est déterminée dans son montant lorsqu'elle peut être chiffrée avec précision, quelle que soit la date d'exigibilité ou de paiement de cette dette.

En revanche, les charges enregistrées sur l'exercice N alors que le bien n'est pas encore livré ou le service non encore rendu constituent des charges constatées d'avance qui font l'objet d'une extourne comptable (voir Chapitre 5).

Exemple : Une entreprise reçoit le 26 décembre N une facture de loyer de 6 000 € pour le premier trimestre N+1. La charge de 6 000 € doit être rattachée à l'exercice N+1 et non à l'exercice N puisque la prestation de location est rendue en N+1.

2 La déduction des frais d'établissement

Les frais qu'une entreprise engage lors de son installation tels que les frais de premier établissement (recherches, études et publicité) et les frais de constitution de société (droits d'enregistrement, frais d'actes et honoraires) sont déductibles en totalité l'année de leur paiement. Toutefois, l'administration admet que leur déduction puisse être étalée, par parts égales, sur une période maximale de cinq ans si l'entreprise en fait la demande expresse.

3 La correction des erreurs d'imputation

Une entreprise qui omet de déduire une charge au titre de l'exercice de son fait générateur ne peut la porter en déduction au titre d'un exercice ultérieur.

Si l'entreprise s'aperçoit, par exemple en N+2, qu'elle a oublié de déduire une charge qui se rapporte à l'exercice N, elle devra demander à l'administration, par voie de réclamation contentieuse et en respectant des délais stricts, la possibilité de diminuer son résultat de N du montant de la charge omise.

L'administration fiscale, quant à elle, dispose toujours de la faculté, dans le cadre de ses contrôles, de procéder à la correction de cette erreur d'imputation, mais cette correction ne pourra s'effectuer que dans le cadre général de son délai de reprise, qui est en principe de trois ans.

Si la charge entraîne l'inscription d'une dette au bilan, l'erreur comptable constatée dans le bilan d'un exercice doit être systématiquement corrigée dans le bilan de l'exercice précédent jusqu'à l'exercice au cours duquel elle a été commise.

Il s'agit du principe dit de **correction symétrique des bilans**, qui a pour effet de limiter la correction effectuée à l'enrichissement effectif de l'entreprise.

Ce principe fait que l'administration va utiliser les mêmes méthodes d'un exercice à un autre (par exemple, en matière d'évaluation des stocks).

En effet, si l'on modifie le dernier bilan de clôture d'un exercice, il faut faire varier dans les mêmes proportions le bilan d'ouverture, à défaut de quoi l'opération se traduirait par une variation d'actif net, imposable.

Toutefois, l'article 38-4 *bis* du CGI prévoit que l'actif net d'ouverture du premier exercice non prescrit ne peut être corrigé : on dit qu'il est intangible.

Mais ce principe d'intangibilité du bilan d'ouverture du premier exercice non prescrit connaît certaines limites :

- il ne s'applique pas aux erreurs ou omissions commises depuis plus de 7 ans avant l'ouverture du 1er exercice non prescrit, soit 10 ans en retenant les 3 exercices non prescrits ;
- il ne s'applique pas non plus aux erreurs résultant d'amortissement excessifs au regard des usages (mentionnés à l'article 39,1-2° CGI) ;
- il ne s'applique pas aux dépenses comptabilisées à tort en charges (dépenses constitutives d'immobilisations).

Cela signifie que pour ces trois catégories d'erreurs, leur correction par l'administration fiscale n'entraîne pas de rehaussement du résultat imposable.

Le principe de correction symétrique lui-même connaît certaines exceptions :

- il ne s'applique pas aux écritures fongibles (écritures du compte de résultat) ;
- il ne s'applique pas dans les hypothèses d'erreurs délibérées ou volontaires ;

Exemple

N = 2021
Une entreprise ayant pour activité la vente de marchandises comptabilise par erreur ses recettes au moment de l'encaissement au lieu de se conformer à la règle de rattachement des créances acquises (prise en compte à la date de livraison). Elle fait l'objet d'une vérification sur place commencée en N et portant sur les exercices N-3 à N-1.
La méthode de comptabilisation suivie par l'entreprise a entraîné l'omission des créances acquises pour un montant de 10 000 au bilan de clôture de l'exercice N-4, 12 000 en N-3, de 21 000 en N-2 et de 30 000 en N-1 (les recettes correspondantes ayant été seulement comptabilisées lors de leur encaissement au début de l'exercice suivant).
Pour l'exercice N-1, le vérificateur procédera de ce chef à une rectification de 9 000, soit 30 000 (rectification du bilan de clôture) - 21 000 (correction symétrique du bilan d'ouverture).
De la même façon, le redressement sera de 21 000 - 12 000 = 9 000 pour l'exercice N-2.
En ce qui concerne l'exercice N-3, qui est en N le premier exercice non couvert par la prescription triennale, la même méthode devrait dégager un redressement égal à : 12 000 - 10 000 = 2 000 ; mais, en raison de l'intangibilité du bilan d'ouverture de cet exercice, c'est en réalité à 12 000 que s'élèvera le redressement pour N-3.
Ce qui aboutit, on peut le constater, à transférer sur N-3 l'imposition de 10 000 de recettes réalisées au cours d'une année prescrite.

Comme vu précédemment, le principe d'intangibilité ne s'applique pas notamment pour des erreurs commises il y a plus de dix ans.

Exemple : Si l'on reprend l'exemple précédent, et si l'on considère que l'erreur de rattachement a été commise il y plus de 10 ans, c'est-à-dire avant N-10, la rectification constatée en N-2 sera bien de 2 000.

2 Les charges d'exploitation

A Achats

Les achats sont comptabilisés pour leur montant HT, majorés des frais accessoires (transport, manutention, frais de dédouanement éventuellement...) et diminués des réductions obtenues (ristournes, rabais, remises, etc.).

Dans l'entreprise individuelle, le montant des achats sera diminué des prélèvements de l'exploitant, c'est-à-dire des biens que le chef d'entreprise prélève sur stocks pour ses besoins et ceux de sa famille.

B Autres charges externes

1 Charges locatives

a. Les loyers

Les loyers des locaux professionnels, du matériel ou du mobilier professionnel sont déductibles de l'exercice au titre duquel ils ont couru, dans la mesure où ils ne sont pas anormalement élevés.

b. Le droit d'entrée

Cette somme peut être versée par le preneur à bail de locaux commerciaux. Qualifiée également de « pas-de-porte », elle est destinée à dédommager le bailleur des sujétions que lui impose la législation sur les baux commerciaux.

En principe, le droit d'entrée est analysé fiscalement comme un supplément de loyer dont la déduction doit être étalée sur la durée de bail.

Toutefois, lorsque le droit d'entrée forme avec le loyer un total qui excède la valeur locative du local commercial, il présente le caractère d'une immobilisation incorporelle et peut être immobilisé.

c. Redevances de location-gérance

Il s'agit des redevances versées par le locataire-gérant d'un fonds de commerce au propriétaire bailleur du fonds. La location-gérance est, en effet, un mode d'exploitation du fonds de commerce, le propriétaire du fonds en confiant l'exploitation à un gérant moyennant le paiement d'une redevance.

Ces redevances sont fiscalement déductibles dans la mesure où elles ne sont pas exagérées et dans la mesure où elles ne dissimulent pas la cession du fonds.

d. Redevances de crédit-bail mobilier et immobilier

Le crédit-bail est une opération financière par laquelle une entreprise donne en location des biens mobiliers ou immobiliers à un preneur qui à un moment quelconque du contrat, mais le plus souvent à l'échéance, peut décider de devenir propriétaire du ou des biens qui ont été l'objet de ce contrat. Le bailleur consent une promesse unilatérale de vente au preneur dont la réalisation est subordonnée au paiement du prix fixé à l'avance augmenté des intérêts et des frais.

Crédit-bail mobilier

Les loyers dus par le preneur d'un contrat de crédit-bail mobilier sont, en principe, admis pour la totalité en déduction des résultats imposables au cours de la période couverte par le contrat.

Il existe une particularité pour les véhicules de tourisme que nous étudierons dans la partie consacrée à la fiscalité des véhicules de tourisme (voir *infra*).

La déductibilité des loyers versés peut être remise en cause lorsque le contrat est requalifié en vente à tempérament, où lorsque l'option d'achat peut être levée pour un prix anormalement faible : de tels indices résultant de durées de location très brèves, de levées d'option très inférieures à la valeur comptable du bien à l'échéance du contrat.

Exemple

Des conventions initialement qualifiées de contrats de location de matériels constituent en réalité des achats à tempérament dans les circonstances suivantes :

- création simultanée d'une entreprise individuelle de location de matériels et d'une société, seule cliente, avec son PDG, de la première entreprise ;
- durée des locations inférieure à onze mois suivie du rachat systématique des matériels par la société locataire pour une valeur égale à une mensualité de loyer (CAA Nancy 29 décembre 1989, n° 232, Plén., Locatelli).

Crédit-bail immobilier

Le crédit-bail immobilier appartient aux opérations fiscalement complexes. Son traitement fiscal nécessite une bonne compréhension de ses mécanismes.

Le crédit-bail immobilier est un mode de financement de l'immeuble d'exploitation. Il s'agit de l'opération par laquelle une entreprise, que l'on qualifie de « crédit-bailleur », donne en location des immeubles à usage professionnel, et permet aux locataires de devenir propriétaire de tout ou partie du bien à l'issue du bail.

Le crédit-bail immobilier procède de la combinaison d'une opération de louage et d'une promesse de vente, moyennant un prix de levée d'option relativement faible.

2 Dépenses d'entretien et de réparation

Il s'agit des dépenses qui ont pour objet de maintenir ou de remettre les immobilisations dans un état normal d'utilisation.

Leur traitement fiscal dépend de leur nature :

- **dépenses habituelles d'entretien et de réparation** : elles sont déductibles immédiatement lorsqu'elles ont pour seule finalité de maintenir le bien dans un état normal d'utilisation, sans en augmenter la valeur ou en prolonger significativement la durée d'utilisation (travaux de peinture, de nettoyage, par ex.) ;
- **dépenses de remplacement** : s'il s'agit du remplacement d'un composant identifié comme tel à l'origine, et remplacé à l'actif par un nouveau composant : dans ce cas, la valeur nette comptable du composant remplacé est passée en charges, et sa valeur d'origine est sortie de l'actif. À défaut, si le bien n'a pas été identifié comme composant, les dépenses de remplacement sont des charges si elles ne prolongent pas sa durée d'utilisation ou n'en augmentent pas la valeur ;
- **les dépenses qui correspondent à la réalisation de nouveaux aménagements ou agencements** se traduisent par l'entrée d'une nouvelle immobilisation à l'actif du bilan de l'entreprise. Tel est, par exemple, le cas lorsqu'un local de l'entreprise est aménagé en bureaux par la pose de cloisonnements intérieurs ;
- **les dépenses de mise aux normes** des matériels et équipements doivent être immobilisées lorsqu'elles prolongent la durée d'utilisation du bien ou en augmentent la valeur : à défaut, elles constituent des charges immédiatement déductibles.

Doivent être également immobilisées les dépenses d'acquisition d'immobilisations rendues obligatoires en raison d'obligations légales ou réglementaires dans le domaine de la sécurité ou de l'environnement, et dont le défaut de réalisation entraînerait l'arrêt de l'activité.

Remarque. L'obligation d'immobiliser les dépenses de remplacement en tant que composant s'applique également aux éléments qui répondent par nature à la définition d'un composant, mais que l'entreprise n'a pas identifiés comme tels à l'origine (exemple : remplacement du moteur en cas de panne accidentelle). En revanche, les dépenses engagées pour le remplacement d'un élément qui, à juste raison, n'a pas été comptabilisé comme composant sont des charges d'exploitation si elles n'augmentent pas la valeur du bien ni n'en prolongent la durée d'utilisation. Dans le cas contraire, elles sont immobilisées.

Exemple

Une entreprise achète un véhicule utilitaire en N. En N+2, suite à la rupture d'une courroie de distribution, le moteur doit être remplacé intégralement.
- Coût de l'échange standard du moteur : 10 000 €.
- Valeur d'origine du moteur identifié en N comme un composant : 12 000 €.
- Valeur nette comptable du précédant moteur, identifié comme composant : 8 000 €.

Cette dépense de remplacement doit être immobilisée, le moteur ayant été identifié à l'origine comme un composant amortissable. L'entreprise créditera le compte d'actif pour 12 000 € et comptabilisera en charge la valeur nette comptable de l'ancien moteur.
Le nouveau moteur figurera à l'actif du bilan pour 10 000 €.
Nota : la solution serait identique si l'entreprise n'avait pas identifié le moteur comme composant.

3 Dépenses d'assurances

a. Assurances dommages

Il s'agit des assurances qui couvrent les différents dommages auxquels l'entreprise peut être confrontée : vol, dégât des eaux, incendie, etc. Ces assurances sont déductibles au titre de l'exercice au cours duquel elles ont couru.

b. Assurances-vie ou assurance-décès

S'il s'agit d'une assurance-vie, il convient d'analyser si elle a été ou non souscrite librement par l'entreprise :

- l'assurance-vie a été souscrite librement par l'entreprise : le montant total des primes versées ne peut être déduit qu'en une seule fois, soit lors de la survenance du risque, soit à l'expiration du contrat. L'administration considère qu'il s'agit d'un placement financier : les primes correspondantes ne sont déductibles que globalement lors du versement du capital par la compagnie d'assurances ;
- l'assurance-vie peut être imposée par un prêteur de fonds (banquier, en vertu d'une disposition expresse du contrat de prêt), lorsque l'entreprise contracte un endettement professionnel. Dans ce cas, les primes sont déductibles au fur et à mesure de leurs échéances, et non globalement comme dans la situation précédente ;
- **cas spécifique des assurances « hommes-clés »** : l'entreprise peut se prémunir contre la perte de recettes liée à la disparition ou à l'incapacité du chef d'entreprise ou d'une personne dont la présence est absolument indispensable au bon fonctionnement de l'entreprise. Ces primes sont déductibles au fur et à mesure de leurs échéances : peu importe que l'indemnité soit versée forfaitairement ou en fonction du préjudice subi, c'est-à-dire de la perte d'exploitation réalisée.
- Enfin, les primes d'assurance à caractère social, souscrites au profit du personnel et des dirigeants, sont en principe déductibles.

Remarque. Le contrat « homme-clé » répond, sur le plan juridique, à une définition spécifique. Il peut revêtir la forme d'une assurance de personnes ou d'une assurance de dommages. Dans le premier cas, il s'agit d'une assurance-décès ou incapacité ; dans le second cas, il s'agit une garantie perte d'exploitation.

4 Honoraires, commissions, courtages

Les honoraires, commissions et courtages sont des charges déductibles lorsqu'ils sont engagés dans l'intérêt direct de l'entreprise (art. 39.2 *bis* du CGI). Compte tenu du risque fiscal lié à cette catégorie de versements, le législateur impose des obligations déclaratives très strictes :

- ces sommes doivent être déclarées pour leur montant TTC au titre de l'année civile sur la déclaration sociale nominative (DSN) ou sur la déclaration DADS-U (portail net.entreprises.fr). À défaut, l'entreprise est passible d'une amende de 50 % des sommes non déclarées (art. 1736 du CGI) ;
- en cas de première infraction au cours de l'année et des trois précédentes, et lorsque les sommes ont finalement été déclarées par l'entreprise soit spontanément, soit sur première demande de l'administration fiscale, l'amende n'est pas appliquée, à condition toutefois que l'entreprise justifie que le bénéficiaire des rémunérations a bien déclaré en temps et en heure les sommes perçues et que l'administration puisse vérifier l'exactitude des justifications produites.

  Une tolérance existe pour les sommes inférieures à 1 200 € par an pour un même bénéficiaire : elles n'ont pas à être déclarées.

Éclairage - Les « pots de vin » sont-ils déductibles fiscalement ?
Il s'agit des versements consentis par des entreprises françaises, notamment pour l'obtention de marchés à l'étranger. Leur déductibilité fiscale est autorisée si l'entreprise justifie la réalité du versement et si elle apporte la preuve que l'intermédiaire a joué un rôle essentiel dans l'obtention du marché, et que sa rémunération n'est pas exagérée au regard de l'avantage obtenu par l'entreprise.
En revanche, si le « pot de vin » est versé à un fonctionnaire, y compris s'il est étranger il ne peut jamais être admis en déduction.
Peu importe que la société n'ait pas eu la volonté de corrompre l'agent (CE 4-2-2015 n° 364708, 9e et 10e s.-s., Sté Alcatel Lucent France).

5 Dépenses de publicité

Les dépenses de publicité sont normalement déductibles, lorsqu'elles sont engagées dans le cadre d'une gestion normale.

a. Cadeaux d'affaires

Les cadeaux d'affaires sont des charges déductibles lorsqu'ils sont offerts dans l'intérêt commercial de l'entreprise et lorsqu'ils ne sont pas excessifs. Par ailleurs, lorsqu'ils excèdent 3 000 € par an, ils doivent figurer sur le relevé des frais généraux. Cette obligation déclarative n'existe pas lorsque le montant unitaire du cadeau n'excède pas 73 € TTC par an et par bénéficiaire.

Remarque. Lorsque les sommes ne sont pas mentionnées sur le relevé des frais généraux, une amende de 5 % des sommes non déclarées est exigée ; cette amende est ramenée à 1 % si les sommes non déclarées sont fiscalement déductibles.

Exemple

Une entreprise a offert au cours de l'année N des cadeaux à ses 300 clients pour un montant total de 6 000 €. Ce total est composé de 300 agendas d'une valeur unitaire de 20 € TTC.
Même si le total excède 6 000 €, cette somme n'a pas à figurer sur le relevé des frais généraux puisque le montant unitaire des cadeaux par bénéficiaire ne dépasse pas 73 € TTC.

b. Dépenses de parrainage ou sponsoring

Ces dépenses sont déductibles sous les conditions suivantes :

- il s'agit de dépenses versées dans le cadre de manifestations de caractère philanthropique, éducatif, scientifique, social, humanitaire, familial, sportif, culturel, ou participant à la valorisation du patrimoine artistique, à la défense de l'environnement ou à la diffusion de la culture française ;
- ces dépenses doivent être engagées dans l'intérêt direct de l'entreprise, ce qui nécessite, d'une part, l'identification de l'entreprise à travers la mise en valeur de sa marque ou de son logo, et d'autre part des versements qui ne soient pas disproportionnés au regard de l'avantage commercial escompté.

6 Dépenses de réception et représentation commerciale

Ces dépenses sont déductibles sous réserve qu'elles soient engagées dans l'intérêt direct de l'entreprise et non excessives. Tel est le cas des repas d'affaires qui constituent des charges déductibles.

L'administration est assez vigilante et n'hésite pas à réintégrer les dépenses de représentation qui lui paraissent injustifiées. Il est ainsi recommandé aux entreprises de faire apparaître sur les notes de restaurant les noms et qualités des personnes invitées, afin que le lien avec l'activité professionnelle puisse être aisément effectué.

Les frais de réception, de restauration et de spectacle doivent figurer sur le relevé des frais généraux lorsqu'ils excèdent 6 100 €. À défaut, une amende de 5 % du montant des sommes non déclarées est appliquée, amende réduite à 1 % si les sommes omises sont déductibles.

7 Dépenses de voyages professionnels

Ces dépenses sont déductibles sous les mêmes conditions que les précédentes : elles doivent présenter un caractère professionnel et être justifiées.

Lorsqu'elles excèdent au total 15 000 € pour les 5 ou 10 personnes les mieux rémunérées de l'entreprise, selon que le nombre de salariés soit ou non supérieur à 200, elles doivent figurer sur le relevé des frais généraux, avec les mêmes sanctions que celles prévues pour les cadeaux d'affaires.

Les frais de déplacement de l'exploitant de son domicile à son lieu de travail sont déductibles sous les mêmes conditions que les salariés, c'est-à-dire dans une limite aller-retour de 80 km. Au-delà de cette distance, l'exploitant doit justifier de conditions particulières d'éloignement.

Les frais de voyage de stimulation qui sont offerts aux salariés les plus performants de l'entreprise constituent des charges fiscalement déductibles, y compris pour les dépenses concernant éventuellement le tiers accompagnant.

> **Éclairage - Qu'est-ce qu'un voyage de stimulation ?**
> **Il s'agit d'un voyage offert aux salariés les plus performants d'une entreprise, le plus souvent des cadres commerciaux qui ont réalisé un chiffre d'affaires important. L'entreprise pourra, sauf cas manifestement abusif, déduire les frais de voyage pour le salarié et la personne qui éventuellement l'accompagne, sans que pour autant les bénéficiaires du voyage ne soient imposés sur cet avantage en nature.**

8 Dépenses de recherche et de développement

Il faut faire une distinction entre les frais de recherche fondamentale et les frais de développement. Les premiers sont obligatoirement passés en charge, les seconds peuvent être activés s'ils se rapportent à des projets nettement individualisés ayant de sérieuses chances de réussite technique et de rentabilité commerciale.

Si l'entreprise décide d'immobiliser ses dépenses de développement, les conséquences fiscales sont les suivantes :

- l'entreprise doit immobiliser toutes les dépenses de fonctionnement se rapportant au projet de recherche ;
- les dépenses immobilisées sont amorties sur la durée d'utilisation estimée des projets. Si cette durée ne peut pas être déterminée de manière fiable, l'amortissement est pratiqué en linéaire sur une durée maximum de cinq ans.

Ce dispositif s'applique également, projet par projet, aux dépenses de conception de logiciel et de création de site Internet.

Pour les logiciels, si les dépenses de conception sont immobilisées, l'amortissement comptable est étalé sur la durée probable d'utilisation du logiciel.

Pour les sites Internet, il convient de distinguer traitement comptable et traitement fiscal :

- comptablement, il s'agit du régime applicable aux frais de développement ;
- fiscalement, il s'agit du régime applicable aux frais de conception de logiciel.

C Impôts et taxes

Il n'est pas question de dresser la liste exhaustive des impôts déductibles et non déductibles. Citons les principaux.

1 Impôts déductibles

Sont déductibles les impôts à la charge de l'entreprise lorsque leur déduction ne fait pas l'objet d'une interdiction expresse.

Les principaux impôts déductibles sont :

- la taxe foncière pour les immeubles figurant à l'actif du bilan à la condition que l'immeuble soit affecté à l'activité professionnelle ;
- la contribution économique territoriale (CET) ;
- la taxe sur les salaires ;
- la taxe sur les véhicules de sociétés **lorsque la société relève de l'IR** ;
- les droits d'enregistrement ;
- la participation-formation continue ;
- la taxe d'apprentissage ;
- le malus applicable aux voitures les plus polluantes.

2 Impôts non déductibles

Lorsque les impôts non déductibles ont diminué le résultat comptable, ils doivent être réintégrés sur le tableau n° 2058-A.

Les impôts non déductibles sont principalement les suivants :

- l'IS ;
- l'IR (c'est un impôt personnel du chef d'entreprise) ;
- la taxe sur les véhicules de tourisme des sociétés **si la société relève de l'IS** ;
- la contribution sociale de 3,3 % sur l'IS ;
- la taxe annuelle de 3 % sur les immeubles ;
- redevance d'archéologie préventive.

Remarque. La taxe d'habitation, établie au nom du contribuable à raison de son habitation personnelle, ne peut être déduite fiscalement du résultat de l'entreprise.

3 Modalités de déduction

Les impôts sont déductibles du résultat de l'exercice au cours duquel ils sont mis en recouvrement ou, à défaut, de l'exercice au cours duquel ils deviennent exigibles.

Pour les impôts qui ne sont pas recouvrés par un rôle ou par un avis de mise en recouvrement, ils sont imputables au titres de l'exercice où ils présentent le caractère d'une dette certaine dans son principe et déterminée dans son montant.

D Dépenses de personnel

1 Salaires du personnel et rémunérations des dirigeants des sociétés relevant de l'IS

a. Nature des charges déductibles

Sont déductibles du résultat imposable les rémunérations versées au personnel, de même que celles versées aux dirigeants de sociétés soumises à l'IS (art. 39, 1-1° du CGI), qu'ils soient ou non associés. Seules les rémunérations qui correspondent à un travail effectif et ne sont pas qualifiées d'excessives peuvent être admises en déduction.

La rémunération s'entend ici dans une acception large : il s'agit du salaire, mais également de ses accessoires tels les avantages en nature, les primes, participations aux résultats, remboursements forfaitaires de frais, allocations pour frais d'emploi, etc.

L'administration exerce son droit de contrôle et a accès, grâce au relevé des frais généraux, aux rémunérations et avantages en nature versés aux 5 ou 10 personnes les mieux rémunérées de l'entreprise, selon que l'effectif salarié excède ou non 200 personnes.

Cette obligation déclarative existe s'agissant des rémunérations qui excèdent 300 000 € au total ou 150 000 € pour l'ensemble de ces personnes ou 50 000 € individuellement.

Sont également déductibles les congés payés et les charges que l'entreprise engage au titre des différents régimes de participation ou d'intéressement des salariés.

Lorsque, dans le cadre d'un contrôle, l'administration analyse une rémunération comme excessive, elle réintègre au résultat imposable la fraction de la rémunération exagérée qui est analysée non plus comme un salaire mais comme une distribution de bénéfices, un dividende.

Ce dispositif concerne essentiellement les dirigeants de sociétés. Lorsque la société relève de l'IS, la partie de la rémunération jugée excessive est imposée à l'IR chez le bénéficiaire (sur une base majorée de 25 %) au PFU (au taux de 12,8 %) et aux prélèvements sociaux (au taux de 17,2 %).

En outre, afin de lutter contre la pratique dite des « parachutes dorés », les rémunérations différées (indemnités de départ, de retraite, etc.) consenties aux dirigeants des sociétés cotées sont déductibles des résultats dans la limite annuelle de trois fois le plafond de la sécurité.

Éclairage – Les redressements concernant les rémunérations excessives sont-ils courants ?

Non, car les conseils des contribuables (experts-comptables, avocats) sont sensibilisés à ce risque fiscal et dissuadent leurs clients de percevoir des rémunérations excessives. Toutefois, et bien que ce caractère excessif soit fondamentalement subjectif, il arrive que les vérificateurs, sur lesquels pèse la charge de démontrer l'existence d'un écart significatif entre la rémunération litigieuse et une rémunération « normale », contestent la déductibilité de tout ou partie des rémunérations des dirigeants. Dans ce cas, et sous réserve qu'ait été appliquée la procédure de rectification contradictoire (voir Chapitre 29), le contribuable peut soumettre le différend à la commission des impôts directs et des taxes sur le chiffre d'affaires, organisme pré-contentieux où un *modus vivendi* (une solution intermédiaire) peut être dégagé.

b. Exercice de déduction

Les salaires du personnel sont déductibles au titre de l'exercice où ils présentent le caractère de dettes certaines, même s'ils ne sont pas versés aux salariés à la clôture de l'exercice.

2 Rémunération de l'exploitant individuel et de l'associé d'une société à l'IR

a. Rémunération de l'exploitant individuel et des associés des sociétés à l'IR

Nous l'avons vu, les rémunérations versées à un exploitant individuel ne sont jamais déductibles du résultat fiscal (voir Chapitre 5) : sauf si l'entreprise relève de l'IS sur option. Il s'agit d'une avance sur le résultat de l'entreprise, qui seul est imposé à l'impôt sur le revenu dans la catégorie des BIC.

Cette règle s'applique de la même manière, et pour les mêmes raisons, aux rémunérations servies aux **associés** des sociétés fiscalisées à l'impôt sur le revenu.

Éclairage – L'exploitant individuel se verse-t-il un salaire ?

Même si cela est possible, il est assez rare en pratique que l'exploitant individuel prélève une rémunération au sens strict du terme. Néanmoins, si tel est le cas, les rémunérations seront enregistrées au débit du compte 644 – Rémunération du travail de l'exploitant. L'exploitant préfèrera, en principe, effectuer des prélèvements de trésorerie, comptabilisés au débit du compte 108 « compte de l'exploitant », qui n'ont dans ce cas aucune incidence sur le résultat de l'entreprise. Dans ce dernier cas, à défaut de déduction comptable, aucune réintégration fiscale ne sera pratiquée.

b. Rémunération du conjoint de l'exploitant et du conjoint des associés des sociétés à l'IR

À compter des résultats des exercices clos en 2018, la rémunération versée au conjoint de l'exploitant ou de l'associé d'une société à l'IR est intégralement déductible du résultat fiscal de l'entreprise, quel que soit le régime matrimonial des époux et même si l'entreprise n'est pas adhérente d'un organisme de gestion agréé (OGA).

La seule condition de déduction repose désormais sur le fait que la rémunération soit justifiée et non excessive au regard du service rendu à l'entreprise.

La même règle s'applique pour les rémunérations versées aux conjoints des associés des sociétés relevant de l'IR.

c. Rémunération des autres membres de la famille

Les rémunérations versées aux autres membres de la famille de l'exploitant sont normalement déductibles si elles correspondent à un travail effectif et ne sont pas exagérées au regard du service rendu à l'entreprise.

3 Déduction des charges sociales sur rémunérations

a. Cotisations sociales sur rémunérations du personnel et des dirigeants des sociétés relevant de l'IS

Sont déductibles les cotisations patronales d'assurances sociales, les cotisations d'allocations familiales, d'accidents du travail, du régime de retraite et de prévoyance des cadres et non-cadres, du régime d'assurance-chômage.

Les entreprises peuvent cotiser à des régimes de retraite « supplémentaires » au profit de leurs salariés et dirigeants afin de compléter les régimes obligatoires.

Les versements effectués à ce titre sont fiscalement déductibles s'ils résultent d'un véritable engagement juridique et que cet engagement présente un caractère général et impersonnel, c'est-à-dire qu'il concerne l'ensemble du personnel ou une ou plusieurs catégories déterminées de celui-ci.

b. Cotisations sociales personnelles de l'exploitant

Les cotisations sociales versées au titre des différents régimes obligatoires (régimes obligatoires d'assurance-maladie, maternité, vieillesse et d'allocations familiales, régimes complémentaires obligatoires d'assurances vieillesse et d'assurance invalidité-décès des TNS, régimes complémentaires de prévoyance, de retraite et de perte d'emploi instaurés par les organismes de sécurité sociale) sont fiscalement déductibles, sans limite. Les cotisations sociales versées au titre des différents facultatifs sont déductibles dans des limites qui dépendent du plafond annuel moyen retenu pour les cotisations de sécurité sociale.

Les cotisations sont déduites de l'exercice au titre duquel elles sont dues par l'entreprise, indépendamment de leurs modalités de paiement.

3 Les charges financières

A Intérêts des emprunts contractés auprès des tiers

Les intérêts sont fiscalement déductibles dans la mesure où la dette a été contractée dans l'intérêt de l'entreprise et lorsqu'elle est inscrite au passif du bilan. Les intérêts sont déductibles de l'exercice au titre duquel ils ont couru.

Pour les frais d'escompte, l'administration considère que ces frais doivent être dissociés pour leur imputation. Les intérêts correspondant à la rémunération du service bancaire sont immédiatement déductibles alors que la fraction représentative des intérêts précomptés est déductible de l'exercice au titre duquel ils ont couru.

B Frais financiers liés aux prélèvements de l'exploitant

Lorsque le solde du compte de l'exploitant devient débiteur à la suite des prélèvements qu'il effectue, les intérêts correspondant aux emprunts et découverts bancaires figurant au bilan de l'entreprise sont réputés être engagés dans l'intérêt personnel de l'exploitant et non dans l'intérêt de l'entreprise.

La quote-part non déductible des intérêts est déterminée par le rapport du solde débiteur moyen annuel du compte de l'exploitant (ou le montant moyen annuel des prélèvements nets de l'exploitant s'il est inférieur) au montant moyen des prêts et avances de l'exercice (BOI-BIC-CHG-50-40-20120912) :

Intérêts × solde débiteur moyen annuel du compte de l'exploitant/
montant moyen des prêts et avances de trésorerie

Des règles identiques s'appliquent dans les sociétés relevant de l'IR, lorsque les comptes courants d'associés présentent un solde débiteur qui excède le capital versé par les associés.

Remarque. Le solde du compte de l'exploitant doit être normalement déterminé au jour le jour. Mais l'entreprise peut recourir au solde moyen annuel du compte de l'exploitant et dans ce cas, l'exercice est divisé en autant de périodes qu'il y a d'apports et de prélèvements effectués.

Exemple

Les données

L'entreprise Dupont acquiert en N une machine par emprunt de 20 000 €, accordé le 1er juillet N, et remboursable en 5 ans : les intérêts annuels s'élèvent à 800 €. L'entreprise supporte également des frais financiers pour 2 000 € afférents à un découvert bancaire de 10 000 € accordé le 1er janvier N. Le compte de l'exploitant se présente ainsi sur l'exercice N :

		Solde
À nouveau au 1er janvier après affectation du résultat de l'exercice N-1		**+ 5 000**
30/4/N : prélèvement	- 7 000	**- 2 000**
1/6/N : apport	+ 3 000	**+ 1 000**
1/8/N : prélèvement	- 8 000	**- 7 000**
31/12/N : résultat de l'exercice N	+ 12 000	**+ 5 000**

La solution

Le solde moyen annuel du compte de l'exploitant est égal à :
[(+ 5 000 × 4) + (- 2 000 × 1) + (+ 1 000 × 2) + (- 7 000 × 5)]/12 = - 15 000/12 = - 1 250
Montant moyen des prêts et avances consentis à l'entreprise :
(20 000 × 6) + (10 000 × 12)/12 = 20 000
Quote-part des frais financiers non déductibles : (800 + 2 000) × (- 1 250)/20 000 = - 175 €
Les frais financiers non déductibles sont à réintégrer sur le tableau n° 2058-A pour 175 €.

C Intérêts rémunérant le capital d'une entreprise individuelle

Quelle que soit l'entreprise, les intérêts rémunérant le capital ne sont pas fiscalement déductibles.

Seuls les intérêts rémunérant les avances des associés en compte courants sont admis en déduction sous certaines conditions.

D Intérêts rémunérant les avances des associés

1 Fiscalité des intérêts pour la société versante

Lorsque les associés sont des personnes physiques, la déduction fiscale des intérêts rémunérant les avances qu'ils consentent à la société est aujourd'hui identique, que la société relève de l'IR ou de l'IS (art. 39, 1-3º du CGI).

Sont concernées les avances de trésorerie consenties par des associés à une société en plus de leurs apports en capital. Ces avances, si elles sont rémunérées par la société, génèrent des charges financières qui sont déductibles du résultat fiscal sous les conditions suivantes :

- le capital social doit être intégralement libéré, ce qui signifie que les associés ont versé à la société leur part de capital ;
- le taux plafond fiscalement admis en déduction est égal à la moyenne annuelle des taux effectifs moyens pratiqués par les établissements de crédit pour des prêts à taux variable aux entreprises d'une durée initiale supérieure à deux ans. Ce taux plafond s'élève à **2,25 %** pour l'année civile 2022.

> **Remarque.**
> **Le taux plafond repose sur des moyennes trimestrielles : le taux de 2,25 % correspond au taux plafond moyen pour l'année civile 2022.**

2 Fiscalité des intérêts pour les associés

a. Associés personnes physiques

Le régime fiscal des intérêts servis aux associés personnes physiques a été étudié au Chapitre 2, point 3, RCM.

b. Associés entreprises

Lorsqu'ils sont perçus par une entreprise, les intérêts de comptes courants d'associés sont compris dans les bénéfices professionnels et imposés, en tant que tels, soit à l'impôt sur le revenu, soit à l'impôt sur les sociétés.

Les intérêts versés par une société soumise à l'IS sous-capitalisée à des sociétés liées font l'objet d'une limitation spécifique (art. 212 bis du CGI). Cette limitation spécifique sera étudiée dans le Chapitre 17 réservé à l'étude des sociétés soumises à l'IS.

4 Les charges exceptionnelles

Il s'agit des charges qui peuvent être supportées dans le cadre d'opérations non courantes (opérations de gestion ponctuelles, cessions d'éléments d'actifs).

Nous réserverons, compte tenu de leur importance, un chapitre spécifique aux opérations de cessions d'éléments d'actif (il s'agit du Chapitre 11).

Restent les opérations exceptionnelles ponctuelles.

A Dépenses de mécénat (art. 238 *bis* du CGI)

Contrairement aux dépenses de parrainage, où l'entreprise attend un « retour sur investissement », une contrepartie directe qui est notamment la valorisation de son image de marque, la dépense de mécénat est en principe effectuée de manière désintéressée.

Fiscalement, la règle posée par l'article 238 *bis* du CGI est la suivante :

- les dons consentis par les entreprises aux organismes éligibles ne sont pas déductibles du résultat fiscal et doivent être réintégrés sur le tableau 2058-A ;

- les dons retenus dans la limite d'un plafond de 5 ‰ du CAHT ouvrent droit à une **réduction d'impôt** de 60 % de leur montant ;
- lorsque les dons excèdent le plafond légal de 5 pour mille, le surplus est reporté successivement sur les cinq exercices suivants, et ouvre droit à réduction d'impôt après prise en compte des versements de l'exercice.

Remarque. Pour les versements réalisés au cours des exercices clos à compter du 31 décembre 2020, il est instauré un double plafond pour favoriser les petites entreprises, les dépenses de mécénat étant désormais retenues :
- Soit dans la limite de 20 000 €.
- Soit dans la limite de 5 ‰ du chiffre d'affaires, lorsque ce dernier montant est plus élevé.

Remarque. Des contreparties ne remettent pas en cause le caractère désintéressé du don de l'entreprise versante dès lors que le versement est manifestement disproportionné par rapport à ces contreparties.

Exemple

N = 2022
L'entreprise Durand réalise un chiffre d'affaires HT pour l'exercice N de 1 200 000 €. Elle a effectué un don au profit de la « Fondation de France » pour 22 000 €.
Le don n'étant pas fiscalement déductible, il doit être réintégré au résultat imposable pour 22 000 € sur le tableau n° 2058-A.
En N, l'assiette de sa réduction d'impôt est plafonnée à : 1 200 000 × 5/1 000, soit 6 000 €.
L'entreprise peut toutefois utiliser le plafond alternatif de 20 000 € puisque ce dernier est supérieur.
La réduction d'impôt s'élève à 20 000 × 60 % = 12 000 €.
Il lui reste par conséquent à déduire 22 000 – 20 000 = 2 000 €, reportables sur les 5 exercices suivants (après, toutefois, prise en compte des éventuels versements effectués lors de ces exercices suivants).

B Dépenses d'acquisitions d'œuvres d'art (art. 238 bis AB du CGI)

Afin de promouvoir le mécénat culturel, les entreprises peuvent déduire de leur résultat imposable le prix d'acquisition d'œuvres originales d'artistes vivants, lorsqu'elles sont inscrites à l'actif immobilisé et exposées dans un lieu accessible au public (salle d'attente, cantines d'entreprise, etc.).

La déduction s'effectue par fractions égales sur les résultats de l'exercice d'achat et des quatre années suivantes.

Le montant de la déduction effectuée au titre de chaque exercice est limité à la différence entre la limite globale de 5 pour mille du CAHT ou 20 000 € si ce montant est plus élevé et le montant des versements consentis au titre du mécénat général.

L'entreprise doit inscrire à un compte de réserve spéciale au passif du bilan une somme égale à la déduction effectuée.

C Pénalités et amendes (art. 39-2 du CGI)

Lorsque l'entreprise contrevient à ses obligations légales, les pénalités de toute nature qu'elle supporte ne sont pas admises en déduction de son résultat fiscal.

Ce principe général concerne **toutes les pénalités** : pénalités fiscales d'assiette, de recouvrement, amendes pénales, pénalités sur retard ou défaut de déclaration et de paiement des cotisations sociales, etc.

Seuls demeurent admises en déduction les pénalités contractuelles, supportées par les entreprises dans le cadre de leurs relations commerciales.

Exemple

Les données

L'entreprise Dupont fait l'objet d'un certain nombre de sanctions et elle aimerait connaître leur régime fiscal :

- pénalité de retard de paiement de la TVA (**1**) ;
- pénalité pour défaut de déclaration de la taxe d'apprentissage (**2**) ;
- amende pour infraction au code de la route (**3**) ;
- majoration pour insuffisance de déclaration d'URSSAF (**4**) ;
- pénalités pour retard de paiement du fournisseur Durand (**5**).

Veuillez indiquer le régime fiscal de ces différentes pénalités.

La solution

Ne sont pas déductibles les pénalités 1 à 4. Seule la pénalité pour retard de paiement du fournisseur Durand (5), qui est une pénalité contractuelle, est fiscalement déductible.

D Pertes sur créances irrécouvrables

Une créance peut être comptabilisée en perte lorsque son caractère irrécouvrable est définitivement établi. La perte est enregistrée pour son montant hors taxe, la TVA ne constituant jamais une perte définitive pour l'entreprise.

Lorsque le caractère définitif de la perte n'est pas avéré, une provision pour créance douteuse peut être comptabilisée.

Éclairage – Quand considère-t-on qu'une créance est définitivement irrécouvrable ?

Le caractère irrécouvrable d'une créance est une question de fait. L'entreprise doit démontrer que la probabilité de recouvrer sa créance est nulle. Tel est le cas lorsque le client fait l'objet d'une procédure de liquidation judiciaire et que cette procédure est clôturée par insuffisance d'actif. Tel est également le cas lorsque que le liquidateur de l'entreprise cliente a attesté du caractère définitivement irrécouvrable de la créance. À défaut de pouvoir établir avec certitude cette irrécouvrabilité, il est préférable de comptabiliser une provision pour créance douteuse pour la totalité de la créance.

E Aides et avantages consentis à des tiers

Dans certaines circonstances, l'entreprise peut être conduite à renoncer à encaisser certaines créances. On parle alors d'« abandon de créances » ou de « renonciation à recettes ».

Le régime fiscal des abandons de créances fera l'objet d'une étude spécifique dans le chapitre consacré aux entreprises passibles de l'IS (voir le Chapitre 17).

S'agissant des renonciations à recettes : cette procédure exceptionnelle n'entraîne une charge fiscalement déductible pour l'entreprise qui renonce à encaisser sa créance que lorsqu'elle intervient dans le cadre d'une gestion normale.

C'est le cas par exemple lorsque, dans le cadre d'un litige avec un client, l'entreprise consent à renoncer à l'encaissement d'une créance pour préserver ses relations commerciales et éviter de « perdre » le client. Là encore, la notion d'intérêt direct de l'entreprise qui renonce à percevoir son dû est une question de fait, laissée à la libre appréciation de l'administration et du juge fiscal. L'imposition du résultat des entreprises revêt donc un caractère subjectif, contrairement à la TVA qui est un impôt purement objectif.

5 Les dépenses non déductibles par principe

A Exclusion des charges somptuaires (art. 39-4 du CGI)

Nous avons vu qu'en principe, les charges engagées dans l'intérêt direct de l'entreprise, non constitutives d'un acte anormal de gestion et qui entraînent une diminution de l'actif net comptable sont déductibles du résultat fiscal.

Pourtant, le législateur a considéré que, eu égard à leur nature intrinsèque, certaines charges ne seraient jamais admises en déduction du résultat imposable.

1 Le principe de l'exclusion

Ne sont jamais déductibles, même lorsqu'elles sont engagées dans l'intérêt de l'entreprise, les dépenses suivantes :

- dépenses de chasse et dépenses liées à l'exercice non professionnel de la pêche ;
- toutes les charges concernant l'achat, la location, ou toute opération concernant les yachts et bateaux de plaisance : il s'agit des charges de propriété et d'utilisation (entretien) de ces biens ;
- toutes les dépenses liées à la propriété, à la location ou à la mise à disposition de résidences de tourisme et d'agrément ;
- l'amortissement « excédentaire » des véhicules de tourisme, calculé sur un prix d'acquisition qui excède un certain plafond.

2 Les exceptions aux principes de l'exclusion

Il y a le principe, mais en droit fiscal, le principe comporte souvent des exceptions. Voici les principales :

- les exclusions ne s'appliquent pas lorsqu'elles correspondent à l'activité même de l'entreprise. Ainsi, une société dont l'objet social est la location de bateaux de plaisance n'est pas concernée par l'exclusion. Il en va de même pour une entreprise qui pratiquerait la location de véhicules de tourisme, ou pour un chauffeur de taxi ;
- pour les résidences de tourisme et d'agrément, l'exclusion de déduction des charges somptuaires ne s'applique pas lorsqu'il s'agit d'une demeure classée monument historique ou inscrite à l'inventaire supplémentaire des monuments historiques, et que l'immeuble est utilisé pour les besoins de l'entreprise. De même, si le bien procure des revenus locatifs, les charges engagées pour la location du bien demeurent déductibles. Enfin, pour les exercices clos à compter du 28 décembre 2008, ces charges sont déductibles lorsqu'elles concernent des résidences servant de siège social de l'entreprise ou servant à l'accueil de la clientèle lorsqu'elles font partie intégrante d'un établissement de production, sachant que l'administration réserve ce cas particulier aux établissements industriels, ateliers de fabrication et exploitations agricoles ;
- de même, lorsque ces dépenses présentent un caractère social, c'est-à-dire qu'elles bénéficient à l'ensemble du personnel dans le cadre des œuvres sociales de l'entreprise, l'exclusion ne s'applique pas.

Exemple

Les données

La société REMI TOYEN est spécialisée dans la vente de cognac. Elle a inscrit à son actif une belle et grande résidence du XIXe siècle, qu'elle a aménagée en bureaux et dont elle a fait son siège social. Cette demeure jouxte les chais où reposent de prestigieux cognacs. Elle y reçoit, dans de somptueux salons, ses clients et les invite à déguster ses meilleurs crus.

Question

La société REMI TOYEN peut-elle déduire de son résultat fiscal l'amortissement et les dépenses d'entretien de la résidence ?

>>>

>>> **La solution**

La réponse est positive, parce que la résidence constitue son siège social. Elle fait, de plus, partie intégrante d'un établissement de production et la société y reçoit ses clients.

B Cas particulier des véhicules de tourisme

L'article 39, 4 du CGI prévoit une limitation de la déduction de l'amortissement des voitures particulières.

Cette catégorie comprend, outre les voitures de tourisme, les « commerciales », les « canadiennes » ou encore les « breaks ».

Cette limitation diffère selon qu'il s'agit ou non de véhicules polluants.

1 Il ne s'agit pas d'un véhicule polluant

Le plafond de déduction pris en compte pour le calcul de l'amortissement fiscal s'élève à **18 300 € TTC** pour les véhicules de tourisme dont la mise en circulation est postérieure au 1er novembre 1996. À compter du 1er janvier 2017, le plafond de déductibilité de l'amortissement et des loyers des véhicules de sociétés est porté de 18 300 € à 30 000 € pour les véhicules dont le taux d'émission de dioxyde de carbone est $<$ à 20 g/km, et à 20 300 € lorsque le taux d'émission de CO_2 est $\geqslant$ à 20 g/km et $<$ à 60 g/km.

Remarque. Il s'agit des véhicules immatriculés dans la catégorie des voitures particulières (VP) à la différence des véhicules utilitaires immatriculés dans la catégorie véhicules utilitaires (VU).

Ne sont pas concernés par la limitation fiscale les véhicules nécessaires à l'activité de l'entreprise en raison même de son objet, tels les taxis, les ambulances, les auto-écoles ou les entreprises de location de véhicule.

Le prix d'acquisition à retenir est un prix TTC puisque la TVA n'est pas déductible sur les véhicules de tourisme.

L'amortissement non fiscalement déductible est celui qui est calculé sur une base TTC excédant 18 300 € : on parle alors d'amortissement excédentaire.

Exemple

Une entreprise achète un véhicule de tourisme le 1/7/N pour un prix de 50 000 € TTC. Elle l'amortit sur 5 ans.
Amortissement à réintégrer sur le tableau n° 2058-A :
- **en N : (50 000 − 18 300) × 20 % × 180/360 = 3 170 € ;**
- **de N+1 à N+4 : (50 000 − 18 300) × 20 % = 6 340 € chaque année ;**
- **en N+5 : 3 170 €.**

2 Il s'agit d'un véhicule polluant

Afin de limiter l'émission des gaz à effet de serre, le législateur renforce les mesures tendant à privilégier la « fiscalité verte ».

Sont considérés comme polluants les véhicules particuliers immatriculés depuis le 1er janvier 2006 et mis en service depuis le 1er juin 2004, lorsque leur taux d'émission de CO_2 au km excède 130 g pour 2021.

Dans ce cas, le plafond pour le calcul de l'amortissement fiscal est ramené à **9 900 € TTC**.

Remarque. Afin de tenir compte de l'application, depuis le 1er septembre 2018, de la nouvelle méthode européenne de détermination des émissions de CO_2, la loi de finances pour 2020 a modifié les dispositifs afférents aux véhicules. Les véhicules concernés relèvent d'un nouveau dispositif d'immatriculation et s'entendent notamment des véhicules des catégories M1 et N1 pour lesquels la première immatriculation en France est délivrée à compter d'une date définie par décret comprise entre le 1er janvier et le 1er juillet 2020.

- Plafond de déductibilité des amortissements :
  - Le montant de la fraction d'amortissement déductible est ajusté pour les véhicules relevant du nouveau dispositif d'immatriculation.
  - Ces nouveaux plafonds s'appliquent aux exercices clos à compter d'une date fixée par décret et au plus tard au 1er juillet 2020.

La fraction d'amortissement déductible des véhicules de tourisme qui relèvent du nouveau dispositif d'immatriculation est fixée à :

Taux d'émission de CO_2 en g/km)	Fraction d'amortissement déductible	Comparaison avec les autres véhicules de tourisme
$T < 20$	30 000 €	Inchangé
$20 \leqslant T < 50$	20 300 €	Inchangé
$50 \leqslant T < 60$	18 300 €	Amortissement complémentaire déductible : (2 000 €)
$60 \leqslant T \leqslant 135$ (1)	18 300 €	Inchangé
$135 < T \leqslant 165$ (1)	18 300 €	Amortissement complémentaire déductible : + 8 400 €
$T > 165$	9 900 €	Inchangé

(1) Applicable aux véhicules acquis entre le 1er janvier et le 31 décembre 2020.

3 La location des véhicules de tourisme

L'idée qui consisterait à considérer que la location d'un véhicule de tourisme peut permettre de contourner le dispositif que nous venons d'exposer ne serait pas judicieuse.

En effet, les entreprises qui louent des véhicules de tourisme sont soumises aux mêmes limitations que les entreprises qui achètent les véhicules.

Les entreprises qui prennent des véhicules de tourisme en crédit-bail ou en location, lorsque celle-ci excède trois mois, sont tenues de rapporter au résultat imposable une fraction du loyer déterminée de la manière suivante :

Amortissement pratiqué par le bailleur × (prix d'acquisition TTC – plafond)/prix d'acquisition TTC

Remarque. L'amortissement pratiqué par le bailleur l'est sur un prix hors taxes, puisqu'il récupère la TVA. Le résultat doit être ramené TTC, le loyer déduit par l'entreprise locataire étant taxes comprises : s'agissant d'une location sur véhicule de tourisme, la TVA est exclue du droit à déduction.

Dans la pratique, ce sont les entreprises bailleresses qui communiquent aux entreprises locataires le montant du loyer excédentaire.

Éclairage – Pourquoi l'administration exclut-elle du résultat fiscal les dépenses somptuaires ?

Ces dépenses sont identifiées par le législateur comme des dépenses à risque fiscal élevé. Le chef d'entreprise pourrait être tenté de déduire certaines dépenses d'agrément sous couvert d'une utilité professionnelle contestable.

La solution radicale pour supprimer ce risque est d'exclure la déduction de ces charges dites « somptuaires », décision qu'a prise le législateur.

On peut toutefois constater que certaines de ces dépenses ont mal vieilli. Quel chef d'entreprise aurait aujourd'hui l'idée d'inviter ses clients à une partie de chasse ? Il préférera le practice de golf, ou les pistes de ski, ou le voyage dans une île paradisiaque et dans ce cas, si la dépense est engagée dans l'intérêt de l'entreprise, point d'exclusion fiscale...

LA DÉDUCTION DES CHARGES

RÈGLES GÉNÉRALES	
Conditions de fond	- Charges engagées dans l'intérêt direct de l'entreprise ou se rattachant à la gestion normale de l'entreprise (exclusion des actes anormaux de gestion). - Charges entraînant une diminution de l'actif net de l'entreprise ; - Déduction non interdite par une disposition particulière de la loi (charges somptuaires jamais déductibles, c'est-à-dire la chasse, la pêche, les résidences de tourisme et d'agrément, les bateaux de plaisance et l'amortissement excédentaire des véhicules de tourisme).
Conditions de forme	Charges comptabilisées et justifiées par un document comptable.
Les charges d'exploitation	
Redevances de crédit-bail	Déductibles, sauf cas manifestement abusifs Particularités fiscales fortes pour le crédit-bail immobilier Pour le crédit-bail ou location de voitures de tourisme > à 3 mois, réintégration de la quote-part qui n'aurait pas été déductible si l'entreprise était propriétaire du véhicule (voir amortissement).
Dépenses d'entretien et de réparation	Déductibles si elles : - n'entraînent pas le remplacement d'un composant amortissable ; - n'ont pour objet que de permettre l'utilisation normale du bien ; - n'augmentent pas la valeur ou ne prolongent pas notablement la durée d'utilisation du bien.
Dépenses de personnel	Rémunérations de l'exploitant individuel et de l'associé de la société IR non déductibles fiscalement.
Assurance au profit de l'entreprise sur la tête d'un dirigeant	Principe : si assurance souscrite librement par l'entreprise, déduction du montant total des primes en totalité, soit au moment du décès de l'assuré, soit à l'expiration du contrat. Exception : si contrat conclu à la demande d'un prêteur en garantie du remboursement d'un emprunt, primes déductibles au fur et à mesure de leurs échéances ou si assurance homme-clé.
Les charges financières	
Frais financiers liés aux prélèvements de l'exploitant	Si compte de l'exploitant débiteur : Réintégration = Agios annuels × Solde débiteur moyen annuel du compte de l'exploitant / Montant moyen des prêts et avance de l'exercice
Comptes courants d'associés (sociétés)	Intérêts rémunérant les avances en compte courant d'associé : Déduction sous conditions (CGI art. 39-1-3) : - capital social entièrement libéré ; - taux de rémunération ⩽ taux plafond (2,25 % pour l'année 2022). Les intérêts excédentaires doivent être réintégrés
Les charges exceptionnelles	
Mécénat	À réintégrer en totalité mais réduction d'IR de 60 % du don (le don retenu pour la réduction d'impôt est plafonné à 5 pour mille du chiffre d'affaires hors taxes ou 20 000 €). L'excédent peut ouvrir droit à réduction d'impôt au titre des 5 exercices suivants.
Amendes et pénalités	Principe : charges non déductibles Exception : Pénalités contractuelles supportées par les entreprises dans le cadre de leurs relations commerciales
Perte sur créances irrécouvrables	Déductible pour son montant HT si son caractère irrécouvrable est définitivement démontré.

Applications

EXO 08.01 Cas BARDINIÈRE

N = 2021

L'EURL BARDINIÈRE exerce une activité de tapissier décorateur à Nantes (44). M. Bardinière, associé unique et gérant de l'EURL confectionne des rideaux pour des demeures de prestige. Sa clientèle est essentiellement composée de particuliers aisés. Sa femme qui tient la comptabilité est salariée de l'entreprise. Il s'agit d'un travail effectif et sa rémunération est considérée comme normale.

Il ne vous est pas demandé de rectifier le résultat comptable.

Le bénéfice comptable de l'exercice N s'élève à 30 000 €. Il tient compte des différents éléments suivants intervenus au cours de l'exercice N.

1. L'EURL BARDINIÈRE a offert à ses meilleurs clients une journée de pêche sur le lac de Vassivière en Limousin. La facture de 1 000 € a été comptabilisée en charges.
2. La prime d'assurance pour risques d'incendie et dégâts des eaux s'est élevée à 600 € pour l'exercice N. Cette assurance couvre les locaux inscrits à l'actif de l'entreprise BARDINIÈRE.
3. Un contrat de crédit-bail portant sur un véhicule de tourisme non polluant a été conclu par l'entreprise BARDINIÈRE le 1er juillet N–1 Le montant du loyer annuel est de 5 000 €. La valeur neuve du véhicule est de 30 000 € HT. La durée de vie normale du véhicule est de 5 ans.
4. Le salaire annuel versé à Mme Bardinière est de 40 000 €, incluant 7 000 € de charges sociales.
5. L'entreprise BARDINIÈRE a encaissé un dividende provenant des titres RIDEAUCLASSE qu'elle détient à l'actif de son bilan L'entreprise BARDINIÈRE détient 20 % de la SARL RIDEAUCLASSE qui est soumise à l'impôt sur les sociétés. Le montant perçu en N s'élève à 5 000 €.
6. L'entreprise a pris en charge des frais de déplacement (en classe affaires) et des frais d'hébergement (hôtel 5 étoiles) à hauteur de 6 600 €, pour le voyage d'une durée d'une semaine de M. Bardinière à Fort-de-France (Martinique), en vue de la présentation des nouveaux rideaux aux couleurs des îles.
7. M. Bardinière a laissé en compte courant une somme de 40 000 € pendant la période allant du 1er janvier au 31 mars N, et 60 000 € pour la période courant du 1er avril au 31 décembre N. Ces sommes ont été rémunérées au taux de 4 %.
8. Pour le véhicule inscrit à l'actif, la taxe sur les voitures de société a été comptabilisée, au titre de l'exercice, pour 1 150 €.
9. Des honoraires ont été payés le 7 avril N au bureau Marketing Plus de Nantes, à hauteur de 5 500 €, en vue de l'accomplissement d'une étude de marché pour le lancement d'un nouveau rideau de l'entreprise BARDINIÈRE, à savoir le RIDEAU SOFT, un rideau qui s'ouvre et se ferme électriquement. Il vous est précisé que ces honoraires ne figurent pas sur la DSN ni sur la déclaration DADS-U.

Renseignements complémentaires :

L'EURL n'adhère pas à un centre de gestion agréé.

L'exercice comptable coïncide avec l'année civile.

M. et Mme Bardinière sont mariés sous le régime de la communauté légale.

Le chiffre d'affaires de l'EURL BARDINIÈRE s'est élevé en N à 620 000 €. M. et Mme Bardinière n'ont pas perçu en N à titre personnel de dividendes.

Le capital de l'EURL est intégralement libéré.

Le taux maximal autorisé par l'administration fiscale pour la rémunération des comptes courants d'associés est de 2,25 % pour l'exercice N.

Les prix sont toujours exprimés hors taxes sauf mention contraire.

→ Travail à faire

1. **Déterminer le résultat fiscal de l'EURL BARDINIÈRE au titre de l'exercice N. Pour cela, vous présentez point par point les retraitements fiscaux que vous jugez nécessaires. Vos réponses doivent être argumentées et justifiées même en l'absence de retraitement extra-comptable.**
2. **Indiquer les conséquences fiscales en matière d'impôt sur le revenu pour les époux Bardinière. Vous déterminez notamment, le cas échéant, le montant imposable dans la catégorie des revenus de capitaux mobiliers (RCM) au nom de M. et Mme Bardinière en N sans tenir compte de l'incidence des contributions sociales.**
3. **Quelles seraient les incidences de l'adhésion à un Centre de gestion agréé ?**
4. **M. Bardinière envisage de créer avec son épouse une SARL. Pourriez-vous lui expliquer en quelques lignes les différences fondamentales entre une imposition à l'impôt sur les sociétés et son régime fiscal actuel ?**

Vous devez justifier chacune de vos réponses.

Les épreuves du DCG droit fiscal comprennent toujours de nombreuses questions sur le traitement fiscal des charges. Ces différents points sont à bien connaître.

S'agissant d'une EURL dont l'associé unique est une personne physique, cette EURL relève de plein droit de l'impôt sur le revenu, à défaut d'une option expresse pour l'IS.

EXO 08.02 Cas BODIN

N = 2022

L'entreprise individuelle BODIN est une entreprise de plomberie qui réalise un CA annuel HT de 950 000 €. Elle a réalisé au cours de l'exercice clos le 31 décembre N un bénéfice comptable de 35 000 €. Le comptable de l'entreprise qui a passé correctement les écritures vous demande de le conseiller sur le traitement fiscal des opérations suivantes :

1. Charges de personnel

- M. Bodin a perçu une rémunération de 50 000 €, alors qu'une rémunération normale pour le travail qu'il accomplit s'élève, selon les services fiscaux, à 30 000 € ; Mme Bodin, qui s'occupe de la comptabilité de l'entreprise, a reçu 28 000 €.
- Les époux n'ont pas souscrit de contrat de mariage particulier. L'entreprise est adhérente d'un centre de gestion agréé ;
- Rémunération de leur fille pour un stage d'été dans l'entreprise : 900 € ;
- Rémunération des deux autres salariés de l'entreprise : 58 000 €.

2. Prime d'assurance

- Prime d'assurance-vie sur la tête de M. Bodin au profit de l'entreprise (M. Bodin n'est pas mentionné dans le contrat comme un homme clé) : 2 000 € ;
- Prime d'assurance multirisque professionnelle : 5 200 €.

3. Dons et mécénat

- À « Médecins du Monde », association reconnue d'utilité publique : 5 000 € et à l'association des Amis du Farcis poitevin : 800 € ; cette association n'est pas d'intérêt général ;
- Au club de tennis communal qui fête ses trente ans d'existence, le nom de l'entreprise apparaissant dans la publicité pour la manifestation : 1 500 €.

4. Loyers payés

- Loyer de la maison occupée par M. Bodin et sa famille : 12 000 € ;
- Loyer d'un entrepôt commercial où l'entreprise a ses ateliers : 10 000 €.

5. Impôts, taxes et pénalités

- CFE : 1 500 € ;
- Rappel de 700 € pour insuffisance de déclaration de taxe d'apprentissage en N–1 ;
- Pénalités pour paiement tardif de la CFE : 150 €, de TVA : 300 € et de cotisations sociales : 450 € ;
- M. Bodin a commis un excès de vitesse sur la route d'un rendez-vous important : 95 €.

6. Amortissements

- De la Volvo V40, véhicule de tourisme, acquise 42 000 € TTC le 1er juin N et pratiqué en linéaire sur 5 ans (taux d'émission de CO_2 au km à 125 g) ;
- D'une camionnette de transport de matériel acquise en janvier N–2 pour 22 000 € HT.

7. Produits du portefeuille titres

- Montant des dividendes d'actions en rémunération de titres figurant au bilan : ces dividendes sont portés au compte de résultat pour 3 500 €.

8. Apport de l'exploitant

Des intérêts de 700 € ont été versés à M. Bodin au titre d'un apport de trésorerie personnelle dans l'entreprise effectué en N–2 pour un montant de 12 000 €.

9. Acompte client

L'entreprise a perçu un acompte de 6 000 € le 28 décembre N au titre d'une prestation de plomberie qui sera réalisée en janvier N+1.

Informations complémentaires : l'entreprise, qui a recruté un étudiant formé à l'IAE de Poitiers, utilise toujours les possibilités d'étalement et les solutions les plus favorables qui lui sont offertes.

10. Prime de bilan

Les travaux de clôture des comptes permettent d'envisager un résultat bénéficiaire pour N. Pour récompenser les efforts accomplis par les salariés de l'entreprise, M. Bodin envisage de leur verser une prime de bilan pour 20 000 €.

Cette somme a été comptabilisée en charge.

11. L'entreprise a procédé à l'aménagement d'un local inscrit à l'actif du bilan pour 10 000 €. Ce local, équipé de plusieurs cloisons, permettra l'accueil du service comptable de l'entreprise. Cette somme a été comptabilisée en charges.

→ Travail à faire

Déterminer les réintégrations et déductions ainsi que le résultat fiscal de l'entreprise pour N.

EXO 08.03 Cas CONSEIL

N = 2022

1. Opérations sur stocks

En N+1, l'entreprise individuelle (pharmacie) de M. Durand a fait l'objet d'une vérification de comptabilité au titre des exercices clos en N–2, N–1 et N. Le vérificateur constate que M. Durand a, depuis l'exercice clos en N–3, pour évaluer ses stocks, retenu le seul prix d'achat des médicaments : les frais de transport facturés par les fournisseurs pour la livraison des produits pharmaceutiques et les frais de fonctionnement de la pharmacie ont été passés en frais généraux. Le montant des stocks ainsi évalués s'élevait, à la clôture de chaque exercice à 20 000 € en N–3, 25 000 € en N–2, 27 000 € en N–1 et 32 000 € en N.

Les frais de transport s'élèvent à 10 % du montant des stocks pour chaque année et les frais de fonctionnement peuvent être évalués à 15 % du même montant.

1. a) Les stocks ont-il été évalués de manière correcte ? Pourquoi ?
b) Dans la négative, s'agit-il d'une erreur qui peut être rectifiée ? Si elle était rectifiée par le vérificateur, quel serait le montant du redressement au titre de chaque exercice ?

2. Achats divers

a) M. Durand achète un ordinateur pour la gestion du « tiers-payant » qui est livré le 15 juin N. Le contrat de vente avait été signé le 15 mai N et il était convenu que le prix de 1 500 € devait être acquitté en trois mensualités les 15 mai, 15 octobre N et 15 janvier N+1.

b) M. Durand achète des boites de pastilles Valdouce à un fabricant pour un montant total de 8 000 € le 20 novembre N et verse un acompte le même jour. Le solde du prix est acquitté le 30 décembre, mais la livraison des biens, retardée par les grèves de transport, n'est effectuée que le 15 janvier N+1.

c) M. Durand réalise des travaux de décoration de son local commercial en décembre N, qui sont achevés le 20 janvier N+1 et réglés le 30 du même mois.

2. à quels exercices doivent être rattachées les opérations ?

3. Création d'entreprise

Le frère de M. Durand, Léopold, crée une entreprise individuelle de plomberie en septembre N.

Il décide d'acheter un local qui lui servira d'atelier pour un prix de 150 000 €. À cet effet, il emprunte 75 000 € à la Société Généraliste (SG) et utilise 75 000 €, dont il a récemment hérité. Il vous demande :

a) s'il pourra déduire du résultat de son entreprise les intérêts qu'il acquittera à la banque ?

b) s'il pourra déduire du résultat de son entreprise des intérêts, à raison des sommes personnelles qu'il affecte à l'achat de l'atelier ?

c) comment seront traités fiscalement les déficits qu'il pourra constater à la clôture des premiers exercices ? Pourra-t-il les reporter ? Combien de temps ? Sur quels résultats futurs ?

→ Travail à faire

Répondre à l'ensemble des cas pratiques ci-dessous, en prenant le soin de justifier chaque étape de votre raisonnement.

Les amortissements

Chapitre 9

COMPÉTENCES ATTENDUES

- **Identifier et expliquer les différences entre le résultat comptable et le résultat fiscal.**
- **Caractériser le traitement fiscal des différentes opérations comptables et opérer les retraitements nécessaires.**

PLAN DU CHAPITRE

SYNTHÈSE P. 191

APPLICATIONS P. 192

LES RÉFÉRENCES POUR COMPRENDRE LE CONTEXTE

L'amortissement

Le traitement comptable, fiscal et économique de l'amortissement. Article extrait de l'encyclopédie en ligne de la BPI relatif à la fiscalité de l'entreprise

L'amortissement fiscal des fonds commerciaux

Article extrait de l'encyclopédie en ligne de la BPI relatif à la fiscalité de l'entreprise

Amortissement linéaire *versus* amortissement dégressif

Un simulateur permettant de déterminer le montant des dotations aux amortissements en fonction de la durée d'achat ou de mise en service du bien et de la durée d'amortissement (3 à 15 ans) sur le site des Éditions Francis Lefebvre

1 Considérations générales

L'amortissement est une technique comptable qui permet d'étaler le coût de revient d'un élément d'actif sur sa durée probable d'utilisation, lorsque la durée d'utilisation de ce bien est limitée dans le temps.

Il existe parallèlement à ces amortissements comptables des amortissements fiscaux dont la finalité est d'accorder des avantages de trésorerie aux entreprises (amortissement dégressif, par exemple).

Pour les exercices ouverts à compter du 1er janvier 2005, l'amortissement par composant s'impose à la plupart des entreprises.

A Biens amortissables

Sont amortissables les immobilisations corporelles, et sous certaines conditions les immobilisations incorporelles. Il doit impérativement s'agir d'éléments figurant à l'actif de l'entreprise et de biens dont la durée d'utilisation est limitée dans le temps.

Remarque. Des biens qui ne constituent pas des immobilisations ne peuvent être amortis. Tel est le cas des immeubles acquis par les marchands de biens, qui constituent leur stock immobilier. Il s'agit en effet d'immeubles qui sont achetés pour être revendus, et non pas pour être utilisés durablement par l'entreprise.

1 Amortissement des éléments corporels

La plupart des éléments corporels sont amortissables : immeubles, matériel, outillage. En revanche, les terrains et les œuvres d'art, qui ne se déprécient pas du fait de l'usage ou du temps, ne sont pas amortissables.

2 Amortissement des éléments incorporels

Les éléments incorporels ne s'amortissent que s'il est prévisible, dès leur acquisition ou dès leur création, que l'avantage qu'en retire l'entreprise s'achèvera à une date déterminée.

On peut citer dans cette catégorie les brevets, les marques, les procédés industriels. En revanche, le fonds de commerce ne peut s'amortir. Il en est de même du droit au bail.

Remarque Les entreprises peuvent, à titre temporaire, déduire de leur résultat imposable l'amortissement constaté en comptabilité au titre des fonds commerciaux acquis entre le 1er janvier 2022 et le 31 décembre 2025. En dehors de cette période le principe de non-déductibilité de l'amortissement du fonds commercial est inscrit dans la loi (LOI n° 2021-1900 du 30 décembre 2021 art. 23).

Pour les biens démembrés, la situation est la suivante : le nu-propriétaire peut amortir le bien sur la valeur de la nue-propriété. L'usufruitier peut, quant à lui, amortir le droit incorporel d'usufruit dont il est titulaire. Ainsi en a-t-il été jugé par le tribunal administratif de Poitiers à propos de l'usufruit d'un portefeuille de valeurs mobilières (TA Poitiers, 21-11-1996, n° 95-1701).

Remarque. Comptablement, les petites entreprises peuvent amortir sur dix ans leur fonds commercial (PCG art. 214-3), c'est-à-dire les entreprises qui ne dépassent pas 2 des 3 seuils à la clôture : salariés : 50 ; CAHT : 12 M € ; total de bilan : 6 M €.

B Notion d'immobilisation

1 Définition

Nous l'avons vu, seules les immobilisations peuvent être amorties. Or le Code général des impôts ne donne aucune définition de l'immobilisation. Il faut se référer aux règles comptables, et précisément au règlement CRC 2004-06 du 23 novembre 2004 :

- une immobilisation doit correspondre à un **élément identifiable** du patrimoine ayant une valeur économique positive pour l'entité, c'est-à-dire un élément générant une ressource que l'entité contrôle du fait d'évènements passés et dont elle attend des avantages économiques futurs (PCG art. 211-1, 1) ;

- l'immobilisation doit être **contrôlée** par l'entreprise, ce qui signifie que l'entité maîtrise les avantages résultant de la possession de l'immobilisation et assume tout ou partie des risques qui s'y rapportent ;
- l'immobilisation doit être porteuse d'**avantages économiques futurs** : le bien inscrit à l'actif du bilan doit contribuer directement ou indirectement à la création de flux nets de trésorerie au bénéfice de l'entreprise.

De manière générale, l'immobilisation est **un actif utilisé sur une période supérieure à douze mois** que l'entreprise utilise pour produire ses biens ou ses services, ou pour le louer à des tiers, ou dans le cadre d'une gestion interne.

Les immobilisations sont inscrites à l'actif pour leur valeur d'origine : il peut s'agir de biens acquis à titre onéreux, à titre gratuit, de biens créés par l'entreprise, reçus en apport ou acquis dans le cadre d'un échange.

2 Valeur d'inscription au bilan (CGI ann. III art. 38 *quinquies*)

- **Si l'immobilisation est acquise à titre onéreux**, la valeur d'origine est le prix d'achat hors TVA déductible, majoré des droits de douane et des taxes non récupérables, diminué des rabais, remises et ristournes consentis à l'entreprise et augmenté des coûts directement engagés pour mettre l'actif en place et en état de fonctionner selon l'utilisation prévue par la direction. Ces frais de mise en service comprennent les frais de livraison et de manutention, les frais de transport, d'installation et de montage, de même que les coûts de réalisation de tests de fonctionnement.

  Ne sont pas à comprendre dans le prix de revient les dépenses qui ne sont pas directement engagées pour la mise en fonctionnement de l'immobilisation : coûts administratifs, frais généraux, frais de formation de personnel à l'utilisation de l'immobilisation, coûts de déplacement d'une immobilisation, etc.

  Les frais d'acquisition de l'immobilisation peuvent être au choix de l'entreprise, soit incorporés au coût d'acquisition, soit immédiatement déductibles : il s'agit d'une option irrévocable qui s'applique à toutes les immobilisations.

  Il en va de même pour les frais financiers engagés pour l'acquisition de l'immobilisation jusqu'à la date de cette acquisition.
- **Si l'immobilisation est acquise à titre gratuit**, elle est inscrite au bilan pour sa valeur vénale, c'est-à-dire sa valeur de marché.
- **Si l'immobilisation est créée par l'entreprise**, elle est inscrite à l'actif pour son coût de production, qui correspond au coût d'acquisition des matières et fournitures utilisées pour la réalisation de l'immobilisation, augmenté de l'ensemble des charges directes et indirectes de production (art. 38 *quinquies* de l'annexe III au CGI).
- **Si l'immobilisation est reçue par voie d'apport**, elle est inscrite à l'actif pour sa valeur d'apport. Dans le cadre des opérations de fusions, cette valeur est soit la valeur réelle, soit la valeur comptable.

Remarque. Les biens de faible valeur, dont le prix unitaire hors taxe n'excède pas **500 €**, peuvent être directement comptabilisés en charge, même s'ils constituent de par leur nature même des immobilisations. Tel est le cas des matériels et outillages, mobilier de bureau, logiciels.

Il s'agit d'un choix de l'entreprise. Toutefois, cette mesure de faveur ne s'applique pas lorsqu'il s'agit de l'acquisition ou du renouvellement complet de matériel ou mobilier dont la valeur unitaire de chaque élément n'excède pas 500 € HT, alors que la valeur de l'ensemble représente un montant supérieur.

De même, elle n'est pas applicable aux biens de faible valeur lorsque leur utilisation correspond à l'activité même de l'entreprise (location de skis, de bicyclettes ou de téléviseurs, par exemple).

Exemple

M. Dupond est restaurateur. Afin d'aménager sa nouvelle salle de restaurant, il a fait l'acquisition de 20 tables « new design » et 80 chaises « top confort ».
Prix unitaire d'une table : 550 € HT.
Prix unitaire d'une chaise : 200 € HT.
Coût total : (550 × 20) + (200 × 80) = 27 000 €.
Les tables sont nécessairement immobilisées, leur prix de revient unitaire excédant 500 € HT. Il en va de même pour les chaises, car si leur prix de revient unitaire n'excède pas 500 € HT, elles constituent un ensemble et la valeur globale d'acquisition de cet ensemble (27 000 €) doit être immobilisée.

Éclairage

Dans le cadre de ses pouvoirs de contrôle, l'administration peut contester la valeur des biens portés à l'actif, voire le principe même de leur inscription à l'actif. Dans l'hypothèse où un bien aurait été inscrit par erreur à l'actif, alors qu'il constitue une charge déductible immédiatement, l'administration fiscale peut réintégrer les amortissements déduits, y compris ceux déduits sur une période prescrite. C'est une stricte application de l'article 38-2 du CGI, qui définit le résultat imposable par la variation d'actif net.

C Notion d'éléments décomposés

Lorsque des éléments d'une immobilisation comportent dès l'origine des durées de dépréciation différentes, chaque élément est comptabilisé distinctement et dispose de son propre plan d'amortissement.

Fiscalement, l'article 15 *bis* de l'annexe II au CGI définit les composants comme les principaux éléments d'une immobilisation corporelle qui ont une durée d'utilisation différente de celle-ci et qui doivent être remplacés au cours de la période d'utilisation de l'immobilisation.

Ces règles, qui ont en principe vocation à s'appliquer à toutes les immobilisations, concernent principalement les immeubles, les gros équipements industriels et les moyens de transport (avion, bateaux, camions, voitures...).

Il existe une tolérance administrative : l'administration reconnaît aux entreprises la possibilité de ne pas décomposer leurs immobilisations lorsque la valeur unitaire HT du composant n'excède pas 500 €, et lorsque cette valeur est inférieure à 15 % du prix de revient de l'immobilisation prise dans son ensemble pour les meubles ou 1 % pour les immeubles.

Exemple

Les données

Le 01/01/N, une entreprise acquiert des bâtiments à usage de bureaux pour une valeur globale de 1 500 000 €.

Question

La tolérance administrative peut-elle s'appliquer ?

La solution

Pour que la tolérance administrative puisse s'appliquer et s'agissant d'un immeuble, le composant ne doit pas excéder 1 % de la valeur de l'ensemble immobilier. Seule la plomberie a un coût de revient qui n'excède pas 1 % de la valeur totale de l'ensemble, et seule la plomberie n'a pas à apparaître distinctement en comptabilité comme composant amortissable.

1 Base de l'amortissement

La base amortissable est le prix de revient de l'élément (prix ou valeur d'acquisition ou coût de fabrication). Pour un composant renouvelé, la base d'amortissement est diminuée de la valeur résiduelle du bien, définie comme le montant qu'une entreprise obtiendrait de la cession du composant à la fin de son utilisation, dans la mesure où elle est significative et mesurable (PCG art. 322-1, 6).

2 Durée de l'amortissement

a. Cas général

Au plan comptable, la durée d'amortissement d'un actif est déterminée d'après sa durée réelle d'utilisation attendue par l'entreprise.

Fiscalement, les composants sont amortis sur leur durée réelle d'utilisation. Pour les biens non décomposés, l'administration a précisé que l'entreprise pouvait se référer aux durées d'usage.

Ces durées d'usage les plus courantes sont les suivantes : elles sont déterminées en divisant 100 par la durée normale d'utilisation. Ainsi, si un véhicule se déprécie sur 5 ans, le taux d'amortissement sera de 100/5 = 20 %.

Éléments amortissables	Taux
Immobilisations incorporelles	
Frais de recherche	20 %
Brevets, licences	20 %
Immobilisations corporelles	
Immeubles commerciaux	2 à 5 %
Immeubles industriels	5 %
Immeubles d'habitation	1 à 2,5 %
Immeubles de bureaux	4 %
Agencements et installations	5 à 10 %
Matériel	10 à 15 %
Outillage	10 à 20 %
Matériel de transport	20 à 25 %
Matériel de bureau	10 à 20 %
Micro-ordinateurs	33,33 %

La différence avec l'amortissement comptable est déduite par la constatation d'une provision pour amortissement dérogatoire.

L'amortissement fiscalement déductible correspond à l'amortissement déterminé par rapport aux durées d'usage telles que rappelées ci-avant.

L'administration ne remet pas en question les durées d'amortissement lorsqu'elles ne s'écartent pas de plus de 20 % des usages.

Exemple : Une entreprise acquiert un bien dont la durée d'amortissement est de 10 ans. Le taux d'amortissement ne pourra pas être inférieur à 8 % et supérieur à 12 %.

b. Cas des composants

Aussi bien en comptabilité qu'en fiscalité, les composants sont amortis sur leur durée réelle d'utilisation.

Dans l'hypothèse où leur durée d'usage est plus longue que celle de la structure, l'administration accepte que le premier composant identifié à l'origine par l'entreprise soit amorti fiscalement sur la durée d'usage.

Les composants d'origine doivent être amortis sur la durée réelle d'utilisation, qui correspond à la durée à l'issue de laquelle ils doivent être remplacés.

Pour les composants renouvelés, qui sont acquis pour remplacer des éléments d'origine, leur durée d'amortissement est limitée en principe à la durée réelle d'utilisation de la structure qui reste à courir, et qui constitue une date « butoir ».

Dans l'hypothèse où la durée résiduelle de la structure est prolongée par le remplacement de certains composants (remplacement du moteur d'une machine, par exemple), l'entreprise doit alors réviser son plan d'amortissement.

Les taux des amortissements est déterminé sous la responsabilité de l'entreprise. L'administration a toutefois communiqué des durées d'amortissements pour les composants immobiliers :

Composants immobiliers	Taux
Gros œuvre	1,42 % à 2,5 %
Toiture	4 %
Étanchéité	6,67 %
Façade	2,5 % à 5 %
Électricité	4 % à 6,67 %
Plomberies, canalisations	4 %
Ascenseur	4 % à 5 %
Chauffage	3,33 % à 5 %
Aménagements intérieurs	6,67 %
Agencements	5,50 % à 20 %
Revêtements de sols	8,33 % à 14,28 %

Les PME remplissant certaines conditions de seuils, qui n'établissent pas de comptes consolidés et qui ne sont pas filiales d'une entreprise consolidante, peuvent continuer à amortir leurs immobilisations non décomposables sur la durée d'usage.

Les PME concernées par ces mesures sont celles qui ne dépassent pas deux des trois seuils suivants : total du bilan de 3,65 M €, total du chiffre d'affaires de 7,3 M € et nombre moyen de salariés employés au cours de l'exercice de 50.

Remarque. Cette mesure n'est applicable qu'aux immobilisations **non décomposables à l'origine**, c'est-à-dire en pratique le mobilier, l'outillage courant ou les véhicules. Il convient de s'assurer que les éléments significatifs des immobilisations, qui doivent être remplacés avant l'expiration de la durée d'utilisation du bien, ont bien été inscrits séparément à l'actif et font l'objet de deux plans d'amortissement chacun (l'un établi en fonction de sa durée réelle prévue d'utilisation, l'autre en fonction de la durée fiscale d'amortissement).

Éclairage – L'entreprise peut-elle modifier son plan d'amortissement initial ?
Il est possible de modifier le plan d'amortissement initialement retenu si des éléments nouveaux viennent allonger ou raccourcir la durée d'amortissement initialement retenue. Ainsi, tel peut être le cas si l'entreprise constate l'obsolescence technique particulièrement rapide d'un bien alors qu'elle ne l'avait pas prévu initialement.

2 Les techniques d'amortissement

Sur le plan fiscal, les deux principales techniques d'amortissement sont l'amortissement linéaire et l'amortissement dégressif.

A Choix de la technique d'amortissement

Le choix du mode d'amortissement constitue une décision de gestion qui est opposable tant à l'administration qu'au contribuable lui-même. Ce choix résulte des annotations du tableau nº 2055-SD de la liasse fiscale, qui constitue le tableau des amortissements.

B Amortissement linéaire

L'amortissement linéaire permet d'obtenir une annuité constante durant la période d'amortissement. L'annuité est calculée en multipliant le prix de revient de l'immobilisation par un taux qui traduit la durée de dépréciation du bien.

Le point de départ de l'amortissement est la date de début de consommation des avantages économiques attendus, qui correspond le plus souvent à la date de mise en service (PCG art. 322-4, 2).

Si ce point de départ se situe en cours d'exercice, les premières et dernières annuités doivent être réduites au prorata du temps écoulé (*prorata temporis*).

Éclairage

Pour le calcul du prorata, il convient de procéder de la manière suivante : soit 12 périodes de 30 jours. Soit, pour une mise en service le 15 avril, 360 – (30 × 3[1] + 15[2]) = 255, auquel on rajoute le jour de la mise en service, soit 256 jours d'utilisation sur N.

Exemple

Illustration de l'amortissement d'une immobilisation décomposée

L'entreprise Dupond dont l'exercice coïncide avec l'année civile acquiert le 31 mars N une machine d'une valeur de 100 000 €. La structure, d'une valeur de 90 000 €, est amortissable sur 5 ans selon le mode linéaire (taux d'amortissement 20 %). Le composant C d'une valeur de 10 000 € est amortissable sur 3 ans selon le même mode (taux d'amortissement 33,33 %). L'installation est mise en service le 15 avril. Le plan d'amortissement est le suivant :

	Annuité		VNC	
	Structure	Composant C	Structure	Composant C
N	12 800	2 370	77 200	7 630
N+1	18 000	3 333	59 200	4 297
N+2	18 000	3 333	41 200	964
N+3	18 000	964	23 200	-
N+4	18 000	-	5 200	-
N+5	5 200	-	0	-

Annuité 1 structure : 90 000 × 20 % × 256/360 = 12 800 €

Annuité 1 composant : 10 000 × 33,33 % × 256/360 = 2 370 €

C Amortissement dégressif

Il s'agit d'une technique d'amortissement où les annuités sont décroissantes.

1 Les biens éligibles à l'amortissement dégressif

Les biens éligibles au dégressif doivent remplir les **trois conditions** suivantes :

- il doit s'agir de **biens neufs** ;

1 Soit janvier, février et mars.
2 Les 15 premiers jours d'avril.

- les biens doivent avoir une durée minimale de dépréciation **d'au moins trois ans** ;
- les biens figurent sur une **liste limitative** codifiée à l'article 22 de l'annexe II au CGI ;
- il s'agit par exemple :
  - des matériels et outillages utilisés pour des opérations industrielles de fabrication, de transformation ou de transport ;
  - des matériels de manutention ;
  - des machines de bureau à l'exclusion des machines à écrire (les machines à traitement de texte sont éligibles) ;
  - des matériels et outillages utilisés à des opérations de recherche scientifique ou technique.

Remarque. Pour les matériels de transport, sont exclus de l'amortissement dégressif les véhicules de tourisme, les camionnettes, et tous les véhicules dont la charge utile est inférieure à deux tonnes.

Les biens d'occasion ou ceux dont la durée normale d'utilisation (durée issue des usages) est inférieure à trois ans sont exclus de l'amortissement dégressif.

Lorsqu'un actif décomposé est éligible à l'amortissement dégressif, tant la structure que les composants peuvent bénéficier de ce mode d'amortissement. À l'inverse, un composant peut être amorti selon le mode dégressif dès lors qu'il y est éligible isolément, alors même que l'actif dans son ensemble relève du mode d'amortissement linéaire.

2 La technique de l'amortissement dégressif

Dans la technique de l'amortissement dégressif, il est appliqué au taux linéaire un coefficient qui varie en fonction de la durée fiscale d'amortissement du bien.

Les coefficients applicables aux biens acquis ou fabriqués depuis le 1er janvier 2010 sont les suivants :

- 1,25 si la durée fiscale d'amortissement est de trois ou quatre ans ;
- 1,75 si cette durée est de cinq ou six ans ;
- 2,25 si cette durée est supérieure à six ans.

Le point de départ de l'amortissement dégressif est fixé au premier jour du mois d'acquisition, sans attendre la mise en service. Si le bien est acquis en cours d'exercice, la première annuité est calculée *prorata temporis* en retenant le mois d'acquisition. Ainsi, pour un bien acquis le 15 mars N, le prorata est de 10/12.

Pour les annuités suivantes, il convient de multiplier la valeur résiduelle comptable du bien par le taux d'amortissement.

Quand, à la clôture d'un exercice, l'annuité dégressive devient inférieure à la valeur résiduelle du bien divisée par le nombre d'années d'utilisation restant à courir, l'entreprise est autorisée à passer en linéaire.

Exemple

Les données

N = 2022

L'entreprise Dupont fait l'acquisition, le 17 mai N, d'une machine pour un prix HT de 20 000 €. Elle souhaite l'amortir sur 5 ans, et s'agissant d'un bien neuf, elle a recours à l'amortissement dégressif. Calculez l'amortissement dégressif.

>>>

>>>

La solution

Taux linéaire : 20 %, Coefficient dégressif : 1,75, Taux dégressif : 35 %

Années	VNC début	Annuités	Cumul	VNC fin
N	20 000,00	4 666,67	4 666,67	15 333,33
N+1	15 333,33	5 366,67	10 033,34	9 966,66
N+2	9 966,66	3 488,33	13 521,67	6 478,33
N+3	6 478,33	3 239,17	16 760,84	3 239,16
N+4	3 239,16	3 239,16	20 000,00	0,00

Pour la première annuité : 20 000 × 35 % × 8/12 (on retient le mois commencé dans son intégralité) = 4 667 €.
Pour N+1 : (20 000 – 4 667) × 35 % = 5 367 €.
Pour N+2 : (20 000 – 4 667 – 5 367) × 35 % = 3 488 €.
En N+3 : on compare l'annuité avec la valeur résiduelle, soit :
Annuité N+3 : (20 000 – 4 667 – 5 367 – 3 488) = 6 478 × 35 % = 2 267 €.
Cette annuité est inférieure au quotient de 6 478/2 = 3 239, donc l'entreprise repasse en linéaire.
Et *idem* pour N+4.

3 La notion d'amortissements dérogatoires

L'amortissement dérogatoire constitue la différence entre l'amortissement fiscal et l'amortissement technique.

L'amortissement dérogatoire est inscrit à un compte de provision pour amortissement dérogatoire. Les dotations et reprises sur amortissements dérogatoires prennent la forme comptable de charges et produits exceptionnels.

Exemple

L'entreprise Martin, dont l'exercice coïncide avec l'année civile, a acquis le 18 juin N un matériel technique d'une valeur de 20 000 €. Ce matériel est mis en service le 1er septembre N.
La durée d'utilisation prévue du matériel est de 5 ans, ce qui correspond à un taux d'amortissement de 20 %.
Amortissement comptable :
Point de départ : 1er septembre N
Taux d'amortissement : 20 %
Mode d'amortissement : linéaire
Amortissement fiscal :
Point de départ : 1er juin N
Taux d'amortissement : 20 % × 1,75 soit 35 %
Mode d'amortissement : dégressif

	Annuité			Amortissements dérogatoires	
Années	Linéaire	Dégressif	Différence	Dotation	Reprise
N	1 333,33	4 083,33	– 2 750	2 750	
N+1	4 000	5 570,83	– 1 570,83	1 570,83	
N+2	4 000	3 621,04	378,96		378,96
N+3	4 000	3 362,4	637,6		637,6
N+4	4 000	3 362,4	637,6		637,6
N+5	2 666,67		2 666,67		2 666,67
Total	**20 000,00**	**20 000,00**	-	**4 320,83**	**4 320,83**

3 Les conditions de déduction fiscale des amortissements

Pour qu'un amortissement soit admis en déduction du résultat fiscal, il faut qu'il soit comptabilisé, c'est-à-dire porté dans les écritures comptables avant l'expiration du délai de déclaration (Conseil d'État, 19 décembre 1980 n° 16414).

A Notion d'amortissement minimal

Cette notion est codifiée à l'**article 39 B du CGI**. Pour un bien donné et à la clôture d'un exercice donné, la somme des amortissements pratiqués sur ce bien ne peut être inférieure à l'amortissement linéaire cumulé.

Autrement dit, l'entreprise doit toujours amortir au moins à concurrence du linéaire : à défaut, les annuités non comptabilisées seraient perdues.

L'entreprise qui aura comptabilisé une immobilisation en charge sera confrontée à une véritable difficulté puisque, par définition, le bien n'ayant pas été amorti, les amortissements ne seront pas admis en déduction.

Remarque. Pour une entreprise de bonne foi, l'administration autorise la récupération des annuités différées, dès régularisation de ses écritures comptables (réponse ministérielle Sergheraert, n° 8121 AN du 26 avril 1982).

Exemple

Une entreprise achète une immobilisation pour 10 000 € HT en janvier N-2 et par erreur la comptabilise en charge. Ce bien avait, en réalité, vocation à se déprécier sur 5 ans.
Le résultat de l'exercice N-2 est diminué de 10 000 €.
En N+1, l'entreprise est vérifiée par l'administration fiscale. Le vérificateur s'aperçoit de l'erreur et pratique une rectification de 10 000 € : le résultat de N-2 est augmenté d'autant.
Aucun amortissement n'ayant été comptabilisé pour la période de N-2 à N, et conformément aux dispositions de l'article 39 B du CGI, l'entreprise ne pourra solliciter aucune déduction à ce titre.
Toutefois, si elle est de bonne foi, elle pourra pratiquer un rattrapage d'amortissements au titre de N+1 pour 10 000 × 20 % × 3 = 6 000 €.

B Notion d'amortissement différé

1 Amortissements régulièrement ou irrégulièrement différés

Les annuités d'amortissements qui contreviennent aux dispositions de l'article 39 B sont dites « irrégulièrement différées « : elles sont, de ce fait, définitivement perdues.

L'entreprise pourra, dans ce cas, différer la partie de l'annuité qui excède l'amortissement linéaire, et la déduire au titre d'un exercice ultérieur.

L'annuité non comptabilisée et qui respecte les dispositions de l'article 39 B est dite « régulièrement différée ».

Exemple

L'entreprise Durand a acquis le 16 novembre N une immobilisation dont le prix de revient HT s'élève à 60 000 €. S'agissant d'un bien neuf éligible au dégressif, elle choisit de pratiquer cet amortissement. Le bien se déprécie sur 5 ans, et il est mis en service dès son acquisition.
Or en N+1, l'exercice étant fiscalement déficitaire, le comptable décide de ne pas comptabiliser l'annuité dégressive.
Il vous demande si cette annuité est régulièrement ou irrégulièrement différée.

>>>

>>> Le tableau d'amortissement des deux premières années est le suivant :

Années	Amortissements comptabilisés			Amortissements linéaires théoriques cumulés		AID (1)
	VNC	Dotations	Cumul	Dotations	Cumul	
N	60 000	3 500	3 500	1 500	1 500	
N+1	56 500	-	3 500	12 000	13 500	**10 000**

(1) Annuité irrégulièrement différée.

Annuité dégressive N : 60 000 × 35 % × 2/12 = 3 500.
Annuité linéaire N : 60 000 × 20 % × 45/360 = 1 500.
À la clôture de N, les amortissements dégressifs excèdent les amortissements linéaires, ce qui est une situation normale.
À la clôture de N+1, le cumul des amortissements dégressifs s'élève à 3 500 €, alors que le cumul des amortissements linéaires s'élève à 13 500 €.
L'annuité dégressive différée de N+1 s'élève à (60 000 – 3 500) × 35 % = 19 775 €. Elle est donc irrégulièrement différée à hauteur de 13 500 – 3 500, soit **10 000** €.
Elle est régulièrement différée pour 19 775 – 10 000 = 9 775 €.

2 Les techniques de rattrapage des amortissements régulièrement différés

Comment l'entreprise va-t-elle pouvoir déduire l'annuité régulièrement différée ?

Il convient de s'interroger sur la nature du résultat comptable de l'exercice de différé.

S'il est déficitaire, l'entreprise peut utiliser deux méthodes de rattrapage :

- la méthode de la **récupération immédiate**, qui consiste à déduire dès le premier exercice bénéficiaire l'annuité régulièrement différée ;
- la méthode de l'**étalement**, par laquelle l'entreprise va déterminer les annuités d'amortissements ultérieures d'après la valeur comptable nette diminuée de l'annuité irrégulièrement différée.

Si l'exercice de différé est bénéficiaire, ce qui est moins courant, il convient d'appliquer la seule méthode de l'étalement.

Exemple

Reprenons les données de l'exemple précédant.
Si l'exercice N+1 est déficitaire, l'entreprise a le choix pour déduire l'annuité régulièrement différée de 9 775 €.
- Méthode de la récupération immédiate

Années	Comptable	Fiscal	Réintégration ou Déduction
N	3 500	3 500	-
N+1	0	0	-
N+2	32 629	22 629	10 000
N+3	11 936	11 936	-
N+4	11 936	11 936	-
TOTAL	60 000	50 000	**10 000**

Dès N+2, l'entreprise déduit en comptabilité l'annuité N+1 pour (60 000 – 3 500) × 35 % = 19 775 € et l'annuité N+2, soit (60 000 – 3 500 – 19 775) × 35 % = 12 854, soit un total de **32 629** €.
Fiscalement, l'annuité déductible est diminuée de l'annuité irrégulièrement différée, soit 10 000 €. >>>

>>> – Méthode de l'étalement

Années	Comptable	Fiscal	Réintégration ou Déduction
N	3 500	3 500	-
N+1	0	0	-
N+2	32 629	16 275	16 354
N+3	11 936	15 113	– 3 177
N+4	11 936	15 113	– 3 177
TOTAL	60 000	50 000	**10 000**

L'annuité fiscale de N+2 est déterminée ainsi : (60 000 – 3 500 – 10 000) × 35 % = 16 275 €.

4 Les amortissements exceptionnels

Le législateur fiscal a développé certaines techniques d'amortissement accéléré de manière à encourager les investissements. Il n'est pas question de les envisager de manière exhaustive : nous aborderons les plus significatives d'entre elles.

A Amortissements correspondant à des dépréciations exceptionnelles

Il s'agit d'amortissements déterminés sur des périodes plus courtes que celles utilisées normalement, compte tenu d'une dépréciation exceptionnelle d'une immobilisation. Ce peut être le cas d'une machine dont les conditions d'utilisation font que son obsolescence est plus rapide que la normale.

B Amortissements fiscaux

Nous avons déjà examiné l'amortissement dégressif, qui correspond à un amortissement fiscal.

Parmi les autres amortissements exceptionnels, nous citerons, entre autres :

- les investissements des PME dans des biens relevant de la robotique et du numérique affectés à une activité industrielle (40 % jusqu'au 31/12/2020, et biens commandés avant cette date) ;
- les véhicules non polluants (20 %, 40 % ou 60 % selon poids du véhicule, dispositif prorogé jusqu'au 31/12/2024).

Remarque. Il ne s'agit pas réellement de « suramortissements » mais de déductions exceptionnelles extracomptables.

5 Les limitations fiscales à la déductibilité des amortissements

A Biens loués par une personne physique (art. 39 C, II-2 du CGI)

Lorsqu'un bien est loué par une personne physique, directement ou indirectement l'amortissement déductible est fiscalement limité.

L'amortissement est limité à la différence entre le loyer et les charges afférentes au bien loué autres que l'amortissement (entretien, réparation, assurances, intérêts d'emprunt, impôts et taxe, etc.).

La déduction des amortissements n'est pas définitivement perdue, elle est seulement reportée.

Lorsque l'activité de location devient bénéficiaire, les amortissements mis en report deviennent déductibles.

B Biens loués par une société de personnes

Une même limitation s'applique également aux sociétés ou groupements (sociétés dites « de l'article 8 du CGI ») relevant de l'IR qui donnent en location un bien ou le mettent à la disposition d'un tiers.

C Biens mis à la disposition d'un dirigeant ou du personnel (art. 32 de l'annexe II au CGI)

Pour les biens mis à la disposition de ces personnes, l'amortissement fiscalement déductible est égal à la différence entre le montant du loyer, majoré s'il y a lieu de l'avantage en nature déclaré à l'administration fiscale et diminué des charges autres que l'amortissement.

Si le bien est mis gratuitement à la disposition d'un dirigeant, alors qu'aucun avantage en nature n'est déclaré, aucun amortissement n'est déductible.

La perte du droit à déduction n'est pas définitive : la fraction non déduite immédiatement pourra être fiscalement récupérée, soit en plus des annuités normales comptabilisées au cours des exercices ultérieurs, soit à fin de la période d'utilisation du bien.

Il s'agit par cette mesure d'éviter la création de déficit dans le cas où le loyer demandé est faible, voire inexistant.

Exemple

Les données

Au cours de l'exercice N, une entreprise a mis gratuitement à la disposition de son directeur technique une maison d'habitation inscrite au bilan pour 200 000 € et amortie sur cinquante ans. L'avantage en nature procuré par ce logement gratuit a été déclaré à l'administration pour 5 000 €. Les charges autres que l'amortissement afférentes à cette habitation s'élevaient à 2 000 €.

En N+1, l'avantage en nature est déclaré pour 7 000 € alors que les charges s'élèvent désormais à 2 000 € :

Calculez l'amortissement fiscalement déductible en N et N+1.

La solution

Amortissement comptable : 200 000 × 2 % = 4 000

Amortissement fiscalement déductible : 5 000 – 2 000 = 3 000

Fraction d'amortissement à réintégrer en N = 1 000

Amortissement fiscalement déductible en N+1 : 7 000 – 2 000 = 5 000

Amortissement comptable (constant) = 4 000

Excédent de déduction possible = 1 000

En raison de l'excédent de déduction d'amortissement existant, l'entreprise pourra déduire au titre de l'exercice N+1 la fraction de l'amortissement non déductible de l'exercice N qui représentait 1 000 €.

LES AMORTISSEMENTS

Considérations générales	
Biens amortissables	Biens à l'actif qui se déprécient du fait de l'usage ou du temps, et dont la dépréciation est irréversible. Les terrains, les fonds de commerce (sauf exception), les œuvres d'art, les titres de participation ne s'amortissent pas. Déduction immédiate possible pour le petit équipement (matériel, outillage) dont la valeur unitaire HT ⩽ 500 €.
Les techniques d'amortissement	
Amortissement linéaire	Annuités constantes. *Prorata temporis* s'il y a lieu pour la première et la dernière annuité. Point de départ = mise en service du bien.
Amortissement dégressif	Annuités dégressives, pas de prorata pour la dernière annuité. Interdit aux biens d'occasion, et ne s'applique pas à tous les biens (liste limitative). Application d'un coefficient au taux linéaire.
Amortissement exceptionnel	Mesure fiscale pour favoriser certains investissements ; elle permet une déduction accélérée des amortissements.
Les conditions de déduction des amortissements	
Amortissement comptabilisé	Un amortissement linéaire non comptabilisé est définitivement perdu sur le plan fiscal.
Amortissement minimal	À la clôture de chaque exercice, la somme des amortissements pratiqués sur un bien ne saurait être inférieure au montant des amortissements calculés selon le mode linéaire.
Amortissement différés régulièrement ou irrégulièrement	Seuls les amortissements régulièrement différés sont récupérables, les autres sont définitivement perdus.
Les limitations fiscales	
Amortissements excédentaires	– amortissement des biens somptuaires : aucune déductibilité – amortissements des véhicules de tourisme : non déductible pour la fraction du prix d'acquisition qui excède 30 000 €, 20 300 €, 18 300 € ou 9 900 € TTC selon les cas.
Amortissement de biens loués ou mis à disposition d'un dirigeant	Déductible dans la limite du montant du loyer majoré de l'avantage en nature déclaré, et diminué des charges autres que l'amortissement

Applications

EXO 09.01 Cas AMOR TY

N = 2022

Une entreprise, dont l'exercice comptable correspond à l'année civile, a procédé en N aux investissements et opérations suivants :

1. L'entreprise AMOR TY a acheté le 1er mars N un véhicule de tourisme pour un prix TTC de 25 000 €. Ce véhicule a été amorti en comptabilité en linéaire sur 5 ans.
2. L'entreprise a acheté le 15 juillet N un matériel de fabrication pour une valeur HT de 60 000 €. Cette acquisition a été notamment financée grâce à une prime versée par l'État d'un montant de 40 000 €. Ce bien est amorti en dégressif sur une durée de huit ans.
3. L'entreprise a acheté le 15 février N un véhicule utilitaire, acheté d'occasion auprès du garage CHOUCHOU pour un montant de 6 000 € HT. Ce bien a été amorti selon le mode dégressif sur une durée de 5 ans. La dotation aux amortissements de N s'est élevée à 1 925 € (6 000 × 35 % × 11/12).
4. L'entreprise a acquis le 2 janvier N–2 un véhicule de tourisme pour une valeur de 30 000 € HT. Ce bien est amorti sur 5 ans. Pour ce véhicule, le taux de rejet de CO_2 est élevé puisqu'il excède 130 g/km. Il est précisé que le véhicule relève de l'ancien système d'immatriculation. L'amortissement linéaire s'est élevé à 7 156 €.
5. L'entreprise a acquis le 1er mai N une machine neuve au prix de 7 200 € HT. La mise en service effective de cette machine est intervenue le 15 juin N. Ce bien a été amorti selon le mode linéaire sur une durée de 5 ans, dotation 960 € (7 200 × 20 % × 240/360).
6. L'entreprise loue un appartement inscrit à l'actif du bilan et l'amortissement s'élève à 9 700 €. Or le loyer annuel versé par le locataire à l'entreprise s'élève à 8 500 €, alors que les charges supportées en impôts fonciers et en entretien s'élèvent à 1 500 €.
   Les loyers n'excédant pas la tolérance légale (10 % du CAHT), l'entreprise n'a pas retraité les produits et les charges locatives.
7. L'entreprise a pris en crédit-bail un véhicule Mercedes, dont le taux d'émission de CO_2 au Km n'excède pas 130 g. La redevance versée en N s'élève à 2 833 €. La société de crédit-bail a acquis ce véhicule le 1er septembre N pour un prix HT de 30 000 €, et elle l'amortit sur 5 ans. Le contrat de crédit-bail a une durée de quatre ans.
8. La société a déduit pour 4 400 € l'amortissement d'une résidence inscrite au bilan et servant uniquement pour les séjours des personnels dans le cadre de séminaires de motivation.
9. Le comptable de la SA a déduit en N l'amortissement linéaire d'une machine pour 1 200 € qu'il a malencontreusement oublié de déduire en N–1.
10. Par ailleurs, la société a passé en charge en N–2 une machine-outil acquise pour 20 000 € qui aurait normalement été amortissable sur 5 ans. Cette erreur n'a pas été rectifiée à ce jour par la société.
11. La société a acquis début janvier N–6 un local de stockage pour 155 000 €, qui est inscrit à l'actif du bilan. La durée d'utilisation déterminée par l'entreprise est de 15 ans, elle ne diffère pas de sa durée d'usage professionnel. Le local est amorti en linéaire.

Fin N, un test de dépréciation a permis d'obtenir les évaluations suivantes :
- valeur d'usage = 72 000 € ;
- valeur vénale = 57 000 €.

Une dépréciation a été comptabilisée au 31.12.N pour 15 000 €.

12. La société a acquis au 1er janvier N-2 un bien qu'elle a choisi de décomposer. La structure de 120 000 € est amortie sur 8 ans, ce qui correspond à la durée réelle et à la durée d'usage. Un des composants immobilisés concerne des dépenses de gros entretien pour une valeur de 16 000 €. Ces dépenses seront amorties sur une durée de 4 ans, le composant devant être renouvelé après cette période. La dotation comptabilisée concernant ce composant est de 2 000 €.
13. Le dirigeant a sollicité une entreprise extérieure pour procéder à la réfection totale de la toiture de l'immeuble qui est inscrit à l'actif du bilan et qui abrite les bureaux de la société. Les travaux ont commencé le 15 juillet N et se sont achevés le 3 octobre N. La facture adressée à la société fait apparaître les éléments suivants :
    - location de matériel : 15 000 €
    - main d'œuvre : 45 000 €
    - frais de déplacements du personnel sur le chantier : 10 000 €

Total HT : 70 000 €

TVA à 20 % : 14 000 €

Total TTC : 84 000 €

Acompte versé : 10 000 €

Net à payer : 74 000 €

Le comptable de la société a inscrit à l'actif 74 000 € et a amorti sur 20 ans, soit une déduction pour N-1 de 74 000 × 5 % = 3 700 €.

La toiture se déprécie en réalité sur 25 ans.

→ Travail à faire

Envisager les règles fiscales et éventuellement comptables applicables à l'ensemble de ces opérations, en chiffrant les conséquences des rectifications que vous effectuerez.

Les provisions

Chapitre 10

COMPÉTENCES ATTENDUES

- **Identifier et expliquer les différences entre le résultat comptable et le résultat fiscal.**
- **Caractériser le traitement fiscal des différentes opérations comptables et opérer les retraitements nécessaires.**

Les provisions sont les sommes déduites des résultats en prévision d'une charge ou d'une perte (dépréciation d'un actif, perte d'exploitation) qui n'est pas encore effective à la clôture d'un exercice, mais que des évènements en cours rendent probables.

Par ailleurs, le Code des impôts autorise la déduction de provision à caractère fiscal, que l'on qualifie habituellement de « provisions réglementées ».

PLAN DU CHAPITRE

SYNTHÈSE P. 206
APPLICATIONS P. 207

LES RÉFÉRENCES POUR COMPRENDRE LE CONTEXTE

Les provisions

Les différentes catégories de provisions. Article extrait de l'encyclopédie en ligne de la BPI relatif à la fiscalité de l'entreprise

La déductibilité d'une provision subordonnée au respect des règles comptables

Arrêt du Conseil d'État, 9e – 10e chambres réunies en date du 22/11/2022, n° 454766

La provision déduite ou réintégrée à tort

Conséquences fiscales d'une provision déduite ou réintégrée à tort. Vidéo explicative sur la chaîne YouTube de Compta Online

1 Considérations générales

A Règles générales de déduction des provisions (art. 39, 1-5° du CGI)

1 Conditions de fond

Fiscalement, les conditions de fond qui président à la déductibilité des provisions sont les suivantes :

- la provision doit couvrir une perte ou **une charge fiscalement déductible**. Une provision comptabilisée pour anticiper la déduction d'une charge non fiscalement déductible ne sera pas admise en déduction. De même, une provision visant à constater la dépréciation d'une immobilisation amortissable ne sera pas déductible ;
- la perte ou la charge doit être **nettement précisée**. L'élément d'actif provisionné ou la charge escomptée doivent être précisément identifiés, et le montant de la perte ou de la charge doit être évalué avec une approximation suffisante, ce qui n'exclut pas systématiquement le recours à des méthodes statistiques ;
- la perte ou la charge doit être **probable**, ce qui interdit la déduction de provisions établies à partir de risques purement éventuels. À ce titre, les provisions de propre assureur, qui consistent pour l'entreprise à s'auto-assurer contre un risque ou une perte, ne sont pas déductibles. Enfin, lorsque les pertes et les charges sont certaines dans leur principe et déterminées dans leur montant, il n'y a pas lieu de déduire une provision puisque la charge elle-même vient diminuer immédiatement le résultat ;
- le fait générateur de la provision doit s'appuyer sur des évènements en cours, c'est-à-dire sur des faits qui ont leur origine dans l'exercice en cours et non ultérieurement. En cela, la provision doit respecter le principe de **spécialité des exercices comptables**. Le conseil d'État conditionne la déduction des provisions pour risques et charges à la condition que les produits afférents à ces charges soient comptabilisés au cours du même exercice (CE 28-6-1991, n° 77921).

Remarque. Concernant cette dernière condition, le juge de l'impôt admet la déduction d'une provision si son fait générateur est intervenu à la clôture de l'exercice alors que l'entreprise n'en a eu connaissance au plus tard qu'à la date d'expiration du délai de déclaration, soit sur N+1 (CAA Lyon 24-5-2000 n° 96-682).

2 Conditions de forme

Pour être fiscalement déductibles, les provisions doivent être comptabilisées. Elles doivent également figurer sur le tableau des provisions n° 2056. À défaut, une amende de 5 % des provisions non portées sur le relevé est exigée : cette amende est ramenée à 1 % si les provisions omises sont par ailleurs fiscalement déductibles.

Remarque. Cette amende ne sera pas appliquée s'il s'agit d'une première infraction commise l'année civile en cours et les trois années précédentes, lorsque le contribuable a réparé son omission soit spontanément, soit à la première demande de l'administration avant le terme de l'année N+1.

B Devenir des provisions

1 Provision régulièrement constatée dès l'origine

Une provision a vocation à disparaître du bilan puisqu'elle est déterminée pour une période limitée dans le temps. Trois situations peuvent être rencontrées : la provision est utilisée conformément à son objet, la provision devient sans objet et la provision est détournée de son objet.

a. La provision est utilisée conformément à son objet

La charge, la perte ou le risque provisionné se réalisent. La charge définitive est constatée dans les comptes et la provision est réintégrée au résultat. Si la provision n'est pas déductible fiscalement, sa reprise n'est pas imposable.

Exemple

M. Dupond, dirigeant de SA Dupond, a été verbalisé le 28 décembre N par la gendarmerie nationale alors qu'il roulait à 70 km/h avec le véhicule de la société dans une zone urbaine limitée à 30 Km/h. M. Dupond se rendait à un rendez-vous de clientèle important, et il était très en retard.
Les gendarmes lui ont indiqué qu'une amende de 90 € lui parviendrait dans les prochains jours. L'exercice comptable de la société coïncide avec l'année civile.
Le comptable de la société Dupond provisionne la contravention le 31 décembre N pour 90 €. Cette provision n'étant pas déductible fiscalement car se rapportant à une amende non déductible, il réintègre la provision au tableau n° 2058-A.
Le 10 janvier N+1, la société reçoit la contravention de 90 €. Le comptable comptabilise une charge définitive de 90 €, qu'il réintègre fiscalement.
Il reprend la provision en comptabilité pour 90 €, et procède à une déduction fiscale de même montant sur le tableau n° 2058-A.
Les opérations de N et N+1 sont parfaitement neutres et n'influent pas sur le résultat fiscal.

b. La provision est devenue sans objet

La perte ou la charge en vue de laquelle la provision a été constituée ne se réalise pas. Cette provision est en principe réintégrée aux résultats imposables. Dans l'hypothèse où l'entreprise ne procède pas spontanément à cette réintégration, l'administration peut y procéder, dans le cadre d'une vérification de comptabilité, même si l'exercice est prescrit fiscalement. Elle procédera à sa réintégration au titre du premier exercice non prescrit.

Exemple

En N-7, une société a comptabilisé une provision pour créance douteuse sur un client qui avait à l'époque des difficultés de trésorerie. En N-5, le client règle l'entreprise, mais celle-ci ne reprend pas la provision devenue sans objet. En N, la société fait l'objet d'une vérification de comptabilité sur la période N-1, N-2 et N-3.
L'administration peut valablement réintégrer la provision devenue sans objet au titre du premier exercice non prescrit, soit l'exercice N-3.

c. La provision est détournée de son objet

C'est le cas lorsque la provision est distribuée aux associés ou portée à un compte de réserve. Dans une telle hypothèse, l'administration peut réintégrer la provision au résultat imposable, mais uniquement au titre des exercices non prescrits. En effet, dans cette hypothèse, le changement de destination de la provision est visible à l'examen de la liasse fiscale : l'administration pouvait donc en prendre connaissance.

2 Provisions irrégulièrement constatées dès l'origine

Il s'agit des provisions qui ne remplissent pas, lors de leur constitution, les conditions de forme et de fond requises par le CGI. Elles sont, de ce fait, irrégulières dès l'origine, et doivent être réintégrées aux résultats de l'exercice au titre duquel elles ont été portées à tort en comptabilité. Si cet exercice est atteint par la prescription, l'administration, en cas de contrôle, peut la réintégrer dans les résultats du premier exercice non prescrit.

2 Les différentes catégories de provisions

A Provisions pour dépréciation

Les provisions pour dépréciation des immobilisations ont pour finalité de constater une dépréciation qui n'est pas jugée irréversible. D'après les recommandations du plan comptable, les entreprises doivent apprécier, à chaque clôture d'exercice, s'il existe un indice, interne ou externe, de perte de valeur d'un actif. En présence d'un tel indice, elles doivent effectuer un test de dépréciation en comparant la valeur nette comptable de l'immobilisation à sa valeur actuelle. Cette valeur actuelle est soit la valeur vénale, c'est-à-dire la valeur de vente de l'immobilisation, soit la valeur d'usage. La valeur d'usage est définie par rapport aux flux futurs de trésorerie attendus de l'utilisation de l'actif.

1 Immobilisations non amortissables

Les biens qui ne se déprécient pas du fait de l'usage ou du temps et qui subissent une dépréciation ponctuelle peuvent faire l'objet d'une provision : l'entreprise réalise, dans ce cas, un test de dépréciation. Il s'agit essentiellement des immobilisations incorporelles non amortissables (fonds de commerce, droit au bail, titres de participation) et corporelles (terrains, essentiellement).

Depuis le 1er janvier 2016, un test de dépréciation doit être réalisé, au moins une fois par exercice, pour les fonds commerciaux dont la durée d'utilisation n'est pas limitée dans le temps, qu'il existe ou non un indice de perte de valeur (PCG art. 214-15 modifié).

Remarque. Le test de dépréciation vise à comparer la valeur nette comptable (VNC) de l'immobilisation à sa valeur actuelle, définie comme la valeur la plus élevée de la valeur vénale ou de la valeur d'usage.

2 Immobilisations amortissables

Nous avons vu qu'une immobilisation amortissable ne pouvait en principe être provisionnée, puisque l'amortissement traduisait déjà la dépréciation irréversible de l'immobilisation. Toutefois, les juges admettent la constatation d'une provision lorsque la valeur vénale de l'élément devient inférieure à sa valeur nette comptable. Dans cette configuration, la dépréciation exceptionnelle doit être déterminée avec une approximation suffisante.

Le Conseil d'État a considéré, dans un arrêt Roissy Films du 10 décembre 2004 (CE 10.12.2004 n° 236706), « *qu'une dépréciation non définitive d'un élément d'un actif immobilisé peut être constatée par voie de provision correspondant à la différence entre la valeur nette comptable et la valeur probable de réalisation de l'actif, quand bien même cet actif est amortissable* ». Il est, par conséquent, possible de provisionner une perte exceptionnelle sur un élément d'actif amortissable dans la mesure où elle repose sur la survenance d'un événement particulier que l'amortissement ne prend pas en compte. Cette déduction n'est pas conditionnée par l'intention de vendre le bien à la clôture de l'exercice.

3 Cas des immeubles de placement

Les provisions pour dépréciation des immeubles de placement sont soumises à une limitation. Ces provisions ne sont déductibles que pour la part qui excède les plus-values latentes constatées à la clôture de l'exercice pour l'ensemble des immeubles de placement inscrits à l'actif du bilan. Les plus-values latentes représentent la différence entre la valeur réelle des immeubles à la clôture de l'exercice et leur prix de revient.

Un immeuble de placement est un immeuble inscrit à l'actif immobilisé et non utilisé par l'entreprise pour son exploitation professionnelle (cas d'un immeuble locatif, par exemple).

4 Provisions pour créances douteuses ou litigieuses

Lorsqu'à la clôture de l'exercice, des éléments permettent de considérer comme probable la perte de tout ou partie de créances, l'entreprise doit comptabiliser une provision pour créance douteuse. L'entreprise va s'appuyer sur les éléments qui permettent d'établir l'existence de difficultés financières du débiteur : défaut de paiement malgré des relances régulières, existences d'un passif important, absence de perspectives de redressement du débiteur.

Normalement, la preuve du caractère douteux de la créance doit être établie pour chacune d'entre elle, mais la jurisprudence autorise la prise en compte de méthodes statistiques sur la base de l'expérience passée. En revanche, le recours à la méthode statistique ne suffit pas à établir l'existence d'un événement en cours à la clôture de l'exercice rendant probable la perte ou la charge : (CE 17 février 2016, n° 377415, sté Éditions Atlas). Mais lorsque les créances sont significatives, un dossier de justification doit être établi pour chaque créance.

Lorsque le recouvrement de la créance est compromis en raison d'un désaccord avec le contribuable, on parle de créance litigieuse.

Remarque. La TVA n'étant pas une charge pour l'entreprise, la provision doit toujours être comptabilisée sur son montant HT.

B Provisions pour risques et charges

1 Distinction entre provisions et charges à payer

Fiscalement

Fiscalement, les charges à payer sont des charges qui revêtent pour l'entreprise le caractère de dettes certaines dans leur principe et déterminées quant à leur montant, donc définitives, mais non encore susceptibles d'être réclamées par les créanciers (par exemple, loyers courus et non encore échus). La notion fiscale est plus restrictive que la notion comptable.

Comptablement

Les charges à payer sont des charges certaines dans le principe, mais dont le montant est incertain. Par exemple, la taxe sur les salaires de l'exercice constitue sur le plan comptable une charge à payer alors que fiscalement il s'agit d'une provision.

L'administration admet que les dépenses qui présentent le caractère comptable de charges à payer et qui devraient figurer dans un compte de provision pour être déduites figurent sur un relevé détaillé établi sur papier libre et joint à la déclaration de résultat.

En résumé

Passifs	Obligation	Échéance	Montant
Dettes	Certaine	Précise	Précis
Charges à payer	Certaine	Incertitude faible pour l'échéance ou le montant	
Provisions pour risques et charges	Probable	Non précise	Non précis

2 Provisions pour charges de personnel

a. Provisions pour rémunérations

Lorsqu'il reste à régler, à la clôture de l'exercice, des dépenses de personnel telles des primes, gratifications ou participation aux bénéfices dont le montant n'est pas exactement déterminé, une provision peut être déduite du résultat à la condition que l'entreprise se soit engagée de manière **ferme** à l'égard de ses salariés sur le principe du calcul de ces rémunérations et sur l'obligation de les payer.

Lorsque les sommes sont certaines dans leur principe et déterminées dans leur montant, elles constituent en revanche des charges à payer.

Remarque. L'engagement de l'entreprise de verser un complément de rémunération peut également résulter d'un usage.

Exemple

La société Durand souhaite comptabiliser à la clôture de l'exercice N une provision pour prime de bilan qui correspond à une gratification versée au personnel suite à l'augmentation significative du chiffre d'affaires de l'entreprise. La société va s'engager à verser cette somme aux salariés en janvier N+1. La société pourra comptabiliser la provision à la clôture de l'exercice N si elle peut justifier des modalités de calcul de cette provision et si son engagement de verser cette gratification est ferme : il peut résulter d'un écrit ou d'un usage, lorsque l'entreprise verse habituellement des primes de bilan.

b. Provisions pour congés payés

Constituent des charges immédiatement déductibles les droits à congés acquis par les salariés à la clôture de l'exercice, de même que les charges fiscales et sociales correspondantes. Toutefois, les entreprises créées **avant le 31 décembre 1987** ont pu opter de manière irrévocable pour la déduction des indemnités de congés payés et des charges correspondantes au titre de l'exercice de leur paiement.

Dans ce cas, la provision correspondant aux droits à congés acquis à la clôture de l'exercice doit être réintégrée fiscalement et déduite au titre de l'exercice de paiement des indemnités de congés payés.

Ces corrections extra comptables sont effectuées sur les tableaux n° 2058-A et 2058-B de la liasse fiscale.

Exemple

Une société a comptabilisé une provision pour congés payés acquis de 70 000 € en N. En N-1, la provision comptabilisée s'élevait à 60 000 €.
La société a opté avant 1987 pour l'ancien régime fiscal des provisions pour congés payés.
Compte tenu de son option pour le régime « ancien », la provision de N-1 pour 60 000 € est déductible fiscalement en N et celle de N pour 70 000 € doit être réintégrée sur le tableau n° 2058-A de N. Corrélativement, la reprise de provision pour 60 000 € en N n'est pas imposable et doit être déduite sur le tableau n° 2058-A.

c. Provisions pour licenciement

Il existe deux catégories de provisions pour licenciement :

- les provisions pour licenciement pour motif personnel sont déductibles, lorsque les évènements qui justifient le licenciement font l'objet d'une décision formelle avant la clôture de l'exercice. Une convocation du salarié à l'entretien préalable par lettre recommandée peut matérialiser cette décision formelle ;
- en revanche, ne sont jamais déductibles les provisions pour motif économique (art. 39, 1-5° al. 33 du CGI).

Remarque. L'interdiction de déduction ne concerne que la partie de la provision qui couvre l'indemnité légale et conventionnelle de licenciement, et non les indemnités de préavis et celles compensatrices de congés payés.

d. Provisions pour charges de retraite

Comptablement, les entreprises sont libres de constituer ou non des provisions pour charges de retraite. Fiscalement, leur déduction est interdite (art. 39, 1-5° al. 1 du CGI) : elles doivent être réintégrées sur le tableau n° 2058-A. En effet, les charges de retraite deviennent déductibles à partir du moment où elles acquièrent fiscalement la nature de charges à payer.

3 Provisions pour impôts

Les impôts sont des charges déductibles de l'exercice au cours duquel ils sont mis en recouvrement. Il est toutefois possible de provisionner certains impôts mais à la condition que l'impôt soit déductible du résultat fiscal, permanent et qu'il trouve son origine dans l'exercice.

Exemple : La taxe d'apprentissage est assise sur les salaires de l'année N, mais elle ne devient exigible qu'au cours de l'année N+1. Elle peut, par conséquent, faire l'objet de provision.

L'entreprise peut également pratiquer une provision pour rappel d'impôts dans la mesure où ces derniers sont fiscalement déductibles, et dans la mesure où un désaccord oppose l'entreprise à l'administration à la clôture de l'exercice.

4 Provisions pour travaux

Il est possible de provisionner les dépenses de réparations des actifs immobilisés à la double condition que ces dépenses n'augmentent pas la valeur de l'élément d'actif et qu'elles ne soient pas constitutives d'un composant en comptabilité.

L'entreprise pourra sous ces conditions comptabiliser une provision pour gros entretien ou grandes révisions, lorsque les dépenses de réparation et d'entretien excèderont, par leur nature et leur ampleur, les travaux d'entretien ou de réparation courants.

Les réparations projetées doivent être nettement précisées à la clôture de l'exercice et faire l'objet, selon l'administration, d'une programmation détaillée de travaux à entreprendre à la clôture de l'exercice, accompagnée d'une estimation précise du coût de ces travaux.

Comptablement, les travaux peuvent être immobilisés en tant que composants. Fiscalement, cela n'est pas admis, et la fraction de l'amortissement du composant portée en comptabilité qui excède la dotation fiscale doit être réintégrée.

Exemple

Les données

Une entreprise acquiert une machine le 1/1/N pour un prix de 20 000 €. La durée d'utilisation prévue soit 10 ans est identique à la durée d'usage fiscale. Cette machine nécessitera une dépense de gros entretien au terme de 5 ans dont le montant évalué à la date d'entrée du bien est de 4 000 €. Le devis établi à la clôture de l'exercice N+4 fait apparaître un montant légèrement supérieur : 4 500 €.
Indiquez les incidences comptables et fiscales dans ces deux hypothèses :

- **hypothèse n° 1** : le gros entretien est immobilisé en tant que composant ;
- **hypothèse n° 2** : les dépenses de gros entretien sont couvertes par une provision.

La solution

Hypothèse n° 1

Traitement comptable

Le composant « gros entretien » est comptabilisé comme les composants de 1re catégorie. Il faut donc scinder le prix payé et enregistrer distinctement le composant « gros entretien » pour 4 000, correspondant à une dépense non encore engagée et l'actif principal pour 16 000 (20 000 – 4 000).
Lorsque la dépense de gros entretien est constatée réellement pour 4 500, elle est immobilisée et la VNC du composant remplacé est sortie de l'actif.
La dotation aux amortissements enregistrée en résultat d'exploitation se ventile comme suit :

- 1 600 sur l'actif principal ou structure (16 000 * 10 %) pendant 10 ans ;
- 800 sur le composant « gros entretien » (4 000 * 20 %) pendant les cinq premières années ;
- 900 pendant les 5 dernières années (4 500 * 20 %).

Traitement fiscal

Fiscalement, les composants de 2e catégorie n'étant pas reconnus, leur durée d'amortissement fiscale ne peut pas être différente de celle de l'immobilisation considérée dans son ensemble. Dans notre exemple, la durée d'usage fiscale étant identique à la durée d'utilisation prévue, la dotation admise en déduction est égale à 2 000 pendant 10 ans. Comparée à la dotation totale enregistrée en comptabilité, on constate un excédent de 400 pendant les cinq premières années et de 500 pendant les 5 années suivantes. Cet amortissement excédentaire est à réintégrer sur tableau n° 2058-A en ligne WE. En contrepartie, les travaux, réalisés au bout de 5 ans et immobilisés pour 4 500, sont à déduire pour leur montant total, ligne XG.
Ainsi, de nombreux retraitements doivent être effectués sur le tableau n° 2058-A pour au final, déduire sur la durée d'utilité totale du bien, 24 500, un montant identique à celui de l'hypothèse n° 2 examinée ci-après.
En pratique, il sera certainement plus simple d'opter pour la constatation d'une provision.

Hypothèse n° 2 : les dépenses de gros entretien sont couvertes par une provision.
La machine est enregistrée à l'actif pour son coût d'acquisition de 20 000 et amortie sur un plan économique et fiscal à hauteur de 2 000 par an (20 000 * 10 %). Par ailleurs, une provision est dotée à hauteur 900 par an (4 500/5 ans) pendant 5 ans. Au début de la sixième année, le montant des travaux réalisés est comptabilisé en charge et la provision est reprise en totalité.

5 Provisions pour litiges

Les entreprises qui connaissent des litiges avec les tiers (clients, fournisseurs, personnel...) peuvent constituer une provision pour anticiper la charge ultérieure qui résultera du litige. Il est impératif dans ce cas que le litige soit né avant la clôture de l'exercice, et l'entreprise doit en justifier par tous moyens (action en justice, procédure de rectification fiscale, engagement de responsabilité, etc.). Le litige ne doit pas être réglé à la clôture de l'exercice et la charge provisionnée doit être déductible des résultats imposables.

L'entreprise ne pourrait, par exemple, déduire sur le plan fiscal une provision pour litige avec l'administration fiscale si le litige porte sur l'impôt sur les sociétés, puisque cet impôt n'est pas déductible fiscalement.

Le montant de la provision est fondé sur les prétentions financières de la partie adverse.

6 Provisions pour prestations à fournir

Il s'agit des charges que certaines entreprises vont engager sans supplément de prix, dans le cadre d'obligations contractuelles, à la suite de la livraison d'un bien ou de la réalisation d'un service. Tel est le cas des entreprises sur lesquelles repose une obligation d'entretien, de réparation ou de garantie.

Ces charges futures peuvent être provisionnées à la condition de respecter l'ensemble des conditions de fond précédemment étudiées : les charges doivent être probables, nettement précisées, et les produits correspondants doivent être pris en compte dans le résultat de l'exercice concerné.

> **Exemple :** **Une entreprise offre une garantie de deux ans sur les matériels qu'elle commercialise. Elle peut déduire par voie de provision les charges futures liées à l'exécution de la garantie à la condition que ces charges soient probables et déterminées avec une précision suffisante.**

7 Provisions pour pertes

a. Pertes sur travaux en cours

Lorsque l'entreprise acquiert la conviction que l'opération se traduira par une perte, elle est tenue de pratiquer une provision pour pertes à terminaison.

Fiscalement, la provision pour perte sur opérations en cours à la clôture d'un exercice est limitée à la différence constatée à cette date entre le coût des travaux réalisés à la clôture et le montant de la facturation de ces mêmes travaux, ce qui oblige les entreprises à réintégrer la partie de la provision pour perte qui correspond aux travaux restant à exécuter. Une nouvelle provision sera éventuellement calculée à la clôture de chacun des exercices suivants.

Remarque. La provision déductible peut être déterminée forfaitairement en appliquant au montant total de la perte prévisionnelle le coefficient d'exécution des travaux à la clôture (coût des travaux réalisés/coût total prévisionnel).

> **Exemple**
>
> **Une entreprise a négocié un marché d'étude pour 5 M €, faisant apparaître une perte de 1 M € à la clôture de l'exercice, compte tenu d'un coût prévisionnel total de travaux de 6 M €. Coût des travaux réalisés à la clôture : 4 M €. Coefficient d'exécution des travaux : 4/6.**
> **Provision déductible fiscalement : 1 × 4/6 = 0,667 M €.**

b. Autres provisions pour pertes

Les provisions pour pertes visent à anticiper la perspective d'une perte établie par la comparaison, pour une opération ou un ensemble d'opérations suffisamment homogènes, entre les coûts à supporter et les recettes escomptées.

Cette comparaison doit faire apparaître un solde négatif et non un simple manque à gagner.

Peuvent ainsi donner lieu à déduction d'une provision les pertes probables résultant des engagements pris sur les marchés à terme.

C Provisions réglementées

Les provisions réglementées sont des provisions à caractère fiscal, dont la logique est dictée par des considérations essentiellement économiques. Comptablement, ces provisions sont analysées comme des réserves et appartiennent aux capitaux propres. Nous n'étudierons pas ici les provisions réglementées concernant de manière spécifique certaines professions (provisions des entreprises de presse, provisions des entreprises d'assurances, provisions pour prêts d'installation des salariés, par exemple).

1 Provision pour hausse des prix

Cette provision, codifiée à l'article 39, 1-5°° al. 11 à 14 du CGI, peut être comptabilisée lorsque les approvisionnements en stocks (matières premières, produits finis) à la clôture de chaque exercice comptable ont connu une hausse supérieure à 10 % au cours d'une période n'excédant pas deux exercices consécutifs.

Le montant de la provision est égale pour chaque unité de produit à la différence entre la valeur d'inventaire du produit à la clôture de l'exercice et 110 % de sa valeur à la clôture du dernier exercice (N-1) ou de l'avant-dernier exercice (N-2), en retenant la valeur de référence la plus faible.

Le montant total déductible est obtenu en multipliant la provision unitaire par les quantités en stock.

Remarque. Si la provision est calculée par rapport à la valeur unitaire du produit à la clôture de N-2, son montant doit être diminué de la provision éventuellement constituée pour le même produit à la clôture du même exercice.

Le montant de la provision est plafonné à 15 millions d'euros.

La provision doit être rapportée aux résultats au plus tard lors du sixième exercice suivant sa dotation ; toutefois, si la durée de rotation des stocks de l'entreprise est supérieure à trois ans, ce qui est très exceptionnel, la provision doit être rapportée au résultat imposable dans un délai double de celui de la rotation normale des stocks.

Exemple

Une entreprise dont les exercices coïncident avec l'année civile a en stocks à la clôture des exercices N, N-1 et N-2, 1 700 tonnes d'un produit P. Les valeurs unitaires d'inventaire de cette matière sont de :

- 10 € à la clôture de l'exercice N ;
- 8 € à la clôture de l'exercice N-1 ;
- et de 5 € à la clôture de l'exercice N-2.

La valeur unitaire d'inventaire au 31 décembre N (10 €) étant supérieure à celle constatée au 31 décembre N-2 (5 €), c'est en partant de cette dernière que l'on va déterminer la dotation susceptible d'être portée au compte « Provision pour hausse des prix à la clôture de l'exercice N ».

La fraction de hausse unitaire supérieure à 10 % par rapport à N-2 est de : 10 – (5 × 1,10) = 4,5 €.

Le montant maximal de la dotation globale s'élève à : 1 700 × 4,5 = **7 650** €.

S'il n'a pas été constitué de provision pour hausse des prix à la clôture de l'exercice N-1, 7 650 € peuvent être portés en totalité au crédit du compte de provisions réglementées à la clôture de l'exercice N.

Si, à raison du produit P, une dotation de [8 – (5 × 1,10)] × 1 700 = 4 250 € été inscrite à ce compte à la clôture de l'exercice N-1, la dotation susceptible d'être inscrite au même compte à la clôture de l'exercice N est de : 7 650 – 4 250 = **3 400** €.

Enfin, s'il a été constitué à la clôture de l'exercice N-1 une dotation égale ou supérieure à 7 650 € à raison du produit P (cas, par exemple, d'une valeur d'inventaire au 31/12/N-3 égale à 3 €), aucune dotation nouvelle ne peut, pour ce produit, être comptabilisée à la clôture de l'exercice N.

>>>

>>> Mais l'entreprise n'est pas tenue, dans ce cas, de réintégrer dans les bénéfices imposables de l'exercice N une somme correspondant à la différence entre la dotation constituée à la clôture de l'exercice N-1 [8 - (3 × 1,10) × 1 700 = 7 990 € et la dotation maximale calculée à la clôture de l'exercice N. Les provisions éventuellement constituées en N-1 et N-2 devront être rapportées aux résultats des exercices N+5 et N+4.

2 Autres provisions réglementées

Il existe également des provisions pour fluctuation des cours de matières premières, non étudiées dans le cadre de ce cours.

LES PROVISIONS

Conditions de déduction des provisions	
Conditions de fond	La provision doit : – couvrir une charge fiscalement déductible ; – couvrir une charge probable ; – La charge doit être nettement précisée dans sa nature et son montant ; – trouver son origine dans l'exercice ou dans un exercice antérieur.
Conditions de forme	La provision doit être comptabilisée ; La provision doit figurer sur un relevé spécial (tableau n° 2056 de la liasse fiscale) : à défaut, amende de 5 % ou 1 % si les sommes omises sont effectivement déductibles.
Les différentes catégories de provision	
Provisions pour dépréciation	
Sur éléments non amortissables	Terrains, fonds de commerce, œuvres d'art, etc…. Particularités pour les titres de participation : régime des moins-values à long terme (MVLT), quelle que soit la durée de détention des titres.
Sur stocks	Admises en déduction lorsque le cours du jour (prix que l'entreprise pourrait retirer de la vente des biens en stock) est inférieur au prix de revient.
Sur comptes clients	Le risque doit être évalué pour chaque créance pour son montant hors taxe. La déduction forfaitaire peut est admise si le pourcentage retenu s'appuie sur des données statistiques suffisamment précises
Provisions pour charges : quelques particularités…	
Provision pour impôts	Provision déductible si l'impôt est lui-même déductible
Provision pour amendes et pénalités	Non déductibles fiscalement, les amendes et pénalités n'étant pas des charges fiscalement déductibles.
Provisions pour charges de personnel	Pour licenciements : non déductibles si licenciement économique, sinon déductibles. Pour congés payés : – Normalement déductibles si l'entreprise relève du régime de droit commun, sinon avec décalage d'un exercice (régime avant 1987). Indemnités de départ à la retraite : provisions non fiscalement déductibles.
Provisions de propre assureur	Non déductibles
Les provisions réglementées	
Provision fiscale	Provision réglementée pour bénéficier d'avantages fiscaux par le biais d'avances en trésorerie qui sont soumis au même formalisme que les provisions *Ex.* : provision pour hausse des prix

Applications

EXO 10.01 Cas DANSLEDOUTE

N = 2022

L'entreprise individuelle DANSLEDOUTE, dont l'activité consiste en la fabrication et la pose de panneaux publicitaires, envisage de vous consulter pour la détermination du résultat fiscal de l'exercice N. Soumise au régime réel normal d'imposition, l'entreprise se propose de constituer un certain nombre de provisions à la clôture de l'exercice. Étant incertaine quand à la déductibilité de certaines d'entre elles, elle vous demande de vous prononcer sur les points suivants :

1. Provision de propre assureur

Pour tenir compte des risques inhérents à l'implantation de l'un des ateliers (proximité d'une forêt, d'où risque d'incendie), l'entreprise Dansledoute a régulièrement constitué une provision de propre assureur. Au 31/12/N le solde du compte « provision de propre assureur » s'élevait à 30 000 €. Le montant prévu de la dotation N est évalué à 2 500 €.

2. Provision pour dépréciation exceptionnelle d'un terrain pour 3 800 €.

L'entreprise projetait d'y édifier un entrepôt, mais le terrain s'avère non constructible.

3. Provisions pour créances douteuses

La SARL CESSUR, qui se trouve depuis le 24 avril N en procédure de redressement judiciaire, n'a pas encore acquitté la facture consécutive aux travaux effectués par l'entreprise DANSLEDOUTE, en janvier N–1 dans ses locaux commerciaux.

Montant de la facture (adressée en mars N–1) : 1 900 € TTC. Une provision d'égal montant a été comptabilisée en charges.

4. Provision pour procès en cours

Considérant que la décharge de l'entreprise à Chauvigny (86) à proximité de laquelle il réside est un facteur de nuisance, M. Voisin a assigné l'entreprise DANSLEDOUTE devant les tribunaux compétents. L'affaire est actuellement encore en délibéré, mais le jugement sera selon toute vraisemblance défavorable à l'entreprise. Cette condamnation probable, ainsi que l'importance des frais de défense déjà engagés, ont incité l'entreprise DANSLEDOUTE à constituer une provision de 1 220 €.

5. Provision pour risque de vol

Devant la multiplication du nombre de cambriolages, il a été décidé de constituer une provision en vue de faire face aux risques encourus de ce fait. Le montant de 1 830 € correspond au complément de prime que demandait la compagnie d'assurance pour couvrir ce risque dans les conditions optimales.

6. Provision pour dépréciation du portefeuille-titres de l'entreprise

Cette provision correspond à la dépréciation approximative du portefeuille-titres de l'entreprise pour 3 000 €.

7. Provision pour renouvellement des immobilisations

Cette provision de 7 600 € est constituée en prévision du remplacement d'une machine devenue obsolète.

8. Provision pour congés payés

Le personnel de l'entreprise prend ses congés payés au cours de la période légale.

Au 31/12/N-1, la société a constitué une provision pour congés payés de 22 800 €.

Au 31/12/N, la provision s'élève à 27 500 €.

La société n'a pas opté pour le maintien du régime en vigueur avant 1987.

9. Provision pour hausse des prix

La société DANSLEDOUTE est amenée à utiliser dans son cycle de production du fuel lourd et du charbon. Compte tenu des hausses enregistrées sur ces deux produits, il est envisagé de constituer au 31 décembre N une provision pour hausse des prix. L'état des stocks de ces produits est le suivant :

Date de clôture de l'exercice	Fuel lourd (en litres)	Charbon (en tonnes)	Cours fuel lourd (litre)	Cours du charbon (1) (tonne)
31-12-N	10 000	4	1,10 €	76 €
31-12-N-1	10 000	6	1,00 €	91 €
31-12-N	10 000	10	1,20 €	107 €

(1) Il s'agit de cours fictifs, choisis en vue de simplifier les calculs.

→ **Travail à faire**

Vous indiquerez pour chaque provision le régime fiscal applicable.

EXO 10.02 Cas LODEON

N = 2022

La SNC LODEON, entreprise générale de travaux sise 14, rue de la République à Tours (37), a communiqué à la demande du service local de contrôle fiscal, le détail et les justifications des provisions figurant au bilan de l'exercice clos le 31 décembre N.

1. Provision pour litige : 6 800 €

Un salarié, licencié au début de l'année N, a engagé une action en dommages-intérêts pour 6 860 € en octobre N : selon l'avocat de la société, Me Stentor, cette dernière a de fortes chances d'être condamnée.

2. Provision pour rappel d'URSSAF : 4 500 €

L'URSSAF a effectué, en décembre N, un contrôle sur les cotisations versées à raison des salaires de l'année N-1 : la proposition de rectification de février N+1 a fait apparaître un montant d'infraction de 4 500 €.

3. Autre provision pour risques : 3 800 €

Cette provision a été constituée au cours de l'exercice clos en N-9 pour faire face aux risques d'accidents du travail sur les chantiers : n'ayant eu à déplorer aucun accident depuis cette date, la provision a été purement et simplement reconduite d'exercice en exercice.

4. Provision pour dépréciation des comptes clients : 3 400 €

La société détient depuis le 10/10/N-6 une créance de 8 269 € sur le client Lebeau (HT = 6 891 € TVA = 1 378 €)

Par jugement en date du 23/09/N-5, une procédure de redressement judiciaire a été ouverte à l'encontre de l'entreprise Lebeau. L'Administrateur a alors indiqué que la créance était irrécouvrable à hauteur de 60 %.

Provision constituée le 31/12/N-5 : 4 134 €.

Le 4/06/N, le jugement arrêtant le plan de redressement fixe à 50 % le montant total des créances qui demeureront impayées. Les 50 % restant feront l'objet d'un paiement échelonné (tous les deux mois à compter du 1/07/N).

Au 31/12/N, l'entreprise Lebeau n'a effectué aucun des versements prévus.

5. Provision pour dépréciation des marchandises : 3 050 €

Dans le stock de clôture de l'exercice figurent 100 ventilateurs destinés à la revente. Ils sont évalués à leur prix de revient soit 99 € HT. l'unité. Leur cours du jour s'établissait à 108 € HT au 31/12/N.

Le prix de vente normal d'un appareil est de 137 € HT, mais les difficultés d'écoulement ont amené l'entreprise à les proposer au prix réduit de 107 € HT.

La provision constituée à hauteur de la différence s'élève donc à : 30 × 100 = 3 000 €.

6. Provision sur titres de placement : 211 €

Le 20/03/N, la société a acquis, comme titre de placement, 100 titres de la SA EGB pour le prix de 3 811 €.

Le cours moyen de leur cotation s'est établi à 36 € au cours du mois de décembre N.

→ **Travail à faire**

Vous indiquerez pour chaque provision le régime fiscal applicable.
NB : l'entreprise clôture son exercice le 31/12/N.

Les plus et moins-values professionnelles

Chapitre 11

COMPÉTENCE ATTENDUE

- **Qualifier les plus ou moins-values professionnelles et identifier les différents traitements fiscaux applicables.**

PLAN DU CHAPITRE

SYNTHÈSE P. 227
APPLICATIONS P. 228

LES RÉFÉRENCES POUR COMPRENDRE LE CONTEXTE

Les plus-values professionnelles

Imposition des plus-values professionnelles. Fiche thématique sur le site entreprendre.service-public.fr

Tableau récapitulatif des plus et moins-values à court terme et à long terme

Durée de détention du bien	Éléments amortissables	Éléments non amortissables
Moins de 2 ans	Plus-value à court terme	Plus-value à court terme
Plus de 2 ans	Plus-value à court terme dans la limite de l'amortissement déduit (puis à long terme au-delà)	Plus-value à long terme

L'exonération des plus-values professionnelles

Comment bénéficier de l'exonération des plus-values réservée aux petites entreprises en cas de cession ? Fiche thématique sur le site impots.gouv.fr

1 Considérations générales

Les développements qui vont suivre concernent les plus ou moins-values professionnelles, c'est-à-dire les plus ou moins-values concernant les opérations de cession d'éléments d'actifs des entreprises.

Il ne faut donc pas les confondre avec les plus ou moins-values des particuliers (plus-values immobilières, plus-values sur cessions de valeurs mobilières, etc. – voir Chapitre 2).

Alors que les secondes concernent des cessions réalisées par des personnes physiques, les premières correspondent à des cessions d'éléments d'actif réalisées par des entreprises.

Pour des raisons pédagogiques, nous ne traiterons dans un premier temps que les plus et moins-values concernant les entreprises relevant de l'IR.

Leurs modalités d'imposition pour les sociétés imposables à l'IS seront développées dans la partie relative à l'étude de cet impôt (voir Chapitre 16).

A Définition des plus et moins-values

Les plus et moins-values professionnelles concernent la cession des éléments de l'actif immobilisé (article 38-1 et 39 *duodecies* du CGI).

1 Entreprises et biens concernés

Sont concernées par ces dispositions les entreprises relevant de la catégorie des BIC, mais aussi celles relevant de la catégorie des BNC et des BA. Les biens concernés sont ceux qui figurent à l'actif immobilisé de l'entreprise : tel peut être le cas par exemple des constructions, des machines, des matériels ou des fonds de commerce.

2 Nature des opérations concernées

Une opération de vente d'immobilisation peut être génératrice de plus ou moins-value, mais aussi de manière générale toute opération qui a pour conséquence de faire sortir un actif du bilan de l'entreprise. Il convient d'entendre le terme « cession » au sens large : échanges, partages, donations, apport en société, retrait d'actif, mise au rebut (bien hors d'usage qui n'est plus utilisé).

De la même manière, une expropriation ou une destruction d'actif suite à sinistre sont assimilés à des cessions.

B Fait générateur des plus et moins-values

1 Principe général

Les plus ou moins-values sont prises en compte au plan fiscal au titre de l'exercice où elles sont réalisées. Cette date de réalisation correspond dans la plupart des cas au transfert de propriété des immobilisations. C'est donc, en cas de vente du bien, lorsque les parties se sont entendues sur la chose et sur le prix que le fait générateur de la plus ou moins-value intervient, même si les formalités de l'opération interviennent ultérieurement.

En cas d'apport en société, le fait générateur de la plus ou moins-value consiste en la date d'inscription de la personne morale au registre du commerce, y compris lorsque les parties ont conféré à l'opération un effet rétroactif.

Enfin, s'il s'agit d'un retrait d'actif, c'est la date d'établissement du bilan où le bien a cessé de figurer qui constitue le fait générateur de la plus ou moins-value.

2 Cas particuliers

Lorsqu'il y a remise en cause de la cession d'un élément d'actif, par annulation ou résolution de la cession de l'immobilisation, l'entreprise cédante doit reprendre à l'actif les biens restitués, ainsi que les amortissements et provisions y afférents, à la valeur à la date de la cession et constater un résultat inverse à celui obtenu lors de la cession, c'est-à-dire :

- soit une plus-value si la cession avait généré une moins-value à long terme ou à court terme ;
- soit une moins-value si la cession avait généré une plus-value, à long terme ou à court terme.

Lorsqu'il y a une réduction du prix de l'élément d'actif, la perte enregistrée constitue une moins-value à long terme à concurrence de la plus-value qui a, le cas échéant, été soumise au régime du long terme.

Exemple

Une entreprise ndividuelle a acquis un immeuble le 1er janvier N pour un prix de 100 000 €. Cet immeuble est amorti en linéaire sur 25 ans. À la clôture de l'exercice N, l'entreprise a déduit un amortissement de 4 000 €.
Le prix de l'immeuble fait l'objet d'une réduction de 15 000 € en N+1, pour être établi à 85 000 €.
À la clôture de l'exercice N+1, l'entreprise doit réintégrer à ses résultats imposables la fraction excédentaire de la dotation pratiquée en N, soit : (100 000 – 85 000) × 4 % = 600 €.
Par ailleurs, l'entreprise pratique, au titre de l'exercice N +1 et des exercices ultérieurs, une dotation aux amortissements sur la base du prix de revient modifié, soit : 85 000 × 4 % = 3 400 €.

C Calcul de la plus ou moins-value

1 Prix de cession

a. Caractéristiques du prix de cession

Le prix de cession correspond au prix effectivement versé au vendeur. Il s'agit d'un prix net diminué des éventuels frais qui ont grevé l'opération de cession, tels des honoraires ou commissions versés à un intermédiaire, par exemple.

La plus-value résultant d'un échange est déterminée par différence entre la valeur actuelle du bien reçu en échange et la valeur nette comptable du bien cédé.

S'il s'agit d'un apport en société, le prix de cession correspond à la valeur d'apport, ce qui correspond, s'il s'agit par exemple d'un apport de titres, à la valeur réelle des titres reçus en échange de l'apport.

Pour les biens transférés dans le patrimoine privé d'un exploitant individuel, le prix de cession correspond à la valeur vénale du bien au jour du retrait.

Remarque. Le prix de cession doit être déterminé par rapport à la valeur vénale du bien, c'est-à-dire la valeur du marché. L'administration fiscale peut remettre en cause cette valeur de cession dans deux hypothèses, à prouver, au profit de la valeur réelle du bien :

- **l'insuffisance de prix** : le prix de cession est très inférieur à la valeur vénale du bien ; il peut s'agir d'un acte anormal de gestion, c'est-à-dire d'un appauvrissement contraire à l'intérêt propre de l'entreprise. Tel est le cas par exemple lorsque l'acheteur est un associé ou un dirigeant de l'entreprise cédante, et que l'entreprise lui consent un important rabais sur le prix. L'administration peut, dans le cadre d'un contrôle, rehausser la plus-value réalisée et la réintégrer dans les résultats imposables du vendeur. À défaut d'acte anormal de gestion, l'insuffisance pratiquée en matière de droits d'enregistrement (voir Chapitre 26 sur les droits d'enregistrement) n'a pas d'incidence sur le calcul de la plus-value de cession ;
- **la dissimulation de prix** : le prix de cession réellement versé est volontairement minoré dans l'acte de cession par les parties (dessous-de-table). Si l'administration a connaissance du prix réel du bien, et si elle peut prouver la dissimulation, elle recalculera la plus-value en fonction du prix réel.

b. Modalités de paiement du prix de cession

Le prix de cession n'est pas nécessairement payé comptant.

En cas de **paiement à terme**, la plus-value est calculée à partir de la valeur nominale de la créance détenue sur l'acquéreur.

Enfin, en cas de clause de variation de prix (clause dite d'« earn out ») la plus-value imposée lors de la vente n'est pas remise en cause et les compléments de prix sont imposés selon le régime du long terme si la plus-value initiale relevait de ce régime.

2 Valeur nette comptable

La valeur nette comptable diffère selon que le bien est amortissable ou non. Lorsqu'il est fait référence à la valeur nette, il est généralement sous-entendu valeur nette comptable.

Si le bien est non amortissable, la valeur nette correspond alors à la valeur d'origine du bien.

Si le bien est amortissable, la valeur nette comptable correspond également à la valeur d'origine, mais diminuée des amortissements pratiqués.

Remarque. La valeur nette fiscale peut ne pas être la même que la valeur nette comptable généralement retenue. Ainsi, par exemple, en cas d'amortissement dérogatoire déduit du résultat fiscal en sus de l'amortissement technique comptable, il est possible de déduire de la valeur nette comptable la provision pour amortissement dérogatoire non encore apurée au jour de la cession.
S'il s'agit de biens décomposés, on ne détermine qu'une seule plus ou moins-value de cession pour le bien considéré dans son ensemble.

2 Modalités de calcul pour les entreprises relevant de l'IR

A Qualification fiscale des plus et moins-values

Les modalités d'imposition des plus et moins-values professionnelles reposent sur une distinction fondamentale entre d'une part les plus et moins-values à long terme soumises à un régime d'imposition réduit et d'autre part les plus ou moins-values à court terme qui sont imposées comme les bénéfices d'exploitation.

Une plus-value ou une moins-value est réalisée selon que le prix de cession d'un élément d'actif immobilisé est supérieur ou inférieur au prix de revient de cet élément, diminué des éventuels amortissements pratiqués sur le bien.

La distinction entre le court terme et le long terme repose sur un double critère :

- la durée de détention du bien, calculée de jour à jour ;
- la nature des immobilisations, amortissables ou non amortissables.

Cette distinction, qui revêt toute son importance pour les entreprises relevant de l'IR, est d'une importance toute relative pour les entreprises imposées à l'IS (voir Chapitre 16).

1 Détermination des plus et moins-values à court terme

a. Plus-values à court terme

Constituent des plus-values à court terme celles qui sont réalisées lors de la cession d'immobilisations détenues depuis moins de deux ans et celles qui proviennent de la cession d'éléments acquis ou créées depuis deux ans au moins, dans la mesure où elles correspondent à des amortissements déduits pour l'assiette de l'impôt.

Ces plus-values sont majorées des amortissements non déductibles fiscalement (amortissements excédentaires des véhicules de tourisme, amortissements irrégulièrement différés).

b. Moins-values à court terme

Les moins-values sont réputées à court terme lorsqu'elles résultent de la cession de biens non amortissables détenus depuis moins de deux ans, ou de biens amortissables, quelle que soit leur durée de détention. Les moins-values sont éventuellement diminuées des amortissements exclus des charges déductibles (amortissements excédentaires des véhicules de tourisme, amortissements irrégulièrement différés…).

Remarque. Une moins-value sur bien amortissable est toujours à court terme : elle traduit une insuffisance d'amortissements déduits sur le bien.

2 Détermination des plus et moins-values à long terme

Les plus ou moins-values autres que celles définies ci-avant présentent le caractère de plus ou moins-values à long terme.

De même, les provisions pour dépréciation de portefeuilles-titres devenues sans objet, ainsi que les plus-values nettes constatées lors du décès de l'exploitant suivent le régime fiscal des plus-values à long terme.

Tableau récapitulatif

Biens cédés	Immobilisations inscrites au bilan			
	Depuis – de 2 ans		Depuis + de 2 ans	
	Plus-value	Moins-value	Plus-value	Moins-value
Biens amortissables	COURT TERME	COURT TERME	COURT TERME à hauteur des amortissements déjà déduits LONG TERME pour le surplus	COURT TERME
Biens non amortissables	COURT TERME	COURT TERME	LONG TERME	LONG TERME

Exemple

Une entreprise acquiert début janvier N une machine amortissable sur 10 ans ; son prix de revient est de 100 000 € HT. L'annuité d'amortissement linéaire annuelle s'élève à 10 000 €. Le bien est cédé le 31 décembre N+4. Les amortissements comptabilisés s'élèvent à 40 000 €, alors que l'amortissement minimal aurait dû être de 50 000 €. L'amortissement irrégulièrement différé est donc égal à (50 000 – 40 000) = 10 000 €. Le bien est cédé pour un prix de 120 000 €.
La plus-value est égale à : 120 000 – (100 000 – 40 000) = 60 000 €.
Cette plus-value doit être majorée de l'amortissement irrégulièrement différé, soit 60 000 + 10 000 = 70 000 €.
La plus-value est à court terme pour 50 000 € (c'est-à-dire à concurrence des amortissements qui auraient dû être pratiqués sur le bien) et à long terme pour le surplus, soit 20 000 €.
» **Remarque :** si la plus-value avait été calculée par rapport aux amortissements comptables et non par rapport aux amortissements fiscaux, le résultat aurait été identique.

3 Modalités d'imposition des plus et moins-values à court terme

L'entreprise va compenser les plus et moins-value de même nature, c'est-à-dire en faire la somme algébrique, de manière à aboutir à la situation suivante :

a. Plus-value nette à court terme

Si la compensation fait apparaître une plus-value nette à court terme, cette plus-value fait partie du résultat imposable et elle est taxable dans les conditions de droit commun, c'est-à-dire au taux normal de l'IR.

Les entreprises relevant de l'IR peuvent toutefois étaler cette plus-value sur trois exercices. Cet étalement est facultatif, et aucun étalement n'est possible en fin d'exploitation.

Techniquement, cet étalement consiste à rattacher la plus-value par fractions égales aux résultats de l'année de sa réalisation et des deux années ou des deux exercices suivants. La plus-value sera déduite fiscalement des deux tiers en année N et réintégrée à concurrence d'un tiers en N+1 et N+2.

Exemple

Une entreprise dont le résultat fiscal est passible de l'IR réalise en N une plus-value à courte terme de 12 000 €. Deux possibilités s'offrent à elle :
- elle ne pratique aucun étalement et les 12 000 € sont imposables en totalité au barème progressif de l'IR au titre de N ;
- elle étale la plus-value à court terme sur trois ans : dans ce cas, elle pratiquera une déduction fiscale de 12 000 × 2/3 = 8 000 € en N, laissant ainsi 4 000 € dans son résultat fiscal. Elle réintégrera 4 000 € en N+1 et 4 000 € en N+2, toutes ces corrections étant effectuées sur le tableau n° 2058-A.

Remarque. Cet étalement est réservé strictement aux entreprises relevant de l'IR, et non applicable par les entreprises imposées à l'IS.

b. Moins-value nette à court terme

Lorsque la compensation fait apparaître une moins-value à court terme, cette dernière s'impute automatiquement sur les bénéfices d'exploitation. Dans l'hypothèse où ce bénéfice est insuffisant, l'excédent de moins-value non imputée prend le caractère d'un déficit d'exploitation imputable ou reportable dans les conditions de droit commun.

Exemple

Moins-value nette à court terme de 10 000 €.
Bénéfice d'exploitation de 6 000 €.
La moins-value nette s'impute à hauteur de 6 000 € et les 4 000 € d'excédent deviennent un déficit d'exploitation.

4 Modalités d'imposition des plus et moins-values à long terme

De la même manière que pour les plus et moins-values à court terme, une compensation générale est opérée entre les plus-values à long terme et les moins-values à long terme réalisées au cours d'un même exercice, quelle que soit la nature des biens concernés.

a. Plus-value nette à long terme

Si la compensation fait apparaître une plus-value nette à long terme, celle-ci est taxée en principe au PFU au taux de 12,8 %, et majorée des prélèvements sociaux au taux de 17,20 %, soit une imposition effective de 30 %.

Afin de bénéficier du taux d'imposition de 12,8 %, la plus-value nette à long terme fait objet d'une déduction fiscale sur le tableau n° 2058-A.

Cette plus-value à long terme peut toutefois s'imputer sur les moins-values nettes à long terme subies au cours des dix exercices précédents ou sur le déficit de l'exercice. Cette compensation avec le déficit doit s'opérer intégralement, ce qui procure à l'entreprise un avantage de trésorerie immédiat : il s'agit pour l'entreprise d'une décision de gestion.

Exemple

Une entreprise dispose des éléments de résultat suivants :
- plus-value à long terme (PVLT) de N : 15 000 € ;
- moins-value à long-terme (MVLT) réalisée en N–4 et reportable sur 10 ans : 12 000 € ;
- déficit fiscal : 5 000 €.

Hypothèse 1 : l'entreprise soumet au PFU et aux prélèvements sociaux sa plus-value à long terme, soit 15 000 × 30 % = 4 500 €.
Hypothèse 2 : l'entreprise impute sa plus-value à long terme sur la MVLT antérieure et sur le déficit de N, soit : 15 000 – 5 000 – 10 000 = 0. Il reste 2 000 € de MVLT antérieure à imputer.
Hypothèse 3 : l'entreprise impute sa plus-value à long terme sur la MVLT antérieure en totalité mais pas sur le déficit de N, soit : 15 000 – 12 000 = 3 000 × 30 % = 900 €.
Le déficit de 5 000 € « remonte » sur le revenu global du chef d'entreprise et s'impute sur ses autres revenus ou, à défaut, constitue un déficit global reportable pendant 6 ans.

b. Moins-value nette à long terme

Lorsque la compensation fait apparaître une moins-value nette à long terme, cette moins-value ne peut qu'être imputée sur les plus-values à long terme éventuellement réalisées au cours des dix exercices suivants.

La moins-value à long terme fait donc l'objet d'une réintégration fiscale au tableau n° 2058-A.

5 Exemple de synthèse

Exemple

Les données

L'entreprise MARTIN a réalisé au cours de l'exercice N les opérations suivantes :
- provision pour dépréciation du portefeuille-titres : 2 500 € ;
- cession pour 1 000 € d'une machine acquise en N-3 pour 5 000 € HT et amortie à hauteur de 3 000 € ;
- cession pour 150 000 € d'un immeuble acquis en N-15 pour 100 000 € HT et amorti pour 75 000 € ;
- cession pour 12 000 d'un droit au bail acquis en N-7 pour 20 000 € HT.

L'entreprise a réalisé en N-1 une plus-value à court terme de 9 000 € qu'elle a décidé d'étaler sur 3 ans ; elle en outre réalisé en N-6 une moins-value nette à long terme de 4 000 €.

Travail à faire

Calculez les plus ou moins-values nettes imposables au titre de l'exercice N, et déterminez le résultat fiscal sachant que le bénéfice comptable, plus-value comprise, s'élève à 138 000 €. L'entreprise souhaite bénéficier des mesures fiscales les plus favorables.

La solution

Il convient tout d'abord de compenser les plus et moins-values de même catégorie : la provision pour dépréciation des titres du portefeuille suit le régime fiscal des MVLT (voir chapitre sur l'étude des provisions) pour 2 500 €.
La cession de la machine dégage une MVCT de 1 000 – (5 000 – 3 000) = – 1 000 €.
La cession de l'immeuble dégage une plus-value de 150 000 – (100 000 – 75 000) = 125 000 €, qui se décompose en une PVCT à hauteur des amortissements pratiqués, soit 75 000 € et une PVLT pour le surplus, soit 50 000 €.
La cession du droit au bail entraîne la réalisation d'une MVLT de 12 000 – 20 000 = – 8 000 €.
Le tableau de compensation des plus et moins-values est le suivant :

	PVCT	MVCT	PVLT	MVLT
Provision sur titres				2 500
Cession machine		1 000		
Cession de l'immeuble	75 000		50 000	
Cession du droit au bail				8 000
TOTAL	75 000	1 000	50 000	10 500
	74 000		39 500	

Après compensation, la PVCT s'élève à 74 000 € et la PVLT à **39 500 €**.
L'entreprise choisit l'étalement de sa plus-value à court terme sur 3 ans, soit une déduction en N de 74 000 × 2/3 = 49 333 €.
La PVLT fait l'objet d'une déduction fiscale de 39 500 €. Sur cette PVLT, l'entreprise imputera sa MVLT de N-6 pour 4 000 €, soit une PV nette imposable de 39 500 – 4 000 = 35 500 € à 30 % (PFU au taux de 12,8 % + prélèvements sociaux au taux de 17,2 %).
Elle réintègrera un tiers de la PVCT étalée en N-1, soit 3 000 €.
Son BIC imposable au taux progressif est le suivant : 138 000 – 49 333 – 39 500 + 3 000 = 52 167 €.

Éclairage – Pourquoi taxer plus fortement les plus-values à court terme ?
Nous l'avons vu, les plus-values à court terme relèvent de l'imposition au taux progressif de l'IR. Le législateur fiscal considère que les biens détenus depuis moins de deux ans sont revendus en quelque sorte pour des raisons spéculatives, et de ce fait ils doivent être plus fortement taxés.
Quant aux biens amortissables détenus depuis plus de deux ans, nous avons précisé que la plus-value était toujours à court terme à hauteur des amortissements antérieurement pratiqués sur le bien. Ces amortissements ont diminué le résultat de l'entreprise imposable au taux progressif pendant toute la période d'amortissement du bien. Si l'entreprise réalise une plus-value lors de leur cession, c'est qu'elle a trop amorti le bien, et donc qu'elle a trop diminué ses résultats antérieurs. Ces amortissements « trop déduits » sont réintégrés au résultat imposable lors de la réalisation de la plus-value.

B Régimes d'exonération

Les régimes d'exonérations concernent essentiellement les petites entreprises. Ils ont été renforcés par la loi de finances rectificative pour 2005, et n'ont pas été affectés par la rigueur budgétaire. La mise en œuvre de ces différents régimes d'exonération peut être parfois complexe : certains d'entre eux se combinent, d'autres s'excluent.

Il est important, avant toute liquidation de plus ou moins-value professionnelle, de se poser la question suivante : l'entreprise peut-elle bénéficier d'un dispositif d'exonération ?

Le **tableau suivant** résume les conditions de mise en œuvre de ces différents régimes :

Plus-values professionnelles (BIC-BNC-BA) et IS sous conditions (art. 238 *quindecies*)				
Dispositifs d'exonération	**Exonération des petites entreprises**	**Exonération en cas de départ à la retraite**	**Abattement pour durée de détention d'immeubles**	**Exonération en fonction de la valeur de cession**
Articles du CGI	**151 *septies***	**151 *septies* A**	**151 *septies* B**	**238 *quindecies***
Référence BOFiP	BIC-PVMV-40-10-10	BIC-PVMV-40-20-20	BIC-PVMV-20-40-30	BIC-PVMV-40-20-50
CONDITIONS GÉNÉRALES D'EXONÉRATION				
Cessions et biens concernés	Toute cession à titre gratuit ou à titre onéreux et opérations assimilées intervenant en cours d'activité ou lors de la cession de l'entreprise (donation, cession, échange, apport, retrait d'actif...) Concerne tous les éléments d'actif de l'entreprise (à l'exclusion des terrains à bâtir)	Cession à titre onéreux d'une entreprise individuelle ou de l'intégralité des titres détenus dans une société de personnes Concerne les éléments corporels et incorporels de l'entreprise à l'exclusion des immeubles	Biens bâtis ou non bâtis à l'exclusion des terrains à bâtir, droits ou parts de sociétés dont l'actif est constitué principalement de biens immobiliers affectés à l'exploitation et droits afférents à un contrat de crédit-bail immobilier	Cession à titre gratuit ou à titre onéreux d'une entreprise, d'une branche complète d'activité ou de l'intégralité des titres détenus dans une société de personnes (exonération non applicable en cas de cession d'éléments isolés) Concerne les éléments corporels et incorporels de l'entreprise à l'exclusion des immeubles

Plus-values professionnelles (BIC-BNC-BA) et IS sous conditions (art. 238 *quindecies*)				
Dispositifs d'exonération	**Exonération des petites entreprises**	**Exonération en cas de départ à la retraite**	**Abattement pour durée de détention d'immeubles**	**Exonération en fonction de la valeur de cession**
Entreprises concernées	Entreprises relevant de l'impôt sur le revenu (entreprises individuelles, sociétés de personnes non soumises à l'impôt sur les sociétés et associés personnes physiques exerçant leur activité professionnelle au sein d'une société de personnes non soumise à l'impôt sur les sociétés)	Entreprises relevant de l'impôt sur le revenu (entreprises individuelles, sociétés de personnes n'ayant pas opté pour l'impôt sur les sociétés, associés personnes physiques d'une société de personnes relevant de l'impôt sur le revenu exerçant son activité professionnelle au sein de cette société)	Entreprises relevant de l'impôt sur le revenu (entreprises individuelles et sociétés de personnes)	Entreprises relevant de l'impôt sur le revenu **ou de l'impôt sur les sociétés** (entreprises individuelles, personnes morales et associés personnes physiques d'une société de personnes non soumise à l'impôt sur les sociétés exerçant son activité professionnelle au sein de cette société)
Durée d'exercice de l'activité	5 ans dans tous les cas (cas spécifique de la location-gérance)			
Taille de l'entreprise cédée	CA moyen HT des exercices clos dans les 2 années précédant la cession < 350 000 € (ventes et fourniture de logement) < 126 000 € (prestations)	PME : • < 250 salariés • soit CA annuel < 50 M €, soit total de bilan < 43 M € • capital non détenu à 25 % ou plus par des entreprises ne répondant pas aux conditions d'effectif, de CA et de total de bilan	Aucun seuil	**Uniquement pour sociétés IS :** • effectif < 250 salariés • soit CA annuel < 50 M €, soit total de bilan < 43 M € • capital non détenu à 25 % ou plus par des entreprises ne répondant pas aux conditions d'effectif, de CA et de total de bilan
Conditions spécifiques	Néant	Cessation des fonctions et départ à la retraite du cédant dans les 24 mois précédant ou suivant la cession	Néant	
Contrôle et dépendance	Néant	Absence de contrôle direct ou indirect du cessionnaire (50 % des droits de vote ou dans les bénéfices) au moment de la cession et pendant 3 ans	Néant	Pour les cessions à titre onéreux, au moment de la cession et pendant 3 ans suivant la cession : – pas de contrôle direct ou indirect du cessionnaire (+ 50 %) ; – pas de fonction de direction effective de l'entreprise cessionnaire ; Pour les cessions de parts assimilées à une branche d'activité, aucune détention dans l'entreprise cessionnaire

Plus-values professionnelles (BIC-BNC-BA) et IS sous conditions (art. 238 *quindecies*)				
Dispositifs d'exonération	**Exonération des petites entreprises**	**Exonération en cas de départ à la retraite**	**Abattement pour durée de détention d'immeubles**	**Exonération en fonction de la valeur de cession**
MODALITÉS DE L'EXONÉRATION				
Plus-values exclues de l'exonération	Terrains à bâtir Cession de locaux d'habitation par des loueurs en meublé non professionnels	Biens immobiliers bâtis ou non bâtis ou droits ou parts de sociétés dont l'actif est constitué des mêmes biens	Terrains à bâtir Immeubles de placement	Exclusion du régime des biens immobiliers, des terrains à bâtir et des droits dans des sociétés à prépondérance immobilière sauf pour les parts de sociétés professionnelles à prépondérance immobilières
Portée de l'exonération	– Exonération **totale** si CA moyen HT ⩽ 250 000 € (ventes) ou 90 000 € (prestations) **partielle** si CA moyen HT < 350 000 € ou 126 000 € – Taux d'exonération : (350 000 – recettes) /100 000 € (ventes) (126 000 € – recettes) / 36 000 € (prestations)	Exonération d'IR des plus-values à CT et à LT Montant exonéré non limité Exonération étendue aux plus-values réalisées antérieurement et placées en report d'imposition	Abattement sur les plus-values à long terme de **10 %** pour chaque année de détention échue au-delà de la 5e Exonération définitive après **15 années** de détention révolues	– Exonération des plus-values à CT et à LT **totale** si valeur des biens cédés ⩽ 300 000 € **partielle** si valeur des biens cédés > 300 000 € et < 500 000 € – Taux d'exonération : (500 000 € – valeur des biens cédés)/200 000 €
Impôts visés par l'exonération	Exonération d'impôt sur le revenu et de prélèvements sociaux Concerne les plus-values à court terme et à long terme	Exonération d'impôt sur le revenu mais **NON** les prélèvements sociaux (17,20 %) qui restent dus	IR (12,8 %) **ET** prélèvements sociaux (17,20 %)	Exonération d'impôt sur le revenu et de prélèvements sociaux Exonération d'impôt sur les sociétés si la société relève de cet impôt Concerne les plus-values à court terme et à long terme
Cumul avec autres exonérations	Cumul possible avec les articles 151 *septies* A et 151 *septies* B du CGI Pas de cumul avec l'article 238 *quindecies* du CGI	Cumul possible avec les articles 151 *septies*, 238 *quindecies* et 151 *septies* B du CGI	Cumul possible avec les articles 151 *septies*, 238 *quindecies* et 151 *septies* A du CGI	IR : – non avec 151 *septies* – oui avec les autres exonérations IS : sans objet

Exemple

(art. 151 *septies*)
Une entreprise prestataire de services qui exerce son activité depuis cinq ans au moins réalise en N un chiffre d'affaires de 105 000 € et une plus-value de 20 000 €. Le calcul du montant de la plus-value exonérée est déterminé de la manière suivante : 20 000 × (126 000 – 105 000)/36 000 = 11 667. Ainsi, la plus-value est exonérée à hauteur de 11 667 €. Le montant taxable est donc égal à 8 333 € (20 000 – 11 667).
Si le chiffre d'affaires avait été supérieur à 126 000 € (limite du seuil d'exonération), la plus-value nette professionnelle aurait été taxable en totalité.

Exemple

(art. 238 *quindecies*)
Un entrepreneur individuel vend son fonds de commerce 430 000 € acheté 10 ans auparavant pour une valeur de 200 000 €. La plus-value dégagée est donc égale à : 430 000 − 200 000 = 230 000 €.
La plus-value est exonérée à hauteur de : [(500 000 − 430 000)/200 000] × 230 000 = 80 500 €.
La plus-value est taxée à 30 % pour un montant de 149 500 € (soit 230 000 − 80 500).

Exemple

(art. 151 *septies* B)
Un commerçant est installé depuis 12 ans dans un immeuble professionnel dont il est propriétaire. Ce bien a été inscrit à l'actif du bilan au mois de juin N−12. Le local est cédé en février N et la plus-value à long terme réalisée est de 180 000 €. Au moment de la cession, le local est dans sa 12e année de détention mais n'est détenu que depuis 11 années révolues dont six qui ouvrent droit à l'abattement de 10 %, soit 60 % au total. La plus-value réalisée ne sera donc imposable qu'à hauteur de 180 000 × 40 % = 72 000 €.

Exemple

(art. 151 *septies* A)
Le 5 juin N, M. B cède, à l'occasion de son départ à la retraite, son fonds de commerce qu'il exploite depuis 40 ans pour 600 000 €. Il réalise à cette occasion une plus-value à long terme de 200 000 €.
La moyenne des recettes HT des deux exercices précédant la cession s'élève à 750 000 € : le dispositif d'exonération des plus-values des petites entreprises (CGI art. 151 *septies*) ne peut donc s'appliquer.
La valeur des éléments cédés excédant 500 000 €, il ne peut bénéficier du dispositif de l'article 238 *quindecies*.
L'application du régime d'exonération en cas de départ à la retraite permet d'exonérer la plus-value de 200 000 € dégagée sur la cession du fonds de commerce. En revanche, ce dispositif est sans incidence sur les prélèvements sociaux, qui s'élèvent en l'espèce à 200 000 × 17,20 %, soit 34 400 €.

C Plus-values en report d'imposition

1 Apport en société d'une entreprise individuelle

Les entrepreneurs individuels qui apportent leur entreprise à une société peuvent bénéficier d'un régime optionnel les dispensant d'acquitter immédiatement l'impôt relatif à la plus-value sur les éléments apportés.

Ce régime, codifié à l'article 151 *octies* du CGI, concerne les apporteurs personnes physiques qui font apport d'une entreprise individuelle ou d'une branche complète d'activité, c'est-à-dire de l'ensemble des éléments d'actif et de passif d'une division d'une entreprise constituant une exploitation autonome capable de fonctionner par ses propres moyens, à une société imposable à l'IR ou à l'IS.

Les immeubles affectés à l'exploitation peuvent ne pas être compris dans l'apport, mais ils doivent dans ce cas être mis à disposition de la société bénéficiaire de l'apport dans le cadre d'un bail d'une durée minimale de neuf ans.

L'apport doit être rémunéré exclusivement par des titres sociaux, et non par une somme d'argent ou encore la prise en charge d'un passif.

L'option pour ce régime spécifique permet à l'apporteur de bénéficier des avantages suivants :

- la plus-value sur éléments non amortissables est placée en report d'imposition : elle ne sera taxée que lorsque la société revendra les biens apportés ou lorsque les associés revendront les parts qu'ils ont reçu en échange de leurs apports ;
- pour les biens amortissables autres qu'immeubles, les plus-values à court terme sont imposées chez la société bénéficiaire des apports avec un étalement sur cinq ans ;

- pour les plus-values sur immeuble, l'étalement pratiqué par la société bénéficiaire de l'apport est effectué proportionnellement à la durée moyenne pondérée d'amortissement des immeubles avec un maximum de quinze ans ;
- les éventuels profits sur stocks ne sont pas imposés au moment de l'apport à la condition que les stocks soient inscrits au bilan de la société bénéficiaire de l'apport pour des valeurs identiques à celles qu'ils avaient chez l'apporteur.

L'option pour ce dispositif de faveur est demandée conjointement par l'apporteur et la société bénéficiaire dans l'acte d'apport ou de constitution de la société bénéficiaire de l'apport.

Celle-ci doit joindre à ses déclarations de résultat un état de suivi de plus-values en report : à défaut, elle s'exposerait à l'application d'une amende s'élevant à 5 % des sommes omises.

Remarque. Peu importent la forme juridique de la société bénéficiaire de l'apport ni même son régime fiscal (IR ou IS).

2 Transmission d'une entreprise à titre gratuit (art. 41 du CGI)

La transmission à titre gratuit des éléments corporels et incorporels de l'entreprise individuelle relevant de l'IR, assimilée fiscalement à une vente, peut bénéficier, sur option expresse, d'un report d'imposition permettant d'éviter l'imposition immédiate des plus-values sur les éléments d'actifs transmis. Il s'agit des opérations de donation ou de succession d'entreprises individuelles ou des parts d'associés actifs de sociétés de personnes, et ce quelle que soit la nature de l'activité exercée. Les éléments transmis sont identiques à ceux étudiés dans le dispositif précédent (art. 151 *octies*).

Les plus-values à court et à long terme réalisées lors de la transmission bénéficient d'un report d'imposition.

L'exonération devient toutefois définitive lorsque l'activité est poursuivie pendant au moins cinq ans par l'un des bénéficiaires de la transmission.

Il est admis que la transmission à titre gratuit d'une branche complète d'activité, c'est-à-dire de l'ensemble des éléments d'actif et de passif d'une division d'une entreprise constituant une exploitation autonome capable de fonctionner par ses propres moyens, puisse bénéficier de ce régime. La transmission d'éléments de passif ne fait pas obstacle à l'application du report d'imposition.

Remarque. Il s'agit d'un dispositif optionnel auquel les bénéficiaires de la transmission peuvent renoncer.

3 Opérations sur titres pour les entreprises relevant de l'IR

Les opérations fiscales portant sur les titres des entreprises sont assez complexes. Il s'agit, afin d'éviter toute confusion, de bien distinguer le régime d'imposition de ces opérations pour les structures relevant de l'IR de celles relevant de l'IS.

Nous ne traiterons dans cette partie que les seules opérations relevant de l'IR (voir Chapitre 16 pour les règles applicables aux sociétés relevant de l'IS).

A Plus et moins-values sur cessions des titres du portefeuille

Dans les entreprises qui relèvent de l'IR, tous les titres relèvent du régime des plus-values professionnelles à court ou à long terme, quelle que soit la nature de ces derniers (titres de participation ou titres de placement), dès lors qu'ils sont considérés comme appartenant à l'actif immobilisé.

Les règles fiscales applicables ne diffèrent pas selon la nature des titres, contrairement à ce qui se passe pour les entreprises à l'IS.

1 Évaluation des titres

Les entreprises doivent, à la clôture de chaque exercice, évaluer leurs titres. Que l'entreprise relève de l'IR ou de l'IS, les modes d'évaluation et les techniques de calcul des provisions pour dépréciation sont identiques.

- pour les titres de placement **cotés**, l'évaluation est réalisée d'après le cours moyen du dernier mois de l'exercice ;
- les titres de placement **non cotés** sont évalués à leur valeur probable de négociation, qui doit être déterminée en fonction de l'ensemble des éléments permettant d'aboutir à un chiffre aussi proche que possible de celui qu'aurait entraîné le jeu normal de l'offre et de la demande.

Pour y parvenir, plusieurs techniques d'évaluation peuvent être retenues pour les titres non cotés :

- **méthode par comparaison**, qui consiste à s'appuyer sur des valeurs retenues lors de transactions récentes et portant sur des titres de sociétés comparables ;
- **méthode patrimoniale ou mathématique**, qui appuie sur la valeur de l'actif net de la société, corrigée éventuellement des plus-values latentes sur éléments d'actifs ;
- **méthode portant sur le rendement et la productivité** de l'entreprise : cette méthode s'appuie sur la capitalisation des bénéfices.

L'évaluation est réalisée pour chaque catégorie de titres de même nature, par rapport à la valeur d'origine globale de l'ensemble des titres. Les titres de même nature s'entendent de ceux émis par une même collectivité qui confère aux porteurs des titres les mêmes droits. Lorsque l'évaluation fait apparaître une dépréciation, elle doit obligatoirement être constatée sous forme de provision.

Remarque. En BIC, les provisions suivent le régime fiscal des moins-values à long terme et ne sont de ce fait pas déductibles des résultats.

Exemple

Une société imposable à l'IR détient 1 000 actions cotées d'une société A acquises dans les conditions suivantes :
- **en N-6 : 200 actions à 100 € = 20 000 € ;**
- **en N-5 : 500 actions à 125 € = 62 500 € ;**
- **en N-1 : 300 actions à 85 € = 25 500 €.**

Soit un total en portefeuille de 108 000 €.
Le cours moyen de ces actions en décembre N-1 ayant été de 100 € par titre (soit 100 000 € pour les 1 000 actions), la société a constitué le 31 décembre N-1 une provision de 8 000 € qui a été réintégrée au résultat imposable, puisqu'elle suit le régime fiscal des MVLT.
Le cours moyen de décembre N est de 105 €. Dans ce cas, la dépréciation des 1 000 actions au 31 décembre N n'est plus que de 3 000 €. La provision constituée antérieurement (8 000 €) devient donc sans objet à hauteur de 5 000 € et doit donc être reprise en N : cette reprise suit le régime des PVLT et fait l'objet d'une déduction fiscale sur le tableau n° 2058-A.

2 Cession de titres

a. Cession relevant du régime des plus ou moins-values

Les plus et moins-values de cession de titres sont calculées par différence entre leur prix de cession et leur prix de revient.

Pour les entreprises relevant de l'impôt sur le revenu, tous les titres peuvent ouvrir droit au régime des plus-values professionnelles quel que soit leur classement comptable (valeurs mobilières de placement ou titres immobilisés). En effet, l'administration reconnaît la qualification d'éléments de l'actif immobilisé pour l'application du régime des plus-values :

- d'une part, aux titres détenus depuis **plus de deux ans** ;

- d'autre part, aux titres détenus depuis moins de deux ans, dans la mesure où le portefeuille comprend des titres de même nature détenus depuis plus de deux ans. Dans ce cas, le résultat de cession relève du régime du long terme si les titres cédés ont été détenus depuis plus de deux ans.

Remarque : si tous les titres appartenant à une même catégorie ont été acquis depuis moins de deux ans, le résultat provenant de leur cession est traité comme simple bénéfice ou perte d'exploitation.

b. Calcul des plus ou moins-values lorsque les titres ont été acquis à des dates différentes

Lorsque les titres ont été acquis à des dates différentes et pour des valeurs différentes, il convient de procéder de la manière suivante : les cessions de titres portent par priorité sur les titres les plus anciens (méthode « premier entré, premier sorti, PEPS » ou *FIFO* « first in, first out »).

Si les titres cédés sont des titres de placement, la règle premier entré, premier sorti est obligatoire.

Pour les titres de participation, l'entreprise peut utiliser la méthode du coût moyen pondéré (CMP). Toutefois, l'administration a précisé que cette méthode ne devait pas avoir pour conséquence de faire apparaître une moins-value à court terme, ou d'en majorer le montant, par rapport aux résultats provenant de la méthode PEPS.

Remarque. Les titres de participation au sens comptable sont les titres dont la possession durable est estimée utile à l'entreprise notamment parce qu'elle permet d'exercer une influence sur la société émettrice des titres ou d'en assurer le contrôle) ; si le seuil de 10 % de détention du capital est atteint, il en résulte une présomption qu'il s'agit de titres de participation.

3 Plus-values sur les droits ou parts de sociétés de personnes

Les associés actifs des sociétés de personnes ont des droits sociaux qui présentent le caractère d'un actif professionnel (art. 151 *nonies* du CGI). Les plus-values de cession de ces droits sont imposables selon le mécanisme des plus-values professionnelles.

La plus ou moins-value de cession est déterminée et imposée en tenant compte de la nature de l'activité de la société de personnes. Sous certaines conditions, ces plus-values peuvent bénéficier des régimes d'exonération étudiés ci-avant.

4 Régimes spéciaux

A Plus-values sur sinistres et expropriations

Les plus-values nettes à court terme qui se rapportent à des biens amortissables et qui sont réalisées à la suite de la perception d'indemnités d'assurances ou d'expropriation d'immeubles figurant à l'actif peuvent, au choix de l'entreprise, être réparties par parts égales, à partir de l'exercice suivant celui de leur réalisation, sur un nombre d'exercices équivalant à la durée d'amortissement déjà pratiqué sur le bien concerné, sans que l'étalement puisse excéder quinze ans.

Lorsque l'entreprise a plusieurs biens qui sont détruits ou expropriés, la durée d'étalement, qui reste plafonnée à quinze ans, dépend de la durée moyenne d'amortissement déjà pratiquée sur les biens concernés, pondérée en fonction de leurs prix d'achat respectifs.

La plus-value qui peut être étalée est limitée au montant net des plus-values au terme de l'exercice après imputation des moins-values à court terme.

La plus-value nette à long terme fait l'objet d'une imposition différée de deux ans.

B Opérations de crédit-bail mobilier

1 Cession du contrat

Les droits attachés à un contrat de crédit-bail mobilier sont assimilés à des éléments incorporels de l'actif immobilisé et relèvent, en cas de cession du contrat, du régime des plus-values professionnelles.

Lorsque le contrat de crédit-bail est cédé par le souscripteur initial, la plus-value correspond au prix de cession.

Pour les entreprises imposées à l'IR, la plus-value est à long terme à la condition que le cédant soit titulaire du contrat depuis deux ans au moins. Si le contrat est détenu depuis moins de deux ans, la totalité de la plus-value est à court terme.

Pour les entreprises soumises à l'IS, la plus-value est imposable au taux courant de l'IS.

La technique de calcul de la plus-value à long terme s'opère selon des règles particulières compte tenu du fait que le preneur ne pratique aucun amortissement sur le bien pris en crédit-bail.

Pour déterminer la plus-value à court terme consécutive à la cession du contrat, il faut se référer à une notion d'amortissement théorique du contrat. Son montant est censé correspondre à l'amortissement financier de l'investissement supporté par le preneur à travers le paiement des loyers pendant la période de détention du contrat. La fraction de la plus-value qui excède l'amortissement théorique bénéficie du taux réduit des plus-values à long terme.

Cet amortissement théorique est calculé en linéaire sur le prix d'acquisition HT du bien par le bailleur diminué du prix prévu pour la levée d'option d'achat, sur une période égale à celle couverte par le contrat.

Exemple

Un contrat de crédit-bail mobilier d'une durée de 10 ans porte sur une machine acquise par le bailleur pour un prix HT de 200 000 € et il est cédé au terme de 5 ans pour un prix de 100 000 €. Le prix de levée d'option au terme du contrat est de 10 000 €. La plus-value de cession est égale à 100 000 €.
L'amortissement théorique s'élève à : (200 000 € – 10 000 €) × 1/10 × 5 = 95 000 €.
La plus-value est à court terme à hauteur de l'amortissement théorique (95 000 €) et à long terme pour le surplus (5 000 €).

2 Cession du bien acquis à l'échéance du contrat

Lors de la cession d'un bien acquis à l'échéance d'un contrat de crédit-mobilier, la plus-value réalisée est déterminé dans les conditions de droit commun, par différence entre le prix de vente du bien et son prix de revient selon que le preneur était titulaire du contrat depuis l'origine ou l'avait acquis auprès d'un précédent locataire, diminué des amortissements pratiqués.

Pour les entreprises soumises à l'impôt sur le revenu, le code des impôts prévoit des règles particulières pour distinguer entre la fraction de la plus-value relevant du régime des plus-values à court terme et celle soumise au régime des plus-values à long terme. La plus-value réalisée est à court terme à concurrence :

- des amortissements pratiqués à raison du prix d'acquisition du bien incluant, le cas échéant, les amortissements pratiqués sur le prix d'acquisition des droits attachés au contrat si ce dernier a été acquis auprès d'un précédent locataire ;
- et augmentés de l'amortissement théorique du contrat déterminé selon les modalités exposées ci-avant.

La fraction de la plus-value qui excède la plus-value à court terme ainsi définie bénéficie du taux réduit d'imposition des plus-values à long terme, dès lors que le bien cédé a été détenu pendant au moins deux ans.

L'administration estime que le délai de deux ans est apprécié à partir de la date à laquelle le bien concerné est entré dans l'actif immobilisé, c'est-à-dire la date de levée d'option d'achat.

LES PLUS ET MOINS-VALUES PROFESSIONNELLES

Considérations générales	
PV et MV professionnelles	Elles sont générées lors de la cession d'une immobilisation inscrite à l'actif du bilan (vente, donation, destruction, mise au rebut, ...). Elles ne doivent pas être confondues avec les plus-values des particuliers (cession de droits sociaux, cession d'immeuble, cession de bien mobilier par un particulier).
Modalités de calcul des PV et MV	
Biens non amortissables	PV ou MV = PRIX DE CESSION – PRIX D'ACQUISITION
Biens amortissables	PV ou MV = PRIX DE CESSION – VALEUR NETTE COMPTABLE (VNC)

Nature des biens cédés	Biens inscrits à l'actif depuis moins de 2 ans		Biens inscrits à l'actif depuis 2 ans et plus	
	Plus-value	Moins-value	Plus-value	Moins-value
Biens amortissables	Court terme *(PVCT)*	Court terme *(MVCT)*	Court terme dans la limite des amortissements, long terme pour le surplus	Court terme *(MVCT)*
Biens non amortissables	Court terme *(PVCT)*	Court terme *(MVCT)*	Long terme *(PVLT)*	Long terme *(MVLT)*

Modalités d'imposition : il faut compenser les PV et MV de même catégorie	
Sort de la PVCT	Possibilité d'opter pour l'étalement sur 3 exercices.
Sort de la MVCT	Aucun traitement fiscal particulier, elle vient en diminution du résultat comptable et fiscal.
Sort de la PVLT	imputation éventuelle sur le déficit de l'exercice ou de la PVLT. Imposition au taux proportionnel de 12,8 % + prélèvements sociaux de 17,20 %.
Sort de la MVLT	Pas déductible du résultat fiscal. Imputation possible sur les PVLT des 10 exercices suivants.
Opérations sur titres	
Titres du portefeuille (titres de participation ou de placement)	Régime des plus ou moins-values professionnelles (CT ou LT) en fonction de la durée de détention des titres. Cas particulier des titres détenus depuis – de 2 ans et pas d'autres titres de même nature dans le portefeuille = produits financiers.
Régimes spéciaux	
Nombreux régimes d'exonérations pour les entreprises relevant de l'IR	Exonération totale ou dégressive des plus-values des petites entreprises BIC, BNC, BA Exonération des plus-values réalisées par les PME en cas de départ à la retraite de l'exploitant. Etc...

Applications

EXO 11.01 Cas SACEDE

N = 2022

L'entreprise individuelle SACEDE exerce à Lyon (69) une activité de fabrication et de négoce de tondeuses à gazon. Elle a réalisé en N un chiffre d'affaires hors taxes de 1 250 000 €.

L'entreprise a réalisé en N les opérations suivantes :

1. L'entreprise a mis au rebut le 31 décembre N du matériel informatique acquis le 2 mai N-2 pour 15 200 € et amorti pour 11 187 € à la date de sa mise hors service : l'entreprise a conservé la preuve de la destruction définitive des matériels.
2. Elle a cédé un contrat de crédit-bail immobilier à un autre utilisateur le 31 décembre N. Ce contrat avait été conclu le 1/1/N-2 pour une durée de 5 ans :
   - prix de cession du contrat : 50 000 €
   - prix de levée de l'option : 5 000 €
   - redevance mensuelle : 2 000 €
   - prix d'acquisition du bien pour la société de crédit-bail : 75 000 €
3. Un incendie s'est déclaré le 1er avril N dans l'un des entrepôts de l'entreprise. Les biens suivants ont été totalement détruits :
   - un bâtiment acquis pour 40 000 €, mis en service le 2 janvier N-6, et amorti en linéaire sur 15 ans ;
   - une machine acquise le 15 juin N-1 pour 11 000 €, amortie en linéaire sur 5 ans ;
   - des marchandises destinées à être livrées à un client suisse pour 11 800 €.

   L'entreprise a perçu le 15 décembre N les indemnités d'assurance suivantes :
   - bâtiment : 44 000 € ;
   - machine : 8 500 € ;
   - marchandises : 11 500 €
4. L'entreprise SACEDE a vendu :
   - le 30 octobre N : 50 obligations Crédit commercial au prix unitaire de 1 100 € ;
   - le 18 novembre N : 130 actions Polux au prix unitaire de 209 €.

   À l'ouverture de l'exercice, le portefeuille de valeurs mobilières de placement comprenait entre autres :
   - 80 obligations Crédit commercial acquises le 30 septembre N-4 au prix unitaire de 980 € ;
   - 150 actions Polux ;
   - 20 actions acquises 245 € l'une le 30 janvier N-3 ;
   - 90 actions acquises 170 € l'une le 13 juin N-2 ;
   - 40 actions acquises 251 € l'une le 15 novembre N-1.

   L'entreprise n'a comptabilisé aucune provision sur VMP au bilan du 31 décembre N-1.

   Pour les actions Polux, les cours boursiers sont les suivants :
   - cours du 31 décembre N : 222 € ;
   - cours moyen de décembre N : 205 €.

5. L'entreprise SACEDE détient également des participations dans les SA ACTIFPLUS et ACTIFMOINS.

   S'agissant des titres ACTIFPLUS, la SA SACEDE avait acquis :
   - le 1/7/N-3 : 150 actions au prix unitaire de 60 € ;
   - le 10/11/N-1 : 650 actions au prix unitaires de 80 € ;

   Concernant sa participation dans le capital de la SA ACTIFMOINS, la SA SACEDE avait acquis l'ensemble de ses 5 actions en N-5 au prix unitaire de 30 €.

   Au 1er janvier N, la SA SACEDE était actionnaire à 80 % de la SA ACTIFPLUS et à 40 % de la SA ACTIFMOINS.

   Au cours de l'exercice N, il est constaté les évènements suivants :
   - le 20 juin N, la SA SACEDE décide de céder 400 titres de la SA ACTIFPLUS. Le prix unitaire de cession s'élève à 100 € ;
   - le titre ACTIFMOINS est évalué au 31 décembre N à 15 €. Cette dévaluation est due au résultat déficitaire de la SA ACTIFMOINS.
6. Cessions de divers éléments d'actif :

   L'entreprise SACEDE a procédé en N aux différentes cessions suivantes :
   - terrain à bâtir acquis le 15 avril N-5 pour 49 000 € et cédé le 11 mai N-1 pour 70 000 € ;
   - entrepôt acquis le 1er juin N-8 pour 100 000 €, dont 20 000 € pour le terrain, amorti en linéaire sur 20 ans et cédé le 30 avril N pour 110 000 €, dont 30 000 € pour le terrain ;
   - véhicule particulier non polluant acquis le 10 décembre N-3 pour 38 300 € TTC et amorti en linéaire sur 5 ans, cédé le 30 avril N pour 9 000 € ;
   - machine acquise le 15 février N-7 pour 15 000 €, amortie en dégressif sur 10 ans et revendue le 31 juillet N pour 8 000 €.

→ Travail à faire

1. **Déterminez les plus ou moins-values de cession pour l'ensemble de ces opérations, en considérant que les opérations ont été correctement comptabilisées.**
2. **Établissez le tableau de compensation des plus et moins-values.**
3. **Qualifiez fiscalement ces plus ou moins-values en indiquant leurs modalités d'imposition, sachant que l'entreprise souhaite retenir la solution la plus avantageuse fiscalement.**

EXO 11.02 Cas LAFLEUR

N = 2022

M. Jacques Lafleur a créé, il y a 20 ans, une entreprise de jardinerie spécialisée dans les fleurs exotiques. Aujourd'hui, l'entreprise Lafleur emploie 30 salariés et dégage un chiffre d'affaires de 1 000 000 €. Mais M. Lafleur voudrait profiter d'une retraite bien méritée aux côtés de son épouse, Lise, fiscaliste d'entreprise. Cette dernière pourra prendre sa retraite à la fin de l'année N+1 et d'ici là, Jacques pense avoir cédé son entreprise.

Il vient d'ailleurs de recevoir une proposition de M. Cactus, qui lui a exposé son projet : il créerait auparavant une SAS, qui rachèterait l'entreprise Lafleur. M. Cactus souhaite, en effet, s'entourer de plusieurs associés afin de pouvoir financer l'opération de rachat. M. Lafleur se pose la question de la taxation des plus-values, car son entreprise vaut aujourd'hui 400 000 €. Il vient vous consulter concernant l'article 238 *quindecies* du CGI, dont il a entendu parler.

Cet exercice est une illustration de l'un des mécanismes d'exonération des plus-values de cession de fonds de commerce (dispositif de l'article 238 *quindecies* du CGI).

→ Travail à faire

Il vous soumet les questions suivantes :

1. **Les conditions d'application de l'article 238 *quindecies* sont-elles réunies ? En particulier, M. Lafleur se demande s'il n'est pas obligatoire de céder son entreprise à une personne physique ?**
2. **M. Lafleur pourrait-il détenir une participation dans la société nouvellement créée par M. Cactus, afin de réaliser une transition « en douceur » ?**

EXO 11.03 Cas ISIDORE

N = 2022

La SARL Isidore se constitue au 1er septembre N avec un capital de 860 000 €. Les apports réalisés par les trois associés, Mlle Nina, M. Villiers et Mme Olivia sont les suivants :

- Apport de Mlle Nina

  Mlle Nina apporte un immeuble et un fonds de commerce qu'elle exploitait en entreprise individuelle jusqu'à présent. **Les valeurs d'apport** sont les suivantes :
  - immeuble (acquis en N-27 et totalement amorti) : 300 000 ;
  - éléments incorporels du fonds de commerce : 150 000 ;
  - mobilier et matériel : 80 000 ;
  - marchandises : 120 000 ;
  - créances : 60 000.
- La société s'engage à prendre en charge les dettes de l'entreprise pour un montant de 600 000 €.

  L'immeuble est affecté à l'exploitation.

  Mlle Nina vous demande si elle va devoir payer de la plus-value au moment de l'apport des éléments incorporels du fonds de commerce de l'immeuble et du matériel. En effet, les biens en question ont tous pris de la valeur depuis le moment où elle les a acquis :
  - les éléments incorporels, acquis en N-26, sont comptabilisés actuellement pour une valeur de 10 000 €, mais elle les apporte pour leur valeur réelle, actualisée ;
  - le mobilier et le matériel sont presque totalement amortis, leur valeur nette comptable globale est de 15 000 €.
- Les marchandises et les créances figurent au bilan par leurs valeurs d'apport.
- Apports de M. Villiers :
  - espèces : 90 000 €.
- Apports de Mme Olivia :
  - espèces : 60 000 €.

Cet exercice est notamment l'occasion de préciser les modalités d'application de l'article 151 *octies* du CGI (apport en société d'une entreprise individuelle).

→ Travail à faire

1. **Déterminez le montant des plus ou moins-values réalisées lors de cette opération de constitution de société.**
2. **Existe-t-il une solution alternative pour limiter le coût fiscal de l'opération ?**

Chapitre 12

Les régimes d'imposition Les organismes de gestion agréés

COMPÉTENCE ATTENDUE

- **Proposer des conseils et recommandations en matière fiscale pour les entreprises individuelles relevant des BIC.**

PLAN DU CHAPITRE

SYNTHÈSE P. 242

APPLICATIONS P. 243

LES RÉFÉRENCES POUR COMPRENDRE LE CONTEXTE

Les créations d'entreprises

En 2022, le nombre de créations d'entreprises en France atteint un nouveau record avec 1 071 900 créations. Toutefois, le rythme des créations ralentit, avec une hausse de 2 % en 2022, après + 17 % l'année précédente. Les immatriculations d'entreprises individuelles sous le régime du micro-entrepreneur (+ 3 %) et les créations de sociétés (+ 5 %) augmentent à plus faible allure qu'en 2021. Les créations d'entreprises individuelles classiques se replient fortement (– 7 %).

Infographie, graphiques et tableaux sur le site de l'INSEE

Les régimes d'imposition des entreprises

Micro-entreprise, régime réel et régime de la déclaration contrôlée : les trois régimes d'imposition des entreprises. Seuils d'imposition sur le site du ministère de l'Économie, des Finances et de la Souveraineté industrielle et numérique

Les avantages de l'adhésion à un organisme de gestion agréé

Adhésion à un OGA : nouveau taux de majoration des bénéfices. Vidéo explicative sur la chaîne YouTube de Compta Online

1 Champ d'application des régimes d'imposition

Le régime fiscal permet notamment de déterminer les obligations déclaratives et comptables des entreprises ainsi que le mode de détermination du résultat imposable. Il tient compte du chiffre d'affaires estimé et du type d'activité.

Au cours de l'existence de l'entreprise, le changement de régime d'imposition est possible, à condition de le demander au centre des impôts avant le 1er février de l'année du changement.

A Régime des micro-entreprises

1 Chiffre d'affaires limites

Le régime de la micro-entreprise (dit « micro-BIC ») est réservé aux très petites entreprises (TPE) dont le chiffre d'affaires annuel, hors taxes et ajusté s'il y a lieu au prorata du temps d'exploitation au cours de l'année civile, ne dépasse pas pour la période triennale (2023-2025) :

- **188 700 €** s'il s'agit d'entreprises dont le commerce principal est de vendre des marchandises, objets, fournitures et denrées à emporter ou à consommer sur place, ou de fournir le logement ;
- **77 700 €** s'il s'agit d'autres activités.

Si l'activité d'une entreprise se rattache à la fois aux activités de ventes et de prestations de services (activité mixte), le régime de la micro-entreprise ne s'applique que si le chiffre d'affaires hors taxes globales annuelles n'excède pas 188 700 € et si le chiffre d'affaires hors taxes annuel afférent aux activités de la 2e catégorie ne dépasse pas 77 700 €.

Le régime micro-BIC s'applique aux exploitants dont les recettes annuelles HT de N–1 ou N–2 n'excèdent pas ses limites.

Le régime micro demeure applicable au titre des deux premières années de dépassement des limites.

Le choix de ce régime ne dispense de la déclaration et du paiement de la TVA que dans la limite de 91 900 € pour les ventes et 36 800 € pour les prestations de services. Dans le régime dit de la « franchise TVA », celle-ci ne pourra être ni facturée, ni déduite. Une mention obligatoire devra être portée sur les factures et les notes d'honoraires : « TVA non applicable, article 293 B du CGI ».

Remarque. Les seuils sont actualisés tous les trois ans. Les seuils actualisés pour 2020 seront également applicables en 2021 et 2022.

2 Modalités d'imposition

Avec le régime de la micro-entreprise, l'exploitant va directement porter sur sa déclaration nº 2042 son chiffre d'affaires brut. Ses charges sont évaluées forfaitairement par la prise en compte d'un abattement. Le résultat imposable de l'entreprise est alors égal au montant du chiffre d'affaires hors taxes, diminué d'un abattement dont le taux forfaitaire est de :

- **71 %** s'il s'agit d'entreprises dont le commerce principal est de vendre des marchandises, objets, fournitures et denrées à emporter ou à consommer sur place, ou de fournir le logement (à l'exception des locations meublées qui relèvent désormais de l'abattement de 50 %) ;
- **50 %** s'il s'agit d'autres entreprises relevant des bénéfices industriels et commerciaux (BIC).

Ces abattements ne peuvent être inférieurs à 305 €.

Exemple : Si une entreprise exerçant une activité de vente de marchandises a réalisé au cours de l'année N un chiffre d'affaires de 70 000 €, son bénéfice imposable sera de 14 500 € :
70 000 – (70 000 × 71 %) = 20 300 € ou 70 000 × 29 % = 20 300 €.

Remarque. Le micro-BIC ne s'applique ni aux sociétés de personnes, ni aux sociétés imposées à l'IS. Depuis l'entrée en vigueur de la loi Sapin II, les EURL dont l'associé unique est une personne physique dirigeante peuvent désormais opter pour le régime micro-BIC et micro-BNC.

3 Obligations comptables et fiscales

Le régime micro apporte des allègements de formalités fiscales et comptables. La tenue des registres est simplifiée à la seule tenue du livre-journal des recettes et du registre des achats (pour la vente de marchandises et pour les prestataires de service s'ils sont à la TVA).

Même si elles respectent les limites de chiffre d'affaires, certaines entreprises ne peuvent relever du régime micro-BIC. Tel est le cas des sociétés de capitaux et des sociétés de personnes.

B Régime de l'auto-entrepreneur ou micro-entrepreneur

1 Présentation générale du dispositif

C'est la loi de modernisation de l'économie nº 2008-776 du 4 août 2008, qui a instauré le statut de l'auto-entrepreneur avec comme date d'entrée en vigueur le 1er janvier 2009.

Le régime micro-entrepreneur a remplacé en 2016 le régime auto-entrepreneur.

Ce régime s'adresse en particulier aux personnes qui souhaitent pouvoir débuter ou arrêter facilement une petite activité indépendante, à titre principal ou complémentaire : il concerne tout particulièrement les étudiants, salariés, fonctionnaires, demandeurs d'emploi ou retraités.

2 Les cotisations sociales du micro-entrepreneur

Il est appliqué un régime simplifié de calcul et de paiement des cotisations sociales qui ouvre des droits à l'assurance maladie et à la retraite. Chaque mois ou chaque trimestre, le micro-entrepreneur est redevable de cotisations sociales en fonction des recettes brutes encaissées au cours de la période retenue. Le montant de ses cotisations pour 2023 est résumé dans le tableau suivant :

Organisme de retraite	Activités	Exemple d'activités concernées	Régime micro-social simplifié
Sécurité sociale des indépendants	Ventes de marchandises (BIC)	*Restaurateurs, opticiens, prêt-à-porter, chaussures...*	12,3 %
	Prestations de services BIC	*Coiffeurs, cordonniers, plombiers...*	21,2 %
	Prestations de services BNC	*Agent commercial, exploitant d'auto-école...*	21,1 %
CIPAV	Activités libérales (BNC)	*Architecte, psychologue, consultant...*	21,2 %

Urssaf

Le micro-entrepreneur doit également acquitter une contribution à la formation professionnelle calculée en pourcentage de son chiffre d'affaires à concurrence de 0,10 % pour les commerçants, 0,30 % pour les artisans et 0,20 % pour les professionnels libéraux.

3 Les obligations fiscales du micro-entrepreneur

Le micro-entrepreneur relève obligatoirement du régime fiscal de la micro-entreprise. Il peut choisir entre deux modes d'imposition à l'IR :

- le régime micro-fiscal simplifié (versement libératoire de l'impôt sur le revenu) ;
- le calcul et le paiement de l'impôt l'année suivant la réalisation du bénéfice.

S'il choisit le versement libératoire de l'impôt sur le revenu, le montant de l'IR dû correspondra à un pourcentage de ses recettes encaissées au cours du mois ou du trimestre écoulé :

- **1 %** s'il s'agit d'entreprises dont l'activité principale est l'achat/revente, la vente à consommer sur place et la prestation d'hébergement ;
- **1,7 %** pour les activités de services relevant des bénéfices industriels et commerciaux (BIC) ;
- **2,2 %** pour les activités libérales.

Pour pouvoir bénéficier du prélèvement fiscal libératoire, l'auto-entrepreneur devra avoir un revenu fiscal de référence N-2 n'excédant pas 26 070 € par part de quotient familial (plafond applicable aux revenus de 2022).

L'option pour le versement libératoire de l'impôt sur le revenu devra être formulée sur la déclaration de création d'activité, ou être effectuée auprès de l'administration au plus tard le dernier jour du troisième mois qui suit la création de l'entreprise.

L'auto-entrepreneur pourra continuer à bénéficier du régime fiscal de la micro-entreprise pour la fin de l'année civile en cours et l'année suivante si son chiffre d'affaires HT ne dépasse pas 91 900 € pour une activité d'achat/revente, de vente à consommer sur place et de prestation d'hébergement, ou 36 800 € pour une activité de services.

Remarque. La cotisation foncière des entreprises (CFE) est due à partir de la 2e année d'activité. Depuis 2019, une exonération de la CFE est appliquée en cas de chiffre d'affaires de l'avant-dernière année inférieur à 5 000 €.

Synthèse

Activité	Charges sociales	Versement libératoire de l'impôt sur le revenu	Total
Vente de marchandises (BIC)	12,3 %	1 %	13,3 %
Prestations de services commerciales ou artisanales (BIC)	21,2 %	1,7 %	22,9 %
Autres prestations de services (BNC)	21,1 %	2,2 %	23,3 %
Activités libérales relevant de la Cipav (BNC)	21,2 %	2,2 %	23,4 %

RSI

4 Les obligations comptables

Il s'agit d'obligations comptables allégées. Un livre-journal détaillant les recettes doit être tenu, et un registre récapitulatif par année présentant le détail des achats est exigé pour les seules activités de vente ou de fourniture de logement.

L'ensemble des factures et pièces justificatives relatives aux achats, ventes et prestations de services devront être conservées.

Enfin, la mention « TVA non applicable, article 293 B du CGI » devra être portée sur les factures.

C Régime du réel simplifié

1 Chiffre d'affaires limites

a. De plein droit

Sont soumises obligatoirement au régime réel simplifié d'imposition, les entreprises exclues du régime des micro-entreprises et qui réalisent un chiffre d'affaires annuel hors taxes inférieur pour la période triennale 2023-2025 à :

- 840 000 € lorsque l'entreprise a une activité de vente ou de fourniture de logement ;
- 254 000 € pour une activité de prestation de services.

Lorsque ces limites de chiffre d'affaires sont dépassées, le régime du réel normal s'applique de plein droit à l'entreprise à compter du 1er janvier de l'année suivant celle du dépassement.

b. Sur option

Les entreprises relevant de plein droit du régime des micro-entreprises ont la possibilité d'exercer une option pour le régime réel simplifié d'imposition. Celle-ci doit être formulée avant la date limite de dépôt de la déclaration des revenus N-1. Elle est valable et irrévocable pour une période d'une année, et tacitement reconductible chaque année.

Les entreprises nouvelles peuvent, quant à elles, opter pour le régime réel simplifié d'imposition jusqu'au dépôt de leur première déclaration de résultat.

Dans tous les cas, l'option se fait sur un simple courrier adressé au service des impôts des entreprises dont dépend le contribuable.

2 Modalités d'imposition

a. Entreprises individuelles

Les entreprises individuelles qui exercent une activité artisanale, industrielle ou commerciale ont la possibilité de tenir une comptabilité dite « super-simplifiée ». Cette comptabilité se caractérise par :

- la tenue d'une comptabilité de trésorerie (encaissements, décaissements), la possibilité de centraliser les écritures comptables de façon trimestrielle (sur le livre-journal notamment) ;
- l'absence de justification des frais généraux payés en espèces dans la limite de un pour mille du chiffre d'affaires avec un minimum de 150 €. Sont visées les petites dépenses accessoires telles que les pourboires, cadeaux frais de réception... ;
- la déduction forfaitaire des frais de carburant calculée par référence aux barèmes établis par l'administration fiscale ;
- l'évaluation forfaitaire, en fin d'exercice, des stocks de marchandises et des travaux en cours à la clôture de l'exercice ;
- la faculté d'être dispensées de produire un bilan et de compte de résultat si le chiffre d'affaires hors taxes n'excède pas pour la période triennale 2023-2025, 176 000 € (pour l'activité de vente et de fourniture de logement) ou 61 000 € (pour les prestations de services).

L'option pour la comptabilité « super-simplifiée » doit être effectuée chaque année sur la déclaration de résultat.

b. Autres entreprises

Les sociétés commerciales imposables à l'impôt sur les sociétés (IS) ou les sociétés de personnes relevant de l'impôt sur le revenu (IR) ou ayant opté pour l'IS ne peuvent pas bénéficier de la comptabilité « super-simplifiée ». Elles doivent donc tenir une comptabilité selon les règles classiques.

3 Obligations comptables et fiscales

Chaque année, l'entreprise doit télédéclarer la déclaration de résultat du dernier exercice auprès du service des impôts des entreprises, accompagnée d'un certain nombre de documents annexes.

Pour les entreprises relevant de l'IR, la déclaration de résultat n° 2031 et ses annexes doivent être déposées au plus tard le deuxième jour ouvré suivant le 1er mai. Cette échéance est le 3 mai 2022 pour les résultats 2022 quelle que soit la date de clôture de l'exercice. Cette déclaration doit être accompagnée des tableaux de la liasse fiscale n° 2033-A à 2033-G.

Pour les entreprises relevant du régime simplifié, la liasse fiscale qui est remise aux services fiscaux est en toute logique une liasse simplifiée, qui comporte cinq tableaux comptables et fiscaux au lieu de quinze pour la liasse réel normal.

D Régime du réel normal

1 Chiffre d'affaires limites

a. Obligatoire

Ce régime s'applique obligatoirement aux entreprises dont le chiffre d'affaires annuel hors taxes est supérieur pour la période triennale 2023-2025, à :

- 818 000 € pour les entreprises de vente et de fourniture de logement ;
- 247 000 € pour les activités de prestations de services.

b. Sur option

Les entreprises qui relèvent de plein droit du régime du réel simplifié ou de celui des micro-entreprises peuvent opter pour le régime du réel normal. L'option doit être impérativement formulée avant le 1er février de l'année au titre de laquelle l'entreprise souhaite se placer sous le régime du réel normal. Elle est valable deux ans et il s'agit d'une option reconductible tacitement ; l'entreprise peut toutefois, si elle y a intérêt, dénoncer cette option.

Les entreprises nouvelles peuvent opter pour ce régime jusqu'au dépôt de leur première déclaration de résultat.

2 Modalités d'imposition

Les entreprises soumises au régime réel normal sont imposées sur leur bénéfice net dans la catégorie des bénéfices industriels et commerciaux (BIC), qui est déterminé par différence entre les produits réalisés et les charges engagées. Le déficit est éventuellement imputable selon les modalités exposées au Chapitre 1.

3 Obligations comptables et fiscales

a. Obligations comptables

L'entreprise doit avoir une comptabilité en partie double régulière et sincère et conserver tous les documents justificatifs à l'appui de celle-ci. En conséquence, la tenue des documents comptables suivants est obligatoire :

- **le livre-journal** : Il fait apparaître tous les mouvements, enregistrés de manière chronologique, affectant le patrimoine de l'entreprise. Cet enregistrement s'effectue au jour le jour et opération par opération ;
- **le grand livre** qui reprend les écritures du livre-journal ventilées selon le plan de comptes de l'entreprise.

Remarque. Depuis le 1-1-2014, le contribuable qui tient sa comptabilité par informatique doit, en cas de vérification fiscale, la présenter à l'administration fiscale sous forme de fichiers dématérialisés ou fichiers des écritures comptables (FEC).

b. Obligations fiscales

Les entreprises à l'IR doivent obligatoirement télédéclarer leur déclaration de résultat de l'exercice clos (imprimé n° 2031 et annexes) au service des impôts des entreprises du lieu où elles ont le siège de leur direction ou leur principal établissement, avant le 3 mai de l'année suivante.

Cette transmission électronique de la déclaration de résultat est obligatoire pour les entreprises depuis le 1er janvier 2015.

Remarque. L'obligation de télédéclaration représente un gain réel d'efficacité pour les services fiscaux, qui n'ont plus à ressaisir les éléments portés sur les déclarations : c'est également une démarche écologique qui représente de substantielles économies de papier.

Le document qui doit être télétransmis au centre des finances publiques est une liasse fiscale élargie qui comprend les éléments suivants :

Tableaux comptables

- le bilan (formulaires n° 2050 et 2051) ;
- le compte de résultat (n° 2052 et 2053) ;
- le tableau des immobilisations (n° 2054) ;
- le tableau des amortissements (n° 2055) ;
- le tableau des provisions (n° 2056) ;
- l'état des échéances des créances et des dettes à la clôture de l'exercice (n° 2057).

Tableaux fiscaux

Le tableau de détermination du résultat fiscal (n° 2058-A)

- le tableau des déficits et provisions non déductibles (n° 2058-B) ;
- le tableau d'affectation du résultat et renseignements divers (n° 2058-C) ;
- le tableau de détermination et affectation des plus-values et moins-values (n° 2059-A à D) ;
- le tableau de détermination de la valeur ajoutée produite (n° 2059-E) ;
- le tableau de la composition du capital social (n° 2059-F) ;
- le tableau des filiales et participations (n° 2059-G) ;
- le tableau des écarts de réévaluation sur immobilisations amortissables (n° 2054 *bis*), s'il y a lieu.

Documents divers :

Les entreprises doivent également joindre à la déclaration une information détaillée concernant :

- les dérogations aux prescriptions comptables ;
- les modifications affectant les méthodes d'évaluation et la présentation des comptes annuels ;
- les produits à recevoir et les charges à payer ;
- les produits et charges figurant au bilan sous les postes « comptes de régularisation ».

E Synthèse

Régime	Forme juridique	Situation des entreprises	Particularités	Option
Micro BIC	Entreprises individuelles	Chiffre d'affaires **annuel** (année civile 2020 et 2021) **hors taxes** n'excédant pas : - **188 700 €** pour les achats/reventes de marchandises, ventes à consommer sur place et prestations d'hébergement, - ou **77 700 €** pour les prestations de services, qui ne sont pas exclues du régime micro (1)	• Report du chiffre d'affaires directement sur la déclaration n° 2042 • Comptabilité très simplifiée • Franchise de TVA, mais impossibilité de déduire la TVA payée • Charges de l'entreprise fixées forfaitairement à : - 71 % du chiffre d'affaires si achats/reventes - 50 % si prestations de services commerciales - 34 % si prestations de services libérales	Option possible pour le réel simplifié ou réel normal

Régime	Forme juridique	Situation des entreprises	Particularités	Option
	Micro-entrepreneurs		**Auto-entrepreneur :** option pour le micro-social et pour le prélèvement fiscal libératoire de l'impôt sur le revenu : – 12,3 % du CA pour les achats-reventes + 0,1 % contribution formation professionnelle – 21,2 % du CA pour les prestations de services commerciales ou artisanales + 0,3 % contribution formation professionnelle, – 21,2 % pour les activités BNC relevant de la CIPAV + 0,20 % pour la formation professionnelle.	
Réel simplifié	Entreprises individuelles ou Sociétés (IR ou IS)	Chiffre d'affaires annuel compris entre : • **188 700 €** HT et 840 000 € HT pour les ventes, • **77 700 €** HT et 254 000 € HT pour les prestations de services, ou exclues du régime micro ou sur option de l'entreprise même si CA inférieur aux chiffres ci-dessus	• Déduction réelle des charges de l'entreprise du bénéfice imposable sur justificatifs • Déclaration de résultats sur liasse fiscale simplifiée • Déclarations de TVA si absence de franchise en base	Option possible pour le réel normal
Réel normal	Entreprises individuelles ou Sociétés (IR ou IS)	Chiffre d'affaires annuel dépassant les limites suivantes : • **840 000 €** HT pour les ventes • **254 000 €** HT pour les prestations de services, ou opérations soumises de plein droit. ou sur option de l'entreprise	• Déduction réelle des charges de l'entreprise du bénéfice imposable sur justificatifs • Déclaration de résultats sur liasse fiscale • Déclarations de TVA • Obligations comptables élargies	Aucune possibilité d'option pour un autre régime

(1) Sont exclus du régime micro : les sociétés de personnes (SNC...), de capitaux (EURL, SARL, SA...), civiles, les organismes sans but lucratif, la promotion immobilière, les opérations de lotissement, les marchands de biens, la location de matériel ou de biens de consommation durable, les entreprises qui optent pour la TVA.

2 Les organismes de gestion agréés (OGA)

Les contribuables relevant des BIC, des BNC et des BA peuvent être regroupés au sein d'un même organisme, dénommé organisme mixte de gestion.

Nous nous intéresserons plus spécifiquement aux centres de gestion agréés (CGA).

A Caractéristiques des CGA

1 Nature

Les CGA sont des associations loi de 1901 créées à l'initiative des experts-comptables, des chambres consulaires et des organisations professionnelles.

Les centres doivent, pour être habilités, déposer une demande d'agrément auprès d'une commission régionale présidée par un directeur de la direction générale des finances publiques (DGFIP).

Les CGA bénéficient de l'assistance technique d'un inspecteur des impôts qui peut apporter des éclairages techniques sur des questions que se posent les adhérents.

2 Fonctionnement

Toute entreprise industrielle, commerciale, artisanale et agricole relevant de l'impôt sur le revenu (IR) ou de l'impôt sur les sociétés (IS), quel que soit son régime d'imposition (micro-entreprise, régime simplifié d'imposition ou régime du réel normal), peut adhérer à un CGA.

Toutefois, seules les entreprises relevant de l'IR et soumises à un régime réel d'imposition peuvent bénéficier des avantages fiscaux.

L'adhésion peut avoir lieu à n'importe quel moment. Néanmoins, pour bénéficier des avantages fiscaux dès la première année, celle-ci doit intervenir dans les **cinq mois** de l'ouverture de l'exercice comptable de l'entreprise.

3 Missions

Le CGA a pour mission principale sur le plan fiscal de veiller à la sincérité des résultats déclarés par les adhérents, comme pourrait le faire l'administration. Il sollicite de ces derniers les renseignements et documents nécessaires pour examiner en la forme leurs déclarations de résultats et de taxes sur le chiffre d'affaires. Il contrôle ensuite la cohérence, la vraisemblance et la concordance de ces déclarations. Les centres doivent enfin réaliser un examen périodique de sincérité, à l'issue duquel un compte rendu est établi, dont une copie est envoyée à l'administration.

Les adhérents des CGA s'engagent à :

- fournir tous les éléments nécessaires à l'élaboration d'une comptabilité sincère de leur entreprise ;
- communiquer au CGA le bilan, le compte de résultat et les annexes ;
- accepter les règlements par chèque ou par carte bancaire, faire libeller ces chèques à leur ordre et ne pas les endosser sauf pour remise directe à l'encaissement. À cet égard, l'adhérent doit apposer une affichette dans le local où il reçoit sa clientèle comportant la mention « *acceptant le règlement des sommes dues par chèques ou par carte bancaire libellés à son nom en sa qualité de membre d'un centre de gestion agréé par l'administration fiscale* ». Cette mention doit également être portée sur tous les documents commerciaux remis aux clients (papier à en-tête, factures, devis, etc.).

Les manquements graves ou répétés à ces obligations entraînent l'exclusion du CGA mais l'adhérent doit avoir la possibilité de se défendre.

B Les associations de gestion et de comptabilité et comptables conventionnés

Depuis le 1er janvier 2010, les contribuables non adhérents qui font appel aux services d'un expert-comptable, d'une société d'expertise membre de l'Ordre des experts comptables ou d'une association de gestion et de comptabilité sont dispensés de la majoration des revenus de 10 % pour 2022, cette majoration étant supprimée à compter de l'imposition des revenus de l'année 2023. Ces professionnels de l'expertise comptable doivent préalablement obtenir une autorisation délivrée par le commissaire du gouvernement auprès de l'Ordre des experts comptables et conclure une convention avec l'administration fiscale. Ils sont également dans l'obligation de rendre à leurs clients un certain nombre de services (dossier de gestion, dossier d'analyse économique dans le cadre de la prévention des difficultés des entreprises).

C Avantages de l'adhésion

1 Réduction d'impôt pour les adhérents ayant opté pour un régime réel

Les adhérents relevant normalement du régime micro-entreprises, et qui ont opté pour un régime réel d'imposition, ont droit à une réduction d'impôt.

Cette réduction est accordée pour leur frais de comptabilité et d'adhésion à l'organisme de gestion.

Le montant de ces frais doit être indiqué dans la déclaration de revenus personnelle des adhérents.

La réduction s'élève aux deux tiers des dépenses engagées pour la tenue de la comptabilité et l'adhésion au CGA dans la double limite de **915 €** par an et du montant de l'IR dû.

Exemple

En N, un adhérent d'un CGA a effectué 2 000 € de dépenses, tandis que le montant de son IR s'élève à 1 500 €.
L'assiette de sa réduction sera par conséquent de 2 000 × 2/3 = 1 333 €.
Dans cette hypothèse, sa réduction d'impôt est plafonnée à 915 €, et il paiera 585 € d'IR.

2 Autres avantages

Les personnes qui adhèrent à un CGA sont dispensées de toute majoration fiscale si elles révèlent spontanément dans les trois mois de leur adhésion les insuffisances, inexactitudes ou omissions que comportent leurs déclarations fiscales professionnelles. Cette révélation doit être effectuée par lettre recommandée adressée à l'administration fiscale.

Par ailleurs, les infractions ainsi « confessées » ne doivent pas procéder de manœuvres frauduleuses et ne pas avoir donné lieu à proposition de rectification ou à une procédure administrative ou judiciaire.

Le « repenti » devra bien évidemment s'acquitter du supplément d'impôt éventuel.

LES RÉGIMES D'IMPOSITION – LES OGA

Les régimes d'imposition permettent de connaître les modalités de calcul des bénéfices imposables de même que les obligations comptables et fiscales des entreprises. Ils dépendent essentiellement du chiffre d'affaires annuel des entreprises, de la nature de l'activité exercée, et de la forme juridique de l'entreprise.

Champ d'application des régimes d'imposition	
Micro entreprise	Régime applicable aux seules entreprises individuelles dont le CA HT ⩽ à 188 700 € (activités ventes et prestations d'hébergement) ou 77 700 € (activité prestations de services).
Réel simplifié	régime de plein droit si CA HT annuel compris entre : - 188 700 € et 840 000 € pour les ventes, - 77 700 € HT et 254 000 € HT pour les prestations de services. Applicable aux sociétés exclues du régime micro ou sur option de l'entreprise.
Réel normal	de plein droit si CA HT annuel > à : - 840 000 € pour les ventes ; - 254 000 € pour les prestations de services ou sur option de l'entreprise
Le régime du micro entrepreneur	
Modalités d'imposition	Le micro-entrepreneur peut sous conditions opter pour un versement libératoire de l'impôt sur le revenu, qui permet de régler, en un seul versement social et fiscal, à la fois l'impôt sur le revenu et les charges sociales obligatoires. Le prélèvement fiscal s'élève à 1 % du CA pour les ventes, 1,7 % du CA pour les prestations de services et 2,2 % pour les activités libérales.
Les organismes de gestion agréés (OGA)	
Intérêt fiscal de l'adhésion	En cas de défaut d'adhésion, application d'une majoration de 15 % du résultat imposable des entreprises soumises à l'IR dès lors qu'elles relèvent du régime réel simplifié ou normal d'imposition. Pour une société IR, application de la majoration à la quote-part de BIC des associés.

Applications

EXO 12.01 Cas REGIMDI

N = 2023

On vous soumet les dossiers suivants :

- un établissement industriel a réalisé en N un chiffre d'affaires HT de 1 500 000 € HT et 940 000 € de charges ;
- une discothèque a réalisé un CA HT de 90 000 € HT et 30 000 € de charges ;
- un négociant en fruits et légumes a réalisé en N un CA HT de 70 000 € et 50 000 € de charges ;
- une société commerciale, qui a une activité d'achat-revente, et qui réalise un chiffre d'affaires de 350 M € et qui a un total de bilan de 500 M € a engagé des charges pour 300 M €. Les données étaient identiques pour N–1.

Travail à faire

Précisez la nature du bénéfice imposable, le régime d'imposition applicable, le montant du bénéfice imposable, les obligations comptables et déclaratives de ces différentes entreprises.

EXO 12.02 Cas EURL GUÉRIN

N = 2022

Mme Louise Guérin est associée gérante non salariée de l'EURL Guérin qui fabrique et commercialise des teintures pour tissus. Son chiffre d'affaires pour l'exercice N s'élève à 350 000 € HT.

Elle est mariée depuis 1995 sous le régime de la communauté de biens.

Son époux, M. Adrien Guérin travaille à mi-temps au sein de l'EURL Guérin, en tant qu'ingénieur chimiste, avec le statut de conjoint-salarié.

La rémunération brute annuelle (cotisations sociales comprises) de M. Guérin pour N s'élève à 25 000 €.

Ses cotisations sociales s'élèvent à 20 % de la rémunération brute. Toutes les écritures ont été normalement comptabilisées.

Pour N, le résultat comptable de l'entreprise Guérin s'élève à 52 000 €.

Travail à faire

1. **Indiquez le résultat fiscal de l'EURL Guérin dans l'hypothèse où celle-ci n'a pas adhéré à un centre de gestion agréé.**
2. **Indiquez le résultat fiscal de l'EURL Guérin dans l'hypothèse où celle-ci a adhéré à un centre de gestion agréé.**
3. **Comment la rémunération de M. Guérin est-elle imposée dans cette 2e hypothèse ?**

EXO 12.03 Cas entreprise DURAND

N = 2022

M. Durand, célibataire sans enfants, envisage de créer en N+1 une activité indépendante de services d'aide à la personne et il s'interroge sur la forme juridique et fiscale à retenir. Il ne souhaite pas exercer son activité en société. Il est pour l'instant salarié de l'entreprise Dubois et il perçoit une rémunération annuelle nette imposable de 25 000 €. Le prévisionnel qu'il a réalisé indique qu'il encaisserait 30 000 € de recettes à l'année et qu'il supporterait environ 850 € de frais généraux mensuels. Ces montants sont HT.

Ses frais d'adhésion à un CGA et ses dépenses de comptabilité s'élèveraient à 1 500 € par an.

En régime réel, ses charges sociales s'élèvent à 6 800 € pour l'année.

Il sera fait abstraction de la CSG et de la CRDS.

→ Travail à faire

Répondre à la question posée par M. Durand quant au choix juridique et fiscal de sa future entreprise.

Les bénéfices non commerciaux Les bénéfices agricoles

Chapitre 13

COMPÉTENCES ATTENDUES

- **Qualifier et classer un revenu selon sa catégorie fiscale.**
- **Calculer et justifier le montant du revenu imposable selon sa catégorie.**

PLAN DU CHAPITRE

SYNTHÈSE P. 254
APPLICATIONS P. 255

LES RÉFÉRENCES POUR COMPRENDRE LE CONTEXTE

Les bénéfices non commerciaux

Bénéfices non commerciaux (BNC) : régimes fiscaux et déclarations. Fiche thématique sur le site entreprendre.service-public.fr

Les revenus agricoles

Des revenus agricoles élevés, mais des disparités importantes. Graphiques et tableaux sur le site de l'INSEE

Les régimes d'imposition des bénéfices agricoles

Quels sont les régimes d'imposition des bénéfices agricoles ? Fiche thématique sur le site du ministère de l'Économie, des Finances et de la Souveraineté industrielle et numérique

Le cumul d'activités indépendantes

Article extrait de l'encyclopédie en ligne de la BPI relatif à la fiscalité de l'entreprise

1 Les bénéfices non commerciaux (BNC)

Les bénéfices non commerciaux (BNC) codifiés à l'article 92 du CGI constituent l'une des huit catégories de revenus imposables à l'IR (voir le Chapitre 2).

A Champ d'application

1 Revenus des professions libérales

On range parmi les revenus des professions libérales ceux qui proviennent de l'exercice d'une science ou d'un art où le rôle de l'activité intellectuelle est prépondérant.

Tel est le cas des professions des corps de santé (médecin, infirmières, sages-femmes, masseurs-kinésithérapeutes, pédicure, chirurgiens-dentistes), des vétérinaires, des avocats, experts-comptables, ingénieurs-conseils, architectes, géomètres-experts, artistes-peintres, etc.

Lorsque les moyens matériels et humains utilisés et les capitaux investis deviennent particulièrement importants, l'activité devient une activité commerciale qui relève de la catégorie BIC, puisqu'il y a dans ce cas spéculation sur le travail d'autrui. Tel peut être le cas par exemple d'une auto-école ou d'un laboratoire d'analyses médicales dans lesquels les moyens techniques, l'effectif salarié et les capitaux investis révèleraient plus une spéculation sur ces différents éléments que de l'exercice d'une science ou d'un art.

2 Titulaires de charges et offices

Leurs bénéfices relèvent de la catégorie des BNC : il s'agit des officiers publics et ministériels tels les avocats au Conseil d'État et à la Cour de cassation, les notaires, les huissiers de justice, commissaires-priseurs, greffiers des tribunaux de commerce.

3 Autres revenus imposés en BNC

Il s'agit des revenus dits « de l'article 92 du CGI », qui assimile les profits issus de « toutes occupations, exploitations lucratives et sources de profits ne se rattachant pas à une autre catégorie de revenus ». Cet article permet d'imposer dans la catégorie des BNC des revenus d'activités très diverses :

- revenus des guérisseurs, cartomanciennes, prostituées... ;
- revenus occasionnels, mais qui sont susceptibles de se renouveler ;
- revenus provenant de la sous-location de locaux nus.

Remarque. Les gains de jeux sont exonérés puisque, par définition, non susceptibles de se renouveler ; ils ne supportent pas l'IR, mais sont assujettis aux prélèvements sociaux si le bénéficiaire est résident français (voir Chapitre 4).

4 Territorialité et mode d'exercice de la profession

Les règles de territorialité ne sont pas différentes de celles qui s'appliquent aux BIC. Il est fait application du concept de résident fiscal :

- si le professionnel libéral est résident fiscal français, il est imposé en France sur son revenu mondial (voir Chapitre 6) ;
- s'il est non-résident, il est imposé en France sur son seul revenu de source française.

Les membres des professions libérales peuvent exercer leur profession à titre individuel, mais également en société de personnes. Tel est le cas des sociétés civiles professionnelles (SCP) qui relèvent de l'IR ou des sociétés d'exercice libéral (SEL) qui sont imposées à l'IS.

Ils exercent également pour certains d'entre eux leur activité dans le cadre de cabinets de groupe, de contrats de collaboration, de conventions d'exercice conjoint, etc.

B Résultat imposable

1 Règles générales

Il s'agit toujours du résultat réalisé au cours de l'année civile. Ce résultat est déterminé par différence entre les recettes encaissées et les dépenses payées au cours de l'année d'imposition, mais les professionnels relevant des BNC ont la possibilité d'opter pour une comptabilité d'engagement, comme en BIC (créances acquises et dettes certaines).

Les redevables de la TVA ont le choix entre une comptabilisation hors taxe ou TVA comprise (HT ou TTC). Si la comptabilisation des recettes et des dépenses s'effectue toutes taxes comprises, la TVA payée au Trésor est déduite au titre des charges.

Les professionnels qui sont exonérés de TVA comptabilisent leurs charges TTC, puisque la TVA est un élément du prix de revient.

2 La notion d'actif professionnel

Les professionnels relevant de la catégorie des BNC ne tiennent pas de bilan, contrairement à ceux relevant des BIC : ils souscrivent un registre des immobilisations sur lequel vont figurer les biens qui constituent l'actif professionnel.

La logique qui préside à la définition de l'actif professionnel chez les BNC est différente de celle en vigueur chez les BIC.

On distingue tout d'abord des biens qui appartiennent par nature à l'actif professionnel. Que ces biens soient ou non inscrits sur le registre des immobilisations, ils font par leur nature même partie de l'actif : ce sont les biens qui ne peuvent être utilisés à un autre usage que professionnel : un fauteuil dentaire pour un chirurgien-dentiste, ou une automobile spécifiquement équipée pour l'enseignement de la conduite...).

Puis apparaissent les biens qui sont utilisés pour l'activité professionnelle sans y être affectés par nature : tel est le cas des immeubles, des véhicules, de matériels ou outillages non spécifiques à l'activité exercée. Le contribuable a le choix entre l'inscription sur le registre de ses immobilisations ou le maintien dans son patrimoine privé. Cette décision de gestion est opposable à l'administration comme au contribuable.

Enfin, viennent les biens non affectés à l'activité professionnelle. Ces biens ne peuvent jamais faire partie de l'actif professionnel, même si le contribuable les inscrit sur son registre des immobilisations : c'est le cas par exemple d'un immeuble donné en location à un tiers.

Les conséquences fiscales de ces règles sont les suivantes :

- les biens qui constituent l'actif professionnel permettent la déduction des charges afférentes à ces biens, alors que pour les biens qui n'y figurent pas, seules les charges concernant l'utilisation professionnelle de ces biens sont déductibles ;
- de la même manière, les cessions de biens figurant à l'actif professionnel entraînent l'application du régime des plus ou moins-values professionnelles ; tel n'est pas le cas pour les biens qui n'appartiennent pas à l'actif professionnel.

3 Les recettes imposables

Les recettes comprennent les sommes reçues en rémunération des services rendus (honoraires, commissions...), les remboursements de frais et les profits accessoires.

Les honoraires rétrocédés à un confrère constituent des recettes imposables pour le bénéficiaire de la rétrocession et une dépense déductible pour le débiteur.

Les débours, qui constituent des avances perçues pour faire face à des frais engagées au nom et pour le compte du client, ne constituent pas des recettes imposables lorsqu'ils sont intégralement reversés à des tiers.

4 Dépenses déductibles

Pour être déductibles du résultat imposable, les dépenses doivent être nécessitées par l'exercice de l'activité professionnelle et pour la réalisation du revenu imposable. Les dépenses privées ne sont pas déductibles ; quant aux dépenses mixtes, une ventilation peut être effectuée entre dépenses professionnelles et dépenses personnelles.

Les dépenses doivent être justifiées.

Les règles de déduction des dépenses des professionnels libéraux ne diffèrent pas véritablement des règles que nous avons exposées pour les BIC.

C'est ainsi que les règles concernant le salaire du professionnel libéral ou de son conjoint sont identiques à celles étudiées en BIC.

Les dépenses vestimentaires ne sont déductibles que s'il s'agit de vêtements spécifiquement professionnels, telle la robe d'un avocat : en aucun cas un costume ou des chaussures de ville ne revêtent cette caractéristique.

Les règles applicables à l'amortissement des biens professionnels sont identiques à celles des BIC.

En revanche, aucune provision n'est à comptabiliser pour les contribuables relevant de la comptabilité recettes-dépenses, ces dernières étant réservées aux professionnels pratiquant la comptabilité d'engagement.

5 Résultat déficitaire

Lorsque le résultat réalisé au cours de l'année civile est déficitaire, il s'impute normalement sur les autres revenus du contribuable. Mais cette imputation est réservée aux déficits présentant un caractère professionnel ou résultant de l'exercice d'une activité libérale.

À défaut, le déficit non professionnel s'imputera sur les BNC non professionnels des six années suivantes.

Exemple

N = 2022

M. Dupont, célibataire, est inspecteur des douanes. Le montant de sa rémunération nette imposable au titre de N s'élève à 35 000 €. M. Dupont s'adonne à la peinture durant ses loisirs, et il a décidé de commercialiser ses œuvres. Mais en N, devant le manque d'enthousiasme des acheteurs potentiels et leur incompréhension face à un talent prometteur, il a réalisé un déficit BNC de 1 500 €.

Son revenu imposable pour l'année N s'élève à 35 000 €. Ses 1 500 € de déficit d'artiste-peintre s'imputeront sur d'éventuels BNC non professionnels des six années suivantes.

6 Revenus accessoires

Les revenus accessoires réalisés par un professionnel libéral et relevant de la catégorie des BIC ou des BA sont retenus pour la détermination de son BNC imposable, à la condition qu'ils constituent le prolongement de l'activité libérale prépondérante (art. 155, I-2 du CGI).

C Régimes d'imposition

1 Régime « micro-BNC »

Le régime des micro-BNC est réservé aux contribuables dont le montant annuel de recettes est inférieur ou égal à 77 700 € pour la période triennale 2023-2025.

Pour ces contribuables, un abattement de 34 % est pratiqué sur leurs recettes brutes, recettes qui sont portées directement sur la déclaration n° 2042.

Ils conservent toutefois la liberté d'opter pour le régime dit « de la déclaration contrôlée ».

Remarque. Le régime micro-BNC n'est pas applicable aux associés des sociétés de personnes qui exercent une activité relevant des BNC.

2 Régime de la déclaration contrôlée

Ce régime s'applique de plein droit aux contribuables dont les recettes annuelles hors TVA excèdent les seuils indiqués ci-avant.

Par ailleurs, certains professionnels sont exclus du régime micro-BNC : tel est le cas des officiers publics et ministériels.

Les professionnels qui relèvent du régime de la déclaration contrôlée doivent souscrire une déclaration n° 2035 accompagnée de deux annexes 2035-A et 2035-B.

Leurs obligations comptables consistent en la tenue d'un livre-journal et d'un registre des immobilisations et des amortissements.

D Régimes spécifiques

1 Quelques exemples de régimes spécifiques

Il n'est pas concevable dans le cadre de cet ouvrage de citer l'ensemble des particularités fiscales des différents professionnels libéraux.

Citons simplement les revenus des sportifs ou des artistes qui, sur option de ces derniers, peuvent être imposés sur la base d'un revenu égal à la moyenne des bénéfices de l'année d'imposition et des deux ou quatre années précédentes.

Cette technique a pour objet de tenir compte des variations importantes de revenus propres à ces catégories d'activités.

2 Adhésion à une association de gestion agréée (AGA)

L'adhésion entraîne les mêmes conséquences que pour les BIC qui adhèrent à un CGA, c'est-à-dire une réduction d'impôt sous certaines conditions.

2 Les bénéfices agricoles (BA)

Les bénéfices agricoles (BA) constituent l'une des huit catégories de revenus imposables à l'IR.

A Champ d'application

1 Activités imposables dans la catégorie BA (art. 63 du CGI)

Il s'agit des revenus retirés de l'exploitation de biens ruraux, et qui sont perçus par les propriétaires exploitants, fermiers, métayers : il s'agit de manière générale des produits de l'élevage et des cultures.

Sont également répertoriés dans la catégorie des bénéfices agricoles les profits de l'exploitation forestière, de champignonnières, les profits des éleveurs de toutes espèces.

2 Recettes commerciales ou non commerciales accessoires

Lorsqu'un contribuable relève de la catégorie des BA et qu'il réalise en complément de son activité agricole une activité commerciale (BIC) ou non commerciale (BNC), il peut faire l'objet d'une imposition unique dans la catégorie des BA à la condition que ces revenus accessoires n'excèdent ni 50 % du chiffre d'affaires agricole, ni 100 000 € TTC.

Remarque. Pour l'application de cette règle, est retenue la moyenne annuelle des recettes accessoires des trois années civiles précédant la date d'ouverture de l'exercice.

3 Les personnes imposables

Sont imposés dans la catégorie des BA les personnes suivantes :

- le propriétaire exploitant, en cas d'exploitation directe par le propriétaire ;
- le fermier, si le propriétaire des terres en confie l'exploitation dans le cadre d'un bail à ferme (le propriétaire relève, lui, de la catégorie des revenus fonciers) ;

- le métayer, le propriétaire et le métayer étant proportionnellement à leur participation imposés dans la catégorie des BA (le métayage est le nom donné à la location d'une propriété rurale lorsque le métayer en partage les récoltes avec le bailleur) ;
- les sociétés de personnes (GAEC, EARL, GFA...), les associés étant personnellement imposés sur leur quote-part de résultat dans la catégorie BA.

B Résultat imposable

1 Règles générales

Pour les exploitants placés sous le régime réel d'imposition, les règles de détermination du résultat imposable ne diffèrent pas de celles déjà étudiées dans le cadre des BIC : régime des créances acquises et des dettes certaines, évaluation des stocks, déduction des amortissements et des provisions, etc.

Il existe néanmoins des règles très spécifiques propres à tenir compte des suggestions particulières des professions agricoles.

2 Notion d'actif professionnel

Sont obligatoirement inscrits à l'actif du bilan les immeubles bâtis ou non bâtis qui appartiennent à l'exploitant et qui sont utilisés pour l'exercice de l'activité professionnelle. Pour les terres, elles peuvent être maintenues dans le patrimoine privé sur option expresse de l'exploitant.

Pour les autres biens, ils peuvent, au choix de l'exploitant, être ou ne pas être inscrits à l'actif.

Remarque. Le fonds agricole fait toujours partie de l'actif : c'est un élément qui appartient par nature à l'activité professionnelle. Pour les exploitants au régime réel, les équidés et bovidés utilisés comme animaux de trait ou affectés exclusivement à la reproduction peuvent être immobilisés et amortis.

3 Les produits imposables

Il s'agit des recettes qui proviennent de la vente des produits de l'exploitation, mais également des primes et subventions attribuées, des produits financiers.

Sont imposables également les produits exceptionnels résultant de la cession des éléments de l'actif immobilisé (plus et moins-values d'actif).

4 Les charges déductibles

Les règles qui président à la déductibilité des charges pour les entreprises relevant de la catégorie BA ne sont pas différentes de celles qui concernent les BIC. Ces règles, qui ont été étudiées dans le cadre des BIC, ne seront pas développées ici.

5 Résultat déficitaire

Les déficits agricoles ne sont imputables sur les autres revenus du foyer fiscal du contribuable que si ces derniers n'excèdent pas 119 675 € pour l'imposition des revenus de 2022. Dans le cas contraire, les déficits agricoles peuvent s'imputer sur les revenus de même catégorie (BA) pendant six ans.

Exemple

N = 2022
M. Dupont est exploitant agricole. Son déficit réalisé au titre de l'exercice clos en N s'élève à 70 000 €.
Mme Dupont est notaire et déclare un BNC imposable de 140 000 €.
Le déficit de 70 000 € ne peut s'imputer sur le BNC de 140 000 € : il pourra uniquement s'imputer sur les BA des six années suivantes puisque les autres revenus du foyer excèdent 119 675 €.

C Régimes d'imposition

1 Régime du micro-BA

Le forfait agricole a été abandonné au profit d'un régime dit « micro-BA » lorsque la moyenne des recettes des trois dernières années n'excède pas 91 900 € pour la période triennale 2023-2025. Le bénéfice est égal à cette moyenne diminuée d'un abattement de 87 %, sans pouvoir être inférieur à 305 €.

Exemple

N = 2022
M. Levacher, agriculteur, a réalisé en N-3, N-2 et N-1, les recettes HT suivantes :
- **N-3 : 80 000 € ;**
- **N-2 : 84 000 € ;**
- **N-1 : 82 000 €.**

Le montant de son bénéfice N s'élève à 40 000 €.
La moyenne triennale des recettes N-3, N-2 et N-1 s'élève à 82 000 €.
M. Levacher relève de plein droit du micro-BA et sera imposé sur : 40 000 × 13 % = 5 200 €.

2 Régime réel d'imposition

Comme pour tout régime réel, ce dispositif est applicable lorsque le seuil de chiffre d'affaires réalisé par l'exploitant excède les limites du forfait, ou sur option de ce dernier.

Le régime simplifié s'applique de plein droit lorsque la moyenne des recettes de N, N-1 et N-2 excède 91 900 € tout en restant inférieure à 391 000 €.

Lorsque les recettes moyennes excèdent 391 000 €, le régime du réel normal s'applique obligatoirement.

En régime réel, l'exploitant détermine lui-même son résultat imposable par différence entre les créances acquises et les dettes engagées.

3 Synthèse

	Moyenne de chiffre d'affaires	Régime de droit commun	Régime optionnel
Exploitant individuel	< à 91 900 €	Micro-BA depuis 2016	Réel simplifié ou normal
	⩾ à 91 900 € et ⩽ à 391 000 €	Réel simplifié	Réel normal
	> à 391 000 €	Réel normal	Aucun

D Régimes spécifiques

1 Quelques exemples de dispositions spécifiques

- Abattement sur le bénéfice des jeunes agriculteurs ;
- imposition optionnelle selon le système de la moyenne triennale pour les exploitants soumis à un régime réel d'imposition depuis au moins deux ans ;
- déduction pour investissements ou pour aléas, remplacée par une déduction unique pour « épargne de précaution » (DEP) pour les exercices clos du 1er janvier 2019 au 31 décembre 2022 ;
- divers crédits ou réductions d'impôts, dont le crédit d'impôt en faveur de l'agriculture biologique.

2 Adhésion à un centre d'économie rural (CER)

Il est l'équivalent du centre de gestion agréé pour les commerçants.

L'adhésion, pour les exploitants relevant d'un régime réel d'imposition, présente le même avantage fiscal que pour les commerçants, à savoir une réduction d'impôt, sous certaines conditions, pour frais de tenue de comptabilité.

LES BNC – LES BA

Champ d'application des BNC	
Activités imposables	**Caractéristiques**
Revenus des professions libérales	Ceux qui proviennent de l'exercice d'une science ou d'un art où le rôle de l'activité intellectuelle est prépondérant. Lorsque les moyens matériels et humains utilisés et les capitaux investis deviennent particulièrement importants, l'activité relève de la catégorie BIC puisqu'il y a, dans ce cas, spéculation sur le travail d'autrui.
Titulaires de charges et offices	Il s'agit principalement des officiers publics et ministériels tels les avocats au Conseil d'État et à la Cour de cassation, les notaires, les huissiers de justice, les commissaires-priseurs, les greffiers des tribunaux de commerce.
Autres revenus imposés en BNC	Revenus issus de toutes occupations, exploitations lucratives et sources de profits ne se rattachant pas à une autre catégorie de revenu. Permet d'imposer dans la catégorie des BNC des revenus d'activités très diverses (guérisseurs, cartomanciennes, mais aussi revenus provenant de la sous-location de locaux nus).
Modalités d'imposition du bénéfice	
Rattachement des recettes et des dépenses	Application du principe des encaissements et décaissements au titre d'une année civile. Possibilité pour les BNC d'opter pour une comptabilité d'engagement, comme en BIC (créances acquises et dettes certaines).
Imposition du résultat	Régime micro (avec abattement de 34 % des recettes) ou déclaration contrôlée (déclaration n° 2035), de plein droit ou sur option.
Champ d'application des BA	
Activités imposables	**Caractéristiques**
Activités relevant de l'agriculture	C'est-à-dire revenus retirés de l'exploitation de biens ruraux, et qui sont perçus par les propriétaires exploitants, fermiers, métayers : produits de l'élevage et des cultures, profits de l'exploitation forestière, de champignonnières, les profits des éleveurs de toutes espèces, les profits des entraîneurs de chevaux de course.
Recettes commerciales ou non commerciales accessoires	Lorsqu'un contribuable relève de la catégorie des BA et qu'il réalise en complément de son activité agricole une activité BIC ou BNC, il peut faire l'objet d'une imposition unique dans la catégorie des BA à la condition que ces revenus accessoires n'excèdent ni 50 % du chiffre d'affaires agricole, ni 100 000 € TTC.
Règles de rattachement des produits	*Idem* BIC, application du principe des créances acquises et dettes certaines
Imposition du résultat	Régime micro-BA (avec abattement de 87 %) ou régime réel (déclaration n° 2143)

Applications

EXO 13.01 **Cas Docteur Eusome**

N = 2022

Le docteur Eusome est médecin libéral, honoraires libres conventionnés secteur 1. Il fait partie d'une AGA.

Il est marié sous le régime de la communauté légale et son épouse est salariée à son cabinet comme secrétaire réceptionniste.

Il fait partie d'une société civile de moyens (SCM) au sein de laquelle il est associé par moitié, les dépenses étant également réparties par moitié.

Le docteur Eusome a inscrit sur son tableau d'immobilisations l'immeuble où il exerce sa profession. Cet immeuble a été acheté 100 000 € en N–12, il est amorti à un taux de 3 % l'an.

Il a acquis le 1er novembre N–2 un véhicule de tourisme pour 50 000 € TTC, affecté à concurrence de 80 % à l'exercice de la profession et amorti au taux de 20 %. Ce véhicule est revendu 22 000 € le 31 décembre N. Il a réalisé en N les opérations suivantes :

1) Recettes encaissées	110 000 €
dont 4 500 € d'honoraires libres (expertises)	
2) Dépenses payées :	
- rétrocessions d'honoraires	4 500 €
- achats de fournitures	450 €
- rémunération Mme Eusome	13 000 €
- charges sociales salariée	6 200 €
- CET	2 300 €
- frais de véhicule (80 % professionnel, 20 % privé)	12 300 €
- cotisations obligatoires	15 000 €
dont 1 500 € de retraite complémentaire obligatoire et 2 500 € de CSG et RDS	
- cotisations facultatives Loi MADELIN	500 €
- nettoyage vêtements	450 €
- frais financiers sur emprunt	4 500 €
- versements à SCM	18 300 €

Les matériels et mobiliers professionnels ont été acquis à l'origine pour 12 300 €. Leur VNC au 31 décembre N était de 4 500 €. Ils sont amortis globalement à 10 % et ils sont cédés le 31 décembre N pour 7 700 €.

Il a récupéré en N un dépôt de garantie de 2 300 € sur un immeuble donné en location.

La SCM a encaissé également 18 300 € de l'autre médecin. Avec 36 600 €, elle a payé les dépenses courantes d'exploitation, réglé 4 500 € de dépenses qui restaient dues au 31 décembre N–1, et 3 000 € d'investissements.

Au 31 décembre N, les dépenses professionnelles non réglées de la SCM s'élevaient à 6 000 € et il a été comptabilisé une dotation aux amortissements de 1 500 €.

Travail à faire

Calculer le BNC imposable du docteur Eusome.

L'imposition des résultats des sociétés de personnes

Chapitre 14

COMPÉTENCES ATTENDUES

- **Schématiser, dans une situation donnée, le mécanisme d'imposition des sociétés de personnes non soumises à l'impôt sur les sociétés.**
- **Déterminer et justifier la quote-part du résultat fiscal imposable ou déductible au niveau de chaque associé.**
- **Proposer des conseils et recommandations en matière fiscale pour les sociétés ne relevant pas de l'impôt sur les sociétés.**

Voici typiquement un domaine de la fiscalité où il est nécessaire de bien maîtriser et de bien comprendre les principes applicables.

Le régime fiscal des sociétés de personnes est complexe. Cette complexité naît principalement de la dualité du régime. En effet, la société qui réalise les résultats n'est pas celle qui paie l'impôt. Ce sont les associés qui s'acquitteront de cette charge sur leur quote-part de résultat, sachant qu'ils peuvent eux-mêmes relever de l'impôt sur le revenu ou de l'impôt sur les sociétés.

Si l'on ajoute les particularités liées à la domiciliation de la société ou des associés à l'étranger, et l'originalité du mécanisme de détermination des plus-values de cession de parts, nous avons un ensemble qui ne se laisse pas « dompter » facilement, y compris par le fiscaliste averti.

D'où la nécessité de procéder avec rigueur en s'appuyant sur une démarche méthodologique.

PLAN DU CHAPITRE

SYNTHÈSE P. 266
APPLICATIONS P. 267

LES RÉFÉRENCES POUR COMPRENDRE LE CONTEXTE

La liasse fiscale

Ensemble des tableaux de la liasse fiscale dans le cadre du régime réel normal d'imposition en matière de BIC ou d'IS sur le site impots.gouv.fr

Les sociétés relevant de plein droit de l'impôt sur le revenu

Texte de l'article 8 du Code général des impôts sur le site Legifrance.gouv.fr

Les bénéfices imposables des sociétés de personnes

Comprendre les dispositions fiscales sur le site du Bulletin Officiel des Finances Publiques – Impôts (direction générale des Finances publiques)

1 Champ d'application

Certaines sociétés relèvent de plein droit de l'IR, et d'autres sur option.

A Sociétés relevant de plein droit de l'IR

Ces sociétés sont énumérées à **l'article 8** du Code général des impôts (on les appelle d'ailleurs, pour les distinguer des sociétés de capitaux, les « sociétés de l'article 8 »). Il s'agit des sociétés en nom collectif (SNC), des sociétés en commandite simple (SCS) pour la part de bénéfices revenant aux associés commandités, les sociétés civiles, les sociétés en participation (SEP) pour les membres qui sont indéfiniment responsables et dont les noms et adresse ont été communiqués à l'administration, des entreprises unipersonnelles à responsabilité limitée (EURL) lorsque l'associé unique est une personne physique, des exploitations agricoles unipersonnelles à responsabilité limitée (EARL).

B Autres groupements et sociétés relevant de plein droit de ce régime

Certains groupements et sociétés sont assimilés aux sociétés de l'article 8 :

- les groupements d'intérêt économique (GIE) et les groupements européens d'intérêt économique (GEIE), les groupements d'intérêt public (GIP), les sociétés de fait, les copropriétés de navires ou « quirats » ;
- divers groupements exerçant des activités agricoles : groupements agricoles d'exploitation en commun, les groupements forestiers, les syndicats forestiers ;
- les sociétés civiles professionnelles (SCP), les sociétés civiles de moyens (SCM) ;
- certaines sociétés immobilières : sociétés civiles de placement immobilier (SCPI), sociétés de construction-vente, sociétés « transparentes » de copropriété (il s'agit des sociétés civiles immobilières de copropriété de l'article 1655 *ter* du CGI, seules sociétés véritablement « transparentes »).

C Sociétés relevant de l'IR sur option

Quelques sociétés relevant de plein droit de l'IS peuvent, sous conditions, opter pour l'IR : il s'agit des SARL de famille, lorsque l'activité exercée est industrielle, commerciale, artisanale ou agricole (mais pas civile ou libérale), constituée entre parents en ligne directe ou entre frères et sœurs, ainsi que leurs conjoints, et qui ont opté pour l'impôt sur le revenu (article 239 *bis* AA du CGI).

Les SA, SARL et SAS non cotées et créées depuis moins de cinq ans peuvent, sous certaines conditions, également exercer l'option pour le régime fiscal des sociétés de personnes (loi LME du 5 août 2008) (voir chapitre 6).

D Caractéristiques du régime d'imposition de ces sociétés et groupements

L'ensemble de ces sociétés et entités reposent sur le régime de la semi-transparence fiscale (et non pas « transparentes », ainsi qu'il est souvent dit à tort) fiscale. Il convient d'entendre par « **société semi-transparente** » le fait qu'elles disposent d'une personnalité fiscale, mais qu'elles ne sont jamais redevables de l'impôt.

Contrairement aux sociétés passibles de l'IS, le résultat, qu'il soit ou non distribué, est imposable entre les mains des associés. Si le résultat est bénéficiaire, l'associé acquittera l'impôt même en l'absence de toute distribution de résultat. S'il s'agit d'un déficit, il s'imputera sur le revenu global d'un associé personne physique ou sur le résultat fiscal d'un associé personne morale.

Sur le plan juridique, les associés des sociétés de personnes ont une responsabilité illimitée, contrairement aux associés des sociétés de capitaux.

Remarque. On parle de « **société transparente** » lorsque la société n'a pas d'existence fiscale propre, telles les sociétés de copropriété d'immeubles de l'article 1655 *ter* du CGI. La société n'a pas d'existence juridique distincte de celle des associés : ainsi, si l'associé cède ses droits sociaux, il est censé céder directement la part d'immeuble à laquelle ses parts lui donnent droit.

On parle de « **société translucide** » pour des sociétés spécifiques, qui relèvent normalement de l'IS, sauf pour certains revenus qu'elles sont censées transmettre à leurs associés (*ex.* : SICAV, société d'investissement en valeurs mobilières) : pour ces revenus, tout se passe comme si la société était transparente. Les associés sont fiscalement considérés comme recevant directement la quote-part de revenus leur incombant.

2 Détermination du résultat fiscal de la société

Déterminé selon les règles des BIC, le résultat fiscal d'une société de personnes doit tout d'abord faire l'objet d'une qualification. C'est au terme de cette qualification qu'il sera possible de connaître ses modalités d'imposition.

A Qualification fiscale du résultat de la société de personnes

Afin de comprendre les enjeux de la qualification fiscale du résultat d'une société de personnes, un éclairage historique s'impose.

Selon l'administration fiscale, c'est le statut fiscal des associés qui devait permettre la qualification du résultat de la société. Ainsi, si un associé de la société de personnes relevait de l'IS, il fallait appliquer les règles de l'IS pour déterminer sa quote-part de résultat.

Le conseil d'État était d'un autre avis. Pour la haute juridiction, il convenait de déterminer le résultat de la société de personnes en fonction de l'activité exercée par la société, et non au regard du statut des associés (CE 24 février 1978, req. 99.347).

C'est la thèse de l'administration qui, finalement, l'emporta puisque la loi de finances rectificative pour 1979 valida le critère administratif.

Sur quels critères s'appuyer pour qualifier le résultat de la société de personnes ? Cette qualification nécessite de répondre à une question préalable : par qui les parts de la société sont-elles détenues ? Sont-elles détenues par des personnes physiques ou par une entreprise ? Si elles sont détenues par une personne physique, cette personne exerce-t-elle une activité professionnelle dans la société ?

1 Les parts de la société sont détenues par une personne physique qui exerce une activité professionnelle dans la société

Dans ce cas, c'est l'activité exercée par la société qui conditionne l'imposition du résultat social. Ainsi, si deux associés travaillent dans une SNC qui exerce l'activité de plombier chauffagiste, chaque associé sera imposé dans la catégorie des BIC (art. 238 *bis* K II du CGI). Deux avocats travaillant dans une SCP seront imposés dans la catégorie des BNC sur leur quote-part de résultat. On parle alors d'associés « actifs » : cette qualité leur offre notamment la possibilité de déduire les frais financiers de l'emprunt contracté pour acheter les parts de la société, ou de bénéficier de régimes de faveur lorsqu'ils vont céder l'intégralité de leurs parts (régimes d'exonérations réservés sous conditions aux petites et moyennes entreprises (art. 151 *septies*, 151 *septies* A et 238 *quindecies* du CGI, voir Chapitre 11). On considère, dans cette hypothèse, que les parts de l'associé représentent un actif professionnel dont la cession est soumise au régime des plus-values professionnelles.

2 Les parts de la société sont détenues par une personne physique qui n'exerce pas une activité professionnelle dans la société

Les modalités de détermination de sa quote-part de résultat ne sont pas différentes du cas précédent. Mais s'agissant de simples apporteurs de capitaux, ils ne disposent pas des avantages précités : pas de déduction des frais financiers afférents aux parts acquises, aucun régime de faveur lors de la cession des parts. Les cessions de parts de l'associé « passif » relèvent du régime des plus-values des particuliers.

3 Les parts de la société figurent à l'actif du bilan d'une entreprise qui relève de l'IR ou de l'IS

Si les parts figurent à l'actif du bilan d'une entreprise associée, c'est le régime fiscal applicable à cette entreprise associée qui détermine la fiscalité applicable à sa quote-part de résultat. L'article 238 *bis* K-1 du CGI nous indique que lorsqu'un associé est une entreprise industrielle, commerciale, artisanale ou agricole, relevant de l'IR et placée de plein droit sous un régime de bénéfice réel normal ou simplifié, il est fait application des règles fiscales afférentes à ces personnes. Ainsi, lorsqu'une entreprise individuelle relevant des BIC est associé d'une SCI qui effectue des locations de locaux nus, le résultat de l'entreprise sera déterminé selon les règles des BIC et non pas des revenus fonciers. Si l'associé est à l'IS, ce sont les règles de l'IS qui s'appliqueront.

Exemple

Imaginons que les parts sociales d'une SCI qui exerce l'activité de location de locaux nus soit détenues à égalité de la manière suivante : un tiers par un avocat, un tiers par un agriculteur et un tiers par une SAS.

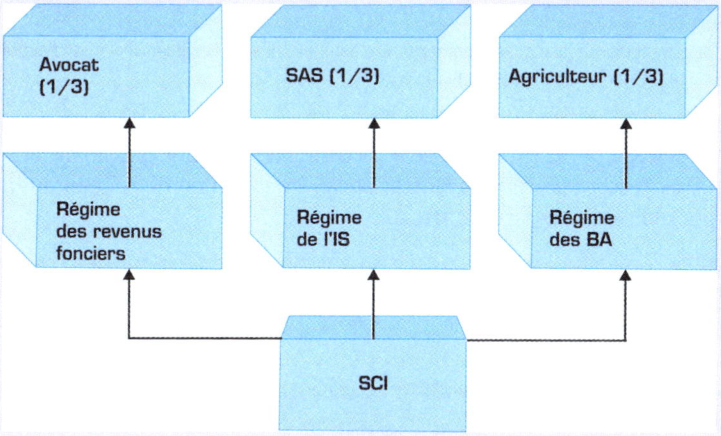

La SCI devra déterminer trois résultats en s'appuyant sur trois régimes fiscaux distincts : les revenus fonciers, les BA et l'IS. L'avocat, lui, relève de la catégorie des revenus fonciers.

4 Le cas particulier des sociétés interposées

Certains ont imaginé un dispositif leur permettant d'échapper aux rudesses fiscales de l'IS (notamment, pour une SCI, en cas de cession de l'immeuble ou de la cession des parts des associés de la SCI) : il s'agit d'interposer entre la société de personnes et l'associé IS une autre société de personnes. L'article 238 *bis* K-I, alinéa 2 prévoit que, dans ce cas, ce sont les règles de l'IS qui s'appliqueront. Imaginons que, dans notre exemple, la SAS détienne 100 % d'une société civile qui détient elle-même 100 % de la SCI. Les règles de l'IS demeurent applicables.

B Détermination du résultat fiscal de la société de personnes

C'est l'article 60 du CGI qui nous livre le mode d'emploi : les règles des BIC sont, en l'espèce, transposable aux sociétés de personnes, avec toutefois quelques divergences.

1 Des règles convergentes avec les BIC

De même que pour l'entreprise individuelle, il n'est pas nécessaire que le bénéfice soit distribué aux associés pour qu'il devienne imposable chez ces derniers. Le Conseil d'État l'a souligné dans un arrêt de 1979 (CE 14 février 1979, req. 99.765) : « *les bénéfices d'une société de personnes sont réputés réalisés à la clôture de l'exercice et acquis à cette date à chacun des associés pour la part correspondant à ses droits dans la société* ».

Lorsqu'un des associés tient une comptabilité d'engagement et clôture ses exercices après ceux de la société de personnes, il devra intégrer extra-comptablement sa quote-part de résultat au moyen du tableau n° 2058-A.

Lorsqu'il percevra, au titre d'un exercice ultérieur, la quote-part de résultat comptable lui revenant, il devra, afin d'éviter une double imposition, procéder à une déduction extra-comptable.

Exemple

Une SAS, relevant de l'IS de plein droit, détient 50 % du capital d'une société de personnes. La SAS clôture son exercice social le 31 décembre N alors que la société de personnes clôture au 30 septembre N. Leurs résultats fiscaux s'élèvent respectivement à 50 000 € et 30 000 €. Au titre de l'exercice N, la SAS va réintégrer fiscalement sur son tableau 2058 A la somme de 15 000 € (30 000 × 50 %) qui correspond à sa quote-part de résultat fiscal. En N+1, la société de personnes met en distribution un montant de 20 000 € qui correspond à son résultat comptable de N.
Afin d'éviter une double imposition de son résultat, la SAS devra pratiquer une déduction fiscale de 10 000 € (20 000 × 50 %).

Conseil : ce type de retraitement est fréquemment rencontré dans les annales d'examen. Il permet d'appréhender le degré de compréhension de ces mécanismes complexes par l'étudiant.

Autre point de convergence avec les BIC : les rémunérations des associés. Elles représentent une répartition du résultat par anticipation, et à ce titre elles ne sont pas analysées fiscalement comme des salaires. Il convient donc, à l'instar de la rémunération de l'exploitant individuel, de les réintégrer pour le calcul du résultat fiscal.

Remarque. Il s'agit des rémunérations des associés, y compris lorsque l'associé est simple salarié et non dirigeant. C'est bien sa qualité d'associé qui entraîne l'absence de déduction fiscale, et non sa qualité de dirigeant. La rémunération d'un dirigeant non associé sera déductible si elle rémunère un travail effectif et si elle n'est pas exagérée au regard du service rendu (art. 39.1.1° du CGI).

S'agissant des rémunérations des conjoints des associés, elles sont intégralement déductibles du résultat (voir Chapitre 8).

2 Quelques règles spécifiques aux sociétés de personnes

À la différence des entreprises individuelles, les sociétés de personnes ont la personnalité morale et fiscale. Les associés vont pouvoir consentir des avances de trésorerie à la société et en percevoir une rémunération. À l'inverse, une telle possibilité est interdite dans l'entreprise individuelle. L'exploitant individuel ne peut déduire en charges les intérêts qu'il s'allouerait à lui-même en rémunération des apports consentis à l'entreprise.

Dans une société de personnes, les avances consenties à la société par les associés peuvent produire une rémunération, mais leur déductibilité fiscale est encadrée : il convient tout d'abord de s'assurer que le capital de la société est entièrement libéré et que le taux de rémunération servi n'excède pas le taux effectif moyen pratiqué par les établissements de crédit de **2,25 %** (taux applicable pour l'année civile 2022, la moyenne annuelle étant déterminée à partir de moyennes trimestrielles). Lorsque la rémunération des comptes courants excède ce taux moyen, l'excédent est réintégré extra comptablement dans le résultat de la société et imposé chez les associés.

Éclairage – Pourquoi le capital social doit-il être libéré pour que les intérêts puissent être fiscalement déduits du résultat de la société qui les verse ?
Rappelons ce qu'est un capital libéré. Les apports en numéraires réalisés par les associés de la société doivent être déposés, dans les huit jours de leur réception, soit à la caisse des dépôts et consignations, soit chez un notaire, soit dans une banque. Ces fonds seront à la disposition de la société après son immatriculation au RCS. L'associé, au moment de leur libération, se dépossède de ses apports. On comprendrait mal qu'un associé puisse se faire rémunérer des apports en comptes courants alors qu'il n'a pas encore acquitté à la société ce qu'il lui devait lors de sa constitution.

3 La détermination de la quote-part imposable des associés

A Règles de répartition du résultat

1 Le principe

C'est le pacte social qui préside en principe à la répartition des résultats entre les associés.

A et B sont associés de la SNC AB. A a apporté 6 000 € et B a apporté 4 000 € de numéraire, formant ainsi un capital social de 10 000 €. A a droit, en principe, à 60 % des résultats de la société et B à 40 %.

2 L'exception

Les associés ont la possibilité de modifier cette répartition par une convention sous réserve qu'elle ne soit pas léonine (la clause léonine est une clause qui prive un associé de tout droit aux profits de la société ou qui, au contraire, lui attribue la totalité des profits, ou bien encore qui met à sa charge la totalité des pertes ou l'exonère de toute contribution au passif social). Cette convention doit être impérativement conclue avant la clôture de l'exercice, une modification rétroactive serait inopposable à l'administration. Dans notre exemple précédent, une convention entre A et B peut très bien prévoir que A béneficiera de 70 % des résultats et B de 30 %. Cette répartition peut s'expliquer par exemple par une compétence professionnelle particulière de A, ou par un temps de travail supérieur à celui de B.

3 Le retraitement des « prélèvements personnels » des associés

Cette répartition devra enfin être affectée par les prélèvements opérés par les associés. Imaginons, toujours dans l'exemple précédent, que A prélève une rémunération de 20 000 € et que B n'effectue au contraire aucun prélèvement, il serait abusif de ne pas en tenir compte. Une répartition purement arithmétique, fondée sur le seul pacte social, reviendrait à faire artificiellement supporter de l'impôt à B sur les revenus de A. Il conviendra donc d'affecter à chaque associé les prélèvements qui lui sont propres.

B Calcul de la quote-part

Il convient tout d'abord de déterminer pour chaque associé une quote-part « brute », sur laquelle viendront s'imputer ses charges professionnelles : nous aboutirons ainsi à la quote-part nette imposable.

1 Calcul de la quote-part brute

La détermination de la quote-part brute peut se résumer ainsi :

Exemple

QP = [(RF-R) × A/B] + PP
QP = quote-part brute de l'associé
RF = résultat fiscal de la société
R = réintégrations afférentes aux **seuls** associés
A/B = clé de répartition, statutaire ou conventionnelle
PP = prélèvements personnels de l'associé dont on détermine la quote-part

2 Calcul de la quote-part nette

Chaque associé pourra imputer les charges qui lui sont propres. Il s'agit principalement de ses cotisations sociales, de ses frais de déplacements professionnels (domicile – lieu de travail) et des intérêts de l'emprunt contracté pour l'acquisition des parts de la société. Mais les charges qu'il a engagées pour les besoins de la société ne peuvent être déduites que du seul résultat social.

3 Revenus autres que les BIC

Les revenus autres que les BIC (plus-values à long terme, dividendes taxables dans la catégorie des RCM), qui sont perçus par la société, font également l'objet d'une répartition entre les associés au prorata de leurs droits.

C Modalités d'imposition de la quote-part nette

1 La quote-part nette est un bénéfice

Le bénéfice est imposé chez l'associé.

S'il s'agit d'un associé personne physique, il sera taxé dans la catégorie de revenus qui correspond à l'activité de la **société**. S'il s'agit d'une entreprise relevant de la catégorie des BIC, BNC ou BA, le résultat sera imposé dans la catégorie de revenus qui correspond à l'activité de **l'associé**.

S'il s'agit enfin d'un associé relevant de l'IS, sa quote-part s'ajoutera à son résultat fiscal soumis à l'IS et sera taxé à l'IS (taux normal ou taux réduit des PME sous conditions).

Dans ces deux derniers cas, lorsque l'associé est une entreprise relevant de l'IR ou de l'IS, la quote-part de bénéfice est appréhendé fiscalement *via* le tableau n° 2058-A, ligne WL reportée ligne K7.

Le résultat comptable n'est lui nullement affecté.

2 La quote-part nette est un déficit

La translucidité de la société de personnes a pour vertu de permettre la remontée du déficit chez les associés, selon la même logique que celle décrite précédemment, et alors même que les associés n'ont pas été conduits à combler les pertes sociales. Ce déficit, purement fiscal, s'imputera sur le revenu global d'un associé personne physique dans la mesure où il s'agit d'un déficit professionnel. S'il s'agit d'un déficit non professionnel, il s'imputera sur les BIC non professionnel de l'associé pendant les six années suivantes (voir Chapitre 5).

Si l'associé est une entreprise, l'imputation de la quote-part de déficit fiscal viendra diminuer le résultat fiscal de l'associé, que ce dernier supporte l'IR ou l'IS (certaines techniques d'optimisation fiscale reposent, dans les groupes, sur ces mécanismes).

Exemple

Monsieur A, l'entreprise individuelle B et la SARL C sont associés à égalité de la SCI D.
La SCI D, qui effectue des locations de locaux nus, relève de plein droit de l'IR à défaut d'avoir opté pour l'IS.
Elle réalise un déficit de 60 000 €, déterminé selon les règles des revenus fonciers, après des travaux de rénovation effectués dans l'immeuble qu'elle loue.
Le déficit, déterminé selon les règles des BIC, s'élève à 90 000 € (l'immeuble est dans ce cas amortissable).
Monsieur A : le résultat est déterminé dans ce cas selon les règles des revenus fonciers, l'associé étant une personne physique. Sa quote-part de déficit de 20 000 € viendra s'imputer sur ses autres revenus, dans la catégorie des revenus fonciers. Or le déficit ne pourra s'imputer que dans la limite de 10 700 € annuels (voir Chapitre 2), l'excédent de 9 300 € étant reportable sur les revenus fonciers des 10 années suivantes.
Si M. A ne dispose d'aucun autre revenu, son déficit global s'élèvera à 10 700 €.

>>>

>>> **L'entreprise individuelle B** : le résultat est déterminé dans ce cas selon les règles des BIC, l'associé étant une entreprise relevant de cette catégorie de revenus. Une quote-part de déficit de 30 000 € revient à l'associé B, et cette quote-part vient diminuer le BIC de B.
La SARL C : il s'agit d'une société qui relève de l'IS. Elle déduira également une quote-part de déficit de 30 000 €, qui minorera d'autant son résultat imposable à l'IS.

En résumé

1. Une société de personnes est, sur le plan fiscal, une société translucide qui relève de plein droit de l'IR.
2. Elle possède la personnalité fiscale, mais elle n'est pas « sujet » d'impôt. L'impôt est acquitté par les associés, personnes physiques, entreprises ou personnes morales.
3. De ce fait, il convient de déterminer les modalités de détermination du résultat, qui dépendent directement de la qualité de l'associé.
4. La quote-part de l'associé imposable est déterminée en deux temps : quote-part brute puis quote-part nette, sachant que c'est cette dernière qui supportera l'impôt.

Conseil à l'étudiant : s'entraîner à faire et refaire les exercices proposés en complément du présent chapitre, de manière à intégrer parfaitement ces mécanismes qui ne brillent pas par leur simplicité.

Éclairage

La distinction entre sociétés de personnes et sociétés de capitaux est essentiellement une création doctrinale et jurisprudentielle construite en application des caractéristiques juridiques des différentes catégories de sociétés.
Les sociétés de personnes concernent celles dans lesquelles la personnalité des associés joue un rôle déterminant : cet « *intuitu personae* » se manifeste notamment par l'obligation d'agrément de tout nouvel associé en cas de cession de droits sociaux, et par la responsabilité illimitée des associés envers les créanciers sociaux.
Les sociétés de capitaux renvoient aux sociétés par actions : SA, SAS, SCA.
La fiscalité des sociétés de personnes, dont nous avons souligné la complexité, a vocation à évoluer. Les services de Bercy avaient envisagé une grande réforme du régime fiscal des sociétés de personnes. Ce projet proposait d'adapter la fiscalité de ces sociétés dans le sens d'un renforcement de la transparence fiscale (« transparence rationalisée ») : il est aujourd'hui au point mort.

L'IMPOSITION DES RÉSULTATS DES SOCIÉTÉS DE PERSONNES

Champ d'application	
Caractéristiques	Imposition établie chez les associés IR ou IS. Imposition sur la part des bénéfices sociaux réalisés par la société, qu'ils soient distribués ou non, et correspondant aux droits des associés dans la société. Option possible pour l'IS. Elle est révocable dans un délai de 5 ans.
Les principales sociétés concernées (sociétés de l'article 8 et assimilées)	Les sociétés en nom collectif (SNC), les sociétés en commandite simple (SCS) pour les seuls associés commandités, les sociétés civiles, sociétés civiles professionnelles (SCP), sociétés civiles de moyens (SCM), sociétés civiles de construction-vente, certaines sociétés de capitaux qui ont opté pour le régime fiscal des sociétés de personnes, les EURL lorsque l'associé unique est une personne physique.
Détermination et imposition du résultat fiscal	
Le principe	La nature des activités de ces sociétés détermine la qualification fiscale des bénéfices qu'elles réalisent. – activité industrielle ou commerciale : catégorie des BIC – activité agricole : catégorie BA – activité libérale : catégorie BNC.
Les exceptions	1. Associé à l'IS ou entreprise ou société de personnes ayant une activité BIC ou BA soumise de plein droit à un régime réel d'imposition : La part des résultats de la société de personnes est déterminée conformément aux règles de l'entreprise associée. 2. L'associé est une société ou un groupement de personnes ayant une activité BA soumise au régime du micro ou du réel simplifié d'imposition ou une société de personnes ayant une activité de gestion de son patrimoine mobilier ou immobilier : la quote-part des résultats de la société de personnes revenant à la société de personnes associée est déterminée selon les règles de l'IS. 3. Pour les autres associés personnes physiques BNC, RF, BIC ou BA micro ou au régime simplifié d'imposition sur option : La part des résultats de la société de personnes revenant aux associés est déterminée en tenant compte de la nature de l'activité et du montant des recettes de la société de personnes.
L'imposition des bénéfices de la société de personnes	
Calcul et imposition du résultat	Résultat fiscal réparti entre les associés au prorata de leur apport en capital, ou en vertu d'une convention d'affectation des résultats communiquée à l'administration fiscale, en tenant compte également des sommes prélevées au cours de l'exercice. Chaque associé reporte sur sa déclaration d'impôt sur le revenu le résultat qui lui revient, qu'il ait ou non été distribué. Le déficit s'impute sur les autres revenus catégoriels personnels de l'associé (sauf si l'associé n'exerce aucune activité dans la société = associé « passif » : dans cette hypothèse, le déficit pourra s'imputer sur des revenus de même catégorie pendant 6 ans).
Situation des associés	Les associés ne sont jamais considérés comme des salariés au regard du droit fiscal et social. Leurs rémunérations ne sont jamais déductibles.
Calcul de la quote-part brute	QP = [(RF-R) × A/B] + PP
Calcul de la quote-part nette imposable	Chaque associé va déclarer sa QP de résultat sur laquelle viendront s'imputer les éventuelles charges propres à l'associé (frais de déplacement domicile-travail, charges sociales personnelles, intérêts des emprunts contractés par l'associé pour l'achat des parts de la société). Modalités d'imposition de la quote-part nette différente selon que l'associé est une personne physique ou une personne morale.

Applications

EXO 14.01 Cas CMA

N = 2021

L'entreprise Confection Mode d'Aujourd'hui (CMA) est une PME de travail à façon et de vente de vêtements pour dames qui exploite directement 10 magasins de confection à travers la France entière.

À la tête de l'entreprise se trouve Marine Colin, créatrice d'un modèle de prêt à porter et passionnée de prêt à porter féminin. Elle est secondée par Martin Margielo, récemment diplômé de l'IAE de Poitiers, chargé plus spécifiquement du développement financier et commercial de l'entreprise.

Le résultat comptable de l'exercice N, qui correspond avec l'année civile, s'élève à 120 000 €.

Il est précisé que CMA est une SNC n'ayant pas opté pour l'IS, et que son capital de 45 000 € se répartit comme suit : Marine Colin, gérante : 26 000 € ; SA LWNH : 6 000 € ; Martin Margielo = 13 000 €.

I – Frais et charges

A – Frais généraux

1) À compter de la cession de son véhicule de tourisme, Martin Margielo a disposé d'un véhicule de tourisme loué par l'entreprise jusqu'à la fin de l'année. Cette voiture a été acquise neuve le 15/11/N–1 par l'entreprise loueuse pour un montant de 22 000 € HT (amortissements linéaires sur 5 ans). Les loyers mensuels payés par l'entreprise s'élèvent à 686 € TTC. Cette voiture n'est pas utilisée à titre privé par Martin Margielo.

2) En N–2, le comptable de l'entreprise a étalé sur 3 ans le coût d'une campagne publicitaire. Toutes les opérations comptables concernant cette opération ont été pratiquées à l'inventaire N–1 et N. Coût total de la campagne = 18 300 €.

3) 1 525 € ont été versés à un participant du marathon de Paris qui portera un tee-shirt où figure un tailleur CMA, créé par Marine Colin.

4) Les frais de déplacements professionnels de Marine Colin se sont élevés à 10 185 € TTC en N. Il s'agit de remboursements de frais sur état. Par ailleurs, la société lui verse 305 € de remboursements de frais forfaitaires tous les mois.

5) Le comptable ayant été absent pendant le mois d'octobre N, la déclaration TVA du mois de septembre et le chèque correspondant à la TVA à payer sont parvenus à la recette des impôts avec retard. Une pénalité de 10 % a été appliquée, soit 2 927 €.

6) Parmi les rémunérations versées, on relève :

- 99 000 € pour Marine Colin ;
- 82 000 € pour Martin Margielo ;
- 53 000 € pour Gabrielle Camel-Margielo, épouse de Martin Margielo, responsable des achats ;
- 45 000 € pour Jean-Paul Colin, époux de Marine, directeur du Marketing.

Le montant des rémunérations peut être considéré comme normal.

7) Les résultats de l'exercice N étant excellents, Marine a annoncé publiquement lors du repas de fin d'année, le 20 décembre N, qu'une gratification exceptionnelle serait versée à tout le

personnel de CMA le 7 janvier N+1. Un accord concernant les modalités de calcul de cette prime a été signé avec les représentants du personnel le 22 décembre. De ce fait, le comptable a passé en charges le montant global des gratifications, soit 22 000 €.

8) La société a acquis un appartement en N–3 ; cette acquisition figure au bilan de l'entreprise pour un montant de 122 000 € (amortissement linéaire sur 20 ans). Cet appartement a été mis à la disposition de Martin Margielo. L'entreprise a encaissé un loyer de 3 000 € pour ce logement et a déclaré à l'Administration un avantage en nature de 1 950 €. Au cours de cette même année, l'entreprise CMA a comptabilisé 580 € de frais pour ce logement.

9) En N–1, l'entreprise a rencontré des difficultés de trésorerie suite à une vaste politique de renouvellement de ses machines. Afin de permettre à l'entreprise de faire face à ses échéances, Marine Colin, Martin Margielo et la SA LWNH ont mis à la disposition de l'entreprise les sommes suivantes :

- Marine Colin = 60 000 € du 1/01/N au 31/12/N ;
- Martin Margielo = 30 000 € du 1/01/N au 30/06/N ;
- SA LWNH = 23 000 € du 1/07/N au 31/12/N.

Les sommes mises à la disposition de l'entreprise ont été rémunérées au taux de 3 % l'an.

Il s'ensuit qu'en N, ont été comptabilisés en frais financiers les intérêts suivants :

- Marine Colin = 1 800 € ;
- Martin Margielo = 450 € ;
- SA LWNH = 345 €.

10) L'entreprise a réglé 1 800 € de contraventions pour stationnement interdit de ses divers employés, contraventions reçues dans l'exercice de leur activité professionnelle.

B – Dotations aux amortissements

1) Amortissement des véhicules suivants :

- camionnette de livraison acquise le 20 janvier N–1 pour 14 000 € HT et amortie en linéaire sur 5 ans. Dotation N = 2 800 € ;
- véhicule particulier « break » acquis le 13 mai N–1 pour 36 000 € TTC et amortie en linéaire sur 5 ans. Dotation N = 7 200 €.

2) Toutes les machines sont amorties en dégressif sur 5 ans.

Le comptable constate qu'un des ateliers de fabrication, acquis le 20 janvier N–2 pour 9 000 € HT, n'avait pas été amorti en N–1 suite à une erreur du comptable stagiaire employé à l'époque. Une dotation de 2 472 € est enregistrée sur N.

II – Produits

Le montant des ventes de l'exercice s'élève à 5 700 000 €. Sur ce total, seuls 4 600 000 € ont été réglés au 31 décembre N. La différence, soit 1 100 000 €, figure en créances clients. Cette somme inclut une créance sur un client russe de 34 000 € (10 000 roubles à 3,40 €, cours du jour de la signature du contrat). Au 31 décembre N, un rouble valait 3,52 €. Le comptable, par prudence, n'a pas tenu compte de ce gain latent.

Outre les produits attachés à l'exploitation directe des divers magasins de confection, figurent également dans la société de CMA :

1) CMA a perçu des redevances relatives à la concession d'une licence d'exploitation. CMA est titulaire d'un brevet de confection du célèbre tailleur « Camel », qui n'est autre que le père de Gabrielle Camel. CMA et l'entreprise concessionnaire ne sont pas sous la dépendance l'une de l'autre ; cette somme a été comptabilisée en produits d'exploitation. Il vous est apporté les précisions suivantes :

- Coût d'acquisition du brevet en N–2 = 200 000 ;
- Revenus acquis au cours de l'exercice tirés des actifs éligibles = 80 000 ;

- Dépenses de R&D de N se rattachant à ces actifs = 20 000 ;
- Dépenses de R&D de N-1 se rattachant à ces actifs = 10 000.

2) CMA a cédé le 31 décembre N pour 137 200 € un local acquis 76 200 €, le 2 février N-12, qui lui servait d'entrepôt. Lors de l'acquisition, il avait été décidé d'amortir cette immobilisation en linéaire sur 20 ans ;

3) un montant de 6 000 € de dividendes a été encaissé par CMA en septembre N. Ces dividendes proviennent de la participation, à hauteur de 26 %, prise dans le capital d'une SARL française en juin N-13.

Renseignements annexes

1) Toutes les opérations décrites dans le cas ont été correctement comptabilisées.

2) Pour N, la moyenne annuelle des taux effectifs moyens pratiqués par les établissements de crédit pour des prêts à taux variable aux entreprises, d'une durée initiale supérieure à deux ans est de 2,25 %. Le capital social est entièrement libéré.

3) Les époux Colin sont mariés sous le régime de la communauté légale.

4) Les époux Margielo sont mariés sous le régime de la séparation de biens.

5) CMA n'a pas adhéré à un centre de gestion agréé.

6) Sauf indication contraire, les sommes mentionnées dans le cas sont hors taxes.

→ Travail à faire

1. **Vous êtes chargé(e), en collaboration avec l'expert-comptable de CMA, de déterminer le résultat fiscal lors de l'arrêté des comptes du bilan de l'exercice clos en N.**
2. **Calculez la quote-part de résultat imposable de chaque associé et précisez ses modalités d'imposition.**

EXO 14.02 Cas SNC PIVOINE

N = 2022

La SNC PIVOINE (dont les trois associés à égalité sont respectivement MM. Jean, Jules et la SA SWEET MAMA), créée en N-13, a pour objet social la fabrication et la vente de matériel de bureau. Elle arrête son résultat comptable au 31 décembre N en ayant réalisé les opérations suivantes :

Particularité principale du cas Pivoine : l'un des associés est une personne morale relevant de l'IS. D'où la nécessité de « jongler » tantôt avec les règles de l'IR, tantôt avec les règles de l'IS.

1. Elle a vendu le 10 janvier N une machine-outil pour 30 000 €. Cette machine a été acquise le 2 janvier N-3 à un prix de 60 000 € et fait l'objet d'un amortissement dégressif (sur 5 ans avec un coefficient dégressif de 1,75).

→ Travail à faire

Calculez la plus-value et commentez ses modalités d'imposition.

2. Elle a vendu, le 15 juin N, un fonds de commerce à l'une de ses filiales qui a le même objet social pour un montant de 90 000 €. Ce fonds, créé par la société, figurait à l'actif du bilan depuis N-6 pour un montant de 30 000 €.

→ Travail à faire

Calculez la plus-value et commentez ses modalités d'imposition.

3. La société PIVOINE a acquis en N-3 une participation représentant 25 % du capital d'une SA JAZZY pour un prix de 50 000 €. Cette participation a été cédée le 24 septembre N pour un prix de 70 000 €.

→ Travail à faire

Calculez le revenu imposable et l'impôt dû à raison de cette cession.

4. Elle a décidé de procéder le 1er septembre N à un abandon de créance d'un montant de 60 000 € en faveur d'une autre filiale, dont elle détient 80 % du capital et dont l'objet social est la fabrication de produits de nettoyage de mobilier de bureau, afin d'éviter un dépôt de bilan. La situation de la filiale, négative pour 50 000 € avant l'abandon de créance, devient positive à hauteur de 10 000 € à la suite de l'abandon de créance. La filiale n'est pas en situation de dépôt de bilan.

→ Travail à faire

Quel est, pour la SNC PIVOINE, le traitement fiscal de cet abandon de créance ?

5. Le magasin de la rue Guillaume VII Le Troubadour à Poitiers, appartenant à la société PIVOINE, a vu chuter son chiffre d'affaires car un concurrent particulièrement agressif sur le plan commercial vient de s'installer à proximité : la SNC PIVOINE a déduit une provision de 70 000 € en N correspondant au montant susceptible d'être versé à l'un des vendeurs en cas de licenciement, dont on envisage qu'il interviendra en N+1.

→ Travail à faire

La provision est-elle déductible comptablement ? Et fiscalement ?

6. La société PIVOINE a réalisé un déficit fiscal en N-2 d'un montant de 15 000 € et un bénéfice fiscal en N-1 de 30 000 €. Le 23 décembre N, la SA SWEET MAMA a cédé ses parts pour un prix de 90 000 €. Les prévisions sur le résultat de l'exercice en cours annoncent un résultat fiscal probable égal à zéro. Quel est le traitement fiscal de cette cession pour la SA SWEET MAMA ?

→ Travail à faire

Vous calculerez le résultat de cession imposable, sachant que les parts ont été acquises en N-5 pour 10 000 €.

7. La société PIVOINE possède une participation au capital de 20 % d'une filiale italienne pour laquelle elle a reçu un dividende de 10 000 €.

→ Travail à faire

Quel est le régime d'imposition de ce dividende perçu par la SNC PIVOINE ?

8. La société PIVOINE souhaite être soumise à l'impôt sur les sociétés à compter du 1er janvier N+1.

→ Travail à faire

Que doit-elle faire ? Cette soumission à l'IS entraîne-t-elle des conséquences fiscales par elle-même ? Votre réponse serait-elle identique si la société était déficitaire ?

L'impôt sur les sociétés

3

Partie

Contrairement aux sociétés de personnes qui relèvent de plein droit de l'impôt sur le revenu, les sociétés de capitaux sont, en principe, soumises à l'impôt sur les sociétés.

La « logique » de l'imposition est très différente :

- pour les premières, le résultat réalisé par la société est imposé chez les associés : la société ne paie pas l'impôt directement sur son résultat ;
- pour les secondes, la société acquitte un impôt qui est proportionnel à son résultat : cet impôt s'appelle l'« impôt sur les sociétés ».

De création plus récente (1948) que l'impôt sur le revenu (début du xxe siècle), l'impôt sur les sociétés s'appuie très directement sur la technique des bénéfices industriels et commerciaux, tout en comportant un nombre significatif de spécificités sur lesquelles nous allons insister.

Dans un premier temps, seules les sociétés pouvaient relever de cet impôt, à l'exclusion des entreprises individuelles.

L'EIRL a offert depuis 2011 à l'entrepreneur individuel à responsabilité limitée la possibilité d'opter pour l'impôt sur les sociétés, ce qui constitue une disposition originale dans notre système fiscal.

L'EURL et la SASU étaient les seules à offrir cette possibilité jusqu'alors.

La loi du 14 février 2022 permet à l'entrepreneur individuel d'opter, à compter du 15 mai 2022, pour l'assimilation de son entreprise individuelle à une EURL ou à une EARL. Cette option est irrévocable et emporte alors de plein droit option pour l'assujettissement à l'impôt sur les sociétés.

Avec un taux normal à 33,1/3 %, le taux d'IS français était dans la moyenne haute des pays industrialisés. Toutefois, il ne s'agit pas du taux réel d'imposition de la plupart des sociétés, notamment les plus grandes d'entre elles, car l'assiette de l'IS français est très favorable, compte tenu des multiples mécanismes permettant de réduire la base imposable.

Depuis 2022, le taux normal d'IS (par opposition au taux réduit de 15 % applicable à certaines PME) est ramené à 25 % pour toutes les entreprises.

Pour une comparaison internationale en 2020 :

Allemagne	30,0	Japon	29,74
Angola	30,0	Koweït	15,0
Arabie saoudite	20,0	Lettonie	15,0
Argentine	30,0	Luxembourg	24,94
Australie	30,0	Macédoine	10,0
Autriche	25,0	Malaisie	24,0
Bahamas	0,0	Malte	35,0
Bahreïn	0,0	Mexique	30,0
Barbade	5,5	Mozambique	32,0
Belgique	29,0	Nigeria	30,0
Bolivie	25,0	Norvège	22,0
Botswana	22,0	Nouvelle-Zélande	28,0
Brésil	34,0	Oman	15,0
Cambodge	20,0	Pakistan	29,0
Canada	26,47	Panama	25,0
Chili	27,0	Papouasie-Nouv. Guinée	30,0
Chine	25,0	Paraguay	10,0
Colombie	33,0	Pays-Bas	25,0
Corée du Sud	25,0	Pérou	29,5
Costa Rica	30,0	Philippines	30,0
Croatie	18,0	Pologne	19,0
Danemark	22,0	Portugal	31,5
Equateur	25,0	Qatar	10,0
Espagne	25,0	République Dominicaine	25,0
États-Unis	25,77	République slovaque	21,0
Finlande	20,0	République tchèque	19,0
France	Pour 2022, le taux d'IS français est ramené à 25 %, hors CS	Royaume-Uni	19,0
		Russie	20 %
Grèce	24,0	Samoa	27,0
Guatemala	25,0	Singapour	17,0
Hong Kong	16,5	Slovénie	19,0
Hongrie	9,0	Suède	21,4
Ile Maurice	15,0	Suisse	21,14
Iles Caïmans	0,0	Syrie	28,0
Iles Fidji	20,0	Thaïlande	20,0
Inde	30,0	Turquie	20,0
Indonésie	25,0	Venezuela	34,0
Irlande	12,5	Vietnam	22,0
Islande	20,0	Zambie	35,0
Israël	23,0		
Italie	27,81		

Le champ d'application de l'IS

15

Chapitre

COMPÉTENCES ATTENDUES

- **Identifier et expliquer les différences entre le résultat comptable et le résultat fiscal.**
- **Connaître le champ d'application et territorialité de l'impôt sur les sociétés.**

PLAN DU CHAPITRE

SYNTHÈSE P. 281
APPLICATIONS P. 282

LES RÉFÉRENCES POUR COMPRENDRE LE CONTEXTE

La fiscalité internationale au XXIe siècle

La fiscalité internationale entre enfin au XXIe siècle ! Vidéo explicative sur la chaîne YouTube de LexisNexis France

Le principe de territorialité de l'impôt sur les sociétés

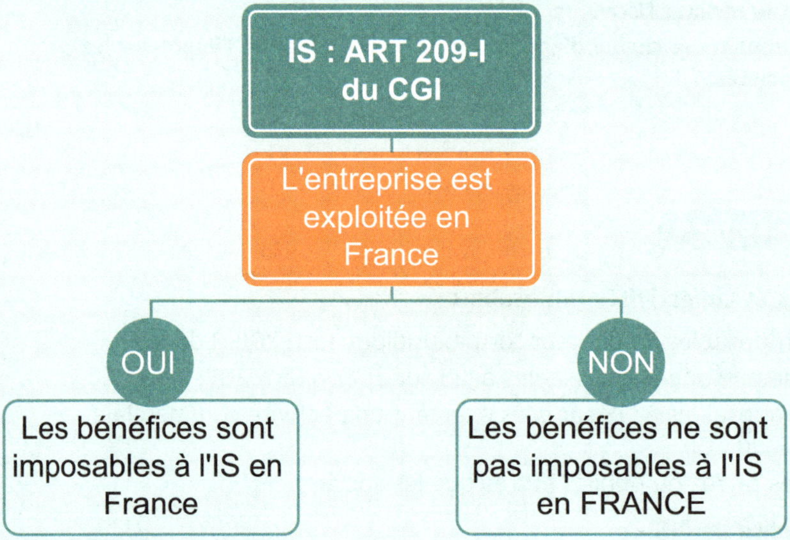

Les prix de transfert

Selon la définition de l'Organisation de coopération et de développement économiques (OCDE), les prix de transfert sont « les prix auxquels une entreprise transfère des biens corporels, des actifs incorporels, ou rend des services à des entreprises associées ». Ils se définissent plus simplement comme étant les prix des transactions entre entités d'un même groupe et résidentes d'États différents : ils supposent des transactions intragroupes et le passage d'une frontière.

Guide 2023 à l'usage des PME (DGFIP)

1 Les sociétés et collectivités imposables

Les sociétés de capitaux sont imposables à l'IS, de même que certaines sociétés et collectivités qui exercent des activités imposables.

A Sociétés imposables de par leur forme juridique (art. 206, 1 du CGI)

Les sociétés de capitaux sont normalement imposées à l'IS, quelle que soit la nature de leur activité.

Il s'agit :

- des sociétés anonymes (SA) et les sociétés par actions simplifiées (SAS) ;
- les sociétés à responsabilité limitée (SARL) ;
- les sociétés en commandite par actions (SCA) ;
- les sociétés coopératives et leurs unions, en dehors des cas d'exonération propres à ces collectivités.

Certaines sociétés peuvent, sous conditions, opter pour le régime des sociétés de personnes (voir Chapitre 14).

Remarque. Les SARL à associé unique (EURL) relèvent de plein droit de l'IR lorsque l'associé unique est une personne physique. En revanche, lorsque l'associé unique est une personne morale, l'EURL relève de plein droit de l'IS.

B Sociétés de personnes imposables à l'IS sur option (art. 206, 3 du CGI)

Les sociétés de personnes, dites « sociétés de l'article 8 du Code général des impôts », peuvent sous certaines conditions, opter pour l'IS. Les modalités d'imposition de ces sociétés ont fait l'objet d'une étude approfondie au Chapitre 14.

Certaines sociétés ne sont toutefois pas autorisées à opter : il s'agit principalement des sociétés civiles de moyen (SCM), des groupements d'intérêt économique (GIE) et des sociétés de construction-ventes d'immeubles.

L'option pour l'IS doit être exercée avant la fin du troisième mois de l'exercice au titre duquel elle s'applique : elle n'est plus irrévocable pour les exercices clos à compter du 31 décembre 2018.

Les sociétés, groupements et EIRL qui optent à l'impôt sur les sociétés peuvent désormais renoncer à leur option jusqu'au cinquième exercice suivant celui au titre duquel l'option a été exercée.

La renonciation à l'option est possible si elle intervient avant la fin du mois précédant la date limite de versement du premier acompte d'IS (fixée au 15 mars) du 5e exercice au titre duquel l'option pour l'IS a été exercée.

Le renoncement est définitif : l'entreprise ne pourra plus opter à nouveau pour son assujettissement à l'IS.

> **Exemple :** Une SNC qui a un exercice comptable qui correspond à l'année civile opte pour l'IS le 22/03/N.
> Elle devra impérativement renoncer à son option avant le 28/02/N+5, sous peine d'être soumise à l'IS de manière irrévocable.

Notons que pour les sociétés en commandite simple, et même à défaut d'option, l'IS s'applique sur la part des bénéfices revenant aux commanditaires ; dans les sociétés en participation, l'IS s'applique à la part des associés qui ne sont pas indéfiniment responsables ou dont les noms et adresses n'ont pas été indiqués à l'administration.

C Sociétés imposables à l'IS car elles exercent une activité commerciale (art. 206, 2 du CGI)

Les sociétés civiles qui exercent une activité commerciale deviennent passibles de l'IS, sauf si l'activité commerciale demeure accessoire à l'activité civile : l'administration tolère que les recettes commerciales représentent au plus 10 % des recettes totales hors taxes.

> **Exemple :** Une société civile immobilière exerce une activité de location meublée. Cette activité étant représentative d'une activité commerciale au sens des dispositions de l'article 34, al. 2 du CGI, la société civile devient passible de l'IS.

D Organismes privés ou publics autres que les sociétés

Il s'agit essentiellement des associations loi de 1901, des fondations, des syndicats professionnels, des congrégations religieuses. En principe, ces organismes ne sont pas imposables à l'IS, l'activité qu'ils exercent étant à but non lucratif.

Ainsi, lorsque l'activité exercée est à but lucratif, l'IS leur est applicable selon les règles de droit commun. Ces organismes bénéficient toutefois d'une exonération d'IS lorsque leurs opérations lucratives **accessoires** n'excèdent pas 72 432 € pour 2021 et à 73 518 € pour 2022. Afin d'apprécier si une association doit être assujettie aux impôts commerciaux, l'administration (Instruction 4 H-5-06 et BOI-IS-CHAMP-10-50-10-20 n° 570 à 710) recommande la démarche suivante :

- examiner si la gestion est désintéressée (dans le cas contraire, elle est redevable des impôts commerciaux) ;
- si la gestion est désintéressée, examiner si elle concurrence le secteur commercial (dans le cas contraire, l'association échappe aux impôts commerciaux) ;
- si l'association concurrence le secteur commercial, il convient alors d'examiner, dans un ordre d'importance décroissante, si son mode de gestion s'apparente à celui d'une entreprise commerciale, quant aux produits vendus, au public visé, aux prix pratiqués et à la publicité faite : il s'agit de la règle dite des « 4 P »).

2 La territorialité de l'IS

A Entreprises exploitées en France

Contrairement au principe applicable à l'impôt sur le revenu, la France n'a pas fait le choix de la mondialité pour l'imposition du résultat des sociétés. Seuls les résultats des entreprises exploitées en France sont soumis à l'impôt français. À l'inverse, si une entreprise exerce son activité hors de France, elle échappera à l'IS français.

Le principe est donc que les résultats des entreprises soumises à l'IS sont imposés au lieu de leur réalisation.

Selon l'article 209-I-1° al. du CGI les bénéfices passibles de l'impôt sont déterminés « *en tenant compte uniquement des bénéfices réalisés dans les entreprises exploitées en France et des bénéfices dont l'imposition est attribuée à la France par une convention internationale sur les doubles impositions* ».

Il convient donc de préciser les critères retenus pour définir l'entreprise exploitée hors de France qui échappera à l'IS français.

Ces critères s'appliquent soit en l'absence de convention fiscale conclue entre la France et l'autre État, soit en présence d'une convention.

B Critères applicables en l'absence de convention

C'est la jurisprudence du conseil d'État qui qualifie ce qu'il faut entendre par l'exercice d'une activité exercée hors de France :

- existence à l'étranger d'un établissement, c'est-à-dire d'une installation possédant un caractère de permanence et une autonomie propre (usine, succursale, point de vente, etc.) ;
- à défaut d'établissement, présence à l'étranger de représentants dépendants et autonomes, qui exercent une activité à l'étranger pour le compte de l'entreprise française ;
- à défaut d'établissement et de représentants, exercice à l'étranger d'opérations formant un cycle commercial complet qui se détache des autres opérations réalisées par l'entreprise (exemple = livraison d'une usine clé en mains).

Remarque. Le second critère pose souvent problème. Le représentant intervient lorsque l'entreprise ne possède pas sur un territoire d'installations permanentes, et qu'elle y a installé l'un de ses salariés chargé d'accomplir au nom de la société des actes commerciaux. Il s'agit d'un représentant qualifié, qui agit au nom et pour le compte de la société : il lui est subordonné, mais peut conclure en son nom (critère d'autonomie). Si, au contraire, le représentant agit en son nom propre (un commissionnaire, un courtier), l'activité commerciale n'est pas réalisée par l'entreprise grâce au représentant, mais avec le représentant. Dans ce cas, l'entreprise n'est pas considérée comme exerçant une activité à l'étranger, mais comme réalisant du commerce **avec** l'étranger. Les bénéfices qu'elle en retire sont alors taxables en France.
Dans un arrêt Zimmer du 31 mars 2010, le conseil d'Etat a confirmé que l'installation fixe d'affaires d'un agent dépendant ne constitue pas nécessairement un établissement stable, avant de rappeler que l'administration ou le juge disposent d'un pouvoir de requalification des contrats.

Exemple

1. Les données

Une société française dispose d'un représentant salarié au Pérou ; celui-ci transmet au siège de la société les informations sur les demandes de travaux des entreprises locales ; il s'assure du bon cheminement des réponses aux entreprises concernées au Pérou. Ce travail a débouché sur la facturation de 2 études de chantiers dont le résultat est bénéficiaire de 30 000 €.
Le Pérou n'a pas passé de convention avec la France.

2. La solution

Pour qualifier l'existence d'une activité au Pérou, le représentant de la société française doit être dépendant et autonome.
Dans ce cas précis, si la dépendance n'est pas contestable, puisqu'il est salarié de la société française, le représentant ne peut pas être considéré comme autonome, dès lors qu'il se contente de transmettre des informations et de suivre le bon acheminement du courrier.
En conséquence, les opérations réalisées au Pérou par l'intermédiaire de ce représentant doivent être fiscalisées en France.

C Critères applicables en présence d'une convention

Les conventions fiscales internationales font référence au critère de l'établissement stable.

Lorsque des bénéfices ou des déficits sont réalisés par l'intermédiaire d'un établissement stable à l'étranger, ils ne sont pas imposés ou déduits en France. De manière générale, l'établissement stable est défini de la manière suivante : il s'agit d'une installation fixe d'affaires par l'intermédiaire de laquelle une entreprise exerce tout ou partie de son activité.

Cette installation d'affaires doit être fixe (locaux, machines...) et présenter un certain degré de permanence.

La définition conventionnelle renvoie à l'établissement ou au représentant mais pas au cycle commercial complet.

D Modalités d'imposition des bénéfices en France

Lorsqu'une entreprise exerce une partie de son activité en France et une autre partie à l'étranger, il convient de ne retenir que la partie du résultat réalisé en France. Lorsque chaque entité possède sa propre comptabilité, l'exercice de ventilation ne soulève pas de difficultés. Il en est de même lorsque la comptabilité de l'entreprise permet d'isoler les opérations réalisées en France et à l'étranger.

Si tel n'est pas le cas, deux méthodes peuvent être utilisées :

- la méthode de la **répartition proportionnelle**, utilisée pour répartir des frais communs entre le siège et les établissements étrangers en fonction des chiffres d'affaires respectifs ;
- la méthode de **répartition par comparaison**, qui consiste à comparer l'exploitation étrangère à des entreprises similaires et à dégager de cette comparaison un pourcentage moyen de bénéfice en fonction du chiffre d'affaires.

En application du principe de territorialité, une entreprise soumise à l'IS n'inclura dans ses résultats imposables que ceux qui sont issus d'exploitations situées sur le territoire national. Cette situation peut présenter un intérêt pour l'entreprise française qui est exonérée d'IS, ou plus faiblement imposée qu'en France, à raison des bénéfices réalisés à l'étranger. En revanche, les pertes subies à l'étranger ne seront pas déductibles.

Remarque. Le dispositif légal qui permettait l'imputation en France des déficits réalisés dans des filiales ou des succursales communautaires détenues à 95 % a été abrogé.

3 Les dérogations au principe de territorialité de l'IS

La localisation des bénéfices dans un pays où la fiscalité est plus douce qu'en France ne saurait être contestée lorsque le bénéfice est effectivement réalisé dans ce pays. En revanche, le législateur a instauré un ensemble de mesures anti-évasion fiscale destinées à lutter contre les transferts frauduleux de bénéfices normalement réalisés en France vers des pays à la fiscalité privilégiée.

A Imposition des entreprises implantées dans des pays à fiscalité privilégiée (art. 209 B du CGI)

Cette dérogation au principe de la territorialité a pour objet de dissuader les entreprises françaises de délocaliser leurs bénéfices dans un pays à régime fiscal privilégié.

Cette disposition concerne les entreprises passibles de l'impôt sur les sociétés en France, et qui détiennent, directement ou indirectement au moins 50 % des actions ou parts d'une société établie dans un pays étranger ou un territoire situé hors de France, dont le régime fiscal est privilégié au sens de l'article 238 A du CGI.

Selon l'article 238 A, le régime fiscal privilégié se caractérise, depuis le 1er janvier 2020, par une différence de plus de **40 %** entre l'impôt acquitté à l'étranger et celui dont l'entreprise aurait été redevable en France dans les conditions de droit commun.

Cette disposition constitue une dérogation au principe de la territorialité, dans la mesure où, si les conditions relatives à son application sont remplies, l'entreprise française est imposée en France sur les bénéfices réalisés par la filiale étrangère, en proportion des droits sociaux qu'elle y détient, sauf si l'entreprise française apporte la preuve que la localisation des activités de la filiale dans cet État n'a pas un but fiscal.

Afin d'éliminer la double imposition des bénéfices, il est prévu que l'impôt acquitté localement par l'établissement étranger ou l'entité étrangère s'imputera sur l'impôt établi en France s'il est similaire à l'IS français.

Les dispositions de l'article 209 B ne sont pas applicables si l'entreprise étrangère est située sur le territoire de la communauté européenne et si l'exploitation ou la détention des titres n'est pas constitutive d'un montage artificiel destiné à contourner la loi française.

B Transferts de bénéfices à l'étranger (art. 57 du CGI)

L'article 57 du CGI s'applique aux bénéfices indirectement transférés au profit d'entreprises qui sont sous la dépendance ou qui possèdent le contrôle d'entreprises situées hors de France, c'est-à-dire entre sociétés d'un même groupe dont l'une de ces sociétés est implantée à l'étranger. Lorsque cette condition est remplie, la loi précise que le transfert indirect de bénéfice peut être réalisé par « *voie de majoration ou de diminution des prix d'achat ou de vente, soit par tout autre moyen* ». La portée de ce texte est donc très générale : aucune technique de transfert du bénéfice n'est *a priori* écartée. En contrepartie, l'administration devra apporter la preuve de l'avantage consenti ainsi que celle du lien de dépendance des deux entreprises.

L'Administration est dispensée d'établir un lien de dépendance ou de contrôle lorsque le transfert de bénéfice s'effectue au profit d'une entreprise établie dans un pays étranger dont le régime fiscal est privilégié au sens de l'article 238 A du CGI.

En effet, le lien de dépendance est très difficile, voire impossible à découvrir compte tenu des règles relatives au secret qui existent dans certains pays. Toutefois, l'entreprise dont l'administration critiquera la politique de prix de transferts peut démontrer que les avantages consentis obéissent à des nécessités commerciales « normales » et ne sont pas motivées par la volonté d'éluder l'impôt.

Pour l'appréciation de l'avantage, le prix de référence est celui du marché ; les filiales doivent donc traiter entre elles comme si elles étaient indépendantes. C'est ce que l'on appelle le prix de « pleine concurrence ».

Conséquence fiscale du transfert : l'article 57 du Code général des impôts autorise l'administration à redresser les résultats déclarés par les entreprises françaises qui sont sous la dépendance ou qui possèdent le contrôle d'entreprises situées hors de France et qui pratiquent des prix non conformes au principe de pleine concurrence.

C Article 238-A du CGI

L'article 238 A, alinéa 1er du CGI concerne les transferts indirects de bénéfices au profit d'entreprises installées dans des pays à fiscalité privilégiée, que l'on a coutume de qualifier de « paradis fiscaux ». Un paradis fiscal, nous l'avons vu, est analysé dans le code des impôts français comme un pays où il existe une différence de plus de 40 % entre l'impôt acquitté à l'étranger et celui dont l'entreprise aurait été redevable en France dans les conditions de droit commun. Les opérations concernées par ce dispositif sont limitativement énumérées : il s'agit des « *intérêts, arrérages et autres produits des obligations, créances, dépôts et cautionnement, les redevances de cession ou concession de licences d'exploitation, de brevets d'invention, de marques de fabrique, procédés ou formules de fabrication et autres droits analogues ou les rémunérations de services...* ».

Les conséquences de l'application de cet article sont les suivantes :

- La réintégration dans l'assiette de l'impôt sur le revenu ou de l'impôt sur les sociétés des charges dont la déduction est contestée en application de l'article 238 A.
- Lorsque le contribuable est soumis à l'impôt sur les sociétés, les montants réintégrés sont par ailleurs considérés comme des revenus distribués.

L'administration n'a pas à faire la preuve de l'obtention d'un avantage fiscal particulier pour l'entreprise française, cette dernière étant en quelque sorte soupçonnée d'évasion fiscale. L'entreprise pourra néanmoins inverser la présomption en démontrant la réalité du service rendu et le caractère non exagéré de la rémunération versée.

Éclairage : le projet BEPS

La mondialisation permet aux groupes internationaux de réduire de manière importante leur charge fiscale, en utilisant des techniques permettant soit de faire disparaître des bénéfices, soit de les transférer artificiellement vers des pays à fiscalité faible ou nulle. C'est ce mécanisme que recouvre l'expression « érosion de la base d'imposition et transfert de bénéfices » (BEPS). L'OCDE estime les pertes de recettes liées au BEPS entre 100 et 240 milliards de dollars chaque année, soit entre 4 % et 10 % des recettes de l'impôt sur le bénéfice des sociétés au niveau mondial. Le projet BEPS, auxquels participent environ 90 États et territoires, vise à améliorer la cohérence du droit fiscal international, et à lui permettre de mieux refléter la réalité économique et à mettre en place un environnement plus transparent. Il vise enfin à renforcer la confiance des citoyens dans leurs systèmes fiscaux.

LE CHAMP D'APPLICATION DE L'IS

Champ d'application	
Art. 206-1 :	Sociétés de capitaux quel que soit leur objet, sociétés coopératives avec de larges exonérations et toute personne morale exerçant une activité visée aux art. 34, 35 et 92 du CGI
Art. 206-2 :	Sociétés civiles exerçant une activité commerciale au sens de l'article 34 ou 35 du CGI
Art. 206-3 :	Assujettissement à l'IS sur option (interdite pour les GIE et les SCM)
Art. 206-4 :	SCS : pour la part des associés commanditaires : imposition à l'IS établie au nom de la société ; SEP : pour la part des participants inconnus ou non indéfiniment responsables : imposition à l'IS établie au nom du gérant connu
Art. 206-5 :	Régime de faveur bénéficiant aux associations et collectivités non visées aux art. 206-1 à 4 pour leurs revenus patrimoniaux
Art. 206-6 :	Caisses de Crédit agricole, Crédit Mutuel, Fonds de garantie
La territorialité de l'IS	
Critère du lieu de réalisation des bénéfices	– Les bénéfices réalisés par les entreprises exploitées en France, ce qui correspond à l'exercice habituel d'une activité réalisée soit dans le cadre d'un établissement autonome, soit par l'intermédiaire de représentants dépendants, soit par un ensemble d'opération constituant un cycle commercial complet ; – les bénéfices dont l'imposition est attribuée à la France par une convention internationale relative aux doubles impositions.
Dérogations au principe de territorialité	
Dispositifs divers	Dispositions conventionnelles, prix de transfert (art. 57 du CGI), implantation dans les paradis fiscaux (art. 209 B), honoraires et commissions versés à des intermédiaires établis dans des paradis fiscaux (art. 238 A), etc...

Applications

EXO 15.01 **Cas TECHNIPLUS**

N = 2022

La société française TECHNIPLUS est spécialisée dans la vente et l'installation de systèmes de climatisation à Lyon. Depuis quelques années, cette société a conquis des parts de marché sur le plan international grâce à ses filiales, ses succursales et ses réseaux de représentants à l'étranger.

À la clôture de l'exercice N, vous analysez en particulier les opérations suivantes :

1. La société a procédé à la vente d'installations de climatisation au Yémen. La signature du contrat a eu lieu au Yémen.

   Ces équipements ont été produits et achetés au siège à Lyon, transportés sur place sous la responsabilité de la société TECHNIPLUS ; ils ont été installés par une entreprise au Yémen sous la direction d'un chef de chantier français :

   - montant du contrat : 1 526 300 € ;
   - charges relatives à cette opération : 935 600 € (dont 35 000 € pour le chef de chantier français envoyé au Yémen pour surveiller les opérations de montage).

   Le Yémen n'a pas passé de convention avec la France.
2. La société espagnole METALLOS, filiale de la SA TECHNIPLUS, a dégagé au cours de cet exercice une perte de 64 000 €. La filiale portugaise a, quant à elle, réalisé un bénéfice de 88 000 €.
3. La succursale, implantée dans des locaux commerciaux à Bruxelles en Belgique, qui traite l'ensemble des commandes du Benelux a réalisé, selon la comptabilité analytique, un chiffre d'affaires de 1 830 250 € ; les charges imputables à cet établissement sont évaluées à 1 780 240 €. Cette structure emploie sur place 10 salariés à temps complet.
4. La société TECHNIPLUS est intervenue dans un important marché en Écosse, grâce à un agent d'affaires indépendant sur place. Le marché a dégagé un résultat positif de 85 000 € (cette somme comprend la commission de 68 000 € versée au représentant).
5. Depuis cet exercice, la société dispose d'un représentant salarié au Pérou ; celui-ci transmet au siège de la société les informations sur les demandes de travaux des entreprises locales ; il s'assure du bon cheminement des réponses aux entreprises concernées au Pérou. Ce travail a débouché sur la facturation de 2 études de chantiers dont le résultat est déficitaire de 26 000 € (cette somme comprend le salaire du représentant de 36 000 €).

   Le Pérou n'a pas passé de convention avec la France.
6. La société a conclu avec Cuba, un important contrat concernant l'équipement de 3 ensembles immobiliers. La signature du contrat a eu lieu à La Havane.

   Les travaux réalisés ont nécessité sur place, compte tenu de leur ampleur et de leur spécificité, une installation de préparation de systèmes de refroidissement comprenant notamment des blocs réfrigérants et des équipements électriques. Cette situation a amené l'entreprise à envoyer à Cuba une main d'œuvre spécialisée (poseurs) aidée par des manœuvres embauchés et formés sur place.

En outre, les moyens mis en œuvre exigeaient la prise de décisions techniques par des responsables à demeure ; ceci a motivé l'envoi d'ingénieurs spécialisés pendant les travaux qui ont duré 1 an et demi.

Pour l'exécution de ces travaux, l'entreprise TECHNIPLUS a été amenée à édifier sur place des constructions légères destinées d'une part au stockage des matériaux, à la fabrication de systèmes de climatisation sur mesure et d'autre part à servir de bureau aux chefs de chantier chargés d'assurer la conduite technique du chantier.

Cuba n'a pas passé de convention avec la France.

7. Pour le marché en Ouganda, la société dispose de deux représentants salariés sur place. Ces derniers ont pour mission de démarcher les entreprises concernées, de préparer un avant-projet technique et de négocier les prix des travaux à réaliser. Ils perçoivent un fixe plus une commission sur le chiffre d'affaires réalisé sur place. Le résultat dégagé en Ouganda s'élève à 89 700 € (cette somme comprend la rémunération de 96 000 € des deux représentants).

   L'Ouganda n'a pas passé de convention avec la France.

8. La succursale installée à la Martinique réceptionne les composants électriques provenant du siège à Toulouse ; elle les assemble dans un local industriel et elle les expédie à des clients sur le marché américain. Au cours de l'exercice, elle a réalisé un bénéfice net de 165 000 €.

Travail à faire

Analyser chacune de ces opérations en indiquant leur régime fiscal au regard de l'IS et de sa territorialité.

La détermination du résultat imposable des sociétés passibles de l'IS

Chapitre 16

COMPÉTENCES ATTENDUES

- **Identifier et expliquer les différences entre le résultat comptable et le résultat fiscal.**
- **Analyser et expliquer le traitement fiscal des différentes opérations comptables et déterminer le retraitement nécessaire.**
- **Qualifier les plus ou moins-values professionnelles, déterminer et justifier les différents traitements fiscaux applicables.**
- **Déterminer et justifier le résultat fiscal, ses modalités d'imposition ou la gestion du déficit.**
- **Identifier l'intérêt pour l'État d'accorder des réductions, exonérations et crédits d'impôts.**

PLAN DU CHAPITRE

SYNTHÈSE P. 312

APPLICATIONS P. 314

LES RÉFÉRENCES POUR COMPRENDRE LE CONTEXTE

La déclaration des bénéfices

Fiscalité de l'entreprise : quelles déclarations effectuer dès la première année ? Fiche thématique sur le site du ministère de l'Économie, des Finances et de la Souveraineté industrielle et numérique

Les cessions de titres de participation

Quand des titres sont-ils des titres de participation ? Article du journal en ligne *Les Échos*

Le report en arrière des déficits

Reports en arrière des déficits, aides aux entreprises, prestation de conseil. Vidéo explicative sur la chaîne YouTube du Groupe Revue Fiduciaire

Le crédit impôt recherche

Tout savoir sur le crédit impôt recherche (CIR). Fiche thématique sur le site du ministère de l'Économie, des Finances et de la Souveraineté industrielle et numérique

1 Modalités générales d'imposition

A Application des règles des BIC

Les résultats des sociétés passibles de l'IS ne sont pas déterminés différemment des résultats des entreprises relevant des BIC (entreprises individuelles et sociétés de personnes).

Tel est le cas pour l'essentiel : ainsi les règles générales de détermination du résultat, la détermination des stocks, les modalités d'imposition des produits et de déduction des charges, les amortissements et les provisions.

Toutefois, à la différence des activités imposables à l'IR, la société qui relève de l'IS est soumise à cet impôt quelle que soit la nature de l'activité qu'elle exerce.

> **Exemple :** MM. Dupont et Durand sont architectes et exercent au sein d'une SARL. Peu importe que l'activité exercée soit une activité libérale, la SARL relève de plein droit de l'IS.

B Spécificités de l'IS

C'est donc sous l'angle des spécificités de l'IS que nous aborderons les développements qui suivent. Ce qui signifie que tout ce qui ne sera pas spécifiquement traité renverra aux règles des BIC.

Les principales spécificités de l'IS concernent les modalités d'imposition des dividendes, le régime fiscal des jetons de présence, la déduction des intérêts de comptes courants lorsque les avances sont consenties au sein d'un groupe, le régime des plus ou moins-values professionnelles, ainsi que le traitement fiscal des rémunérations versées aux associés.

Les modalités de gestion des déficits fiscaux obéissent également à des règles spécifiques dans les sociétés soumises à l'IS.

C Période d'imposition

La période d'imposition à l'IS correspond à l'exercice comptable, et celui-ci ne correspond pas toujours à l'année civile. En principe, les résultats doivent être déclarés dans les trois mois de la clôture de l'exercice.

> **Exemple :** Une SA clôture ses comptes au 31 mars N. Sa déclaration de résultat doit être souscrite au plus tard le 30 juin N.

Lorsque la société clôture ses comptes au 31 décembre de l'année d'imposition, sa déclaration de résultat est produite avant le 30 avril de l'année suivante (en réalité le 3 mai N+1, à l'instar des BIC).

S'il s'agit d'une société nouvelle, la première déclaration de résultat portera sur la période qui s'étend du début de l'activité jusqu'à la date de clôture du premier exercice social, soit au plus tard jusqu'au 31 décembre de l'année suivant celle de sa création (art. 209, I-2e al. du CGI).

La société n'a donc pas, contrairement aux entreprises relevant de l'IR, à établir une déclaration provisoire au 31 décembre de l'année de création.

> **Exemple :** Une société relevant de l'IS commence son activité le 1er avril N. Elle n'a pas à établir de déclaration provisoire au 31 décembre N et elle a jusqu'au 31 décembre N+1 pour clôturer les comptes de son premier exercice social.

2 L'imposition des produits

A Produits d'exploitation

Les produits d'exploitation correspondent aux éléments du résultat qui se rapportent à l'exploitation normale et courante de l'activité (art. 434-2 du Plan comptable général – PCG).

Il n'existe aucune différence significative entre les modalités d'imposition de ces produits pour les entreprises relevant de l'IR et de l'IS.

B Produits financiers

Les produits de filiales qui remplissent certaines conditions peuvent bénéficier sur option d'un régime spécifique communément appelé « régime des sociétés mères et filiales » (RSMF), codifié aux articles 145 et 216 du CGI.

1 Les produits des filiales

a. Conditions d'application

Ce régime est réservé aux sociétés mères imposables au taux normal de l'IS de plein droit ou sur option qui perçoivent des dividendes de leurs filiales, elles-mêmes imposables à l'IS.

Remarque. Une société de personnes relevant de l'IR ne peut jamais bénéficier du RSMF : les sociétés mère et filiale doivent toutes deux relever de l'IS en cas d'application du régime mère-fille.

Les titres de participation éligibles au RSMF sont les suivants :

- les titres doivent être nominatifs (dans ce cas, les actionnaires sont identifiés par la société émettrice des titres) ou être déposés dans un établissement désigné par l'administration ;
- ils doivent être détenus en pleine ou en nue-propriété par la société mère, ce qui exclut les titres détenus par l'usufruitier ;
- ils doivent représenter au moins 5 % du capital de la société émettrice, quel que soit leur prix de revient ; ce pourcentage concerne les droits financiers mais pas les droits de vote ;
- ils doivent avoir été conservés par la mère pendant un délai minimal de deux ans.

Les produits visés par le RSMF sont notamment la distribution du résultat de l'exercice, les acomptes sur dividendes, le boni de liquidation, les distributions de réserves, les intérêts excédentaires de comptes courants, les sommes allouées à titre de rachat de droits sociaux lorsqu'elles constituent des revenus distribués ainsi que les intérêts excédentaires de comptes courants lorsqu'ils sont versés par une filiale à sa société mère.

Le régime mère-fille n'est en principe pas applicable lorsque la filiale est située dans un État non coopératif (ETNC). La liste des ETNC adoptée le 14 février 2023 par le Conseil Ecofin de l'Union européenne comprend : les Samoa américaines, Anguilla, les Bahamas, les Îles Vierges britanniques, le Costa Rica, les Fidji, Guam, les Îles Marshall, les Palaos, le Panama, la Russie, le Samoa, Trinité-et-Tobago, les Îles Turks-et-Caïcos, les Îles Vierges américaines et le Vanuatu.

b. Modalités d'application

Ces dividendes placés sous le RSMF bénéficient d'une exonération d'IS chez la société mère, ce qui n'est pas illogique dans la mesure où ces produits proviennent d'une société dont le résultat a, en principe, déjà été soumis à l'IS.

Toutefois, la société mère demeurera imposée sur une quote-part de frais et charges de 5 % du montant brut du dividende reçu.

L'option pour ce régime se traduit par la déduction en ligne XA du tableau n° 2058-A de la liasse fiscale de 95 % du montant des dividendes reçus.

Remarque. La quote-part de frais et charges est toujours calculée sur le dividende brut, crédits d'impôts compris. Elle correspond aux frais de gestion des titres de participation, et sa détermination est forfaitaire (frais réels exclus).

Exemple

N = 2022
La SA BÊTA verse en N un dividende de 50 000 € à sa mère ALPHA. La SA ALPHA qui détient en pleine propriété 10 % des titres de la SA BÊTA opte pour le régime des sociétés mères et filiales puisqu'elle remplit l'ensemble des conditions légales.
Comptablement : la SA ALPHA, société mère, comptabilise un produit financier de 50 000 €.
Fiscalement, la société ALPHA va déduire sur la ligne XA de son tableau 2058-A 95 % de 50 000 €, soit 47 500 €. Elle ne sera imposée que sur la quote-part de frais et charge de 2 500 €.
Dans ce cas, l'IS est de 2 500 × 25 % = 625 €.
L'IS représente 625/50 000, soit 1,25 % du dividende perçu..

Exemple

N = 2022
La SA BÊTA verse en N un dividende de 20 000 € à sa mère ALPHA. La SA ALPHA détient en plein en propriété 4 % des titres de la SA BÊTA.
La détention étant inférieure à 5 % du capital de sa filiale, la SA ALPHA ne peut opter pour le régime des sociétés mères et filiales. Elle paiera l'IS sur son dividende de 20 000 €, soit 20 000 × 25 % = 5 000 €. La double imposition du dividende ne connaît aucun correctif.

Exemple

N = 2022
La SA BÊTA verse en N un dividende de 50 000 € à sa mère ALPHA. La SA BÊTA est implantée au Maroc, et la retenue à la source pratiquée par l'État marocain sur le dividende s'élève par hypothèse à 15 %.
La SA ALPHA, implantée en France, détient en plein en propriété 10 % des titres de la SA BÊTA et elle opte pour le régime des sociétés mères et filiales puisqu'elle remplit l'ensemble des conditions légales.
La SA ALPHA peut opter pour le régime des sociétés mères et filiales puisqu'elle détient au moins 5 % du capital de sa filiale, et parce que le Maroc ne figure pas sur la liste des États non coopératifs.
Le dividende reçu par la SA ALPHA s'élève après retenue à la source à 42 500 €.
Comptablement, la SA ALPHA comptabilise un produit financier de 42 500 €.
Fiscalement, la société ALPHA va déduire sur la ligne XA de son tableau 2058-A 95 % de 50 000 €, soit 47 500 €. Elle ne sera imposée que sur la quote-part de frais et charge de 2 500 €. Cette quote-part est toujours calculée sur **le dividende brut**, qui inclut la retenue à la source.

2 Les titres d'OPCVM

Les organismes de placement collectif en valeurs mobilières (OPCVM) sont des intermédiaires financiers qui donnent à leurs souscripteurs la possibilité d'investir sur des marchés financiers auxquels ils n'auraient que difficilement accès autrement (marchés financiers et monétaires étrangers, actions non cotées...). L'activité principale des OPCVM consiste à collecter des fonds en émettant des titres financiers auprès de divers agents (particuliers, entreprises, etc.) en vue d'acquérir des actifs financiers. On distingue traditionnellement deux grandes catégories d'OPCVM selon leur mode d'organisation : d'une part, les Sociétés d'investissement à capital variable (SICAV) qui sont des sociétés avec conseil d'administration et, d'autre part, les Fonds communs de placement (FCP) ainsi que leurs déclinaisons (Fonds commun de placement en entreprises, etc.) qui n'ont pas de personnalité juridique et qui sont créés à l'instigation d'une société de gestion et d'une banque dépositaire.

Les sociétés soumises à l'IS ont l'obligation d'évaluer les parts ou actions d'OPCVM qu'elles possèdent à leur valeur liquidative à la clôture de chaque exercice.

L'écart ainsi constaté, qu'il s'agisse d'un gain latent ou d'une perte latente, est compris dans les résultats imposables à l'IS (art. 209-0 A du CGI).

a. Titres concernés

Il s'agit de toutes les parts et actions d'OPCVM français et étrangers détenus par l'entreprise. Ne sont pas soumis à l'obligation d'évaluation les parts ou actions de certains OPCVM dont l'actif est composé à 90 % au moins par des actions.

b. Modalités d'application

Les écarts de valeurs liquidatives sur OPCVM sont déterminés par différence entre la valeur liquidative à la clôture et à l'ouverture de l'exercice. Une compensation est éventuellement pratiquée entre les écarts positifs et négatifs au sein d'un même exercice comptable.

Le gain latent ou la perte latente sont portés sur le tableau n° 2058-A de la liasse fiscale, lignes XR (gain) ou XS (perte).

S'il s'agit d'une perte latente, la provision comptabilisée pour dépréciation des titres d'OPCVM n'est pas déductible fiscalement et doit être réintégrée sur le tableau n° 2058-A. Symétriquement, les reprises de ces provisions doivent être déduites fiscalement sur le même tableau.

Nous pouvons y voir une similitude de traitement avec le régime fiscal des gains et pertes de change (voir *supra*).

C Produits exceptionnels

1 Produits de cession et de concession de brevets (CGI art. 238)

Il s'agit des produits de cession, concession de brevets, inventions brevetables et produits accessoires, et des perfectionnements apportés à ces droits.

Afin de mettre en conformité le droit français avec les préconisations du projet Beps, le nouveau dispositif affecte le résultat net des cessions, concessions ou sous-concession d'un coefficient (« *ratio nexus* ») qui dépend de la proportion de dépenses de recherche et de développement que le contribuable réalise lui-même. Le résultat est ensuite imposé séparément au taux de 10 % (quel que soit le régime fiscal de l'entreprise).

a. Champ d'applition du régime

Sont concernées aussi bien les entreprises soumises à l'IS que celles qui relèvent de l'IR selon un mode réel d'imposition.

Ce nouveau régime applicable aux exercices ouverts à compter du 1er janvier 2019 s'applique aux brevets (ainsi qu'aux certificats d'utilité et aux perfectionnements), aux certificats d'obtention végétale et aux procédés de fabrication industriels, ainsi que les logiciels protégés par le droit d'auteur.

Sont concernées les cessions, les concessions et les sous-concessions de droits incorporels. En cas de cession, comme dans le régime antérieur, ces droits doivent figurer au bilan depuis au moins deux ans (seulement pour une acquisition à titre onéreux), et il ne doit pas exister de lien de dépendance entre le cédant et le cessionnaire. En cas de concession ou sous-concession, ces deux conditions ne sont pas requises (avant 2019, les droits devaient figurer au bilan depuis au moins 2 ans). En cas de sous-concession, il n'est plus requis que l'entreprise concédante n'ait pas elle-même bénéficié du régime de faveur.

b. Modalités d'application du régime

L'assiette imposable est déterminée de la manière suivante :

- calcul du résultat net de concession, sous-concession ou cession d'actifs incorporels éligible (étape n° 1) ;
- application du ratio nexus du moins le résultat net issu du premier calcul est positif (étape n° 2).

Pour l'étape n° 1, l'entreprise doit déterminer autant de résultats nets que de concessions, sous-concessions ou cessions d'actifs (ou groupes d'actifs) incorporels éligibles. Le résultat net imposable au cas de concession s'entend de la différence entre les revenus générés par l'actif éligible au cours de l'exercice et les dépenses de recherche et de développement afférentes à cet actif et réalisées par l'entreprise au cours du même exercice comptable.

Si le résultat est négatif, il ne peut être imputé que sur les résultats nets bénéficiaires de cession, concession ou sous-concession du même actif, du même bien ou de la même famille de biens, réalisés au cours des exercices suivants.

Si le résultat est positif, il est ensuite affecté du *ratio nexus*. Il est fait application des mêmes règles aux résultats nets de la sous-concession d'actifs éligibles, et de leur cession.

Remarque. Cette nouvelle technique de calcul en cas de cession d'actif éligible revient à abandonner l'ancienne méthode fondée sur le calcul d'une plus-value (par différence entre le prix de cession et la valeur d'origine du bien).

Pour l'étape n° 2, le *ratio nexus* est obtenu par le rapport des dépenses éligibles sur les dépenses totales :

- au numérateur, ne sont portées que les dépenses de recherche et de développement présentant un lien direct avec la création et le développement de l'actif incorporel (frais de personnel, de prise et de maintenance du brevet…), réalisées par le contribuable ou qui ont été externalisées auprès d'entreprises non liées, où qu'elles se trouvent. Les dépenses figurant au numérateur sont majorées de 30 % ;
- au dénominateur, figurent non seulement l'ensemble des dépenses présentant un lien direct avec la création et le développement de l'actif, mais également les dépenses liées à l'acquisition de l'actif.

Ce ratio (arrondi à l'unité supérieure et qui ne peut dépasser 100 %) doit être calculé tous les ans, en retenant, pour chaque actif ou groupe d'actifs éligibles, les dépenses relatives à cet actif ou groupe d'actifs, réalisées par le contribuable au cours de l'exercice concerné et des exercices antérieurs.

Remarque. Le contribuable doit réaliser un suivi précis pour chaque actif ou groupe d'actifs, depuis l'origine de l'actif.

c. Imposition des produits de la propriété industrielle

Le produit du résultat net de concession, sous-concession ou cession d'actifs éligibles par le *ratio nexus* est imposé séparément au taux de 10 %. Ce taux s'applique aussi bien aux entreprises qui relèvent de l'IR (il faut alors rajouter les prélèvements sociaux additionnels au taux de 17,2 %) qu'à celles soumises à l'IS.

Ce dispositif est optionnel. En principe, l'option doit être formulée pour chaque actif, bien ou service, dans la déclaration de résultat de l'exercice. Par exception, que ce soit pour le calcul du revenu net ou du *ratio nexus*, les entreprises peuvent globaliser les dépenses afférentes à une famille homogène de biens ou services, à condition qu'elles puissent justifier de leur impossibilité à effectuer un suivi individuel par actif et qu'elles s'astreignent au respect d'une permanence et d'une cohérence dans la méthode retenue.

Quelle que soit la méthode retenue, l'entreprise doit fournir une annexe à sa déclaration de résultat qui détaille les calculs du résultat net et du *ratio nexus*. Elle est également tenue à une obligation documentaire qui permettra à l'administration de vérifier les modalités de détermination du résultat net soumis au taux réduit.

Exemple

Données
N = 2022
La société GEOTROUVETOUT fait l'acquisition d'un brevet le 1/2/N– 2 pour 200 000 €.
Elle vous communique les informations suivantes :
- Frais de recherche et de développement relatif à ce brevet en N– 1 : 40 000 €
- Frais de recherche et de développement relatif à ce brevet en N : 60 000 €
- Redevances de concession de licence de brevet en N : 300 000 €
- La société opte pour le régime de faveur au titre de N

>>>

>>> **Solution**

Étape n° 1 – Résultat net de concession en N : 300 000 – 60 000 = 240 000 €

Étape n° 2 – *Ratio nexus* sur la période :

- **au numérateur : (40 000 + 60 000) × 130 % = 130 000 €**
  au dénominateur : 200 000 + 40 000 + 60 000 = 300 000 €
  soit : 130 000 / 300 000 = 43,33 % arrondi à 44 %

Étape n° 3 – Traitement fiscal :

- **240 000 × 44 % = 105 600 € (à déduire extra-comptablement)**
  105 600 × 10 % = 10 560 € (montant de l'IS à payer)

2 Autres produits exceptionnels

Outre les cessions d'immobilisations, auxquelles nous réservons des développements spécifiques, nous trouvons dans les comptes de produits exceptionnels toutes les opérations qui ne sont pas susceptibles de se produire habituellement.

Le traitement fiscal des subventions, indemnités et remises de dettes n'est pas fondamentalement différent selon que l'entreprise relève de l'IR ou de l'IS.

Sont imposables en produits exceptionnels les abandons de créances accordés par les sociétés mères à leurs filiales en difficulté. Il existe toutefois un dispositif spécifique pour les abandons de créances à caractère financier (voir *infra*).

De même, dans les sociétés, l'abandon par les associés de sommes en compte-courant en contrepartie d'une augmentation de capital constitue un supplément d'apport non imposable. L'opération est connue sous le nom de « coup d'accordéon », qui correspond à une augmentation de capital libérée par prélèvement sur le compte-courant des associés, suivie d'une réduction de capital par imputation des pertes. Cette opération ne comporte aucun effet sur le résultat imposable, car l'augmentation de l'actif net qui en résulte est contrebalancée par un supplément d'apport (Conseil d'État, 20 mars 1989, n° 56087).

3 La déduction des charges

A Charges d'exploitation

Nous ne présenterons que les charges qui diffèrent de celles déjà étudiées en BIC (voir Chapitre 8).

1 Frais de personnel

a. Rémunérations des dirigeants

La déductibilité des rémunérations versées au personnel salarié n'est pas différente de celle étudiée en BIC.

Mais contrairement aux règles étudiées en BIC, les rémunérations versées aux associés dirigeants et à leurs conjoints sont fiscalement déductibles. Toutefois, l'article 39,1-1° précise que ces rémunérations ne sont déductibles que dans une double limite : elles doivent correspondre à un **travail effectif** et elles **ne doivent pas être excessives** eu égard à l'importance du service rendu à la société.

Afin d'apprécier le caractère exagéré d'une rémunération, l'administration fiscale va pratiquer une approche globale, en faisant masse de l'ensemble des composantes de la rémunération : elle leur ajoutera les avantages en nature et les remboursements de frais.

Dans cette démarche de comparaison, il s'agit de vérifier si la rémunération globale versée à un dirigeant n'est pas très supérieure à celle versée au dirigeant d'une entreprise similaire pour un travail équivalent.

L'administration utilise une méthode dite du « faisceau d'indices » : importance de l'activité déployée par les dirigeants, comparaison avec les salaires accordés aux dirigeants exerçant des responsabilités identiques dans des entreprises similaires, examen du ratio frais de personnel/ résultats sociaux, etc.

Comme nous l'avons indiqué au Chapitre 8, la sur-rémunération est, dans ce cas, réintégrée au résultat imposable et taxée chez le bénéficiaire, non plus en traitements et salaires mais dans la catégorie des revenus de capitaux mobiliers, le législateur considérant que cette sur-rémunération constitue, en réalité, une distribution anticipée du résultat de la société.

b. Avantages en nature

Ils constituent pour les bénéficiaires des compléments de rémunération appréciables : mise à disposition d'un véhicule de fonction, d'un logement, de personnel de maison, de matériel « high-tech » (ordinateurs, téléphones portables, etc.).

Pour la société qui les verse, ces avantages en nature sont déductibles de son résultat à la condition qu'ils soient comptabilisés de manière explicite, soit au sein des écritures comptables ou dans un document annexe, et que leurs bénéficiaires puissent être facilement identifiés (art. 54 *bis* du CGI).

c. Les remboursements de frais

Les remboursements de frais réels consentis aux dirigeants constituent, lorsqu'ils sont justifiés, une charge comptablement et fiscalement déductible pour la société qui les verse et exonérés chez les bénéficiaires.

Lorsqu'il s'agit d'allocations forfaitaires, elles sont analysées comme des suppléments de rémunération et sont imposables chez les bénéficiaires lorsque ces derniers ont la qualité de dirigeants (art. 80 *ter* du CGI).

La règle dite « du **non-cumul** » interdit aux sociétés de déduire de leur résultat à la fois des remboursements de frais réels et des allocations forfaitaires pour des frais de même nature. Les sociétés doivent, par conséquent, choisir pour des frais de même nature entre l'un ou l'autre dispositif (art. 39-3 et 211 *bis* du CGI).

Toutefois, pour la majorité des dirigeants, les allocations forfaitaires s'analysent comme des compléments de rémunération imposables : la règle du non-cumul ne leur est donc pas applicable.

Cette règle du non-cumul ne concerne plus aujourd'hui que les sociétés dont les dirigeants ne sont pas de véritables salariés : tel est notamment le cas des gérants majoritaires de SARL de l'article 62 du CGI.

Exemple

Une SARL a versé à son gérant majoritaire 5 000 € de remboursement de frais réels et 4 000 € d'allocations forfaitaires durant l'exercice N.
La société doit réintégrer 4 000 € dans le calcul du résultat fiscal N, la règle du non-cumul étant en l'espèce applicable.

d. Récapitulatif des mécanismes d'imposition des rémunérations selon que le résultat de l'entreprise relève de l'IR ou de l'IS

	Entrepreneur individuel, EIRL IR	Gérant associé (EURL, SNC)	Gérant associé (SARL, EURL ou SNC optant pour l'IS) président (SA, SAS ou SASU), EI IS
Catégorie d'imposition des bénéfices de l'entreprise	IR, catégorie des BIC	IR, catégorie des BIC	IS
Déductibilité de la rémunération du dirigeant	Non (les prélèvements personnels de l'entrepreneur sont compris dans le BIC)	Non (la rémunération est comprise dans la quote-part du BIC)	Oui
Catégorie d'imposition à l'IR des revenus du dirigeant (application du barème progressif par tranches)	BIC	Quote-part du BIC	Rémunération imposée dans la catégorie des traitements et salaires (TS)
Dividendes (quote-part de bénéfice redistribuée après IS aux associés)	Sans objet	Sans objet	Revenus de capitaux mobiliers (RCM)
Déduction des cotisations sociales personnelles	Oui	Oui	Oui

2 Jetons de présence

Les jetons de présence représentent une rémunération accordée aux membres du conseil d'administration de sociétés anonymes ou de SAS. Cette rémunération est, en principe, répartie entre les administrateurs en fonction de leur assiduité aux conseils.

Fiscalement, l'article 210 *sexies* du CGI pose une limitation qui diffère en fonction de l'effectif salarié de la société :

- pour une société de moins de cinq salariés : la déduction est limitée à **457 €** par membre du conseil d'administration ;
- pour une société employant au moins cinq salariés, la déduction est limitée à **5 %** de la moyenne des rémunérations versées au cours de l'exercice aux cinq ou dix personnes les mieux rémunérées, selon que l'effectif excède ou non 200 salariés, multiplié par le nombre d'administrateurs.

Cette limitation concerne à la fois les jetons de présence ordinaires et spéciaux. Mais s'agissant des jetons de présence spéciaux qui sont analysés comme des salaires et non comme des revenus de capitaux mobiliers, l'administration admet que ces derniers figurent en priorité dans la partie fiscalement déductible.

Enfin, la déduction des jetons de présence est subordonnée à la participation de l'administrateur aux réunions des organes statutaires ou à l'exercice d'une activité effective dans l'entreprise (CAA Versailles 15 juillet 2010, n° 09-1944).

Les bénéficiaires sont imposés dans la catégorie des RCM, soit au PFU de 30 % ou sur option au barème progressif de l'IR, mais sans abattement de 40 %, et ce contrairement aux dividendes.

3 Impôts et taxes

L'impôt sur les sociétés n'est pas fiscalement déductible, et doit être réintégré pour le calcul du résultat imposable, de même que la contribution sociale sur les bénéfices. La taxe sur les véhicules de tourisme des sociétés (TVS) n'est pas fiscalement déductible dans une société relevant de l'IS et doit être réintégrée sur le tableau n° 2058-A.

Remarque. La TVS est déductible dans les sociétés à l'IR mais pas dans les sociétés à l'IS.

B Charges financières

1 Intérêts des comptes courants d'associés

a. Avances consenties à une société par des associés personnes physiques

Lorsque les prêteurs sont des personnes physiques, les règles sont en tous points communes avec celles étudiées en BIC. Il est donc inutile de les reprendre ici. Nous renvoyons nos lecteurs aux développements du Chapitre 8.

b. Avances consenties à une société par une société liée

La limite maximum fixée par l'article 39.1.3° du CGI (2,25 % pour l'année civile 2022) s'applique non seulement aux avances des associés mais également (CGI art. 212) aux sommes laissées ou mises à disposition d'une entreprise par une entreprise liée (au sens de l'article 39.12 du CGI). Pour ces dernières, la société peut apporter une preuve contraire : la déductibilité des intérêts est éventuellement admise (CGI art. 212.I.a) d'après le taux que l'entreprise emprunteuse aurait pu obtenir d'établissements ou d'organismes financiers indépendants dans des conditions analogues. Par analogie avec la démarche pratiquée en matière de prix de transfert, il s'agit pour la société emprunteuse de démontrer que le taux servi est un taux de « pleine concurrence ». Celui-ci peut être justifié par tout moyen. Pour l'administration, cette preuve est apportée si l'on justifie par exemple d'une offre de prêt à la date où l'emprunt a été contracté (BOI-IS-BASE-35-20 § 80 ; 31/07/2019). La jurisprudence admet qu'il soit tenu compte du rendement d'emprunts obligataires émanant d'entreprises se trouvant dans des conditions économiques comparables, lorsque de tels emprunts constituent, dans l'hypothèse considérée, une alternative réaliste à un financement intragroupe (Conseil d'État avis n° 429426, 429428 du 10 juillet 2019, SAS Wheelabrator Group).

c. Le régime de plafonnement général des charges financières en fonction de l'EBITDA fiscal (CGI art. 212 *bis*)

Il s'agit du régime de plafonnement général des charges financières qui s'applique à compter des exercices ouverts depuis le 1er janvier 2019. Ce régime ne brille pas par sa simplicité !

Les entreprises soumises à l'IS ne peuvent déduire leurs charges financières nettes que dans une limite plafonnée à 3 M € ou à 30 % du résultat avant impôts, amortissements et provisions (« l'Ebitda »), si ce montant est supérieur.

Le plafond de déduction des charges financières nettes est désormais égal au montant le plus élevé entre :

- 3 M € par exercice, le cas échéant ramené à 12 mois (*ex.* : 1,5 M € pour un exercice de 6 mois et 4,5 M € pour un exercice de 18 mois) ;
- ou 30 % du résultat fiscal avant impôts, intérêts, dépréciations et amortissements (Ebitda fiscal).

Remarque. Ce résultat fiscal correspond au résultat imposable soumis à l'IS (taux normal ou taux réduit), avant plafonnement des charges financières nettes et imputation des déficits fiscaux.

La société débitrice des intérêts va bénéficier d'un complément de déduction lorsqu'elle fait partie d'un groupe consolidé et que le ratio entre ses fonds propres et l'ensemble de ses actifs est égal ou supérieur au ratio du groupe consolidé, dispositif qui ne pourra pas s'appliquer si l'entreprise est sous-capitalisée. Le montant de cette déduction complémentaire est de 75 % du montant des charges financières nettes qui n'ont pu être déduites en application du plafond précédent.

Si la société versant les intérêts est sous-capitalisée, des limitations spécifiques s'appliquent : une société est considérée comme sous-capitalisée, lorsque le montant moyen de ses dettes vis-à-vis d'entreprises liées excède 1,5 fois le montant de ses fonds propres, qui peuvent être appréciés au choix de l'entreprise soit à l'ouverture soit à la clôture de l'exercice.

Si la société fait partie d'un groupe consolidé, le plafonnement spécifique de sous-capitalisation s'applique, sauf si elle peut établir que son ratio d'endettement (dettes / fonds propres) est inférieur ou égal au ratio d'endettement du groupe auquel elle appartient.

Lorsque le dispositif de sous-capitalisation s'applique, ce n'est pas un mais deux plafonds qui doivent être calculés (le montant maximal des charges financières nettes déductibles est alors égal à la somme des deux) :

- le premier plafond est égal aux intérêts afférents à la dette vis-à-vis des entreprises non liées et à celle vis-à-vis des entreprises liées qui n'excèdent pas 1,5 fois les fonds propres, à hauteur de 30 % de l'Ebitda fiscal tel que réparti proportionnellement entre les deux plafonds ou 3 M € répartis proportionnellement entre les deux plafonds,
- le second plafond est égal aux intérêts afférents à la dette vis-à-vis d'entreprises liées qui excèdent 1,5 fois les fonds propres, à hauteur de 10 % de l'Ebitda fiscal tel que réparti proportionnellement entre les deux plafonds ou 1 M € réparti proportionnellement entre les deux plafonds.

Concernant le report des intérêts qui n'ont pu être déduits en N, il existe désormais deux mécanismes de report intégrés au plafonnement.

Le premier permet à une entreprise visée par le plafonnement de ses charges financières de reporter celles qui n'ont pas été admises en déduction.

Le second permet à une entreprise n'ayant pas employé toutes ses capacités de déduction de reporter sa capacité de déduction inemployée.

Le montant des charges financières nettes à réintégrer après application du plafond de droit commun, du complément de déduction en faveur des entreprises membres d'un groupe consolidé et des deux plafonds au cas de sous-capitalisation, peut être reporté sans limitation de durée (et sans décote). Simplement, les charges financières nettes non admises en déduction en application du second plafond prévu pour les entreprises sous-capitalisées, ne sont reportables qu'à hauteur d'un tiers seulement de leur montant, et non en totalité.

La capacité de déduction inemployée au titre d'un exercice peut être utilisée pendant 5 ans. Il s'agit de l'excédent du plafond de droit commun sur les charges financières nettes admises en déduction en application de la règle de droit commun + complément de déduction en faveur des entreprises membres d'un groupe consolidé + report des charges financières non déduites. Elle ne peut donc être ultérieurement utilisée pour déduire les charges financières en report.

Remarque. En situation de sous-capitalisation, aucun report de la capacité de déduction inemployée n'est possible.

Exemple

N = 2022
En N, l'entreprise OLADETTE, qui appartient à un groupe consolidé, mais qui n'est pas sous-capitalisée, a enregistré les charges suivantes :

- 12 M € d'amortissements, 8 M € de dotations aux provisions, 2 M € de reprises de provisions,
- 16 M € de charges financières, 4 M € de produits financiers et 6 M € de résultat fiscal.

Ses charges financières nettes sont de : 16 M - 4 M = 12 M €
Les charges financières nettes sont déductibles dans la limite de : 30 % × 36 M = 10,8 M €
On retient ce seuil de 10,8 M € car il est plus élevé que le seuil alternatif de 3 M €. L'entreprise OLADETTE doit réintégrer : 12 M - 10,8 M = 1,2 M €
Si l'entreprise démontre que le ratio entre ses fonds propres et l'ensemble de ses actifs est égal ou supérieur à ce même ratio déterminé au niveau du groupe consolidé auquel elle appartient, elle pourra déduire en plus : 75 % × 1,2 M = 0,90 M €

C Charges exceptionnelles

Elles ne diffèrent pas fondamentalement de celles étudiées en BIC.

Ainsi, par exemple, une dépense de mécénat ouvrira droit à une réduction d'IS de 60 % de son montant, sauf si le don est plafonné à cinq pour mille du CA HT (voir Chapitre 8). Un plafond alternatif de 20 000 € est institué pour les versements effectués au cours des exercices clos à compter du 31 décembre 2020.

Remarque. Les entreprises peuvent donc appliquer le plafond de 20 000 € s'il conduit à un montant de dons éligibles plus élevé que le seuil de 5 pour mille du CA HT. Tel est le cas si le montant du CA HT est inférieur à 20 000/0,005 = 4 M €.

En revanche, les abandons de créances consenties entre sociétés membres d'un groupe soulèvent des questions fiscales spécifiques lorsque les sociétés relèvent de l'IS.

1 Les abandons de créance à caractère commercial

Une société peut consentir à renoncer à une créance dans le but de préserver ses sources d'approvisionnement ou ses débouchés sur le marché intérieur ou à l'étranger. L'intérêt commercial peut être justifié par la perspective de développement de la société qui accorde l'aide.

L'abandon de créance à caractère commercial est intégralement déductible du résultat de la société qui le consent, dans la mesure où il correspond à un acte de gestion normal, et il doit figurer dans le résultat imposable de la société qui en bénéficie.

Lorsque l'abandon de créance est constitutif d'un acte anormal de gestion, car non engagé dans l'intérêt direct de l'entreprise créancière, il est réintégré au résultat de la société qui consent l'abandon et imposé chez la société bénéficiaire.

Remarque. La 2e loi de finances rectificative pour 2020 a instauré une présomption de normalité pour la déduction des abondons de loyers afférents à des immeubles donnés en location à une entreprise, consentis entre le 15 avril et le 30 juin 2021, sans justification particulière, à condition qu'il n'existe pas de lien de dépendance entre le bailleur et le locataire au sens de l'article 39-12 du CGI. Cette mesure est applicable aux exercices clos à compter du 15 avril 2020. Rappelons que des liens de dépendance sont réputés exister entre 2 entreprises lorsque :

- l'une détient directement ou par personne interposée la majorité du capital social de l'autre ou y exerce en fait le pouvoir de décision ;
- elles sont placées l'une et l'autre, dans les conditions définies ci-dessus, sous le contrôle d'une même tierce entreprise.

2 Les abandons de créance à caractère financier

Un abandon de créance est à caractère financier lorsqu'une société mère (c'est-à-dire une société qui, sur le plan fiscal, détient au moins 5 % du capital et des droits de vote de sa filiale) renonce à une créance afin d'éviter pour elle-même les conséquences défavorables d'une défaillance de sa filiale. Il s'agit essentiellement de la mise en cause de sa responsabilité de société mère dans le cadre d'une action en comblement de passif et du risque d'atteinte à son renom en cas de dépôt de bilan.

Pour les exercices ouverts à compter du 4 juillet 2012, les aides à caractère financier consenties à une autre entreprise ne sont plus admises en déduction sur le plan fiscal, sauf si le débiteur est en très grande difficulté financière (filiale faisant l'objet d'une procédure collective ou de conciliation, que l'accord soit homologué ou simplement constaté).

Dans ce cas et seulement dans ce cas (débiteur faisant l'objet d'un redressement ou d'une liquidation judiciaire ou d'une procédure de sauvegarde ou de conciliation), la règle applicable est la suivante :

L'abandon de créance à caractère financier est déductible du résultat de la société qui le consent dans une double limite :

- à hauteur de la situation nette négative de la filiale avant abandon de créance ;
- si la situation de la filiale devient positive après l'abandon, dans la limite du capital de la filiale détenu par les associés autres que la mère.

Pour la société qui bénéficie de l'abandon, il s'agit d'un profit imposable en totalité, y compris pour la partie qui n'a pas été admise en déduction chez la mère.

En revanche, l'aide obtenue n'est pas taxable chez la filiale à hauteur de la fraction non déductible chez la mère si la filiale s'engage à augmenter son capital au profit de sa société mère pour un montant au moins égal à l'abandon de créance que la mère lui a consenti, et cela avant la clôture du deuxième exercice suivant celui de l'abandon de créance (art. 216 du CGI). Ce dispositif est conditionné au fait que la société qui abandonne la créance ait la qualité de société mère (c'est-à-dire qu'elle possède au moins 5 % du capital de sa filiale), française ou étrangère.

Lorsque l'abandon est consenti avec une clause de retour à meilleure fortune, le traitement est inverse à celui que nous venons d'examiner.

Remarque. L'administration étend cette mesure aux abandons de créances consentis dans le cadre d'une procédure d'insolvabilité mentionnée à l'annexe A du règlement CE 1346/2000 du 29-5-2000.

3 Les aides intragroupe

Il convient de retenir que, dans un groupe de sociétés, les aides que peuvent se consentir chaque société du groupe doivent être examinées à la lumière de leur intérêt propre, et non au regard de l'intérêt du groupe.

En effet, le groupe économique n'est pas pris en considération en fiscalité. Toutefois, les dernières décisions de jurisprudence attestent d'une évolution libérale du juge sur ces questions. Ainsi, la jurisprudence admet de prendre en considération les contraintes économiques qui pèsent sur les membres d'un réseau de distribution. Il en a été jugé ainsi pour des cautions accordées sans contrepartie entre sociétés membres d'un même réseau (Conseil d'État, 26-9-2001, n° 219825).

Le juge fiscal a eu également l'occasion de valider la déduction par une entreprise d'un réseau de distribution de cotisations versées à une association de ce réseau pour financer des frais de formation de personnel du réseau à l'étranger (Conseil d'État 6-3-2006, n° 28/034). Même non engagées dans son intérêt direct, ces dépenses ont été admises en déduction au regard des obligations non contractuelles mais courantes du groupe ; toutefois, ces réseaux constituent une configuration particulière dans laquelle il y a uniquement identité d'enseigne sans aucun lien capitalistique.

4 Le régime des plus ou moins-values

À certains égards, le régime des plus et moins-values pour les entreprises relevant de l'IS est plus simple (sauf pour les cessions de titres, auxquelles nous consacrons une partie spécifique) que celui exposé dans le cadre de la fiscalité des BIC. En effet, depuis le 1er janvier 1997, le champ d'application des plus-values à long terme s'est considérablement réduit pour les sociétés à l'IS.

A Cession d'éléments d'actifs ne relevant pas du régime des plus ou moins-values

La plupart des plus et moins-values réalisées par les sociétés passibles de l'IS relèvent désormais du résultat courant. On entend par « résultat courant » le résultat taxé soit au taux normal de l'IS (25 % à compter de 2022), soit au taux réduit des PME (15 %, mais dans la limite d'un plafond annuel de 42 500 €).

La cession d'une immobilisation générera une plus ou moins-value qui augmentera ou diminuera le résultat imposable à l'IS, sans qu'aucun retraitement n'intervienne.

De plus, les dispositifs d'étalement étudiés en BIC ne sont en principe pas applicables (notamment l'étalement sur 3 ans de la PVCT).

Seul le dispositif d'étalement de la plus-value à court terme a été maintenu en ce qui concerne les entreprises victimes de sinistres ou d'expropriation.

Exemple

N = 2022
Une société passible de l'IS cède pour 500 000 € en N un immeuble qu'elle a acquis en N-20 pour 100 000 €. Cet immeuble est totalement amorti.
La plus-value s'élève à 500 000 €, puisque la VNC est nulle.
Cette plus-value est entièrement comprise dans le résultat imposable, et soumise à l'IS. Aucun retraitement n'est pratiqué, et aucune distinction n'est effectuée au regard de la durée de détention du bien.

Remarque. Bien distinguer entre le régime relevant des BIC et celui relevant de l'IS, les erreurs commises à ce niveau étant fréquentes.

B Cession de titres de participation

La fiscalité des cessions de titres pour les sociétés relevant de l'IS n'est pas un modèle de simplicité. Il convient de définir préalablement ce que le législateur entend par titres de participation, d'envisager le régime fiscal de leurs cessions ainsi que leurs modalités d'évaluation.

1 Les titres de participation : définition

Les titres de participation constituent, pour les sociétés passibles de l'IS, une catégorie de titres spécifiques. En effet, ils sont détenus non pas uniquement dans le but de retirer des profits d'une société, mais afin d'exercer une influence ou un contrôle sur l'entité détenue.

a. Définition comptable des titres de participation

Ces titres sont enregistrés dans les comptes 261 ou 266 et figurent à l'actif immobilisé, lignes CS ou CU de l'imprimé 2050 de la liasse fiscale. Ces titres sont inscrits à l'actif du bilan pour leur coût d'acquisition.

Le plan comptable général (PCG) de 1982 qualifie de « titres de participation » ceux dont la possession durable est estimée utile à l'activité de l'entreprise, notamment parce qu'elle permet d'exercer une influence sur la société émettrice des titres ou d'en assurer le contrôle. Cette intention d'exercer une influence sur la société émettrice s'apprécie au moment de l'acquisition des titres. Comptablement, sauf preuve contraire, sont présumés être des titres de participation les titres représentant une fraction du capital supérieure à 10 % (C. com. art. R. 123-184 et PCG, art. 221-3) en tenant compte des titres détenus directement et indirectement.

b. Titres fiscalement assimilés à des titres de participation

Il s'agit des titres acquis en exécution d'une offre publique d'achat (OPA) ou d'échange (OPE) par l'entreprise qui en est l'initiatrice ou de ceux qui ouvrent droit au régime fiscal des sociétés mères et filiales, la mère devant détenir dans ce cas au moins 5 % du capital et des droits de vote de sa filiale.

L'application du régime du long terme aux opérations de cession de ces titres nécessite une inscription au sous-compte spécial du bilan intitulé « Titres relevant du régime des plus-values à long terme » (TRPVLT).

Remarque. L'inscription de titres au compte « Titres de participation » constitue une présomption simple. Dès lors que cette inscription est commandée par le respect de la réglementation comptable, elle ne procède pas d'une décision de gestion, et les erreurs commises peuvent être corrigées par l'administration ou par l'entreprise, sous réserve de leur caractère involontaire (CE 29 mai 2017, n° 405083 Société Vivendi).

c. Titres de sociétés à prépondérance immobilière (SPI)

Il s'agit de titres de sociétés dont l'actif est, à la date de cession des titres, ou à la clôture de l'exercice précédant la cession, constitué pour plus de 50 % de sa valeur réelle par des immeubles ou des droits immobiliers.

Pour apprécier le seuil de 50 %, il n'y a pas lieu de retenir les immeubles que la société affecte à sa propre exploitation.

2 Cession de titres : régime fiscal

a. Cession de titres de participation

Les règles de détermination de la plus ou moins-value de cession de titres de participation, hors titres de sociétés à prépondérance immobilière, sont les suivantes : la méthode premier entré-premier sorti (PEPS) est prioritaire sur le plan fiscal. Il est possible d'appliquer la méthode du coût moyen pondéré (CMP) par tolérance. Si la méthode PEPS est retenue comptablement, elle est obligatoire sur le plan fiscal. Si l'entreprise retient la méthode CMP sur le plan comptable, l'entreprise a le choix sur le plan fiscal entre les deux méthodes.

Ce choix peut être effectué par ligne de titres et pour une même catégorie mais doit être constant dans le temps pour une même ligne de titres : l'option n'est donc possible que si elle est exercée dès la première cession :

- la méthode CMP n'est pas utilisable pour les titres assimilés fiscalement à des titres de participation ;
- elle n'est pas utilisable en cas de cession de la totalité d'une ligne de titres en une seule fois en l'absence de cessions antérieures ;
- la moins-value à court terme résultant du CUMP ne peut être d'un montant supérieur au montant résultant de la méthode PEPS.

Hypothèse 1 : les titres sont détenus depuis moins de deux ans : il s'agit d'une plus ou moins-value à court terme relevant du taux courant de l'IS (taux de 25 % pour ceux ouverts à compter de 2022, ou IS réduit des PME de 15 %).

Hypothèse 2 : les titres sont détenus depuis au moins deux ans : il s'agit d'une plus ou moins-value à long terme dont les taux d'imposition varient selon la nature des titres :

- **catégorie à 0 %** : titres de sociétés autres qu'à prépondérance immobilière. Imposition de la plus-value au taux de 0 % mais réintégration du résultat imposable d'une quote-part de 12 % de la plus-value brute qui s'applique au produit net de cession, imposée au taux courant de l'IS ;
- **catégorie à 15 %** : titres de FCPR et SCR (fonds à risque) détenus depuis plus de cinq ans ;
- **catégorie à 19 %** : titres de sociétés à prépondérance immobilières cotées.

Remarque. Pour les cessions de titres relevant du taux de 0 %, une quote-part de frais et charges est déterminée sur la plus-value brute de cession. Selon l'administration fiscale, cette quote-part forfaitaire de 12 % s'applique obligatoirement et elle ne peut pas être limitée au total des frais et charges de toute nature réellement exposés.

Le montant est réintégré extra-comptablement sur le tableau n° 2058-A dans le résultat au taux courant l'IS et l'impôt est par conséquent de 3 % (pour un taux d'IS de 25 %).

Exemple

N = 2022
Une société possède à son actif des titres de participation qu'elle a acquis en N–10 pour 50 000 €. Il ne s'agit pas de titres de sociétés à prépondérance immobilière ou de titres de fonds à risque. Elle cède ses titres en N pour 300 000 €.
La plus-value à long terme s'élève à 250 000 €. La société portera en déduction sur son tableau n° 2058-A un montant de 250 000 €. Cette plus-value qui relève du taux de 0 % ne sera pas imposée ; la société réintégrera fiscalement une quote-part de frais et charges de 250 000 × 12 % = 30 000 €. Elle paiera un IS de 30 000 × 25 % = 7 500 €. Le rapport entre l'impôt payé et la plus-value est de 7 500/250 000 = 3 %.

Exemple

N = 2022
Au cours de l'exercice clos le 31 décembre N-4, une société soumise à l'IS a acquis des titres de participation dans une société A pour 100 000 € et dans une société B pour le même montant.
Elle vend au cours de l'exercice clos le 31 décembre N les titres de la société A et réalise une plus-value de 100 000 €. Elle cède également au cours de ce même exercice les titres de la société B mais constate une moins-value de 40 000 €.
Le montant net de la plus-value à long terme est égal à 60 000 € (100 000 - 40 000). La quote-part de frais et charges, calculée sur le montant brut des plus-values de l'exercice, s'élève à 12 000 € (100 000 × 12 %).

b. Cession de titres de participation de SPI non cotées

La cession de titres de participation de sociétés à prépondérance immobilière (SPI) non cotées dégage un profit ou une perte qui est pris en compte dans le résultat soumis au taux normal de l'IS, quelle que soit la durée de détention des titres cédés.

Il en est ainsi pour les cessions intervenues pour les exercices clos à compter du **26 septembre 2007**.

c. Cession de titres de participation à une société liée

En cas de cession entre sociétés liées de titres de participation détenues depuis moins de deux ans, les plus et moins-values de cession sont placées en report d'imposition jusqu'à leur cession à une entreprise non liée à l'entreprise cédante.

Ce dispositif ne s'applique pas aux titres de sociétés à prépondérance immobilière non cotées, qui supportent l'IS courant.

Cette mesure vise à lutter contre des techniques d'optimisation de certains groupes qui, plutôt que de constater la dépréciation des titres de participation, laquelle relève du régime des moins-values à long terme non déductibles, cèdent ces titres à une autre société du groupe dans les 2 ans suivant leur acquisition, créant ainsi une moins-value à court terme déductible de leur résultat fiscal.

Remarque. Le report d'imposition est désormais réservé aux seules moins-values. Les plus-values sont donc immédiatement imposables dans les conditions de droit commun.

3 Titres de participation et de placement : régime des dépréciations

a. Provisions pour dépréciation des titres de participation hors sociétés à prépondérance immobilière non cotées

Les titres de participation figurent au bilan pour leur valeur d'origine. À la clôture de chaque exercice, les entreprises doivent procéder à l'évaluation de leurs titres de participation et constater une dépréciation si la valeur réelle des titres est inférieure à leur valeur d'origine.

Fiscalement, les titres de participation sont évalués selon les règles applicables aux titres non cotés du portefeuille (voir Chapitre 11).

Lorsqu'une dépréciation des titres de participation est constatée à la clôture de l'exercice, cette provision est déduite comptablement.

Fiscalement : les provisions sur titres de participation relèvent toujours du long terme même si les titres concernés ont moins de deux ans :

- dotation : elle relève du taux à long terme dont relèvent les titres y afférents au titre de l'exercice de constitution de la dotation, **d'où une réintégration fiscale** ;
- reprise : relève du taux à long terme dont relèvent les titres y afférents au titre de l'exercice de la reprise quel que soit le traitement à l'origine, **d'où une déduction fiscale** ;

- les moins-values nettes à long terme reportables qui relèvent du taux de 0 % ne sont pas reportables ;
- celles relevant des taux de 15 % et 19 % se fondent globalement dans une seule et même catégorie.

Si la reprise de provision génère une plus-value nette à 15 % ou 19 %, cette plus-value nette à long terme peut se compenser avec la moins-value nette à long terme de l'exercice qui relève de l'autre taux.

La plus-value nette restante peut se compenser avec les moins-values à long terme reportables à 15 ou 19 %, avec une imputation prioritaire sur la plus-value à 19 %.

La plus-value nette restante peut se compenser euro pour euro sur le déficit de l'exercice et les déficits antérieurs reportables.

Exemple

1. Les données

N = 2022
Une SA dont les exercices coïncident avec l'année civile a réalisé en N les opérations suivantes :
- **reprise de provisions pour dépréciation de parts d'une société immobilière cotée X : + 2 500 € (la dotation précédente a été intégralement déductible) ;**
- **plus-value de cession de titres de SCR détenus depuis 7 ans : + 15 000 € ;**
- **reprise de provisions sur FCPR : + 10 000 € ;**
- **moins-value à long terme sur cession de titres d'une société à prépondérance immobilière cotée Y : - 50 000 €.**

Indiquez les compensations à effectuer compte tenu des opérations réalisées.

2. La solution

Opération relevant des plus-values imposables à 15 % : + 12 500 + 2 500 + 12 500 = 25 000 €.
Opérations relevant des plus-values imposables à 19 % : + 2 500 – 50 000 = – 47 500 €.
La moins-value à long terme de 47 500 € peut être compensée avec la plus-value nette à long terme taxable à 15 %. Le solde (– 22 500 €) est reportable sur les éventuelles plus-values taxables à 15 % ou 19 % réalisées au cours des dix exercices suivants.

b. Provisions pour dépréciation des titres de participation de SCPI non cotées

Ces provisions sont comptablement et fiscalement déductibles, et leurs reprises sont comptablement et fiscalement imposables. Aucun retraitement extra-comptable ne doit être envisagé. En effet, la plus ou moins-value de cession relève du taux courant de l'IS.

c. Provisions pour dépréciation des titres de placement

Contrairement aux BIC, ces provisions sont comptablement et fiscalement déductibles du résultat.

C Cession de titres de placements

Certains titres sont toujours exclus du régime du long terme : ils représentent de simples placements de trésorerie et leur détention n'est pas estimée utile à l'activité de l'entreprise.

Il s'agit des titres de placements suivants : parts ou actions de sociétés autres que les titres de participation, bons de souscription d'actions, obligations, titres assimilés et bons de souscription d'obligations, titres participatifs, titres d'OPCVM autres que les FCPR, parts de fonds commun de créances, titres émis par les organismes de placement collectif immobilier.

Ces titres de placement peuvent être enregistrés en comptabilité soit en tant qu'immobilisations financières (subdivisons du compte 27), soit en tant que valeurs mobilières de placement (subdivisions du compte 50).

Le profit qui résulte de la cession de ces titres est pris en compte dans le résultat soumis au taux courant de l'IS, même si ces titres constituent des titres de participation sur le plan comptable ou s'ils ouvrent droit au régime fiscal des sociétés mères.

Rappelons que relèvent également de ce régime les cessions de titres de sociétés à prépondérance immobilière non cotées (voir *supra*).

Exemple

N = 2022
Une société possède à son actif des obligations qu'elle a acquises en N–10 pour 50 000 €. Elle cède ses titres en N pour 300 000 €.
S'agissant de titres de placement, le régime du long terme ne s'applique pas et le profit de 250 000 € n'est pas retraité fiscalement. La société acquittera un IS de 250 000 × 25 % = 62 500 €.

D Synthèse

<table>
<tr><th colspan="3">1. Titres de participation</th></tr>
<tr><td>Définition</td><td colspan="2">Titres comptabilisés en tant que titres de participation.
Titres ouvrant droit au régime des sociétés mères et représentant 5 % au moins des droits de vote inscrits au sous compte « titres relevant du régime d'exonération des plus-values à long terme ».</td></tr>
<tr><td>Évaluation</td><td colspan="2">Évaluation des titres à la clôture de chaque exercice.
Valeur d'utilité, c'est-à-dire ce que l'entreprise accepterait de décaisser si elle devait acquérir les titres.</td></tr>
<tr><td>Provision</td><td colspan="2">Toute dépréciation est constatée sous forme de provision.
Cette dotation ne donne lieu à aucune déduction fiscale et corrélativement la reprise ne donne lieu à aucune taxation.</td></tr>
<tr><td rowspan="5">Plus-value de cession</td><td rowspan="2">Titres détenus depuis au moins 2 ans</td><td>La plus-value relève du taux de 0 % à l'exclusion de la quote-part de frais et charges de 12 % qui doit être réintégrée dans le résultat imposable selon le droit commun.</td></tr>
<tr><td>Les moins-values constatées ne peuvent venir en déduction ni du résultat imposable ni du montant des plus-values à long terme. Le Conseil d'État a toutefois jugé que la réintégration de cette quote-part est subordonnée à la réalisation par l'entreprise d'une plus-value nette à long terme au cours de l'exercice de cession (CE 14-6-2017 n° 400855).</td></tr>
<tr><td rowspan="2">Titres détenus depuis moins de 2 ans</td><td>La plus-value est un profit imposable au taux de droit commun.</td></tr>
<tr><td>La moins-value est une perte déductible selon les conditions de droit commun.</td></tr>
<tr><td>Cessions portant sur des titres de même nature acquis à des dates différentes</td><td>Application de la règle du premier entré premier sorti (PEPS).
L'administration admet la méthode du prix moyen pondéré dans des cas limités (cession de titres issus d'un même ordre d'achat, cession de titres de participation).</td></tr>
</table>

2. Titres de sociétés à prépondérance immobilière		
Définition de la prépondérance immobilière	Sont à prépondérance immobilière, les sociétés dont l'actif est constitué pour plus de 50 % de sa valeur réelle, à la date de cession des titres ou à la clôture de l'exercice précédent, par des immeubles, des droits portant sur des immeubles, des droits afférents à des contrats de crédit-bail immobilier ou par des titres d'autres sociétés à prépondérance immobilière. Les immeubles affectés par la société à sa propre exploitation ne sont pas pris en compte pour l'appréciation du pourcentage de 50 %.	
Évaluation	Évaluation à la clôture de chaque exercice. Valeur d'utilité, c'est-à-dire ce que l'entreprise accepterait de décaisser si elle devait acquérir les titres.	
Provision	Plafonnement de la déduction à l'excédent des moins-values latentes sur l'ensemble des plus-values latentes des titres de même nature détenus par l'entreprise.	
	Titres de sociétés cotées	La provision constituée est soumise au régime des moins-values à long terme au taux de 19 %. La reprise de provisions constitue une plus-value à long terme taxée au taux de 19 %.
	Titres de sociétés non cotées	La provision est déductible du résultat imposable au taux de droit commun. La reprise est imposable dans les conditions de droit commun.
Cession	Titres de sociétés cotées	Si la cession porte sur des titres détenus depuis au moins deux ans, la plus-value relève du régime des plus ou moins-values à long terme. Si la cession porte sur des titres détenus depuis moins de deux ans, la plus-value relève du régime des plus et moins-value à court terme. Les plus-values à long terme sont imposables au taux de 19 %.
	Titres de sociétés non cotées	La cession dégage un profit ou une perte imposable selon le droit commun quel que soit le délai de détention des titres.
3. Titres de placement		
Définition	Titres autres que les titres de participation.	
Évaluation	Titres cotés : évaluation à la clôture de l'exercice d'après le cours moyen du dernier mois de l'exercice.	
	Titres non cotés : évaluation conformément à la valeur probable de négociation.	
Provision	L'évaluation est effectuée pour chaque catégorie de titres de même nature par rapport à la valeur d'origine. En cas de dépréciation, la provision est déductible du résultat fiscal taxable au taux plein. Les reprises de provisions constituent un produit imposable dans les conditions de droit commun.	
Cas particuliers des OPCVM	Les plus-values latentes (différence entre la valeur de rachat à l'ouverture et celle à la clôture de l'exercice) doivent être prises en compte dans le résultat imposable dans les conditions de droit commun.	
Cession de titres de placement	Quelle que soit la durée de détention : – le gain de cession constitue un profit taxable au taux normal ; – la perte de cession constitue une perte déductible dans les conditions de droit commun. La perte peut concourir à la constatation d'un déficit imputable dans les conditions de droit commun.	

5 La gestion fiscale des déficits

Nous n'aborderons pas dans les développements qui suivent les règles spécifiques concernant l'option provisoire des sociétés de capitaux pour le régime des sociétés de personnes.

A Report vers l'avant

Le déficit fiscal s'impute normalement sur les bénéfices futurs de l'entreprise de façon extra comptable, sur le tableau n° 2058-A, ligne XL. Il constitue une charge fiscalement déductible du premier résultat bénéficiaire venu, et ce, sans limitation de durée.

Pour les exercices clos à compter du 31 décembre 2012, le déficit en report pouvant être déduit du bénéfice de l'exercice est désormais limité à un montant de 1 million d'euros majoré de 50 % de la fraction de ce bénéfice excédant 1 million. À défaut de précision particulière, cette part proportionnelle est calculée en référence au bénéfice de l'exercice déterminé dans les conditions de droit commun.

Exemple

1. Les données

N = 2022
Une société réalise à la clôture de l'exercice N un déficit fiscal de 1 300 000 €. Les résultats des exercices suivants sont :
N+1 : 0 €
Indiquez les modalités de report vers l'avant du déficit de l'exercice N.

2. La solution

N+1 : aucune imputation puisque le résultat n'est pas bénéficiaire.
N+2 : imputation de 1 000 000 + 50 % × (1 100 000 – 1 000 000) = 1 050 000 €.
Les 250 000 € de déficits non imputés restent reportables sur les exercices bénéficiaires suivants.

Toutefois, le déficit ne pourra être reporté que s'il y a « identité d'entreprise ». Or, tel n'est pas le cas dans les situations suivantes :

- transformation de la société avec création d'un être moral nouveau. Il s'agit d'un cas très rare, car le simple changement de forme sociale n'emporte plus création d'une nouvelle personne morale (Cass. com. 7/03/1984, « Le Joncour ») ;
- la disparition pendant plus d'un an des moyens de production et l'adjonction d'une nouvelle activité majoritaire, ou l'abandon ou le transfert même partiel de l'activité initiale, est considérée comme un changement d'activité : il y a changement d'activité au cas d'adjonction ou d'abandon d'une activité lorsque cela entraîne, au titre de l'exercice de sa survenance ou de l'exercice suivant, une augmentation ou une diminution de plus de 50 % du chiffre d'affaires ou de l'effectif moyen du personnel et du montant brut des éléments de l'actif immobilisé, par rapport à l'exercice précédent le transfert ou l'abandon ;
- absorption ou scission de la société, sauf lorsque l'opération est placée sous le régime de faveur de l'article 210 A du CGI et si l'entreprise obtient un agrément, lequel n'est plus discrétionnaire (voir programme du DSCG).

B Report vers l'arrière

1 La technique du report vers l'arrière

Le report en arrière des déficits ou « *carry back* » a été introduit dans la législation française en 1984 : cette technique originale nous vient des Anglo-saxons. Dans ce mécanisme, les déficits fiscaux d'une société peuvent s'imputer sur son bénéfice imposable de l'exercice antérieur, dans la limite de 1 000 000 €, à condition qu'il ait donné lieu au paiement effectif de l'impôt, au taux plein ou au taux réduit des PME, y compris, sous certaines conditions, lorsqu'il s'agit d'un rehaussement de bénéfice imposable (auparavant, soit pour les exercices clos avant le 21 septembre 2011, le déficit fiscal était reportable sur les bénéfices des trois exercices antérieurs).

L'imputation se fait par priorité sur le bénéfice taxé au taux de 25 % lorsque le CAHT est supérieur ou égal à 250 M€). Si ce bénéfice antérieur est insuffisant, l'entreprise peut reporter en avant la fraction du déficit qui n'a pu être reportée en arrière.

Il s'agit d'un dispositif optionnel, c'est-à-dire d'un choix exercé par l'entreprise entre deux techniques de gestion de ses déficits : le report vers l'avant ou le report vers l'arrière. L'option pour le report en arrière des déficits devra désormais être exercée au titre de l'exercice au cours duquel le déficit est constaté et ce, dans le strict délai de dépôt de la déclaration de résultat de cet exercice.

La déclaration n° 2039 ne vaut plus option pour le report en arrière mais est utilisée pour la liquidation de la créance. L'option pour le report en arrière des déficits est matérialisée en complétant la ligne ZL « déficit de l'exercice reporté en arrière » du tableau n° 2058-A.

Le bénéfice d'imputation sur lequel est reporté le déficit en arrière s'entend du résultat :

- imposable au taux de droit commun ou au taux réduit des PME ;
- la fraction de ce bénéfice ayant donné lieu à distribution n'est pas prise en compte ;
- le bénéfice d'imputation ne prend pas en compte les bénéfices exonérés (entreprises nouvelles, par ex.) ou pour lequel l'IS a été acquitté au moyen d'un crédit d'impôt.

Remarque. L'option pour le report en arrière du déficit d'un exercice sur le bénéfice de l'exercice précédent n'est admise que dans la limite du montant le plus faible entre le bénéfice déclaré au titre dudit exercice précédent et 1 million d'euros.

Exemple : Une société réalise un déficit en N de 1 300 000 €.
Hypothèse 1 : Si bénéfice N–1 = 1 500 000 limite de report = 1 000 000 €.
Hypothèse 2 : Si bénéfice N–1 = 500 000 limite de report = 500 000 €.

2 Calcul de la créance sur le Trésor

Le montant de la créance est égal au montant du déficit imputé que multiplie le taux de l'IS appliqué au bénéfice d'imputation.

La créance est enregistrée au débit du compte 444 « État-impôt sur les bénéfices ». Elle constitue un produit de l'exercice déficitaire, mais ce produit n'est pas imposable fiscalement. Il doit être déduit sur le tableau n° 2058-A.

La créance peut être utilisée par la société dans les cinq ans pour le paiement de l'IS. À l'issue de ce délai, le solde peut être remboursé par le Trésor.

La créance n'est pas cessible mais elle peut être donnée en garantie à une banque dans les conditions prévues par la loi « Dailly ».

Remarque. Le report en arrière des déficits présente comme avantage de faire bénéficier l'entreprise d'une économie d'impôt, car il fait naître une créance sur le Trésor public remboursable au bout de 5 ans si elle n'est pas utilisée dans ce délai pour le paiement de l'IS ; il améliore son résultat comptable et le bilan de l'entreprise du fait de l'inscription de la créance à l'actif ainsi que sa trésorerie lors du remboursement. Son inconvénient majeur est qu'il entraîne un accroissement des droits à la participation des salariés.

6 Les imputations fiscales sur l'IS

A Dans le cadre des régimes de faveur

Il s'agit tout d'abord des mesures d'allègement qui sont communes aux entreprises relevant de l'IR.

Il existe plusieurs dispositifs d'aides aux entreprises qui prennent notamment la forme d'exonération totale ou partielle d'impôt sur leurs bénéfices. Ces dispositifs sont souvent d'application délicate, car ils reposent sur un nombre important de conditions strictes qui les rendent peu lisibles.

1 Entreprises nouvelles

a. Champ d'application du dispositif

Les entreprises nouvelles peuvent bénéficier d'une exonération totale ou partielle d'impôt sur les bénéfices en cas d'implantation avant le 31 décembre 2023 dans une zone géographique prioritaire (article 44 *sexies* du CGI).

Ce dispositif concerne la **création** :

- **d'une entreprise nouvelle** : la création ne doit pas résulter d'une concentration, d'une restructuration, d'une reprise ou de l'extension d'une activité préexistante ;
- **dans une zone éligible du territoire** ;
- pour les entreprises créées entre le 1er janvier 2007 et le 31 décembre 2023, le régime d'exonération est applicable aux entreprises dont le siège social ainsi que l'ensemble de l'activité, c'est-à-dire des moyens humains et matériels d'exploitation, sont implantés dans les zones d'aides à finalité régionales (AFR) ;
- pour les entreprises créées avant le 1er janvier 2011 : les zones éligibles sont essentiellement des zones de redynamisation urbaines (ZRU) et des zones de revitalisation rurales (ZRR) ;
- **soumise à un régime réel d'imposition** ;
- **pour des activités commerciales ou non commerciales** ;
- s'il s'agit de sociétés, le capital ne doit pas être détenu directement ou indirectement à plus de 50 % par d'autres sociétés. Les activités éligibles sont les activités commerciales, industrielles ou artisanales visées à l'article 34 du CGI y compris les activités de marchands de biens, de lotisseurs ou d'intermédiaires immobiliers exercées à titre professionnel. Les activités non commerciales sont éligibles à condition de revêtir la forme de sociétés imposables à l'IS et sous condition d'emploi de trois salariés à la clôture du premier exercice et au cours de chaque exercice de la période d'application du dispositif.

Ne peuvent pas bénéficier du dispositif :

- les activités bancaires, financières et d'assurance, les activités immobilières non professionnelles, de construction vente d'immeubles ;
- les activités de nature civile : gestion de patrimoine immobilier ou de portefeuille de valeurs mobilières, les activités de nature agricole. Certaines activités sont également exclues en application de la réglementation européenne des minimis (voir *infra*) : Il s'agit notamment des activités de pêche, aquaculture, industrie houillère et de transformation et commercialisation de produits agricoles.

b. Les avantages fiscaux

Avantages applicables à l'ensemble des entreprises, hors ZRR

Les bénéfices réalisés au cours des 24 premiers mois à compter de la date de la création sont exonérés à 100 % :

- la troisième période de 12 mois : abattement de 75 % ;
- la quatrième période de 12 mois : abattement de 50 % ;
- la cinquième période de 12 mois : abattement de 25 %.

Avantages applicables aux entreprises situées en ZRR (art. 44 *quindecies* du CGI)

Les entreprises créées dans une zone de revitalisation rurale (ZRR) entre le 1er janvier 2011 et le 31 décembre 2023 bénéficient d'un régime d'exonération spécifique. Les ZRR sont définies comme des zones à faible densité démographique.

Ces entreprises bénéficient d'une **exonération totale** pendant cinq ans à condition que leur siège social et que l'ensemble de leur activité et de leurs moyens d'exploitation soient implantés dans une ZRR. En principe, il est nécessaire que l'entreprise exerce son activité sur cette zone, mais il est admis par tolérance que 25 % du chiffre d'affaires au plus soit réalisé à l'extérieur.

L'entreprise doit employer moins de 11 salariés et le capital de l'entreprise créée ou reprise ne doit pas être détenu, directement ou indirectement, par plus de 50 % par d'autres sociétés.

À l'issue de cette période de cinq ans, ces entreprises pourront bénéficier d'un abattement dégressif au titre des trois années suivantes. Soit :

- les cinq premières périodes de 12 mois : abattement de 100 % ;
- la sixième période de 12 mois : abattement de 75 % ;
- la septième période de 12 mois : abattement de 50 % ;
- la huitième et dernière période de 12 mois, abattement de 25 %.

c. Avantages applicables aux entreprises situées en zone franche urbaine - territoire entrepreneur (ZFU) (art. 44 *octies* A)

Ce dispositif concerne les entreprises créées entre le 1er janvier 2006 et le 31 décembre 2023. Les ZFU sont des quartiers de plus de 8 500 ou 10 000 habitants très défavorisés.

L'exonération est réservée aux entreprises qui ont au plus 50 salariés et qui ne réalisent pas un chiffre d'affaires ou un total de bilan supérieur à 10 millions d'euros et qui ne sont pas détenues pour plus de 25 % par une entreprise de plus de 250 salariés réalisant un CA excédant 50 millions d'euros ou dont le total du bilan est supérieur à 43 millions d'euros.

La localisation en ZFU doit se caractériser par une implantation matérielle, l'exercice d'une activité effective dans la zone et la présence de moyens d'exploitation permettant l'exercice de la profession.

Le dispositif concerne les activités de l'article 34 du CGI (activités commerciales, artisanales et industrielles par nature), mais pas les activités de l'article 35 (par détermination de la loi).

L'exonération est totale pendant 5 ans.

Puis elle est dégressive sur 3 ans, au terme de la période d'exonération à taux plein ci-dessus : 60 % pendant l'année suivante, 40 % la sixième année, et 20 % la huitième année.

L'exonération s'effectue dans la limite d'un plafond de base nette de 50 000 € de bénéfice par période de 12 mois. Le bénéfice exonéré est majoré de 5 000 € par nouveau salarié embauché à compter du 1er janvier 2015 dans un quartier prioritaire de la politique de la ville ou dans une ZFU.

L'entreprise peut bénéficier en outre d'une exonération pendant cinq ans de contribution économique territoriale et de taxe foncière sur les propriétés bâties sur délibération de la collectivité locale.

d. Règles communes à l'ensemble des entreprises nouvelles

Pour toutes les entreprises, quelle que soit leur zone d'implantation, l'exonération ne s'applique pas aux bénéfices constatés lors de la réévaluation des éléments de l'actif. Le cumul avec d'autres abattements est possible.

Les sociétés soumises à l'IS peuvent, par ailleurs, bénéficier du taux réduit de 15 % sur le résultat restant imposable si elles remplissent les conditions de son application.

Le montant de l'avantage fiscal est subordonné au respect de la réglementation relative aux **aides de minimis**. Ainsi, les avantages fiscaux dont bénéficie une entreprise nouvelle ne peuvent en principe dépasser **200 000 €** sur une période de trois exercices fiscaux.

Une demande de rescrit peut être adressée à l'administration fiscale lorsque l'entreprise souhaite s'assurer qu'elle peut bénéficier du régime d'exonération.

L'absence de réponse de l'administration dans les trois mois vaut accord tacite.

Exemple

1. Les données

N = 2021
Monsieur Martin a créé son entreprise en janvier N. Elle répond à l'ensemble des conditions prévues à l'article 44 *sexies* du CGI. Ses exercices coïncident avec l'année civile. Ses BIC pendant la période d'application des allégements sont les suivants :
N : 50 000 €
N+1 : 70 000 €
N+2 : 60 000 € et plus-value à long terme de 100 000 €
N+3 : 150 000 €
N+4 : 100 000 €
Il vous demande quels seront les résultats exonérés d'impôt sur le revenu au cours de cette période de 5 ans.

2. La solution

N : l'exonération porte sur le bénéfice de 50 000 € qui est exonéré en totalité.
Le plafond restant inutilisé est reportable sur l'exercice suivant soit 150 000 € (200 000 – 50 000).
N+1 : l'exonération porte sur le bénéfice de 70 000 € qui est exonéré en totalité.
Le plafond restant inutilisé est reportable sur l'exercice suivant, soit 80 000 €.
N+2 : l'exonération porte sur 60 000 × 75 % = 45 000 € et sur 100 000 × 75 % = 75 000.
Le plafond reportable étant de 80 000 €, il s'impute en totalité sur le bénéfice courant de 45 000 € et pour 35 000 € sur la plus-value. La plus-value taxable s'élève par conséquent à 40 000 × 30 % = 12 000 €.
N+3 : application de l'abattement de 50 %, soit 75 000 € taxable. Ce montant est exonéré en totalité, puisque l'entreprise a reconstitué son plafond d'exonération de 200 000 € qui s'applique par période de trente-six mois. Excédent reportable = 200 000 – 75 000 = 125 000 €.
N+4 : application de l'abattement de 25 %, le montant de 100 000 × 75 % = 75 000 € (< 125 000 €) est donc exonéré en totalité. Le plafond non utilisé de 50 000 € (125 000 – 75 000) est définitivement perdu.

2 Réduction et crédits d'impôts applicables spécifiquement aux sociétés soumises à l'IS

Outre les réductions et crédits d'impôts communs aux BIC et à l'IS (voir Chapitre 3), certains s'appliquent exclusivement aux entreprises relevant de l'IS :

- CI incitant au rachat d'entreprise par les salariés
- Crédit d'impôt cinéma et audiovisuel
- Crédit d'impôt pour la production cinématographique et audiovisuelle
- Crédit d'impôt musique
- Crédit d'impôt jeux vidéo

3 Le crédit d'impôt recherche (CIR)

Peuvent bénéficier du crédit d'impôt recherche les entreprises industrielles, commerciales, artisanales ou agricoles imposées d'après le bénéfice réel, et de manière générale toutes les entreprises sous forme de sociétés commerciales, quel que soit leur objet.

a. Activités éligibles

Il s'agit des activités de recherche fondamentale, recherche appliquée, opérations de développement expérimental (réalisations de prototypes ou installations pilotes).

b. Calcul

30 % des dépenses éligibles exposées < 100 M € et 5 % des dépenses éligibles > 100 M €.
Pour les dépenses d'innovation exposée par les PME à compter du 1er janvier 2013, le crédit d'impôt est égal à 20 % des dépenses éligibles retenues dans la limite globale de 400 000 € par an.

c. Période d'application

Il s'agit de l'année civile.

d. Utilisation du crédit d'impôt

Le crédit d'impôt est imputable sur l'IR ou l'IS dû par l'entreprise.

En cas d'excédent de CIR, l'entreprise dispose d'une créance sur l'État imputable sur l'IR ou l'IS des 3 années suivantes. Si cette imputation n'a pu avoir lieu au terme des trois ans, un remboursement est effectué.

Un remboursement immédiat existe pour certaines entreprises (PME communautaires, JEI, entreprises nouvelles, entreprises en difficulté financière).

Le crédit d'impôt est déterminé sur un imprimé 2069 A.

La créance de CIR est mobilisable auprès des établissements bancaires, de la même manière que la créance de carry-back.

> **Précision** : le crédit d'impôt recherche est un impôt complexe qui fait l'objet de contrôles réguliers de l'administration fiscale. La détermination des dépenses éligibles au CIR est source de nombreux contentieux.

B Crédits d'impôts attachés aux dividendes étrangers

Deux hypothèses doivent être envisagées.

1 La société mère n'opte pas pour le régime mère-fille

Les dividendes de source étrangère soumis à une retenue à la source ouvrent droit à un crédit d'impôt imputable sur l'IS français lorsque la convention fiscale prévoit l'élimination de la double imposition par la méthode de **l'imputation**.

Le crédit d'impôt correspond, en principe, au montant de la retenue à la source acquittée à l'étranger.

Normalement, les revenus mobiliers perçus doivent être déclarés par la société mère française pour leur montant brut, crédit d'impôt inclus (voir *supra*).

La société mère peut également comptabiliser le dividende pour le montant net perçu, hors retenue à la source. Si tel est le cas, le crédit d'impôt peut être imputé sur l'IS à hauteur de 85 % (100 – taux de l'IS) de son montant pour un taux d'IS de 15 % et de 75 % si le taux de l'IS est de 25 %.

Remarque. Le montant du crédit d'impôt imputable ne peut excéder la fraction de l'impôt français correspondant aux revenus donnant lieu à imputation.

Exemple

1. Les données

Une société française, la société M, a perçu en N d'une filiale brésilienne des dividendes d'un montant de 100 000 €. La société M ne peut bénéficier du régime des sociétés mères et filiales. Ces dividendes ont été soumis au Brésil à une retenue à la source de 15 %, soit 15 000 €, conformément aux dispositions de la convention fiscale conclue entre la France et le Brésil.
Calculez le montant de l'impôt dû sur le dividende, en considérant dans un premier temps que la société M déclare un dividende brut et dans un second temps qu'elle déclare un dividende net.

2. La solution

3. Nous retiendrons un IS unique à 26,5 %

Hypothèse 1 : la société M déclare le dividende brut :
- IS dû : 100 000 × 25 % = 25 000 €
- Imputation du crédit d'impôt : 15 000 €
- IS dû = 10 000 €

>>>

>>> Hypothèse 2 : la société M déclare le dividende net :
- IS dû : 85 000 × 25 % = 21 250 €
- Imputation du crédit d'impôt : 15 000 × 75 % = 11 250 €
- IS dû = 10 000 €

Les deux solutions sont rigoureusement identiques : toutefois, les entreprises ont plus fréquemment recours à la deuxième méthode, qui permet notamment de diminuer l'assiette de la contribution sociale de 3,3 %, lorsque la société y est assujettie. Cette contribution est en effet calculée sur l'IS net, avant imputation des crédits d'impôts.

2 La société mère opte pour le régime mère-fille

Dans cette configuration, le dividende n'est pas soumis à l'impôt. Le crédit d'impôt tombe en non-valeur, puisqu'il n'y a pas en l'espèce de double imposition du dividende.

Exemple

Reprenons les données de l'exemple précédent, hypothèse 2.
Dividende reçu : 85 000 €, et comptabilisé pour ce montant.
Fiscalement, la société M opère une déduction de 85 000 × 95 % = 80 750 € et n'est imposée que sur une quote-part de frais et charges de 100 000 × 5 % = 5 000 €.
IS dû = 5 000 × 25 % = 1 250 €.

7 Les obligations déclaratives

A Régime du réel simplifié

Les obligations déclaratives ne sont pas différentes de celles étudiées en BIC.

B Régime du réel normal

Dans le régime du réel normal, la société doit annexer à sa déclaration de résultats n° 2065 la liasse fiscale élargie :

- tableaux n°s 2050 à 2059 : bilan, compte de résultat, tableaux des amortissements et des provisions, rectifications extra-comptables, etc.), les annexes comptables (liste des filiales, méthodes comptables utilisées, détail des comptes de régularisation, etc.) ;
- les comptes rendus des délibérations du conseil d'administration ou de l'assemblée générale lorsqu'ils intéressent les distributions de bénéfices.

Dans tous les cas, il faudra aussi y adjoindre les documents (relevé des frais généraux, justificatifs des crédits d'impôts, etc.) nécessaires aux déductions et réductions fiscales.

Tous ces documents sont désormais obligatoirement télétransmis.

Synthèse des principales situations

Situations	Dates des déclarations
L'exercice comptable coïncide avec l'année civile	Déclaration à souscrire dans les 4 mois de la clôture de l'exercice (tolérance 3 mai N+1).
L'exercice comptable ne coïncide pas avec l'année civile	Déclaration à souscrire dans les 3 mois de la clôture de l'exercice.
Aucun exercice n'est clos au cours de l'année	Déclaration à souscrire avant le 5 mai de l'année suivante.
Cession ou cessation d'entreprise	60 jours maximum après la cession ou la cessation.
Sociétés nouvelles	La première déclaration porte sur la période qui s'étend du début de l'activité de l'entreprise jusqu'à la date de clôture du premier exercice ou au plus tard jusqu'au 31 décembre de l'année suivant celle de sa création.

LA DÉTERMINATION DU RÉSULTAT IMPOSABLE DES SOCIÉTÉS IS

Modalités générales	
Spécificités de l'IS	Le résultat fiscal est déterminé selon les règles applicables à l'IS. Ce résultat est soumis au taux de 15 % (taux réduit des PME) et 25 % si exercice ouvert en 2022. Le bénéfice de la société, une fois l'impôt sur les sociétés payé, peut soit être laissé investi dans l'entreprise (inscription en réserves), soit faire l'objet d'une distribution de dividendes totale ou partielle. Cette distribution est alors imposée entre les mains des associés personnes physiques ou personnes morales.
Période d'imposition	Prise en compte des résultats du bilan clos le 31 décembre et souscription de la liasse fiscale en mai N+1. Si clôture en cours d'année, prise en compte des résultats du bilan clos pendant l'année d'imposition. Souscription de la liasse dans les trois mois de la clôture de l'exercice.
L'imposition des produits	
Produits financiers	Imposition des dividendes : - si la société détient moins de 5 % des titres : pas de retraitement fiscal. - si la société détient au moins de 5 % des titres : possibilité d'opter pour le régime mère-fille avec exonération des dividendes sous réserve de la réintégration d'une quote-part de frais et charges égale à 5 % du dividende brut.
Produits exceptionnels (règles communes avec les BIC)	
Abandon de créances	Imposable pour la société qui en bénéficie, quel que soit le traitement fiscal de la société qui consent l'abandon (sauf cas particulier de l'art. 216 A).
Produits de la propriété industrielle	Régime optionnel avec imposition sous condition à 10 % des produits de cession ou concession.
La déduction des charges	
Charges de personnel	Les rémunérations versées aux associés des sociétés IS sont déductibles dans une double limite : travail effectif et non exagérées au regard du service rendu.
Charges financières : comptes courants d'associés	Pas de différence avec les règles BIC pour associés personnes physiques. Dans les groupes, dispositif spécifique avec une déduction plafonnée à 3 M € ou 30 % de l'EBITDA fiscal (ou 1 M € ou 10 % de l'EBITDA si entreprise sous-capitalisée).
Charges financières : Jetons de présence	Déduction fiscale limitée en fonction d'un calcul qui tient compte de l'effectif de la société et du nombre de membres du Conseil d'administration.
Charges exceptionnelles	Abandon de créance à caractère commercial : déductible si acte de gestion normal pour l'entreprise qui abandonne la créance et imposable pour l'entreprise qui en bénéficie. Abandon de créances à caractère financier : Principe : non déductible fiscalement pour l'entreprise qui a consenti l'abandon.
	Exception : abandon à une filiale en procédure collective (RJ, LJ, sauvegarde, conciliation) avec déduction possible pour la mère à hauteur de la situation négative de la filiale avant abandon de créance et de la situation nette positive de la filiale après abandon que multiplie la participation des associés autres que la mère.

Le régime des plus ou moins-values	
Cession d'immobilisations autres que titres	Aucune distinction entre le court terme et long terme. Prise en compte de la plus ou moins-value dans le résultat comptable et fiscal de la société. Aucun retraitement ni étalement, sauf pour la PVCT sur indemnité d'assurances suite à sinistre ou à expropriation
Cession de titres de participation	Titres détenus depuis 2 ans au moins : plus ou moins- values taxable au taux de 0 % et réintégration au résultat taxable au taux de droit commun de l'IS d'une quote-part de 12 % de la PVLT. Titres détenus depuis moins de 2 ans : taxable à l'IS au taux de droit commun. La provision est comptablement déductible mais pas fiscalement.
Cession de valeurs mobilières de placement	Régime de droit commun avec pris en compte du résultat au taux normal de l'IS. La provision est comptablement et fiscalement déductible.
La gestion fiscale des déficits	
Principe général	les déficits fiscaux d'un exercice s'imputent sur les résultats fiscaux imposables des exercices ultérieurs, sans limitation de durée. Plafond d'imputation de 1 M €, majoré de 50 % de la fraction de ce bénéfice excédant 1 M €. Déficits non reportables si changement d'activité.
Régime optionnel : le report vers l'arrière	Possibilité, lorsque les résultats d'un exercice sont déficitaires, alors que celui de l'exercice antérieur a été bénéficiaire, d'imputer le déficit actuel sur le bénéfice de N-1. Plafond d'imputation = 1 M € Cette imputation fait naître une créance fiscale imputable sur les impôts futurs ou remboursable 5 ans plus tard. Option formalisée sur la déclaration de résultat.
Les imputations fiscales sur l'IS	
Déductions sur l'IS	La société peut déduire de l'impôt dû les crédits d'impôt liés aux distributions de dividendes, mais uniquement si elle n'opte pas pour le régime mère-fille. Imputation éventuelle de crédits d'impôts : crédit d'impôt recherche (CIR), crédit d'impôt famille, ...
Les obligations déclaratives	
Établissement de l'imposition	L'IS est établi au nom de la personne morale pour l'ensemble de ses activités imposables. Il est dû au titre de chaque année au lieu du principal établissement, selon le régime réel d'imposition retenu (régime simplifié ou régime normal).

Applications

EXO 16.01 Cas SMP

N = 2022

La société anonyme Société Mécanique de Précision (**SMP**) est un équipementier automobile de renommée mondiale. La société a été constituée en 1980 avec un capital de 2 500 actions de 100 €. Les actions ont été intégralement libérées dès la souscription.

Le poste « Capital » se présente ainsi au bilan de clôture du 31/12/N : 250 000 €. Le montant de son capital n'a pas varié depuis cette date.

Le chiffre d'affaires réalisé par la SMP est de 12 000 000 € HT.

Le comptable de la SMP a effectué la majeure partie des travaux d'inventaire et a préparé la liasse fiscale pour l'exercice clos le 31 décembre N.

Il fait appel à vos solides connaissances comptables et fiscales pour résoudre certains problèmes.

1. Au 31 décembre N–1, la SMP possédait 6 800 actions Informatique Appliquée à l'Entreprise (IAE) acquises en janvier N–2 à 25 € l'unité et inscrites en valeurs mobilières de placement ; à cette date, aucune provision n'avait été dotée (le cours moyen de décembre N–2 était de 26 €).

   Le 25 mars N, la SMP a réussi à racheter 12 700 actions IAE au prix unitaire de 24 € (prix pouvant être considéré comme représentatif de la valeur des titres). Cette acquisition lui a permis de qualifier ces titres de « **Titres de participation** ». Les anciens titres et la provision qui leur était attachés ont donc été transférés dans ce compte à la date du 25 mars.

   La valeur d'utilité de l'action IAE au 31 décembre N est estimée à 23 €. Le comptable a comptabilisé une dotation aux provisions pour dépréciation des titres de 26 300 €.
2. Des titres d'OPCVM (non investis en actions pour au moins 90 % de l'actif) comptabilisés pour 15 000 € à leur date d'acquisition, le 15 juin N, ont une valeur liquidative de 18 250 € à la clôture de l'exercice N.
3. Une machine a été acquise le 1er mai N–1 pour un montant hors taxes de 26 580 €. Elle est amortissable en 5 ans selon le mode dégressif. La société considère que l'amortissement linéaire est représentatif de la perte effective de valeur de ses matériels.
4. Un incendie s'est déclaré le 1er avril N dans un entrepôt. Les biens suivants ont été totalement détruits :
   - bâtiment : celui-ci avait été mis en service le 1er janvier N–6 ; son coût d'acquisition était de 50 000 € ; il était amorti en linéaire sur 15 ans ;
   - machine-outil acquise le 17 juin N–1 pour 21 000 €, amortissable en linéaire sur 5 ans.

     Les indemnités d'assurance ont été perçues le 2 novembre N et se décomposent de la manière suivante :
     - bâtiment : 54 000 € ;
     - machine-outil : 17 500 €.

- Les écritures comptables de cession ont été correctement passées. Le comptable n'a procédé à aucune correction fiscale. Vous indiquez le traitement fiscal à apporter à ces éléments, pour l'exercice N et pour les exercices à venir, l'entreprise décidant d'étaler, si possible, l'imposition des éventuelles plus-values.

5. L'effectif de la société est de 120 personnes. Les rémunérations versées en N aux cinq personnes les mieux rémunérées sont les suivantes :

- **M. Piston**, président du conseil	97 000 €
- M. La Bielle, directeur général	73 000 €
- M. Boulon, directeur commercial	56 000 €
- M. Sagrippe, directeur financier	39 000 €
- M. Leman-Ivelle, directeur technique	38 000 €

Ces rémunérations doivent être considérées comme normales.

M. Leman-Ivelle, cadre salarié de l'entreprise, a perçu en N une allocation forfaitaire pour frais de déplacement en France de 5 500 €. Il s'est, en outre, fait rembourser sur justificatifs 2 000 € concernant un déplacement à Nantes.

6. Le montant des jetons de présence versé en N se décompose ainsi :
   - jetons spéciaux versés par parts égales au président et au directeur général : 7 000 € ;
   - jetons ordinaires versés aux cinq administrateurs en parts égales : 27 000 €.

7. En plus de leur apport en capital, certains actionnaires ont consenti à la société des avances en comptes courants, non bloqués, qui ont varié dans le temps.

Au 31 décembre N, les avances consenties à la société se décomposent ainsi :

Nom	Qualité	Période	Montant des avances
M. Piston	Président du conseil	du 01/01 au 31/08	**25 000 €**
M. Piston	Président du conseil	du 01/09 au 31/12	**10 000 €**
M. La Bielle	Directeur général	du 01/01 au 30/06	**14 000 €**
M. La Bielle	Directeur général	du 01/07 au 31/10	**30 000 €**
M. La Bielle	Directeur général	du 01/11 au 31/12	**10 000 €**
M. Lécrou	Administrateur	du 01/01 au 31/12	**5 000 €**

Par décision du conseil d'administration, les avances sont rémunérées au taux de 4 % et les intérêts correspondants ont été comptabilisés dans les charges financières. Pour N, la moyenne annuelle des taux effectifs moyens pratiqués par les établissements de crédit pour des prêts à taux variable aux entreprises, d'une durée initiale supérieure à deux ans est de 2,25 %.

8. Abandon de créance

La participation de la SA SMP à concurrence de 70 % dans le capital de l'une de ses filiales apparaît négative pour 32 000 € au 31/12/N–1.

La SA SMP a abandonné en juin N une créance de 50 000 € sur cette filiale. Cet abandon a été enregistré au débit du compte « 678 – charges exceptionnelles diverses ». La filiale est en redressement judiciaire.

9. Distributions diverses

a) La société SMP possède 60 % des parts sociales de la SARL PISTOUNETTE qui fabrique des pistons à Valence. Cette société, qui a réalisé en N–1 un bénéfice de 45 000 €, a distribué le 31/05/N un dividende global de 38 000 €.

b) Elle a perçu le 15/10/N un dividende de 37 000 € en provenance de sa filiale américaine dont elle détient 7 % du capital. Aux États-Unis, les dividendes versés à des sociétés non résidentes subissent une retenue à la source de 15 %. Il existe une convention fiscale entre la France et les États-Unis.

c) Elle possède 65 % d'une société en Norvège qui a réalisé en N–1 une perte de 120 000 €. Les titres de cette société étant inscrits à l'actif de son bilan pour une valeur de 180 000 € depuis leur acquisition en N–13, elle décide de constituer une provision pour dépréciation de titres à hauteur du déficit de la société soit 120 000 € qui a été directement comptabilisée en charges.

d) Elle a comptabilisé en produits financiers un dividende net de 60 000 € reçus le 1/05/N de la SA SECOM installée à La Rochelle (17) et dont elle détient 2 % des actions.

e) Elle a pris en N–2 une participation de 40 % des parts sociales de la SNC COTON spécialisée dans la fabrication de turbines à injection. Cette SNC n'a pas opté pour l'impôt sur les sociétés et a réalisé en N un bénéfice fiscal de 55 000 €. Elle a distribué le 15 septembre N une somme de 13 000 € provenant du bénéfice réalisé en N–1 qui a été comptabilisé pour ce montant par la SA SMP en produits financiers.

10. M. Sacha Vaplusdutout a souhaité mettre en pratique une politique offensive d'amortissements différés, suite au séminaire de fiscalité des entreprises qu'il a suivi en octobre dernier à l'IAE de Poitiers. Il vous communique les renseignements suivants relatifs aux amortissements différés : un matériel avait été acquis le 15 juillet N–2 pour un prix de 26 000 € hors taxes ; il devait être amorti en mode dégressif (tant au niveau comptable que fiscal) sur une durée de cinq ans. L'amortissement avait été correctement comptabilisé en N–2, mais il a omis la dotation de l'exercice N–1.

Au titre de N, aucune écriture n'a encore été constatée. Dans le but de respecter les principes comptables, Sacha désire rattraper immédiatement l'annuité comptable N–1 par un compte de dotations exceptionnelles.

On rappelle que le résultat comptable N–1 était déficitaire.

Le résultat comptable avant IS à la clôture de l'exercice N s'élève à 150 000 €.

→ Travail à faire

1. **Il vous est demandé d'analyser les différents problèmes évoqués ci-dessus en distinguant les rectifications purement comptables des retraitements fiscaux à effectuer.**
2. **Vous déterminerez enfin les éléments suivants, en tenant compte des notes du comptable, M. Sacha Vaplusdutout :**
   - **le résultat comptable définitif avant impôt ;**
   - **le résultat fiscal ;**
   - **le montant de l'impôt sur les sociétés ;**
   - **le résultat net comptable de l'exercice.**

   NB : vous devez expliquer vos résultats au regard des règles fiscales applicables en N.

EXO 16.02 Cas QUATTRO

Retrouvez cet exercice complémentaire sur www.editions.foucher.fr

EXO 16.03 Cas BACK

La société par actions simplifiée BACK a subi à la clôture de l'exercice N une perte fiscale de 450 000 €

La société vous communique les informations suivantes tirées de sa comptabilité :

Résultat fiscal N-1 imposable au taux normal de l'IS (25 %) : 280 000 €

PVNLT relevant du taux de 0 % : 40 000 €

Crédits d'impôts provenant de dividendes versés par des filiales étrangères pour lesquels l'option pour le régime mère-fille n'a pas été exercée : 24 000 €

→ Travail à faire

1. **Déterminer le montant de la créance fiscale sur le Trésor pour l'exercice N.**
2. **Comment la société BACK peut-elle utiliser sa créance de « carry-back » ?**
3. **Que devient l'excédent du déficit N non reporté vers l'arrière ?**

Calcul et paiement de l'impôt sur les sociétés

Chapitre 17

COMPÉTENCES ATTENDUES

- **Savoir calculer l'IS.**
- **Maîtriser la liquidation et le paiement de l'impôt sur les sociétés et des contributions additionnelles.**
- **Identifier l'intérêt pour l'État d'accorder des réductions, exonérations et crédits d'impôts.**

PLAN DU CHAPITRE

SYNTHÈSE P. 326

APPLICATIONS P. 327

LES RÉFÉRENCES POUR COMPRENDRE LE CONTEXTE

L'impôt sur les sociétés (IS) : les dernières statistiques budgétaires

Dans le projet de loi de finances pour 2023, les recettes fiscales nettes attendues en 2022 dans le budget général au titre de l'impôt sur les sociétés s'élèvent à 58,9 milliards d'euros.

Finances publiques : l'impôt sur les sociétés a battu des records en 2022. Article du journal en ligne *Capital*

L'IS

Impôt sur les sociétés : entreprises concernées et taux d'imposition. Fiche thématique sur le site entreprendre.service-public.fr

Le nouveau taux réduit d'IS applicable aux PME

Revalorisation du plafond permettant aux PME de bénéficier du taux d'impôt sur les sociétés à 15 %. Fiche thématique sur le site du ministère de l'Économie, des Finances et de la Souveraineté industrielle et numérique

Les acomptes de l'IS

Le calcul des acomptes d'impôt sur les sociétés. Vidéo explicative sur la chaîne YouTube de Compta Online

1 Calcul de l'impôt sur les sociétés

A Calcul de l'impôt brut

Le régime de l'IS se caractérise par le fait que l'impôt dû par une entreprise est calculé directement par celle-ci (à la différence des entreprises relevant des BIC, pour lesquelles l'IR est calculé par l'Administration au vu de la déclaration d'ensemble souscrite).

L'IS dû au titre d'un exercice par une entreprise est déterminé selon la méthode suivante.

IS au taux normal pour les exercices ouverts en 2022 =
Résultat imposable au taux de l'exercice × 25 %

Le résultat imposable est celui qui est déterminé à l'aide de l'imprimé n° 2058-A, arrondi à l'euro le plus proche. Il tient compte des éventuels exonérations et abattements applicables.

Le taux était de 33,1/3 % depuis les exercices ouverts à compter du 1er janvier 1993 (il a longtemps été de 50 %, puis a été abaissé à partir de 1986 en passant par 45 %, 42 %, 39 %, 37 %, 34 %, avec un système de double taux d'IS de 1989 à 1991 selon que les bénéfices étaient ou non distribués aux associés).

L'IS au taux normal est lui-même arrondi à l'euro le plus proche.

Le calcul de l'IS peut être synthétisé de la manière suivante :

Impôt	Taux	Base de calcul
Impôt au taux normal (hors IS réduit des PME)	25 %	Bénéfice et plus-value imposables qui ne peuvent bénéficier d'imposition réduite
+ Impôt au taux réduit	15 % ou 19 %	Plus-value nette à long terme
= Impôt de référence		IS de référence – 763 000 €
+ Contribution sociale	3,30 %	
= Impôt brut		

B IS à taux réduit des PME (art. 219 I b CGI)

Certaines petites et moyennes entreprises peuvent bénéficier d'un taux réduit d'impôt sur les sociétés fixé à 15 % sur une fraction de leur bénéfice.

1 Les entreprises concernées

Le taux réduit d'imposition s'applique de plein droit à tout redevable de l'impôt sur les sociétés (société soumise à l'impôt sur les sociétés de plein droit ou sur option, organisme réalisant des opérations à but lucratif) qui réunit les conditions d'application exposées ci-après.

2 Les conditions d'application

- **Conditions relatives à la taille de l'entreprise** : chiffre d'affaires HT inférieur à 10 000 000 €, au titre de chaque exercice d'application du taux réduit d'IS (CA de N pour appliquer le taux réduit d'IS en N) ; on ne tient pas compte des produits financiers (sauf s'ils rémunèrent l'activité elle-même) ni des recettes exceptionnelles tels les produits de cession d'éléments de l'actif immobilisé.
- **Conditions relatives au capital social** : s'il s'agit d'une société, son capital doit être intégralement **libéré**, et détenu de manière continue à au moins **75 %** par des personnes physiques (ou par une ou plusieurs sociétés respectant les conditions de chiffre d'affaires et de capital).

Remarque. En cas de détention indirecte, par l'intermédiaire de plusieurs sociétés, la proportion de 75 % doit se vérifier dans chacune d'elle et non pas globalement (TA Melun, 29 juin 2017, n° 1504632, « Sté Sireine Auto Fresnes »).

Le taux réduit s'applique au résultat fiscal, **dans la limite de 42 500 €** (au total) par période de 12 mois.

Exemple

1. Les données

N = 2022
Une SAS, dont l'exercice social coïncide avec l'année civile et dont le capital est entièrement libéré et détenu à 80 % par des personnes physiques, a réalisé pour l'exercice N :
- un CA HT de 5 300 000 € ;
- un bénéfice imposable de 70 000 € ;
- une PVNLT de 10 000 € imposée au taux réduit de 15 %.

Calculez le montant de l'impôt sur les sociétés pour l'exercice N.

2. La solution

Impôt au taux réduit : 42 500 × 15 % = 6 375 €
Impôt au taux normal : (70 000 – 42 500) × 25 % = 6 875 €
Impôt au taux réduit des PLVT : 10 000 × 15 % = 1 500 €
Montant de l'impôt brut = 14 750 €

C Imputations à opérer sur l'IS brut pour obtenir l'IS réellement dû

Diverses imputations peuvent être pratiquées sur l'IS brut :

- imputation des crédits d'impôts attachés à certains produits financiers : il s'agit essentiellement des crédits d'impôts sur dividendes étrangers ;
- imputation d'autres réductions et crédits d'impôt, abordés *supra*, tels notamment :
  - crédit d'impôt recherche ;
  - réduction d'impôt mécénat ;
  - etc.

Attention. Contrairement à l'IR, le crédit d'impôt n'est ni restituable (sauf cas particulier, en matière de CIR, voir Chapitre 16) ni reportable.

D Contribution sociale sur l'IS (art. 235 *ter* 2C du CGI)

Une contribution sociale vient s'ajouter à l'IS. Elle s'élève à **3,3 %** de l'IS dû après application d'un abattement sur l'IS de 763 000 € : elle est affectée au budget de la sécurité sociale.

Contribution sociale : (base imposable – 763 000 €) × 3,3 %.

Sont exonérées de la contribution sociale (3,3 %), les petites et moyennes entreprises :
- dont le montant de l'impôt sur les sociétés proprement dit est inférieur à 763 000 € ;
- dont le chiffre d'affaires hors taxes est inférieur à 7 630 000 € ;
- dont le capital est entièrement libéré, détenu de manière continue pendant l'exercice concerné pour 75 % au moins par de personnes physiques ou des sociétés remplissant les mêmes conditions, c'est-à-dire dont le capital est détenu pour 75 % au moins par des personnes physiques.

Remarque. Il s'agit là encore de conditions cumulatives. La plupart des PME sont, par conséquent, exonérées de contribution sociale.

Exemple

N = 2022
Une société soumise à l'IS réalise en N un chiffre d'affaires HT de 15 millions d'euros. Cette société réalise un bénéfice imposable au taux de droit commun de 5 millions d'euros. Le montant de la contribution s'obtient comme suit :
5 M × 25 % = 1 250 000 € d'IS
1 250 000 – 763 000[1] = 487 000 €
487 000 × 3,3 % = 16 071 € de contribution sociale.

[1] Il s'agit de l'abattement imputable sur l'IS.

2 Modalités de paiement de l'IS

De la même façon qu'elle calcule elle-même son IS, l'entreprise paye spontanément cet IS au comptable de la direction générale des finances publiques (DGFIP), sans qu'un avis d'imposition ou rôle soit émis, comme c'est le cas pour l'impôt sur le revenu. Toutefois, dans des cas exceptionnels, l'Administration effectue elle-même la mise en recouvrement (exemple : rappels d'IS dus en cas de contrôle fiscal).

Le paiement de l'IS dû au titre d'un exercice s'effectue en **cinq versements** : quatre acomptes versés pendant l'exercice, et le solde de liquidation versé après la clôture de l'exercice.

A Acomptes trimestriels (CGI art. 1668-1)

1 Cas général

Le montant total des acomptes, pour les exercices ouverts à compter de 2022, est égal au montant de l'impôt sur les sociétés calculé de la manière suivante :

- impôt au taux de 25 % ;
- + impôt au taux de 15 % des PME (le cas échéant) ;
- + impôt au taux de 10 % relatif au résultat net des concessions de licences d'exploitation et produits assimilés. Chaque acompte est égal au quart de cet impôt dû.

Chacun des acomptes est égal à 6,25 % de ce bénéfice.

Taux des acomptes pour un IS à 15 % (IS, PME) = 3,75 % pour chacun des 4 acomptes.

Taux des acomptes pour un IS à 10 % (résultat net de cession, concession ou sous-concession de certains droits de propriété industrielle et de logiciels protégés) = 2,5 %.

2 Règles spécifiques applicables aux entreprises nouvellement créées

Toutes les sociétés nouvellement créées sont dispensées d'acomptes au cours de leur premier exercice d'activité ou de leur première période d'imposition. En outre, aucun acompte n'est exigible lorsque le montant de l'impôt de référence n'excède pas 3 000 €.

3 Règles spécifiques applicables aux entreprises temporairement exonérées d'IS

Lorsqu'elles bénéficient d'une exonération totale ou partielle d'IS, au titre des sociétés nouvelles, des sociétés implantées dans les ZFU-TE, des sociétés créées ou reprises dans les zones de revitalisation rurale ou dans les bassins d'emploi à redynamiser, des jeunes entreprises innovantes, la dispense d'acompte suit l'exonération d'IS : dispense totale pendant la période d'exonération totale, puis dispense partielle dans les mêmes proportions que l'exonération partielle d'IS.

4 Règles spécifiques pour la détermination des deux premiers acomptes

Lors de l'exigibilité du premier acompte d'un exercice, le bénéfice de référence, c'est-à-dire le bénéfice du dernier exercice clos, n'est en général pas encore connu : le premier acompte est calculé sur la base du bénéfice de l'avant-dernier exercice. Lors du versement du second acompte, une régularisation intervient.

> **Exemple :** La société LEDUC a un exercice ouvert le 1er janvier N. Elle calculera son acompte d'IS du 15 mars N en se référant à l'exercice N–2. Elle régularisera son deuxième acompte le 15 juin N, en se référant à l'exercice N–1.

5 Particularités concernant le dernier acompte des grandes entreprises

Les sociétés dont le chiffre d'affaires est au moins égal à 250 millions d'euros doivent calculer le dernier acompte par rapport au bénéfice estimé de l'exercice, et non d'après les résultats du dernier exercice. Elles doivent majorer leur dernier acompte d'impôt sur les sociétés d'après la règle suivante :

Tranches de chiffre d'affaires	Montant du dernier acompte
CA compris entre 250 M € et 1 milliard d'euros	Au moins égal à : 95 % du montant de l'IS estimé - Montant des acomptes déjà versés
CA > 1 milliard d'euros	Au moins égal à : 98 % du montant de l'IS estimé - Montant des acomptes déjà versés

6 Cas de dispenses de versement d'acompte

Lorsque les entreprises peuvent anticiper une baisse de leur bénéfice imposable de l'exercice en cours, elles peuvent, sous leur propre responsabilité, se dispenser de verser de nouveaux acomptes si le montant réel d'IS de l'exercice, diminué des crédits d'impôts sur produits financiers (mais hors crédit d'impôt recherche, formation...) est inférieur ou égal aux acomptes déjà versés.

B La liquidation de l'impôt

1 Liquidation de l'IS

Une fois que le bénéfice fiscal est connu, les sociétés doivent procéder à la régularisation de l'IS. Si l'impôt dû est supérieur aux acomptes versés, l'entreprise doit verser le complément avant le 15 du 4e mois qui suit la clôture de l'exercice comptable.

Pour une clôture au 31 décembre N, le solde de liquidation est calculé sur le résultat fiscal connu au 15 mai N+1. C'est à partir de l'IS ainsi déterminé que la société procédera aux régularisations à effectuer compte tenu des acomptes déjà versés.

2 Liquidation de la contribution de 3,3 %

Quatre acomptes provisionnels sont payés à la date fixe et déterminés par rapport au résultat de l'exercice précédent.

Le total des acomptes est égal à 3,3 % de l'impôt sur les sociétés proprement dit de l'exercice précédent diminué d'un abattement de 763 000 €.

Chaque acompte est donc égal à 0,825 % de cet impôt.

C Modalités de paiement de l'IS

1 Paiement des acomptes

Les acomptes d'IS sont versés tous les trois mois, au plus tard les 15 mars, 15 juin, 15 septembre et 15 décembre.

L'acompte à payer au plus tard le 15 décembre constitue :

- le 1er acompte pour les sociétés qui clôturent leur exercice entre le 20 août et le 19 novembre inclus ;
- le 2e acompte pour celles qui clôturent entre le 20 mai et le 19 août inclus ;
- le 3e acompte pour celles qui clôturent entre le 20 février et le 19 mai inclus ;
- le 4e acompte pour celles qui clôturent entre le 20 novembre et le 19 février inclus.

Si la durée de l'exercice social est supérieure ou inférieure à douze mois, le nombre des acomptes est porté ou ramené de quatre au nombre des échéances trimestrielles comprises dans la durée de l'exercice.

Les acomptes ne sont pas exigibles dans les cas suivants :

- l'exercice de référence est déficitaire ;

- l'impôt est inférieur à 3 000 € ;
- la contribution est inférieure à 15 €.

2 Paiement du solde de l'IS

Lorsque l'entreprise soumise à l'IS établit sa déclaration de résultat, elle calcule l'IS net dû au titre de l'exercice. Le montant de l'IS dû est comparé aux acomptes versés pendant l'exercice :

- si l'IS dû est supérieur aux acomptes versés, le solde de liquidation d'IS doit être spontanément payé pour le 15 du mois de mai, lorsque l'exercice coïncide avec l'année civile ; si tel n'est pas le cas, le versement intervient au plus tard le 15 du 4e mois qui suit la clôture de l'exercice ;
- si l'IS dû est inférieur aux acomptes versés, l'excédent de versement est remboursé à l'entreprise par la direction générale des finances publiques (DGFIP), ou est imputé par l'entreprise sur son premier acompte dû au titre de l'exercice suivant.

Lorsque les acomptes versés sont supérieurs à l'impôt dû au titre de l'exercice, l'excédent est remboursé d'office dans les trente jours, sous déduction des autres impôts directs éventuellement dus par l'entreprise.

Depuis le 01/10/2012, l'obligation de payer l'IS et les contributions assimilées par télérèglement s'applique à toutes les entreprises, quel que soit leur chiffre d'affaires.

3 Paiement du solde de la contribution sociale

La contribution se calcule par rapport à l'impôt de référence, soit :

IS au taux normal et au taux réduit × taux de la contribution

La base imposable de la contribution sociale bénéficie d'un abattement de 763 000 €. Les entreprises dont l'exercice est clos entre le 1er mars et le 31 décembre doivent effectuer un versement anticipé au taux de la contribution avec le dernier acompte de l'IS.

Le solde des diverses contributions est exigible avec le solde de l'IS.

CALCUL ET PAIEMENT DE L'IS

Calcul de l'IS sur le bénéfice fiscal (RF) :	
IS 2022	- 15 % jusqu'à 42 500 € du RF (si IS réduit PME) - 25 % pour la fraction du RF excédant 42 500 € si IS réduit PME
IS réduit PME :	Le taux de 15 % s'applique dans la limite de 42 500 € de RF pour les sociétés dont le capital, entièrement libéré, est détenu de manière continue à 75 % au moins par des personnes physiques.
Contributions additionnelles sur l'IS :	
Contribution sociale de 3,3% :	Si CAHT > à 7 630 000 €, ou sociétés IS dont le capital est détenu à moins de 75 par des personnes physiques. La base de cette contribution est constituée par l'IS dû diminué d'un abattement de 763 000 €.
Modalités de paiement de l'IS	
Acomptes trimestriels	IS calculé par la société, et versé spontanément par elle à la DGFIP. Versement d'acomptes trimestriels et liquidation de l'impôt réellement dû et versement du solde correspondant. Obligation de procéder à la télédéclaration et au télépaiement de l'IS.
Solde de l'IS	Il doit intervenir au plus tard le 15 du cinquième mois qui suit la clôture de l'exercice (15 mai pour une entreprise dont l'exercice comptable coïncide avec l'année).

Applications

EXO 17.01 Cas HACOMTE

N = 2022

La société anonyme HACOMTE, qui a un exercice qui correspond à l'année civile, a réalisé en N les résultats suivants :

- un résultat fiscal de 280 000 € ;
- une plus-value à long terme sur cession de titres de société à prépondérance immobilière (SPI) cotée acquis en N-4 : 50 000 € ;
- un résultat de 30 000 € sur concession d'un brevet inscrit à son actif depuis N-6 pour lequel elle a opté pour le régime de faveur.

Son chiffre d'affaires de N est de 5 580 000 € HT son capital est entièrement libéré et il est détenu à 75 % au moins par des personnes physiques. Ces conditions étaient également remplies en N-2 et N-1.

Le comptable de la société, M. Sacoule, vous indique que le résultat de l'exercice clos au 31/12/N-1 s'est élevé à 210 000 €, et celui de l'exercice clos au 31/12/N-2 à 120 000 €.

➜ Travail à faire

1. **Calculez l'impôt sur les bénéfices de l'exercice N.**
2. **Calculez les quatre acomptes d'IS versés par la société en N.**
3. **Calculez le solde de l'IS de l'exercice N que la société doit verser au plus tard le 15/05/N+1.**

L'impôt sur les bénéfices distribués

Chapitre 18

COMPÉTENCES ATTENDUES

- **Savoir distinguer les distributions régulières des distributions irrégulières.**
- **Proposer des conseils et recommandations en matière fiscale pour les sociétés relevant de l'impôt sur les sociétés.**

Les distributions de bénéfices concernent exclusivement les entités soumises à l'IS. En effet, les bénéfices des entreprises qui relèvent de l'IR. sont directement et automatiquement fiscalisés chez les associés dès la clôture de l'exercice social, que ces bénéfices soient ou non distribués (CGI art. 8). La distribution effective des résultats est, par conséquent, neutre au plan fiscal.

Nous distinguerons deux catégories de distributions de bénéfices (CGI art. 108 et s.) : les **distributions officielles**, qui correspondent à des distributions régulières de dividendes, et les **distributions officieuses**, qui représentent des distributions irrégulières ou occultes.

PLAN DU CHAPITRE

SYNTHÈSE P. 336

APPLICATIONS P. 337

LES RÉFÉRENCES POUR COMPRENDRE LE CONTEXTE

Les dividendes

Décryptage de la notion sur le site lafinancepourtous.com

Les distributions de dividendes

Fiscalité des distributions de dividendes. Fiche thématique sur le site entreprendre.service-public.fr

Imposition des distributions officielles et des distributions officieuses

Comprendre les dispositions fiscales sur le site du Bulletin Officiel des Finances Publiques – Impôts (direction générale des Finances publiques)

1 Les distributions officielles

Il s'agit des distributions « juridiques », résultant d'une délibération ou d'une décision officielle des organes compétents de la société.

A Définition et champ d'application des distributions officielles

1 Personnes morales dont les distributions constituent des revenus mobiliers

Il s'agit des sociétés passibles :

- de l'IS de plein droit : SA, SAS, SCA, SARL, sociétés en commandite simple pour la part revenant aux commanditaires, sociétés en participation (SEP) pour les revenus distribués aux associés non indéfiniment responsables ou dont l'identité n'a pas été communiquée à l'administration fiscale, sociétés civiles exerçant une activité commerciale ;
- de l'IS sur option : sociétés civiles et EURL ayant opté pour l'IS.

2 Sommes prélevées sur le bénéfice de l'exercice social

La première des catégories de distributions officielles est constituée par la distribution des sommes prélevées sur les bénéfices sociaux. Il s'agit des dividendes alloués à la suite d'une décision de l'assemblée générale, ordinaire ou extraordinaire.

Le Code de commerce définit le bénéfice distribuable comme le bénéfice de l'exercice, diminué des pertes antérieures, ainsi que des sommes à porter en réserve en application de la loi ou des statuts et augmenté du report bénéficiaire. Cette notion est importante dans la mesure où, par ailleurs, le Code de commerce précise que les dividendes sont prélevés par priorité sur les bénéfices distribuables (C. com. art. L. 232-11).

3 Sommes non prélevées sur le bénéfice de l'exercice social

La distribution peut également porter sur des sommes ou valeurs qui ne sont pas prélevées sur le bénéfice du dernier exercice clos.

Les associés peuvent être imposés en cas de répartition de biens ou d'avantages en nature (distribution de stocks, attribution gratuite ou à prix réduit de titres du portefeuille, etc.).

Constituent également une distribution la répartition de réserves consentie aux associés, ainsi que l'attribution aux associés du boni de liquidation constaté lors de la dissolution de la société.

La réduction de capital, non motivée par des pertes et qui se traduit par une distribution de fond ou de biens sociaux, constitue pour le bénéficiaire un revenu distribué.

Lorsqu'une société procède au rachat de ses propres titres, l'opération dégage, depuis le 1er janvier 2015 chez l'associé dont les titres sont rachetés, une plus-value.

Enfin, lorsqu'une société qui était soumise à l'IS cesse de l'être, ses bénéfices et réserves sont réputés distribués aux associés en proportion de leurs droits (art. 111 *bis* du CGI) : tel est le cas, par exemple, lorsqu'une SARL qui relève de l'IS opte, après quelques années d'existence, pour le régime des sociétés de personnes.

B Modalités d'imposition des distributions officielles

1 Pour les associés personnes physiques

a. Pour les associés résidents

Les associés résidents sont imposés à l'impôt sur le revenu (le lecteur pourra se reporter aux exemples donnés au Chapitre 2, paragraphe « revenus de capitaux mobiliers »).

Imposition du dividende au prélèvement forfaitaire unique ou Flat tax

Le dividende supporte le PFU au taux de 12,8 % et de prélèvements sociaux au taux de 17,20 %. En théorie, le PFU s'applique aux revenus réputés distribués.

Imposition sur option au barème progressif

Le dividende imposable est sur option du contribuable soumis au barème progressif de l'IR. Il est préalablement corrigé d'un abattement de 40 %, qualifié d'« abattement proportionnel », qui s'applique aux dividendes distribués par les sociétés françaises et étrangères, à l'exception des sociétés étrangères situées dans des paradis fiscaux (voir Chapitre 16). L'abattement de 40 % s'applique aux distributions qualifiées de « régulières » (voir *supra*), c'est-à-dire celles décidées au sein de l'assemblée générale ordinaire ou extraordinaire, ainsi qu'au boni de liquidation. Il s'applique également aux distributions exceptionnelles de réserves, aux acomptes sur dividendes, aux dividendes payés en nature, et au remboursement consécutif à une réduction de capital.

b. Pour les associés non-résidents

Les revenus distribués à des non-résidents personnes physiques supportent, sous réserve de l'application de conventions fiscales plus favorables, une retenue à la source (RAS) de 12,8 %.

Lorsque le dividende est versé à une personne domiciliée dans un État non-coopératif (voir Chapitre 16), la retenue à la source s'élève à 75 % du dividende versé.

2 Pour les associés personnes morales

a. Pour les sociétés à l'IS

Les associés personnes morales assujetties à l'IS peuvent bénéficier du régime des sociétés mères et filiales si les conditions légales sont respectées (voir Chapitre 16). Ce régime permet aux sociétés soumises à l'impôt sur les sociétés de retrancher de leur bénéfice les dividendes qu'elles reçoivent de leurs filiales françaises ou étrangères (*supra*).

À défaut, les dividendes sont imposés normalement à l'IS : dans ce cas, les personnes morales passibles de l'IS ne peuvent plus éviter la double imposition.

Lorsque le dividende est versé au profit d'une société mère non-résidente, une retenue à la source est en principe applicable au dividende (art. 119 *bis*, 2 du CGI).

Le taux de cette retenue s'élève, selon les cas de figure, à 15 %, 25 % (à compter de 2022) ou 75 % (pour les sociétés mères situées dans un ETNC) du dividende versé.

Pour les distributions juridiques effectuées au profit d'une société mère établie dans un État membre de l'Union européenne, la retenue à la source n'est pas due si les conditions suivantes sont remplies :

- la société distributrice française est soumise à l'IS au taux normal ou au taux réduit des PME ;
- la société bénéficiaire des distributions doit avoir son siège effectif dans un État membre de l'Union européenne, être une société équivalente à une société de capitaux (SAS, SAS), être passible de plein droit de l'IS et être détenue à au moins 10 % par la société mère depuis au moins deux ans. À défaut de remplir cette dernière condition, la société mère peut s'engager à conserver une telle participation de manière ininterrompue pendant deux ans au moins.

Pour les exercices clos depuis le 31 décembre 2015, le niveau de participation est réduit à 5 % lorsque la mère est éligible au régime mère-fille, et qu'elle est par ailleurs dans l'incapacité d'imputer la retenue à la source dans l'État dont elle est résidente.

b. Pour les sociétés à l'IR

Le dividende reçu doit faire l'objet d'une déduction extra-comptable afin de ne pas être imposé une seconde fois.

C Obligations des sociétés distributrices

Une mention obligatoire doit figurer dans le rapport de gestion et dans la proposition d'affectation du résultat du montant des dividendes éligibles à l'abattement de 40 % et de ceux non éligibles : en cas d'omission, la société est passible d'une amende de 50 % de la distribution avec un maximum de 750 €.

Une mention doit être faite dans la déclaration de résultat (n° 2065) du montant des revenus distribués au cours de l'exercice en distinguant les distributions éligibles à l'abattement de celles qui ne le sont pas.

Pour les établissements payeurs : mention des revenus distribués par catégorie sur l'imprimé fiscal unique (IFU) « *déclaration récapitulative des opérations sur valeurs mobilières et revenus de capitaux mobiliers* », sauf en cas de distribution au sein d'un groupe de sociétés soumises au régime de l'intégration fiscale (art. 242 ter 4° du CGI).

2 Les distributions officieuses

À l'inverse des distributions officielles représentées par les dividendes, les distributions officieuses ne résultent pas d'un vote en assemblée générale, et ne sont pas obligatoirement prélevées sur les bénéfices de la société. Il s'agit d'une approche plus économique des distributions, et dont les conséquences fiscales sont en principe plus sévères que pour les distributions juridiques.

L'article 109-1 du CGI précise que : « *Sont considérés comme revenus distribués :*

1°) Tous les bénéfices ou produits qui ne sont pas mis en réserve ou incorporés au capital ;

2°) Toutes les sommes ou valeurs mises à la disposition des associés – et non prélevées sur les bénéfices ».

Notons que l'article 109-1-1° vise les distributions prélevées sur les bénéfices et consenties aux associés ou aux tiers, alors que l'article 109-1-2° vise les distributions non prélevées sur les bénéfices et consenties spécifiquement aux associés.

A Définition et champ d'application des distributions officieuses

1 La présomption de l'existence d'une distribution

a. La nécessité d'un désinvestissement

Cette présomption naît du texte même de l'article 109-1, 1° : lorsque les bénéfices n'ont pas été incorporés au capital social ou mis en réserve, c'est qu'ils ont été distribués.

Tel sera le cas des bénéfices provenant d'un rehaussement effectué par l'administration fiscale lors d'un contrôle.

Exemple

Imaginons par exemple une société (SARL) qui a comptabilisé en charges deux dépenses :
- un voyage d'agrément pour 10 000 € offert au gérant qui n'est pas dans l'intérêt de l'entreprise ;
- un amortissement d'un véhicule de tourisme pour 4 000 € (prix du véhicule TTC = 20 000 €, amorti en linéaire sur cinq ans).

En cas de contrôle, l'administration réintègrera au résultat imposable de cette société 10 000 €, puisque constitutifs d'un acte anormal de gestion. Elle réintègrera également l'amortissement excédentaire du véhicule de tourisme pour 4 000 – 3 660 = 340 €.
Va-t-elle considérer que ce bénéfice de 10 340 € qui n'a pas été mis en réserve ou incorporé au capital est nécessairement distribué ?
La distribution ne portera en réalité que sur 10 000 €.

Pendant longtemps, redressement fiscal était synonyme de revenu distribué dans une société à l'IS.

Cette « logique de l'absurde » a prévalu jusqu'à l'intervention d'une jurisprudence du conseil d'État (Conseil d'État, 29 septembre 1989, Venutolo), par laquelle le juge de l'impôt a considéré que pour qu'il y ait distribution, il fallait qu'il existe un désinvestissement, c'est-à-dire une véritable distribution.

En effet, dans l'exemple qui précède, il y a eu distribution de la valeur du voyage, qui a profité au gérant ; quant à l'amortissement excédentaire du véhicule de tourisme, il n'a pas été distribué et n'a pas entraîné de sortie de trésorerie. Seuls les 10 000 € constitueront une distribution imposable.

En principe, l'équation « rehaussement du résultat imposable = bénéfices distribués » est automatique sauf dans l'hypothèse, rare, où le rehaussement opéré est exclusif par nature de tout désinvestissement (*ex.* : amortissement excessif, provision non fiscalement déductible, stocks d'entrée majorés ou stocks de sortie minorés).

b. L'identification fiscale de revenus distribués

L'article **111** du Code général des impôts définit certains revenus réputés distribués : en voici quelques-unes.

Article 111, a : il s'agit des avances, prêts ou acomptes aux associés : tel est, par exemple, d'un associé dont le compte courant présente un solde débiteur à la clôture de l'exercice considéré. L'associé risque une imposition dans la catégorie des revenus de capitaux mobiliers. Cette présomption supporte la preuve contraire : tel est le cas si les avances sont rémunérées, ou si l'avance est remboursée à la société par le bénéficiaire.

Article 111, e : les dépenses somptuaires constituent pour leurs bénéficiaires des revenus distribués. Imaginons une société qui offre à ses dix meilleurs clients, pour les fidéliser, une partie de chasse en Sologne : coût de la dépense : 15 000 €.

S'agissant d'une dépense somptuaire, cette charge doit être rapportée au résultat imposable. Pour les bénéficiaires, il s'agit d'un revenu réputé distribué.

Notons que certaines distributions ne sont pas spécialement visées par cet article : tel est le cas des intérêts excédentaires des comptes courants créditeurs d'associés.

Ils sont traités comme des distributions officielles quand les limites prévues par les textes sont dépassées (voir *supra*).

2 Les distributions occultes

Lorsque l'avantage consenti à l'associé n'est pas distinctement identifié en comptabilité, les distributions prennent le qualificatif d'« occultes » (art. 111, c du CGI).

Il s'agit le plus souvent de dissimulations de recettes imposables ou de la prise en charge par la société de dépenses qui ne lui incombent pas.

Si le bénéficiaire de ces avantages occultes est identifié, l'administration l'imposera en revenus de capitaux mobiliers.

Dans le cas contraire, le vérificateur demandera à la société toutes indications complémentaires sur les bénéficiaires de l'excédent de distribution (CGI art. 117).

La société qui ne répond pas dans les 30 jours est passible d'une amende de 75 % ou de 100 % des sommes réputées distribuées, selon qu'elle a déclaré ou non spontanément ces distributions (CGI art. 1759). Les dirigeants sociaux sont solidairement responsables du paiement de cette pénalité.

B Modalités d'imposition des distributions officieuses

1 Pour les personnes physiques

A priori, ces distributions sont éligibles au PFU.

En cas d'imposition au barème progressif, les distributions officieuses n'ouvrent pas droit aux abattements légaux : pas d'abattement de 40 % sur les dividendes, pas d'abattement fixe. De plus, les distributions officieuses sont majorées de 25 % en base pour le calcul de l'impôt sur le revenu.

2 Pour les personnes morales

Les distributions officieuses ne sont en principe pas éligibles au régime des sociétés mères et filiales.

Tableau récapitulatif des modalités d'imposition des bénéficiaires des distributions

Nature des revenus distribués	PFU ou Abattement de 40 %	Imposition sur 125 %	Régime mère fille
Distributions régulières	Oui	Non	Oui
Revenus réputés distribués			
Bénéfices réputés distribués à la suite d'un contrôle fiscal : bénéfices désinvestis et distributions non prélevées sur les bénéfices (CGI, art. 109)	Non	Oui	Non
Avances, prêts et acomptes aux associés (CGI, art. 111 a)	Non	Non	Oui
Dépenses à caractère somptuaire (CGI, art. 111 e)	Non	Oui	Non
Rémunérations excessives (CGI, art. 111 d)	Non	Oui	Non
Rémunérations et distributions occultes (CGI, art. 111 c)	Non	Oui	Non
Intérêts des comptes courants non déductibles	Non	Non si déclarés Oui si redressement fiscal	Oui si taux limite dépassé Non si capital non libéré
Jetons de présence non déductibles	Non	Non	Non
Revenus réputés distribués en cas de changement de régime fiscal	Oui	Non	Oui

L'IMPÔT SUR LES BÉNÉFICES DISTRIBUÉS	
Les distributions officielles	
Principe et conséquences	Il s'agit des distributions « juridiques », résultant d'une délibération ou d'une décision officielle des organes compétents de la société. Elles ouvrent droit à l'abattement de 40 % sur le dividende en cas d'option pour l'imposition progressive par les associés personnes physiques.
Les distributions officieuses	
Principe et conséquences	À l'inverse des distributions officielles représentées par les dividendes, les distributions officieuses ne résultent pas d'un vote en assemblée générale, et ne sont pas obligatoirement prélevées sur les bénéfices de la société. Il s'agit d'une approche plus économique des distributions, et dont les conséquences fiscales sont en principe plus sévères que pour les distributions juridiques.

Applications

EXO 18.01 Cas DISTRIB

N = 2022

1) Société Le stylo rare

La société anonyme Le stylo rare, constituée le 15/1/1987, a pour objet la fabrication et la vente de stylos haut de gamme.

Le capital social est de 500 000 € (1 000 actions de 500 €). Le principal actionnaire est M. Patrice Tinguet, qui détient 70 % des actions et exerce les fonctions de PDG.

Le comptable de la société vous présente un projet de bilan au 31/12/N pour l'exercice clos en N (1/01-31/12) faisant apparaître un déficit comptable de 135 000 €. Il vous demande de vous prononcer notamment sur les trois opérations suivantes :

a) Aux termes d'un bail signé le 1/7/N-5 avec la société civile immobilière Les Gourlettes, gérée par M. Patrice Tinguet, la société Le stylo rare s'est engagée à prendre à bail pour 9 ans renouvelable un ensemble de locaux à usage commercial, d'une superficie de 2 300 m^2, pour un prix annuel de 24 000 € TTC. Des locaux similaires sont généralement pris à bail sur la base d'un loyer de 5 € le m^2 par an.

b) À la clôture de l'exercice N, une somme de 70 000 €, inscrite dans un poste « Dettes à plus d'un an », a cessé de figurer au passif du bilan de la société. Cette somme représentait une dette de la société envers un tiers. À la même date, le compte courant de M. Maurice Tinguet, ouvert dans les écritures de la société, a été crédité du même montant.

Il apparaît que le tiers concerné par cette opération a, en fait, cédé la créance en N à M. Tinguet pour la somme symbolique de 1 €. C'est donc M. Tinguet qui est désormais créancier de la société Le stylo rare, situation traduite en comptabilité par cette inscription en compte courant destinée à rectifier une erreur comptable.

2) Société SEMOUL

La société SEMOUL a consenti une avance à sa filiale la société GATO, pour lui permettre d'honorer son engagement de caution au profit d'une société tierce. En N, elle n'a pas facturé les intérêts correspondants à cette avance. Elle invoque l'intérêt du groupe pour justifier cette position.

Par ailleurs, en N, elle n'a pas facturé à une autre de ses filiales (participation de 47 %), les intérêts contractuellement prévus concernant les créances qu'elle détient sur cette filiale, la Société Gabonaise de Minoterie (SGM). La situation de la SGM n'était pas spécialement préoccupante. La société SEMOUL avait également commencé à diversifier ses prises de participation dans d'autres minoteries gabonaises ; elle n'entretenait plus de relation commerciale avec sa filiale SGM depuis N-2.

Enfin, entre N-2 et N, elle a omis de facturer à sa filiale (45 % de participation) établie au Burundi, la société Dégé, les intérêts de l'avance en compte courant qu'elle lui avait consentie, intérêts pourtant contractuellement prévus. La société Dégé avait alors une situation nette largement négative au titre des trois exercices concernés ; elle avait toutefois enregistré des résultats déficitaires importants au titre de ces périodes et le montant de ses emprunts était très élevé ; enfin, sa trésorerie résultait d'avances bancaires à très court terme.

3) Société FANOU

La SA FANOU emploie 50 salariés et exerce l'activité de fabrique de jouets en bois. Son chiffre d'affaires HT pour l'exercice clos en N s'élève à 1 120 000 €. Le PDG, M. Laplanche, perçoit un salaire annuel de 251 280 €. La société met gratuitement à sa disposition un logement de fonction : cet avantage a pu être évalué à 915 € par mois.

M. Laplanche utilise le véhicule BMW de la société pour certains déplacements privés, et cet avantage peut être évalué à 500 € par mois.

En outre, le PDG et le directeur technique de la société reçoivent une allocation forfaitaire pour frais professionnels de 800 € par mois pour le PDG et 500 € par mois pour le directeur technique.

Ils ont l'un et l'autre perçu des remboursements de frais réels pour respectivement 750 et 450 € par mois. Tous les salaires versés correspondent à un travail effectif.

Le conseil de l'entreprise a informé le dirigeant que pour une activité similaire, l'administration fiscale considère que toute rémunération excédant 150 000 € pour l'année est excessive.

→ **Travail à faire**

Qualifier fiscalement ces quatre opérations et informer le PDG du risque fiscal encouru par ces entreprises en cas de vérification de comptabilité.

Vous insisterez sur les conséquences fiscales liées aux distributions irrégulières de bénéfices.

La taxe sur la valeur ajoutée

Partie 4

La taxe sur la valeur ajoutée, TVA en abrégé, présente dans le paysage fiscal français officiellement depuis 1954 est perçue au profit de l'État. Elle représente un peu plus de la moitié des recettes fiscales et affecte la quasi-totalité de la population.

Cet impôt repose sur le principe général de la taxation indirecte sur la consommation.

Son mode de collecte lui a valu une notoriété certaine puisqu'il a été progressivement adopté dans de très nombreux pays dans le monde. La première directive du Conseil des Communautés Européennes a définitivement adopté ce principe en 1968 en introduisant parmi les conditions à remplir pour une adhésion au sein de l'Union la mise en place d'un système comparable à la TVA française.

Depuis 1968 de nombreuses dispositions ont été prises afin d'harmoniser les règles applicables au sein de l'Union Européenne et faire de la TVA un impôt « à raisonnement européen ».

Ainsi, depuis le 1er janvier 1993 il existe un régime propre aux transactions sur les marchandises au sein de la communauté européenne. Ce dispositif mis en place de manière transitoire avait vocation à évoluer vers l'organisation d'un système de collecte de la TVA en Europe identique à celui applicable dans chacun des pays membres.

Cependant, dans une communication du 6 décembre 2011, la Commission européenne a décidé de renoncer au régime définitif et de pérenniser le régime transitoire.

L'étude de cet impôt abordera les chapitres suivants :

Champ d'application de la TVA

Chapitre 19

COMPÉTENCES ET SAVOIRS ASSOCIÉS

- **Acquérir les notions relatives à la qualification des opérations à soumettre à la TVA.**
- **Connaître les principales règles en matière de champ d'application et de territorialité.**

Préalablement à l'étude de la TVA, il convient de maîtriser le mécanisme général de collecte de cette taxe. Ce point est essentiel pour bien appréhender les règles applicables aux collecteurs dans les relations commerciales qu'ils entretiennent avec leurs clients et leurs fournisseurs.

PLAN DU CHAPITRE

SYNTHÈSE P. 354

APPLICATIONS P. 355

LES RÉFÉRENCES POUR COMPRENDRE LE CONTEXTE

La part de la TVA dans le budget de l'État

Recettes du budget général – Données annuelles 2022 et 2023. Graphiques et tableaux sur le site de l'INSEE

La TVA : qu'est-ce que c'est ?

Qu'est-ce que la TVA ? Fiche thématique sur le site vie-publique.fr

TVA collectée *versus* TVA déductible

TVA collectée, TVA déductible : qui paye réellement ? Vidéo explicative et pratique sur la chaîne YouTube de Dessine-moi l'éco

Questions-réponses sur la TVA

INFO/INTOX : La TVA ? Vidéo explicative sur la chaîne YouTube des Éditions Francis Lefebvre

1 Champ d'application de la TVA

La définition du champ d'application de la TVA nous est donnée par les articles 256 à 263 du Code général des impôts.

Elle nous amène à étudier les opérations imposables, celles non soumises à la TVA, opérations hors champ ou exonérées, ainsi que celles pouvant faire l'objet d'une option pour leur assujettissement.

Les règles de territorialité qui affectent aussi le champ d'application de la TVA sont abordées rapidement puisqu'elles font l'objet d'une étude particulière au Chapitre 23.

A Opérations imposables

Il convient de distinguer les opérations imposables par nature et celles expressément soumises à la TVA par disposition de la loi.

1 Opérations imposables par nature

De la combinaison des articles 256 I et 256 A du CGI il ressort la définition suivante : « *sont imposables les livraisons de biens meubles et les prestations de services relevant d'une activité économique effectuées à titre onéreux par un assujetti agissant en tant que tel* ».

Présenté différemment il conviendra d'examiner la réunion des trois éléments suivants :

- la nature des opérations ;
- le caractère onéreux de l'opération ;
- la qualité de la personne qui l'effectue.

a. Sur la nature des opérations

Il s'agit des livraisons de biens meubles corporels et des prestations de services.

Les livraisons de biens meubles corporels

La livraison d'un bien meuble corporel s'entend selon l'article 256 II du CGI du **transfert du pouvoir de disposer de ce bien comme un propriétaire**.

Les prestations de services

Sont considérées comme des prestations de services les opérations autres que les livraisons de biens meubles corporels.

Les acquisitions intracommunautaires

Ces opérations font l'objet d'une étude particulière au Chapitre 23. Elles se distinguent cependant des autres opérations soumises à la TVA, puisqu'il s'agira de payer ou de collecter la TVA sur des achats et non pas sur les ventes réalisées.

LBC

Opérations comportant transfert de propriété de biens corporels
Ex : Ventes de biens meubles ou immeubles, apports, échanges

Opérations assimilées
Ex: location-vente, vente à terme avec clause de réserve de propriété

PS

Opérations assimilées
Ex : Locations, transports, réparations, travaux d'étude, cessions de biens meubles incorporels

Opérations assimilées
- Travaux immobiliers
- Ventes à consommer sur place

AIC

Acquisition d'un bien par un assujetti établi en France auprès d'un assujetti établi dans un AEM de l'UE

Éclairage sur la nature des opérations

La distinction entre livraisons de biens corporels et prestations de services est importante, non pas au stade de l'étude du champ d'application de la TVA, mais pour l'application des règles relatives à l'exigibilité et au taux de la taxe. Il est généralement plus confortable pour la trésorerie du redevable d'être soumis au régime des prestations de services qu'à celui des livraisons de biens meubles.
Dans la pratique il peut être difficile de qualifier de livraison de biens ou de prestation de services certaines opérations constituées de deux ou plusieurs actes ou éléments fournis et facturés à un prix unique.
De même certaines activités comme celles dans le domaine de la photographie, de la rénovation, de la réparation et du secteur des pièces mécaniques peuvent selon la nature et les conditions de réalisation des opérations effectuées être considérées comme des livraisons de biens ou de prestation de services.

Pour répondre aux préconisations de la CJUE, le Code général des impôts s'est enrichi d'un nouvel article, le 257 *ter* qui définit les règles applicables aux opérations dites complexes, c'est-à-dire des offres commerciales constituées de plusieurs éléments relevant de régimes de TVA différents. En effet, il résulte de la jurisprudence européenne qu'une offre, lorsqu'elle constitue une opération unique, ne doit pas être artificiellement décomposée. Notamment, n'est pas permise la pratique qui consiste à ventiler le prix de vente se rapportant à une même opération au *prorata* de la valeur ou du coût des différents éléments qui la composent, et à retenir des règles de territorialité, un régime d'exonération ou des taux différents pour chacun de ces éléments. Certains opérateurs, dans une perspective d'optimisation de la ventilation du prix d'une opération unique, majoraient artificiellement les bases d'imposition à des taux réduits de TVA. En application de l'article 257 *ter* du CGI chaque opération imposable à la TVA devrait, en principe, être considérée comme étant distincte et indépendante et soumise à son régime propre déterminé en fonction de son élément principal ou de ses éléments autres qu'accessoires. Toutefois, les éléments d'une opération qui sont si étroitement liés qu'ils forment, objectivement, une seule prestation économique indissociable dont la décomposition revêtirait un caractère artificiel relèveraient d'une seule et même prestation (opération unique).

En particulier, est précisée la méthode à suivre pour déterminer l'étendue exacte d'une opération (opérations distinctes ou opération unique) à partir des éléments en cause et de leur importance respective pour le consommateur : elle serait déterminée à l'issue d'une appréciation d'ensemble réalisée du point de vue du consommateur, envisagé comme un consommateur moyen, tenant compte de l'importance qualitative et quantitative des différents éléments en cause ainsi que de l'ensemble des circonstances dans lesquelles l'opération se déroule. Est clairement édictée la règle selon laquelle une offre unique comprenant des éléments autres qu'accessoires relevant de taux de TVA différents se voit appliquer, dans son intégralité, le taux de TVA le plus élevé.

Relevant d'une activité économique

Selon l'article 256 A du CGI « *est considérée comme activité économique une opération comportant l'exploitation d'un bien corporel ou incorporel en vue d'en retirer des recettes ayant un caractère de permanence* ».

La notion d'activité économique est très large et peut être rapprochée de certains revenus catégoriels en matière d'impôt sur le revenu :

- activités industrielles, commerciales et extractives relevant des bénéfices industriels et commerciaux (BIC) ;
- activités agricoles relevant des bénéfices agricoles (BA) ;
- activités libérales relevant des bénéfices non commerciaux (BNC) ;
- activités civiles dont certaines relèvent des revenus fonciers (RF).

Cette notion d'activité économique a été à plusieurs reprises soumise à l'interprétation des tribunaux nationaux (tribunal administratif, Cour administrative d'appel et Conseil d'État) et de la Cour de Justice de l'Union européenne (CJUE).

C'est ainsi qu'il a été jugé que la simple prise de participation d'une société holding dans d'autres entreprises, sans immixtion dans la gestion de ces entreprises, ne constituait pas une activité économique au sens de la 6e directive, activité qui confère à celui qui l'exerce la qualité d'assujetti.

Enfin, la notion d'activité économique en matière de TVA, comme en matière de taxation des revenus, pose le problème de la limite entre la gestion du patrimoine privé et l'exercice d'une véritable activité professionnelle.

Même si la loi ne le précise pas explicitement, l'activité professionnelle suppose la répétition des opérations entrant dans le champ d'application de la taxe.

b. Sur le caractère onéreux de l'opération

Les opérations effectuées à titre onéreux s'entendent de celles qui comportent la fourniture par l'acquéreur du bien ou le bénéficiaire du service d'une contrepartie quelle qu'en soit la nature et quelle qu'en soit la valeur.

C'est ainsi que les opérations réalisées à titre gratuit échappent à la TVA. Elles ne seront pas sans incidence au regard de la TVA déductible.

les LBC, PS Ou AIC doivent être réalisées

À titre onéreux

Nécessité d'une CONTREPARTIE
- Quelle qu'en soit la forme (nature, espèces ou service rendu)
- Il n'est pas nécessaire que le prix corresponde à la valeur économique normale du bien ou du service fourni

Existence d'un LIEN DIRECT
entre l'opération réalisée et la contrepartie reçue :
- Celui qui verse la contrepartie bénéficie d'un avantage individualisé

ET

- Il y a une relation entre le prix payé et l'avantage reçu

Pour déterminer le régime de TVA applicable à ces opérations, il convient d'adopter la démarche suivante :

- rechercher tout d'abord si l'indemnité ou la subvention rémunère une prestation de services (ou une livraison de bien) individualisée. Dans l'affirmative, le bénéficiaire est taxé à la TVA à raison de la prestation sauf si celle ci bénéficie d'une exonération spécifique,
- en l'absence de service, rechercher si l'indemnité ou la subvention complète une opération imposable ; dans l'affirmative, l'indemnité est taxable comme complément de la base imposable dès lors que l'opération n'est pas exonérée,
- dans les autres cas, l'indemnité ou la subvention doit être considérée comme hors champ d'application de la TVA.

C'est ainsi que les indemnités versées pour la réparation d'un préjudice commercial, même courant, ne constitue pas la contrepartie d'une prestation de services soumise à la TVA.

c. Sur la qualité d'assujetti de l'intervenant

Une opération imposable à la TVA correspond à une activité économique exercée par un professionnel indépendant agissant en tant que tel.

C'est ainsi que les salariés et les personnes placées pour l'exercice de leur activité dans un état de subordination vis-à-vis de leur employeur, ne peuvent pas avoir la qualité d'assujetti.

Il est important de préciser que le statut juridique de la personne, que sa situation au regard des autres impôts et que la forme et la nature de son intervention sont sans incidence sur la qualité ou non d'assujetti.

Personne	Personne physique ou morale
Qui agit de manière indépendante	Qui exerce une activité sous sa propre responsabilité et jouit d'une totale liberté dans l'organisation et l'exécution de cette activité
Et effectue une activité économique *Listée au dernier alinéa de l'art. 256A du CGI*	• Agricole, extractive, artisanale, industrielle, commerciale, libérale ou civile • À titre habituel

Toutefois, il existe de nombreuses opérations exonérées.

Enfin, la notion d'assujetti est indépendante du paiement effectif ou non de la TVA.

Il convient en effet de bien distinguer la notion d'assujetti à celle de redevable.

Cette différence terminologique sera importante en matière de TVA déductible dans la déclinaison des coefficients d'assujettissement et de taxation pour le calcul du droit à déduction.

Sont donc à distinguer :

L'ASSUJETTI		L'ASSUJETTI-REDEVABLE
Personne qui réalise des opérations situées **dans le champ d'application** de la TVA, **imposées ou non**	**et**	Personne qui réalise des opérations situées **dans le champ d'application** de la TVA (opérations imposables) et **effectivement imposées ou assimilées**

2 Opérations imposables par disposition expresse

Le Code général des impôts a expressément prévu l'imposition à la TVA de certaines opérations. Elles se retrouvent notamment à l'article 257 du CGI pour les opérations réalisées en France. Sans en faire un relevé détaillé, il convient de retenir les opérations les plus courantes.

a. Les livraisons à soi-même

C'est une situation où l'assujetti a la double qualité de fournisseur et de consommateur.

La livraison à soi-même se définit comme une opération par laquelle une personne obtient, avec ou sans le concours de tiers, un bien ou une prestation de services à partir de biens, d'éléments ou de moyens lui appartenant.

La taxation de cette opération dépend de la nature et de l'affectation des biens et services concernés.

Livraisons à soi-même de biens affectés aux besoins de l'entreprise

Ce sont les biens (immobilisés ou autres) que l'entreprise utilise pour la réalisation de son activité :

- si le bien constitue une immobilisation, l'imposition n'est exigée qu'en cas de droit à déduction partielle de TVA ;
- si le bien ne constitue pas une immobilisation, l'imposition n'est exigée que lorsque l'acquisition du même bien auprès d'un autre assujetti n'ouvrirait pas droit à déduction complète.

Exemple

Les quatre situations suivantes permettront de mieux comprendre la logique de ces règles fiscales :

1. Prélèvement, dans une entreprise de jardinerie, d'une plante pour la décoration du hall d'accueil du bâtiment administratif

Il s'agit d'un prélèvement sur stock d'un bien dont l'achat auprès d'un autre fournisseur ouvrirait droit à déduction. De ce fait, la taxation de la livraison à soi-même n'est pas exigée.

2. Prélèvement, dans une entreprise exploitant un garage avec station service, de carburant super sans plomb pour les déplacements professionnels des salariés

Lors de l'achat de ce carburant destiné à être revendu, l'entreprise a pu normalement déduire la TVA. Dès lors que ce bien change d'affectation et est consommé par l'assujetti pour les besoins de son activité, les restrictions du droit à déduction pour ce type de produit devraient normalement s'appliquer (voir Chapitre 21 sur le droit à déduction).

C'est ce qui justifie la taxation de la livraison à soi-même sachant que la TVA ainsi collectée ne pourra faire l'objet d'une déduction intégrale.

3. Prélèvement, dans une entreprise de négoce de matériels informatiques, d'un ordinateur pour les besoins du service administratif

Cette opération n'est pas taxable dès lors que le droit à déduction est de 100 %.

4. Prélèvement, dans une entreprise de négoce de véhicules, d'un véhicule de tourisme neuf pour les déplacements professionnels des salariés

Dans cet exemple aussi, il convient de taxer cette livraison à soi-même puisque le véhicule constitue une immobilisation qui n'ouvre pas droit à déduction (voir Chapitre 21 sur le droit à déduction).

Dans les exemples numéros 2 et 4, la taxation de la livraison à soi-même permet de rétablir une égalité de traitement entre le prélèvement interne de ce bien et son acquisition auprès d'un autre fournisseur.

Pour l'exemple 3 il n'y a pas de taxation de la livraison à soi-même dès lors que l'entreprise bénéficie d'un droit à déduction de 100 %.

Les opérations de livraisons à soi-même doivent obligatoirement faire l'objet d'une comptabilisation dès lors qu'elles modifient le résultat comptable de l'assujetti. Ainsi, le prélèvement par un garagiste d'un véhicule en stock pour l'affecter en immobilisation aura une incidence sur le résultat comptable et fiscal de l'entreprise.

Livraisons à soi-même de biens affectés aux besoins autres que ceux de l'entreprise

Ce sont les biens prélevés ou utilisés pour les besoins des dirigeants, du personnel de l'entreprise ou de tiers, c'est-à-dire tous les biens affectés à des fins étrangères à l'entreprise.

L'imposition de ces opérations a pour objet d'éviter une consommation en franchise d'impôt.

Les prélèvements sur immobilisations ou stocks sont taxables à la TVA dès lors qu'ils ont ouvert droit à déduction au moment de leur achat.

La livraison à soi-même d'un immeuble pour les besoins autres que ceux de l'entreprise est une opération peu courante. Elle est fiscalement traitée comme un changement d'affectation soumis à une régularisation globale.

Exemple

1. Entreprise de négoce de meubles dont le dirigeant en prend un pour ses besoins personnels
Il s'agit d'un prélèvement sur stock d'un bien dont l'achat avait fait l'objet d'une déduction de TVA. La consommation de ce bien pour des besoins autres que ceux de l'entreprise entraîne la taxation de la livraison à soi-même.

2. Retrait d'un véhicule de tourisme à l'actif du bilan, celui est gardé par le dirigeant à titre personnel
Il s'agit d'un prélèvement sur immobilisation d'un bien dont l'achat n'avait pas fait l'objet d'une déduction de TVA (voir les restrictions au droit à déduction Chapitre 21). La consommation de ce bien pour des besoins autres que ceux de l'entreprise n'entraîne pas de taxation de la livraison à soi-même.
Ces deux opérations qui ont une incidence sur le résultat comptable et fiscal de l'entreprise doivent faire l'objet d'une comptabilisation.

Prélèvements portant sur des services

Il pourra y avoir imposition de la livraison à soi-même si, d'une part, le service est utilisé pour les besoins autres que ceux de l'entreprise et si, d'autre part, le bien ou le service affecté à l'entreprise a ouvert droit à déduction en amont.

Une telle situation pourrait se rencontrer dans le cas d'une utilisation à des fins privés d'un véhicule utilitaire pour lequel l'assujetti a entièrement déduit la TVA lors de son achat.

La mise à disposition permanente, par une entreprise redevable de la TVA, de véhicules de tourisme à des salariés ne génère aucune taxation de livraison à soi-même de service dès lors que la TVA sur ces véhicules n'a pas fait l'objet d'une déduction.

b. Certaines opérations immobilières

Ces opérations seront abordées au Chapitre 24. Elles concernent les achats de terrains à bâtir, d'immeubles neufs sous certaines conditions et de droits assimilés par les assujettis dans le cadre de leur activité.

Les marchands de biens sont, eux aussi, soumis à la TVA selon des modalités particulières.

B Opérations non imposables ou exonérées

Les opérations peuvent échapper à la TVA dès lors qu'elles ne répondent pas à la définition des opérations imposables par nature ou en vertu d'une disposition du CGI prévoyant une exonération de taxe.

Pour les premières opérations, les personnes seront qualifiées de non assujetties à la TVA ; pour celles bénéficiant d'une exonération, c'est le qualitatif de « non redevable » qui sera employé.

1 Opérations non imposables

Ce sont essentiellement les opérations qui ne répondent pas à l'un des critères suivants :

- relever d'une activité économique ;
- être effectuée à titre onéreux ;
- être réalisée par une personne agissant de manière indépendante.

Ne sont également pas assujetties à la TVA, les personnes morales de droit public pour les opérations ou activités qu'elles accomplissent en tant qu'autorité publique sauf si leur non-assujettissement conduit à des distorsions de concurrence.

2 Opérations exonérées

a. Portée de l'exonération

Ces exonérations sont de droit strict. Certaines sont inconditionnelles et acquises directement, d'autres sont subordonnées à l'utilisation qui sera faite du produit. Certaines peuvent s'expliquer par l'existence d'une autre taxe.

Sauf dans certains cas précis, l'exonération de TVA entraîne la perte du droit à déduction. De plus, si cette exonération représente plus de 10 % des opérations accomplies par l'assujetti, elle entraîne l'imposition à la taxe sur les salaires.

En règle générale, les personnes qui se livrent à des activités exonérées ne sont pas pour autant dispensées des obligations incombant aux redevables.

b. Principales exonérations

Il ne s'agit pas de détailler l'ensemble des opérations bénéficiant d'une exonération, mais de retenir celles les plus fréquemment rencontrées.

Activités médicales

Sont exonérés, sans option possible, les soins dispensés aux personnes par les praticiens et auxiliaires dont les professions sont réglementées par une disposition législative ou par un texte pris en application d'une telle disposition pour les soins qu'ils dispensent en cette qualité.

Les professions non réglementées par le code de santé publique sont passibles de la TVA (chiropracteurs, acupuncteurs…), à l'exception des praticiens autorisés à faire usage légalement du titre d'ostéopathe, ainsi que des psychologues, psychanalystes et psychothérapeutes non médecins mais titulaires d'un diplôme requis par la réglementation.

En matière de **chirurgie esthétique**, l'administration fiscale considère que les seuls actes qui bénéficient de l'exonération de **TVA** sont ceux qui sont pris en charge totalement ou partiellement par l'Assurance maladie, c'est-à-dire notamment les actes de **chirurgie** réparatrice et certains actes de **chirurgie esthétique** justifiés par un risque pour la santé du patient ou liés à la reconnaissance d'un grave préjudice psychologique ou social.

Activités d'enseignement

L'exonération porte sur les activités d'enseignement scolaire, universitaire, technique et professionnel ainsi que les cours et leçons particulières dispensés par des personnes physiques indépendantes qui perçoivent directement de leurs élèves la rémunération de leur activité.

Il en est de même pour les organismes de formation professionnelle continue publics ou privés s'ils sont reconnus par l'État.

L'exonération s'applique aux prestations d'enseignement proprement dites, ainsi qu'aux prestations de services ou livraisons de biens qui sont étroitement liées à cet enseignement. Toutes les autres activités d'enseignement telles que les écoles de langues, les établissements d'apprentissage à la conduite automobile ou au pilotage de bateaux ou d'aéronefs sont normalement soumises à la TVA.

Certaines opérations réalisées par les organismes sans but lucratif

Il existe différents dispositifs d'exonération en fonction de la nature de l'organisme et de ses activités dès lors qu'il agit dans un but non lucratif.

Cette notion de non-lucrativité se définit à partir des critères suivants :

- l'obligation d'avoir une gestion désintéressée ;
- la non-concurrence à une entreprise du secteur marchand à travers l'examen de la règle dite des « 4 P » (Produit, Public, Prix, Publicité) ;
- l'absence de liens privilégiés avec des entreprises du secteur privé.

De plus, il existe une exonération de fait lorsque les activités lucratives accessoires n'excèdent pas le seuil de 76 679 € hors taxe en 2023.

Attention. En matière de TVA, le bénéfice de la franchise pour une année N suppose que le seuil soit respecté pour les recettes perçues en N, mais également pour les recettes encaissées en N-1.

Les principales exonérations sont les suivantes :

- exonération des opérations réalisées au profit de leurs membres par les organismes légalement constitués dont la gestion est désintéressée (associations dites « fermées ») ;
- exonération des opérations faites au profit de toutes personnes par les œuvres sans but lucratif qui présentent un caractère social ou philanthropique et dont la gestion est désintéressée (associations dites « ouvertes ») ;
- exonération pour les recettes des six manifestations de bienfaisance organisées dans l'année par les organismes sans but lucratif et les organismes permanents à caractère social des collectivités locales (comités des fêtes) et des entreprises (comité d'entreprise) à leur profit exclusif ;
- exonération pour les opérations réalisées par les organismes philosophiques religieux politiques syndicaux dans le cadre de leurs missions.

Remboursements de frais par les membres d'un groupement

Cela recouvre aussi bien des entités dotées de la personnalité juridique que des simples groupements de fait dont les membres ne sont pas redevables de la TVA.

Pour bénéficier d'une exonération de TVA sur ces remboursements de frais, plusieurs conditions doivent être remplies :

- les services doivent être rendus aux adhérents du groupement ;
- ils doivent concourir directement et exclusivement à la réalisation d'opérations exonérées ou exclues du champ d'application de la TVA ;
- les sommes réclamées doivent correspondre exactement à la part incombant à chacun des membres dans les charges de fonctionnement communes.

Les activités de location

L'exonération concerne essentiellement les locations de locaux à usage d'habitation, les locations d'établissements à usage industriel, commercial ou professionnel dépourvus de tout matériel ou mobilier ainsi que les locations de terres et bâtiments à usage agricole.

Il en est de même pour la location occasionnelle, permanente ou saisonnière, de logements meublés ou garnis à usage d'habitation dès lors que ces opérations ne s'apparentent pas à des prestations hôtelières ou para-hôtelières.

Remarque. La location en gérance d'un fonds de commerce est une opération soumise à la TVA alors que la cession d'un tel fond relève des droits de mutation.

Les autres opérations

Sans dresser une liste exhaustive il convient de signaler les principales opérations qui sous certaines conditions bénéficient d'une exonération :

- les exportations et livraisons intracommunautaires (voir Chapitre 23) ;
- les opérations financières et bancaires ;
- les opérations d'assurance et de réassurance ;
- les opérations entrant dans le champ d'application de l'impôt sur les spectacles ;
- les opérations immobilières relevant des droits de mutation.

Les contribuables bénéficiant de la franchise de base

Afin d'alléger les obligations administratives, les assujettis redevables dont le chiffre d'affaires ne dépasse pas un certain montant sont dispensés de collecter la TVA sur leurs opérations. En contrepartie, ils perdent le droit de déduire la TVA sur leurs achats et autres investissements. Pour les années 2023-2025, les seuils de chiffre d'affaires sont de 91 900 € pour les activités de ventes de marchandises à emporter ou à consommer sur place ou les fournitures de logement, et de 36 800 € pour les autres prestations de services et activités.

Il s'agit de montants hors taxe réalisés au cours de l'année civile précédente.

En cas de dépassement de ces seuils il convient d'appliquer les règles suivantes :

- lorsque le chiffre d'affaires n'excède pas 101 000 € ou 39 500 € (selon l'activité), l'entreprise conserve le bénéfice de la franchise pour l'année N+1 ; ce n'est que si ces limites sont dépassées au cours de l'année N+1 que l'entreprise doit soumettre à la TVA ses opérations en N+2 ;
- lorsque le dépassement de 101 000 € ou 39 500 € intervient alors la TVA devient applicable à compter du premier jour du mois au cours duquel la limite est dépassée.

Les avocats, avocats au Conseil d'État et à la Cour de Cassation, les avoués près les cours d'appel ainsi que les auteurs d'œuvres de l'esprit et les artistes-interprètes bénéficient d'un régime de franchise spécifique lorsqu'ils réalisent un chiffre d'affaires inférieur à 47 600 € avec une limite de 58 600 €.

De même, les agriculteurs dont le chiffre d'affaires moyen calculé sur deux ans n'excède pas 46 000 € bénéficient du régime simplifié de l'agriculture et sont, eux aussi, dispensés de collecter la TVA sur les opérations qu'ils réalisent.

C Opérations imposables sur option

Certaines opérations, limitativement désignées par loi, qui sont exonérées de TVA par une disposition législative (ou qui sont placées hors du champ d'application de cette taxe) peuvent être soumises volontairement à cette taxe.

Cela concerne essentiellement :

- les locations d'immeubles nus à usage professionnel ;
- les locations de biens ruraux ;
- certaines opérations réalisées par les collectivités locales (fourniture de l'eau, assainissement, enlèvement et traitement des ordures ménagères, abattoirs publics...) ;

- certaines opérations bancaires et financières ; (commissions perçues à l'occasion de certaines opérations portant sur les crédits, effets de commerce, affacturage devises...) ;
- les personnes bénéficiant des différentes franchises.

Pour chacune de ces opérations, l'option pour la TVA est soumise au respect de certaines conditions de fond et de forme ainsi qu'à une durée d'engagement qui peut être renouvelée automatiquement ou tacitement.

Plus que les modalités pratiques, c'est l'intérêt de l'option qui importe.

Au regard de la personne qui opte

L'assujetti, s'il n'est pas redevable de la TVA, se comporte comme un consommateur final ; la TVA perd son caractère de neutralité et devient alors pour lui une charge. L'option lui permettra de déduire la taxe qui a grevé ses frais d'exploitation et ses investissements. De plus, étant redevable de la TVA, il sera exonéré de taxe sur les salaires.

Au regard de son client

Celui-ci a intérêt à ce que son fournisseur n'interrompe pas la « chaîne des déductions » afin d'acquérir et de revendre les produits à un prix moindre.

Exemple

Examinons la situation d'un agriculteur qui vend sa production à un commerçant lequel la revend à un client, consommateur final du produit.
Les données chiffrées sont les suivantes :

- **frais engagés pour la production de sa récolte : 3 000 € plus 300 € de TVA (somme de la TVA figurant sur les différentes factures) ;**
- **marge fixe prise par l'agriculteur : 1 000 € ;**
- **le commerçant souhaite récupérer une marge fixe de 500 € sur la revente de ces biens.**

Taux applicable au produit vendu par l'agriculteur et le commerçant : 5,5 %.
Nous examinerons les deux hypothèses suivantes :

1. **L'agriculteur bénéficie de la franchise.**
2. **Il a opté pour son imposition à la TVA.**

Le tableau suivant retrace la composition des prix de revient et des prix de vente pour les deux intervenants.

		Sans option	Avec option
L'agriculteur	Prix de revient de la production	3 300,00 €	3 000,00 €
	Marge	1 000,00 €	1 000,00 €
	Prix de vente HT	4 300,00 €	4 000,00 €
	TVA	0 €	220,00 €
	Prix TTC	4 300,00 €	4 220,00 €
Le commerçant	Prix de revient du produit	4 300,00 €	4 000,00 €
	Marge	500,00 €	500,00 €
	Prix de vente HT	4 800,00 €	4 500,00 €
	TVA	264,00 €	247,50 €
	Prix TTC au consommateur	5 064,00 €	4 747,50 €

Le commerçant a donc tout intérêt à travailler avec un agriculteur redevable de la TVA s'il ne veut pas être contraint de réduire sa marge.
Avec une option pour la TVA, l'agriculteur collecte 220 € de TVA, mais il peut déduire les 300 € qui lui ont été facturés par ses fournisseurs. La différence, soit 80 €, constitue une créance vis-à-vis de l'État qui pourra être utilisée sur les prochaines déclarations de TVA ou faire l'objet d'un remboursement.

D Territorialité de la TVA

Les règles de territorialité se déclinent à travers deux régimes propres aux livraisons de biens meubles corporels plus celui relatif aux prestations de services.

Ces différents régimes feront l'objet d'une étude détaillée au Chapitre 23.

Dans le cadre de ce chapitre sur le champ d'application de la TVA, seront évoqués les grands principes liés aux échanges de marchandises entre la France et les partenaires étrangers.

1 Règles applicables aux opérations extracommunautaires de marchandises

Ce régime instaure la taxation des importations et l'exonération des exportations.

Depuis le 1er janvier 2022, l'autoliquidation de la TVA à l'importation est obligatoire et automatique pour toutes les entreprises, assujetties et non-assujetties, et certains organismes publics identifiés à la TVA en France.

La déclaration et le paiement de la TVA à l'importation sont effectués directement à l'appui de la déclaration de TVA, en lieu et place de la déclaration en douane. À cette fin, aucune autorisation préalable n'est nécessaire.

Pour ces entreprises, ce nouveau système d'autoliquidation permet de simplifier les formalités et de ne faire aucune avance de TVA pour les opérations d'importation.

L'exportation, c'est-à-dire l'expédition de marchandises à destination des pays tiers à l'Union européenne ou des départements d'Outre-mer, bénéficie d'une exonération si le vendeur peut produire une déclaration d'exportation visée par le Service des douanes.

2 Règles applicables aux opérations intracommunautaires de marchandises

Dans ce régime la notion d'importation-exportation est remplacée par celle d'acquisition-livraison intracommunautaire.

Une même opération économique se décompose fiscalement en deux opérations :

- **une acquisition intracommunautaire** : l'acquisition d'un bien provenant d'un État membre de l'Union européenne est imposable à la TVA non pas directement au passage de la frontière mais spontanément par l'acheteur qui devra la mentionner sur sa déclaration de TVA. Cette TVA ainsi collectée pourra, comme en matière d'importation, faire l'objet d'une déduction si les conditions de fond et de forme sont remplies ;
- **une livraison intracommunautaire** : la livraison d'une marchandise à destination d'un autre État membre est, comme l'exportation, exonérée.

Cependant, ce mécanisme de taxation dans le pays d'arrivée ne s'applique que si les deux opérateurs sont eux-mêmes redevables de la TVA dans leur pays. Dans les cas où l'acquéreur n'est pas redevable de la TVA dans son pays, la taxe sera due dans le pays de départ à charge pour le vendeur de la collecter.

3 Le régime propre aux prestations de services

Les critères habituellement retenus pour les livraisons de biens (critère physique de franchissement de la frontière, critère juridique de transfert de propriété) se révèlent inadaptés en raison de l'aspect le plus souvent immatériel de ces opérations.

Les règles applicables en matière de prestations de services dépendent de la combinaison des critères suivants :

- nature de la prestation ;
- lieu d'établissement du prestataire ;
- lieu d'exécution des services ;
- lieu de situation des biens sur lesquels portent les services ;
- qualité d'assujetti ou de non assujetti des prestataires ou bénéficiaires des prestations.

Ce régime assez complexe sera étudié dans le cadre de l'étude de la TVA liée aux échanges internationaux.

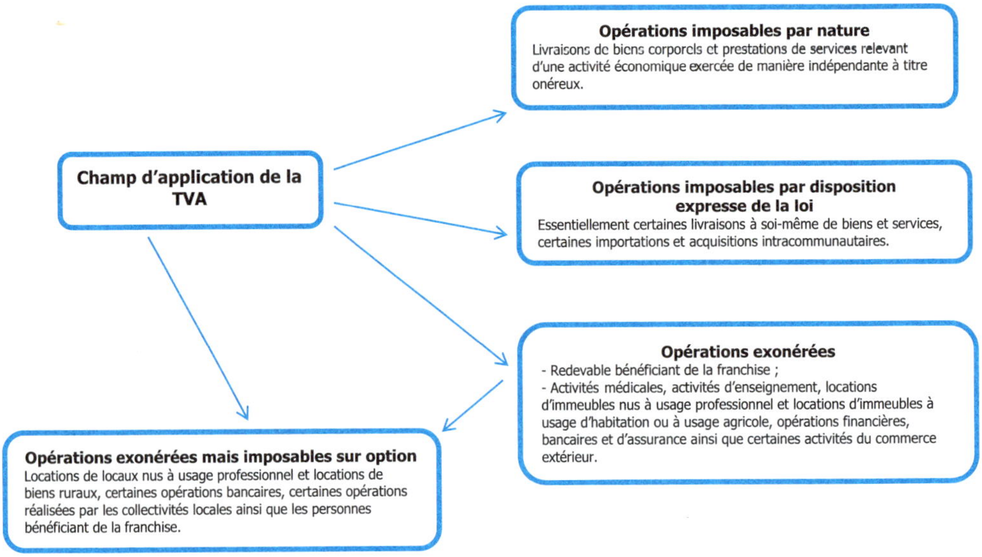
Champ d'application de la TVA
Opérations imposables par nature
Livraisons de biens corporels et prestations de services relevant d'une activité économique exercée de manière indépendante à titre onéreux.
Opérations imposables par disposition expresse de la loi
Essentiellement certaines livraisons à soi-même de biens et services, certaines importations et acquisitions intracommunautaires.
Opérations exonérées
- Redevable bénéficiant de la franchise ;
- Activités médicales, activités d'enseignement, locations d'immeubles nus à usage professionnel et locations d'immeubles à usage d'habitation ou à usage agricole, opérations financières, bancaires et d'assurance ainsi que certaines activités du commerce extérieur.
Opérations exonérées mais imposables sur option
Locations de locaux nus à usage professionnel et locations de biens ruraux, certaines opérations bancaires, certaines opérations réalisées par les collectivités locales ainsi que les personnes bénéficiant de la franchise.

Applications

EXO 19.01

1. Mme Pauline Tran est professeur d'éducation physique à titre indépendant. Elle perçoit la rémunération de ses cours directement de ses élèves.
2. M. Mike Robe, non titulaire d'un diplôme de médecine, exerce l'activité d'acupuncteur dans un cabinet médical privé.
3. M. Alphonse Toudroit est joueur de football dans un club professionnel français.
   Sa rémunération est composée d'un salaire pour son activité de sportif et d'une somme versée pour des prestations publicitaires qu'il réalise de manière indépendante avec le sponsor du club.
4. Suite à un incendie ayant détruit partiellement les locaux d'exploitation, la société GELDUR a été normalement indemnisée par la compagnie d'assurance ONVEIL.
5. La commune de la Tronche-en-Mer exploite un centre de thalassothérapie selon les méthodes commerciales du secteur privé.
6. L'association VAL-VOL, club professionnel de volley-ball de Valence, organise dans le cadre du championnat national des rencontres payantes.
   Elle perçoit, à ce titre, les sommes suivantes :
   - la recette des entrées payantes versées par les spectateurs ;
   - la facturation aux sponsors des droits publicitaires pour les panneaux autour du stade et les annonces durant le match ;
   - la recette de la buvette mise à la disposition du public ; celle-ci pratique des prix inférieurs à ceux du secteur commercial.
7. M. Dubor a mis en location un atelier muni du matériel d'exploitation à son gendre M. Demer.
8. M. Alfred Covert est huissier de justice.
9. La société FINANDUS, ayant pour activité unique la prise de participation dans le capital d'autres sociétés, a perçu les dividendes provenant de sa filiale.
10. La société LATOURMENTE a procédé à l'acquisition d'un ordinateur portable pour l'offrir à l'un de ses clients.
11. La SARL PARECHOC exploite une école de pilotage de bateaux.
12. M. Moleire et Mme Dendur, exerçant chacun l'activité de chirurgien-dentiste, ont fondé un groupement de fait pour la mise en commun des charges ; ces dernières, essentiellement le loyer et l'entretien du local, sont refacturées exactement pour la part leur incombant dans les charges de fonctionnement communes.
13. La société FUTUROPOLE, passible de la TVA, possède un immeuble à usage d'habitation figurant à l'actif de son bilan. Ce dernier est donné en location au PDG et au directeur général de la société.
14. M. Dufour a donné en location un fonds de commerce. Le loyer est fixé dans le bail sans aucune indexation au chiffre d'affaires ou au bénéfice réalisé.

15. La société MONTONER, spécialisée dans la fabrication de moutarde, a procédé au transfert d'une partie de ses machines du site de Dijon dans sa nouvelle usine à Strasbourg. Cette opération a été effectuée par l'entreprise MONTONER elle-même avec ses propres véhicules.
16. M. Ventou est représentant de commerce salarié de la société LETROC.
17. Mme Aspro exploite une officine de pharmacie. Accessoirement, elle effectue des analyses médicales et donne en location des appareils orthopédiques.
18. M. Alonso Café a vendu son fonds de commerce de bar restaurant à M. Gérard Mansoif.
19. La société TOUFFU, dont l'objet est la fabrication d'appareils de manucure, a conclu un accord avec l'entreprise RASOR concurrente au terme duquel la société TOUFFU s'oblige à cesser la fabrication d'un appareil donné. À titre d'indemnité de renonciation à son droit de fabrication, la société TOUFFU perçoit des redevances sur le produit des ventes que continue à réaliser l'entreprise RASOR.
20. Aline Naihat, étudiante à l'Université de Poitiers, a vendu son véhicule Renault Clio de 2001 pour pouvoir se payer des ouvrages de fiscalité.

→ Travail à faire

Pour les situations suivantes, indiquez si l'opération est imposable ou non à la TVA.

Chapitre 20

Le calcul de la TVA collectée

COMPÉTENCES ET SAVOIRS ASSOCIÉS

Le calcul du montant de la TVA à collecter avec :
- **la connaissance des éléments servant à déterminer la base imposable et des règles applicables en matière de taux de TVA ;**
- **la connaissance des règles applicables en matière de fait générateur et d'exigibilité pour savoir quand déclarer cette TVA.**

Lorsqu'une opération est soumise à la TVA, l'assujetti redevable doit calculer la taxe exigible afin de la reverser au Trésor.

Pour cela, il faut déterminer :
- la base de calcul de la taxe ;
- le taux applicable à l'opération ;
- la date à laquelle l'opération est considérée comme réalisée.

PLAN DU CHAPITRE

SYNTHÈSE P. 368

APPLICATIONS P. 369

LES RÉFÉRENCES POUR COMPRENDRE LE CONTEXTE

Qu'entend-on par « base d'imposition » ?

Base d'imposition. Fiche thématique sur le site de la Commission européenne

Le sort de la TVA en cas d'opérations annulées ou impayées

Comprendre les dispositions fiscales sur le site du Bulletin Officiel des Finances Publiques – Impôts (direction générale des Finances publiques)

Les nouveaux taux de TVA

TVA : la directive « taux » est adoptée. Article en ligne sur le site des Éditions Francis Lefebvre

L'exigibilité de la TVA sur les livraisons de biens

Les acomptes de TVA sur les livraisons de biens. Vidéo explicative sur la chaîne YouTube des Éditions Francis Lefebvre

Du prix TTC au prix HT... et *vice versa* !

Calculateur prix HT ou TTC. Convertisseur sur le site entreprendre.service-public.fr

1 Base imposable à la TVA

La base de calcul de la TVA est définie par l'article 266-1 du CGI : « ***La base d'imposition*** est constituée, *pour les livraisons de biens et les prestations de services et les acquisitions intra-communautaires*, ***par toutes les sommes, valeurs, biens ou services reçus*** *ou à recevoir par le fournisseur ou le prestataire, en contrepartie de ces opérations, de la part de l'acheteur, du vendeur du preneur ou d'un tiers, y compris les subventions directement liées au prix de ces opérations* ».

La base est le prix correspondant à l'ensemble de ce qui est demandé par le redevable au client en contrepartie du bien livré ou du service rendu.

La base imposable est bien sur un prix exprimé hors taxe.

A Règles générales

La base comprend, non seulement le prix proprement dit du bien ou du service, mais encore divers éléments qui s'y rattachent. Il est donc nécessaire de déterminer les éléments inclus, ceux exclus et enfin ceux qui viennent en diminution de la base d'imposition.

1 Éléments imposables

Selon l'article 267 du CGI, il convient de comprendre dans la base d'imposition :

« *1° Les impôts, taxes, droits et prélèvements de toute nature à l'exception de la taxe sur la valeur ajoutée elle-même.*

2° Les frais accessoires aux livraisons de biens ou prestations de services tels que commissions, intérêts, frais d'emballage, de transport et d'assurance demandés aux clients. »

a. Les impôts et taxes

À l'exception de la TVA elle-même, les impôts, taxes, droits et prélèvements de toute nature doivent être compris dans la base imposable quand bien même ils seraient décomptés à part sur la facture.

b. Les frais accessoires

Tous les frais accessoires aux livraisons de biens et aux prestations de services constituent – même s'ils sont facturés distinctement – des éléments à comprendre dans la base d'imposition.

Il s'agit essentiellement des éléments suivants.

Les frais d'emballages perdus

Ils sont, en principe, vendus avec le produit. S'ils font l'objet d'une facturation distincte, ils font partie de la base imposable.

Les frais de transport

Ils rentrent normalement dans la base imposable. La facturation séparée de ces frais peut avoir une incidence en matière de taux de TVA dès lors que les frais de transport relèvent du taux normal, alors qu'en cas d'incorporation dans le prix d'une marchandise relevant du taux réduit, c'est l'ensemble qui est soumis au taux réduit.

Certains intérêts et agios

Les intérêts qui constituent des frais accessoires aux livraisons de biens ou aux prestations de services sont normalement à comprendre dans la base d'imposition de ces opérations.

Cependant, les intérêts pour délais de paiement, c'est-à-dire ceux facturés par un fournisseur qui accorde à son client un sursis de paiement pour une période postérieure au fait générateur sont considérés comme la contrepartie d'une opération de crédit exonérée.

En conséquence, les intérêts à retenir sont, dans la pratique, ceux réclamés au titre d'une période antérieure au fait générateur (c'est-à-dire lors de la livraison des biens ou de l'exécution de la prestation de services).

Les frais d'assurance

Ceux qui sont normalement à la charge du fournisseur doivent être considérés comme un élément de son prix de vente et font partie de la base d'imposition (cas des primes d'assurance-crédit). Cependant, les primes versées sur l'ordre du client auquel il est exactement rendu compte seront exonérées (exonération prévue au titre des remboursements de frais ou débours).

Les indemnités diverses

Les indemnités imposables sont celles qui représentent en réalité la contrepartie d'une livraison de biens ou d'une prestation de services elle-même imposable.

Les frais divers

Ce sont toutes les sommes facturées en sus du prix principal quelles que soient l'intitulé (primes et bonifications pour rapidité d'exécution, majorations pour faibles factures...).

2 Éléments non imposables

a. Les sommes consignées

Il s'agit des emballages consignés, mais aussi les sommes versées à titre de dépôt (cautionnements, dépôts de garantie). Ces sommes ne deviennent imposables que lorsque survient la cause contractuelle de leur conservation par le prestataire ou fournisseur.

Remarques :
- Ce principe de non-prise en compte des sommes consignées n'est susceptible de s'appliquer que si le versement initial a effectivement le caractère d'un dépôt de garantie.
- Pour faciliter la perception de la TVA en cas de non-restitution ultérieure de l'emballage, la consignation des emballages récupérables non identifiables peut être soumise à la TVA directement sur la facture principale. Cette pratique évite de devoir réclamer au client la TVA sur l'emballage dès lors qu'il n'est pas restitué. En cas de restitution effective du bien il est procédé alors à l'établissement d'une facture d'avoir.

b. Les remboursements de frais

Les sommes remboursées aux intermédiaires qui effectuent des dépenses au nom et pour le compte de leurs commettants ne sont pas à comprendre dans la base d'imposition si les sommes concernées répondent aux conditions suivantes :
- correspondre à des dépenses engagées sur l'ordre et pour le compte de leurs mandants ;
- faire l'objet d'une reddition précise et préalable ;
- être justifiées dans leur nature ou leur montant exact auprès de l'administration des impôts ;
- être portées dans des comptes de passage dans la comptabilité des intermédiaires (ni en charges ni en produits).

3 Éléments en diminution de la base imposable

Les réductions de prix que consentent les fournisseurs à leurs clients peuvent être déduites de la base d'imposition à la TVA : c'est le cas des escomptes de caisses, des remises, des ristournes et des primes de fidélité.

Pour pouvoir être retirées de la base d'imposition, les réductions de prix doivent répondre aux deux conditions suivantes :
- elles doivent bénéficier effectivement et pour leur montant exact à l'acheteur

  et
- elles ne doivent pas constituer en fait la rémunération d'un service ou la contrepartie d'une prestation quelconque.

B Règles spécifiques à certaines opérations

1 Les échanges

Le principe

L'échange est considéré comme une double vente dont le prix est payé en nature.

La base d'imposition est alors constituée par la valeur des objets perçus en contrepartie de ceux livrés, majorée, le cas échéant, de la soulte versée.

Cas où la valeur retenue est différente de la valeur vénale

Lorsque la valeur réelle marchande du bien repris est nulle, la différence de prix consentie au client, par rapport au prix de vente normal du bien vendu, s'analyse comme un rabais. Ce rabais doit être mentionné comme tel sur la facture, la remise du bien usagé n'étant en fait qu'une condition d'octroi de ce rabais.

Exemple

Établissons le détail de la facture pour chacune des deux opérations suivantes.

Exemple n° 1

Vente par un garagiste à un particulier d'un véhicule neuf pour un prix de 15 000 HT avec reprise de l'ancien véhicule pour 2 000 €. Il s'agit d'une double vente :

- la vente du garagiste au particulier pour un prix de 15 000 € HT. Cette opération sera soumise à la TVA au taux normal de 20 % ;
- la vente du particulier au garagiste pour un prix de 2 000 €. Cette vente ne sera pas soumise à la TVA puisque le particulier n'est pas un assujetti redevable pour cette opération.

La facture se présentera comme suit :

- Vente véhicule neuf	15 000 €
- TVA	3 000 €
- Total TTC	18 000 €
- Reprise du véhicule ancien	- 2 000 €
- Montant dû	16 000 €

Exemple n° 2

Vente par un magasin de meubles d'un canapé pour un prix de 2 900 €. Le client demande à bénéficier de l'opération commerciale proposée par le magasin qui s'engage à reprendre l'ancien canapé du client pour une valeur forfaitaire de 400 €. L'offre promotionnelle précise que les biens repris sont destinés à être détruits.

Cette opération ne peut pas s'analyser comme une double vente dès lors que le bien repris n'a aucune valeur marchande.

En conséquence, la facture sera rédigée comme suit :

- Vente canapé	2 900 €
- Réduction sous forme de reprise de l'ancien canapé	- 400 €
- Base hors taxe	2 500 €
- TVA	500 €
- Total TTC	3 000 €

2 Le travail à façon

Le travail à façon est la remise au donneur d'ordre par le façonnier de l'ouvrage d'un bien meuble qu'il a fabriqué ou assemblé au moyen de matières ou d'objets que le donneur d'ordre lui a confié à cette fin.

Pour être considéré comme un travail à façon, il faut respecter quatre conditions :

- le façonnier ne doit pas devenir propriétaire des biens apportés par le donneur d'ordre ;
- la valeur des matières fournies par le façonnier doit être inférieure à celles confiées par le donneur d'ordre augmentée des frais de façon ;

- le façonnier doit restituer à l'identique au donneur d'ordre les matières que celui-ci a apportés ; cette condition n'étant pas stricte dans la mesure où l'Administration admet la restitution à l'équivalent ;
- le façonnier doit réaliser un produit nouveau à partir des matériaux qui lui sont confiés.

Le non-respect des trois premières conditions entraîne l'assimilation de l'opération à une vente de produit.

La base d'imposition à la TVA est égale à l'ensemble des sommes, valeurs, biens ou services qui constituent la contrepartie du travail fourni et paiement des matériaux apportés par le façonnier.

3 Les autres opérations

Certaines opérations suivent un régime particulier.

Les livraisons à soi-même

La base d'imposition à retenir est le prix de revient : celui-ci est constitué par la valeur hors taxe des biens et services utilisés pour la réalisation de la livraison à soi-même, augmentée le cas échéant des dépenses de personnel qui ont été nécessaires.

Les objets d'occasion

Les règles spécifiques aux ventes d'objets d'occasion avec dans certains cas application du régime de la marge (voir étude au Chapitre 24).

Les opérations effectuées par les agences de voyages

Elles relèvent elles aussi, sous certaines conditions, du régime de la marge.

Le régime des sous-traitants

Depuis 2014, un mécanisme d'auto-liquidation de la TVA a été instauré dans le secteur du bâtiment et des travaux publics lorsque des travaux ont été effectués par un sous-traitant pour le compte d'un donneur d'ordre assujetti à la TVA.

Ce régime est abordé au Chapitre 24.

C Conséquences des erreurs de base ou de taux

La base d'imposition à la TVA doit être déterminée à partir d'un prix ferme et définitif entre les parties.

Lorsqu'un prix a été mentionné sans indication de TVA ou avec une erreur de taux, le redevable de la TVA ne peut pas exiger de l'autre partie qu'elle supporte la charge de la TVA sauf mention expresse.

Exemple

1. Prix mentionné sur la facture initiale : 1 000 € (TVA omise au taux de 20 %)

Le prix de 1 000 € est considéré comme TTC, de ce fait la TVA relative à cette opération sera de :
- base d'imposition : 1 000 × 0,833 = 833 €
- TVA exigible : 833 × 20 % = 167 €

Le coefficient de 0,833 est le taux de conversion admis par l'administration pour déterminer à partir d'une base TTC le montant HT pour le taux de 20 %.

2. Prix mentionné sur la facture initiale : 1 000 € HT plus 55 € de TVA (TVA facturée à tort au taux réduit de 5,5 % au lieu de 20 %)

Le prix de 1 055 € est considéré comme TTC, de ce fait la TVA relative à cette opération sera de :
- base d'imposition : 1 055 × 0,833 = 878,82 €
- TVA exigible : 878,82 × 20 % = 175,76 € au lieu de 55 €

Si le contrat prévoit qu'en cas d'application d'un taux erroné, le client acquittera un supplément de prix égal à la différence de taux, alors le calcul de la TVA due au taux de 20 % doit s'effectuer comme suit :
- prix convenu ferme et définitif : 1 200 € (1 000 € plus 200 € de TVA au taux de 20 %)
- base d'imposition : 1 200 × 0,833 = 1 000 €
- TVA exigible : 1 000 × 20 % = 200 €

>>>

>>> **3. Prix mentionné sur la facture initiale : 1 000 € HT plus 200 € de TVA (TVA facturée à tort au taux de 20 % au lieu de 5,5 %)**
Dans ce cas, il ne sera pas possible, sauf à établir une facture rectificative, de modifier la TVA car conformément à l'article 283-3 du CGI « Toute personne qui mentionne la taxe sur la valeur ajoutée sur une facture est redevable de la taxe du seul fait de sa facturation ».

D Affaires annulées ou impayées

La TVA acquittée à l'occasion d'opérations de ventes ou de prestations de services (en cas d'option pour les débits), qui sont par la suite résiliées ou dont les créances correspondantes sont devenues définitivement irrécouvrables, peut être récupérée par le redevable qui l'a acquittée.

La récupération de cette taxe se fait par voie d'imputation sur les taxes dues.

En cas d'impayé partiel, la récupération ne porte que sur la fraction de la taxe afférente à la partie du prix qui reste finalement impayée.

Pour opérer cette imputation, l'assujetti doit remplir deux conditions :

- **une condition de fond avec la justification de l'irrécouvrabilité de la créance** : il s'agit, comme en matière de détermination du résultat de l'entreprise, de justifier que l'assujetti a fait toutes les démarches possibles pour récupérer sa créance ;
- **une condition de forme avec l'envoi au client défaillant d'un duplicata de la facture initiale** avec les indications réglementaires surchargées de la mention ci-après en caractères très apparents : « Facture demeurée impayée pour la somme de ... € (prix net) et pour la somme de ... € (TVA correspondante) qui ne peut faire l'objet d'une déduction (article 272 du CGI) ».

2 Taux de la TVA

Une fois la base d'imposition fixée, il faut lui appliquer un taux afin d'obtenir le montant de la TVA exigible pour une opération donnée.

Jusqu'à la fin 2011, en France, il existait pour la France continentale trois taux de TVA.

Avant de détailler le domaine respectif des différents taux de TVA, il faut d'abord connaître les règles d'application des taux.

A Règles d'application des taux

Le tableau suivant présente le domaine des taux principaux.

TAUX	PRINCIPAUX PRODUITS	PRINCIPAUX SERVICES
Normal 20 % Art. 278 du CGI	Applicable aux opérations imposables qui ne sont pas expressément soumises à un autre taux	
Réduit 10 % *Art. 278 bis à septies et Art. 279 et 279-0 bis du CGI*	- Médicaments **non remboursables** par la Sécurité sociale - Ventes à emporter ou à livrer de produits alimentaires préparés en vue d'une **consommation immédiate** (hors boissons alcooliques)	- Restauration : vente à consommer sur place (hors boissons alcooliques) - Travaux d'amélioration, de transformation, d'aménagement et d'entretien dans des locaux affectés à **l'habitation** achevés depuis **plus de 2 ans** - Logement et pension - Transports de voyageurs - Collecte, tri et traitement des déchets - Fourniture et évacuation d'eau Abonnement aux services de télévision

TAUX	PRINCIPAUX PRODUITS	PRINCIPAUX SERVICES
Réduit 5,5 % *Art. 278-0 bis du CGI*	- Livres, y compris le téléchargement - Produits destinés à l'alimentation humaine - Appareillages et équipements pour handicapés	- Spectacles « vivants » (concerts, théâtres, chansonniers, cirques...) - Cinéma - Services aux personnes handicapées et dépendantes fournis par des associations, entreprises ou organismes agréés - Travaux d'amélioration de la qualité énergétique dans des locaux affectés à l'habitation achevés depuis + 2 ans
Particulier 2,1 % *Art. 281 quater à 281 nonies du CGI*	- Certaines publications de presse - Médicaments **remboursables** par la Sécurité sociale	- 140 premières représentations théâtrales de certaines œuvres

3 Fait générateur et exigibilité

Après avoir déterminé le montant de la TVA à collecter sur une opération par la multiplication de la base imposable par le taux, il faut connaître la date à laquelle cette TVA est exigible.

L'article 269 du CGI distingue le fait générateur et l'exigibilité de la TVA.

Le fait générateur

Il se définit comme « le fait par lequel sont réalisées les conditions légales nécessaires pour l'exigibilité de la taxe ».

C'est l'événement qui donne naissance à la créance fiscale du Trésor.

En pratique, il est susceptible d'être utilisé en cas de changement de législation (changement de taux, opérations devenues imposables ou exonérées...).

L'exigibilité

Elle peut être définie comme « le droit que le Trésor public peut faire valoir, à partir d'un moment donné, auprès de redevable pour obtenir le paiement de la taxe ».

C'est le droit reconnu au Trésor de réclamer le paiement de la taxe.

L'exigibilité aura une double utilité :

- d'une part, elle va déterminer la période au titre de laquelle le montant des opérations imposable doit faire l'objet d'une déclaration ;
- d'autre part, elle sert à définir la date à laquelle le droit à déduction prend naissance chez le client, dès lors qu'il a la qualité de redevable.

Selon la nature des opérations, les dates du fait générateur et de l'exigibilité de la TVA se confondent ou se différencient.

De plus le redevable a la possibilité, sous certaines conditions, de modifier l'exigibilité de la taxe.

A Livraisons de biens

Pour les livraisons de biens meubles corporels et les achats imposables, le fait générateur et l'exigibilité coïncident et se situent au moment de **la livraison des biens**.

Depuis le 1er janvier 2023, la TVA sur les livraisons de biens est exigible lors de l'encaissement des acomptes.

B Prestations de services

Pour ces opérations, la date du fait générateur et de l'exigibilité ne coïncide pas.

1 Le principe

Le fait générateur est constitué pour les prestations de services, y compris les travaux immobiliers par l'exécution des services ou des travaux.

L'**exigibilité** intervient lors de **l'encaissement des avances, des acomptes, des règlements pour solde**.

Remarque. Les acomptes et avances sont toujours considérés comme étant TTC.

OPÉRATIONS CONCERNÉES	EXIGIBILITÉ	PRÉCISIONS
Ventes de biens corporels	LIVRAISON - Des biens *Art. 269-2-a du CGI* ENCAISSEMENT - Des acomptes	En général : TRANSFERT de PROPRIÉTÉ (sauf exceptions Art. 256-II-3° du CGI) - Vente franco domicile : le transfert de propriété s'opère au domicile de l'acquéreur - Vente départ magasin : le transfert de propriété s'opère à la sortie du magasin du vendeur
Ventes avec clause de réserve de propriété	LIVRAISON REMISE MATÉRIELLE DU BIEN *Art. 256-II-3°-d et 269-2-a du CGI*	Bien que le transfert de propriété soit reporté au moment du paiement de la dernière fraction du prix, la TVA est exigible des la remise matérielle du bien à l'utilisateur
Prestations de services (y compris notamment : les ventes à consommer sur place et travaux immobiliers)	ENCAISSEMENT - Des acomptes - Du prix - De la rémunération *Art. 269-2-c du CGI*	- Remise d'espèces - Remise du chèque par le client (date de remise matérielle ou de réception postale) - Virement de compte à compte - Échéance de la traite

2 Option pour les débits

Le mot « débit » fait référence à la comptabilisation de la facture client au débit de son compte dans la comptabilité du prestataire.

a. Les redevables concernés

Il s'agit de ceux qui réalisent des opérations pour lesquelles l'exigibilité de la taxe est constituée par l'encaissement, ainsi que les livraisons à exécution échelonnée.

b. Les modalités

L'option doit être formulée de manière expresse. Les redevables qui entendent acquitter la TVA d'après les débits doivent en faire la déclaration écrite, par lettre simple, auprès du service des impôts dont ils relèvent pour le paiement de la taxe.

Cette option a un **caractère global** et prend effet le jour du mois suivant celui au cours duquel elle est accordée. Elle demeure valable tant que le redevable n'exprime pas, par demande écrite, son désir de revenir au régime du paiement d'après les encaissements.

Même si la mention d'une telle option n'est plus obligatoire, il est conseillé aux redevables acquittant la taxe d'après les débits d'en informer leurs clients par une mention adéquate sur les factures qu'ils délivrent afin que ces derniers puissent récupérer la TVA dès la réception de la facture.

c. Les effets

En principe, le débit coïncide avec l'inscription de la somme correspondant au débit du compte client. Ainsi, en pratique, le débit coïncide avec la facturation.

Cependant, le débit qui constitue l'exigibilité comporte une limite en cas de perception d'acomptes. En effet, **l'option pour les débits ne doit pas avoir pour effet de retarder l'exigibilité au-delà de l'encaissement**. De ce fait, la taxe reste exigible à l'encaissement lors d'avances ou acomptes antérieurs au débit.

d. Les intérêts de l'option pour les débits

Il est incontestable qu'une telle option constitue une avance de trésorerie par rapport à une exigibilité encaissement. Cependant, elle présente l'avantage d'apporter une simplification comptable importante pour des facturations comportant des ventes et des prestations de services. Et accessoirement, elle permet de faire bénéficier son client d'un droit à déduction dès la remise de la facture sans en attendre le paiement.

Exemple

Soit une prestation de service réalisée le 15 janvier et facturée le 2 février pour un montant de 1 000 € HT plus 200 € de TVA.
Trois hypothèses pour le paiement :

1. **paiement en totalité le 10 mars ;**
2. **paiement à hauteur de 500 € le 10 mars et le solde le 15 avril.**
3. **acompte de 100 € versé avant le début de la prestation le 20 décembre, versement à hauteur de 500 € le 10 mars et le solde le 15 avril ;**

Le tableau suivant détaille les dates d'exigibilité à retenir en distinguant le cas où le prestataire est soumis au régime de droit commun et le cas où il a opté pour les débits.

	Sans option pour les débits	Avec option pour les débits
1e hypothèse	• Fait générateur : 15 janvier. • Exigibilité : une date, le 10 mars.	• Fait générateur : 15 janvier. • Exigibilité : une date, le 2 février.
2e hypothèse	• Fait générateur : 15 janvier. • Exigibilité : 2 dates à retenir – le 10 mars à hauteur de 500 € TTC, soit 416,67 € HT plus 83,33 € de TVA ; – le 15 avril pour le solde, soit une TVA de 116,67 € (200 – 83,33).	• Fait générateur : 15 janvier. • Exigibilité : une date le 2 février.
3e hypothèse	• Fait générateur : 15 janvier. • Exigibilité : 3 dates à retenir – le 20 décembre pour l'acompte de 100 € TTC, soit 83,33 € HT, plus 17,67 € de TVA ; – le 10 mars à hauteur de 500 € TTC, soit 416,67 € HT plus 83,33 € de TVA ; – le 15 avril pour le solde, soit une TVA de 99 € (200 – 17,67 – 83,33).	• Fait générateur : 15 janvier. • Exigibilité : 2 dates à retenir – le 20 décembre pour l'acompte de 100 € TTC, soit 83,33 € HT plus 17,67 € de TVA ; – le 2 février pour le solde, soit une TVA de 182,33 € (200 – 17,67).

3 Option pour le paiement de la TVA à la livraison

Les entrepreneurs de travaux immobiliers peuvent opter pour le paiement de la TVA sur la livraison. Celle-ci s'entend de la remise de l'immeuble au maître de l'ouvrage. La livraison ne peut pas être postérieure à l'occupation ou à l'utilisation réelle des locaux.

Cette option est soumise au respect de plusieurs conditions sur la nature des travaux et les mentions à porter sur les factures qui rendent son application peu fréquente.

4 Applications pratiques à certaines opérations

a. Livraisons à soi-même

Pour celles relatives aux biens immobilisés ou non, le fait générateur et l'exigibilité se situent lors de la première utilisation du bien. Pour celles relatives aux services, c'est l'exécution du service qui est à prendre en compte.

b. Régime de la presse

Bien que les ventes de publications de presse soient des livraisons de biens meubles corporels, l'exigibilité est constituée par l'encaissement.

c. TVA agricole

De même, en agriculture, l'exigibilité de la taxe est constituée par l'encaissement qu'il s'agisse de ventes, de livraisons ou des prestations de services.

d. Cas des ventes avec pose

Il arrive fréquemment qu'une facture comporte à la fois des livraisons de biens meubles et des prestations de services.

Dans ce cas, si la vente d'un appareil et son installation sont facturées distinctement, alors chaque opération est analysée distinctement ; si aucune ventilation n'est faite, l'ensemble suit le régime des livraisons de biens meubles corporels.

e. Cas des services comportant des fournitures

La réalisation d'un service entraîne généralement l'utilisation de fournitures ou de pièces détachées.

Les fournitures sont des matières ou produits indispensables à la réalisation du service et dont l'incorporation dans l'objet réparé nécessite un façonnage, une transformation ou une adaptation préalable (tissu utilisé pour la réparation d'un fauteuil). En règle générale la valeur des fournitures constitue un élément du service, la TVA est donc exigible lors de l'encaissement.

Les pièces détachées sont des objets normalisés qui ont un rôle déterminé dans un ensemble et qui font l'objet d'une simple opération de pose et peuvent être ultérieurement enlevés sans détérioration de l'objet réparé (remplacement d'un pare choc, d'une roue de voiture, d'un bloc moteur). En règle générale la valeur des pièces détachées doit être considérée comme faisant l'objet d'une vente.

Cependant si leur valeur est inférieure à celle de l'opération de pose, ou si elles ont dû subir un travail d'adaptation préalable, les pièces détachées constituent un élément de la réparation (exigibilité à l'encaissement).

L'énoncé de ces règles illustre bien l'intérêt pour un garagiste d'opter pour les débits afin de simplifier le suivi de sa TVA exigible.

La base d'imposition

Règles générales
Elle comprend le prix de vente hors taxes, les frais accessoires et compléments de prix, ainsi que certains impôts et taxes liés à l'opération. Les sommes consignées, les emballages récupérables et les remboursements de frais ne sont pas pris en compte. Les éventuelles réductions de prix viennent en diminution de la base.

Les taux de TVA

Opérations relevant du taux de 2,1%
Essentiellement les médicaments remboursables par la Sécurité Sociale, les publications de presse, la contribution à l'audiovisuel public, ainsi que certains spectacles vivants.

Opérations relevant du taux de 5,5%
Essentiellement les produits alimentaires destinés à l'alimentation humaine sauf exception, les équipements et services pour personnes handicapées, certains services d'aide aux personnes âgées dépendantes, les abonnements au gaz et à l'électricité, les livres ainsi que certains travaux de rénovation ou d'amélioration énergétique dans les locaux d'habitation de plus de 2 ans.

Opérations relevant du taux de 10%
Essentiellement les ventes à consommer sur place, les ventes, à emporter ou avec livraison, de produits alimentaires préparés en vue d'une consommation immédiate, les produits d'origine agricole et à usage agricole, les services d'hébergement et de transport de personnes, les travaux de réparation et d'entretien dans les locaux d'habitation de plus de 2 ans, les œuvres d'art et objets de collection, les spectacles, visites, jeux et attractions ainsi que les médicaments non remboursés par la Sécurité Sociale.

Opérations relevant du taux de 20%
Toutes les opérations qui ne relèvent pas des autres taux.

Fait générateur et exigibilité de la TVA

Livraison de biens
Fait Générateur et Exigibilité = date de livraison du bien

Prestation de services régime de droit commun
Fait Générateur = date de réalisation du service
Exigibilité = date de l'encaissement du prix

Prestation de services avec option pour les débits
Fait Générateur = date de réalisation du service
Exigibilité = date de la facturation
Exception : date de l'encaissement pour les avances et acomptes avant facturation.

Applications

EXO 20.01

La société KLAF-OUTILS, spécialisée dans la vente de machines-outils, a procédé à la vente d'une machine à l'un de ses clients, la société PAROUTY, en mars N, avec les éléments suivants de facturation :

- prix catalogue du matériel	248 000 €
- remise contractuelle de 12 %	29 760 €
- majoration pour exécution rapide	860 €
- frais forfaitaire de livraison	420 €
- assurance transport	100 €
- frais de montage	4 640 €
- traitement anti corrosion	1 100 €
- remise exceptionnelle pour défaut de coloration	560 €
- extension garantie à 5 ans	3 520 €
- emballages bois perdus	180 €
- 12 boîtiers métalliques récupérables consignés à 100 €	1 200 €
- restitution de 8 boîtiers métalliques récupérables consignés à 100 €	800 €
- acompte versé à la commande en janvier N	49 600 €
- acompte versé lors de la livraison de la machine en février N	24 800 €
- reprise de la machine PK012 en l'état pour sa valeur hors taxe de	27 500 €

→ **Travail à faire**

Il vous est demandé d'établir la facture que la société KLAF-OUTILS devra adresser à son client.

EXO 20.02

Mlle Ella Bosieux exploite un commerce de ventes et réparations d'appareils électroménagers.

Au cours des mois de janvier et février de l'année N, elle a réalisé différentes opérations :

1. vente d'un lave-linge pour un prix de 250 € HT : facturation le 15/01/N, livraison le 15/02/N, paiement : 50 % le 15/02/N et 50 % le 15/03/N ;
2. vente d'un réfrigérateur pour un prix de 480 € HT : livraison le 15/01/N, facturation le 15/02/N ; paiement : 50 % le 15/12/N–1 et 50 % le 15/02/N ;
3. vente assortie d'une clause de réserve de propriété pour un prix de 320 € HT : facturation et livraison le 18/01/N ; le client a réglé sa facture le 10/03/N ;
4. vente d'un lave-vaisselle pour un prix de 460 € HT : livraison et facturation le 02/02/N ; le règlement a été effectué par versement d'un acompte en espèces de 50 € lors de la commande ce bien le 18/01/N et par chèque pour le solde le 03/03/N ;
5. réparation d'un lave-vaisselle pour un prix de 110 € HT le 28/01/N, facturation le 29/01/N, paiement par chèque le 15/02/N ;
6. réparation d'une cuisinière pour un prix de 80 € HT : exécution de la prestation le 30/01/N, facturation le 15/02/N, paiement par traite le 20/02/N avec échéance au 30/04/N ;

7. réparation d'un lave-linge pour un prix de 90 € HT : exécution de la prestation le 31/01/N, facturation le 10/02/N, paiement par traite le 18/02/N avec échéance au 30/04/N ; cette traite est remise à l'escompte le 31/03/N ;
8. entretien de l'équipement de l'hôpital pour un prix de 650 € HT : exécution de la prestation le 05/02/N, facturation le 20/02/N.
   Cette facture a fait l'objet d'un paiement à raison de 200 € par chèque le 15/03/N et le solde par chèque le 15/04/N ;
9. entretien de l'équipement de la société TOUTCLEAN pour un prix de 1 820 € HT : exécution de la prestation le 18/02/N, facturation le 20/02/N.
   Cette facture a fait l'objet d'un paiement à raison de 500 € par chèque à titre d'acompte le 25/01/N et le solde par chèque le 20/04/N ;
10. facture de vente du 10/02/N pour une livraison effectuée le jour même et libellée comme suit : vente et pose d'un lave-linge pour un montant global de 440 € hors taxe. Cette facture a fait l'objet d'un paiement le 10/03/N.

→ Travail à faire

Pour chacune de ces opérations, déterminez la date du fait générateur et de l'exigibilité, et le montant de la TVA collectée au titre des mois de janvier et février N dans les deux hypothèses suivantes :

1. **l'entreprise n'a pas opté pour les débits ;**
2. **l'entreprise a opté pour les débits (cette mention figure sur l'ensemble des factures).**

Précision : l'ensemble des opérations est taxable au taux normal.

EXO 20.03

M. Baouked dirige une entreprise de vente et réparation d'appareils électriques (taux applicable 20 %).

L'examen des données comptables fait état des éléments suivants :

Opérations comptabilisées en produits en mars :	
Livraison et facturation de marchandises	20 000 € HT
Réalisation et facturation de prestations de services	30 000 € HT
Opérations comptabilisées en encaissements en mars :	
Sur les appareils électriques livrés et facturés en février	17 940 €
Sur les appareils électriques livrés et facturés en mars	36 000 €
Sur les prestations de services effectuées en février	12 000 €
Sur les prestations de services effectuées en mars	18 567 €
Acomptes reçus sur des livraisons à effectuer en avril	1 196 €
Acomptes reçus sur des prestations à réaliser en avril	2 400 €

Précision : certaines opérations peuvent se retrouver à la fois dans les montants comptabilisés en produits et en encaissements.

→ Travail à faire

Indiquer les opérations pour lesquelles l'exigibilité de la TVA intervient en mars et calculer le montant de la TVA collectée dans les 2 hypothèses suivantes :

1. **pas d'option de la TVA sur les débits ;**
2. **option de la TVA sur les débits.**

La TVA déductible

Chapitre 21

COMPÉTENCES ET SAVOIRS ASSOCIÉS

- **Les différentes règles applicables pour déterminer le montant de la TVA pouvant faire l'objet d'une déduction au regard de la qualité de la personne concernée et de la nature de l'opération.**
- **Les modalités pratiques de calcul des coefficients de déduction et de régularisations et les règles sur la constitution de secteurs distincts sont abordées.**

Unique et globale, la TVA ne frappe qu'une seule fois la valeur finale du produit. Mais le système des paiements fractionnés conduit chaque intermédiaire du circuit de production et de distribution à collecter un acompte sur cette taxe.

Deux moyens sont concevables pour taxer la valeur ajoutée à chaque transaction :

- le premier moyen consiste à déterminer cette valeur ajoutée ou marge par différence entre prix de vente et coût de revient et lui appliquer le taux en vigueur : ce système existe pour certaines opérations réalisées par les négociants de biens d'occasion ou les agences de voyages ;
- le second moyen constitue le droit commun et aboutit à la détermination de la taxe nette par différence entre la TVA brute assise sur le prix de vente et la TVA déductible déterminée à partir des éléments grevés de TVA qui ont servi au calcul du coût de revient.

PLAN DU CHAPITRE

SYNTHÈSE P. 392

APPLICATIONS P. 393

LES RÉFÉRENCES POUR COMPRENDRE LE CONTEXTE

La TVA déductible : les conditions de déduction

Les conditions de la TVA déductible. Vidéo explicative sur la chaîne YouTube de Compta Online

Le remboursement d'un crédit de TVA

Effectuer une demande de remboursement de crédit de TVA. Vidéo explicative et pratique sur la chaîne YouTube de la Direction générale des Finances publiques

Les régularisations de TVA

Vidéo explicative sur le site *Les Échos*

Le principe général est posé par l'article 271 du CGI : « *La TVA qui a grevé les éléments du prix d'une opération imposable est déductible de la TVA applicable à cette opération.* »

Les éléments ayant grevé le prix d'une opération imposable s'entendent des livraisons de biens, des prestations de service et des immobilisations utilisées pour la réalisation de cette opération.

Sauf dans le cas d'opérations occasionnelles, la compensation s'effectue globalement par mois par trimestre ou par année.

Si, en principe, toute TVA facturée à l'entreprise, à quelque titre que ce soit, ouvre droit à déduction, il n'en reste pas moins que cette déduction est subordonnée à certaines conditions et qu'elle supporte un certain nombre de restrictions.

De plus, il existe des règles particulières de déduction pour les personnes et entreprises dont l'activité n'est pas totalement soumise à la TVA.

Enfin, la déduction de TVA pratiquée sur une opération peut être révisée compte tenu des modifications intervenues au niveau de l'utilisation des biens ou de la situation des redevables.

Ce chapitre traitera :

- des conditions de la déduction ;
- des modalités de la déduction ;
- de la situation des entreprises partiellement soumises à la TVA ;
- des régularisations.

1 Conditions de déduction

A Conditions de fond

1 Principes généraux de déduction

a. Affectation à l'exploitation du bien ou service par un assujetti redevable de la TVA

Il existe tout d'abord une condition préalable, de caractère personnel, à savoir que **seuls peuvent bénéficier du droit à déduction les assujettis qui sont réellement redevables de la TVA**, à l'exclusion de ceux qui en sont exonérés.

C'est l'acquisition des biens ou des services par un assujetti agissant en tant que tel qui détermine l'application du système de TVA et, partant, du mécanisme de déduction. Il s'ensuit qu'une acquisition faite à des fins privées, puis affectée ultérieurement à des fins professionnelles n'ouvre pas droit à déduction.

Pour déterminer si une personne acquiert des biens en tant qu'assujetti lorsqu'il n'y a pas utilisation immédiate des biens à des activités économiques, il faut se référer à son intention, laquelle est mise en évidence par des éléments de fait comme la nature des biens concernés ou la période écoulée entre acquisition et utilisation professionnelle.

Exceptions

Certaines opérations bien qu'exonérées ouvrent droit néanmoins à la déduction de la TVA ; ce sont essentiellement :

- les **opérations relevant du commerce extérieur** : exportations, livraisons et prestations intracommunautaire ou extracommunautaires ;
- les opérations réalisées en franchise de taxe (voir les développements au Chapitre 23 sur les achats en franchise).

b. Affectation partielle d'un bien ou d'un service à l'exploitation

Le droit à déduction n'est pas subordonné dans son principe à une affectation exclusive aux besoins de l'exploitation. Mais ce droit ne se justifie qu'à proportion de l'utilisation professionnelle du bien ou service considéré.

Concrètement il y a lieu de distinguer deux hypothèses :

- si le bien est utilisé à plus de 90 % à des fins privées aucune déduction n'est possible ;
- si le bien est utilisé à moins de 90 % à des fins privées, la TVA est déductible selon des modalités différentes suivant que l'utilisation privative est nettement déterminée ou non.

- **Pour les biens ou services faisant l'objet d'affectations distinctes** le droit à déduction est ainsi limité dans la mesure de l'utilisation professionnelle des biens et services.
- **Pour les biens ou services faisant l'objet d'affectations indistinctes**, il y aura déduction de la TVA dans les conditions de droit commun. En contrepartie de l'exercice du droit à déduction ainsi accordé, les prestations de service à soi-même doivent être soumises à la TVA dans le cas où les biens et services sont utilisés pour les besoins étrangers à l'exploitation.

Exemple

Une société dispose d'un immeuble dont le rez-de-chaussée est affecté à une activité professionnelle soumise à la TVA, et le premier étage aménagé en local d'habitation loué à un tiers.
Une seule chaudière assure l'alimentation de la totalité du chauffage de cet immeuble. Compte tenu de la superficie et de la consommation des différents locaux, il a été retenu un pourcentage de 70 % pour le local professionnel et 30 % pour l'appartement à usage d'habitation.
La société reçoit de son chauffagiste la facture d'entretien annuel de la chaudière pour 800 € HT plus 160 € de TVA.

>>>

>>> Cette même société a procédé à l'acquisition d'un véhicule utilitaire neuf pour 15 000 € HT plus 3 000 € de TVA. Conformément à l'accord passé avec le comité social et économique de l'entreprise, la société accepte que les salariés puissent utiliser ce véhicule occasionnellement à des fins privées.

Comment doit-on déterminer le droit à déduction pour ces deux opérations ?

Pour la facture d'entretien de la chaudière, seule la partie se rattachant au local professionnel pourra faire l'objet d'une déduction. En effet, la location de locaux nus à usage d'habitation étant exonérée de TVA, aucune taxe n'est déductible pour cette activité. De ce fait, il sera possible de déduire 112 € (160 × 70 %) de TVA.

Pour l'achat du véhicule utilitaire, la société pourra déduire la totalité de la TVA. Elle devra cependant penser à taxer la livraison à soi-même de service quand ce véhicule sera utilisé à des fins privées. Si l'utilisation pour un week-end est valorisée à 150 € alors la TVA à collecter sera de 30 €.

2 Détermination du montant de taxe déductible

La TVA grevant un bien ou un service qu'un assujetti à cette taxe acquiert, importe ou se livre à lui-même est déductible à proportion de son coefficient de déduction.

Le montant de la taxe déductible s'obtient donc de la manière suivante :

TVA déductible = TVA acquittée en amont × coefficient de déduction

Le coefficient de déduction permet à la fois de déterminer le montant de taxe déductible initialement et, au travers de ses variations, les régularisations de taxe auxquelles l'assujetti pourra être tenu. Il doit donc être déterminé même si l'opérateur est un redevable intégral.

Ce coefficient est calculé pour chaque bien et service grevé de TVA. Il peut donc varier d'un bien ou service à l'autre.

Le coefficient de déduction est égal au produit suivant :

Coefficient d'assujettissement × coefficient de taxation × coefficient d'admission

a. Le coefficient d'assujettissement

Il correspond pour chaque bien ou service, **à la proportion d'utilisation de ce bien ou service à des opérations imposables** (effectivement taxées ou exonérées).

Un assujetti doit donc, dès l'acquisition, l'importation ou la première utilisation d'un bien ou d'un service, procéder à son affectation afin de déterminer la valeur du coefficient d'assujettissement sans qu'il y ait lieu de faire une distinction entre les immobilisations et les autres biens et services.

La valeur du coefficient d'assujettissement varie entre zéro et un, en fonction de l'utilisation effective du bien pour la réalisation d'opérations entrant ou non dans le champ d'application de la taxe.

Concrètement :

- ce coefficient est égal à 0 pour les biens ou services utilisés exclusivement à la réalisation d'opérations placées hors du champ d'application de la TVA ;
- ce coefficient est égal à 1 pour les biens ou services utilisés exclusivement à la réalisation d'opérations placées dans le champ d'application de la TVA que ces opérations soient taxées ou légalement exonérées ;
- ce coefficient se situe entre 0 et 1 pour les biens ou services utilisés simultanément à la réalisation d'opérations imposables et d'opérations non imposables.

b. Le coefficient de taxation

Il traduit le principe selon lequel, dans le cadre des opérations imposables, **seule peut être déduite la TVA grevant les biens ou services utilisés pour la réalisation des opérations ouvrant droit à déduction**.

Concrètement :

- ce coefficient est égal à 0 pour les biens ou services utilisés exclusivement à la réalisation d'opérations n'ouvrant pas droit à déduction ;
- ce coefficient est égal à 1 pour les biens ou services utilisés exclusivement à la réalisation d'opérations ouvrant droit à déduction ;
- ce coefficient se situe entre 0 et 1 pour les biens ou services utilisés simultanément à la réalisation d'opérations dont certaines sont soumises à la TVA et d'autres exonérées.

c. Le coefficient d'admission

Contrairement aux deux autres coefficients, qui dépendent de l'activité de l'assujetti et de l'utilisation qu'il fait des biens et services qu'il achète, **le coefficient d'admission d'un bien ou d'un service dépend uniquement de la réglementation en vigueur**.

Il a, en effet, pour objet de traduire l'existence de dispositifs particuliers qui excluent de la déduction tout ou partie de la taxe afférente à certains biens ou services.

Il exprime donc la proportion maximale de taxe que la réglementation autorise un assujetti à déduire sur une telle dépense, avant prise en compte des spécificités propres à l'activité de cet assujetti :

- lorsqu'un bien ou un service ne fait l'objet d'aucune mesure d'exclusion, son coefficient d'admission est égal à 1 ;
- ce coefficient est réduit, éventuellement jusqu'à 0, lorsque le bien ou le service fait l'objet de mesures d'exclusion.

Les dépenses exclues du droit à déduction peuvent se résumer avec le tableau suivant :

Dépenses exclues	Exceptions : dépenses pour lesquelles le droit à déduction reste admis
Dépenses de logement engagées au profit des salariés et des dirigeants d'entreprise	- supportées par un assujetti, relatives à la fourniture à titre onéreux de logements par cet assujetti ; - relatives à la fourniture à titre gratuit du logement sur les chantiers ou dans les locaux d'une entreprise du personnel de surveillance, de sécurité ou de gardiennage ; - relatives aux immobilisations affectées sur les lieux de travail à la satisfaction collective des besoins du personnel (cantines, dortoirs, crèches, infirmeries...).
Opération d'acquisition, de location et d'entretien de véhicules de transport de personnes : - véhicule de tourisme - motocyclette et bicyclette - bateau - avion et hélicoptère	- les opérations effectuées par les personnes qui commercialisent ces biens (garagiste, par exemple) ou qui les donnent en location ; - les camionnettes, les véhicules utilitaires et véhicules de société (pas de points d'ancrage pour disposer de sièges à l'arrière) ; - les biens affectés de façon exclusive à la compétition ; - les véhicules ou engins, acquis par les entreprises de transports (avions, cars, taxis ambulances, remontées mécaniques) et auto-école ; - les véhicules routiers comportant, outre le siège du conducteur, plus de huit places assises et qui sont utilisés par des entreprises pour amener leur personnel sur les lieux du travail.
Cadeaux et libéralités : biens ou services cédés sans rémunération ou pour un prix trop bas et ce quels qu'en soient le bénéficiaire et la motivation	- les échantillons et les articles de réclame ; - les biens de faible valeur : cette condition est considérée remplie lorsque la valeur unitaire des objets offerts n'excède pas, au cours d'une année, 73 € TTC par bénéficiaire (avant 2021, le seuil était de 69 € TTC) ; - le matériel et les objets publicitaires remis gratuitement à des professionnels lorsque ces biens assurent la promotion, la vente, le rangement ou la présentation des produits commercialisés.

Dépenses exclues	Exceptions : dépenses pour lesquelles le droit à déduction reste admis
Certains produits pétroliers : carburants et lubrifiants	• les produits utilisés comme matières premières ; • les combustibles : gaz naturels, fioul lourd, fioul domestique ; • les carburants routiers : la TVA reste déductible : – à 100 % pour le gazole, l'essence, le superéthanol E85 ainsi que sur gaz de pétrole et autres hydrocarbures présentés à l'état gazeux utilisé par des véhicules ouvrant droit à déduction ; – à 80 % pour le gazole, l'essence, le superéthanol E85 et à 50 % sur les gaz de pétrole et autres hydrocarbures présentés à l'état gazeux utilisé par des véhicules n'ouvrant pas droit à déduction ; – les lubrifiants utilisés par des véhicules ouvrant droit à déduction. En 2021, la TVA était déductible à hauteur de 80 % pour l'essence et ce pour l'ensemble des véhicules. Ce pourcentage était de 60 % en 2020.
Biens et services relatifs à des biens somptuaires **Il s'agit de dépenses répertoriées à l'article 39-4 du CGI qui sont elles-mêmes exclues du résultat fiscal**	
Publicités prohibées en application du Code de la Santé	

Exemple

Exemple de calcul du coefficient de déduction

Situation n° 1

Acquisition par M. Alex Ception, médecin, d'un ordinateur affecté exclusivement à son activité professionnelle.

Situation n° 2

Acquisition par la société FUTURAMA, spécialisée dans la vente d'appareils électroménagers, d'un véhicule utilitaire pour les livraisons des clients.

Situation n° 3

Acquisition par Mme Eva Nouie, coiffeuse à domicile, d'un véhicule de tourisme affecté exclusivement à son activité professionnelle.

Situation n° 4

Acquisition par l'entreprise LAPLANCHE, spécialisée dans la vente de bois exotiques, de gazole pour le véhicule de tourisme affecté exclusivement aux déplacements professionnels de son commercial.

Pour chacune de ces situations déterminons le coefficient de déduction

	Situation n° 1 M. Ception		Situation n° 2 Soc. FUTURAMA		Situation n° 3 Mme Nouie		Situation n° 4 Ent. LAPLANCHE	
Coefficient d'assujettissement	Activité dans le champ d'application de la TVA	1	Activité dans le champ d'application de la TVA	1	Activité dans le champ d'application de la TVA	1	Activité dans le champ d'application de la TVA	1
Coefficient de taxation	Activité exonérée	0	Activité soumise à la TVA	1	Activité soumise à la TVA	1	Activité soumise à la TVA	1
Coefficient d'admission	Aucune restriction	1	Aucune restriction	1	Bien exclu du droit à déduction	0	Déduction limité à 80 %	0,8
Coefficient de déduction		0		1		0		0,8

B Conditions de forme

Selon les dispositions de l'article 271-II du CGI, la déduction de la taxe qui a grevé les éléments d'une opération taxable peut être opérée, selon le cas, si :
- elle figure sur une facture d'achat ;
- elle a été acquittée par l'entreprise elle même ;
- elle a été perçue à l'importation ou lors de l'acquisition intracommunautaire.

1 Mention sur la facture d'achat

Par facture au sens de l'article 271 du CGI de l'annexe, il faut entendre « *tout document, suffisamment précis et détaillé, permettant de connaître la nature des fournitures et prestations, l'identité du débiteur et celle du créancier* ».

L'assujetti redevable doit faire apparaître distinctement par taux le total hors taxe et la TVA correspondante sur la facture, pour que le client puisse faire valoir son droit à déduction.

Attention à la TVA irrégulièrement facturée :
- celle facturée à tort au titre d'une opération non imposable ou à un taux supérieur au taux légal ne pourra être déduite que si une facture rectificative est établie et si la bonne foi des parties n'est pas mise en cause ;
- celle facturée au titre d'une opération fictive ne peut jamais être déduite par le destinataire.

2 Cas particuliers

a. Autofacturation ou sous-traitance de la facturation

Dans certains secteurs d'activité (secteur agricole notamment), il est d'usage de laisser l'entreprise cliente établir elle-même la facture pour le compte de son fournisseur. Cette pratique est autorisée, mais nécessite la rédaction d'un mandat de facturation pour s'assurer que les données de facturation sont identiques entre le client et son fournisseur ou prestataire.

b. Factures par voie électronique

Les assujettis ont la possibilité, sous réserve de l'acceptation du destinataire, de transmettre leurs factures par voie électronique, à condition que l'authenticité de leur origine et l'intégrité de leur contenu puissent être garanties soit au moyen d'une signature électronique, soit au moyen d'un échange informatisé de données (EDI) répondant aux normes de la Communauté européenne.

Attention. La loi de finances pour 2020 a prévu à échéance 2023 ou 2025 l'obligation pour les assujettis d'établir des factures sous forme électronique avec transmission systématique des données à l'administration fiscale à des fins de collecte et de contrôle de la TVA.

c. Taxe acquittée par l'entreprise elle-même

Les entreprises bénéficient de la déduction de la taxe acquittée au titre de leurs achats imposables (opérations internationales principalement) et dans le cadre des livraisons ou prestations à soi-même soumises à la TVA.

C'est aussi le cas depuis le 1er janvier 2014 avec le nouveau régime applicable aux sous-traitants du bâtiment. Cette TVA doit figurer sur la déclaration de chiffre d'affaires à souscrire par le redevable ou sur un document douanier pour les importations qui ne bénéficient du régime de l'autoliquidation.

2 Modalités de la déduction

A Condition de délai

Le droit à déduction prend naissance lorsque la taxe correspondante devient exigible chez le fournisseur ou le prestataire de services.

C'est à partir de cette date de naissance du droit à déduction que sera fixé le point de départ de tous les délais de régularisation ultérieure de la TVA déduite antérieurement.

Concrètement, **la TVA est déductible** :

- **pour les achats de biens meubles corporels à la date de leur livraison** (justifiée par une facture) ;
- **pour les services à la date du paiement** (ou à la facturation en cas d'option par le prestataire pour les débits).

Exemple

- Vente et livraison d'une machine le 31/03/N ; facture réglée le 10/04/N ;
- travaux d'entretien d'une chaudière effectués et facturés le 26/02/N ; règlement du 12/05/N ;
- travaux immobiliers effectués et facturés le 26/04/N ; règlement du 12/06/N, avec option par le prestataire d'acquitter la TVA sur les débits.

	TVA exigible pour	TVA déductible pour	Quand ?	Comment ?
Opération de vente	Le fournisseur	Le client	31/03/N	Sur la déclaration de TVA de mars N
Travaux entretien	Le prestataire	Le bénéficiaire de la prestation	12/05/N	Sur la déclaration de TVA de mai N
Travaux immobiliers	Le prestataire	Le bénéficiaire de la prestation	26/04/N Compte tenu de l'option pour les débits	Sur la déclaration de TVA d'avril N

La date prévue pour mentionner la TVA déductible sur les déclarations s'impose aux redevables. Toutefois, **en cas d'omission, la taxe déductible peut valablement figurer sur les déclarations ultérieures déposées avant le 31 décembre de la deuxième année qui suit celle de l'omission**.

Ainsi, dans l'exemple précédent l'acquéreur de la machine qui aurait omis de déduire la TVA en mars N pourrait le faire jusqu'au 31 décembre N+2 (TVA devant figurer sur la déclaration du mois de novembre N+2 déposée en décembre N+2).

B Modalités d'imputation

1 Règles d'imputation

En principe, la déduction s'opère par voie d'imputation sur la taxe due au titre des opérations imposables.

Concrètement, il convient de procéder à la fin de chaque période, généralement mensuelle, à la différence entre TVA collectée et TVA déductible.

Deux situations peuvent se présenter :

- **si TVA collectée > TVA déductible** : la différence appelée « **TVA due** » est versée à l'administration fiscale avec une déclaration récapitulative (imprimé référence CA3) ;
- **si TVA collectée < TVA déductible** : la différence appelée « **Crédit de TVA** » est mentionnée sur la déclaration CA3 ; ce crédit est reportable sur la TVA due au titre des mois suivants jusqu'à épuisement et ce sans limitation de délai.

Exemple

Situation du mois de mars

TVA collectée et exigible en mars	12 500 €
TVA déductible sur achats d'immobilisation	8 400 €
TVA déductible sur autres biens et services	6 200 €

Situation du mois d'avril

TVA collectée et exigible en avril	11 400 €
TVA déductible sur achats d'immobilisation	400 €
TVA déductible sur autres biens et services	7 200 €

>>>

>>> La déclaration du mois de mars fait apparaître la situation suivante :
- la TVA collectée de 12 500 € est inférieure à la TVA déductible de 14 600 € (8 400 + 6 200) ;
- la différence, soit 2 100 €, constitue un crédit de TVA reportable sur les mois suivants.

La déclaration du mois d'avril fait apparaître la situation suivante :
- la TVA collectée de 11 400 € est supérieure à la TVA déductible du mois 9 700 € ((400 + 7 200) + 2 100 de report de crédit) ;
- la différence, soit 1 700 €, est une TVA due qui devra être acquittée avec le dépôt de la déclaration du mois d'avril.

2 Remboursement du crédit de TVA

Pour une grande majorité de redevables, la situation créditrice en matière de TVA est ponctuelle, voire exceptionnelle. Pour éviter la pénalisation des redevables au niveau de leur trésorerie, la taxe déductible dont l'imputation n'a pu être opérée peut faire l'objet d'un remboursement. **Cette faculté est ouverte à tous les redevables**, quel que soit leur régime d'imposition.

Le remboursement n'est pas automatique ; il doit être demandé dans les délais réglementaires, par le redevable sur imprimé n° 3519 (réel normal ou réel simplifié en cours d'année) ou CA12 (réel simplifié en fin d'année).

À noter qu'une procédure spécifique de contrôle des demandes de remboursement de crédit de TVA a été créée pour celles déposées à compter du 1er janvier 2017 (voir Chapitre 29).

Procédure de remboursement annuel

Ce remboursement est ouvert à tous les redevables, quel que soit leur régime d'imposition.

Il est annuel et porte sur le crédit constaté au terme de chaque année civile dès lors qu'il atteint au moins le montant de 150 €.

Procédure de remboursement mensuel ou trimestriel

Il peut être mensuel pour les redevables déposant des déclarations de chiffre d'affaires selon une périodicité mensuelle, si le crédit porte sur un montant minimum de 760 €.

Pour les redevables qui déposent des déclarations selon une périodicité trimestrielle, le remboursement peut être demandé si la situation d'un trimestre donné fait état d'un crédit égal au moins à 760 €.

3 Situation des entreprises partiellement soumises à la TVA

Les entreprises qui réalisent exclusivement des opérations soumises à la TVA (ou assimilées telles que les exportations) peuvent déduire l'intégralité de la taxe ayant grevé leurs acquisitions de biens ou services, sous réserves des exclusions légales.

Celles dont l'activité bénéficie d'une exonération ou se situe hors du champ d'application de la TVA ne peuvent prétendre à aucun droit à déduction.

La situation se complique pour les entreprises qui réalisent des opérations qui ne suivent pas toutes le même régime en matière de TVA.

Des entreprises peuvent réaliser des opérations dont certaines entrent dans le champ d'application de la TVA et sont imposables, et d'autres sont hors champ d'application de la TVA. Dans ce cas, on parlera d'« **assujettis partiels** ».

C'est le cas notamment des sociétés holding mixtes (activités commerciales et encaissement de dividendes), ainsi que de collectivités (activité de service public et opérations réalisées à titre commerciale dans le secteur concurrentiel).

De même, des entreprises peuvent réaliser des opérations dans le champ d'application de la TVA dont certaines sont imposables et d'autres exonérées. Dans ce cas, on parlera de « **redevables partiels** ».

Les ambulanciers, les cliniques, les banques sont des redevables partiels, car une partie de leur activité est exonérée de TVA.

Enfin, des entreprises peuvent réaliser des opérations dont certaines entrent dans le champ d'application de la TVA et sont en partie imposables et en partie exonérées, et d'autres qui sont hors champ d'application de la TVA. Dans ce cas, on parlera d'« **assujettis et redevables partiels** ».

Serait ainsi considérée comme telle une société dont l'activité commerciale (soumise à la TVA) est complétée par la gestion du produit de ses participations (activité hors champ) et par la location de locaux à usage d'habitation (activité exonérée).

A Détermination du montant de la TVA déductible

La TVA grevant un bien ou un service qu'un assujetti à cette taxe acquiert, importe ou se livre à lui-même est déductible à proportion de son coefficient de déduction.

Ce coefficient de déduction égal au produit des coefficients d'assujettissement, de taxation et d'admission permet à la fois de déterminer les montants de taxe déductible initialement et, au travers de ses variations, les régularisations de taxe auxquelles l'assujetti pourra être tenu.

Chacun des coefficients est d'abord déterminé de façon provisoire lors de l'acquisition du bien ou du service. Ils doivent ensuite être définitivement arrêtés avant le 25 avril de l'année suivante ou, pour ceux qui deviennent redevables de la TVA, avant le 31 décembre de l'année suivante.

1 Le coefficient d'assujettissement

Le **coefficient d'assujettissement** d'un bien ou d'un service utilisé à la fois pour la réalisation d'opérations non imposables et pour la réalisation d'opérations imposables **est égal à la proportion d'utilisation de ce bien ou de ce service pour la réalisation d'opérations imposables**.

La proportion d'utilisation pour la réalisation d'opérations imposables est déterminée par l'assujetti sous sa propre responsabilité (temps d'utilisation des matériels communs, surfaces utilisées, salaires du personnel).

Elle doit traduire l'utilisation réelle de chaque bien ou service.

Une fois calculé, le coefficient d'assujettissement est arrondi par excès à la deuxième décimale.

Remarques :

- Les opérations situées hors du champ d'application de la TVA et les opérations imposables doivent être comptabilisées dans des **comptes distincts** pour l'application du droit à déduction (CGI annexe II art. 209, I). Cette obligation est remplie dès lors que la comptabilité tenue l'est de manière suffisamment précise pour que le suivi de la proportion d'utilisation des biens et services soit possible. En revanche, il n'est pas exigé qu'il y ait deux comptabilités distinctes.
- L'assujetti doit, en principe, calculer un coefficient d'assujettissement pour chacun des biens et services qu'il acquiert. Toutefois, il peut, par année civile, sans formalité préalable et sous réserve d'être en mesure d'en justifier, retenir, pour l'ensemble des biens et des services utilisés à la fois pour des opérations imposables et pour des opérations non imposables, un coefficient d'assujettissement unique.

Exemple

L'organisme MATOUR, qui réalise à la fois des opérations situées hors du champ d'application de la TVA et des opérations situées dans le champ d'application de la TVA, achète en N un immeuble neuf d'une superficie de 1 500 m² qu'il entend affecter à son activité non imposable pour une superficie de 600 m².

Les 900 m² restants, situés au rez-de-chaussée, sont donnés en location à un commerçant exploitant une quincaillerie. Cette location est soumise à la TVA sur option.

Calcul du coefficient d'assujettissement pour cet immeuble

En retenant comme critère la superficie d'utilisation des locaux aux différentes activités, on obtient un coefficient d'assujettissement égal à 0,6 (900/1 500).

2 Le coefficient de taxation

Le coefficient de taxation est compris entre 0 et 1 lorsque le bien ou le service est utilisé concurremment pour la réalisation d'opérations imposables ouvrant droit à déduction et pour la réalisation d'opérations imposables n'ouvrant pas droit à déduction (opérations exonérées de taxe).

Il importe peu que le bien ou le service soit ou non utilisé également pour la réalisation d'opérations non imposables. L'utilisation du bien ou du service pour la réalisation d'opérations non imposables est déjà prise en compte au niveau du seul coefficient d'assujettissement.

Pour les biens et les services d'utilisation mixte, le coefficient de taxation est égal au rapport entre :

- au **numérateur**, **le montant total annuel du chiffre d'affaires afférent aux opérations ouvrant droit à déduction**, y compris les subventions directement liées au prix de ces opérations ;
- au **dénominateur**, **le montant total annuel du chiffre d'affaires afférent aux opérations imposables**, y compris les subventions directement liées aux prix de ces opérations.

Il convient de retenir le chiffre d'affaires correspondant aux opérations ouvrant droit à déduction (qui figure déjà au numérateur) et le chiffre d'affaires correspondant aux opérations n'ouvrant pas droit à déduction (tel est le cas, notamment, de la plupart des opérations exonérées de TVA en régime intérieur).

Le rapport dont se déduit le coefficient de taxation se calcule par **année civile**. Une fois calculé, le coefficient de taxation est **arrondi** par excès à la deuxième décimale.

Sont exclues du calcul du rapport :

- les opérations situées hors du champ d'application de la TVA ;
- les livraisons à soi-même d'immobilisations ;
- les cessions d'immobilisations ;
- les recettes encaissées pour le compte d'un tiers pour lui être reversées (les débours).

Cas particulier des opérations financières et recettes immobilières

Lorsque ces opérations se situent hors du champ d'application de la TVA, leurs recettes sont sans influence sur le calcul du coefficient de taxation.

Dès lors qu'elles se trouvent dans le champ d'application de la TVA, elles sont prises en compte pour le calcul du coefficient de taxation forfaitaire.

En fait, la plupart des produits financiers sont exonérés de la TVA en vertu de l'article 261 C du CGI et n'ouvrent donc pas droit à déduction. Conformément à la règle indiquée, ces produits doivent donc, en principe, être portés au dénominateur du coefficient de taxation forfaitaire (ce qui a évidemment pour effet de réduire les déductions calculées sur la base de ce coefficient de taxation forfaitaire).

Cependant, une dérogation est apportée à ce principe si ces opérations financières peuvent être qualifiées d'accessoires.

Il s'agit des opérations financières qui ont un lien avec l'activité principale de l'entreprise et dont la réalisation nécessite une utilisation limitée au maximum à un dixième des biens et des services grevés de TVA qu'elle a acquis.

L'administration considère qu'il doit être fait abstraction des dépenses de frais généraux pour le calcul du rapport servant à apprécier le seuil des 10 %. À titre de règle pratique, la condition liée à la faible utilisation des biens et services grevés de TVA est également réputée satisfaite lorsque le produit des opérations financières exonérées présentant un lien avec l'activité principale n'excède pas 5 % du chiffre d'affaires TTC de l'entreprise.

Cette règle s'applique aussi aux opérations immobilières (essentiellement location de locaux nus à usage d'habitation).

Attention à la différence entre coefficient provisoire et coefficient définitif

Chacun des coefficients est d'abord déterminé de façon provisoire lors de l'acquisition du bien ou du service. Ils doivent ensuite être définitivement arrêtés avant le 25 avril de l'année suivante ou, pour ceux qui deviennent redevables de la TVA, avant le 31 décembre de l'année suivante.

La différence constatée entre le montant définitif de la taxe déductible et le montant de la déduction opérée au titre de l'année fait l'objet d'une déduction complémentaire ou d'un reversement selon que cette différence est positive ou négative. Cette **régularisation doit être effectuée quel que soit l'écart** entre le coefficient de déduction provisoire et le coefficient de déduction définitif.

Exemple

La société MECHALO exerce une double activité, la vente d'objets publicitaires et une activité de location d'immeubles à usage d'habitation.
Son chiffre d'affaires au titre de l'année N-1 se décompose comme suit :

- ventes en France	1 600 000 €
- ventes à l'exportation	36 000 €
- redevances sur brevets concédés à des filiales françaises	80 000 €
- cession de matériel faisant partie de l'actif	27 000 €
- location nue d'immeubles d'habitation	210 000 €

La société MECHALO acquiert en N pour 400 000 € HT plus 80 000 € de TVA un immeuble neuf utilisé pour l'ensemble de ses activités.

Calcul du coefficient d'assujettissement et de taxation pour cet immeuble

Le coefficient d'assujettissement est égal à 1 puisque l'ensemble de son activité rentre dans le champ d'application de la TVA.

Le coefficient de taxation est de : (1 600 000 + 36 000 + 80 000)/(1 600 000 + 36 000 + 80 000 + 210 000) = 0,89.

Comme il n'y a aucune restriction au droit à déduction sur ce type de bien, le coefficient d'admission est de 1.

De ce fait, la déduction de la TVA sur l'acquisition de l'immeuble se déterminera à partir du coefficient de déduction suivant :

1 × 0,89 × 1 = 0,89 soit 71 200 € (80 000 × 0,89).

Ce coefficient de 0,89 est provisoire. Il conviendra, dès la connaissance des informations relatives au chiffre d'affaires de l'année N, de rectifier la déduction pratiquée en tenant compte du coefficient définitif.

Ainsi, si le coefficient de taxation pour l'année N s'élève à 0,86, la société MECHALO devra procéder avant le 25 avril N+1 au reversement de la TVA déduite en trop à savoir :

- TVA effectivement déductible : 80 000 × 0,86 = 68 800 €
- TVA déduite initialement : 80 000 × 0,89 = 71 200 €
- soit un trop déduit de 2 400 €.

Remarques :

- Les coefficients d'assujettissement et de taxation provisoires sont déterminés en fonction de l'utilisation du bien ou du service au moment de son achat ou de sa première utilisation.
- S'agissant du coefficient de taxation, quelle que soit la valeur retenue à titre provisoire ou l'utilisation du bien en fin d'année, la valeur retenue à titre définitif doit également traduire l'utilisation du bien à des opérations ouvrant droit à déduction sur la base de l'année entière.

Dès lors, si un bien est utilisé au cours de l'année ou de la période d'utilisation alternativement ou successivement à des opérations ouvrant droit à déduction et à des opérations n'ouvrant pas droit à déduction, le coefficient de taxation définitif sera obligatoirement un coefficient de taxation forfaitaire.

3 Secteurs d'activités distincts

L'article 209, I-2e alinéa de l'annexe II au CGI prévoit que les secteurs d'activités qui ne sont pas soumis à des dispositions identiques au regard de la TVA doivent être comptabilisés dans des comptes distincts pour l'application du droit à déduction.

a. **Cas de constitution de secteurs distincts**

Il y a lieu de constituer des secteurs distincts lorsque les deux conditions suivantes sont réunies :

1. l'exercice par un même assujetti de plusieurs activités. Cette condition s'apprécie en retenant un certain nombre de critères tenant à la fois à la nature économique de chaque activité et, surtout, à l'utilisation de moyens différents d'exploitation (investissements, personnels distincts), et à la tenue d'une comptabilité séparée.
2. des activités différentes non soumises à des dispositions identiques au regard de la TVA. Tel est le cas lorsqu'un redevable exerce à la fois une activité imposable et une activité exonérée. En revanche, le régime des secteurs distincts ne trouve pas son application si toutes les activités de l'assujetti comprennent exclusivement des opérations ouvrant droit à déduction.

Lorsque les conditions énoncées ci-dessus sont réunies, **la constitution de secteurs distincts est de droit** et elle s'impose, tant aux entreprises qu'à l'administration, dès le début de l'activité considérée.

b. **Formalités et conséquences**

En cas de fractionnement, les secteurs font l'objet de comptes distincts pour l'application du droit à déduction. De ce fait, il en résulte les conséquences suivantes :

- la comptabilité de l'entreprise doit suivre distinctement pour chaque secteur les acquisitions de biens ou de services, le montant des opérations taxables et exonérées, les cessions d'immobilisations ou leur transfert à d'autres secteurs ;
- la détermination du montant déductible de la taxe ayant grevé les biens et services afférents à un secteur distinct s'effectue dans les conditions de droit commun.

Exemple

M. Alex Trimité exerce trois activités :
- une activité de conseil en gestion (chiffre d'affaires en N-1 de 100 000 €) ;
- une activité de formation professionnelle exonérée de TVA (chiffre d'affaires en N-1 de 50 000 €) ;
- enfin, une activité de location de locaux nus à usage professionnel, en optant pour la taxation de ses loyers à la TVA (chiffre d'affaires en N-1 de 150 000 €).

Il a constitué trois secteurs distincts au sens de l'article 209 de l'annexe II au CGI pour chacune de ses activités.

Au cours de l'année N, il réalise les opérations suivantes :

1. acquisition, pour 500 000 € HT plus 100 000 € de TVA, d'un immeuble neuf de 300 m^2, qu'il entend affecter en partie à son entreprise. Il décide de conserver dans son patrimoine privé la partie de l'immeuble qu'il réserve à son usage privatif (logement à usage d'habitation), d'une surface de 100 m^2.
2. acquisition d'un véhicule utilitaire d'une valeur de 15 000 € HT plus 3 000 € de TVA qu'il utilise pour ses activités de formation et de conseil.
3. achat de gazole pour 1 000 € HT plus 200 € de TVA. Ce carburant est utilisé par un véhicule de tourisme pour les déplacements d'un salarié pour les deux activités formation professionnelle et location.

Calculez à partir des coefficients de déduction le montant de la TVA déductible pour ces trois opérations.

1. Pour l'immeuble, le coefficient d'assujettissement est de 200/300 = 0,67, le coefficient de taxation est de 0,84 ((100 000 + 150 000)/300 000) et le coefficient d'admission est de 1.
   Le coefficient de déduction est donc égal à : 0,67 × 0,84 × 1 = 0,57, soit une TVA déductible de 57 000 € (100 000 × 0,57).
2. Pour ce véhicule, le coefficient d'assujettissement est égal à 1 puisque ce bien concerne des activités dans le champ d'application de la TVA.
   Le coefficient de taxation, qui se détermine à partir des chiffres d'affaires des activités conseil et formation, est égal à 0,67 (100 000/150 000).
   Comme le coefficient d'admission est égal à 1 pour ce bien, le coefficient de déduction sera de 0,67 soit une TVA déductible de 2 010 € (3 000 × 0,67).

>>>

>>> 3. Pour cet achat, le coefficient d'assujettissement est égal à 1 puisque ce bien concerne des activités dans le champ d'application de la TVA.
Le coefficient de taxation qui se détermine à partir des chiffres d'affaires des activités location et formation est égal à 0,75 (150 000/200 000).
Comme le coefficient d'admission pour ce produit est égal à 0,8 pour ce bien, le coefficient de déduction sera de 0,60 (1 × 0,75 × 0,80) soit une TVA déductible de 120 € (200 × 0,60).

B Régularisations

La TVA initialement déduite par un assujetti lui est en principe définitivement acquise. La réglementation prévoit toutefois un certain nombre de cas où la déduction initiale doit être régularisée.

Ces régularisations qui peuvent se traduire par un **reversement** partiel ou un par un **complément de déduction**, obéissent à des règles différentes selon qu'elles concernent des immobilisations ou d'autres biens et des services.

Distinction entre les immobilisations et les autres biens ou services

La notion d'immobilisation recouvre les biens et valeurs (meubles ou immeubles, corporels ou incorporels) qui sont acquis ou créés par l'entreprise, non pour être vendus ou transformés, mais pour être utilisés durablement dans l'entreprise (durée d'utilisation supérieure à douze mois).

Les biens ne constituant pas des immobilisations sont tous les biens qui, dans la comptabilité des entreprises, doivent figurer parmi les stocks et productions en cours (valeurs d'exploitation) et qui sont destinés à la vente en l'état ou au terme d'un processus de production à venir ou en cours.

1 Les régularisations portant sur des immobilisations

Il convient de distinguer deux catégories de régularisations :

- les **régularisations annuelles**, qui tiennent compte de l'évolution de l'utilisation d'un bien immobilisé dans le temps et qui ne concernent que les entreprises partiellement soumises à la TVA ;
- les **régularisations globales** qui sont déclenchées par la survenance de certains événements.

La régularisation annuelle traduit le fait que, l'année en cause, le bien a été utilisé différemment de ce que la situation initiale laissait présager.

La régularisation globale traduit le fait que, pour l'avenir, le bien sera utilisé différemment de ce que la situation initiale laissait présager.

Ces deux types de régularisation sont appréhendés à partir de la variation dans le temps de la valeur des éléments du coefficient de déduction (coefficient d'assujettissement, coefficient de taxation et coefficient d'admission).

Elles interviennent dans un certain délai appelé « période de régularisation ».

Cette période est de **cinq ans pour les biens meubles immobilisés** et de **vingt ans pour les immeubles immobilisés**.

Le point de départ de la période de régularisation se situe l'année au cours de laquelle le bien a été acquis, importé, achevé, utilisé pour la première fois ou transféré entre secteurs d'activités distincts.

Ainsi, pour un matériel acheté en N, la période de régularisation s'achèvera au 31 décembre N+4. Pour un immeuble acquis en N, elle s'appliquera jusqu'au 31 décembre N+19.

Les régularisations afférentes aux immobilisations sont appréhendées à partir de la variation dans le temps de la valeur des éléments du coefficient de déduction. Les variations de ces valeurs sont mesurées à partir d'un coefficient de référence. Celui-ci est égal aux trois coefficients retenus pour le calcul de la déduction opérée lors de l'acquisition (coefficient d'assujettissement de référence, coefficient de taxation de référence et coefficient d'admission de référence).

a. Cas de régularisation annuelle

Chaque année durant la période de régularisation, une régularisation de la taxe initialement déduite sur les biens immobilisés doit être opérée lorsque la différence entre le produit des coefficients d'assujettissement et de taxation de l'année, d'une part, et le produit des coefficients d'assujettissement et de taxation de référence, d'autre part, est supérieure, en valeur absolue, à un dixième.

Remarques :

- Le produit du coefficient d'assujettissement par le coefficient de taxation traduit la proportion d'utilisation du bien à des opérations ouvrant droit à déduction, le cas échéant déterminée en partie de façon forfaitaire. La régularisation annuelle s'opère uniquement au vu de cette variation de l'utilisation du bien. C'est pour cette raison qu'il n'est tenu compte que des coefficients d'assujettissement et de taxation (à l'exclusion du coefficient d'admission) pour le calcul du produit servant à déterminer s'il y a lieu ou non à régularisation annuelle.
- Le produit des coefficients d'assujettissement et de taxation de l'année et celui des coefficients d'assujettissement et de taxation de référence ne doivent pas être arrondis à la deuxième décimale par excès pour déterminer si la différence entre ces deux produits est ou non supérieure à un dixième. Seuls les coefficients eux-mêmes doivent être arrondis et non leur produit.

Forme et montant de la régularisation annuelle

Pour les immeubles, la régularisation opérée au titre d'une année est égale au vingtième du produit de la taxe initiale par la différence entre le coefficient de déduction de ladite année et le coefficient de déduction de référence.

$$\frac{\text{Taxe initiale} \times (\text{coefficient de déduction de l'année} - \text{coefficient de déduction de référence})}{20}$$

Pour les biens immobilisés autres que les immeubles, la régularisation opérée au titre d'une année est égale au cinquième de ce produit.

$$\frac{\text{Taxe initiale} \times (\text{coefficient de déduction de l'année} - \text{coefficient de déduction de référence})}{5}$$

Cette régularisation prend la forme soit d'une déduction complémentaire si le coefficient de déduction de l'année est supérieur au coefficient de référence (le résultat de l'opération est alors positif), soit d'un reversement de taxe lorsque le coefficient de déduction de l'année est inférieur au coefficient de référence (le résultat de l'opération est alors négatif).

Modalités de régularisation

La régularisation annuelle (déduction complémentaire ou reversement) doit intervenir, en principe, avant le 25 avril de l'année suivante.

Exceptions à la régularisation

Aucune régularisation ne doit être opérée pour les biens immobilisés dont le coefficient d'assujettissement de référence est nul : il s'agit des biens qui sont, dès l'origine, ou au cours de leur utilisation, exclusivement utilisés à la réalisation d'opérations placées hors du champ d'application de la taxe. En effet, dès lors que le coefficient d'assujettissement d'un bien est ou devient nul, le bien ne fait pas partie ou sort définitivement du cycle des régularisations et ne peut donc jamais bénéficier, quelles que soient les circonstances, d'une quelconque déduction ;

Exemple

La société LAREGULE a procédé, en N, à l'acquisition d'un matériel pour un montant de 60 000 € HT plus 12 000 € de TVA à 20 %. Elle a déduit 6 000 € de TVA compte tenu de son coefficient de taxation de 0,50 (activité entièrement dans le champ d'application de la TVA).
Au cours des années suivantes, les coefficients varient comme suit :

	Coefficient d'assujettissement	Coefficient de taxation
N+1	1	0,59
N+2	0,90	0,48
N+3	0,90	0,43
N+4	0,90	0,68
N+5	0,86	0,75

Déterminer le montant des régularisations à opérer.
Pour N+1, le coefficient de déduction étant égal à 0,59 (1 × 0,59), la variation reste inférieure à un dixième (comparaison entre 0,50 et 0,59). De ce fait, il n'y aura aucune régularisation à opérer.
Pour N+2, le coefficient de déduction étant égal à 0,44 (0,90 × 0,48), la variation reste inférieure à un dixième (comparaison entre 0,50 et 0,44). De ce fait, il n'y aura aucune régularisation à opérer.
Pour N+3, le coefficient de déduction étant égal à 0,39 (0,90 × 0,43), la variation devient supérieure à un dixième (comparaison entre 0,50 et 0,39). De ce fait, il conviendra de procéder à un reversement, soit : 12 000 × (0,39 - 0,50)/5 = - 264 €.
Pour N+4, le coefficient de déduction étant égal à 0,62 (0,90 × 0,68), la variation devient supérieure à un dixième (comparaison entre 0,50 et 0,62). De ce fait, il conviendra de procéder à un complément de déduction calculé comme suit : 12 000 × (0,62 - 0,50)/5 = + 288 €.
Pour N+5, le coefficient de déduction étant égal à 0,65 (0,86 × 0,75), la variation devient supérieure à un dixième (comparaison entre 0,50 et 0,65). Cependant, le délai de 5 ans (année de déduction plus les quatre années suivantes) étant écoulé, il n'y aura aucune régularisation à opérer.

b. Régularisations globales

La taxe initialement déduite sur les biens immobilisés doit faire l'objet d'une régularisation lorsque certains événements interviennent avant l'expiration de la période de régularisation.

Ces régularisations globales, correspondant à la somme des régularisations annuelles qui devraient intervenir jusqu'au terme de la période de régularisation, conduisent l'assujetti à procéder globalement, et en une fois, à toutes ces régularisations annuelles auxquelles il serait tenu jusqu'à l'expiration de la période de régularisation si sa situation, telle qu'elle résulte de l'événement en cause, demeurait en l'état jusqu'à ce terme.

Les régularisations globales sont exigibles dès la survenance des événements qui en sont à l'origine et doivent être effectuées en une seule fois pour tout le temps de la période de régularisation restant à courir.

Cas de régularisation globale

Les cas de régularisations globales sont au nombre de six :

1. cession ou apport non soumis à la TVA sur le prix total ou la valeur totale ;
2. transferts entre secteurs distincts d'activités ;
3. cession ou apport soumis à la TVA sur le prix total ou la valeur totale de biens dont la déduction initiale n'a été que partielle ;
4. modification législative ou réglementaire des règles d'exclusion du droit à déduction ;
5. biens devenant utilisés à des opérations ouvrant droit à déduction ;
6. biens cessant d'être utilisés à des opérations ouvrant droit à déduction.

Les assujettis n'ont pas à procéder à la régularisation de la taxe afférente aux biens immobilisés dans les cas suivants :

- biens dont la cession ou l'apport sont dispensés du paiement de la TVA en application de l'article 257 *bis* du CGI relatif aux transmissions d'universalité totale ou partielle de biens ;
- biens qui ont été volés ou détruits dès lors que ce vol ou cette destruction fait l'objet d'une justification ;
- biens dont le coefficient d'assujettissement de référence est nul : cette exception a pour objet d'interdire aux opérateurs concernés de bénéficier d'une déduction complémentaire.

Cession ou apport non soumis à la TVA sur le prix total ou la valeur totale

En pratique, cette situation se rencontre pour les immeubles acquis initialement sous le régime de la TVA immobilière, et vendu sous le régime des droits de mutation (vente plus de cinq ans après l'achèvement sans option pour la TVA).

Dans cette hypothèse, il y a lieu de **procéder à une régularisation globale** en considérant que le bien sera utilisé, pour chacune des années restantes de la période de régularisation, à une activité exonérée n'ouvrant pas droit à déduction. La régularisation est ainsi égale à la somme des régularisations annuelles qui auraient été effectuées jusqu'au terme de la période de régularisation en considérant que, pour chacune des années restantes, le coefficient de taxation sera égal à zéro.

Cette régularisation prend nécessairement la forme d'un **reversement de la TVA initialement déduite**.

Lorsque le bien cédé constitue également une immobilisation pour le nouveau détenteur (bénéficiaire de la cession ou de l'apport), le cédant peut lui « transférer » une partie de la TVA initiale, à proportion de la durée de régularisation non encore courue.

Le nouveau détenteur peut ainsi déduire une fraction du montant de la TVA ayant grevé initialement le bien, à proportion du rapport entre le nombre d'années restant à courir, pour le cédant ou l'apporteur, jusqu'au terme de la période de régularisation et le nombre d'années total de celle-ci.

Le montant de la taxe transférée est donc égal à :

$$\frac{\textbf{TVA initiale} \times \textbf{nombre d'années restant à courir}}{\textbf{Nombre total d'années de la période de régularisation}}$$

Le nouveau détenteur doit à son tour calculer un nouveau coefficient de déduction pour le bien immobilisé et appliquer ce coefficient au montant de la « taxe transférée ». **Le montant du droit à déduction du nouveau détenteur** est, en conséquence, égal à la TVA transférée multipliée par le coefficient de déduction du nouveau détenteur.

Pour que ce mécanisme puisse fonctionner, l'ancien détenteur (cédant ou apporteur) est tenu de délivrer au nouveau un document mentionnant le montant de la taxe que ce dernier est en droit de déduire. L'article 207, III-3 de l'annexe II au CGI parle à cet égard d'une « attestation » mentionnant le montant de la taxe qu'il est en droit de déduire.

Remarques :

- L'acquisition du bien ouvre une nouvelle période de régularisation pour le nouveau détenteur. La taxe initiale servant de base au calcul des régularisations éventuelles auxquelles le nouveau détenteur peut être tenu est égale au montant de la taxe transférée.
- Ce mécanisme de transmission de droit à déduction peut jouer également si l'ancien détenteur n'a pu opérer aucune déduction au moment où il a acquis le bien, en raison soit de sa situation personnelle au regard de la TVA (entreprise exonérée), soit d'une exclusion de la déduction frappant le bien.

Exemple

La société IMMOTAN, entièrement redevable de la TVA, a revendu en septembre N un immeuble qu'elle avait acheté neuf en N-8 pour un montant de 500 000 € HT plus 100 000 € de TVA à 20 %.
Calculer le montant de la régularisation à opérer par le vendeur et le montant pouvant être transféré au nouveau détenteur sachant qu'il s'agit d'une entreprise partiellement redevable de la TVA dont le coefficient de déduction est égal à 0,60.
Dès lors que la revente de l'immeuble intervient plus de 5 ans après son achèvement, elle n'est pas soumise à la TVA à défaut d'option pour son imposition. Il convient donc de procéder à une régularisation globale sous la forme d'un reversement calculé comme suit : il s'est écoulé 9 années ou fractions d'année civile depuis l'acquisition du bien (de N-8 à N) avec une utilisation pour la réalisation d'opérations soumises à la TVA. Il reste 11 années ou fractions d'année civile restant à courir jusqu'à la fin du délai de régularisation de 20 ans.
Le reversement se calcule donc comme suit : 100 000 × 11/20 = 55 000 €.
Cette TVA à reverser pourra être transmise comme TVA déductible au nouvel acquéreur dès lors que le bien a vocation à être immobilisé. Comme ce dernier a un coefficient de déduction de 0,60, il pourra déduire en N la somme de 33 000 (55 000 × 0,60).
Ce nouveau détenteur aura aussi à suivre son propre délai qui commencera en N pour s'achever en N+19.

Transfert entre secteurs d'activités

Il s'agit du cas où un redevable ayant des secteurs d'activités distincts transfère une immobilisation d'un secteur à un autre secteur.

Un tel transfert est traité comme une cession non soumise à la TVA suivie d'un éventuel transfert du droit à déduction au profit du secteur d'activité d'arrivée si le bien y est immobilisé.

Exemple

La société SAUBEAU dispose de deux secteurs distincts d'activité : un secteur « location d'immeubles », dont le coefficient de déduction est de 0 %, et un secteur industriel, dont le coefficient de déduction est de 100 %.
Elle a décidé en N d'affecter au secteur location d'immeubles le mobilier acquis à l'état neuf pour 20 000 € HT plus 4 000 € de TVA à 20 % en N-2 et qui avait été utilisé exclusivement jusqu'ici dans le secteur industriel.
Ce mobilier a été affecté à des opérations soumises à la TVA pendant 3 années ou fractions d'année civile depuis son acquisition (de N-2 à N). Son transfert vers un secteur d'activité exonéré de TVA entraîne une régularisation pour le nombre d'années ou fractions d'année civile restant à courir jusqu'à la fin du délai de régularisation de 5 ans.
Le reversement se calcule comme suit : 4 000 × (5 - 3)/5 = 1 600 €.

Cession ou apport soumis à la taxe sur le prix total ou la valeur totale

Ce cas de régularisation concerne le cas des cessions soumises à la TVA sur des biens qui précédemment, lors de leur acquisition, n'ont pas fait l'objet d'une déduction totale.

Sont notamment visés les biens mobiliers d'investissement (outillage, matériel, etc.) usagés, dont la cession par leur utilisateur est imposable à la TVA dès lors qu'ils ont antérieurement donné lieu, lors de leur acquisition, à une déduction, même partielle (si la déduction initiale a été totale, il n'y a évidemment pas matière à la présente régularisation).

Sont également concernés les immeubles vendus dans les cinq ans de leur achèvement et soumis à la TVA immobilière.

La régularisation est égale à la somme des régularisations annuelles qui auraient été effectuées jusqu'au terme de la période de régularisation en considérant que, pour chacune des années restantes de cette période, le coefficient de déduction est égal à l'unité.

Elle se traduit nécessairement par une déduction complémentaire de TVA.

Remarques :

- Ce cas de régularisation trouve aussi à s'appliquer lorsque la cession n'est pas effectivement soumise à la TVA parce que le bien est exporté ou fait l'objet d'une livraison intracommunautaire : exportation ou livraison intracommunautaire directes ou cession à un exportateur ou à une personne effectuant des livraisons intracommunautaires, y compris s'il s'agit d'un bien exclu du droit à déduction (véhicule de tourisme, par exemple).
- Parmi les cessions répondant aux conditions examinées ici, on peut également citer le cas des biens mobiliers exclus du droit à déduction lors de leur acquisition lorsque, la cession étant faite à un négociant en biens d'occasion, le cédant choisit, comme il en a le droit de la soumettre à la TVA.
- Une personne qui achète un bien en qualité de non-assujetti, et qui, par la suite, vend ce bien en qualité d'assujetti ne bénéficie pas d'un droit à régularisation en vue d'opérer une déduction de TVA acquittée lors de l'achat dudit bien.

Exemple

La société SHARP a revendu 7 500 € HT en septembre N un matériel acheté en N-2 pour un montant de 20 000 € HT plus 4 000 € de TVA à 20 %.
Compte tenu de son activité, elle n'avait pu déduire que 1 600 € de TVA lors de l'achat de ce bien (coefficient de déduction de 0,40).
Calculer le montant de la régularisation à opérer par le vendeur.
Dès lors que la société a pu déduire en partie ou en totalité de la TVA lors de l'acquisition du bien, elle doit obligatoirement en collecter lors de la revente.
En conséquence, la vente opérée en N sera soumise à la TVA soit : 7 500 × 20 % = 1 500 €.
En contrepartie, la société SHARP pourra procéder à une déduction complémentaire sur la partie non déductible de la TVA lors de l'achat soit : 4 000 - 1 600 = 2 400.
Cette base sera rognée du nombre d'années ou de fractions d'année civile depuis la date d'acquisition dans le délai de régularisation soit 3 dans le cas présent (N-2, N-1 et N).
En conséquence, le complément de déduction s'élève à : 2 400 × (5 - 3)/5 = 960 €.

Modification législative ou réglementaire des règles d'exclusion

Il s'agit du cas où un changement de réglementation affecte la situation, au regard du droit à déduction, d'une immobilisation en cours d'utilisation.

Cette modification se traduit par un changement de la valeur du coefficient d'admission de référence du bien.

La régularisation est égale à la somme des régularisations annuelles qui auraient été effectuées jusqu'au terme de la période de régularisation en considérant que, pour chacune des années restantes de cette période, le coefficient d'admission est égal à sa nouvelle valeur.

Si le bien cesse d'ouvrir droit à déduction (coefficient d'admission passant à zéro), le redevable doit procéder à un reversement d'une fraction de la taxe initialement déduite.

Si le bien cesse d'être exclu du droit à déduction (coefficient d'admission devenant supérieur à zéro), le redevable peut bénéficier d'une déduction complémentaire d'une fraction de la TVA initialement déduite.

Biens devenant utilisés à des opérations ouvrant droit à déduction

Il s'agit du cas où des biens immobilisés, utilisés jusqu'alors pour la réalisation d'opérations imposables n'ouvrant pas droit à déduction, viennent à être affectés à des opérations soumises à la TVA.

En revanche, ceux utilisés initialement pour la réalisation d'opérations non imposables et affectés ensuite à la réalisation d'opérations soumises à TVA ne pourront pas bénéficier de ce dispositif.

La régularisation est égale à la somme des régularisations annuelles qui auraient été effectuées jusqu'au terme de la période de régularisation en considérant que, pour chacune des années restantes de cette période, le coefficient de taxation est égal à sa nouvelle valeur, laquelle découle de la nouvelle utilisation du bien.

Cette régularisation se traduit par une déduction complémentaire.

Exemple

M. Ladéfance, avocat bénéficiant de la franchise en base jusqu'en N, décide d'opter pour la TVA à compter du 1er janvier N+1.
À cette date : il possède pour son activité :
- un ordinateur acheté en N-1 pour 1 000 € plus 200 € de TVA à 20 % ;
- une imprimante achetée en décembre N, non encore utilisée, pour 500 € plus 100 € de TVA à 20 %.

Quelles sont les conséquences en matière de TVA de son option au 1er janvier N+1 ?

Dès lors qu'à compter du 1er janvier N+1 M. Ladéfance va réaliser des opérations soumises à la TVA, il pourra bénéficier d'un crédit de départ dans le cadre de la régularisation globale de TVA.
Pour l'ordinateur, ce complément de déduction tiendra compte des années ou fractions d'année civile d'utilisation à une activité non soumise à la TVA (N-1 et N) soit 200 × (5 – 2)/5 = 120 €.
Pour l'imprimante, dès lors qu'elle n'a pas encore été utilisée pour une activité non soumise à la TVA, la déduction est totale soit 100 €.

Biens cessant d'être utilisés à des opérations ouvrant droit à déduction

Il s'agit de la situation inverse de celle évoquée précédemment, à savoir un bien qui cesse d'être utilisé pour la réalisation d'opérations ouvrant droit à déduction.

Dans ce cas, la régularisation qui prend nécessairement la forme d'un reversement de la TVA initialement déduite, est égale à la somme des régularisations annuelles qui auraient été effectuées jusqu'au terme de la période de régularisation en considérant que, pour chacune des années restantes de cette période, le coefficient de taxation est égal à zéro.

Exemple

M. Jean Termine, artisan normalement soumis à la TVA, se retrouve compte tenu de son chiffre d'affaire bénéficiaire de la franchise en base à compter du 1er janvier N+1. À cette date, il devient un assujetti exonéré de TVA. Il possède pour son activité :
- un matériel acheté en juin N-2 pour 1 500 € plus 300 € de TVA à 20 % ;
- un véhicule utilitaire acheté en mars N pour 10 000 € plus 2 000 € de TVA à 20 %.

Quelles sont les conséquences en matière de TVA de nouveau statut au 1er janvier N+1 ?

Dès lors qu'à compter du 1er janvier N+1 M. Termine va réaliser des opérations exonérées de la TVA, il devra reverser une partie de la TVA déduite initialement sur les acquisitions d'immobilisations faites en N-2 et N.
Pour le matériel et le véhicule utilitaire, le reversement tiendra compte des années ou fractions d'année civile d'utilisation à une activité soumise à la TVA :
- pour le matériel : utilisation en N-2, N-1 et N soit à reverser 300 × (5 - 3)/5 = 120 € ;
- pour le véhicule : utilisation en N soit à reverser 2 000 × (5 - 1)/5 = 1 600 €.

2 Régularisations applicables aux biens autres que les immobilisations et aux services

Ces régularisations s'appliquent dans les cas suivants.

a. Biens devenant utilisés à des opérations ouvrant droit à déduction

Lorsqu'un bien en stock cesse d'être utilisé exclusivement pour la réalisation d'opérations exonérées et vient à être utilisé pour la réalisation d'opérations ouvrant droit à déduction (coefficient de taxation cessant d'être nul), la taxe initiale ayant grevé l'acquisition de ce bien peut être déduite à proportion du coefficient de déduction résultant de ce changement d'utilisation.

Ainsi, un commerçant antérieurement exonéré de TVA compte tenu de son chiffre d'affaires qui opte pour son assujettissement à la TVA à compter du 1er janvier N+1 pourra déduire la totalité de la TVA grevant son stock de marchandises au 31 décembre N.

b. Utilisation des biens ou services pour une opération n'ouvrant pas droit à déduction

La taxe ayant grevé des services doit faire l'objet d'une régularisation lorsque ceux-ci sont utilisés pour une opération qui n'est pas effectivement soumise à la TVA parce que exonérée de TVA.

Remarque. Les prélèvements sur stocks, effectués pour les besoins privés normaux du chef d'une entreprise individuelle et pour les besoins des membres de sa famille à sa charge (autoconsommation), ne sont pas considérés comme des livraisons à soi-même taxables.

Cette dispense d'imposition rend obligatoire la régularisation de la taxe d'amont grevant les biens prélevés pour cette consommation (TVA déduite lors de l'achat des produits correspondants ou des matières et des services ayant servi à les fabriquer).

c. Disparition des marchandises

La régularisation n'est cependant pas exigée en cas de destruction des biens, à condition qu'il soit justifié de cette destruction, qui peut être accidentelle (incendie, inondation...) ou volontaire (destruction de biens devenus inutilisables en l'état pour l'usage auquel ils étaient destinés). Il en est de même en cas de vol ou de détournement justifiés (par le dépôt d'une plainte pour vol ou pour abus de confiance).

Il est admis que dans le secteur de la distribution (détaillants ou grandes surfaces) la « démarque inconnue » n'entraîne pas de régularisation dès lors que son taux n'est pas exagéré.

Lorsque l'un de ces événements intervient, la régularisation doit être opérée quelle que soit la date où il se produit (contrairement à ce qui se passe pour les immobilisations, il n'existe pas ici de date limite au-delà de laquelle la régularisation ne serait plus obligatoire).

Coefficient de déduction = **Coefficient d'assujettissement** (proportion d'utilisation de ce bien ou service à des opérations imposables) × **Coefficient de taxation** (proportion d'utilisation de ce bien ou service à des opérations soumises à la TVA) × **Coefficient d'admission** (il dépend des éventuelles restrictions prévues dans la législation)

Modalité du droit à déduction → Le droit à déduction prend naissance lorsque la taxe correspondante devient exigible chez le fournisseur ou le prestataire de services.

Régularisations des déductions

→ **Régularisations annuelles pour les seules immobilisations** en cas d'évolution de l'utilisation du bien dans le temps :
Montant de la régularisation : Taxe initiale × (Coefficient de déduction de l'année écoulée – Coefficient de déduction définitif appliqué) /N
Avec N égal à 20 pour les immeubles et N égal à 5 pour les biens meublés.

→ **Régularisations globales sur les immobilisations**
Elles s'appliquent en cas de cession ou apport non soumis à la TVA sur le prix total ou la valeur totale, de cession ou apport soumis à la TVA sur le prix total ou si la valeur totale de biens dont la déduction initiale n'a été que partielle. Elle s'applique également en cas de transfert entre secteurs distincts d'activités, de biens devenant utilisés à des opérations ouvrant droit à déduction ou de biens cessant d'être utilisés à des opérations ouvrant droit à déduction.
Les régularisations globales correspondent à la somme des régularisations annuelles qui devraient intervenir jusqu'au terme de la période de régularisation.

Régularisations globales sur les autres biens et services
Elles s'appliquent en cas de biens devenant utilisés à des opérations ouvrant droit à déduction ou devenant utilisés à des opérations n'ouvrant pas droit à déduction.

Applications

EXO 21.01

La société CLAUSTRO a pour activité la fabrication et l'installation d'ascenseurs.

1. Facture SARL ROOF du 20 janvier pour la réparation de la toiture de l'entrepôt de stockage à proximité du local de fabrication, pour un montant de 3 800 € HT plus 760 € de TVA. Cette somme a été payée à hauteur de 2 400 € le 30 janvier et le solde le 15 mars.
2. Facture de la SARL CROC DUR du 2 février pour l'achat de deux chiens de garde destinés à la surveillance des locaux pour un montant de 800 € HT plus 160 € de TVA. La facture a été réglée le jour de l'achat.
3. Facture du garage LA CASSE le 25 février pour la vérification des freins et de l'embrayage du véhicule de tourisme Renault utilisé exclusivement par M. Phobe à des fins professionnelles. La facture d'un montant de 300 € HT plus 60 € de TVA a été réglée le 12 mars.
4. Facture de la société FRET PLUS du 3 mars pour le transport de marchandises en France pour un montant de 400 € HT plus 80 € de TVA. Cette somme a été réglée par traite à échéance le 30 mai. Cette traite a été remise à l'escompte le 15 avril. Il est précisé que la société FRET PLUS a opté pour les débits (indication portée sur la facture).
5. Facture le 30 mars de la société ABRI 2000 pour la location de deux baraques de chantier pour la période du 15 février au 20 février, pour un montant de 200 € HT plus 40 € de TVA. Cette somme a été réglée en totalité le 15 mai.
6. Facture le 15 avril du garage BIDON pour la consommation de carburant au cours du 1er trimestre N. Elle se décompose comme suit :
   - gazole du véhicule utilitaire Mercédès : 135 € HT plus 27 € de TVA ;
   - gazole du véhicule de tourisme BMW : 65 € HT plus 13 € de TVA ;
   - super sans plomb du véhicule utilitaire Renault : 156 € HT plus 31,20 € de TVA.

   L'ensemble de ces sommes a été réglé le 30 avril.
7. Facture le 2 mai de la DISTILLERIE MAGLOIRE pour l'achat de 30 bouteilles de calvados pour un prix total de 960 € HT plus 192 € de TVA. Ces bouteilles seront remises aux par lots de deux bouteilles aux 15 meilleurs clients de la société. La facture a été payée le jour de l'achat.
8. Facture le 16 mai du traiteur TIFOUR pour l'inauguration d'un nouveau local en présence de 20 clients, de 20 fournisseurs et de 20 membres du personnel de l'entreprise pour un montant de 800 € HT plus 160 € de TVA. Cette facture qui se rapporte à une prestation de service a été réglée le 30 mai.
9. Facture CHAUDEVANT le 31 mai pour l'entretien de la chaudière au gaz, pour un montant de 750 € HT plus 150 € de TVA. Il faut savoir que l'immeuble est composé du rez-de-chaussée à usage professionnel et de deux étages.

   Au premier étage se trouve l'appartement du gardien chargé de la surveillance de l'entreprise.

   Au second se trouve l'appartement occupé par M. Vertige, directeur technique de la société CLAUSTRO. Comme l'entreprise travaille selon le système des 3 fois 8 heures, M. Vertige peut à tout moment intervenir en cas de problèmes techniques.

L'immeuble ne possède qu'une chaudière. Il peut être valablement retenu un pourcentage de 50 % de consommation pour le rez-de-chaussée, 20 % pour le premier étage et 30 % pour le second.
Cette facture a été réglée le 28 juin.

10. Facture le 16 juin de la société COURJU pour la remise en état complète de l'électricité du local de fabrication pour un montant de 6 000 € HT plus 1 200 € de TVA. Cette facture avait fait l'objet d'un acompte le 15 avril lors du commencement des travaux pour un montant TTC de 2 400 €. Le solde a été payé à raison de 2 400 € le 30 juin et 2 400 € le 31 juillet.
11. Facture le 20 juin de la compagnie aérienne ALTITUDE pour le déplacement des ouvriers sur un chantier pour un montant de 360 € HT plus 36 € de TVA. Cette facture a été payée le jour même.
12. Facture NOTOVEL du 25 juin pour la nuit d'hôtel pour 82 € HT plus 8,20 € de TVA ; il s'agit de l'hébergement d'un important client de la société. Cette facture a été payée le jour même.
13. Facture DECOMOD du 28 juin pour la réfection des tapisseries du bureau du PDG pour un montant de 390 € HT plus 78 € de TVA. Le paiement est intervenu le 29 juin.
14. Facture MIBOL du 26 juin pour l'achat d'un fût de lubrifiant pour les machines, livré le jour même, d'un montant de 180 € HT plus 36 € de TVA. Cette facture n'a pas été réglée, l'entreprise CLAUSTRO contestant la qualité du produit vendu.
15. Facture de l'association pour le développement de la région Poitou-Charentes du 30 juin pour un montant de 200 € HT avec 40 € de TVA. Cette somme est destinée à contribuer au parrainage des 8es foulées de Tours. En contrepartie, la société CLAUSTRO pourra apposer deux banderoles sur la ligne de départ et d'arrivée. Le paiement est intervenu le 15 juillet.
16. Facture du 6 juillet de l'auto-école CARABOSSE pour l'apprentissage à la conduite poids lourds de M. Léger salarié de la société CLAUSTRO : 350 € HT TVA 70 €. Le règlement par chèque est intervenu le 10 août.

→ Travail à faire

M. Phobe, PDG de la société, vous demande de lui indiquer pour ces opérations, réalisées en N, si la TVA peut faire l'objet d'une déduction, et dans l'affirmative à quelle date.

EXO 21.02

Mme Claire Jyvois exerce une double activité, la vente de livres et une activité de formation professionnelle continue exonérée de TVA.
Le chiffre d'affaires hors taxe de l'année N–1 de ces deux activités est de 110 000 € pour la vente de livres et 90 000 € pour la formation.
Au cours de l'année N, Mme JYVOIS a supporté, entre autres, les charges suivantes :

Nature de la facture	montant hors taxe	TVA
Achat d'un véhicule de tourisme ; ce bien est utilisé pour l'activité vente de livres	15 000 €	3 000,00 €
Achat de gazole pour le véhicule de tourisme ; ce bien est utilisé pour l'activité vente de livres	500 €	100,00 €

Nature de la facture	montant hors taxe	TVA
Achat d'un véhicule utilitaire ; ce bien est utilisé pour l'activité formation professionnelle continue	12 000 €	2 400,00 €
Achat de gazole pour le véhicule utilitaire ; ce bien est utilisé pour l'activité formation professionnelle continue	1 000 €	200,00 €
Achat d'un ordinateur pour l'activité vente de livres	2 000 €	400,00 €
Achat d'une photocopieuse pour les deux activités	300 €	60,00 €
Achat de 10 montres pour les offrir à 5 clients de l'activité livres et 5 prestataires de l'activité formation	500 €	100,00 €
Facture de l'expert-comptable pour les travaux comptables et fiscaux	400 €	80,00 €

→ **Travail à faire**

1. **Pour chacune de ces opérations déterminez le montant de la TVA déductible.**
2. **À la clôture de l'année N, le chiffre d'affaires se décompose comme suit :**
   - **vente de livres : 122 000 € ;**
   - **activité de formation professionnelle : 88 000 €.**

Doit-on procéder à une régularisation ?
Si oui, de quel montant ?

EXO 21.03

La société LAPELLE, partiellement soumise à la TVA, a acheté le 18 septembre N un immeuble pour 200 000 € plus 40 000 € de TVA.

Compte tenu de son coefficient de déduction, la société a déduit 16 000 € représentant 40 % du montant total. Ce pourcentage n'a pas varié durant les années de détention de ce bien.

Cet immeuble a été cédé le 12 septembre 2021 à l'entreprise LAPIOCHE, partiellement soumise à la TVA (coefficient de 0,6), pour un prix de 320 000 €.

→ **Travail à faire**

Préciser quel est le régime applicable lors de la revente pour le vendeur et pour l'acquéreur dans les deux hypothèses suivantes :

- **l'année d'acquisition N correspond à l'année 2018 ;**
- **l'année d'acquisition N correspond à l'année 2015 et le vendeur n'a pas opté pour la TVA.**

EXO 21.04

M. André Naline exerce actuellement l'activité de psychologue indépendant, tout en étant titulaire d'un diplôme de docteur en médecine. De ce fait, il n'est pas redevable de la TVA. Depuis le 1er novembre N-2, tout en continuant d'exercer son activité de psychologue, il l'a complété avec celle de conseil non salarié en recrutement pour le compte d'entreprises. Compte tenu du chiffre d'affaires réalisé avec cette nouvelle activité, il bénéficie de la franchise TVA, mais il souhaiterait opter pour un assujettissement à la TVA.

→ Travail à faire

Il vous est demandé de répondre aux questions suivantes :

1. Si M. Naline opte au 01/01/N pour la TVA, préciser ce qui se passera pour les biens suivants :
   - une batterie de tests (ce sont des formulaires papier), utilisée pour son activité de conseil en recrutement et achetée en septembre N–1 pour 5 800 € plus 1 160 € de TVA à 20 % dans l'hypothèse où il lui en reste au 31/12/N–1 pour une valeur de 2 000 € hors taxe ;
   - un ordinateur, acheté en septembre N–2 pour 1 300 € plus 260 € de TVA à 20 % et qui a vocation à être utilisé pour les deux activités.

   En N–1, le montant des recettes de M. Naline est de 38 000 € pour l'activité de conseil et de 46 000 € pour l'activité de psychologue.
2. M. Naline envisage d'acheter un nouveau local pour ses deux activités courant N. Que pourra-t-il déduire comme TVA pour un immeuble dont le prix d'acquisition serait de 200 000 € hors taxe plus 40 000 € de TVA ?
3. S'il réserve une partie de ce local (évoqué à la question 2), à titre personnel pour environ 25 % de sa superficie totale, que pourra-t-il déduire ?

Les obligations des assujettis et le paiement de la TVA

Chapitre 22

COMPÉTENCES ET SAVOIRS ASSOCIÉS

- **Les différentes obligations comptables et fiscales des assujettis.**
- **Les régimes d'imposition, réel normal et réel simplifié et les modalités de paiement de la TVA.**

Les personnes assujetties à la TVA sont tenues de respecter un certain nombre d'obligations et formalités déclaratives qui présentent un caractère général.

Certaines personnes, au regard de leur activité ou de la nature des opérations réalisées, peuvent être soumises à des obligations particulières.

PLAN DU CHAPITRE

SYNTHÈSE P. 404

APPLICATIONS P. 405

LES RÉFÉRENCES POUR COMPRENDRE LE CONTEXTE

La facturation de la TVA

Règles de facturation de la TVA. Fiche thématique sur le site de la Commission européenne

Déclaration et paiement de la TVA

Fiche thématique sur le site entreprendre.service-public.fr

Les régimes d'imposition de la micro-entreprise

Modification des seuils des régimes d'imposition de la micro-entreprise pour 2023, 2024 et 2025.
Fiche thématique sur le site entreprendre.service-public.fr

Les acomptes de TVA dans les entreprises soumises au régime simplifié d'imposition

TVA et régime simplifié : quand verser des acomptes et comment sont-ils calculés ? Vidéo explicative sur la chaîne YouTube de Compta Online

1 Les obligations des assujettis

Les redevables de la TVA sont soumis à différentes obligations au moment de la création et lors de la réalisation de leurs opérations.

A Obligation d'identification des redevables

En application de l'article 286-1 du CGI « *Toute personne assujettie à la TVA doit dans les 15 jours du commencement de ses opérations, souscrire au bureau désigné par un arrêté une déclaration conforme au modèle fourni par l'administration...* ».

Cette déclaration est à présenter au **centre de formalités des entreprises** (CFE) qui peut être, selon la nature de l'activité exercée, la chambre de commerce et d'industrie, la chambre des métiers, le greffe du tribunal de commerce, la chambre d'agriculture ou le centre des impôts.

Un **numéro d'identification** est alors attribué à l'assujetti redevable de la TVA.

En France ce numéro comporte treize caractères à trois éléments :

- le code du pays de l'Union européenne (deux caractères alphabétiques) ;
- un nombre clé pour le contrôle informatique du numéro (deux caractères numériques) ;
- le numéro SIREN de l'entreprise (neuf caractères numériques).

Ce numéro doit figurer sur les déclarations destinées à l'Administration fiscale et sur les factures et autres documents relatifs aux échanges intracommunautaires.

La présence ou non de ce numéro sur la facture peut conditionner le régime applicable en matière d'échanges intracommunautaires (voir Chapitre 23).

Il est systématiquement mentionné sur les déclarations de TVA.

B Obligation de facturation

1 Délivrance d'une facture

Tout assujetti est tenu de délivrer une facture ou un document tenant lieu de facture :

- pour les livraisons de biens ou les prestations de services qu'il effectue pour un autre assujetti ou pour une personne morale non assujettie ;
- pour les acomptes qui lui sont versés dans le cadre des opérations citées précédemment même lorsque ces acomptes ne donnent pas lieu à exigibilité de la taxe.

L'assujetti doit toujours conserver un double de tous les documents émis.

Cette obligation de facturation repose sur l'assujetti vendeur ou prestataire de services. Toutefois, avec accord et mandat express du fournisseur ou prestataire, le client ou un tiers peut lui-même procéder à la rédaction de la facture. Il s'agit alors d'une auto-facturation ou d'une sous-traitance de la facturation.

La **facture** est généralement transmise **sur support papier**, mais elle peut avec l'accord du destinataire être transmise par voie électronique, avec signature électronique du document ou par le biais d'un **échange informatisé de données** (EDI) répondant aux normes européennes.

À partir du 1er juillet 2024, les entreprises établies en France devront accepter les factures électroniques. L'émission obligatoire des factures électroniques interviendra, quant à elle, progressivement entre 2024 et 2026 :

- le 1er juillet 2024 pour les grandes entreprises ;
- le 1er juillet 2025 pour les entreprises de taille intermédiaire ;
- le 1er juillet 2026 pour les petites et moyennes entreprises et les micro-entreprises.

2 Mentions obligatoires

Au titre des mentions générales la facture doit faire apparaître :

- les mentions relatives aux parties avec les **noms du fournisseur et du client**, leur adresse, le numéro individuel d'identification à la TVA du fournisseur ou prestataire de services ;
- la **date et le numéro de la facture** ;
- les **mentions relatives aux opérations** réalisées avec, sur chaque ligne de la facture, la date de l'opération lorsqu'elle diffère de la date de la facture, la quantité et dénomination précise des biens livrés ou des services fournis, le prix unitaire hors TVA, les éventuels rabais ou ristournes, le taux de TVA applicable ou le bénéfice d'une exonération ;
- le **montant de la taxe à payer** et, par taux d'imposition, le total hors taxe et taxe correspondante, les rabais ou ristournes non rattachables à des opérations particulières ainsi que le prix total à payer.

D'autres mentions doivent être portées sur ce document en cas d'opérations particulières telles que les opérations liées aux échanges internationaux.

3 Facturation erronée ou respect des obligations de facturation

Toute TVA facturée est due du seul fait de sa facturation. Les erreurs relatives à la bonne application de la TVA peuvent, dans la mesure où la bonne foi des parties n'est pas contestée, être rectifiées par voie d'imputation ou de restitution, dans les conditions prévues pour les opérations résiliées ou annulées.

Les omissions ou inexactitude constatée dans les factures en matière de TVA donnent lieu à l'application d'une amende de 15 € par manquement constaté, sachant que le total des amendes dues au titre de chaque facture ne peut pas dépasser le quart de son montant.

Pour les opérations fictives, c'est-à-dire lorsque la facture ne correspond pas à la livraison d'une marchandise ou à l'exécution d'une prestation de services, la taxe reste due par la personne qui l'a facturée. Pour le client, cette TVA ne peut faire l'objet d'une déduction.

De plus, en application de l'article 1737-I 1 et 2 du CGI, cette situation peut être sanctionnée d'une amende fiscale de 50 % du montant de la transaction.

C Obligations d'ordre comptable

En application de l'article 286-3 du CGI « *Les personnes assujetties à la TVA doivent :*

- *tenir une comptabilité leur permettant de justifier du détail des opérations qu'elles réalisent ou, à défaut, un livre spécial* ;
- *lorsque leurs recettes sont passibles de taux différents, les ventiler par taux d'imposition* ».

1 Tenue d'une comptabilité

Elle doit permettre de **retracer l'ensemble des opérations imposables ou non** réalisées par le redevable.

À défaut d'une telle comptabilité, les assujettis doivent tenir au minimum un livre spécial aux pages numérotées sur lequel ils inscrivent jour par jour, sans blanc ni rature, le montant de chacune des opérations, en distinguant, au besoin, leurs opérations taxables de celles qui ne le sont pas.

Chaque inscription doit indiquer la date, la désignation sommaire des objets vendus, du service rendu ou de l'opération imposable, ainsi que le prix de la vente ou de l'achat, ou le montant des commissions. Toutefois, les opérations au comptant peuvent être inscrites globalement en comptabilité à la fin de chaque journée lorsqu'elles sont inférieures à 76 € pour les ventes au détail et les services rendus à des particuliers. Le montant des opérations inscrites sur le livre est totalisé à la fin du mois.

2 Ventilation des opérations par taux d'imposition

Les entreprises qui commercialisent des produits soumis à la TVA à des taux différents sont tenues de répartir les recettes qu'elles réalisent par catégories d'opérations et par taux d'imposition.

Cette obligation peut poser quelques difficultés pour les entreprises dont les ventes, faites au comptant à des consommateurs, ne donnent pas lieu à une facturation (cas des détaillants qui vendent des produits soumis à plusieurs taux), dès lors qu'elles n'ont pas les moyens informatiques pour identifier la TVA propre à chaque vente.

Dans ce cas, ces entreprises peuvent, sur autorisation de l'Administration, répartir leurs recettes entre les différents taux en utilisant les informations tirées de la comptabilité et notamment d'après les achats réalisées.

Quelle que soit la méthode retenue parmi les trois préconisées par l'Administration il y a lieu en fin d'année de procéder à des régularisations pour tenir compte des stocks d'entrée et de clôture.

2 Le paiement de la TVA

Les redevables de la TVA sont soumis à des obligations déclaratives qui diffèrent selon le chiffre d'affaires annuel réalisé.

Il s'agit :

- **du régime réel normal** d'imposition avec dépôt mensuel de déclarations ; et
- du **régime du réel simplifié** caractérisé par un allègement des obligations déclaratives avec des versements périodiques sous forme d'acomptes.

A La notion de redevable

Le paiement de la TVA incombe aux personnes qui réalisent les opérations imposables.

Ainsi, un client ne pourra pas se voir réclamer une TVA qui aurait dû être acquittée par son fournisseur ou son prestataire de service.

Il existe quelques exceptions au principe de la collecte et du paiement de la TVA par le fournisseur. Ainsi en matière d'opérations intracommunautaires c'est l'acquéreur d'un bien qui doit s'acquitter de la TVA dès lors qu'il est un redevable de la TVA.

Cela concerne aussi le régime applicable aux droits d'auteur celui relatif à certaines opérations sur les déchets neufs d'industrie et autres matières de récupération, ainsi que le régime d'autoliquidation mis en place pour les sous-traitants pour lutter contre la fraude à la TVA dans le secteur du bâtiment.

B Critères d'application des différents régimes

Le champ d'application de ces régimes est fixé en fonction du chiffre d'affaires réalisé. Les seuils diffèrent selon la nature de l'activité exercée. Ils peuvent se résumer avec le tableau suivant :

Ventes de marchandises et denrées à emporter ou à consommer sur place et fournitures de logement		Autres prestations de services		Régime applicable
Montant annuel hors taxe (1)		Montant annuel hors taxe (1)		
Inférieur à	91 900 €	Inférieur à	36 800 €	Franchise en base (2)
Compris entre et	91 900 € 840 000 €	Compris entre et	36 800 € 254 000 €	Réel simplifié
Supérieur à	840 000 €	Supérieur à	254 000 €	Réel normal

(1) Les limites de chiffre d'affaires qui déterminent l'application du régime simplifié sont ajustées au prorata du temps en cas de cessation ou création d'entreprise.

(2) La franchise en base ne s'applique pas pour certaines activités ni pour certains redevables.

C Appréciation des seuils

Les seuils figurant dans le tableau ci-dessus correspondent au montant hors taxe du chiffre d'affaires de l'année civile précédente pour les opérations de livraisons de biens et prestations de services taxées ou exonérées. Les opérations à caractère exceptionnel ne sont pas prises en compte.

Lorsque le chiffre d'affaires s'élève au-dessus des limites qui le concernent, le régime réel simplifié doit être remplacé par le régime réel normal dès la première année du dépassement.

Ce dispositif ne s'applique pas l'année du dépassement si le chiffre d'affaires ne dépasse pas :

- 925 000 € pour les ventes de marchandises et denrées à emporter ou à consommer sur place et fournitures de logement ; et
- 287 000 € pour les autres prestations de services.

Si le chiffre d'affaires vient à descendre en dessous des seuils respectifs du régime simplifié ou de la franchise, le nouveau régime est applicable dès le 1er janvier de l'année en cours.

En cas d'activité mixtes, les seuils spécifiques doivent être considérés séparément. C'est ainsi que le régime simplifié s'appliquera si le chiffre global n'excède pas 840 000 € et si le chiffre d'affaires des autres prestations de services ne dépasse pas 254 000 €.

Enfin, les assujettis relevant du régime réel simplifié peuvent opter pour le régime du réel normal. Cette option d'une durée de deux ans est tacitement reconductible.

D Caractéristiques du régime du réel normal

Les redevables soumis à ce régime sont tenus de souscrire une déclaration qui récapitule au titre de la période considérée le montant des opérations réalisées, avec le calcul de la TVA collectée de la TVA déductible et le montant de la TVA à payer ou du crédit de TVA à reporter sur la prochaine déclaration.

Cette déclaration est mensuelle ; elle peut être trimestrielle si les sommes dues annuellement sont inférieures à 4 000 €.

Les dates limites de dépôt des déclarations de chiffre d'affaires et de paiement des taxes correspondantes sont fixées selon l'échéancier établi au plan national.

En principe ces déclarations sont établies au moyen de l'imprimé CA3.

Les redevables de la TVA doivent utiliser le système de la télédéclaration et du télérèglement. Le non-respect de cette obligation est sanctionné d'une pénalité de 0,2 % du montant des droits à déclarer.

Le défaut ou retard de production de la déclaration CA3 est susceptible d'entraîner la taxation d'office au titre de la période correspondant à cette déclaration et l'application d'un intérêt de retard et d'une majoration de droits.

E Caractéristiques du régime du réel simplifié

Les redevables dont le chiffre d'affaires ne dépasse pas les limites du réel normal sont soumis sauf option contraire à un régime simplifié de liquidation de la TVA.

Ce système simplifie et allège les obligations des redevables de la TVA. Ceux-ci doivent verser deux acomptes semestriels.

À la fin de l'exercice comptable ou de l'année civile, l'entreprise dépose une déclaration récapitulative (imprimé CA12) déterminant le montant exact de la TVA due.

Attention pour les redevables qui relèvent de droit du régime simplifié d'imposition, le dépôt d'une déclaration annuelle récapitulative CA12 n'est possible que si la TVA due l'année précédente n'excède pas 15 000 €.

En effet, le redevable soumis au régime du réel simplifié dont le montant de la taxe exigible au titre de l'année précédente est supérieur à 15 000 €, doit obligatoirement déposer une déclaration de TVA selon une périodicité mensuelle. Il se retrouve de fait placé sous le régime réel normal d'imposition dans la mesure où il doit liquider la TVA réellement due au titre du mois considéré.

1 Les versements d'acomptes (imprimé 3514)

Ils sont versés en juillet et décembre accompagnés d'un relevé (imprimé n° 3514).

Ils sont égaux à 55 % (juillet) et 40 % (décembre) de la taxe due au titre de l'exercice précédent avant déduction de la TVA relative aux biens constituant des immobilisations.

Lorsque la période de référence servant de base au calcul des acomptes est inférieure à douze mois, les acomptes doivent être calculés à partir d'une taxe ajustée pour correspondre à une période de douze mois.

Il est possible de suspendre ou de modifier le versement d'un acompte si l'assujetti considère que le total des acomptes déjà versés est égal ou supérieure au montant qui sera finalement dû pour l'exercice.

Les redevables sont dispensés du versement d'acomptes lorsque la taxe due au titre de l'année ou de l'exercice précédent, avant déduction de la TVA relative aux biens constituant des immobilisations, est inférieure à 1 000 €. Dans ce cas, le montant total de l'impôt exigible sera acquitté lors de la souscription de la déclaration annuelle.

2 La déclaration annuelle (imprimé CA12 ou CA12E)

Cette déclaration permet de déterminer :

- la taxe réellement due au titre de la période à partir de la TVA collectée et de la TVA déductible sur immobilisations et autres biens et services. Compte tenu des acomptes déjà versés, cette déclaration fera apparaître un solde à payer ou une demande de remboursement en cas d'excédent de versement ;
- la base de calcul des acomptes semestriels de la période ultérieure déterminée à partir de la taxe due autre que celle relative aux immobilisations.

Pour les exercices clos au 31 décembre, la date de dépôt de cette déclaration (CA12) intervient normalement au plus tard le 2e jour ouvré suivant le 1er mai.

Pour les autres entreprises dont l'exercice ne coïncide pas avec l'année civile, la déclaration (CA12E) doit être déposée obligatoirement dans les trois mois suivant la clôture de l'exercice.

Attention. Alors même que les déclarations sont souscrites en fonction de l'exercice, c'est toujours l'année civile qui sert de référence pour l'appréciation des chiffres limites des régimes d'imposition.
Les entreprises qui relèvent du régime simplifié d'imposition peuvent, tout en restant placées sous ce régime en matière de bénéfice, demander à relever du régime du réel normal d'imposition pour la TVA. Cette renonciation expresse exercée par voie d'option prend effet au 1er janvier de l'année au cours de laquelle elle est exercée si elle est notifiée avant la date limite de dépôt de la déclaration CA12 ou le 1er janvier de l'année suivante en cas de notification après cette date.

Les différents régimes TVA

Régime de la franchise en base

Conditions :
CA ≤ 36 800 € ou 91 900 € selon l'activité.
Application :
Exonération de TVA avec possibilité d'opter pour le régime réel simplifié.

Régime du réel simplifié

Conditions :
36 800 € ou 91 900 € ≤ CA ≤ 254 000 € ou 840 000 € selon l'activité.
Application :
Versement de deux acomptes semestriels en juillet et en décembre à hauteur respectivement de 55 % et 40 % de la taxe due au titre de l'exercice précédent avant déduction de la TVA relative aux immobilisations, puis déclaration récapitulative à la fin de l'exercice comptable.
Possibilité d'opter pour le régime du réel normal.

Régime du réel normal

Conditions :
CA ≥ 254 000 € ou 840 000 € selon l'activité.
Application :
Dépôt d'une déclaration périodique mensuelle ou trimestrielle (selon l'importance de la TVA due par an) avec la TVA collectée exigible, la TVA déductible et par différence le montant de la TVA à payer ou du crédit de TVA.

Applications

EXO 22.01

La SARL FINETOUCHE, grossiste en peinture dont l'exercice comptable coïncide avec l'année civile, est redevable de la TVA selon le régime simplifié.
Cette société a réalisé en France les opérations suivantes au titre des exercices N-2, N-1.
Toutes les opérations sont imposables au taux normal.

Année N-2 (TVA au taux normal de 20 %)

Chiffre d'affaires de l'année	650 000 €
TVA déductible sur immobilisations	5 500 €
TVA déductible sur autres biens et services	38 250 €

Année N-1 (TVA au taux normal de 20 %)

Chiffre d'affaires de l'année	602 000 €
TVA déductible sur immobilisations	1 800 €
TVA déductible sur autres biens et services	34 980 €

Pour l'année N (TVA au taux normal de 20 %), la société réalise les opérations suivantes :

Mois	Chiffre d'affaires hors taxe	TVA déductible sur immobilisations	TVA sur autres biens et services
Janvier	48 000		3 210
Février	72 000		3 820
Mars	66 000		3 340
Avril	44 000		3 290
Mai	55 000		3 020
Juin	69 000		4 010
Juillet	82 000		4 840
Août	64 000		3 670
Septembre	66 000	1 200	3 330
Octobre	54 000		3 670
Novembre	48 000		2 780
Décembre	52 000	3 200	3 800
Total	720 000	4 400	42 780

→ **Travail à faire**

La société FINETOUCHE relève du régime du réel simplifié.

1. **Déterminer la TVA due au titre des exercices N-2 et N-1.**
2. **Déterminer le montant des acomptes versés au cours de l'année N.**
3. **Déterminer le solde de la TVA due au titre de l'année N.**
4. **Établir la déclaration CA12 au titre de l'année N.**

EXO 22.02

Société : DELUREY

Activité : vente de boissons

Régime d'imposition : réel normal

Taux de TVA : les produits de la famille A relève du taux normal et ceux de la famille B du taux réduit de 5,5 %

Opérations réalisées en septembre N

- Au titre des ventes et autres opérations assimilées :
  - livraisons et facturations en France au cours de ce mois : 86 000 € hors taxe dont 66 000 € relevant de la famille A et 20 000 € de la famille B ;
  - livraisons et facturations dans des pays de l'Union européenne au cours de ce mois : 16 000 € HT dont 10 000 € relevant de la famille A et 6 000 € de la famille B ;
  - livraisons et facturations dans des pays hors Union européenne au cours de ce mois : 6 000 € HT dont 2 000 € relevant de la famille A et 4 000 € de la famille B ;
  - cession d'une immobilisation taxable à la TVA : 12 000 € HT ;
  - cession d'une immobilisation non taxable à la TVA : 2 000 € HT.
- Au titre des achats :
  - TVA déductible sur les achats de marchandises effectués en septembre : 8 740 € ;
  - montant des acquisitions intracommunautaires taxables : 64 000 € hors taxe dont 44 000 € relevant de la famille A et 20 000 € de la famille B ;
  - TVA déductible sur les prestations de services payées en septembre 2 400 € ;
  - TVA déductible sur les immobilisations : 1 600 €.

Précisions :

- le crédit de TVA du mois d'août N est de 6 388 € (pour information, le crédit du mois de juillet N était de 3 585 €) ;
- les opérations d'exportation et de livraison remplissent les conditions pour être exonérées de taxe.

→ **Travail à faire**

À partir des informations ci-dessus, il conviendra de déterminer le montant de la TVA due ou du crédit de TVA du mois de septembre de l'année N et de rédiger la déclaration de TVA et, éventuellement, la déclaration de demande de remboursement en cas de crédit.

La TVA dans les échanges internationaux

Chapitre 23

COMPÉTENCES ET SAVOIRS ASSOCIÉS

- **Les règles applicables en matière de territorialité en distiguant la nature et la localisation des opérations ainsi que la qualité des intervenants.**

Le développement du commerce international confronte l'entreprise à des situations complexes dans la gestion de la TVA. Le régime territorial dépendra de la nature des opérations (livraisons ou prestations de services), du lieu de consommation de celles-ci et du lieu d'établissement de l'opérateur habilité à liquider la TVA sur cette consommation.

PLAN DU CHAPITRE

SYNTHÈSE P. 425
APPLICATIONS P. 426

LES RÉFÉRENCES POUR COMPRENDRE LE CONTEXTE

La TVA sur les Importations et les exportations

Importations et exportations (hors UE) : règles en matière de TVA. Fiche thématique sur le site entreprendre.service-public.fr

Le transfert à la DGFIP de la gestion et du recouvrement de la TVA à l'importation

Les modifications concernant la TVA à l'importation. Vidéo explicative sur la chaîne YouTube des Éditions Francis Lefebvre

Qu'est-ce que le numéro de TVA intracommunautaire ?

Le numéro de TVA intracommunautaire : qu'est-ce que c'est ? Fiche thématique sur le site du ministère de l'Économie, des Finances et de la Souveraineté industrielle et numérique

La TVA applicable aux échanges de biens et aux prestations de services au sein de l'UE

La TVA applicable aux échanges européens. Fiche thématique sur le site entreprendre.service-public.fr

Le système de taxation indirecte instauré pour les opérations franco-française n'a pas pu être appliqué pour les opérations liées aux échanges internationaux.
En effet, dès lors qu'un des intervenants exerce son activité en dehors de la France, un tel système reviendrait à ce que la TVA soit encaissée par un pays et décaissée par un autre.
Parallèlement, l'Union européenne en poursuivant les objectifs assignés par le Traité de Rome, a souhaité instaurer le **grand marché européen** comme « un espace sans frontières intérieures avec la libre circulation des marchandises, des personnes, des services et des capitaux ».
Dans l'attente de la mise en place d'un régime prévoyant une taxation généralisée des biens et services dans le pays d'origine, l'Union européenne a adopté une directive le 16 décembre 1991 instaurant un régime transitoire.
Bien que prévu initialement pour une durée de trois ans, ce régime est encore applicable aujourd'hui.
L'étude de la TVA liée aux échanges internationaux présentera les trois régimes suivants :

- les livraisons de biens entre la France et les pays tiers à l'Union européenne (échanges extracommunautaires) ;
- les livraisons de biens entre la France et les pays de l'Union européenne (échanges intracommunautaires) ;
- le régime des prestations de services avec les partenaires étrangers.

Avant de détailler les différents régimes, il convient d'abord de définir le territoire français, le territoire de l'Union européenne et, par déduction, le territoire hors Union.

1 La délimitation des territoires

A Territoire français

Il comprend :

- la France Continentale, y compris le plateau continental et les îles du littoral ;
- les eaux territoriales (12 miles nautiques, soit environ 22 km) ;
- la Corse (même si celle-ci bénéficie d'un régime spécifique) ;
- la principauté de Monaco où la législation française est introduite.

Attention Les départements de la **Guadeloupe**, de la **Martinique**, de la **Réunion**, de la **Guyane** et de **Mayotte**, dans leurs relations avec la France continentale et dans leurs relations entre eux sont considérés comme des **territoires d'exportation**. Il en est de même des territoires d'outre-mer (îles de l'océan indien, terres australes et antarctiques françaises), de la Nouvelle Calédonie (collectivité territoriale à statut spécifique) et des collectivités territoriales de St Pierre et Miquelon, de Saint-Martin, de Saint-Barthélemy, de Wallis-et-Futuna et de la Polynésie Française.

B Territoire de l'Union européenne

Actuellement, il comprend **la France plus les 26 pays de l'Union européenne** à savoir :

- depuis le 1er janvier 1993 : Allemagne, Belgique, Danemark, Espagne, Grèce, Irlande, Italie, Luxembourg, Pays-Bas, Portugal, Royaume-Uni ;
- nouveaux membres à compter du 1er janvier 1995 : Autriche, Finlande, Suède ;
- nouveaux membres à compter du 1er mai 2004 : République tchèque, Estonie, Chypre, Lettonie, Lituanie, Hongrie, Malte, Pologne, Slovénie et Slovaquie ;
- nouveaux membres à compter du 1er janvier 2007 : Bulgarie et Roumanie ;
- nouveau membre à compter du 1er juillet 2013 : la Croatie.

Certains territoires sont exclus du territoire communautaire, il s'agit de :

- l'île d'Helgoland et le territoire de Bulsingen pour l'Allemagne ;
- Ceuta, Melilla et les îles Canaries pour l'Espagne ;
- Livigno-Campione d'Italia et les eaux nationales du lac de Lugano pour l'Italie ;
- le Mont Athos pour la Grèce ;
- les îles anglo-normandes ;
- les départements et collectivités d'outre-mer pour la France ;
- les îles finlandaises Aland.

Attention. Depuis le 31 janvier 2020, le Royaume-Uni ne fait plus partie de l'Union européenne.

Ces territoires sont considérés comme des pays tiers pour la France.

À titre d'information, parmi ces 26 pays seuls 19 d'entre eux ont adopté la monnaie unique européenne avec l'euro. Il s'agit des pays suivants : Allemagne, Autriche, Belgique, Chypre, Espagne, Estonie, Finlande, France, Grèce, Irlande, Italie, Lettonie, Lituanie, Luxembourg, Malte, Pays-Bas, Portugal, Slovaquie et Slovénie.

C Territoire hors Union européenne

Ce sont, par défaut, les pays qui ne font pas partie de l'Union plus les territoires exclus.

2 Le régime extracommunautaire

Ce régime est celui qui était applicable à l'ensemble des échanges internationaux avant la mise en place de la TVA intracommunautaire. Depuis le 1er janvier 1993, il ne s'applique plus que pour les échanges entre la France et les pays tiers ne faisant pas partie de l'Union européenne.

A Importation

Une importation se définit comme l'entrée en France d'un bien originaire ou en provenance d'un État qui n'appartient pas à l'Union européenne.

En fait, **l'importation est constituée par l'entrée du bien sur le territoire communautaire**, lorsque ce bien est mis à la consommation en France.

L'introduction en France de biens donne lieu, en principe, à la perception de la TVA par le service des Douanes lors de l'importation.

Depuis le 1er janvier 2022, l'autoliquidation de la TVA à l'importation est obligatoire et automatique pour toutes les entreprises et certains organismes publics identifiés à la TVA en France.

1 Redevable

Le redevable des taxes à l'importation est la personne désignée comme destinataire réel des biens. Toutefois, cette taxe est solidairement due par le déclarant en douane, généralement le transporteur qui fait office de commissionnaire en douane et qui agit dans le cadre d'un mandat de représentation.

2 Base d'imposition

La base d'imposition est constituée par **la valeur en douane**, y compris les impôts, droits et autres taxes dus en raison de l'importation à l'exception de la TVA elle-même et les frais accessoires susceptibles d'intervenir jusqu'au premier lieu de destination des biens à l'intérieur du pays.

La définition de la valeur en douane, donnée par le Code des douanes communautaire, se fonde sur la notion de valeur transactionnelle, qui est constitué en principe par le prix facturé.

Les impôts, droits et taxes perçus à l'importation (à l'exclusion de la TVA elle-même) doivent être ajoutés, ainsi que les frais accessoires intervenant jusqu'au premier lieu de destination des biens.

3 Exigibilité

L'exigibilité de la TVA intervient lors de l'importation elle-même au moment où le bien est introduit à l'intérieur du territoire français.

4 Taux

Le taux applicable est celui applicable au produit en France.

5 Droit à déduction de la TVA payée à l'importation

La taxe acquittée par un redevable au titre d'une importation est déductible, selon les règles de droit commun, dès lors qu'elle grève les éléments du prix d'une opération imposable et qu'elle ne fait pas l'objet d'une limitation ou d'une exclusion particulière.

6 Modalités pratiques de déclaration de la TVA

À compter du 1er janvier 2022, le mécanisme d'autoliquidation de la TVA à l'importation est généralisé. Ce mécanisme d'autoliquidation trouve à s'appliquer aux flux d'import à destination d'un opérateur assujetti en France, c'est-à-dire aux livraisons de biens d'un pays tiers à l'Union Européenne (UE) vers la France mais également aux flux au départ ou à destination des départements et régions d'outre-mer ainsi qu'aux collectivités d'outre-mer.

Depuis le 1er janvier 2022, la gestion et le recouvrement de la TVA à l'importation sont transférés à la Direction générale des finances publiques (DGFiP). En conséquence, la TVA à l'import est désormais acquittée auprès du service des impôts compétent et non plus auprès du service des Douanes.

La déclaration et le paiement de la TVA à l'importation sont effectués directement à l'appui de la déclaration de TVA (CA3 mensuelle ou trimestrielle) en lieu et place de la déclaration en douane. Cette nouvelle modalité déclarative est obligatoire pour tout redevable identifié à la TVA. Elle permet aux redevables concernés de collecter et déduire simultanément la TVA à l'importation sur la déclaration de TVA, sans avance de trésorerie.

7 Principales exonérations

Elles concernent :

- les produits exonérés dans le régime intérieur : vente d'or, de produits d'origine humaine comme le sang, les organes, etc. ;
- les marchandises bénéficiant du régime suspensif pour le dépôt temporaire des marchandises : biens destinés à être expédies dans un autre pays ;
- les franchises douanières et fiscales : un particulier peut bénéficier d'une franchise en valeur lors de l'introduction en France d'un bien en provenance d'un pays hors Union européenne, si la valeur marchande des biens ne dépasse pas 430 € en cas d'utilisation d'un mode de transport aérien ou maritime ou 300 € (150 € pour les – 15 ans) pour les autres transports.

Les marchandises en provenance de pays tiers faisant l'objet de petits envois sans caractère commercial, entre particuliers, bénéficient d'une franchise, si la valeur globale des biens n'excède pas 45 €.

B Exportation

Les exportations sont des livraisons de biens meubles corporels expédiés ou transportés hors de France et hors de l'Union européenne par le vendeur ou pour son compte.

L'article 262 I du Code général des impôts pose le **principe de l'exonération des exportations** de biens meubles corporels.

Cette exonération s'applique qu'il s'agisse de livraisons directes par l'exportateur ou de livraisons réalisées par l'intermédiaire d'un commissionnaire exportateur ou d'un mandataire assimilé à un commissionnaire exportateur dès lors que les biens sont expédiés ou transportés hors de France.

1 Conditions d'exonération

L'exonération suppose la réalisation de trois conditions cumulatives énumérées à l'article 74 de l'annexe III au CGI, à savoir :

- l'expédition ou le transport réel des biens hors du territoire national ;
- l'inscription en comptabilité ou, à défaut, sur un registre spécial permettant d'identifier les envois à l'étranger ;
- la production d'une déclaration d'exportation conforme au modèle donné par l'administration.

2 Droit à déduction des biens exportés

Les exportations ouvrent droit à déduction en application des règles de droit commun. La TVA ayant grevé le prix des éléments constitutifs des biens exportés conserve son caractère déductible même si l'exportation aboutit à la réalisation d'une opération exonérée.

3 Le régime intracommunautaire

Ce régime repose sur la distinction entre le régime applicable aux consommateurs ou non redevables et celui applicable aux redevables.

Pour les acquisitions réalisées par les particuliers, les non-assujettis ou les non-redevables, la taxation intervient, en principe, dans le pays de départ des marchandises.

Pour les redevables, la TVA reste gérée selon le principe de l'assujettissement dans le seul pays de destination. Les livraisons intracommunautaires, comme les exportations, sont exonérées. Les acquisitions intracommunautaires sont, en revanche, taxées. La TVA est appliquée lors de l'arrivée de la marchandise dans l'entreprise.

À ce régime général se rajoutent plusieurs dispositifs spécifiques en fonction de la nature de l'opération ou du bien vendu.

Enfin, la mise en place de ce régime, qui repose essentiellement sur la confiance faite aux opérateurs, a été l'occasion pour les membres de l'Union européenne de créer un système informatisé d'échange de renseignements afin de vérifier qu'une opération déclarée par un assujetti dans l'État d'origine est bien déclarée par l'assujetti à la TVA dans l'État d'acquisition dès lors qu'il n'y a plus de contrôle aux frontières.

C'est à ce titre que les assujettis redevables ont été soumis à des obligations particulières, qui se traduisent notamment :

- par l'attribution d'un numéro individuel d'identification appelé aussi « numéro de TVA intracommunautaire », à mentionner sur tous les documents commerciaux ;
- par deux déclarations (l'état récapitulatif TVA et l'enquête mensuelle statistique sur les échanges de biens intra-UE) pour les opérations relatives aux livraisons de biens, ainsi qu'une déclaration européenne de services (DES) pour le suivi des prestations de services.

A Taux applicables au sein de l'Union européenne

À titre indicatif, voici les taux applicables au 1er janvier 2023 par les différents membres de l'Union européenne.

	Taux super réduit	Taux réduit	Taux normal
Allemagne		7 %	19 %
Autriche		10 ou 13 %	20 %
Belgique		6 % ou 12 %	21 %
Bulgarie		9 %	20 %
Chypre		5 ou 9 %	19 %
Croatie		5 % ou 13 %	25 %
Danemark			25 %
Espagne	4 %	10 %	21 %
Finlande		10 % ou 14 %	24 %
Estonie		9 %	20 %
France	2,1 %	5,5 % ou 10 %	20 %
Grèce		6 ou 13 %	24 %
Hongrie		5 ou 18 %	27 %
Irlande	4,8 %	9 ou 13,5 %	23 %
Italie	4 %	5 ou 10 %	22 %
Lettonie	5 %	12 %	21 %
Lituanie		5 % ou 9 %	21 %
Luxembourg	3 %	7 ou 13 %	16 %
Malte		5 % ou 7 %	18 %
Pays-Bas		9 %	21 %
Pologne		5 ou 8 %	23 %
Portugal		6 % ou 13 %	23 %
République tchèque		10 ou 15 %	21 %
République slovaque		10 %	20 %
Roumanie		5 ou 9 %	19 %
Slovénie	5 %	9,5 %	22 %
Suède		6 % ou 12 %	25 %

Ce tableau met en évidence la très grande variété des taux applicables dans l'Union européenne, sachant qu'ils ne concernent pas forcément les mêmes produits et services.

Ce sont, en partie, ces différences de taux qui ont justifié la mise en place de ce régime transitoire.

B Opérations réalisées par les assujettis

Les opérations entre professionnels au sein de l'Union européenne se décomposent fiscalement en deux opérations :

- **une livraison intracommunautaire** : la livraison d'une marchandise à destination d'un autre État membre continue d'être exonérée. La TVA sera toujours perçue dans le pays de consommation des biens :
- **une acquisition intracommunautaire** : l'acquisition d'un bien provenant de l'Union européenne est imposable à la TVA, non pas directement au passage de la frontière mais spontanément par l'acheteur, cette opération étant taxable dans le pays d'arrivée de la marchandise.

1 Les acquisitions intracommunautaires

a. Définition

L'acquisition se définit selon l'article 256 *bis*-3 comme **l'obtention du pouvoir de disposer comme un propriétaire d'un bien meuble corporel expédié ou transporté en France** par le vendeur, par l'acquéreur ou pour leur compte, à destination de l'acquéreur à partir d'un autre État membre.

Elle se caractérise par le transfert du pouvoir de disposer de ce bien comme un propriétaire au profit de l'acquéreur et par l'expédition ou le transfert du bien à partir d'un autre État membre à destination de la France.

b. Mécanisme d'imposition pour la généralité des biens

Les acquisitions intracommunautaires et opérations assimilées sont taxables à la TVA si les trois conditions suivantes sont réunies :

- **opération réalisée à titre onéreux** ;
- avec un **vendeur assujetti redevable** ;
- et un **acquéreur assujetti redevable** ou assimilé.

En pratique, c'est la présence du numéro de TVA intracommunautaire qui permettra de connaître la qualité de l'opérateur au regard de la TVA.

Le terme « assimilé » fait référence à un régime particulier sous le nom de PBRD (Personne Bénéficiant du Régime Dérogatoire) qui concerne les professionnels non assujettis ou non redevables de la TVA.

c. Redevable

L'acquéreur est le redevable de la TVA due au titre d'une acquisition intra-communautaire de biens.

Cependant, le vendeur est solidairement responsable du paiement de la TVA lorsque l'acquéreur n'est pas établi en France.

d. Base d'imposition

Elle est constituée des mêmes éléments que ceux retenus pour déterminer la base d'imposition des livraisons de biens et des prestations de services lors de la réalisation d'opérations internes.

e. Exigibilité

Elle intervient le 15 du mois suivant celui au cours duquel est intervenu le fait générateur ou à la délivrance de la facture lorsque celle-ci est délivrée à l'acquéreur avant le 15 du mois suivant celui du fait générateur.

En pratique, la date d'exigibilité correspond généralement à la date de facturation du bien.

f. Taux

Le taux applicable est celui applicable aux livraisons internes.

g. Déduction

La taxe acquittée par un redevable au titre d'une acquisition intracommunautaire est déductible, selon les règles de droit commun, dès lors qu'elle grève les éléments du prix d'une opération imposable et qu'elle ne fait pas l'objet d'une limitation ou exclusion particulière.

La TVA afférente aux acquisitions intracommunautaires est simultanément exigible et déductible dans les conditions de droit commun ; les acquisitions intracommunautaires sont des opérations autoliquidées lorsque les acquisitions réalisées ouvrent entièrement droit à déduction.

h. Exonérations

Elles concernent, comme pour les importations, les produits exonérés dans le régime intérieur ainsi que l'application du régime suspensif pour le transit des marchandises sur le territoire français en vue d'être expédiées hors de France.

2 Les livraisons intracommunautaires

a. Définition

La livraison intracommunautaire se définit, comme le transfert du pouvoir de disposer comme un propriétaire, d'un bien meuble corporel expédié ou transporté de la France vers un autre État membre.

b. Régime applicable : l'exonération

L'article 262 *ter* I du CGI exonère de TVA les livraisons intracommunautaires de biens sous respect des conditions suivantes :

- **opération réalisée à titre onéreux** ;
- avec un **vendeur assujetti redevable** ;
- un **acquéreur assujetti redevable** ou assimilé ;
- le **bien doit être expédié** ou transporté **hors de France**, par le vendeur, par l'acquéreur, ou pour leur compte, à destination d'un autre État membre de l'Union européenne. La charge de la preuve de cette expédition ou de ce transport hors de France appartient au vendeur :
  - si le transport est organisé par le vendeur, la preuve du transport sera présumée rapportée si le vendeur est en mesure de produire deux documents de transport non contradictoires (CMR, *bill of lading*, etc.), ou un document de transport accompagné d'une preuve non-contradictoire additionnelle (contrat d'assurance international du transport, documents bancaires...) ;
  - si le transport est organisé par l'acheteur, les mêmes règles s'appliquent, auxquelles il faut ajouter une déclaration écrite de l'acheteur stipulant que le transport a été organisé par lui ;
  - le vendeur doit désormais vérifier systématiquement, préalablement à chaque opération, que le client est réellement identifié aux fins de la TVA dans un État membre autre que celui de départ des biens. Ce numéro devra être vérifié (sur la base de données en ligne VIES) et être mentionné, par le vendeur, sur ses factures ainsi que dans son état récapitulatif de TVA

(ex-DEB). Depuis la réforme dite « Quick Fixes », entrée en application le 1er janvier 2020, cette condition est devenue une condition de fond de l'exonération. Dans l'hypothèse où le vendeur n'aurait pas fourni son numéro d'identification à la TVA ou aurait fourni un numéro invalide à la date de la livraison, la livraison sera, par conséquent, soumise à la TVA ;

- le vendeur a déclaré la livraison intracommunautaire dans son état récapitulatif de TVA (ex-DEB).

Exemple

La société IDEM, assujettie redevable de la TVA (régime du réel) en France, achète (facture et livraison le 21/03/N) pour un montant de 15 000 € hors taxe un véhicule neuf exclusivement utilisé pour les déplacements professionnels des salariés.
Envisageons les 2 hypothèses suivantes :

1. **Ce véhicule est un véhicule utilitaire.**
2. **Ce véhicule est un véhicule de tourisme.**

Pour chacune de ces hypothèses, nous examinerons les cas suivants :

a. **le véhicule est acheté auprès d'un garagiste établi en France ;**
b. **le véhicule est acheté auprès d'un garagiste établi en Suisse ;**
c. **le véhicule est acheté auprès d'un garagiste établi en Italie.**

1. **Dans cette hypothèse, le véhicule acheté pour les besoins d'une activité ne fait l'objet d'aucune restriction au regard du droit à déduction.**
   a. Achat auprès d'un garagiste établi en France
   Le garagiste facture la TVA (3 000 €) à son client, la société IDEM. Cette TVA peut faire l'objet d'une déduction sur la déclaration de TVA du mois de mars.
   b. Achat auprès d'un garagiste établi en Suisse
   Il s'agit d'une importation ; la TVA (3 000 €) est déclarée en TVA collectée au titre du mois de mars, par la société IDEM (ou par un commissionnaire qui la lui refacture). Cette TVA peut faire l'objet d'une déduction sur la déclaration du mois de mars.
   c. Achat auprès d'un garagiste établi en Italie
   Nous sommes en présence d'une acquisition intracommunautaire. Le garagiste délivre une facture sans TVA. La société IDEM doit déclarer cette TVA collectée (3 000 €) au titre du mois de mars. Cette même TVA peut faire l'objet d'une déduction sur la déclaration du mois de mars.
   Dans ces 3 cas, l'opération est effectivement neutre au regard de la TVA (imposition et déduction le même mois).
2. **Dans cette hypothèse, le véhicule acheté pour les besoins d'une activité ne fait peut faire l'objet d'une déduction dès lors qu'il expressément exclu du droit à déduction.**
   a. Achat auprès d'un garagiste établi en France
   Le garagiste facture la TVA (3 000 €) à son client, la société IDEM. Cette TVA n'est pas déduite sur la déclaration de TVA.
   b. Achat auprès d'un garagiste établi en Suisse
   Il s'agit d'une importation ; la TVA (3 000 €) est déclarée en TVA collectée au titre du mois de mars, par la société IDEM (ou par un commissionnaire qui lui refacture). Cette TVA n'est pas déduite sur la déclaration de TVA
   c. Achat auprès d'un garagiste établi en Italie
   Nous sommes en présence d'une acquisition intracommunautaire. Le garagiste délivre une facture sans TVA. La société IDEM doit déclarer cette TVA collectée (3 000 €) au titre du mois de mars, mais elle ne pourra pas la déduire.
   Dans ces 3 cas, la société IDEM a payé la TVA sur cette opération sans pouvoir la récupérer.
   Cet exemple nous démontre que, quel que soit le lieu d'acquisition du bien, le régime applicable aboutit au même résultat au regard de la TVA.

3 Les obligations des assujettis

Différentes obligations incombent aux assujettis.

a. L'identification des opérateurs intracommunautaires

Tout assujetti ou personne imposable au titre des acquisitions intracommunautaires est identifié à partir d'un numéro individuel attribué après le dépôt de la déclaration d'existence au Centre de formalité des entreprises.

Cet identifiant à treize caractères (dont le préfixe FR pour France) vise à garantir la sûreté des échanges entre assujettis au sein de l'Union européenne.

En pratique, le numéro d'identification doit figurer sur les factures ainsi que sur la déclaration des échanges de biens. Il en est également fait mention sur les déclarations de TVA.

Il est unique et invariant par entreprise quel que soit le nombre d'établissements. Il est national avec liberté pour chaque pays de déterminer sa structure conforme au standard international.

Enfin, il est vérifiable soit auprès du service des Impôts, soit directement à partir de la consultation d'une base de données électronique. Pour la France, il convient de se connecter au système VIES : https://europa.eu/youreurope/business/taxation/vat/check-vat-number-vies/index_fr.htm

Les assujettis établis dans un autre État de l'Union européenne, qui réalisent des opérations en France, doivent :

- s'identifier à la TVA en France : cette formalité s'effectue auprès du service des impôts des entreprises étrangères de la Direction des résidents à l'étranger et des services extérieurs (DRESG) pour obtenir un numéro d'identification français ;
- déclarer les opérations imposables en acquittant le cas échéant la TVA due.

Ces assujettis ont toutefois la possibilité de désigner un mandataire chargé d'effectuer à leur place tout ou partie des formalités déclaratives leur incombant et d'acquitter, le cas échéant, la taxe en leur nom.

À la différence du représentant fiscal (réservé aux entreprises hors Union européenne), le mandataire agit sous la responsabilité exclusive de l'assujetti mandant qui reste seul redevable de la taxe.

b. Déclaration de chiffre d'affaires

Les opérations intracommunautaires sont prises en compte dans les conditions suivantes.

Pour les entreprises relevant du régime réel normal

Sur la déclaration CA3 sont à inscrire :

- le montant des exportations et des livraisons intracommunautaires exonérées (cadre A lignes E1 et F2) ;
- le montant des acquisitions intracommunautaires à taxer (cadre A ligne B2) ;
- la TVA sur les acquisitions (cadre B ligne 17).

Si la TVA relative aux acquisitions intracommunautaires fait l'objet d'une déduction, elle se retrouve avec les montants de TVA déductible (cadre B lignes 19 ou 20).

Depuis le 1er janvier 2022, la TVA relative aux importations figure dans le montant de la TVA collectée (cadre A ligne A4) en application de l'obligation d'autoliquidation entrée en application à cette même date.

Pour les entreprises relevant du régime réel simplifié

À compter du 1er janvier 2022, les redevables placés sous le régime simplifié d'imposition à la TVA qui réalisent des acquisitions intracommunautaires doivent déposer une déclaration de TVA mensuelle (ou trimestrielle si le montant de la taxe exigible est inférieure à 4 000 €). La première de ces déclarations est souscrite au titre du mois ou trimestre d'exigibilité de la première AIC réalisée depuis le 1er janvier 2022 et récapitule l'ensemble des opérations pour lesquelles la taxe est devenue exigible depuis le début de l'exercice en cours.

c. Autres obligations déclaratives

Depuis le 1er janvier 2022, la version actuelle de la DEB est abrogée et remplacée par deux procédures distinctes : l'enquête statistique et l'état récapitulatif fiscal.

L'enquête statistique, dont la visée est d'alimenter les données relatives au commerce extérieur, sera effectuée à la demande des autorités.

L'état récapitulatif fiscal sur les livraisons de biens au sein de l'Union européenne qui reprendra les données fiscales destinées à la Direction générale des Finances publiques et à l'échange entre services fiscaux des États membres pour le contrôle de la TVA. Cet état récapitulatif TVA était déjà prévu par le CGI à l'article 289 B du CGI, mais était jusqu'à présent intégré à la DEB.

C Opérations réalisées par les particuliers

1 Le principe

L'objectif prévu par le régime de TVA intracommunautaire de supprimer les franchises intracommunautaires s'est traduit directement pour les achats faits par les particuliers.

Ces derniers peuvent, au cours de leurs déplacements dans les pays de l'Union européenne, acheter des biens sans aucune franchise intracommunautaire en acquittant la TVA du pays où ils achètent, comme n'importe quel résident de ce pays.

Il n'y a plus aucune formalité douanière aux frontières, que ce soit à l'occasion d'un voyage ou d'un déménagement.

Néanmoins, pour limiter les principaux risques de distorsion de concurrence liés aux écarts de taux entre États membres, un régime particulier a été prévu pour les moyens de transport neufs.

2 Le régime des moyens de transports neufs

Ce régime repose sur l'idée que les achats intracommunautaires de moyens de transport neufs doivent être soumis à la TVA dans l'État membre de destination même si l'acquéreur est un particulier ou une personne bénéficiant du régime dérogatoire.

a. Définition des biens

Il s'agit des
- bateaux de plus de 7,50 m ;
- aéronefs de plus de 1 550 kg au décollage ;
- véhicules terrestres de plus de 48 cm^3 ou d'une puissance supérieure à 7,2 Kw.

Ces **moyens de transport sont considérés comme neufs lorsqu'ils remplissent l'une des deux conditions suivantes :**
- **être livrés dans les six mois suivant la première mise en service pour les véhicules terrestres, ou dans les trois mois pour les autres véhicules** ;
- **avoir parcouru moins de 6 000 km pour les véhicules terrestres**, ou navigué moins de 100 heures pour les bateaux, ou volé moins de 40 heures pour les avions.

A contrario, un véhicule sera d'occasion s'il remplit les deux conditions suivantes : être livré depuis plus de 6 mois et avoir parcouru au moins 6 000 km.

b. Régime applicable

Le bien est vendu hors taxe dans le pays de livraison. L'acquéreur acquittera la TVA dans son pays, au moment de l'immatriculation. Concrètement, l'administration fiscale délivre un certificat attestant que le moyen de transport est en situation régulière au regard de la TVA, que ledit moyen de transport soit neuf ou d'occasion. Ce n'est qu'avec ce document que le particulier peut alors procéder aux formalités d'immatriculation.

Cette obligation concerne, non seulement les particuliers mais aussi les redevables habituels.

Pour ces derniers, ils doivent joindre à leur déclaration de chiffre d'affaires un relevé détaillé indiquant, pour la période couverte par la déclaration, l'identification, le prix et la date de chacune de leurs acquisitions (taxables ou non) de moyens de transport (neufs ou d'occasion) en provenance d'un autre État membre.

c. Remboursement en cas de vente

Le vendeur occasionnel d'un moyen de transport neuf dans l'Union peut, sous certaines conditions, récupérer la TVA comprise dans le prix d'achat du véhicule à concurrence du montant de la taxe dont il serait redevable si la livraison était taxée.

> **Exemple**
>
> M. ANDY achète en Allemagne un véhicule mis en circulation le 31 mars N.
> **Indiquer le régime applicable en matière de TVA dans les deux hypothèses suivantes :**
> - l'achat intervient le 26 juillet N et le véhicule à 6 800 km ;
> - l'achat intervient le 26 novembre N et le véhicule à 6 200 km.
>
> Dans la première hypothèse, il s'agit d'un véhicule de moins de six mois avec un kilométrage supérieur à 6 000 km. Ce véhicule est considéré comme neuf au regard du régime des moyens de transport neuf (il remplit l'une des deux conditions). La TVA est due en France.
> Dans la seconde hypothèse, le véhicule a plus de six mois avec un kilométrage supérieur à 6 000 km. Ce véhicule est donc considéré comme d'occasion au regard du régime des moyens de transport neuf (il ne remplit aucune des deux conditions). La TVA n'est pas due en France.

4 Le régime des ventes à distance de biens (VAD)

Les VAD sont des livraisons de biens meubles spécifiques qui répondent aux trois conditions cumulatives suivantes :

- la livraison est effectuée par le fournisseur ou pour son compte à destination de l'acquéreur ;
- le bien est expédié ou transporté à destination de l'acquéreur à partir d'un État autre que celui d'arrivée de l'expédition ;
- l'acquéreur est une personne physique non assujettie ou une personne assimilée.

Il existe deux types de ventes à distance :

- les ventes à distance intracommunautaires de biens (VAD-IC) lorsque le lieu de départ de l'expédition à destination de l'acquéreur se situe dans un État membre de l'UE ;
- les ventes à distance de biens importés de pays tiers (VAD-BI) lorsque le lieu de départ de l'expédition ou du transport à destination de l'acquéreur se situe dans un territoire tiers ou un pays tiers de l'UE.

A Régime applicable aux ventes à distance intracommunautaires de biens (VAD-IC)

Une VAD-IC est, en principe, imposable en France lorsque le territoire de la France métropolitaine constitue le lieu de l'arrivée de l'expédition ou du transport des biens. Inversement, lorsque les biens sont expédiés ou transportés de France métropolitaine à destination d'un autre État membre de l'UE, la VAD-IC est en principe imposable dans cet autre État sauf application du régime des petits opérateurs.

Ce régime des petits opérateurs s'applique lorsque l'assujetti est établi dans un unique État membre de l'UE et que le montant total annuel du chiffre d'affaires afférent aux VAD-IC qu'il réalise à destination de non assujettis établis dans un autre État membre n'a pas dépassé, durant l'année civile en cours et durant l'année civile précédente, le seuil de 10 000 € hors TVA.

Précision. Un assujetti peut renoncer au régime des petits opérateurs en exerçant une option pour l'application des règles générales de territorialité des VAD-IC. Cette option, formulée par écrit auprès du service des impôts des entreprises dont il relève, couvre obligatoirement une période de deux années civiles en plus de celle au cours de laquelle elle a été exercée et prend effet le premier jour du mois au cours duquel elle est déclarée.

B Régime applicable aux ventes à distance de biens importés (VAD-BI)

Il s'agit des ventes de biens, expédiés ou transportés par le fournisseur ou pour son compte (y compris lorsqu'il n'intervient qu'indirectement dans le transport ou l'expédition des biens), à partir d'un pays tiers à l'UE et à destination d'un particulier dans l'UE.

Sans démarche particulière du vendeur pour se voir attribuer la responsabilité du paiement de la TVA, c'est le client (destinataire sur les documents douaniers d'importation) qui est tenu d'acquitter la TVA sur les biens reçus en provenance d'un territoire tiers (règle applicable actuellement aux biens importés).

Cependant, le vendeur peut se déclarer redevable de la TVA sur la vente à distance de biens importés dans l'Etat membre de consommation.

Dans ce cas deux situations existent :

1. le vendeur opte pour le nouveau guichet unique à l'importation (IOSS) pour les envois dont la valeur intrinsèque est inférieure ou égale à 150 €.

   Dans cette situation l'importation sera exonérée de TVA et la vente à distance de biens importés sera taxable dans l'État membre de consommation.
2. le vendeur décide de prendre la qualité d'importateur sur les documents douaniers (en absence d'option pour le guichet unique IOSS).

   Dans cette situation, l'importation sera taxable mais ouvrira le droit à déduction et la vente à distance de biens importés sera taxable dans l'État membre de livraison (immatriculation auprès de chacun des États membres le cas échéant).

C Les nouveaux guichets

Depuis le 1er juillet 2021 avec la mise en place du nouveau régime des ventes à distance, il a été décidé au niveau de l'Union européenne pour simplifier les obligations déclaratives et de paiement des opérateurs sur ces opérations, de créer un dispositif optionnel appelé guichet unique de TVA (OSS-IOSS, pour « One-Stop-Shop » et « Import-One-Stop-Shop »).

Les entreprises qui optent pour le dispositif ne sont plus tenues de s'immatriculer auprès des administrations fiscales de chaque État membre de consommation afin de déclarer et payer la TVA due. La TVA est déclarée et payée auprès d'un seul État membre via le guichet unique.

Le guichet unique de TVA concerne les prestations de services fournies à des personnes non assujetties dans un État membre dans lequel le prestataire n'est pas établi, les ventes à distance de biens intracommunautaires, et les ventes de biens en provenance de pays tiers dans des envois d'une valeur inférieure ou égale à 150 € localisées dans l'UE, à destination de personnes non assujetties dans l'UE.

5 Le régime des prestations de services

Pour ces opérations l'article 259 du CGI pose le principe général selon lequel le lieu des services fournis à des preneurs assujettis est situé au lieu d'établissement du preneur, quel que soit le lieu d'établissement du prestataire (relations dites « B to B » pour « Business to Business »).

Lorsque le prestataire n'est pas établi en France, c'est le preneur qui est redevable de la taxe. Dans l'hypothèse où le prestataire et le preneur redevable sont établis dans des États membres différents de l'Union européenne, ces prestations devront être déclarées sur la nouvelle déclaration européenne des services (DES).

Pour les services fournis à une personne non assujettie, le lieu de ces services reste en principe le lieu d'établissement du prestataire (relations dites « B to C » pour « Business to Consumer »).

A Lieu des prestations de services

Pour déterminer le régime applicable, il convient d'abord de définir la notion d'assujetti.

1 La notion d'assujetti

Dès lors que les règles de territorialité sont différentes selon que le preneur est un assujetti ou une personne non assujettie, la qualité du preneur est déterminante pour localiser le lieu de taxation des prestations de services.

Conformément à l'article 259-0, outre les assujettis de droit commun, il convient de considérer comme assujetti au regard des règles de territorialité pour tous les services qui lui sont fournis, un assujetti au sens de l'article 256 A3 quand il réalise également des opérations dans le cadre d'une activité placée hors du champ d'application de la TVA, alors même que les services en cause seraient acquis pour les besoins de cette dernière activité.

Ainsi une société holding, qui outre sa gestion de titres de participations, réalise des prestations de services à titre onéreux auprès de ses filiales, est réputée avoir la qualité d'assujettie pour la détermination du lieu des prestations de services qu'elle acquiert.

Cette définition de l'assujetti est également à appliquer aux personnes physiques ou morales établies dans un pays tiers à l'Union européenne. Il revient alors au prestataire dans le cadre des relations d'affaires qu'il entretient avec son client de s'assurer par tout moyen de la position de son client au regard de ces critères.

2 Règles générales pour les prestations de services

Le lieu des prestations de services est situé en France lorsque que le preneur assujetti a en France

- Le siège de son activité économique, sauf lorsqu'il dispose d'un établissement stable non situé en France auquel les services sont fournis ;
- ou un établissement stable auquel les services sont fournis ;
- ou à défaut de son domicile ou sa résidence habituelle.

Le lieu des prestations de services est situé en France lorsque que le preneur est une personne non assujettie, si le prestataire a en France

- Le siège de son activité économique, sauf lorsqu'il dispose d'un établissement stable non situé en France auquel les services sont fournis ;
- ou un établissement stable auquel les services sont fournis ;
- ou, à défaut de son domicile ou sa résidence habituelle.

Les notions de siège des activités économiques, d'établissement stable ou de domicile se définissent au regard des précisions fournies par l'administration.

Pour le siège de l'activité économique d'un assujetti, il est nécessaire de prendre en considération un faisceau d'indices, tels que le siège statutaire de la société, le lieu de son administration centrale, le lieu de réunion de ses dirigeants sociaux et celui, habituellement identique, où est arrêtée la politique générale de cette société.

Pour la notion d'établissement stable, il convient de se référer à la jurisprudence qui caractérise cet élément comme ayant un degré suffisant de permanence avec une structure apte, du point de vue de l'équipement humain et technique, à rendre possible soit la fourniture par cet établissement d'un service soit l'utilisation par cet établissement des services qui lui sont rendus.

Enfin, la notion de domicile d'une personne physique, assujettie ou non-assujettie, est en principe celle qui résulte de l'adresse déclarée à l'administration fiscale.

3 Dérogations aux règles générales

Par dérogation à la règle générale posée à l'article 259, la détermination du lieu d'imposition des services suivants s'effectuera en fonction d'autres critères que celui de la qualité du preneur.

a. Pour les immeubles

Les prestations de services se rattachant à un bien immeuble, y compris les prestations d'experts et d'agents immobiliers, sont taxables au lieu de situation de l'immeuble et ce quel que soit le statut du client concerné.

b. Pour les transports

- Le lieu de transport de personnes sera l'endroit où s'effectue le transport en fonction des distances parcourues ;
- le lieu des transports de biens autres qu'intracommunautaires sera :
  - pour les non-assujettis : le lieu où s'effectue le transport en fonction des distances parcourues ;
  - pour les assujettis : le lieu d'établissement du preneur ;
- le lieu des transports de biens intracommunautaires sera :
  - pour les non-assujettis : le lieu de départ du transport ;
  - pour les assujettis : le lieu d'établissement du preneur ;
- le lieu des prestations accessoires au transport sera :
  - pour les non-assujettis : le lieu où elles sont réalisées ;
  - pour les assujettis : le lieu d'établissement du preneur.

c. Pour les services culturels, artistiques, sportifs, scientifiques, éducatifs, de divertissement

Ils sont imposés au lieu où ils ont été exécutés.

d. Pour les services de télécommunication, de radiodiffusion et télévision et services électroniques

Le lieu pour ces prestations de services fournies à un preneur non assujetti est, en principe, le lieu où le preneur est établi, son domicile ou sa résidence habituelle, quel que soit le lieu d'établissement du prestataire. Toutefois, le lieu des prestations est, sous certaines conditions, le lieu d'établissement du prestataire (application des articles 58 et 259 D du CGI).

e. Expertises réalisées sur biens meubles

Elles sont taxables à l'endroit où elles sont effectuées et ce quel que soit le statut du client concerné.

f. Ventes à consommer sur place

Elles sont taxables à l'endroit où elles sont effectuées et ce quel que soit le statut du client concerné.

g. Locations de moyens de transport

Les locations de courte durée (moins de 30 jours ou moins de 90 jours pour un moyen maritime) sont imposées au lieu de mis à disposition du moyen de transport.

Pour les autres locations :

- pour un preneur assujetti : le lieu d'établissement du preneur ;
- pour un preneur non-assujetti : la TVA sera due au lieu d'établissement du prestataire.

B Redevable de la taxe

Le redevable de la TVA afférente à une prestation est, en principe, l'assujetti qui réalise l'opération imposable. Toutefois, ce nouveau dispositif relatif au lieu des prestations de services internationales élargit les situations où le preneur est redevable de la taxe.

La règle peut se résumer ainsi :

- si le prestataire est identifié dans le pays où la TVA est due, alors c'est lui qui sera chargé de collecter la taxe sur la prestation réalisée ;
- si le prestataire n'est pas identifié dans le pays où la TVA est due, ce sera au preneur identifié dans ce pays, dès lors qu'il assujetti, de procéder à l'**autoliquidation** de cette taxe ;
- enfin, dans le cas où le preneur de la prestation n'est pas assujetti, le prestataire sera chargé de collecter la taxe sur l'opération réalisée.

C Obligations des redevables

Les redevables doivent déposer une **déclaration européenne de services** (DES). Ce document prend la forme d'un état récapitulatif des clients auxquels des services ont été fournis sur le modèle de celui existant pour les biens (DEB).

La déclaration comporte les informations suivantes :

- le numéro d'identification du prestataire ;
- l'adresse et la raison sociale ou la dénomination sociale du prestataire ;
- la période au titre de laquelle est établie la déclaration ;
- le numéro d'identification du preneur de services dans l'État membre de l'Union européenne où la prestation de services est taxable en application des règles de territorialité ;
- par preneur, le montant total, hors taxe sur la valeur ajoutée, en euros des prestations de services effectuées ou de l'acompte encaissé relatif à une prestation pour lequel le preneur est redevable de la taxe dans l'autre État membre.

6 Les particularités propres aux échanges internationaux

A Achats en franchise

Comme évoqué au Chapitre 21 au titre du remboursement du crédit de TVA, les entreprises peuvent bénéficier d'un remboursement mensuel.

Pour celles réalisant des opérations liées aux échanges internationaux, la situation créditrice peut être fréquente voire permanente dès lors que ces opérations représentent une part importante du chiffre d'affaires réalisé.

L'intérêt de ce régime est donc assez limité sur le plan de la trésorerie, car il n'évite pas d'avoir à faire l'avance d'une taxe d'amont qui ne pourra être récupérée qu'après l'obtention du remboursement de crédit.

Pour pallier cette situation, les entreprises qui réalisent des opérations relevant du commerce extérieur ont, si elles le désirent, la possibilité d'acquérir en franchise de TVA les biens ou services destinés à ces opérations.

Les possibilités offertes par ce système sont, d'une part, limitées par l'existence d'un contingent annuel d'achats en franchise et, d'autre part, soumises à des formalités particulières essentiellement destinées à sauvegarder les droits du Trésor.

1 Personnes pouvant acheter en franchise

Ce sont les personnes qui réalisent des exportations ou livraisons intracommunautaires de produits taxables soit directement, soit par l'intermédiaire d'un commissionnaire en marchandises.

Les fournisseurs des exportateurs n'étant pas exportateurs eux-mêmes, ils ne peuvent pas bénéficier de la franchise de taxe pour leurs propres achats.

2 Biens et services pouvant être reçus en franchise

La franchise vise les biens soumis à la TVA à condition qu'ils soient destinés à être exportés en l'état ou après transformation, ainsi que les services soumis à la TVA concernant les biens exportés.

3 Montant des achats en franchise

Les achats en franchise de TVA sont limités au montant du contingent légal. Celui-ci correspond au montant des livraisons de biens taxables réalisées au cours de l'année précédente.

Lorsque ce contingent est atteint, les achats restant à effectuer jusqu'à la fin de l'année en cours doivent, en principe, être effectués avec paiement de la TVA. Le service des impôts peut, dans certains cas, accorder un dépassement de contingent.

4 Formalités

Pour bénéficier de la franchise, les intéressés doivent adresser à leurs fournisseurs, en principe avant la livraison des marchandises ou la facturation des services, une attestation certifiant que les produits commandés par eux sont destinés à faire l'objet, en l'état ou après transformation, d'une exportation ou livraison intracommunautaire.

Dans cette attestation, il est mentionné l'engagement d'acquitter la TVA au cas où ces produits ne recevraient pas la destination ayant motivé la franchise.

B Entreprises étrangères

D'une manière générale, les entreprises étrangères qui effectuent des opérations dont le lieu d'imposition se situe en France supportent la même imposition que les entreprises françaises réalisant les mêmes opérations.

Lors de la réalisation de certaines opérations imposables, elles peuvent notamment être tenues de s'acquitter d'obligations déclaratives en France alors qu'elles ne sont pas connues des services fiscaux et douaniers français.

Les opérations concernées sont :

- les livraisons de biens effectuées en France par des personnes ou entreprises étrangères ou pour leur compte, y compris le régime des ventes à distance ;
- les acquisitions intracommunautaires de biens dont le lieu est situé en France ;
- les prestations de services imposables en France réalisées par les entreprises étrangères ou pour leur compte à l'exception de celles pour lesquelles le redevable de la taxe est le preneur de la prestation.

1 Pour les entreprises étrangères établies dans l'Union européenne ou dans un pays tiers ayant conclu une convention d'assistance au recouvrement des créances fiscales avec la France

Elles doivent s'identifier à la TVA, déclarer les opérations imposables réalisées en France et, le cas échéant, acquitter la taxe directement auprès de l'administration. Elles ont toutefois la possibilité de désigner un mandataire chargé d'effectuer à leur place tout ou partie des formalités déclaratives leur incombant et d'acquitter, le cas échéant, la taxe en leur nom.

2 Pour les entreprises étrangères établies hors Union européenne n'ayant pas conclu une convention d'assistance au recouvrement des créances fiscales avec la France

Ces assujettis qui réalisent en France des opérations pour lesquelles ils sont redevables de la taxe doivent faire accréditer, auprès du service des impôts, un représentant assujetti établi en France qui s'engage à remplir les formalités leur incombant, et, en cas d'opérations imposables, à acquitter la taxe à leur place.

Ce représentant fiscal doit être lui-même assujetti à la TVA.

3 Procédure de remboursement

Si l'entreprise étrangère réalise directement ou à partir d'un établissement stable des opérations soumises à la TVA en France, elle pourra bénéficier d'un remboursement selon les procédures de droit commun applicables aux redevables français.

Si l'entreprise ne bénéficie pas d'un établissement stable d'une part et ne réalise aucune opération imposable en France d'autre part, elle peut bénéficier de la procédure particulière de remboursement.

Il existe deux procédures en fonction de la localisation de l'entreprise étrangère assujettie à la TVA dans son pays.

Pour l'entreprise établie dans un autre État membre de l'Union européenne

La demande de remboursement doit être adressée au service des impôts *via* le portail électronique mis à sa disposition dans son État, accompagnée d'une copie électronique des factures ou documents d'importation lorsque la base d'imposition est au moins égale à 1 000 € ou 250 € pour les factures portant sur des dépenses de carburant.

Cette demande doit être déposée au plus tard le 30 septembre de l'année civile qui suit la période de remboursement.

L'État membre d'établissement vérifie que le requérant a la qualité d'assujetti avant de transmettre sa demande à l'administration fiscale française.

La demande de remboursement n'est recevable que si le montant à rembourser est au moins égal à 400 € si elle porte sur une période comprise entre trois mois et une année civile, ou à 50 € si la période correspond à une année civile ou au solde de l'année civile.

Ce remboursement trimestriel (seuil minimum de 200 €) ou annuel (seuil minimum de 25 €) doit être demandé au plus tard dans les 6 mois qui suivent l'expiration de l'année civile au cours de laquelle la taxe à restituer est devenue exigible.

La décision d'accorder ou de rejeter la demande de remboursement des assujettis communautaires doit, en principe, être prise dans le délai de quatre mois à compter de la réception de la demande. En cas de retard de remboursement, le requérant a droit au versement d'intérêts moratoires.

Pour l'entreprise établie dans un État hors de l'Union européenne

La demande de remboursement doit être adressée au Service de remboursement de la TVA, 10, rue du Centre, 93465 Noisy-le-Grand Cedex, avec les originaux des factures ou documents d'importation. Elle n'est recevable que si elle porte sur une somme minimale fixée à 400 € pour les demandes trimestrielles et 50 € pour les demandes annuelles.

Les assujettis établis en dehors de l'Union européenne sont tenus de faire accréditer auprès du service des impôts d'un représentant assujetti en France qui s'engage à remplir les obligations qui leur incombent.

Pour les échanges de biens

Terminologie

Lieu de départ	Lieu de destination		
	France	Autre État de l'UE	Pays hors UE
France	Opération interne	Livraison intracommunautaire	Exportation
Autre État de l'UE	Acquisition intracommunautaire	-	-
Pays hors UE	Importation	-	-

Régime général applicable

Nature de l'opération	Qualité du vendeur	Qualité de l'acquéreur	Régime applicable
Opération avec pays hors UE	Sans incidence	Sans incidence	- Exportation exonérée – Importation taxable avec autoliquidation de la TVA (*)
Opération avec pays de l'UE	Assujetti redevable ou assimilé	Assujetti redevable ou assimilé	– Livraison intracommunautaire exonérée – Acquisition intracommunautaire avec autoliquidation de la TVA (*)
	Assujetti redevable ou assimilé	Non assujetti ou non redevable	Vente soumise à la TVA française
	Non assujetti ou non redevable	Assujetti redevable ou assimilé	Opération sans TVA
	Non assujetti ou non redevable	Non assujetti ou non redevable	

(*) La TVA afférente aux importations et acquisitions intracommunautaires est simultanément exigible et déductible dans les conditions de droit commun.

Pour les prestations de services

Relations entre assujetti (B to B) →

Lieu de taxation : lieu d'établissement du preneur.
Redevable de la TVA : le prestataire, s'il est établi dans le pays de taxation, ou à défaut le preneur.

Relations entre un prestataire assujetti et un preneur non assujetti (B to C) →

Lieu de taxation : lieu d'établissement du prestataire.
Redevable de la TVA : le prestataire.

Des dérogations existent pour certaines opérations particulières (opérations matériellement localisables, prestations sur les locations de moyens de transport, etc.).

Applications

EXO 23.01

La société ATOUPRIX, établie en France, a pour activité le négoce de matériels informatiques. Au cours de l'année N, elle a effectué des ventes en France, en Espagne en Suisse en Andorre, à Monaco et en Martinique.

→ Travail à faire

Indiquer le régime applicable en matière de TVA pour chaque situation :

- **les ventes sont faites à des entreprises redevables de la TVA ;**
- **les ventes sont faites à des entreprises non redevables de la TVA dans leurs pays.**

EXO 23.02

La société STRANGER, dont l'unique établissement est à Poitiers, a effectué différentes opérations de ventes et d'achats au cours de l'année N.

En produits

P1. Facture le 19/11/N d'une machine à une entreprise suisse pour un montant de 2 000 € HT. La livraison est intervenue le 15/11/N. Cette facture a été réglée le 4/12/N. La machine a été livrée à Zurich.

P2. Facture le 19/11/N d'une machine à une entreprise allemande pour un montant de 2 000 € HT. La livraison est intervenue le 16/11/N. Cette facture a été réglée le 4/12/N. La facture mentionne le numéro d'identification européen du client et du fournisseur. La machine a été livrée à Berlin en Allemagne.

P3. Facture le 19/11/N d'une machine à une entreprise allemande pour un montant de 2 000 € HT. La livraison est intervenue le 16/11/N. Cette facture a été réglée le 4/12/N. La facture mentionne le numéro d'identification européen du client et du fournisseur. La machine a été livrée à Strasbourg, en France, à l'établissement secondaire du client allemand.

P4. Facture le 1911/N d'une machine à une entreprise allemande pour un montant de 2 000 € HT. La livraison est intervenue le 16/11/N. Cette facture a été réglée le 4/12/N. La facture mentionne uniquement le numéro d'identification européen du client et du fournisseur. La machine a été livrée à Turin, en Italie, à l'établissement secondaire du client allemand.

P5. Facture le 19/11/N d'une machine à un particulier domicilié en Espagne pour un montant de 1 200 € HT. La livraison est intervenue le 16/11/N. Cette facture a été réglée le 4/12/N. La facture mentionne uniquement le numéro d'identification européen de la société STRANGER. Le bien a été effectivement livré chez le client espagnol.

P6. Facture le 19/11/N d'une machine à un particulier domicilié en Albanie pour un montant de 1 200 € HT. La livraison est intervenue le 16/11/N. Cette facture a été réglée le 4/12/N. La facture mentionne le numéro d'identification européen de la société STRANGER. Le bien a été effectivement livré chez le client albanais.

En charges

C1. Facture le 22/11/N pour l'achat de pièces détachées auprès d'une société russe pour 4 200 € HT. La marchandise a été livrée le 20/11/N. Le paiement est intervenu le 4/12/N. La facture mentionne le numéro d'identification européen de la société STRANGER.

C2. Facture le 23/10/N pour l'achat de pièces détachées auprès d'une société belge pour 4 200 € HT. La marchandise a été livrée le 22/10/N. Le paiement est intervenu le 4/12/N. La facture mentionne le numéro d'identification européen du client et du fournisseur.

C3. La société STRANGER a acheté un ordinateur auprès d'un particulier domicilié en Autriche pour un montant de 500 € HT. Cette opération réalisée le 24/11/N a été payée le jour même. Le document tenant lieu de facture mentionne uniquement le numéro d'identification européen de la société STRANGER.

C4. Facture le 23/10/N pour l'achat d'un véhicule de tourisme neuf auprès d'une société établie au Portugal pour 14 200 € HT. La marchandise a été livrée le 22/10/N. Le paiement est intervenu le 4/12/N. La facture mentionne le numéro d'identification européen du client et du fournisseur.

→ Travail à faire

Indiquer, pour chacune des opérations, le régime applicable en matière de TVA.

Principaux régimes particuliers de TVA et autres impositions indirectes

Chapitre 24

COMPÉTENCES ET SAVOIRS ASSOCIÉS

- **Les principaux régimes particuliers de TVA, notamment ceux relatifs aux biens d'occasion, aux opérations immobilières et à l'auto-liquidation.**

Le régime général de la TVA repose sur un mécanisme simple de taxation indirecte selon le système des paiements fractionnés avec calcul de la TVA collectée à partir du prix hors taxe réclamé au client.

Cependant, pour certaines opérations spécifiques, le calcul de la TVA se détermine selon la marge réalisée. C'est notamment le cas des entreprises spécialisées dans la vente de biens d'occasion.

Pour d'autres opérations, il s'agit de tenir compte des spécificités propres à l'opération notamment lorsqu'elles peuvent relever d'une autre taxation. Les opérations réalisées sur les biens immobiliers peuvent, selon les cas, dépendre de la TVA ou des droits d'enregistrement.

Enfin, certains systèmes ont pour objectif de sécuriser la collecte de la TVA. C'est notamment le cas du régime de l'auto-liquidation.

PLAN DU CHAPITRE

LES RÉFÉRENCES POUR COMPRENDRE LE CONTEXTE

La fraude à la TVA sur les ventes de biens d'occasion

La TVA sur la marge permet aux revendeurs de biens d'occasion de taxer la vente de ces biens sur leur seule marge bénéficiaire (différence entre prix de vente et prix d'achat), au lieu du prix de vente total. Ce régime de TVA est réservé aux biens d'occasion pour lesquels la TVA payée en amont n'a pas ouvert un droit à déduction.

La fraude à la TVA sur la marge est une fraude qui consiste à appliquer abusivement ce régime aux ventes qui relèvent normalement du régime général de TVA (TVA applicable sur le prix total de vente). Cela aboutit à ne verser au Trésor qu'une petite partie de la TVA normalement due.

TVA sur la marge et biens d'occasion. Fiche sur le site du ministère de l'Économie, des Finances et de la Souveraineté industrielle et numérique

Principes d'imposition des biens d'occasion, des œuvres d'art et des objets de collection ou d'antiquité

Comprendre les dispositions fiscales sur le site du Bulletin Officiel des Finances Publiques – Impôts (direction générale des Finances publiques)

TVA immobilière applicable à la vente d'immeubles neufs et anciens

	Ventes par des professionnels	Cessions entre particuliers
Immeuble neuf (achevé depuis moins de 5 ans)	Taxation de plein droit à la TVA sur le prix total	Cession hors champ d'application de la TVA
Immeuble ancien (achevé depuis plus de 5 ans)	Exonération de TVA, mais option pour le paiement de la TVA possible : • sur le prix total lorsque l'achat a ouvert droit à déduction ; • sur la marge lorsque l'achat n'a pas ouvert droit à déduction	Cession hors champ d'application de la TVA

Régime d'autoliquidation de la TVA en matière de sous-traitance

Auto-liquidation de la TVA en cas de sous-traitance dans le BTP.
Fiche thématique sur le site entreprendre.service-public.fr

1 TVA sur les ventes de biens d'occasion

Les biens d'occasion sont les biens meubles corporels qui ont fait l'objet d'une utilisation, mais sont encore propres à être employés en l'état ou après réparation.

A Régime applicable aux revendeurs occasionnels

La notion de biens usagés correspond à celle de biens mobiliers constituant des immobilisations. Ne sont pas concernées par ce régime les ventes d'immeubles et les cessions de biens meubles incorporels.

1 Régime d'imposition

Les ventes de biens usagés ayant ouvert droit à déduction complète ou partielle de la TVA lors de leur acquisition, acquisition intracommunautaire, importation ou livraison à soi-même, faites par des personnes qui les ont utilisées pour les besoins de leur exploitation industrielle, commerciale ou agricole ou pour l'exercice d'une activité libérale, sont soumises obligatoirement à la TVA.

La nature des biens, la durée de détention et la qualité de l'acquéreur (autre utilisateur, négociant en biens d'occasion ou simple particulier) sont sans incidence sur le régime applicable lors de leur cession.

Une dispense de taxation est cependant prévue lorsque la cession intervient dans le cadre de la transmission d'une universalité de biens.

2 Régime d'exonération

Les ventes, par leurs utilisateurs, de biens usagés qui n'ont pas ouvert droit à déduction de la TVA lors de leur acquisition, acquisition intracommunautaire, importation ou livraison à soi-même sont exonérées de TVA.

Toutefois, si le bien est cédé avant l'expiration du délai de régularisation (cinq ans pour les biens autres qu'immeubles), le vendeur peut opter pour l'imposition de cession à la TVA afin de pouvoir bénéficier d'une déduction complémentaire dans les conditions exposées au Chapitre 21 au titre des régularisations.

Exemple

La société FANTOCHE, exerçant une activité entièrement soumise à la TVA, a procédé en N à la vente de deux immobilisations :

- la première, une machine acquise en mars N-6 pour un montant de 8 000 € HT plus 1 600 € de TVA déductible. Ce bien a été vendu pour 4 000 € le 12 septembre N ;
- la seconde, un véhicule de tourisme acquis en juin N-2 pour un montant de 36 000 € HT plus 7 200 € de TVA à 20 % non déductible. Ce bien a été vendu pour 16 000 € le 4 octobre N.

Quel est le régime applicable en matière de TVA pour ces deux ventes ?

Pour la cession de la machine, l'opération sera soumise à la TVA dès lors que la TVA de 1 600 € facturée lors de l'acquisition du bien a pu faire l'objet d'une déduction. De ce fait, la société FANTOCHE devra collecter une TVA de 800 € (4 000 × 20 %).

Pour la vente du véhicule, aucune TVA n'a fait l'objet d'une déduction lors de son acquisition. De fait, il n'y aura pas de TVA à facturer lors de la revente de ce bien.

Cependant, la société FANTOCHE peut, si elle le souhaite, soumettre cette opération à la TVA et facturer ainsi le véhicule 16 000 € HT plus 3 200 € de TVA. Dans ce cas, elle peut bénéficier d'un droit à déduction partielle sur la TVA payée lors de l'acquisition du véhicule en N-2. La TVA déductible est égale à celle figurant sur la facture d'achat, 7 200 € rognée par cinquième par année et fraction d'année d'utilisation depuis la date d'acquisition jusqu'à la date de cession soit : 7 200 × (5 - 3)/5 = 2 880 €.

B Régime applicable aux négociants en biens d'occasion

1 Personnes concernées

Le régime des négociants s'applique aux assujettis qui achètent en vue de les revendre des biens d'occasion, œuvres d'art, objets de collection ou d'antiquité (garagistes, négociants en biens d'occasion, antiquaires, brocanteurs, galeristes...).

Pour ces assujettis revendeurs, les opérations sont normalement soumises à la TVA selon des modalités qui diffèrent en fonction le régime applicable lors de l'achat des biens revendus.

2 Imposition sur la marge

La taxation sur la marge s'applique, en principe, aux livraisons par un assujetti-revendeur de biens qui lui ont été livrés :

- soit par un non-redevable de la TVA (particulier, assujetti exonéré au titre de la cession du bien ou assujetti exonéré au titre de l'ensemble de son activité) ;
- soit par une personne non autorisée à facturer la TVA au titre de cette livraison (assujetti bénéficiant de la franchise en base, autre assujetti-revendeur soumis au régime de la marge pour cette livraison).

Présenté différemment, il s'agit des achats pour lesquels l'assujetti revendeur n'a pas pu exercer son droit à déduction faute de TVA facturée.

Pour ces opérations, la **base d'imposition toutes taxes comprises** est constituée par la **différence entre le prix de vente et le prix d'achat**. Cette base est ramenée hors taxe par application du coefficient de conversion adéquat.

Le calcul de la marge pour la TVA ne prend pas en compte les éventuels frais de réparation ou remise en état du bien.

Dans la pratique, il existe plusieurs systèmes de calcul de la TVA dont principalement :

- le calcul opération par opération, souvent désigné par l'expression « **coup par coup** ». Il nécessite de connaître lors de chaque vente le prix d'achat correspondant et exclut la compensation entre opérations bénéficiaires et opérations déficitaires ;
- le système de « **globalisation** » : il consiste à calculer, chaque mois, la base imposable en retenant la différence existant entre le montant des achats globaux et celui des ventes globales d'objets d'occasion, réalisés au cours du mois considéré.

Ce système nécessite une régularisation annuelle destinée à tenir compte des variations enregistrées dans la valeur des stocks au début et à la fin de chaque année.

3 Imposition sur le prix total

Ce régime est obligatoire pour les ventes de biens dont l'acquisition comportait de la TVA déductible pour l'assujetti revendeur.

Pour les livraisons de biens relevant normalement du régime de la marge, les assujettis revendeurs pourront appliquer le régime général de la TVA, c'est-à-dire appliquer la TVA sur le prix de vente total. Cette option s'effectue sans formalité particulière opération par opération. Elle peut s'avérer intéressante dans des situations bien particulières où l'acquéreur bénéficie d'un droit à déduction.

Exemple

La société FUTUROTO a pour activité le négoce de véhicule d'occasion. Au cours de la première semaine du mois de mai N, elle a effectué les cessions suivantes :

- vente le 2 mai d'un véhicule utilitaire pour 9 000 € HT. Ce bien avait été acheté en mars N auprès d'une entreprise de peinture pour 8 000 € plus 1 600 € de TVA. La société FUTUROTO a effectué quelques travaux de remise en état évalués à 210 € HT ;

>>>

>>>

- vente le 4 mai d'un véhicule de tourisme pour 7 500 € TTC. Ce bien avait été acheté en avril N auprès d'un particulier pour 6 200 € sans TVA. La société FUTUROTO a effectué quelques travaux de remise en état évalués à 400 € HT.

Quel est le régime applicable en matière de TVA pour ces deux ventes ?

- Pour la cession du véhicule utilitaire, la société FUTUROTO a pu déduire la TVA facturée lors de l'achat de ce bien. De ce fait, elle doit soumettre cette opération à la TVA selon le régime de droit commun à savoir une TVA collectée de 1 800 € (9 000 × 20 %).
- Pour la cession du véhicule de tourisme, la société FUTUROTO n'a pas pu déduire la TVA facturée lors de l'achat de ce bien. Elle doit appliquer le régime de la marge pour calculer la TVA sur l'opération de vente.

La marge TTC est égale à la différence entre le prix de vente et le prix d'achat sans tenir compte des frais de remise en l'état soit : 7 500 - 6 200 = 1 300 €.

S'agissant d'un montant TTC avec une TVA de 20 %, la base HT se détermine en appliquant le coefficient de 0,833, soit une base de 1 082,90 €.

La TVA ainsi collectée sur cette opération est donc égale à 216,58 € (1 082,90 × 20 %).

Au final sur cette opération la société a réalisé un bénéfice de :

Produits		Charges	
Encaissement de la vente	7 500,00 €	Prix d'achat	6 200,00 €
TVA à reverser sur la vente	- 216,58 €	Frais de remise en état	400,00 €
Total	7 283,42 €	Total	6 600,00 €

Soit un bénéfice de 683,42 €.

Si l'acquéreur de ce véhicule de tourisme est une entreprise qui exerce une activité de taxi, la société FUTUROTO peut avoir intérêt à opter pour l'application du régime général de TVA au lieu du régime de la marge.

En effet, dès lors que l'acquéreur n'est pas soumis à la restriction du droit à déduction en ce qui concerne les véhicules de tourisme (c'est le cas pour le taxi), la majoration du prix de vente avec de la TVA collectée n'aura aucune incidence. De ce fait, la vente sera faite aux conditions suivantes :

- prix hors taxe : 7 500 € ;
- TVA collectée : 1 500 €.

Pour la société FUTUROTO, le bénéfice réalisé sur cette opération se détermine comme suit :

Produits		Charges	
Encaissement de la vente	9 000,00 €	Prix d'achat	6 200,00 €
TVA à reverser sur la vente	- 1 500,00 €	Frais de remise en état	400,00 €
Total	7 500,00 €	Total	6 600,00 €

Soit un bénéfice de 900 €.

Cet exemple illustre l'intérêt dans certains cas d'opter pour le régime général de TVA dès lors que cette option ne pénalise pas l'acquéreur du bien.

2 TVA immobilière

À la frontière entre les droits de mutation et la TVA, les cessions de biens immobiliers présentaient des particularités assez complexes en fonction de la nature des biens vendus.

Les réformes de 2010 et 2012 ont fortement simplifié le dispositif qui repose maintenant sur la distinction entre les opérations réalisées par des assujettis (entreprises, professionnels de l'immobilier...), relevant de règles se rapprochant du droit commun, et celles réalisées en dehors d'une activité économique, qui ne sont plus soumises à la TVA qu'exceptionnellement.

A Notion d'assujetti agissant en tant que tel

Il s'agit de la même définition que celle relative au régime de droit commun à savoir :

- d'une part, que la personne qui effectue la livraison d'immeuble exerce à titre habituel et de manière indépendante une activité économique ;
- et, d'autre part, que la livraison intervienne dans le cadre de cette activité.

De fait une opération immobilière effectuée par un assujetti peut ainsi être réalisée soit à titre privé soit à titre professionnel.

Seules les opérations réalisées par un assujetti agissant en tant que tel sont susceptibles d'être soumises à la TVA. Elles concernent les opérations suivantes :

1 Opérations réalisées par les assujettis agissant en tant que tel

a. Opérations taxables de plein droit

Les terrains à bâtir

Ils sont définis de manière objective comme « un terrain que les prescriptions des documents d'urbanisme dans le ressort duquel il se trouve reconnaissent comme constructible ». Cette définition remplace celle existant précédemment qui reposait sur la notion d'engagement de construire.

Les immeubles neufs

Est qualifié d' « immeuble neuf » l'immeuble qui n'est pas achevé depuis plus de cinq ans, qu'il résulte d'une construction neuve ou de travaux ayant consisté dans une surélévation ou dans la remise à neuf.

À l'inverse du dispositif précédent, l'immeuble demeure un immeuble neuf au sens de la TVA pendant cinq ans après son achèvement, quel que soit le nombre de livraisons dont il aura pu faire l'objet pendant ce délai.

Les droits assimilés

Sont assimilés à des biens corporels et suivent le régime du bien immeuble auquel ils se rapportent :

- les droits réels immobiliers, à l'exception des locations résultant de baux qui confèrent un droit de jouissance ;
- les droits relatifs aux promesses de vente ;
- les parts d'intérêts et actions dont la possession assure, en droit ou en fait, l'attribution en propriété ou en jouissance d'un bien immeuble ou d'une fraction d'un bien immeuble ;
- les droits au titre d'un contrat de fiducie représentatifs d'un bien immeuble.

Les livraisons à soi-même d'immeubles

L'imposition à la TVA de la livraison à soi-même des immeubles neufs est exigée lorsque les immeubles sont construits en vue de leur affectation à l'exploitation et que l'assujetti réalisant l'opération ne peut pas déduire la totalité de la TVA.

b. Opérations exonérées

Il s'agit des livraisons de terrains autres qu'à bâtir et des immeubles achevés depuis plus de cinq ans ainsi que des baux conférant un droit réel.

c. Opérations exonérées avec faculté d'option pour la TVA

L'ensemble des opérations exonérées peuvent, sur option du vendeur, être soumises à la TVA.

2 Opérations réalisées par les assujettis n'agissant pas en tant que tel

Ces opérations sont exonérées de TVA et soumises aux droits de mutation à titre onéreux.

B Modalités de taxation

1 Base imposable

En cas de cession d'immeubles, le principe demeure **l'imposition sur le prix**. L'imposition sur une base réduite à la marge, auparavant applicable pour les seuls marchands de biens, est désormais applicable à l'ensemble des assujettis, en cas de livraison d'un terrain à bâtir ou de livraison d'immeuble achevé depuis plus de cinq ans imposée sur option à la TVA, si l'acquisition par le cédant n'a pas ouvert droit à déduction de la TVA.

S'agissant des droits sociaux, la TVA est calculée sur la plus-value, que la TVA soit due de plein droit ou sur option.

Pour les livraisons à soi-même taxables, la TVA est assise sur le prix de revient total des immeubles, y compris le coût des terrains ou leur valeur d'apport

2 Fait générateur et exigibilité de la TVA

Le fait générateur et l'exigibilité se situent, comme pour la généralité des livraisons de biens, au moment de la livraison, c'est-à-dire lors du transfert du droit de disposer du bien comme un propriétaire.

Pour les **ventes d'immeubles à construire**, une disposition particulière a été ajoutée pour indiquer que l'exigibilité peut intervenir au moment de chaque versement réalisé par l'acquéreur selon les échéances telles qu'elles sont prévues par le Code de la construction et de l'habitation.

Le **redevable** de la TVA est, dans tous les cas, celui qui réalise l'opération imposable c'est-à-dire le **vendeur**.

3 Régime de l'auto-liquidation de la TVA

En principe, la **TVA** est facturée par le prestataire de service ou le vendeur qui la collecte et la reverse au Trésor public.

L'**auto-liquidation de TVA** consiste, pour le vendeur ou le prestataire, à facturer hors taxe, le client ayant la charge de déclarer cette opération à la TVA.

Généralement cela se traduit par une TVA à collecter qui est elle-même déductible d'où le terme d'auto-liquidation.

A Situations entraînant l'autoliquidation

L'autoliquidation n'est possible que si le client d'une opération soumise à la TVA est lui-même assujetti redevable de la TVA en France.

Elle peut s'appliquer dans l'une des situations suivantes :

- Pour les opérations internationales :
  - entreprise qui achète des biens à l'étranger et les livrent en France ;
  - entreprise qui achète un service auprès d'entreprises situées hors de France ;
  - entreprise qui achète un bien situé en France auprès d'une entreprise située hors de France ;
  - entreprise qui effectue des importations en France.

Ces opérations ont été abordées au Chapitre 23 sur les échanges internationaux.

- Pour les opérations franco-françaises :
  - la livraison à soi-même lorsque l'opération est soumise à la TVA (opérations abordées au Chapitre 19 sur le champ d'application de la TVA) ;
  - entreprise de sous-traitance de travaux du bâtiment qui exécutent les demandes d'un donneur d'ordres étranger.

B Régime d'auto-liquidation en matière de sous-traitance

1 Condition de l'auto-liquidation

Ce dispositif est applicable aux travaux de construction, y compris de réparation, de nettoyage, d'entretien, de transformation et de démolition, effectués en relation avec un bien immobilier par une entreprise sous-traitante (quel que soit son rang en cas de sous-traitance en chaîne) pour le compte d'un preneur assujetti à la TVA.

Il s'applique uniquement en cas de sous-traitance, c'est-à-dire une opération par laquelle un entrepreneur confie par un contrat de sous-traitance l'exécution de tout ou partie du contrat d'entreprise ou d'une partie du marché public conclu avec le maître d'ouvrage.

Dans ce cas le sous-traitant agit toujours pour le compte d'une entreprise principale.

2 Nature des travaux

Il s'agit essentiellement :

- des travaux de bâtiment exécutés par les différents corps de métiers participant à la construction ou la rénovation des immeubles ;
- des travaux publics et ouvrages de génie civil ;
- des travaux d'équipement des immeubles, c'est-à-dire les travaux d'installation comportant la mise en œuvre d'éléments qui perdent leur caractère mobilier en raison de leur incorporation à un ensemble immobilier ;
- des travaux de réparation ou de réfection ayant pour objet la remise en état d'un immeuble ou d'une installation immobilière ;
- des opérations de maintenance ou de nettoyage qui sont le prolongement ou l'accessoire des travaux concernés.

3 Les conséquences de l'application de ce régime pour les intervenants

- Situation du sous-traitant :

  Le sous-traitant réalisant des travaux concernés par la mesure ne doit pas facturer la TVA relative à ces travaux.

  Les factures doivent comporter, en plus des mentions habituelles, la mention *Autoliquidation* justifiant l'absence de collecte de la taxe par le sous-traitant et faire apparaître clairement que la TVA est due par le preneur assujetti.

  Le montant total hors taxe des travaux doit être mentionné sur la déclaration de TVA dans la rubrique *Autres opérations non imposables*.

  Même s'il ne collecte pas la taxe, le sous-traitant peut déduire la TVA qu'il supporte sur ses propres dépenses.

- Situation de l'entrepreneur principal :

  L'entreprise principale est redevable de la TVA sur les travaux immobiliers qu'elle sous-traite.

  Elle doit déclarer le montant hors taxe des travaux qui lui sont fournis sur la ligne « *Autres opérations imposables* » de sa déclaration de chiffre d'affaires.

  Cette TVA à collecter pourra faire l'objet d'une déduction.

TVA sur les ventes de biens d'occasion

	Revendeurs occasionnels	Négociant en biens d'occasion
Définition des biens	Biens usagés inscrits à l'actif immobilisé.	Biens destinés à être revendus comme une marchandise.
Deux situations à envisager		
Lors de son acquisition, le bien a ouvert droit à déduction totale ou partielle.	Vente obligatoirement soumise à la TVA selon le régime général.	
Lors de son acquisition, le bien n'a pas ouvert droit à déduction.	Vente exonérée de TVA. Possibilité d'opter pour la TVA et d'obtenir (si l'opération intervient dans le délai de 5 ans) une déduction complémentaire sur la TVA non déduite initialement.	Vente soumise à la TVA selon le régime de la marge. Marge TTC = Prix de vente – Prix d'achat (la TVA sur la marge n'est jamais déductible) Possibilité d'opter pour l'imposition selon le régime général.

TVA immobilière

Opérations réalisées par un assujetti agissant en tant que tel

Nature du bien	Régime applicable
Terrain non constructible	Opération exonérée avec option possible à la TVA sur le prix de vente total.
Terrain constructible	TVA applicable : – sur le prix de vente total si le terrain a ouvert droit à déduction lors de son acquisition ; – sur la marge en cas contraire.
Immeuble neuf (achevé depuis moins de 5 ans) ou en futur état d'achèvement	TVA sur le prix de vente total.
Immeuble achevé depuis plus de 5 ans	Opération exonérée avec option possible à la TVA : – sur le prix de vente total si l'immeuble a ouvert droit à déduction lors de son acquisition ; – sur la marge en cas contraire.

Opérations réalisées par un particulier ou un assujetti n'agissant pas en tant que tel

Hors champ d'application de la TVA

Applications

EXO 24.01

Mlle Sophie Stiquet souhaite créer une SARL qui aurait pour activité l'achat et la revente d'ordinateurs d'occasion. Plusieurs hypothèses sont possibles.

Hypothèse n° 1

- rachat d'un ordinateur d'occasion auprès d'une entreprise pour un prix de 500 € HT plus 100 € de TVA ;
- frais forfaitaires de remise en état pour 20 €. Ce montant comprend la main d'œuvre et l'utilisation de petites fournitures ;
- vente de ce bien 650 € TTC.

Hypothèse n° 2

- rachat d'un ordinateur d'occasion auprès d'une entreprise pour un prix de 500 € sans TVA ;
- frais forfaitaires de remise en état pour 20 €. Ce montant comprend la main d'œuvre et l'utilisation de petites fournitures ;
- vente de ce bien 650 € TTC.

Hypothèse n° 3

- rachat d'un ordinateur d'occasion auprès d'un particulier pour un prix de 500 € ;
- frais forfaitaires de remise en état pour 20 €. Ce montant comprend la main d'œuvre et l'utilisation de petites fournitures ;
- vente de ce bien 650 € TTC.

Hypothèse n° 4

- rachat d'un ordinateur d'occasion auprès d'un particulier pour un prix de 500 € ;
- frais forfaitaires de remise en état pour 20 €. Ce montant comprend la main d'œuvre et l'utilisation de petites fournitures ;
- vente de ce bien 450 € TTC.

Hypothèse n° 5

- rachat d'un ordinateur d'occasion auprès d'une entreprise pour un prix de 500 € HT plus 100 € de TVA ;
- frais forfaitaires de remise en état pour 20 €. Ce montant comprend la main d'œuvre et l'utilisation de petites fournitures ;
- vente de ce bien 450 € TTC.

→ Travail à faire

1. **Afin de pouvoir fixer ses prix de vente, elle aimerait connaître le régime applicable en matière de TVA pour ces opérations. Pour cela, elle vous demande de lui indiquer pour chacune des 5 hypothèses :**
   - **le montant de la TVA éventuellement due ;**
   - **le résultat (positif ou négatif) dégagé en tenant compte de l'ensemble des charges et produits se rattachant à l'opération.**
2. **Quel conseil pouvez-vous lui donner pour une bonne rentabilité de sa future activité ?**

L'impôt sur le patrimoine

Partie 5

Il est d'usage de classer parmi les impôts sur le capital les droits d'enregistrement et l'impôt sur la fortune immobilière (IFI).

Ces deux impôts ont un point commun : ils alimentent faiblement les caisses de l'État. Les droits d'enregistrement correspondent aux droits de mutation à titre onéreux et à titre gratuit : droits dus lors de l'acquisition de l'immobilier ancien, du fonds de commerce, opérations de création, restructuration et liquidations de sociétés, droit de donation et de succession,...

Peu connus du grand public, leur discrétion n'a d'égale que leur ancienneté puisque certains trouvent leur origine au XVIIIe siècle, voire dans l'Ancien régime.

L'impôt sur la fortune immobilière (IFI) a succédé à l'ISF au 1er janvier 2018. L'IFI est recentré sur le patrimoine immobilier non professionnel, il exclut désormais le patrimoine mobilier, dont les avoirs financiers.

Selon les pouvoirs publics, il s'agissait par cette réforme d'orienter l'épargne des Français vers l'investissement productif et de combattre la « rente immobilière ».

L'ISF était, quant à lui, régulièrement sous les feux de la rampe : il s'agissait d'un impôt à très forte résonance politique. Créé en 1982 sous le nom d'« impôt sur les grandes fortunes », et rebaptisé en 1989 sous le nom d'« impôt de solidarité sur la fortune », il a subi plusieurs modifications et il fait toujours débat puisqu'une partie de la population réclamerait son retour.

L'impôt sur la fortune immobilière

Chapitre 25

COMPÉTENCES ATTENDUES

- **Expliquer la composition de l'assiette de l'impôt sur la fortune.**
- **Déterminer et justifier l'assiette.**
- **Déterminer le montant dû.**
- **Qualifier et expliquer les particularités liées aux exonérations des biens professionnels.**
- **Expliquer les modalités de calcul, de déclaration et de paiement.**

L'impôt sur la fortune immobilière (IFI) est un impôt annuel dû par les personnes physiques dont le patrimoine, apprécié le **1er janvier de l'année**, excède un certain seuil (CGI art. 964 et 965). Sous réserve des règles spécifiques prévues par le législateur et notamment de l'exonération des biens professionnels, l'IFI est, en règle générale, assis et recouvré selon les mêmes règles que les droits de succession.

PLAN DU CHAPITRE

SYNTHÈSE P. 454
APPLICATIONS P. 455

LES RÉFÉRENCES POUR COMPRENDRE LE CONTEXTE

Impôt sur la fortune immobilière (IFI) : personnes et biens concernés

Impôt sur la fortune immobilière (IFI) : personnes et biens concernés. Fiche thématique sur le site service-public.fr

Le barème de l'IFI

L'IFI s'applique aux patrimoines des particuliers dont la valeur nette taxable est supérieure à 1,3 M€. Pour l'année en cours, le barème de l'IFI est identique à celui des années précédentes, avec des taux allant de 0 % à 1,50 %.

Fraction de la valeur nette taxable du patrimoine	Taux applicable
Jusqu'à 800 000 €	0 %
Entre 800 001 € et 1 300 000 €	0,50 %
Entre 1 300 001 € et 2 570 000 €	0,70 %
Entre 2 570 001 € et 5 000 000 €	1 %
Entre 5 000 001 € et 10 000 000 €	1,25 %
Supérieure à 10 000 000 €	1,50 %

Imposition des non-résidents à l'IFI

Les non-résidents sont-ils imposables à l'IFI ? Vidéo explicative sur la chaîne INAFON de YouTube

1 Champ d'application

A Personnes imposables

Applicable depuis le 1er janvier 2018, en lieu et place de l'ISF, l'IFI est un impôt annuel dû par les personnes physiques dont le patrimoine immobilier net est supérieur à 1 300 000 €. Les conditions d'assujettissement à l'IFI s'apprécient, en conséquence, au 1er janvier de chaque année d'imposition.

L'IFI ne concerne que les personnes physiques, à l'exclusion des personnes morales de droit public ou de droit privé (sociétés, associations, etc.).

1 Règle de l'imposition par foyer

Le foyer fiscal IFI, différent du foyer fiscal IR, est composé des personnes suivantes :

- personne seule célibataire, veuve, divorcée ;
- couple marié. Il y a toutefois imposition distincte des époux séparés de biens et ne vivant pas sous le même toit ou des époux en instance de divorce ou en séparation de corps autorisés par le juge à résider séparément ;
- couple pacsé ;
- concubinage notoire, stable et continu entre deux personnes.

Les enfants mineurs font partie du foyer fiscal des parents qui ont l'administration légale de leurs biens. En revanche, le patrimoine des enfants majeurs comptés à charge pour le calcul de l'IR n'est pas retenu.

Foyer fiscal IFI

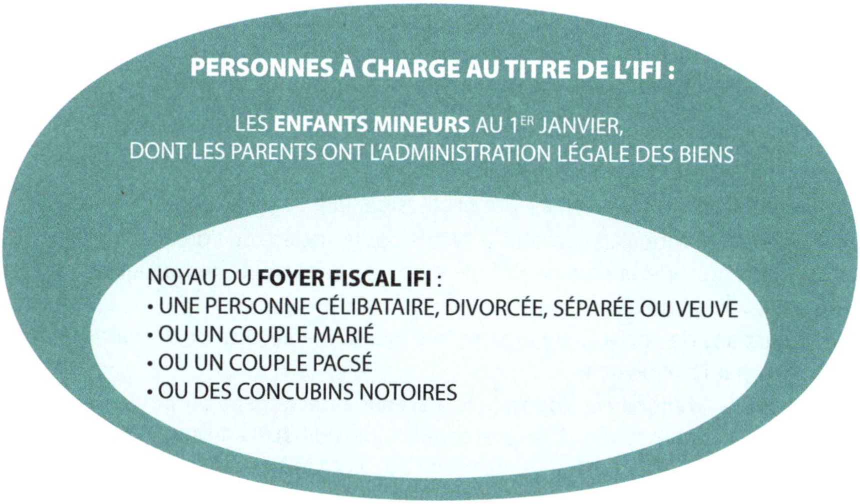

À l'exclusion des enfants majeurs et des enfants mineurs émancipés ou sous tutelle

La composition du foyer fiscal s'apprécie au 1er janvier de l'année d'imposition.

2 Les règles de territorialité

a. Personnes physiques domiciliées en France

Le domicile fiscal est déterminé comme en matière d'IR par l'article 4B du CGI. Les redevables domiciliés en France sont imposables sur leurs biens immobiliers situés en France et sur leurs biens immobiliers situés hors de France.

En présence d'une convention fiscale internationale, le droit d'imposer est soit attribué exclusivement au pays étranger soit attribué exclusivement à la France : dans le premier cas, les biens concernés échapperont à l'IFI en France ; dans le second cas, les biens concernés seront soumis à l'IFI en France.

En l'absence de convention, la double imposition de ces biens est évitée par l'imputation, sur l'IFI dû en France, de l'impôt de même nature payé à l'étranger à raison des actifs immobiliers situés hors de France.

b. Personnes physiques domiciliées hors de France

Les personnes physiques qui n'ont pas leur domicile fiscal en France ne sont imposables qu'à raison de leurs biens et droits immobiliers situés en France et sur leurs parts ou actions de sociétés à hauteur de la fraction de leur valeur représentative de ces mêmes biens ou droits immobiliers.

Ces dispositions s'appliquent sous réserve des conventions fiscales internationales, lesquelles peuvent prévoir que, pour certains biens immobiliers, le droit d'imposer est :

- soit partagé entre les deux États ;
- soit attribué à l'État de résidence du propriétaire ;
- soit attribué à l'État où les biens immobiliers sont situés.

B Biens imposables

1 Composition du patrimoine imposable (art. 965 du CGI)

a. Le principe

Le patrimoine taxable à l'IFI est constitué de l'ensemble des biens et droits immobiliers détenus, directement et indirectement, par le foyer fiscal au sens de l'IFI au 1er janvier de l'année d'imposition. Toute modification, intervenant dans le courant de l'année d'imposition, de l'importance et de la consistance du patrimoine du patrimoine demeure sans influence sur la base d'imposition et l'exigibilité de l'impôt dû au titre de l'année en cause.

b. Les exceptions

Sont exclus de l'assiette (ou base imposable) de l'IFI :

- les actifs immobiliers affectés à l'activité professionnelle du redevable ;
- les biens ou droits immobiliers qui sont affectés par la société ou l'organisme qui les détient à sa propre activité opérationnelle définie comme une activité industrielle, commerciale, artisanale, agricole ou libérale ;
- les parts ou actions de sociétés ou organismes ayant une activité opérationnelle détenus à moins de 10 % par le redevable ;
- les biens et droits immobiliers imposables, détenus directement ou indirectement par les organismes de placement collectif, représentant moins de 20 % de son actif, sachant que le redevable doit détenir moins de 10 % des droits de l'organisme de placement collectif ;
- les actions de sociétés d'investissement immobilier cotées (SIIC) dont le redevable détient moins de 5 % du capital et des droits de vote.

Remarques. Les biens dits « affectés » à l'activité de l'entreprise s'entendent de ceux qui figurent à l'actif de son bilan.
N'est pas considéré comme activité opérationnelle l'exercice par une société ou un organisme d'une activité de gestion de son propre patrimoine immobilier (art. 966, I du CGI).
En revanche, sont considérées comme des activités commerciales pour l'application de l'exclusion à l'IFI :

- les activités mentionnées aux articles 34 et 35 du CGI, c'est-à-dire les activités industrielles, commerciales ou artisanales dont les résultats se rattachent aux BIC ;
- les activités de sociétés holdings animatrices, c'est-à-dire celles qui, outre la gestion d'un portefeuille de participations, participent activement à la conduite de la politique de leur groupe et au contrôle de leurs filiales et rendent, le cas échéant et à titre purement interne, des services spécifiques, administratifs, juridiques, comptables, financiers et immobiliers.

2 Cas particuliers

a. Biens grevés d'un droit d'usufruit, d'habitation ou d'usage

Les biens ou droits grevés d'un usufruit, d'un droit d'habitation ou d'un droit d'usage accordé à titre personnel sont compris dans le **patrimoine de l'usufruitier** ou du titulaire du droit pour leur valeur en pleine propriété ; le nu-propriétaire est quant à lui exonéré.

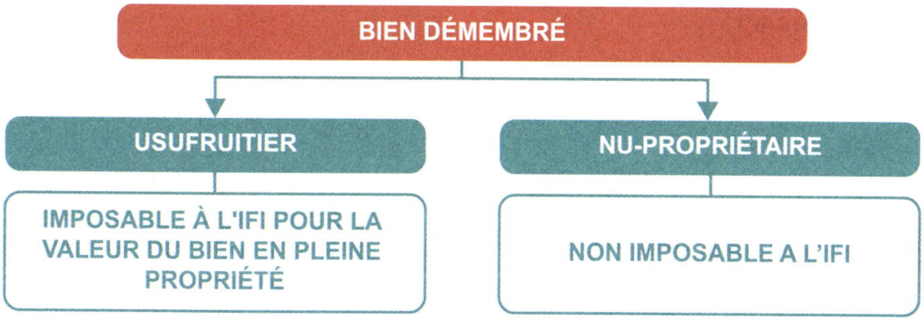

La loi prévoit toutefois certaines exceptions. Ainsi, si le démembrement résulte de l'article 757 du Code civil qui accorde, en présence de descendants et en l'absence de dispositions testamentaires à l'époux survivant, l'usufruit de la totalité des biens figurant dans la succession du défunt, l'usufruitier n'est alors imposé que sur la valeur de son usufruit déterminé en application du barème de l'article 669 du Code Général des Impôts (voir *infra*).

Barème de l'article 669 du CGI

AGE de l'usufruitier	VALEUR de l'usufruitier	VALEUR de la nue-propriété
Moins de :		
21 ans révolus	90 %	10 %
31 ans révolus	80 %	20 %
41 ans révolus	70 %	30 %
51 ans révolus	60 %	40 %
61 ans révolus	50 %	50 %
71 ans révolus	40 %	60 %
81 ans révolus	30 %	70 %
91 ans révolus	20 %	80 %
Plus de 91 ans révolus	10 %	90 %

Le ou les nus propriétaires sont alors redevables de l'IFI sur la valeur de leur nue-propriété. Il s'agit d'une disposition fiscale propre à l'IFI.

b. Assurance-vie

Les contrats d'assurance-vie non rachetables, c'est-à-dire dont l'épargne n'est pas disponible, ne sont pas soumis à l'IFI, qu'ils soient ou non investis dans des actifs immobiliers. Les contrats d'assurance-vie rachetables et de capitalisation exprimés en unités de compte sont soumis à l'IFI pour la seule fraction de leur valeur de rachat représentative des actifs immobiliers imposables.

c. Contrats de crédit-bail immobilier (CBI)

Les actifs immobiliers sont imposables à l'IFI chez le preneur à bail pour la valeur vénale du bien immobilier diminuée des redevances et du prix de l'option d'achat restant à payer jusqu'au terme du CBI.

> **Exemple**
> Monsieur LOUTOU est titulaire d'un contrat de crédit-bail portant sur un immeuble évalué à 1 000 000 €, dont le total des loyers restant dus jusqu'au terme du contrat est de 300 000 € et l'option d'achat de 200 000 €.
> La valeur à prendre en compte pour le calcul de l'IFI s'élève à 500 000 €.

C Biens exonérés d'IFI

Outre les biens professionnels, certaines catégories de biens sont susceptibles de bénéficier d'une exonération d'IFI.

1 Biens forestiers

a. Bois et forêts et parts de groupements forestiers

Ces biens bénéficient d'une exonération partielle à concurrence des de leur valeur sous les conditions fixées pour l'exonération des droits de succession : le redevable doit s'engager à exploiter pendant 30 ans, il doit produire un certificat émanant du directeur départemental des territoires ainsi qu'un bilan de mise en œuvre du document de gestion durable.

b. Biens ruraux loués par bail à long terme et parts de GFA

Ces deux catégories de biens sont exonérées pour les 3/4 de leur valeur lorsque celle-ci n'excède pas 101 897 € ou à concurrence de 50 % de leur valeur au-delà de 101 897 €.

2 Assiette et calcul de l'impôt

L'IFI est déterminé à partir de la **valeur nette** des biens imposables (CGI art. 965). Les contribuables doivent donc procéder eux-mêmes à l'évaluation de leur patrimoine au 1er janvier de l'année d'imposition, puis soustraire les dettes qui grèvent ce patrimoine. L'impôt dû est ensuite calculé en appliquant à la valeur nette du patrimoine déterminée un barème progressif qui va de 0 à 1,5 % pour l'IFI dû en 2023. Le barème est identique à celui de l'ex-ISF.

A Évaluation des biens imposables

Sauf cas particulier, la valeur à déclarer est la **valeur vénale** déterminée au 1er janvier de l'année d'imposition (art. 973 du CGI).

La valeur des biens est déterminée par le contribuable, l'administration se réservant, dans le cadre de ses contrôles, la faculté de contester les valeurs retenues si elle les juge insuffisantes.

1 Règle générale d'évaluation

Ce sont les règles d'évaluation prévues en matière de droits de succession, sauf règles d'évaluation spécifiques à l'IFI.

2 Règles spécifiques

a. Biens immobiliers détenus directement : les immeubles

On retient la valeur vénale du bien, c'est-à-dire la valeur libre de toute occupation, applicable aux immeubles dont le propriétaire a l'usage. Un **abattement de 30 %** est effectué sur la valeur vénale lorsque l'immeuble est occupé, au 1er janvier de l'année d'imposition, à titre de résidence principale par son propriétaire.

b. Biens immobiliers détenus indirectement : actions et parts de sociétés

Le ratio immobilier est égal à :

$$\frac{\text{Valeur vénale réelle de l'immobilier imposable détenu directement ou indirectement par la société}}{\text{Valeur vénale réelle de l'ensemble de l'actif de la société}}$$

Exemple

M. Durand possède 50 % des titres d'une société A qui détient à la fois des immeubles et des titres d'une société B, elle-même propriétaire d'immeubles.
Par hypothèse, le ratio immobilier de la société B (valeur de l'immobilier imposable de B / valeur de l'actif total de B) = 0,9.

SOCIÉTÉ A DÉTENU À 50 % PAR M. DURAND			
Actif immobilier	4 000 000 €	K propres	6 000 000 €
Titres B	2 000 000 €		
Dont actif immo	*1 800 000 €*		
Autres	4 000 000 €	Dettes	4 000 000 €
TOTAL ACTIF	**10 000 000 €**	**TOTAL PASSIF**	**10 000 000 €**

Valeur des titres A détenus par M. Durand :
50 % × (10 000 000 – 4 000 000) = 3 000 000 €
Ratio immobilier de la société A :
[4 000 000 + (2 000 000 × 0,9)]/10 000 000 = 0,58
Valeur imposable des titres A détenus par M. Durand :
3 000 000 × 0,58 = **1 740 000** €, valeur à déclarer à l'IFI

Le législateur a bien conscience de la complexité de cette démarche : ainsi, en cas de détermination très difficile de la valeur taxable des biens immobiliers, aucun rehaussement ne sera effectué à l'encontre d'un redevable de bonne foi pouvant démontrer qu'il n'était pas en mesure de disposer des informations nécessaires pour estimer la fraction de la valeur de ses titres représentatives de l'immobilier détenu indirectement (art. 965, 3° du CGI).

B Déduction du passif

1 Imputation des dettes existant au 1er janvier de l'année d'imposition

Pour être admises en déduction de l'IFI, les dettes doivent exister au 1er janvier de l'année d'imposition, être afférentes à des actifs immobiliers imposables, incomber personnellement au redevable et être justifiées par tous moyens de preuve.

Sont notamment déductibles de l'actif taxable :

- les **impôts**, dont le fait générateur se situe au plus tard au 1er janvier de l'année d'imposition, et qui restent à payer à cette date : il s'agit de l'IFI, des taxes foncières, éventuellement de la taxe sur les locaux vacants. En revanche, l'impôt sur le revenu n'est plus déductible ;
- les emprunts, à concurrence du capital restant dû au 1er janvier de l'année d'imposition augmenté des intérêts échus et non payés et des intérêts courus à cette même date ;
- Les dépenses d'acquisition de biens ou droits imposables, d'amélioration, de construction, de reconstruction ou agrandissement, de réparation ou d'entretien, effectivement supportées par le propriétaire ou supportées pour le compte du locataire par le propriétaire et dont il n'a pas obtenu le remboursement.

2 Imputation de l'IFI lui-même

L'IFI lui-même est à retrancher de sa propre base de calcul selon une technique originale. Il convient de :

- calculer l'IFI dû sur le montant net du patrimoine immobilier, sans tenir compte de l'IFI lui-même ;
- ajouter le montant de l'IFI ainsi obtenu au passif déductible et effectuer un nouveau calcul de l'impôt pour obtenir l'IFI à payer.

C Calcul de l'impôt

L'IFI est déterminé en appliquant au patrimoine net imposable un taux unique d'imposition déterminé à l'article 977 du CGI. L'impôt ainsi calculé est éventuellement plafonné en fonction des revenus du contribuable.

1 Tarif applicable

Un taux d'imposition unique est appliqué à l'ensemble du patrimoine, c'est-à-dire dès le premier euro.

Barème simplifié de l'IFI applicable à compter du 1er janvier 2023

Tranches	Taux	Formule de calcul des droits
Jusqu'à 800 000 €	0,00 %	P × 0
De 800 001 € à 1 300 000 €	0,50 %	(P × 0,005) - 4 000 €
De 1 300 001 € à 2 570 000 €	0,70 %	(P × 0,007) - 6 600 €
De 2 570 001 € à 5 000 000 €	1,00 %	(P × 0,01) - 14 310 €
De 5 000 001 € à 10 00 000 €	1,25 %	(P × 0,0125) - 26 810 €
Au-delà de 10 000 000 €	1,50 %	(P × 0,015) - 51 810 €

Un système de décote est prévu afin d'éviter les effets de seuil.

Les patrimoines dont la valeur nette est estimée entre 1 300 000 et 1 400 000 € bénéficient d'une décote égale à 17 500 € - (1,25 % du patrimoine net).

Exemple

M. et Mme De Beau Repaire ont évalué au 01.01.2023 leur patrimoine à 1 350 000 €, avant déduction de leur IFI.
L'IFI théorique 2023 sera calculé ainsi : 1 350 000 × 0,70 % - 6 600 € = 2 850
Décote :
17 500 - (1 350 000 × 1,25 %) = 625 €
IFI théorique = 2 850 - 625 = 2 225 €
Cet IFI théorique est à déduire du patrimoine ramené à : 1 350 000 € - 2 225 € = 1 347 775 €.
L'IFI brut, calculé sur cette nouvelle base et par fractions comme ci-dessus, s'élève à 2 182 €.

2 Les réductions d'IFI

Réduction pour dons à certains organismes

Les dons en numéraire et les dons en pleine propriété de titres de sociétés cotées sur un marché règlementé ouvrent droit à une réduction d'IFI. Seuls certains organismes sont bénéficiaires de ces dons.

Le taux de la réduction est de **75 %**.

Le montant de la réduction d'IFI au titre d'une même année ne peut dépasser 50 000 €.

3 Le plafonnement de l'IFI

Le plafonnement vise à éviter que l'IR et l'IFI de l'année N n'excède 75 % des revenus de l'année N-1. En cas d'excédant, celui-ci vient en diminution de l'IFI à payer.

Les revenus à retenir pour le calcul du plafonnement s'entendent des revenus mondiaux (plus-values incluses), nets de frais professionnels, de l'année précédente après déduction des seuls déficits catégoriels dont l'imputation est autorisée pour l'impôt sur le revenu ;

- des revenus exonérés d'impôt sur le revenu réalisés, et des produits soumis à un prélèvement libératoire de l'impôt sur le revenu réalisés, en France ou hors de France, au cours de l'année précédant l'année d'imposition à l'IFI.

S'agissant des impôts, il convient d'ajouter à l'IFI l'impôt sur le revenu (au taux progressif et au taux proportionnel), les prélèvements et contributions additionnels à l'impôt sur le revenu (contribution exceptionnelle sur les hauts revenus, prélèvements sociaux) ainsi que les prélèvements libératoires de l'IR.

Exemple

N = 2023
Monsieur Durand, célibataire, dispose d'un actif net taxable à l'IFI de 4 500 000 €.
Son IFI s'élève en N à 30 690 €.
Il a perçu en N-1 un revenu foncier imposable pour un montant de 25 000 € et il a acquitté un impôt sur le revenu de 2 091 € majoré de 4 300 € de prélèvements sociaux (17,20 % en 2022).
Montant IR + PS + IFI = 37 081 €.
Plafond de 75 % des revenus : 25 000 × 75 % = 18 750 €.
Réduction de l'IFI : 37 081 – 18 750 = 18 331 €.
Son IFI après plafonnement s'élève à : 30 690 – 18 331 = 12 359 €.

3 Déclaration et paiement

A Déclaration annuelle

Les personnes dont la valeur du patrimoine immobilier imposable au 1er janvier 2023 excède 1 300 000 € doivent reporter le détail et l'estimation de leur patrimoine immobilier (et, le cas échéant, des dettes s'y rapportant) sur une déclaration spécifique annexée à la déclaration d'ensemble de leurs revenus n° 2042. Ils reportent ensuite le montant de la valeur brute et de la valeur nette taxable du patrimoine sur la déclaration d'ensemble.

B Paiement de l'impôt

L'IFI est recouvré par émission d'un rôle distinct de l'impôt sur le revenu. Si le contribuable en fait la demande, l'impôt peut faire l'objet de prélèvements mensuels dans les conditions prévues pour l'impôt sur le revenu.

L'IFI doit en principe être acquitté par télépaiement lorsque son montant excède un certain seuil.

Le contribuable peut acquitter sa dette d'IFI en numéraire ou par tout moyen de règlement assimilé ou encore par remise d'œuvres d'art ou d'immeubles.

C Contrôle de l'impôt

Le contrôle est effectué par l'administration fiscale dans les mêmes conditions que pour les droits de succession :

- si une déclaration est déposée, le droit de contrôle peut s'exercer pendant **trois ans** ;
- si aucune déclaration n'a été déposée ou si des biens ont été omis dans les déclarations, le droit de contrôle peut s'exercer sur une période de **six ans**.

La loi permet depuis le 1er janvier 2013 de porter la prescription des droits d'enregistrement et de l'IFI à dix ans lorsqu'un contribuable n'a pas révélé un compte bancaire, un contrat d'assurance-vie ou des droits dans un trust à l'étranger.

Une procédure de taxation d'office est applicable en cas de défaut de dépôt de la déclaration d'IFI. Mais l'administration doit au préalable établir que le contribuable est bien redevable de l'IFI et mettre en œuvre une procédure contradictoire au cours de laquelle le redevable peut réparer son omission.

D L'IFI version 2023 : démarche analytique

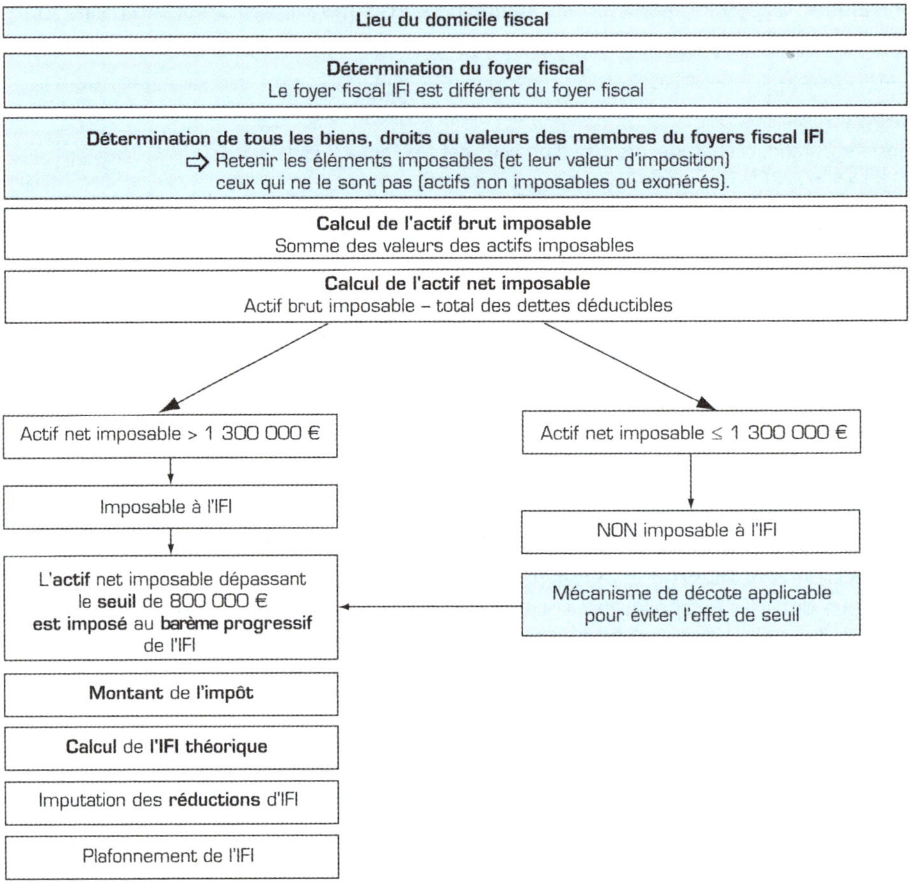

4 Les biens professionnels

Les biens professionnels n'entrent pas dans l'assiette de l'impôt sur la fortune immobilière (IFI). Ces biens peuvent être regroupés en trois catégories : les biens dépendant d'une **exploitation individuelle**, les **parts ou actions de sociétés** et certains **biens ruraux**.

A Immeubles dépendant d'une entreprise individuelle (art. 975, I du CGI)

Les immeubles (ou droits immobiliers) qui sont nécessaires à l'exercice à titre principal par leur propriétaire, d'une activité industrielle, commerciale, artisanale, agricole ou libérale ne sont pas imposables à l'IFI.

1 Profession industrielle, commerciale, artisanale, agricole ou libérale

La notion de profession suppose l'existence d'une activité effectivement exercée à titre habituel et constant et dans un but lucratif. Il faut, en outre, que cette activité soit de nature industrielle, commerciale, artisanale, agricole ou libérale. D'une manière générale, il s'agit des activités professionnelles dont les résultats sont classés dans la catégorie des BIC, BA ou BNC.

2 Profession exercée par le propriétaire des biens ou son conjoint

Les biens peuvent être détenus et utilisés par l'un quelconque des membres du foyer fiscal tel que défini pour l'IFI (voir *supra*), ce qui inclut le partenaire d'un Pacs, le concubin notoire et les enfants mineurs.

a. Profession exercée à titre principal

Lorsque le contribuable exerce plusieurs activités, la profession principale est celle qui représente **l'essentiel de ses activités économiques**, compte tenu notamment du temps qu'il va consacrer à chaque activité, de l'importance de ses responsabilités au sein de chaque activité, de la taille des exploitations, etc. Si toutefois ces critères ne permettent pas de qualifier l'activité principale, il s'agira de celle qui procure la plus grande part des revenus du contribuable.

b. Biens nécessaires à l'exercice de la profession

Les biens professionnels correspondent à ceux qui ont un **lien de causalité directe** suffisant avec l'exploitation. Il s'agit des biens qui sont utilisés réellement pour les besoins de l'activité professionnelle ou qui ne pourraient être utilisés à un autre usage. Selon la règle générale étudiée *supra*, la composition de l'actif professionnel est appréciée à la date du 1er janvier de l'année d'imposition.

Le fait qu'un bien soit inscrit à l'actif du bilan de l'entreprise crée une présomption d'affectation à usage professionnel : cette présomption supporte néanmoins la preuve contraire. Ainsi, un immeuble inscrit au bilan mais donné en location à un tiers ne peut être considéré comme un bien professionnel. Inversement, un élément même s'il n'est pas inscrit à l'actif peut être qualifié de bien professionnel si l'exploitant démontre l'existence du lien de nécessité et l'utilisation effective.

Les dettes professionnelles vont réduire le montant des biens exonérés. Les dettes professionnelles sont celles qui sont générées par l'activité de l'entreprise et qui sont à la charge du redevable.

B Droits sociaux

Il existe deux catégories de titres de sociétés qui peuvent bénéficier de l'exonération des biens professionnels lorsque le porteur de ces droits remplit certaines conditions définies par la loi. L'exonération n'est susceptible de s'appliquer que lorsque la société exerce une activité industrielle, commerciale, artisanale, agricole ou libérale (AICAAL). Les sociétés patrimoniales (SCI, sociétés de portefeuille) sont exclues du dispositif.

> **Éclairage**
> **L'exonération de l'immobilier professionnel s'applique aux actifs qui ne sont pas déjà exclus du champ de l'IFI (voir *supra*).**

1 Parts de sociétés de personnes (Art. 975, II et VI du CGI)

Lorsque la société relève de l'impôt sur le revenu, les parts détenues par l'associé, représentatives de valeurs immobilières, et ce quel que soit le pourcentage de participation qu'il y détient, constituent des biens professionnels lorsque l'associé exerce dans la société son activité professionnelle à titre **principal** et de manière **effective**.

Il est fait dans ce cas application des mêmes critères que pour les exploitations individuelles (voir *supra*).

Remarque. Les immeubles ou droits immobiliers doivent être affectés à l'activité de la société dans laquelle le contribuable exerce son activité professionnelle.

2 Titres de sociétés soumises à l'impôt sur les sociétés (Art. 975, III et IV du CGI)

Pour que les parts et actions de sociétés soumises à l'impôt sur les sociétés soient analysées comme des biens professionnels exonérés d'IFI, deux séries de conditions sont requises : elles concernent, d'une part, la **nature des fonctions** exercées par l'associé dans la société, et d'autre part **l'importance de la participation détenue**. Les conditions sont les mêmes que celles qui existaient pour l'ISF.

Ces conditions doivent être remplies le 1er janvier de l'année d'imposition.

a. Titres détenus par les dirigeants rémunérés normalement

Les détenteurs des titres doivent exercer **à titre principal** dans la société une **fonction de direction**. Selon les caractéristiques des sociétés, ces fonctions de direction sont les suivantes :

- pour les SARL et sociétés en commandite par actions : les gérants de droit ;
- pour les sociétés par actions : le président du conseil d'administration, le directeur général (DG) et les DG délégués, les membres du directoire et le président du conseil de surveillance ;
- pour les sociétés de personnes soumises sur option à l'IS : chacun des associés en nom dans la mesure où il exerce des fonctions dans les conditions exposées ci-après.

Les dirigeants de SAS peuvent également bénéficier de l'exonération d'IFI s'ils exercent des fonctions dont l'étendue est équivalente à celles exercées par les dirigeants de SA.

Ces fonctions de direction doivent être **effectivement exercées**, et donner lieu à une **rémunération normale**, c'est-à-dire en rapport avec les services rendus.

On retrouve ici les critères étudiés dans le Chapitre 16 réservé à l'étude de l'IS, et concernant la déductibilité des rémunérations versées aux associés. La rémunération doit représenter **plus de la moitié** des revenus professionnels du redevable.

Remarque. Depuis le 31 juillet 2011, les rémunérations tirées de l'exercice des fonctions de direction de plusieurs sociétés soumises à l'IS sont globalisées pour apprécier si elles représentent plus de la moitié des revenus professionnels.

b. Détermination du pourcentage de détention du capital

Une participation minimum de 25 % est requise. Elle correspond à la détention **de 25 % des droits de vote**.

Pour la détermination du seuil de 25 %, il peut être tenu compte :

- de la participation **détenue directement** par le contribuable et les membres de son groupe familial au sens large, à savoir son conjoint, partenaire Pacsé(e) ou concubin notoire, ses ascendants, descendants, frères et sœurs ;
- ainsi que ceux de son conjoint, partenaire ou concubin notoire ;
- de la participation détenue **indirectement** par ces mêmes personnes par l'intermédiaire d'une ou plusieurs sociétés possédant une participation dans la société où sont exercées les fonctions, dans la limite d'un seul niveau d'interposition, ce qui exclut les sous-filiales (participations indirectes).

Désormais le seuil de détention de 25 % du capital n'est plus exigé si le capital est dilué en raison d'une augmentation de capital de la société.

Remarque. Il est nécessaire de vérifier le critère des fonctions légales et de détention du capital dans chacune des sociétés afin que les titres puissent bénéficier de l'exonération d'ISF.

Si le seuil minimum de détention de 25 % n'est pas atteint, les parts ou actions détenues dans une société par un redevable peuvent néanmoins être exonérées, à condition que leur **valeur brute** excède 50 % de la valeur brute du patrimoine taxable à l'IFI, y compris ces parts et actions. Pour déterminer ce seuil de 50 %, il est fait masse des parts appartenant directement ou indirectement au contribuable et aux membres de son foyer fiscal.

Lorsqu'un dirigeant possède des participations dans plusieurs sociétés, ses participations pourront être globalement qualifiées de « biens professionnels exonérés d'IFI » si les activités des sociétés concernées sont soit **identiques**, **soit connexes et complémentaires**. Le critère de l'activité identique n'appelle pas de commentaire particulier.

Le critère d'activités connexes et complémentaires permet, en revanche, beaucoup plus d'interprétations et demeure assez imprécis et incertain. Il peut s'agir, par exemple, d'une première société qui produit des biens industriels et d'une seconde société dont l'activité connexe et complémentaire consisterait à commercialiser les biens industriels produits.

La connexité et la complémentarité doivent être réunies. La connexité est présumée lorsque l'une des sociétés détient 50 % du capital de l'autre société. La complémentarité s'entend de l'activité qui s'inscrit dans le prolongement en aval ou en amont d'une autre activité.

c. Exonération partielle

Lorsque les immeubles (ou les droits immobiliers) utilisés par la société d'exploitation dirigée par le redevable appartiennent directement à l'un des membres du foyer fiscal la valeur de l'immeuble loué ou mis à disposition est exonérée à hauteur de la participation du redevable dans la société d'exploitation.

Lorsqu'ils appartiennent à une société (par exemple une SCI) dans laquelle l'un des membres du foyer fiscal détient des titres, la valeur des titres détenus par le foyer fiscal est exonérée d'IFI dans la limite du produit :

- de la fraction de leur valeur représentative des immeubles loués ou mis à disposition de la société d'exploitation par la société immobilière ;
- et de la participation du redevable dans la société d'exploitation.

Exemple

N = 2023

1. Les données

M. Benoît Pageaud est propriétaire de 80 % des actions d'une SAS qu'il dirige, et dont il retire une rémunération normale.
Il détient par ailleurs avec son épouse, Marianne, 100 % des parts d'une SCI qui porte à son actif un immeuble d'une valeur de 2 M €.
La SCI, dont l'actif brut s'élève à 5 M € et l'actif net s'élève à 4 M €, loue cet immeuble à la SAS qui l'utilise pour son activité commerciale.
Les titres de la SCI sont valorisés à 4 M €.
L'immeuble loué à la SAS représente 40 % de l'actif de la SCI, soit 2 M/5 M €.
Monsieur Pageaud et son épouse sont exonérés d'IFI sur les titres de la SCI pour
80 % × (40 % × 4 M €) = 1 280 000 €.
Ils sont imposés à l'IFI sur (4 M × 40 %) – 1,28 M € = 320 000 €.

L'IMPÔT SUR LA FORTUNE IMMOBILIÈRE (IFI)	
Champ d'application	
Seuil d'imposition	Sont assujetties à l'IFI les personnes physiques qui disposent d'un patrimoine taxable dont la valeur nette est supérieure à 1 300 000 €. Situation appréciée au 1er janvier de l'année d'imposition (1er janvier 2023 pour IFI 2023).
Personnes imposables	
Foyer fiscal IFI	Célibataire, Couple marié, Partenaires liés par un PACS, Concubins
Biens imposables	
Nature des biens imposables	Immeubles bâtis et non bâtis, titres sociaux et valeurs mobilières rattachées à des biens immobiliers.
Biens exonérés	
	Biens immobiliers affectés à l'activité principale industrielle, commerciale, artisanale ou libérale exercée par le redevable ou un membre de son foyer ; Titres représentatifs de biens immobiliers affectés à l'activité principale du redevable ou dans une société de personne soumise à l'impôt sur le revenu. Pour les titres d'une société soumise à l'IS, l'exonération d'IFI de la valeur des titres représentatifs de biens immobiliers est liée au respect des conditions suivantes : - activité BIC, BNC ou BA ; - fonction de direction effective du redevable (50 % des revenus professionnels) ; - participation minimale de 25 % des droits de vote. Sont également exonérés les biens ruraux loués par bail à long terme et parts de GFA et les bois et forêts (pour 75 % de leur valeur sous conditions)
Assiette, calcul et paiement	
Évaluation des biens imposables	Valeur vénale au 1/1/2023
Déduction du passif	La dette doit exister au 1er janvier de l'année d'imposition à l'IFI, être à la charge personnelle du redevable et être justifiée (*ex.* : taxe foncière, IFI, emprunts...)
Calcul de l'IFI	Barème progressif de 0 à 1,50 % Imposition à partir de 1 300 000 € de patrimoine net. Système de décote et de plafonnement : le total IFI + IR ne peut pas excéder 75 % des revenus imposables de l'année précédente.
Paiement de l'IFI	En 2023, déclaration d'IFI n° 2042-IFI à souscrire en même temps que la déclaration des revenus 2022 pour les contribuables dont le seuil dépasse 1 300 000 €.

Applications

EXO 25.01 Cas Alabris

N = 2023

M. et Mme Charles Alabris sont concubins de très longue date et ils n'ont pas d'enfants à charge.

En N, M. et Mme Alabris doivent remettre aux services de la DGFIP leur déclaration d'IFI. Ils font appel à vous pour déterminer le montant de leur patrimoine net imposable, le montant de l'IFI à payer et pour remplir la déclaration d'IFI N et ses annexes.

Ils vous communiquent pour ce faire les informations suivantes :

- M. Alabris est détenteur depuis 10 ans de 4 000 des 10 000 actions de la société anonyme (SGPL) SAGAZPOURLUI qui, au 1er janvier, sont évaluées à 150 €. Il est président du conseil d'administration de la société, et il perçoit au titre de l'exercice de ses fonctions une rémunération normale.
- Mme Alabris est avocate. Ses bureaux sont installés dans des locaux évalués à 600 000 € au 1er janvier N.
- Ils appartiennent à la société civile immobilière ELLE ET LUI dont Mme Alabris détient 30 % des parts, les autres parts étant détenues par M. Alabris.

M. et Mme Alabris sont également propriétaires des biens suivants, évalués au 1er janvier N :

- leur résidence principale, un appartement situé à Paris, Boulevard Saint-Germain 1 900 000 € ;
- une propriété située à Saint-Martin de Ré (17), valeur 1 200 000 € mais un emprunt souscrit lors de l'achat est encore à rembourser pour 1 000 000 € ;
- 50 % des parts d'une société civile immobilière (SCI) familiale détenant deux appartements évalués ensemble à 420 000 €.

En outre, au décès de son père il y a deux ans, Mme Alabris a hérité :

- en pleine propriété, d'une forêt en Creuse, près d'Aubusson, estimée à 80 000 € qu'elle s'est engagée à faire exploiter selon un plan de gestion agrée par la DDT locale (direction départementale des territoires) ;
- de l'usufruit d'un appartement à Cannes d'une valeur de 1 600 000 €, la valeur de l'usufruit représentant 30 % de la valeur en pleine propriété du bien. Cet appartement est loué.

M. et Mme Alabris ont déposé en mai N leur déclaration de revenus de l'année N–1. Pour un revenu imposable de 170 000 €, ils ont calculé un IR s'élevant à 41 594 €.

→ Travail à faire

1. **Calculez la base d'imposition à l'IFI de M. et Mme Alabris.**
2. **Calculez le montant de leur imposition.**

Les droits d'enregistrement

Chapitre 26

COMPÉTENCES ATTENDUES

- **Distinguer et qualifier les notions d'apport à titre onéreux et d'apport à titre pur et simple.**
- **Déterminer et expliquer la base d'imposition.**
- **Déterminer et justifier le montant des droits d'enregistrement.**
- **Expliquer pour les immeubles, si la cession est soumise aux droits d'enregistrement ou à la taxe sur la valeur ajoutée.**

L'enregistrement constitue la partie la plus ancienne de notre législation fiscale puisque c'est un impôt qui puise ses sources dans l'ancien régime. À l'origine, l'enregistrement d'un acte était une formalité juridique. Il s'agit du contenu de l'acte résumé sur un registre spécial, permettant de conférer date certaine aux actes sous seing privé. Des droits sont perçus à cette occasion. Aujourd'hui, les droits d'enregistrement ne représentent plus que 5 % environ des recettes fiscales de l'État.

PLAN DU CHAPITRE

SYNTHÈSE P. 474
APPLICATIONS P. 475

LES RÉFÉRENCES POUR COMPRENDRE LE CONTEXTE

Les droits d'enregistrement : tarifs, abattements, réductions et exonérations

Les tableaux accessibles par le lien suivant recensent les tarifs, abattements, réductions et exonérations des droits d'enregistrement et de la taxe de publicité foncière applicables du 1er juin 2022 au 31 mai 2023.

Ils présentent également les réductions et exonérations applicables en matière de taxe communale additionnelle à ces droits et taxe.

Tableaux sur le site impots.gouv.fr

La cession du fonds de commerce

Je veux vendre mon fonds de commerce. Suis-je obligé de passer par un notaire ? Vidéo explicative sur la chaîne YouTube des Notaires de France - Conseil supérieur du notariat

Coût de l'enregistrement

Le droit d'enregistrement pour une cession de fonds de commerce sur le site impots.gouv.fr

Calcul des frais d'acquisition d'un bien immobilier

Outil de simulation sur le site immobilier.notaires.fr

1 Règles générales de l'enregistrement

Les droits d'enregistrement sont exigibles lors de la réalisation de certaines opérations juridiques telles que les ventes, échanges, partages, donations ou lors de successions. Ils sont perçus lors de la présentation à la formalité de l'enregistrement des actes qui constatent ces opérations.

A Formalité de l'enregistrement

1 Champ d'application de l'enregistrement

a. Actes soumis obligatoirement à l'enregistrement

Certains actes et opérations sont soumis obligatoirement à la formalité de l'enregistrement :

Cette obligation peut résulter de la **qualité du rédacteur** pour :

- les actes et testaments notariés ;
- les actes des huissiers de justice ;
- les actes des marchands de biens.

Cette obligation peut également découler de **la nature de l'opération** réalisée :

- actes portant **transmission de propriété** à titre onéreux d'immeubles, de fonds de commerce, d'actions ou parts de sociétés... ;
- mutations de jouissance d'immeubles ou fonds de commerces (sous certaines conditions) ;
- mutations à titre gratuit entre vifs (donations et donations-partages) ;
- promesses unilatérales de vente d'immeubles, fonds de commerce, droits sociaux... ;
- déclarations de successions, actes d'acceptation ou renonciation à succession, legs, testaments... ;
- actes relatifs aux sociétés (constitution, modification du capital, transformation, prorogation, liquidation, fusion...).

b. Actes soumis volontairement à l'enregistrement

Tous les actes sous seing privé non visés par l'obligation peuvent être présentés à la formalité de l'enregistrement volontairement afin qu'ils bénéficient de ses effets juridiques. Un acte sous seing privé ou sous signature privée est une convention écrite établie par les parties elles-mêmes ou par un tiers, sans faire appel à un officier public, qui a été signée par elles ou par une personne qu'elles ont constituée pour mandataire en vue de régler une situation contractuelle (contrat de bail d'habitation, par exemple).

2 Exécution de la formalité d'enregistrement

a. La formalité fusionnée d'enregistrement et de publicité foncière (art. 647, I et II du CGI)

Cette formalité concerne les actes soumis **à la fois** à la **formalité de l'enregistrement** et à la **formalité de publicité foncière**. Elle est accomplie au service chargé de la publicité foncière dans un délai d'**un mois** à compter de la date de l'acte. Le service compétent est celui du **lieu de situation** de l'immeuble.

Elle concerne la plupart des actes soumis à publicité foncière, c'est-à-dire soumis à publication au fichier immobilier : il s'agit des actes portant transmission à titre onéreux d'immeubles, qui sont soumis obligatoirement, ou d'actes soumis à publicité foncière facultativement, telles les promesses unilatérales de vente, par exemple. Certains actes en sont exclus, telles les mutations à titre gratuit et les décisions judiciaires en particulier. La formalité fusionnée donne lieu au paiement d'une imposition unique.

b. **La formalité d'enregistrement seul**

Elle concerne les actes qui ne sont pas soumis à la formalité fusionnée.

Elle est accomplie au service des impôts du domicile du notaire pour les actes notariés, ou de la situation des biens ou du domicile des parties pour les actes sous seing privé, dans un délai d'un mois à compter de la date de l'acte.

Elle donne lieu au paiement des droits d'enregistrement proprement dit.

c. **La formalité de publicité foncière**

Cette formalité, qui concerne tout acte affectant des droits réels immobiliers et qui a pour objet d'informer les tiers, ne subsiste de manière autonome que pour les seuls **actes exclus de la formalité fusionnée** (mutations à titre gratuit, décisions judiciaires...). Elle est effectuée à la conservation des hypothèques dans un délai de **trois mois** à compter de la date de l'acte en général, et donne lieu à la perception de la taxe de publicité foncière de 0,70 %, soit en réalité 0,71498 % si l'on inclut le prélèvement pour frais d'assiette et de recouvrement.

3 Effets juridiques de la formalité d'enregistrement

Elle confère date certaine aux actes sous seing privé à l'égard des tiers (C. civil, art. 1328), peut constituer entre les parties une présomption d'existence d'un acte, voire un commencement de preuve par écrit, et les énonciations de l'enregistrement font foi dans les rapports du redevable avec l'administration. Elle permet d'assurer le contrôle de la forme des actes sous seing privé, ainsi que de leur contenu.

Exceptionnellement, l'enregistrement est une condition de validité de l'acte dans les situations suivantes :

- enregistrement formellement prévu par la loi civile pour certaines conventions (contrats de gage notamment) ;
- publications au *Journal des annonces légales* (JAL) de mutations de fonds de commerce qui doivent être précédées de l'enregistrement, sous peine de nullité ;
- toute promesse unilatérale de vente afférente à un immeuble, à un droit immobilier, à un fonds de commerce, à un droit au bail, portant sur tout ou partie d'un immeuble, ou aux titres de sociétés civiles d'attribution de l'article 1655 *ter* du CGI est nulle si elle n'est pas constatée par un acte authentique, ou par un acte sous seing privé enregistré dans un délai de dix jours à compter de la date de son acceptation par le bénéficiaire (art. 1589-2 du Code civil, art. 1840 A ancien du CGI).

B Liquidation, paiement et contrôle des droits d'enregistrement

La formalité accomplie au service des impôts ou au service chargé de la publicité foncière rend exigible les droits d'enregistrement ou la taxe de publicité foncière.

1 Les différentes catégories de droits d'enregistrement

On distingue trois catégories de droits :

- les **droits proportionnels** : calculés en pourcentage de la valeur des biens concernés (exemple : droit de mutation à titre onéreux) ;
- les **droits progressifs** : taux progressifs appliqués aux tranches successives de la valeur des biens (exemple : successions et donations) ;
- les **droits fixes** : au nombre de deux d'un montant de **25 €**, et **125 €**, ils concernent des opérations ne comportant pas de mouvements de valeurs, ou des actes soumis volontairement à la formalité ou pour lesquels aucun droit proportionnel n'est prévu (exemple : actes spécifiques aux sociétés).

Le minimum de droits perçus s'élève par conséquent à **25 €**.

Le droit fixe n'est pas perçu si d'autres droits plus élevés sont dus pour le même acte. Si plusieurs droits fixes sont dus pour diverses dispositions d'un acte, seul le plus élevé est perçu (art. 672 du CGI). Si l'acte est affecté d'une condition suspensive, seul un droit fixe est perçu, et les droits proportionnels éventuels ne seront exigibles que lorsque la condition sera réalisée, même en l'absence d'acte.

2 L'assiette des droits

Les droits sont calculés selon la nature de l'acte et les valeurs déclarées par les parties (CGI, art. 666).

3 Le paiement des droits

Les droits, en principe à la charge de **l'acquéreur** ou du bénéficiaire de l'opération, sont exigibles immédiatement lors de l'enregistrement de l'acte.

Les articles 1707 à 1710 du CGI instaurent, sous certaines conditions, une solidarité des parties pour le paiement des droits et pénalités.

Par dérogation, un report et/ou un **paiement fractionné** est possible dans certaines situations : tel est notamment le cas pour les droits de succession et les droits dus en cas de transmission d'entreprise (art. 1717 du CGI).

4 Le contrôle des droits d'enregistrement

a. Les différentes prescriptions

Le délai de prescription commence à compter du jour où la convention est relatée dans un acte enregistré ou authentique :

- **prescription abrégée de 3 ans** : délai applicable dans la mesure où l'exigibilité des droits a été suffisamment révélée par le document enregistré ;
- **prescription allongée de 6 ans** : cette prescription de 6 années se décompte non pas de date à date, mais à partir du jour du fait générateur de l'impôt.

b. La nature des contrôles

Le contrôle peut porter sur tous les aspects des droits d'enregistrement : recherche d'actes non présentés, qualification de l'acte avec utilisation de la procédure de répression pour abus de droit, valeur des éléments déclarés... Mais les contrôles les plus fréquents portent sur le prix :

- **l'insuffisance de prix** : le prix stipulé dans le contrat est jugé inférieur à la valeur vénale du bien par l'administration (LPF art. L. 17). Le contribuable, en cas de désaccord, peut avoir recours à la commission départementale de conciliation, qui peut être saisie pour avis, uniquement pour l'évaluation des immeubles et fonds de commerce. S'il y a toujours désaccord, un recours contentieux est toujours possible ;
- **la dissimulation de prix** : le prix déclaré n'est pas le vrai prix, et l'administration va démontrer l'existence d'un « dessous de table ». Les risques encourus par le contribuable sont importants :
  - **sanctions civiles** : nullité de la contre-lettre, art. 1321-1 du Code civil ; cet article déclare nulle et de nul effet toute convention qui a pour but de dissimuler une partie du prix d'une cession d'immeuble, de fonds de commerce, de clientèle ou de droit au bail ;
  - **sanctions fiscales** : majoration de 80 % des droits à titre d'amende fiscale et intérêts de retard de 0,20 % par mois de retard ;
  - **sanctions pénales** ; trois ans de prison et amende de 45 000 €, art. 1837 du CGI.

2 Les droits de mutation à titre onéreux

Sont obligatoirement soumises à la formalité de l'enregistrement, les cessions portant sur des immeubles, des fonds de commerce ou des droits sociaux.

A Cessions d'immeubles et droits assimilés

L'acquéreur d'un bien immobilier doit acquitter au service chargé de la publicité foncière la TVA immobilière ou les droits d'enregistrement. La mutation relève de la formalité fusionnée (voir *supra*). Le régime s'applique que ce soit pour une acquisition directe d'un immeuble ou une acquisition de titres de société immobilière de copropriété transparente relevant de l'art. 1655 *ter* du CGI.

1 Le champ d'application

a. Opérations soumises aux droits d'enregistrement

Le droit de vente s'applique aux mutations à titre onéreux telles que les ventes proprement dites, adjudications, transactions, rétrocessions, annulations et résolutions amiables, soultes (la « soulte » est la somme d'argent qui doit être payée par celui qui, à l'occasion du partage d'une indivision reçoit un lot d'une valeur plus élevée que celle à laquelle ses droits lui permettent de prétendre. Il en est de même en cas d'échange, si les choses échangées ont des valeurs différentes) d'échanges, soultes de partages.

Sont imposables les mutations à titre onéreux ayant pour objet des immeubles tels qu'ils sont définis par le code civil. Sont ainsi visés les immeubles par nature tels les terrains et les constructions, ou encore par l'objet auquel ils s'appliquent (usufruit d'immeubles, droit d'usage ou d'habitation, hypothèques...).

Seules les ventes d'immeubles situés en France sont, en principe, imposables aux droits de mutation.

b. Opérations soumises à la TVA immobilière

Le lecteur pourra utilement se reporter aux développements du Chapitre 24 du présent ouvrage : « Principaux régimes particuliers de TVA et autres impositions indirectes » où sont exposées en détail les règles de la TVA immobilière.

2 Exigibilité, assiette et taux des droits de mutation

a. Conditions d'exigibilité

Pour que le droit de vente d'immeubles soit exigible, il faut que la convention soit parfaite et produise des effets certains et actuels.

b. Assiette de liquidation

Le droit de vente d'immeubles est liquidé sur le prix exprimé en y ajoutant toutes les charges en capital ainsi que toutes les indemnités stipulées au profit du cédant à quelque titre et pour quelque cause que ce soit. L'administration peut toutefois substituer au prix exprimé la valeur vénale de l'immeuble si elle est supérieure (voir *supra*).

Les **charges augmentatives du prix** correspondent aux prestations supplémentaires incombant en principe au vendeur et imposés par lui à l'acquéreur, dans l'acte de vente. Il s'agit également de tous les avantages indirects que l'acquéreur procure au vendeur, notamment lorsqu'il prend à son compte les obligations qui incombent normalement au vendeur (exemple : frais de commercialisation mis à la charge de l'acquéreur).

c. Taux d'imposition

Le droit proportionnel applicable est en principe de 5,09 % (5,09006 % précisément), se décomposant ainsi :

- un **droit proportionnel** perçu au profit du département dont le taux est susceptible de varier selon la nature et le lieu de situation de l'immeuble (taux maximum : **3,80 %**) ;
- une **taxe additionnelle** perçue au profit de la commune ou d'un fonds de péréquation départemental de 1,20 % ;
- un **prélèvement perçu au profit de l'État** au titre des **frais d'assiette** et de recouvrement du droit départemental, fixé à 2,37 % du montant de ce droit (et non sur la base imposable), soit 2,37 % × 3,80 % = 0,09 %.

Il existe également quelques régimes de faveur, avec soit application d'un taux réduit (0,715 % en particulier), soit par application d'un abattement sur l'assiette de l'impôt.

Mais en pratique, le taux s'élève à **5,80 %** (5,80665 %) dans la plupart des départements (voir *infra*).

Remarque. La tendance de la dernière décennie est à la baisse des droits d'enregistrement. Dans les années 1990, le taux du droit de vente des immeubles industriels et commerciaux était proche de 19 %.

Sous conditions, certaines ventes de biens immeubles bénéficient d'un taux réduit. Exemple : acquisitions d'immeubles ruraux par les fermiers ou par les jeunes agriculteurs dans des territoires ruraux de développement prioritaire.

Remarque. Pour les actes passés et les conventions conclues entre le 1er mars 2014 et le 29 février 2016, le droit départemental a pu être relevé dans la limite d'un plafond de 4,50 % (soit un taux maximum global de 5,80665 %).
À compter du 1er mars 2016, la hausse est pérennisée pour les départements qui ont augmenté les droits. Ceux qui n'ont pas augmenté sont : Indre (36), Morbihan (56) et Mayotte (976).

Exemple

1. Les données

M. Jean cède à M. Marc un immeuble d'habitation à Poitiers en 2023 pour 550 000 €, cet immeuble étant achevé depuis plus de 5 ans. Quels sont les droits qui doivent être acquittés ? Et par qui ?

2. La solution

	Taux	Base taxable	Droits dus
Droit départemental	4,50 %	550 000	24 750
Taxe communale	1,20 %	550 000	6 600
Frais d'assiette	2,37 %	24 750	586,58
Total des droits dus	5,80665 %		31 936,57 arrondis à 31 937

M. Marc est redevable de **31 937 €** de droits d'enregistrement.

B Cessions de fonds de commerce et conventions assimilées (CGI art. 719)

Les cessions de fonds de commerce et de clientèles, les conventions de successeurs, les cessions de droit au bail et les cessions d'offices publics et ministériels sont soumises à un même droit de 5 % sur la fraction du prix de cession supérieure à 200 000 €, et à un droit de 3 % sur la fraction du prix comprise entre 23 000 € et 200 000 €.

1 Champ d'application

a. Les cessions de fonds de commerce ou de clientèle

Le droit est applicable aux mutations à titre onéreux ayant pour objet tout ou partie d'un fonds de commerce ou d'une clientèle (art. 719 du CGI).

L'imposition s'applique aux mutations à titre onéreux ayant pour objet **l'ensemble** des éléments constitutifs d'un fonds de commerce.

Les éléments constitutifs du fonds sont :

- **les éléments incorporels** : clientèle, droit au bail, brevets d'invention, marques de fabrique, marchés en cours, licences et autorisations administratives, mais pas les créances qui ne font pas partie du fonds ;
- **les éléments corporels** : matériel, mobilier, approvisionnements, marchandises neuves. Le droit est également applicable aux cessions de clientèles commerciales et civiles attachées à des professions exercées au moyen d'un courant d'affaires avec le public (architectes, avocats, experts-comptables...).

Exclusion : cession isolée d'éléments du fonds.

En cas de cession d'éléments isolés du fonds de commerce, chaque élément supporte les droits qui lui sont propres. Toutefois, des cessions successives au même acquéreur et à des dates rapprochées des divers éléments composant un fonds de commerce ne seraient pas constitutives de cessions isolées.

Remarque. Pour les brevets, il convient de distinguer si celui-ci est exploité ou non.
Si le brevet est exploité, sa cession est analysée comme une cession de fonds de commerce et elle supporte un simple droit fixe de 125 €.
Si le brevet n'est pas exploité, il est analysé comme un meuble incorporel, et sa cession est imposable aux droits d'enregistrement si elle est constatée par acte notarié (ou réalisée publiquement) : il s'agit également du droit fixe de 125 €.
Lorsqu'un brevet (exploité ou non) est cédé en même temps que les autres éléments du fonds, les parties sont admises à déterminer, au moyen d'une déclaration estimative, la partie du prix applicable au brevet afin de la soustraire au droit proportionnel des fonds de commerce.

b. Autres opérations auxquelles sont applicables les droits d'enregistrement

- **les conventions de successeur** : il s'agit de toute convention à titre onéreux qui a pour but de permettre à une personne d'exercer une profession, une fonction ou un emploi occupé par un précédent titulaire, même si cette convention ne s'accompagne pas d'une cession de clientèle ;
- **les cessions de droit au bail** : une cession de droit au bail ou d'une promesse de bail qui porte sur un immeuble à usage industriel ou commercial, quelle que soit sa forme ou sa qualification est passible des droits d'enregistrement ;
- **les cessions d'offices publics ou ministériels et opérations assimilées** : une cession à titre onéreux d'offices publics ou ministériels est soumise aux droits d'enregistrement ; il s'agit des notaires, huissiers, commissaires-priseurs judiciaires, avocats au Conseil d'État et à la Cour de cassation, greffiers des tribunaux de commerce.

2 Modalités d'imposition

Assiette

Le droit exigible sur les cessions de fonds de commerce et de clientèles est assis sur le prix exprimé dans l'acte majoré des charges augmentatives du prix (voir *infra*).

L'administration a la possibilité de contester le prix exprimé dans l'acte et de lui substituer la valeur vénale du bien si elle est supérieure.

Remarque. Les ventes de marchandises neuves corrélatives à la cession du fonds sont exonérées de droit d'enregistrement lorsqu'elles sont soumises à la TVA.

Taux d'imposition

Les cessions de fonds de commerce et de clientèles sont soumises au droit budgétaire perçu au profit de l'État auquel s'ajoutent des taxes locales additionnelles départementale et communale.

Les droits et taxes sont calculés en faisant application du barème suivant :

Fraction du prix (ou de la valeur vénale)	Droit budgétaire	Taxe départementale	Taxe communale	Imposition totale
N'excédant pas 23 000 € (1)	0 %	0 %	0 %	**0 %**
Comprise entre 23 000 € et 107 000 €	2 %	0,60 %	0,40 %	**3 %**
Comprise entre 107 000 € et 200 000 €	0,60 %	1,40 %	1 %	**3 %**
Supérieure à 200 000 €	2,60 %	1,40 %	1 %	**5 %**

(1) Les cessions n'excédant pas 23 000 € sont soumises au minimum de perception.

Cas particuliers

Il existe également des droits réduits pour les acquisitions de fonds de commerce ou de clientèles situés dans les zones franches urbaines – territoires entrepreneurs ou dans les zones de revitalisation rurale. Un abattement pour cessions aux salariés ou aux proches s'applique également sous certaines conditions.

Exemple

N = 2023

1. Les données

Un commerçant décide de vendre son fonds de commerce en N pour 800 000 €. Il vous communique la valeur réelle des éléments corporels et incorporels composant celui-ci :

Clientèle	500 000
Installations techniques	150 000
Stock de marchandises	100 000
Créances clients	50 000
Total :	800 000

Calculez les droits d'enregistrement dus lors de la cession du fonds.

2. La solution

Les droits d'enregistrement se déterminent sur une assiette comprenant la seule clientèle et le mobilier, soit 650 000 €. Les marchandises supportent la TVA, et les créances ne font juridiquement pas partie du fonds de commerce.

Soit le calcul suivant :

Jusqu'à 23 000 € : 0

De 23 000 € à 107 000 € : 84 000 × 3 % = 2 520 €

De 107 000 € à 200 000 € : 93 000 × 3 % = 2 790 €

De 200 000 € à 650 000 € : 450 000 × 5 % = 22 500 €

Soit un total dû par l'acquéreur de **27 810** €.

C Cessions de droits sociaux (CGI art. 726)

Hormis les cessions portant sur des titres de société immobilière dotée de la transparence fiscale qui sont soumises aux mêmes droits que les cessions d'immeubles, le régime des droits d'enregistrement pour les cessions de titres est différent selon que l'on cède des **parts sociales** ou des **actions**.

Les cessions de parts sociales. Il est fait application d'un **taux unique de 3 %**.

L'assiette des droits de mutation est le prix exprimé, diminué d'un abattement égal pour chaque part sociale au rapport entre 23 000 € que divise le nombre total de parts de la société.

Remarque. Cet abattement ne s'applique pas aux titres des sociétés à prépondérance immobilière (SPI). Nous rappelons qu'est, au regard des droits d'enregistrement, à prépondérance immobilière la personne morale non cotée, française ou étrangère, dont l'actif est, ou a été au cours de l'année précédant les cessions en cause, principalement constitué d'immeubles ou de droits immobiliers situés en France ou de participations dans des personnes morales non cotées en Bourse elles-mêmes à prépondérance immobilière.

Exemple

Une société qui n'est pas à prépondérance immobilière a un capital divisé en 1 000 parts.
Un associé en cède 400 parts pour un prix de 100 000 €.
Montant des droits dus : 100 000 € – (23 000 € × 400 parts cédées/1 000 parts dans la société) = 90 800 € × 3 % = 2 724 €.

Exemple : Une société à prépondérance immobilière a un capital divisé en 1 000 parts.
Un associé en cède 400 parts pour un prix de 100 000 €.
Montant des droits dus : 100 000 € × 5 % = 5 000 €.

Les cessions d'actions

Les cessions d'actions supportent désormais un taux unique fixé à 0,1 %, le montant obtenu n'étant soumis à aucun plafonnement.

Ce dispositif s'applique depuis le 1er août 2012.

Toutefois, pour les actions de sociétés cotées, le droit n'est exigible que lorsque les cessions sont constatées par un acte.

Exemple

N = 2023
M. Dupont cède le 1er juillet N à M. Durand des actions qu'il détient au capital d'une SA non cotée pour 2 500 000 €.
M. Durand est redevable d'un droit d'enregistrement de :
2 500 000 × 0,10 % = 2 500 €.

Cas particuliers

- Les cessions de titres de société non cotées à prépondérance immobilière sont soumises dans tous les cas au droit de 5 % sans abattement d'assiette, qu'il s'agisse d'actions ou parts sociales.
- Pour les cessions de parts sociales d'une société non soumise à l'IS représentatives d'un apport en nature réalisé depuis moins de trois ans, il est fait application des droits correspondant à la nature des biens en cause (CGI art. 727).

Exemple

M. Martin apporte le 31 août N à la SNC S un immeuble commercial d'une valeur de 1 000 000 € et reçoit des parts pour une valeur identique.
Droit d'enregistrement dû sur l'apport = 0 €
M. Martin cède ses parts le 1er octobre N+1 pour 1 000 000 €.
Lors de la cession des parts dans les 3 ans de l'apport, l'acquéreur acquittera un droit d'enregistrement de 50 900 € (taux de 5,09 % ou de 5,81 % applicable aux ventes d'immeubles, cf. *supra*) au lieu de 30 000 €

D Synthèse

Objet de la cession	Droits d'enregistrement
Titres	• **Cession de parts sociales** : droit de 3 % sur la fraction du prix supérieure à 23 000 €, hors parts de SPI (pas d'abattement et taux de 5 %). • **Cession d'actions** : barème progressif ou taux proportionnel de 0,1 %. Pour les cessions d'actions cotées, le droit proportionnel n'est exigible qu'en présence d'un acte.
Fonds de Commerce	• 3 % sur la fraction du prix entre 23 000 € et 200 000 €. • 5 % sur la fraction supérieure à 200 000 €.

3 Droits relatifs à la vie des sociétés

A Principes généraux

Les différents actes concernant la vie des sociétés (formation, augmentation, amortissement ou réduction du capital social, prorogation, transformation, dissolution) doivent, en principe, être enregistrés, dans le **délai d'un mois** à compter de leur date, à la recette des impôts de la résidence du notaire s'il s'agit d'un acte notarié ou à la recette du domicile de l'un des associés si l'acte est sous seing privé.

Conformément au principe général, les droits doivent être intégralement versés au comptant. Ce principe comporte cependant les deux exceptions importantes.

Actes constitutifs de sociétés commerciales

Ces actes sont provisoirement enregistrés gratis. Les droits et taxes normalement dus sont exonérés, car il s'agit de la création de la société.

Paiement fractionné

Dans les cas exceptionnels où les apports purs et simples en société sont assujettis au droit de mutation, le paiement de ce droit peut être fractionné.

Remarque : L'enregistrement n'est plus obligatoire pour les actes suivants établis à compter du 1er janvier 2021 et qui constatent :
- les augmentations de capital en numéraire ou par incorporation de bénéfices, de réserves ou de provisions, ainsi que les augmentations nettes de capital de société à capital variable constatées à la clôture d'un exercice ;
- l'amortissement ou la réduction du capital ;
- la formation de groupements d'intérêt économique (GIE) ;

Désormais, seules demeurent soumis à la formalité obligatoire de l'enregistrement les actes constatant la transformation, les augmentations de capital autres que celles visées ci-dessus (notamment les augmentations de capital en nature) et ceux portant cession de droits sociaux.

B Droits exigibles lors de la formation des sociétés

La formation d'une société nécessite que les associés consentent des **apports** à la société. Il peut s'agir d'apports en numéraire ou d'apports en nature portant sur des biens mobiliers ou immobiliers autres que l'argent : par exemple, fonds de commerce, immeubles, matériels, créances, brevets, etc.

Sur le plan fiscal, une distinction importante doit être faite entre :

- **les apports « purs et simples » (APS)** : ce sont ceux qui confèrent à l'apporteur, en échange de sa mise, de simples droits sociaux, parts sociales ou actions, exposés à tous les risques de l'entreprise et notamment, en cas de mauvaises affaires, à la perte éventuelle de cette mise ;

- **les apports « à titre onéreux » (ATO)** : ce sont ceux qui sont rémunérés par un équivalent ferme et actuel, définitivement acquis à l'apporteur et par conséquent soustrait aux risques sociaux (par exemple des espèces, obligations, prise en charge par la société d'un passif incombant à l'apporteur). Dans ce cas, l'associé ne fait pas une véritable mise sociale ; son apport prend le caractère d'une **vente** faite à la société ;
- **les « apports mixtes »** : ce sont ceux qui sont rémunérés, pour partie au moyen de la remise d'actions ou parts sociales (apport pur et simple), pour partie par un avantage soustrait aux aléas sociaux (apport à titre onéreux ; par exemple : somme d'argent, ou prise en charge d'un passif incombant à l'apporteur).

Exemple

1. Les données

Une société ABC est constituée avec les apports de trois associés :
- Mme A. apporte un brevet estimé 100 000 € et 50 000 € en numéraire ;
- M. B. apporte un local commercial d'une valeur de 500 000 €, mais la société ABC réglera le solde de l'emprunt, soit 200 000 € ;
- M. C. apporte son entreprise de prestation de services comprenant la clientèle estimée 300 000 €, des créances chiffrées à 200 000 €, la société s'engageant à régler 100 000 € à ses fournisseurs.

2. La solution

Total des apports : 1 150 000
APS : 850 000
ATO : 300 000
Apports de Mme A : APS pour 150 000 €
Apports de M. B : APS pour 300 000 € et ATO pour 200 000 €
Apport de M. C : APS pour 400 000 € et ATO pour 100 000 €
Le capital de la société s'élève à 850 000 €, soit la somme des APS.

1 Les apports purs et simples (APS)

Les apports purs et simples effectués lors de la constitution d'une société sont, en principe, exonérés de droit d'enregistrement. Cependant, dans certains cas spécialement visés par la loi, ils sont assujettis à un droit de mutation.

a. Apports purs et simples exonérés (Art. 810 *bis*, al. 1 du CGI)

Sont exonérés de droit d'enregistrement dès lors qu'ils sont réalisés lors de la constitution de la société, les actes constatant :
- des apports en espèces à des sociétés quelconques ;
- des apports purs et simples à des sociétés quelconques, de **biens autres** que des immeubles ou droits immobiliers, fonds de commerce, clientèles, droits au bail ou à une promesse de bail (tels, par exemple, les droits sociaux, les créances) ;
- des apports purs et simples d'immeubles ou droits immobiliers, fonds de commerce, clientèles, droits au bail ou à une promesse de bail, faits à des sociétés relevant de l'IR ou entre sociétés passibles de l'IS.

b. Apports purs et simples soumis au droit de mutation (Art. 809, I-3° et 810, du CGI)

Les apports purs et simples faits à une personne morale passible de l'IS par une personne physique ou morale non soumise à cet impôt sont assujettis à un droit de mutation, s'ils ont pour objet :
- des immeubles ou biens assimilés (actions ou parts d'une société immobilière transparente) ;
- des droits immobiliers (usufruit, nue-propriété, droit d'usage et d'habitation, servitudes réelles) ;

- un fonds de commerce, ou une clientèle civile ou commerciale ;
- un droit à un bail ou promesse de bail portant sur tout ou partie d'un immeuble.

Le droit de mutation est, en principe, perçu au taux global de 5 % pour les immeubles ou droits immobiliers.

Remarque. Pour les fonds de commerce, clientèles, droits au bail ou à une promesse de bail, le taux de 3 % ne s'applique qu'à la fraction de la valeur excédant 23 000 €, la fraction excédant 200 000 € étant seule taxée au taux de 5 %.

c. Régime d'exonération avec engagement de conservation des titres (CGI art. 809-I-3° et 810-III)

Les apports, dès lors qu'ils sont réalisés lors de la constitution de la société, sont exonérés lorsque l'apporteur s'engage à conserver pendant **trois ans** les titres remis en contrepartie de l'apport. Pour les immeubles et droits immobiliers, l'exonération est en outre subordonnée à la condition qu'ils soient compris dans l'apport de l'ensemble des éléments d'actif immobilisé affectés à l'exercice d'une activité professionnelle, selon les conditions de l'art. 151 *octies* du CGI (voir Chapitre 11).

Si l'apporteur ne respecte pas son engagement de conservation des titres, le droit de mutation est immédiatement exigible.

Attention. Les apports isolés d'immeubles, lorsqu'ils sont effectués à titre pur et simple, sont soumis aux droits d'enregistrement même si l'apporteur s'engage à conserver les titres reçus en échange de son apport pendant trois ans.

d. Apports passibles de la TVA (CGI art. 810 et 810 *bis*)

Les apports qui entrent dans le champ d'application de la TVA sont exonérés de droits d'enregistrement lorsqu'ils sont réalisés lors de la constitution de la société (exemple : apports d'immeubles neufs soumis à la TVA immobilière).

Exemple

1. Les données

M. Pierre, Mme Paul et Mme Jacques envisagent de constituer une société à laquelle ils apporteraient :
- M. Pierre, un local à usage d'atelier, valeur 100 000 € ;
- Mme Paul, son fonds de commerce valant 40 000 € et du matériel valant 10 000 €, non soumis à la TVA et des marchandises destinées à la revente, valant 10 000 € ;
- Mme Jacques, du numéraire pour 15 000 €.

Ils voudraient connaître les droits à payer lors de l'enregistrement du contrat, mais ils hésitent pour la forme sociale à adopter, entre une SNC (sans option pour l'IS) et une SARL. Ils ignorent s'ils conserveront leurs droits sociaux plus de 3 ans.

2. La solution

- **Si l'apport est consenti à la SNC** : s'agissant d'apports consentis par des personnes relevant de l'IR à une société qui est elle-même à l'IR, les apports sont exonérés.
- **Si l'apport est consenti à la SARL**

  Hypothèse 1 – Sans engagement de conservation des titres
  - M. Pierre : 100 000 × 5 % = 5 000 €
  - Mme Paul : (50 000 – 23 000) × 3 % = 810 €
  - Les apports de marchandises supportent la TVA
  - Mme Jacques : s'agissant d'un apport de numéraire, il est exonéré.

  Hypothèse 2 – Avec engagement de conservation des titres
  - M. Pierre : 100 000 × 5 % = 5 000 €

En effet, pour les immeubles et droits immobiliers, l'exonération est en outre subordonnée à la condition qu'ils soient compris dans l'apport de l'ensemble des éléments d'actif immobilisé affectés à l'exercice d'une activité professionnelle, ce qui n'est pas le cas en l'espèce.
Pour les autres apports, ils sont exonérés.

2 Les apports à titre onéreux (ATO)

De tels apports constituent, en réalité, de véritables ventes. Leur régime fiscal diffère selon qu'ils ont pour objet des immeubles, des droits immobiliers ou d'autres biens.

Remarque. Les apports passibles de la TVA sont exonérés.

a. Immeubles

Les apports à titre onéreux d'immeubles ou de droits immobiliers sont soumis à une taxation spécifique de 5 %.

b. Autres biens

Les apports à titre onéreux qui portent sur des biens autres que des immeubles sont soumis, quel que soit le régime fiscal de la société qui les reçoit, aux droits de mutation ordinaires selon la nature des biens ainsi apportés (fonds de commerce, droits sociaux, etc.). Les règles à suivre sont donc celles qui sont étudiées *supra* pour la vente de tels biens.

3 Les apports mixtes

a. Régime général

Les **apports mixtes** sont soumis :

- au régime des **apports purs et simples** pour la partie rémunérée par des actions ou des parts de la société bénéficiaire des apports ;
- au régime des **apports à titre onéreux** pour la partie rémunérée par une contrepartie soustraite aux risques sociaux : tel peut être le cas lorsque la société prend en charge un passif qui incombe à l'apporteur.

Les parties peuvent **librement** qualifier les biens qui constituent un apport pur et simple et ceux qui constituent un apport à titre onéreux. Elles ont tout intérêt à procéder à cette qualification fiscale, en « classant » dans la catégorie des ATO les biens dont la vente est exonérée de tous droits d'enregistrement ou qui supportent les taux les moins coûteux. À défaut d'un tel classement, l'administration pratiquerait une imputation proportionnelle sur les biens de chaque nature apportés par l'intéressé.

b. Apport en société d'une entreprise individuelle

Lorsqu'une personne physique apporte à une société **l'ensemble des éléments d'actif** immobilisé affectés à l'exercice d'une activité professionnelle, l'apport à titre onéreux résultant de la prise en charge par la société du passif incombant à l'apporteur est soumis à un droit de **3 ou 5 %** lorsque le passif est imputé :

- sur des immeubles ou droits immobiliers ;
- sur des fonds de commerce, clientèles, droits à un bail ou à une promesse de bail, le droit de 3 ou 5 % ne s'appliquant, en ce qui les concerne, qu'à la fraction de leur valeur supérieure à 23 000 € ou 200 000 €.

Régime de faveur : cet apport, s'il est effectué dans les conditions prévues à l'art. 151 *octies* du CGI (voir Chapitre 11 sur les plus et moins-values), peut toutefois être exonéré si l'apporteur prend l'engagement de conserver les titres pendant **trois ans**. L'option, au regard des règles de l'IR ou de l'IS pour l'application du régime de l'art. 151 *octies*, n'est pas nécessaire.

Exemple

Une SARL est constituée entre deux personnes physiques, M. Anatole et Mme Jacqueline :

1. Les données

- M. Anatole, jeune retraité, apporte un immeuble à usage d'atelier, estimé à 300 000 €, mais la société doit régler le solde d'un emprunt pour 50 000 € ;
- Mme Jacqueline apporte un fonds commercial évalué 400 000 € et des marchandises estimées à 100 000 €, la société réglant 150 000 € à ses fournisseurs.

Calculez les droits dus sur les différents apports.

2. La solution

1. Apport de M. Anatole

Le passif s'impute sur la valeur de l'immeuble et les droits sont en principe calculés sur :
APS : 250 000
ATO : 50 000
Total des droits dus : 300 000 × 5 % = 15 000 €
Un engagement de M. A de conserver durant trois ans au moins les titres reçus n'aurait aucune incidence sur le calcul des droits sur l'ATO, car l'immeuble n'est pas compris dans l'apport d'un ensemble affecté à l'exercice d'une activité professionnelle.

2. Apport de Mme Jacqueline

Si aucune imputation n'est précisée dans l'acte :
APS : 350 000
ATO : 150 000
Imputation proportionnelle :
150 000 × 400 000/500 000 = 120 000 € imputés sur le fonds
ATO : (120 000 – 23 000) × 3 % = 2 910 €
APS : 30 000 × 3 % = 900 €
Total dû : 3 810 €
150 000 × 100 000/500 000 = 30 000 € imputés sur les marchandises : TVA
L'engagement de conserver les titres reçus permet de bénéficier de l'exonération de droit sur les apports de fonds, tant pour l'apport à titre pur et simple que pour l'apport à titre onéreux, celui-ci résultant de la prise en charge du passif de l'entreprise de Mme Jacqueline. Dans ce cas, aucun droit n'est dû.
Les associés pourraient judicieusement spécifier dans l'acte que les dettes prises en charge par la société s'imputent sur les marchandises dont l'apport à titre onéreux n'est pas taxé.
Ainsi, l'apport de Mme Jacqueline s'analyse comme suit :

- sur le fond : apport pur et simple de 350 000 € ;
- apport onéreux de 150 000 € ;
- imputation sur les marchandises de l'ATO : de 100 000 € (TVA).

Le calcul des droits s'établit alors ainsi en cas d'engagement de conservation des titres :

- sur le fonds : apport pur et simple : 350 000 × 0 % = 0 ;
- apport onéreux : 50 000 × 5 % = 2 500 €, exonérés puisqu'il s'agit de l'apport de l'intégralité d'une entreprise puisque Mme Jacqueline s'engage à conserver ses titres pendant 3 ans ;
- sur les marchandises : TVA avec dispense, car transfert d'universalité de biens (art. 257 *bis* du CGI).

Dans ce cas, après qualification fiscale des apports, aucun droit n'est exigible au total lors de la constitution de la société.

4 Synthèse

Constitution	Avec engagement de conservation	Sans engagement
Apports purs et simples (APS) d'immeubles, droits immobiliers, fonds de commerce (sauf marchandises neuves), clientèles, droits à un bail ou promesse de bail :		
– à une société non passible de l'IS, à une société passible de l'IS par une société également passible de l'IS	Exonération	–
– à une société passible de l'IS par une personne (physique ou morale) non passible de cet impôt : **immeubles**	Taxé à 5 % si apport isolé ou exonération si apport en société d'une entreprise individuelle	Taxé à 5 %
– à une société passible de l'IS par une personne (physique ou morale) non passible de cet impôt : **fonds de commerce, droit au bail ou promesse de bail**	Exonération	Taxé à 5 %, 3 % ou 0 % selon la tranche d'imposition
– biens autres que ceux énumérés ci-dessus	Exonération	Exonération
Apports à titre onéreux (ATO) d'immeubles, droits immobiliers, fonds de commerce (sauf marchandises neuves), clientèles, droits à un bail ou promesse de bail, droits sociaux :		
– immeubles	Taxé à 5 %	Taxé à 5 %
– résultant de la prise en charge du passif constaté lors de la mise en société d'une entreprise individuelle	Exonération	Taxé à 5 %
– autres biens	Taxables au taux correspondant à la nature du bien apporté	Taxables au taux correspondant à la nature du bien apporté
APS et ATO		
Apports passibles de la TVA	Exonération	Exonération

C Droits exigibles durant l'existence des sociétés

Il s'agit des conséquences, au regard des droits d'enregistrement, des diverses modifications susceptibles d'affecter les sociétés durant leur existence. Ces modifications peuvent concerner soit le capital social à travers des augmentations ou des réductions, soit concerner d'autres modifications affectant les sociétés telles que la prorogation, le changement de forme sociale ou de régime fiscal.

1 Augmentation de capital

a. Augmentation de capital par apports nouveaux

Lorsque les associés consentent à la société de nouveaux apports en cours de vie sociale à l'occasion d'une augmentation de capital, ces apports relèvent du même régime fiscal que ceux consentis lors de la constitution de la société.

Ces apports supportent :

- s'ils sont **purs et simples**, la société est exonérée de droit fixe depuis le 1er janvier 2019 ; mais le droit proportionnel est dû pour les apports en nature d'immeubles, fonds de commerce, clientèles ou droits au bail apportés à une société passible de l'impôt sur les sociétés par une personne soumise à l'IR au droit de 3 ou 5 %, selon qu'il s'agit de fonds de commerce ou d'immeubles (voir *supra*), ou exonérés si l'apporteur prend l'engagement de conserver les titres remis en contrepartie de son apport pendant trois ans ;

- s'ils sont **à titre onéreux**, soit pour les fonds de commerce ou les immeubles au droit de 3 ou 5 %, soit pour les autres biens aux droits de mutation ordinaires. L'apport à titre onéreux résultant de la prise en charge par la société d'un passif incombant à l'apporteur est soumis, soit au droit de 5 %, soit exonéré si l'apporteur prend l'engagement de conserver les titres pendant trois ans.

b. Incorporation de réserves, bénéfices ou provisions

Lorsqu'une société augmente son capital au moyen de l'incorporation de réserves, de bénéfices ou de provisions, cette augmentation est exonérée de droit fixe à compter du 1er janvier 2019.

2 Réduction du capital

a. Réduction du capital motivée par des pertes subies par la société

L'opération est enregistrée moyennant le paiement du droit fixe des actes innomés de 125 €. La solution est la même chaque fois que la réduction du capital ne s'accompagne d'aucune répartition de biens ou fonds sociaux aux associés.

b. Réduction du capital opérée par répartition d'une fraction des biens sociaux aux associés

En l'absence de liquidation de la société, la réduction de capital avec remboursement en numéraire aux associés est exonérée de droit fixe à compter du 1er janvier 2019.

c. Rachat par une société de ses propres titres

Les règles applicables en pareil cas sont les suivantes :

- si un seul acte est établi pour constater à la fois le rachat et la réduction de capital et que la contrepartie du rachat consiste en l'attribution de biens sociaux, y compris du numéraire, l'opération est exonérée de droit fixe à compter du 1er janvier 2019 ;
- lorsque deux actes différents sont établis, l'un pour le rachat des titres, l'autre pour la réduction du capital, seul le premier donne ouverture au droit de cession de droits sociaux. Le second est exonéré de droit fixe.

LES DROITS D'ENREGISTREMENT	
Droit sur les ventes d'immeubles : 5,81 % dus par l'acquéreur, sauf application de la TVA immobilière	
Droits sur les cessions de fonds et assimilés : 0 % si fraction du prix < à 23 000 - 3 % de 23 000 à 200 000 ; - 5 % si > à 200 000.	
Droits sur les cessions de parts ou actions : Parts, hors sociétés à prépondérance immobilière (SPI) : 3 % du prix de cession, après application d'un abattement de 23 000 € au prorata des titres cédés. Actions de sociétés non cotées : 0,10 % du prix de cession ; Parts ou actions de SPI : 5%	
Droit sur les constitutions de sociétés	
Apports pur et simples (APS)	- espèces, droits sociaux, créances : exonération - immeuble, droits immobiliers, fonds de commerce, clientèle, droit au bail, fait à une société non passible de l'impôt sur les sociétés ou entre sociétés passibles de l'IS : exonération - immeuble, droits immobiliers, fonds de commerce, clientèle, droit au bail, fait à une société passible de l'impôt sur les sociétés par un apporteur qui ne relève pas de cet impôt : taxable, selon la nature de l'apport : - 5 % si immeuble et taux progressif si fonds de commerce ; - 0 % si apport < à 23 000 - 3 % de 23 000 à 200 000 - 5 % si > à 200 000 si fonds de commerce. Exonération si engagement de l'apporteur de conserver ses titres pendant 3 ans, sauf pour apport isolé d'immeuble.
Apport à titre onéreux (ATO)	Imposables aux droits de mutation ordinaires selon la nature des biens apportés ; - exonération si apport de l'intégralité d'une entreprise individuelle et engagement des apporteurs de conserver leurs titres pendant 3 ans
Autres opérations	
Augmentation, réduction de capital, transformation, changement de régime fiscal	Divers droits en fonction de la nature de l'opération réalisée, mais nombreuses exonérations de droit fixe depuis le 1/1/2019.

Applications

EXO 26.01 Cas Taurel

N = 2023

M. Taurel vient de faire un très bel héritage et il dispose d'une trésorerie d'environ 5 millions d'euros et il souhaite procéder aux investissements suivants.

Il vous sollicite afin de connaître les droits d'enregistrement applicables aux différentes opérations qu'il projette de réaliser. Il vous demande également de les chiffrer.

1. Acquisition pour 1 800 000 € d'une bijouterie-joaillerie.
   Ce prix comprend :
   - les éléments incorporels, 1 000 000 € ;
   - les équipements et matériels, 300 000 € ;
   - les marchandises destinées à la revente, 500 000 €.
2. Acquisition pour 35 000 € de 3,0 % des parts d'une société d'informatique, la SARL SOFTPLUS.
3. Acquisition pour 40 000 € de 30 % des actions de SA BIGOUDEN, société bretonne non cotée en bourse.
4. Acquisition pour 1 200 000 € de 20 000 actions représentant le capital de la société SUPERPRIX, non cotée en bourse, qui exploite un supermarché.
5. Acquisition pour 1 600 000 € des actions de diverses sociétés cotées.
6. Il souscrit également, 40 % des actions de la SA PROFORMAT, au capital de 10 000 actions de 20 €, créée par l'un de ses excellents amis.

→ Travail à faire

Calculer les droits applicables à ces différentes opérations en vous plaçant au 30/06/N.

EXO 26.02 Cas Texel

N = 2023

Le 1er janvier N, M. Texel a apporté à la société TOP TEN, qui est spécialisée dans l'installation et l'agencement de magasins, son entreprise individuelle, dont le bilan se présente comme suit :

Actif				Passif	
	Brut	Amortiss^ts ou Prov.	Net		
Immobilisations corporelles				Capitaux propres	
Constructions	300 000	240 000	60 000	Capital	155 000
Actif circulant				Dettes	
Stocks	115 000	20 000	95 000	Fournisseurs	50 000
Créances	50 000		50 000		
			205 000		**205 000**

Les constructions datent de plus de cinq ans.

L'actif a été ainsi évalué (valeur réelle) :

- constructions	400 000 €
- stocks	100 000 €
- créances	50 000 €

Le passif a été pris en charge par la société et l'apport a été exclusivement rémunéré par des titres de la société TOP TEN.

M. Texel qui, à la suite de l'apport, détenait 30 % du capital de la société, revend en N+1 l'intégralité de sa participation pour 600 000 € (les constructions étant alors évaluées à 480 000 €).

→ Travail à faire

1. **À quels droits sera soumis l'apport réalisé par M. Texel (qui n'a pas voulu prendre d'engagement de conservation des titres reçus) :**
   - **dans l'hypothèse où la société TOP TEN est une société en nom collectif,**
   - **dans l'hypothèse où il s'agit d'une société anonyme ?**
2. **Si M. Texel s'engageait finalement à conserver ses titres, quels seraient les droits dus dans les deux hypothèses précédentes ?**
3. **À quels droits de mutation sera, le cas échéant, soumise la cession de droits sociaux réalisée en N+1 :**
   - **dans l'hypothèse où la société TOP TEN est une société en nom collectif,**
   - **dans l'hypothèse où il s'agit d'une société anonyme (non cotée en bourse) ?**

Les impôts locaux et les taxes assises sur les salaires

Partie 6

Les impôts directs locaux sont les plus anciens impôts du système fiscal français. Ils trouvent leur origine dans la période post-révolutionnaire, où l'impôt foncier devait être l'impôt principal car la terre était la seule richesse palpable. Perçus initialement pour le compte de l'État, ils ont été transférés aux collectivités territoriales à l'occasion de la réforme fiscale de 1914-1917.

La fiscalité directe locale s'entend d'un ensemble d'impositions, taxes, contributions ou redevances de toute nature perçues au profit des collectivités locales et différents organismes. Elle se caractérise par le fait que la base d'imposition des impôts locaux est constituée essentiellement par la valeur locative cadastrale.

Ces impôts, collectés par l'État, fournissent l'essentiel des ressources fiscales des communes, de leurs groupements, des départements, des régions, ainsi que de certains organismes professionnels.

Les impôts directs locaux sont représentés par 4 taxes principales :

- la **taxe foncière sur les propriétés bâties** ;
- la **taxe foncière sur les propriétés non bâties** ;
- la **taxe d'habitation** ;
- la **contribution économique territoriale.**

Cette dernière taxe a remplacé la taxe professionnelle longtemps décriée comme étant « anti-économique ».

À côté des principaux impôts locaux, il existe également des taxes annexes. C'est le cas notamment de la taxe de balayage, de la taxe d'enlèvement des ordures ménagères et de la taxe d'équipement.

Les impôts locaux

Chapitre 27

COMPÉTENCES ATTENDUES ET SAVOIRS ASSOCIÉS

- **Ce chapitre aborde les principaux impôts locaux dont sont redevables les particuliers comme les entreprises.**
- **Pour chacune des taxes étudiées, il s'agira de présenter le champ d'application, les exonérations pouvant s'appliquer ainsi que les modalités de calcul de la base et de l'impôt dû.**

Au fil du temps, la fiscalité locale a pris une importance croissante et se révèle sensible aux yeux des contribuables. Si la contribution économique territoriale relève du domaine de la fiscalité des entreprises et la taxe d'habitation, à l'inverse, de la fiscalité des ménages, la taxe foncière, elle, est susceptible de peser sur les deux catégories de contribuables. Si les règles d'assujettissement sont déterminées par le législateur, en revanche les taux d'imposition voire certains dispositifs d'exonération sont de la compétence des collectivités territoriales.

PLAN DU CHAPITRE

SYNTHÈSE P. 492

APPLICATIONS P. 493

LES RÉFÉRENCES POUR COMPRENDRE LE CONTEXTE

La fiscalité locale

Définition sur le site de l'INSEE

Actualité des finances locales au 1er janvier 2023

Finances locales : ce qui a changé au 1er janvier 2023. Article en ligne sur le site de *La Gazette des communes*

Focus sur la valeur locative des locaux professionnels

Comment est calculée la valeur locative d'un local professionnel ? Fiche thématique sur le site entreprendre.service-public.fr

La suppression de la CVAE en 2024

Lors des questions d'actualité au Gouvernement, Élisabeth Borne a répondu à une question du président du groupe socialiste, Patrick Kanner, à propos de la suppression de la CVAE. La Première ministre a défendu le soutien aux collectivités du Gouvernement et justifié cette suppression, compensée par la TVA, un impôt « plus dynamique et plus stable ».

La suppression de la CVAE sera « compensée par un impôt plus dynamique : la TVA ». Vidéo sur la chaîne YouTube de Public Sénat

1 Généralités sur la fiscalité locale – Élément commun d'imposition

La fiscalité locale présente plusieurs spécificités : son importance, la nature de ses bases et son mode d'établissement par voie de rôle.

Les impôts locaux ont, pour partie, une base d'imposition commune, **la valeur locative cadastrale**. C'est la notion fondamentale de la fiscalité directe locale. En effet, elle est utilisée seule ou avec d'autres éléments pour le calcul de la base de chacun des impôts directs locaux.

La révision des valeurs locatives cadastrales des locaux professionnels autres que les établissements industriels promise depuis plusieurs années est entrée en vigueur pour la première fois en 2017.

A Définition

La valeur locative cadastrale d'un local est censée représenter le loyer théorique annuel que produiraient ces propriétés si elles étaient louées.

B Évaluation foncière des propriétés bâties

Les modalités d'évaluation varient selon la nature du local à évaluer.

1 Pour les locaux d'habitation

Il s'agit des locaux affectés à l'habitation ou servant à l'exercice d'une activité salariée à domicile.

L'évaluation est effectuée par comparaison aux locaux de référence choisis dans la commune. Chaque local est classé dans une catégorie de local d'habitation, puis sa surface est pondérée en fonction de ladite catégorie, de l'état d'entretien du bien et de sa situation générale et particulière, des éléments de confort dont il dispose.

La surface pondérée définitive est multipliée par le tarif au mètre carré de la catégorie pour obtenir la valeur locative du bien référence année 1970.

2 Pour les locaux professionnels

Cette catégorie comprend tous les biens qui n'entrent ni dans la catégorie des locaux d'habitation ni dans celle des locaux industriels.

La valeur locative cadastrale est déterminée par mètre carré à partir des loyers moyens constatés dans chaque secteur d'évaluation par catégorie de propriétés à la date de référence au 1er janvier 2013.

Elle peut être majorée ou minorée par application d'un coefficient de localisation destiné à tenir compte de la situation de la propriété au sein du secteur d'évaluation.

Si les loyers ne sont pas représentatifs dans le secteur de localisation concerné alors la valeur locative cadastrale est fixée par comparaison avec celle de locaux similaires ou à défaut par appréciation directe c'est-à-dire en appliquant le taux de 8 % à la valeur vénale estimée au 1er janvier 2013 ou au 1er janvier de l'année de création du local si celle-ci est postérieure à 2013.

Pour atténuer les impacts du nouveau système de calcul de la valeur locative applicable pour la première fois en 2017, plusieurs dispositifs temporaires ont été créés, dispositif de neutralisation, dispositif de planchonnement et dispositif de lissage.

3 Pour les établissements industriels

Il s'agit des **usines**, des ateliers ou établissements ou s'effectuent à l'aide d'un **outillage important** la transformation des matières premières, la fabrication ou la réparation des objets avec d'importants moyens techniques.

Cela concerne aussi les établissements ou le rôle de l'outillage et de la force motrice est prépondérant (carrières, marchands en gros utilisant notamment des engins de levage de grande puissance, ponts roulants ou installations de stockage de grande capacité).

Pour ces établissements, la valeur locative est déterminée à partir d'une **méthode comptable** qui consiste à appliquer au prix de revient des immobilisations imposables un taux de 4 % ou 4,5 % selon la nature du bien et sa date d'acquisition. Ces taux sont applicables à partir de 2021. Avant cette date, ils étaient de 8 ou 9 %.

Attention. La loi de finances de 2019 a institué à partir de 2020 un seuil minimum de 500 000 € pour relever de la méthode propre aux établissements industriels.

C Évaluation foncière des propriétés non bâties

Les évaluations cadastrales des propriétés non bâties déterminées lors de la dernière révision, ont été incorporées dans les rôles d'imposition de 1963 avec pour date de référence le 1er janvier 1961.

La valeur locative résulte d'un tarif d'évaluation établi dans chaque commune par nature de culture ou de propriété et éventuellement par classe.

D Mise à jour des évaluations foncières

1 Constatation annuelle des changements

Certains changements sont à prendre en compte dès lors qu'ils ont pour effet de modifier la valeur locative cadastrale. Il s'agit essentiellement des changements de consistance (modification du volume de la superficie d'une propriété), des changements d'affectation (local commercial qui devient un local d'habitation), des changements de caractéristiques physiques (adjonction d'équipements nouveaux, travaux de rénovation) ou des changements d'environnement.

2 Actualisations et revalorisations

Pour les locaux d'habitation la loi prévoyait que les valeurs locatives cadastrales fixées à la date de référence du 1er janvier 1970 devaient être actualisées tous les trois ans.

À ce jour, une seule actualisation est intervenue en 1980 (coefficient par département). Les actualisations triennales ont ensuite été remplacées par des revalorisations forfaitaires annuelles.

Pour les établissements industriels l'actualisation s'est traduite par une majoration d'un tiers de la base pour les biens existant avant le 1er janvier 1978. Les autres actualisations ont été remplacées par des revalorisations forfaitaires annuelles.

Pour les locaux professionnels une actualisation est prévue après mise à jour des tarifs sectoriels et des coefficients de localisations.

2 Taxes foncières

La taxe foncière est due par les propriétaires des immeubles situés en France. Suivant le cas, il s'agit :

- soit de la taxe foncière sur les propriétés bâties ;
- soit de la taxe foncière sur les propriétés non bâties.

A Taxe foncière sur les propriétés bâties

1 Propriétés imposables

Par « propriétés bâties », il convient d'entendre non seulement les constructions élevées au-dessus du sol, mais également diverses catégories de biens tels que :

- les installations destinées à abriter des personnes ou des biens, les ouvrages d'art et voies de communication, les bateaux utilisés en un point fixe et aménagés pour l'habitation le commerce ou l'industrie ;

- les sols des bâtiments de toute nature et terrains formant dépendance indispensable et immédiate de ces constructions (cours, passages, parking...) ;
- les terrains non cultivés employés à un usage commercial industriel (chantiers, lieux de dépôt de marchandises...).

Pour qu'une imposition à la taxe foncière soit établie, les immeubles doivent remplir deux conditions :

- être fixés au sol à perpétuelle demeure, de telle façon qu'il soit impossible de les déplacer sans les démolir ;
- présenter le caractère de véritables constructions (y compris les aménagements faisant corps avec elles).

2 Propriétés exonérées

a. Exonérations permanentes

Elles concernent principalement :

- les établissements publics appartenant à l'État ou aux collectivités territoriales, lorsqu'ils sont affectés à un service public ou d'utilité générale et non productifs de revenus ;
- les bâtiments ruraux affectés de manière exclusive et permanente à usage agricole ;
- les édifices affectés à l'exercice du culte ;
- les locaux appartenant à des États étrangers et affectés à la résidence officielle des missions diplomatiques ou consulaires.

b. Exonérations temporaires

Les constructions nouvelles, additions de construction ou reconstructions, sont exonérées sous certaines conditions pendant deux ans de taxe foncière.

Les entreprises nouvelles créées dans certaines zones peuvent, elles aussi, être exonérées par les collectivités locales de taxe foncière dont elles sont redevables pour les établissements qu'elles ont créés ou repris à une entreprise en difficulté pour une durée de cinq ans suivants celle de leur création.

Les logements sociaux affectés à l'habitation principale sont susceptibles, sous certaines conditions, de bénéficier d'une exonération de longue durée de 10 à 15 ans.

Enfin, il existe certaines dispositions relatives aux logements économes en énergie qui permettent aux collectivités territoriales de prévoir, pour la part qui leur revient, des exonérations temporaires à concurrence de 50 % ou 100 %.

3 Modalités d'imposition

a. Détermination de la base imposable et de la cotisation

Elle est établie d'après la **valeur locative cadastrale** actualisée et revalorisée sous déduction d'un **abattement de 50 %** en considération des frais de gestion, d'assurances, d'amortissement, d'entretien et de réparation.

Le montant de la cotisation est égal au produit de la base d'imposition arrondie à l'euro le plus proche par le taux d'imposition des collectivités locales et groupement de communes au profit desquels la taxe est perçue.

À cette cotisation s'ajoute, selon le cas, les taxes spéciales ainsi que les frais de gestion de la fiscalité directe locale qui s'élèvent à 3 % des droits dus.

b. Le lieu d'imposition et le débiteur de l'impôt

Toute propriété bâtie doit être imposée dans la commune où elle est située. La taxe foncière est établie au nom du propriétaire ou de l'usufruitier pour l'année entière d'après les faits existants au 1er janvier de l'année d'imposition. Les changements de propriétaire intervenus au cours de l'année d'imposition ne sont pas pris en compte.

c. Obligations et contentieux

Les propriétaires doivent porter à la connaissance de l'administration dans les 90 jours de leur réalisation définitive, les constructions nouvelles, additions de construction, reconstruction ainsi que les changements de consistance ou d'affectation des propriétés.

L'administration peut réparer les erreurs, omissions ou insuffisances jusqu'au 31 décembre de l'année suivant celle au titre de laquelle l'impôt est établi.

De son côté, le redevable dispose du même délai pour contester une imposition erronée.

d. Exonérations et dégrèvements spéciaux

Sous certaines conditions, les personnes âgées et de condition modeste peuvent bénéficier d'une exonération de taxe.

De même, les contribuables peuvent obtenir un dégrèvement de taxe en cas de vacance d'un immeuble normalement destiné à la location, à condition que cette inexploitation soit indépendante de la volonté du propriétaire.

B Taxe foncière sur les propriétés non bâties

1 Propriétés imposables

Il s'agit des terrains, carrières, mines et tourbières, étangs, salines et marais salants.

2 Propriétés exonérées

a. Exonérations permanentes

Elles concernent essentiellement :

- les propriétés publiques (de l'État, des collectivités territoriales et de certains établissements et organismes publics) affectées à un service public ou d'utilité générale et improductives de revenus ;
- les voies publiques ;
- les fleuves et rivières navigables ;
- les sols et terrains passibles de la taxe foncière sur les propriétés bâties.

b. Exonérations temporaires ou partielles

Pour certaines terres agricoles, il existe, en fonction de la nature des produits cultivés, des dispositifs permettant de bénéficier d'une exonération partielle (parts communale, départementale ou régionale) et temporaire.

3 Modalités d'imposition

a. Détermination de la base imposable et de la cotisation

La base d'imposition est constituée par la **valeur locative cadastrale** diminuée d'un **abattement de 20 %**. Le montant de la cotisation est égal au produit de la base d'imposition arrondie à l'euro le plus proche par le taux d'imposition des collectivités locales et groupement de communes au profit desquels la taxe est perçue.

À cette cotisation s'ajoute, selon le cas, les taxes spéciales ainsi que les frais de gestion de la fiscalité directe locale qui s'élèvent à 3 % des droits dus.

b. Exonérations partielles

Des dispositifs d'exonérations partielles existent pour tenir compte de certaines situations particulières telles que la perte de récoltes, la perte de bétail. Les jeunes agriculteurs peuvent, eux aussi, bénéficier sous certaines conditions d'une réduction de leur imposition.

c. Dégrèvements spéciaux

Sous certaines conditions, les personnes âgées et de condition modeste peuvent bénéficier d'une exonération de taxe.

Pour les autres contribuables, il existe, sous certaines conditions, un plafonnement de la taxe foncière afférente à l'habitation principale en fonction des revenus.

d. Réclamation et contentieux

L'administration peut réparer les erreurs, omissions ou insuffisances jusqu'au 31 décembre de l'année suivant celle au titre de laquelle l'impôt est établi.

De son côté, le redevable dispose du même délai pour contester une imposition erronée.

3 Taxe d'habitation

La taxe d'habitation est due par les occupants des immeubles destinés à l'habitation situés en France.

A Champ d'application

1 Propriétés imposables

La taxe d'habitation est due pour tous les locaux meublés affectés à l'habitation et leurs dépendances.

La notion de local meublé s'entend d'un local pourvu d'un ameublement suffisant pour en permettre l'occupation effective. Concrètement, il s'agit des résidences principales ou secondaires, des appartements ou maisons individuelles.

Sont également imposables les dépendances immédiates des habitations même non meublées ou distinctes (chambres de service, jardin d'agrément, parking privatif à moins d'un kilomètre de l'habitation...).

2 Locaux exonérés

La loi exonère :

- les locaux qui ne constituent pas l'habitation personnelle du contribuable et qui sont passibles de la taxe professionnelle ;
- les bâtiments servant aux exploitations rurales ;
- les bureaux des fonctionnaires ;
- certains locaux, sous certaines conditions, affectés au logement des étudiants ou des personnes âgées (résidence universitaire, maison de retraite).

3 Personnes imposables

La taxe est établie d'après la situation au 1er janvier de l'année d'imposition au nom des personnes physiques ou morales qui ont, à quelque titre que ce soit, la disposition ou la jouissance à titre privatif des locaux imposables. Cela concerne à la fois le propriétaire comme le locataire.

Pour les personnes morales (sociétés privées, organismes et établissements publics), la taxe n'est pas due pour les locaux ouverts au public.

Les ambassadeurs et agents diplomatiques bénéficient de plein droit d'une exonération de taxe.

B Modalités d'imposition

1 Détermination de la base imposable et de la cotisation

Elle est constituée par la **valeur locative cadastrale** déterminée en fonction de la valeur locative référence 1970 revalorisée et actualisée, éventuellement diminuée, s'il s'agit de l'habitation principale d'abattements à la base ou pour charges de famille.

a. Abattement obligatoire pour charge de famille

Les charges de famille prises en considération sont celles qui résultent de la déclaration de revenus souscrite au cours de l'année d'imposition. L'abattement se calcule à partir d'une base correspondant à la moyenne des valeurs locatives cadastrales de la commune.

Cet abattement s'élève pour chacune des deux premières personnes à charge, à 10 % de la valeur locative moyenne des habitations situées dans le ressort de la collectivité considérée, puis 15 % pour chacune des personnes à charge suivantes.

Sur délibération, les collectivités peuvent majorer ces taux de cinq ou dix points.

b. Abattements facultatifs

D'autres abattements peuvent être décidés par la collectivité, abattement général à la base, abattement spécial en faveur des personnes de condition modeste et abattement spécial en faveur des personnes invalides avec des taux variant de 5 à 15 %.

c. Prélèvement sur la valeur locative

Depuis 2015, les communes dans lesquelles s'applique la taxe annuelle sur les logements vacants (taxe applicable aux logements vacants depuis au moins un an situés dans certaines agglomérations), peuvent opter pour une majoration de 5 à 60 % de la part de la taxe d'habitation leur revenant au titre des logements meublés non affectés à l'habitation principale.

2 Établissement de l'impôt

La taxe d'habitation est due dans toute commune où le contribuable dispose de locaux imposables. Elle est établie, pour l'année entière, **d'après la situation existant au 1er janvier** de l'année de l'imposition.

Elle est égale au produit de la base d'imposition arrondie à l'euro le plus proche par le taux d'imposition des collectivités locales et groupement de communes au profit desquels la taxe est perçue.

À cette cotisation s'ajoutent les frais de gestion de la fiscalité directe locale qui s'élèvent à 1 % des droits dus pour les locaux meublés affectés à l'habitation principale et 4,5 % des droits dus pour les autres.

Les erreurs d'imposition peuvent être réparées par l'administration jusqu'au 31 décembre de l'année suivante.

De son côté, le redevable dispose du même délai pour contester une imposition erronée.

3 Exonérations et dégrèvements

Sous certaines conditions, les personnes âgées et de condition modeste peuvent bénéficier d'une exonération de la totalité de la taxe d'habitation afférente à leur habitation principale.

Ce dispositif est réservé aux titulaires de l'allocation de solidarité vieillesse, aux personnes âgées de plus de 60 ans sous conditions de revenus, aux personnes atteintes d'une invalidité.

La taxe d'habitation sur les résidences principales est supprimée depuis le 1er janvier 2023. Mais elle est toujours due pour les résidences secondaires.

4 Réclamation et contentieux

L'administration peut réparer les erreurs, omissions ou insuffisances jusqu'au 31 décembre de l'année suivant celle au titre de laquelle l'impôt est établi.

De son côté, le redevable dispose du même délai pour contester une imposition erronée.

4 Contribution économique territoriale

La contribution économique territoriale est composée :
- d'une part, d'une cotisation foncière des entreprises (CFE) assise sur les seules valeurs locatives des biens passibles d'une taxe foncière, les biens mobiliers n'étant pas compris dans la base d'imposition ;
- et, d'autre part, d'une cotisation sur la valeur ajoutée des entreprises (CVAE) assise, comme son nom l'indique, sur la valeur ajoutée des entreprises.

A Cotisation foncière des entreprises (CFE)

La contribution foncière des entreprises, comme son nom l'indique, retient comme base pour le calcul de l'impôt, les immobilisations foncières à l'exclusion des équipements et biens mobiliers. C'est la principale innovation de cette contribution par rapport à la taxe professionnelle.

1 Champ d'application de la CFE

a. Personnes et activités imposables

La CFE est due chaque année par les personnes physiques ou morales ou par les sociétés non dotées de la personnalité fiscale qui exercent, à titre habituel, une activité professionnelle non salariée.

Pour être imposable, l'activité doit répondre à certaines conditions suivantes, être exercée :
- à titre habituel ;
- à titre professionnel ;
- à titre non salarié ;
- dans les limites du territoire national.

b. Exonérations

Exonérations permanentes

Certaines activités bénéficient de droit d'une exonération de la CFE. Il s'agit essentiellement :
- des activités exercées par l'État et les collectivités publiques ;
- des activités et organismes agricoles ;
- des établissements d'enseignement privé ;
- de certaines activités industrielles et commerciales sous certaines conditions (entreprise de la presse, artisans, locations en meublés…) ;
- de certaines activités non commerciales (peintres, auteurs-compositeurs, photographes-auteurs).

Exonérations temporaires ou partielles

Les nombreux allégements fiscaux en faveur des entreprises mis en place en matière de taxe professionnelle ont été reconduits pour la CFE. Ils prévoient, selon la nature des opérations le lieu d'exercice de l'activité et des exonérations totales ou partielles limitées dans le temps.

Ainsi, les entreprises nouvelles pour les établissements créés ou repris à une entreprise en difficulté, les médecins, auxiliaires médicaux et vétérinaires ruraux, les jeunes entreprises innovantes, les établissements implantés dans les pôles de compétitivité sont des exemples parmi d'autres des dispositifs existants.

2 Modalités d'imposition

La **base d'imposition** à la CFE, définie par l'article 1467 du CGI, est constituée par la valeur locative des **seuls biens passibles de taxe foncière** dont le redevable a disposé à l'expiration de la période de référence.

a. Période de référence

Par période de référence, il faut retenir **l'avant-dernière année civile** précédant celle de l'imposition (N–2) ou le dernier exercice de douze mois clos au cours de cette même année lorsque cet exercice ne coïncide pas avec l'année civile. Par exception, pour les deux années suivant la **création** d'un établissement, la base d'imposition est calculée d'après les immobilisations dont le redevable a disposé au 31 décembre de l'année de création.

b. Base imposable

La CFE est assise sur la valeur locative des biens passibles d'une taxe foncière, qu'il s'agisse de la taxe foncière sur les propriétés bâties (installations, constructions) ou de la taxe foncière sur les propriétés non bâties (terrains).

La valeur locative des immobilisations n'est retenue que si ces biens sont à la **disposition du redevable** pour les besoins de sa profession, à l'expiration de la période de référence.

La qualité de propriétaire, de locataire ou d'utilisateur à titre gratuit est sans incidence pour la prise en compte du bien.

c. Calcul de la valeur locative

La valeur locative des biens passibles d'une taxe foncière est calculée suivant les règles fixées pour l'établissement de cette taxe. Un abattement de 30 % est toutefois appliqué à la valeur locative des immobilisations industrielles relevant de la méthode comptable.

d. Réductions de valeur locative

Diverses réductions existent pour les aéroports et les installations antipollution.

De même, certaines activités bénéficient d'une réduction de leurs bases telles que les coopératives agricoles, les artisans non exonérés de la taxe.

Enfin, il est appliqué une **réduction de moitié** des bases imposables applicables la **première année d'imposition** d'un établissement.

e. Montant de la CFE

Le montant de la cotisation est égal au produit de la base d'imposition arrondie à l'euro le plus proche par le taux d'imposition des collectivités locales et groupements de communes au profit desquels la taxe est perçue.

Au montant de la CFE proprement dite s'ajoutent les frais de gestion de la fiscalité locale prélevés par l'État (taux de 3 % sur le montant dû).

En tout état de cause, les redevables de la CFE sont assujettis à une cotisation minimum établie au lieu de leur principal établissement ; cette cotisation est déterminée à partir d'une base dont le montant fixé par le conseil municipal.

Le montant varie en fonction du chiffre d'affaires au titre de la période de référence.

Pour 2023, cette base minimum est comprise entre 227 € et 7 046 €.

f. Établissement de l'imposition

La CFE est établie dans **chaque commune** où le redevable dispose de locaux ou de terrains ; elle est due pour l'année entière par le redevable qui exerce l'activité imposable au **1er janvier** avec cependant quelques exceptions.

Ainsi, en cas de **création d'établissement**, la CFE n'est pas due la première année.

De même, lorsque le contribuable **cesse toute activité** dans un établissement, il n'est pas redevable de la CFE pour les mois restant à courir, sauf en cas de cession de l'activité exercée dans l'établissement ou en cas de transfert d'activité.

Les redevables sont soumis à l'obligation de déposer une déclaration annuelle par commune où l'entreprise dispose d'un local ou d'un terrain pour l'exercice de son activité professionnelle imposable à la CFE. Cette déclaration, pour l'imposition de l'année N sera déposée début mai N-1 en tenant compte des immeubles relatifs à la période de référence N-2.

3 Contrôle et contentieux

L'administration peut réparer les erreurs, omissions ou insuffisances jusqu'au **31 décembre de la troisième année** suivant celle au titre de laquelle l'imposition est due.

De son côté, le redevable dispose du même délai pour contester une imposition erronée.

B Cotisation sur la valeur ajoutée des entreprises (CVAE)

La cotisation sur la valeur ajoutée des entreprises (CVAE) constitue le deuxième élément de la cotisation économique territoriale. Bien que son champ d'application soit lié à celui de la CFE, il s'agit d'une cotisation distincte, qui obéit à des règles sensiblement différentes.

1 Champ d'application de la CVAE

a. Personnes et activités imposables à la CVAE

Elle s'applique en principe aux personnes physiques ou morales ainsi que les sociétés non dotées de la personnalité morale qui exercent une activité imposable à la CFE et dont le chiffre d'affaires excède 152 500 €.

Dans la pratique, avec le dégrèvement sur cotisation accordé à certaines redevables, la CVAE est réellement due lorsque le chiffre d'affaires est supérieur à 500 000 €.

b. Exonérations

L'ensemble des exonérations de plein droit applicables à la CFE s'applique à la CVAE.

2 Les modalités d'imposition

a. Principe de calcul

Le montant de la CVAE est égal à une fraction de la valeur ajoutée produite par l'entreprise au cours de la période de référence.

Pour l'imposition due par les entreprises en 2023, le taux de la CVAE de chacune des tranches du barème progressif est diminué de moitié avec le taux maximal ramené de 0,75 % à 0,375 %.

Cependant, les entreprises dont le chiffre d'affaires est inférieur à 50 000 000 € peuvent déduire du montant de la cotisation un dégrèvement calculé selon des modalités exposées ci-après.

b. Période de référence

Il s'agit de l'année d'imposition ou le dernier exercice de douze mois clos au cours de cette même année lorsque cet exercice ne coïncide pas avec l'année civile.

c. Détermination de la valeur ajoutée

Elle se définit comme **l'excédent hors taxe de la production sur les consommations de biens et services en provenance de tiers**.

Elle est égale à la différence entre :

- d'une part, le chiffre d'affaires majoré des autres produits de gestion courante, de la variation positive des stocks, des subventions d'exploitation et production immobilisée ;

- d'autre part, des achats de matières premières, autres approvisionnements et marchandises, de la variation négative des stocks, des services extérieurs (prestations de services, frais de transports et déplacements, frais divers de gestion...) à l'exception des loyers ou redevances afférents aux biens corporels pris en location pour une durée de plus de six mois ou en crédit-bail.

La valeur ajoutée ainsi définie ne peut ainsi excéder un pourcentage du chiffre d'affaires à savoir :

- 80 % pour les contribuables dont le chiffre d'affaires est inférieur ou égal à 7 600 000 € ;
- 85 % pour les contribuables dont le chiffre d'affaires est supérieur à 7 600 000 €.

d. Dégrèvement

Au final, avec ce dispositif, le taux effectif d'imposition est le suivant :

Taux d'imposition de la CVAE en fonction du chiffre d'affaires (CA HT)

Chiffre d'affaires hors taxe	Taux effectif d'imposition
Moins de 500 000 €	0 %
Entre 500 000 € et 3 millions €	0,125 % × (CA - 500 000 €) /2,5 millions €
Entre 3 millions € et 10 millions €	0,125 % + 0,225 % × (CA - 3 millions €) /7 millions €
Entre 10 millions € et 50 millions €	0,35 % + 0,025 % × (CA - 10 millions €) / 40 millions €
Plus de 50 millions €	0,375 %

À ce dispositif s'ajoute un dégrèvement de 250 € pour les entreprises dont le chiffre d'affaires est inférieur à 2 000 000 €.

Exemple

1. Soit une entreprise dont le chiffre d'affaires de l'année 2023 est égal 800 000 € dont la valeur ajoutée est de 600 000 €.
Le montant de la CVAE se calcule comme suit :
- 600 000 × (0,125 % × (800 000 – 500 000)/2 500 000) = 90

Compte tenu du dégrèvement de 1 000 €, cette entreprise ne sera pas redevable de la CVAE.

2. Soit une entreprise dont le chiffre d'affaires de l'année 2023 est égal 42 000 000 € dont la valeur ajoutée est de 32 000 000 €.
Le montant de la CVAE se calcule comme suit :
- 32 000 000 × (0,025 % × (42 000 000 – 10 000 000)/40 000 000 + 0,35 %) = 118 000 €
- aucune possibilité de dégrèvement dès lors que le chiffre d'affaires est supérieur à 2 000 000 €
- cotisation nette : 118 000 €

e. Établissement de l'imposition

La CVAE est due par le redevable qui exerce l'activité au 1er janvier de l'année d'imposition.

À cette cotisation s'ajoutent les frais de gestion de la fiscalité directe locale de 1 % sur le montant dû.

Pour les entreprises dont la CVAE de l'année précédant celle de l'imposition est supérieure à 3 000 € le paiement s'effectue sous forme d'acomptes à savoir :

- au plus tard le 15 juin de l'année d'imposition, un premier acompte égal à 50 % de la CVAE ;
- au plus tard le 15 septembre de l'année d'imposition, un second acompte égal à 50 % de la CVAE.

La liquidation définitive intervient l'année suivant celle de l'imposition avec le dépôt d'une déclaration spécifique à souscrire au plus tard le deuxième jour ouvré suivant le 1er mai.

Les entreprises doivent souscrire à cette déclaration par voie électronique (télédéclaration).

Précision. Les entreprises réalisant un chiffre d'affaires supérieur à 500 000 € et pour lesquelles le montant de la CVAE serait inférieur à 63 € doivent obligatoirement verser une cotisation minimum de 63 €.

3 Contrôle et contentieux

L'administration peut réparer les erreurs, omissions ou insuffisances jusqu'au 31 décembre de la troisième année suivant celle au titre de laquelle l'imposition est due.

De son côté, le redevable dispose du même délai pour contester une imposition erronée.

4 Dispositif de plafonnement de contribution économique territoriale

Les entreprises dont la contribution économique territoriale (CET) est supérieure à 3 % de leur valeur ajoutée peuvent demander un dégrèvement sous la forme d'un plafonnement de la taxe.

Le calcul du dégrèvement est effectué selon la formule suivante :

(CFE + CVAE) – 1,625 % de la valeur ajoutée

Pour les impositions dues au titre des années 2024 et des années suivantes, le taux du plafonnement, qui ne concernera plus que la seule CFE, est ramené à 1,25 %.

Ce dégrèvement s'impute sur la CFE uniquement. En aucun cas le dégrèvement ne doit pas avoir pour effet de ramener la CET due à un montant inférieur à la cotisation minimale de CFE fixée par la commune.

Généralités sur la fiscalité locale	**Caractéristiques**	Impôts au profit des collectivités territoriales établis sur un élément commun, la valeur locative du local, selon le principe de l'annualité.
	La valeur locative cadastrale (VLC)	**Locaux d'habitation ou à usage professionnel pour une activité non commerciale :** VLC établie par comparaison avec les locaux de référence dans la commune du lieu de situation du bien. **Pour les locaux commerciaux et biens divers :** VLC déterminée à partir des loyers moyens constatés dans chaque secteur d'évaluation par catégories de propriétés. **Pour les établissements industriels :** VLC déterminée à partir du prix de revient des immobilisations imposables avec application d'un taux de 8 % ou 9 %. La VLC est annuellement mise à jour et actualisée par avec des coefficients d'actualisation et de revalorisation.
Taxe foncière	**Sur les propriétés bâties**	**Redevable :** le propriétaire. **Biens imposables :** immeubles bâtis et assimilés situés en France. **Base :** 50 % de la VLC actualisée et revalorisée. **Montant de l'impôt :** base × Taux d'imposition des collectivités locales + frais de gestion (3 % des droits dus).
	Sur les propriétés non bâties	**Redevable :** le propriétaire. **Biens imposables :** terrains et biens assimilés situés en France. **Base :** 80 % de la VLC actualisée et revalorisée. **Montant de l'impôt :** base × Taux d'imposition des collectivités locales + frais de gestion (3 % des droits dus).
Taxe d'habitation		**Redevable :** l'occupant de l'immeuble à usage d'habitation. **Biens imposables :** immeubles bâtis et assimilés situés en France. **Base :** VLC actualisée et revalorisée, éventuellement diminuée d'abattements pour charges de famille, en faveur des personnes de condition modeste ou personnes invalides, ou lorsqu'il s'agit de l'habitation principale. **Montant de l'impôt :** base × Taux d'imposition des collectivités locales + frais de gestion (3 % des droits dus).
Contribution économique territoriale	**Cotisation foncière des entreprises (CFE)**	**Redevable :** personnes physiques ou morales qui exercent une activité professionnelle non salariée. **Biens imposables :** immeubles soumis à la taxe foncière que le redevable a eu à sa disposition à l'expiration de la période de référence. **Base :** VLC actualisée mais non revalorisée, éventuellement diminuée d'abattements pour certains biens. **Montant de l'impôt :** base × Taux d'imposition des collectivités locales + frais de gestion (3 % des droits dus).
	Cotisation sur la valeur ajoutée des entreprises (CVAE)	**Redevable :** personnes physiques ou morales qui exercent une activité imposable à la CFE et dont le chiffre d'affaires excède 152 500 €. **Base :** valeur ajoutée produite au cours de la période de référence × taux de 0,75 %. **Dégrèvement :** total si le CA est < 500 000 € et partiel si le CA < 50 000 000 €. **Montant de l'impôt :** base × Taux d'imposition des collectivités locales + frais de gestion (1 % des droits dus).

Applications

QCM 27.01

1. Les impôts locaux sont tous établis à partir des déclarations déposées chaque année par les contribuables.

A. ☐ Vrai
B. ☐ Faux

2. Pour l'ensemble des impôts locaux la prescription est abrégée puisque le délai général de reprise expire le 31 décembre de l'année suivant celle au titre de laquelle l'impôt est établi.

A. ☐ Vrai
B. ☐ Faux

3. Le propriétaire d'un logement qu'il occupe est passible de la taxe foncière sur les propriétés bâties et de la taxe d'habitation.

A. ☐ Vrai
B. ☐ Faux

4. La taxe d'habitation et la taxe foncière sont établies d'après la situation au 1er janvier de l'année d'imposition sans tenir compte des éventuels changements d'occupants ou de propriétaires au cours de cette même année.

A. ☐ Vrai
B. ☐ Faux

5. La base imposable à la taxe foncière des propriétés bâties est égale à 50 % de la valeur locative cadastrale actualisée et revalorisée.

A. ☐ Vrai
B. ☐ Faux

6. Les personnes non imposables à l'impôt sur le revenu sont toujours exonérées de toute taxe d'habitation.

A. ☐ Vrai
B. ☐ Faux

7. Les personnes exerçant une activité agricole sont exonérées de la contribution économique territoriale.

A. ☐ Vrai
B. ☐ Faux

8. La période de référence en matière de cotisation foncière des entreprises est égale à la-dernière année civile précédant celle de l'imposition ou le dernier exercice de douze mois clos au cours de cette même année lorsque cet exercice ne coïncide pas avec l'année civile.

A. ☐ Vrai
B. ☐ Faux

9. Pour la cotisation foncière des entreprises il est tenu compte des immobilisations dont l'entreprise est propriétaire au dernier jour de la période de référence.

A. ☐ Vrai
B. ☐ Faux

10. Seules les entreprises dont le chiffre d'affaires excède 500 000 € peuvent être soumises à la cotisation sur la valeur ajoutée des entreprises.

A. ☐ Vrai
B. ☐ Faux

11. La cotisation sur la valeur ajoutée des entreprises se calcule en appliquant un pourcentage sur le résultat fiscal de l'entreprise.

A. ☐ Vrai
B. ☐ Faux

EXO 27.02

La société CARTOPLAQUE est spécialisée dans la fabrication et la vente d'emballages en bois et carton. Son exercice comptable va du 1er janvier au 31 décembre.

Pour son activité elle dispose des biens immobiliers suivants :

- terrain acquis en 1996 : valeur locative imposable (millésime 2023) de 6 212 € ;
- bâtiment construit en 1996 : valeur locative imposable (millésime 2023) de 38 414 € ;
- bâtiment annexe édifié en 2012 : valeur locative imposable (millésime 2023) de 28 709 € ;
- hangar loué auprès d'un particulier depuis 2002 : valeur locative imposable (millésime 2023) de 7 801 €.

L'entreprise précise que le bâtiment annexe édifié en 2012 n'a pas été réellement utilisé au cours de l'année 2020.

Le compte de résultat de l'exercice 2023 comprend les éléments suivants :

- ventes : 4 267 525 €
- achats : 1 352 949 €
- variation de stock : 143 220 €
- charges externes dont redevances de crédit-bail de 24 810 € : 1 430 671 €

Le taux global des collectivités en 2023 est de 22,50 %.

→ Travail à faire

Calculer le montant de la cotisation foncière des entreprises (CFE) et de cotisation sur la valeur ajoutée des entreprises (CVAE) de la société CARTOPLAQUE au titre de l'année 2023.
On s'abstiendra volontairement de calculer la cotisation au titre de la taxe pour frais de chambre de commerce et d'industrie dont la société serait redevable.

Les taxes assises sur les salaires et autres taxes diverses

Chapitre 28

COMPÉTENCES ET SAVOIRS ASSOCIÉS

- **Les salaires versés par les entreprises servent d'assiette à différents prélèvements.**
- **Ces impositions constituent une charge importante pour les entreprises.**
- **Ce chapitre détaille les modalités pratiques d'application des quatre taxes suivantes :**
  - **taxe sur les salaires ;**
  - **taxe d'apprentissage ;**
  - **participation des employeurs au financement de la formation professionnelle continue ;**
  - **participation des employeurs au financement de la construction.**

La fiscalité française soumet à différentes taxes les salaires versés aux salariés. Qu'il s'agisse de la taxe sur les salaires, de la taxe d'apprentissage ou de la participation des employeurs à la formation continue ou à l'effort de construction, elles présentent toutes des spécificités quant à leur champ d'application, leur mode de calcul et leur paiement, mais elles ont toutes un point commun : la base constituée par les salaires versées.
Lorsqu'elles sont dues, ces différentes taxes sont déductibles du résultat fiscal à déclarer par les personnes qui en sont redevables.

PLAN DU CHAPITRE

SYNTHÈSE P. 504

LES RÉFÉRENCES POUR COMPRENDRE LE CONTEXTE

La taxe sur les salaires

La taxe sur les salaires est due par les employeurs qui emploient des salariés et qui ne sont pas soumis à la TVA. Ils doivent également être établis en métropole ou dans un département d'outre-mer. La taxe sur les salaires est calculée sur les rémunérations versées au cours de l'année par application d'un barème progressif.

La taxe sur les salaires.
Fiche thématique sur le site entreprendre.service-public.fr

Déclarer et payer la taxe sur les salaires

Déclarer et payer la taxe sur les salaires. Vidéo explicative sur la chaîne YouTube de la Direction générale des Finances publiques

La taxe d'apprentissage

La taxe d'apprentissage (part principale et solde). Fiche thématique sur le site de l'URSSAF

La contribution unique à la formation professionnelle et à l'alternance (la CUFPA)

Depuis la loi n° 2018-771 du 5 septembre 2018 pour la liberté de choisir son avenir professionnel, la CUFPA est composée de deux parts :

Participation des employeurs à l'effort de construction (PEEC) : base et montant

Outil de calcul du montant du versement de la PEEC au titre de 2023 sur le site d'Action Logement

1 La taxe sur les salaires

Le sort de cet impôt est **profondément lié à celui de la TVA** puisque la taxe sur les salaires n'est applicable qu'en cas de non-imposition (totale ou partielle) à la TVA de l'opération ayant entraîné versement de salaires.

A Champ d'application

1 Les personnes imposables

La taxe sur les salaires est acquittée par les personnes physiques ou morales, associations ou organismes non exonérés ou exemptés qui versent des traitements, salaires, indemnités ou émoluments à leurs employés.

Seuls les employeurs domiciliés ou établis en France sont redevables de cet impôt.

2 Les exonérations

Dans la pratique, le nombre d'employeurs concernés par cette taxe est assez limité.

a. Exonérations liées à la TVA

Échappent à la taxe sur les salaires les rémunérations versées par des employeurs redevables de la TVA :

- sur toutes leurs recettes pour l'année en cours ;
- sur au moins 90 % de leurs recettes pour l'année précédente.

Pour ceux soumis à la TVA pour moins de 90 % de leurs recettes, l'imposition à la taxe sur les salaires n'est que partielle.

Sont aussi exonérés de cette taxe les employeurs dont le chiffre d'affaires annuel réalisé au titre de l'année précédant celle du versement des rémunérations n'excède pas les limites d'application de la franchise en base de TVA, c'est-à-dire 91 900 € pour les activités de ventes de marchandises à emporter ou à consommer sur place ou les fournitures de logement ; 36 800 € pour les autres prestations de services et activités et 47 600 € pour les activités réglementées des avocats.

b. Autres exonérations

Il s'agit essentiellement des employeurs agricoles, des collectivités publiques et des établissements d'enseignement supérieur.

B Base et calcul de la taxe

1 Base d'imposition

La base de la taxe sur les salaires est alignée sur l'assiette de la CSG applicable aux salaires et assimilés. Cependant, il n'est pas tenu compte des sommes correspondant aux prestations de sécurité sociale versées par l'entremise de l'employeur, de la déduction forfaitaire pour frais professionnels visée au I de l'article L. 136-2 du Code de la Sécurité Sociale et des gains de levée d'options sur actions et d'attribution gratuite d'actions ne sont plus à prendre en compte dans la base.

Certaines rémunérations ne sont pas prises en compte dans cette base.

Il s'agit principalement de :

- celles versées aux apprentis : en totalité pour les entreprises dont l'effectif moyen est inférieur ou égal à dix et pour une fraction égale à 11 % du SMIC pour les autres ;
- celles versées aux enseignants des centres de formation d'apprentis ;
- celles versées aux salariés bénéficiaires d'un contrat d'accompagnement dans l'emploi ;

- celles versées pour l'emploi à domicile d'un seul salarié ;
- celles versés par des organismes sans but lucratif aux personnes qu'ils recrutent à l'occasion et pour la durée des manifestations de bienfaisance et de soutien exonérées de TVA ;
- les allocations de chômage et contributions assimilées.

2 Calcul de la taxe

a. Règles de droit commun

La taxe se calcule selon un système progressif avec application d'un taux normal et de taux majorés lorsque les rémunérations dépassent un certain montant.

Le taux normal est de 4,25 %.

Les taux majorés sont de 4,25 % (soit un taux de 8,50 %) pour la fraction des rémunérations individuelles annuelles comprise entre 8 572 € et 17 113 €, 9,35 % (soit un taux de 13,60 %) pour la fraction des rémunérations excédant 17 113 €.

Les seuils de 8 572 € et 17 113 € ne sont applicables que pour le calcul de la taxe due à raison des rémunérations versées en 2023.

Pour le calcul, il faut donc prendre en considération le **montant des rémunérations que chaque salarié** reçoit au cours de l'année et non pas la masse globale des salaires versés à l'ensemble du personnel de l'entreprise.

Pour les salariés n'ayant pas travaillé une année entière, le calcul s'effectue par mois avec les limites suivantes :

- 4,25 % sur la totalité du salaire mensuel versé ;
- plus 4,25 % pour la fraction de la rémunération comprise entre 714 € et 1 426 € ;
- plus 9,35 % pour la fraction excédant 1 426 €.

Les montants obtenus sont toujours arrondis à l'euro le plus proche.

Exemple

La société MUETSA a versé les rémunérations suivantes :
- salaire total de 4 employés (salaires individuels compris entre 8 572 € et 17 113 €) 58 000 €
- salaire total de 4 employés (salaires individuels supérieurs à 17 113 €) 285 000 €.

La taxe sur les salaires se calcule ainsi :

- taux normal : (58 000 + 285 000) × 4,25 % =	14 577,50 €
- taux majorés :	
majoration de 4,25 % : [(58 000 – 8 572 × 4) × 4,25 %] + [(17 113 × 4 – 8 572 × 4) × 4,25 %] =	2 459,73 €
majoration de 9,35 % : [(285 000 – 17 113 × 4) × 9,35 %] =	20 247,24 €
- soit un total de : 14 577,50 + 2 459,73 + 20 247,24 =	37 284 €

b. Règles applicables aux employeurs partiellement soumis à la TVA

Pour ces personnes, la base imposable est réduite avec l'application d'un pourcentage égal à au rapport entre le chiffre d'affaires non soumis à la TVA et le chiffre d'affaires total hors taxe.

Exemple

En reprenant l'exemple précédent et en supposant que la société MUETSA est en partie soumise à la TVA, calculons le montant de la taxe sur les salaires due avec les informations suivantes : chiffre d'affaires total 4 350 000 € dont 1 305 000 € non soumis à la TVA.
Le pourcentage applicable à la taxe sur les salaires est de : 1 305 000/4 350 000 = 30 %.
De ce fait, la taxe due s'élève à 37 284 × 30 % = 11 185 €.

c. Abattement, franchise et décote

Un abattement est prévu pour les associations, syndicats professionnels, et les mutuelles employant au moins trente salariés. Il s'élève à 22 535 € pour la taxe due au titre des salaires versés en 2023.

La taxe sur les salaires n'est pas due lorsque son montant annuel n'excède pas 1 200 €.

Lorsque le montant annuel de la taxe est supérieur à 1 200 € sans excéder 2 040 €, l'impôt exigible est minoré d'une décote égale aux trois quarts de la différence entre 2 040 € et ce montant.

Certains organismes sans but lucratif et assimilés peuvent bénéficier d'un crédit d'impôt de taxe sur les salaires. Il est calculé sur les rémunérations versées par lesdits organismes à leurs salariés au cours de l'année civile qui entrent dans l'assiette de la taxe sur les salaires et qui n'excèdent pas un certain seuil.

C Paiement de la taxe

La taxe est entièrement à la charge de l'employeur. Elle doit être versée spontanément au comptable de l'administration fiscale.

Pour les redevables dont la taxe acquittée au titre de l'année N-1 était inférieure à 4 000 €, le paiement s'effectue en une seule fois dans les quinze premiers jours de l'année suivant celle du paiement des rémunérations.

Pour les redevables dont la taxe acquittée au titre de l'année N-1 était comprise entre 4 000 € et 10 000 € le paiement s'effectue par trimestre avec paiement dans les quinze premiers jours du trimestre suivant celui du paiement des rémunérations.

Pour les autres, ceux dont la taxe acquittée au titre de l'année N-1 était supérieure à 10 000 €, le paiement est mensuel (quinze premiers jours du mois suivant celui du paiement des rémunérations).

Une déclaration annuelle de liquidation et régularisation de taxe sur les salaires doit être déposée le 15 janvier de l'année qui suit celle au titre de laquelle la taxe est due. L'administration fiscale admet que le dépôt de cette déclaration coïncide avec celui de la déclaration annuelle des salaires, soit le 31 janvier.

Les employeurs ont l'obligation de payer la taxe sur les salaires par voie électronique.

2 Taxes et contributions en matière de formation et d'alternance

L'appellation « taxes et contributions en matière de formation et d'alternance » recouvre en fait les taxes suivantes :

- la taxe d'apprentissage ;
- la cotisation supplémentaire à l'apprentissage ;
- la contribution à la formation professionnelle ;
- la contribution dédiée au financement du compte personnel de formation des titulaires d'un contrat de travail à durée déterminée.

A La taxe d'apprentissage

La taxe d'apprentissage a pour objet de faire participer les employeurs au financement des premières formations technologiques et professionnelles.

Les employeurs peuvent s'en acquitter soit en effectuant, directement ou par l'intermédiaire d'organismes collecteurs, des dépenses libératoires, soit par un versement auprès de l'administration des finances publiques.

1 Champ d'application

a. Les personnes imposables

La taxe d'apprentissage est due par :

- les personnes physiques, les GIE et les sociétés soumises au régime fiscal des sociétés de personnes, qui exercent une activité industrielle, commerciale ou artisanale ;
- les sociétés, associations et organismes passibles de l'impôt sur les sociétés ;
- les sociétés coopératives de production, transformation, conservation et ventes de produits agricoles, ainsi que leurs unions fonctionnant conformément aux dispositions légales qui les régissent.

b. Exonérations

Il existe plusieurs cas d'exonération à savoir :

- les petites entreprises occupant un ou plusieurs apprentis, avec contrat, lorsque la base annuelle n'excède pas six fois le SMIC mensuel ;
- les sociétés et les personnes morales ayant pour objet exclusif les divers ordres d'enseignement ;
- certains groupements d'employeurs agricoles ;
- les sociétés ou collectivités qui, normalement passibles de l'impôt sur les sociétés en sont intégralement exonérées.

2 Base et calcul de la taxe

La base de calcul de la taxe d'apprentissage est alignée sur celle des cotisations de sécurité sociale avec comme période de référence l'année civile.

En cas de salaires pour une activité mixte (commerciale, non commerciale ou agricoles), il convient de ne retenir que la partie du salaire relative à l'activité commerciale.

Le taux de la taxe est de 0,68 %.

Le montant de la taxe d'apprentissage comprend :

- une fraction égale à 87 % de la taxe destinée au financement de l'apprentissage (elle est perçue par l' Urssaf qui la reversera à France compétences),
- une fraction égale à 13 % (solde) destinée à des dépenses libératoires effectuées par l'employeur.

• **Sur la première fraction**, les entreprises qui disposent d'un centre de formation d'apprentis (CFA) peuvent déduire les dépenses suivantes :

- celles relatives aux investissements destinés au financement des équipements et matériels nécessaires à la réalisation de la formation d'un ou plusieurs apprentis de l'entreprise au sein du CFA dont celle-ci dispose ;
- celles relatives aux dépenses pour des offres de formation innovantes par apprentissage. Il doit s'agir d'offres qui n'ont jamais été dispensées sur le territoire national.

Précision. Le montant total des dépenses déductibles ne peut toutefois excéder 10 % de la part des 87 % de la taxe d'apprentissage susvisée (soit 8,7 % de la taxe), sur la base des dépenses réelles effectuées par l'entreprise au titre de l'année précédant leur déduction. À défaut de versement de la première fraction de la taxe ou en cas de versement insuffisant, l'employeur est tenu de procéder à un versement de régularisation auprès du Trésor.

• **La deuxième fraction** est destinée à des dépenses libératoires effectuées par l'employeur auprès de certains organismes. Les employeurs assujettis à la taxe d'apprentissage s'acquittent de cette fraction de la taxe sur la base d'une assiette constituée de la masse salariale de l'année précédant l'année au titre de laquelle la taxe est due. À défaut de versement de cette seconde fraction ou en cas de dépenses insuffisantes, l'employeur est tenu de procéder à un versement de régularisation auprès du Trésor.

3 Paiement de la taxe

Le redevable de la taxe d'apprentissage n'a pas à souscrire de déclaration spécifique, la déclaration des rémunérations se faisant au moyen de la déclaration sociale nominative (DSN).

La DSN doit être souscrite au cours du mois suivant la période d'emploi rémunérée :

- au plus tard le 5 du mois pour les employeurs d'au moins 50 salariés et dont la paie est versée au cours du même mois que la période de travail,
- au plus tard le 15 du mois dans les autres cas (employeurs de 50 salariés et plus en décalage de paie, employeurs de moins de 50 salariés).

L'assujettissement des entreprises est déclaré en DSN une fois par an, établissement par établissement.

Le versement de la taxe d'apprentissage pour la fraction principale diffère selon la fraction à régler :

- pour les employeurs de moins de 11 salariés, il n'y a aucun acompte à verser. À partir de 2023, l'employeur devra effectuer le paiement de la taxe d'apprentissage au titre des salaires versés en 2022, le 1er mars 2023 auprès de l'Urssaf ;
- pour les employeurs de 11 salariés et plus, l'employeur doit déclarer et payer chaque mois la part principale de la taxe au moment de la DSN (5 ou 15 du mois). Ce paiement doit être fait auprès de l'Urssaf à partir des salaires versés au titre de l'année 2022. Par conséquent, le premier paiement auprès de l'Urssaf est effectué lors des DSN du mois de février 2023 pour les salaires versés au titre de l'année 2023. À partir de la taxe due au titre de l'année 2022, le paiement du solde de la part principale devra également être effectué auprès de l'Urssaf.

B La cotisation supplémentaire à l'apprentissage (CSA)

1 Champ d'application

La CSA est due uniquement par les entreprises d'au moins 250 salariés, redevables de la taxe d'apprentissage, qui emploient moins de 5 % (par rapport à leur effectif annuel moyen) :

- *d'alternants,*
- de jeunes accomplissant un VIE (volontariat international en entreprise),
- et/ou de jeunes bénéficiant d'une CIFRE (convention industrielle de formation par la recherche).

2 Exonération

Cela concerne les entreprises ayant au moins 3 % d'alternants (contrat d'apprentissage et contrat de professionnalisation) dans leur effectif et qui ont augmenté d'au moins 10 % le nombre d'alternants par rapport à l'année précédente.

3 Base et calcul de la taxe

La CSA est basée sur la masse salariale de l'année précédente. Il s'agit du montant total des rémunérations soumises aux cotisations sociales et des avantages en nature versés par l'entreprise. Pour le calcul de la taxe, les rémunérations imposables sont arrondies à l'euro le plus proche.

Le taux de la CSA varie de 0,05 % à 0,6 % en fonction du pourcentage d'employés en contrat d'alternance par rapport à l'effectif global.

C La contribution à la formation professionnelle

1 Champ d'application

Tous les employeurs domiciliés en France sont assujettis à la contribution à la formation professionnelle. Cette contribution est obligatoire quel que soit le nombre de salariés employés par l'entreprise. Toutefois, les modalités d'imposition diffèrent suivant le nombre de salariés employés par l'entreprise.

L'État, les collectivités locales et leurs établissements administratifs sont exonérés de cet impôt.

2 Base et calcul de la taxe

La base est constituée par l'ensemble des salaires de l'année civile retenue pour le calcul des cotisations de sécurité sociale.

Le financement de la formation professionnelle est assuré par le versement d'une contribution unique à la charge des employeurs dont le taux varie selon que l'entreprise compte moins de 11 ou au moins 11 salariés.

L'effectif est calculé au 31 décembre en tenant compte du nombre mensuel moyen de salariés. Celui-ci est obtenu en divisant le total des moyennes mensuelles par douze.

a. Employeurs de moins de 11 salariés

Le taux légal est de 0,55 % des salaires de l'année civile en cours.

Ces contributions doivent être versées à un seul et même organisme paritaire collecteur agréé désigné par accord de branche ou groupement interprofessionnel.

b. Employeurs avec un effectif de 11 salariés et plus

Le taux légal est de 1 % des salaires de l'année civile en cours (1,3 % pour les entreprises de travail temporaire).

Les employeurs qui atteignent ou dépassent pour la première fois 10 salariés bénéficient d'un dispositif de réduction provisoire et dégressif du taux de leur participation.

3 Paiement de la taxe

Depuis le transfert des CFP auprès des URSSAF et des caisses de la mutualité sociale agricole, la collecte de cette contribution par ces deux organismes devient mensuelle à compter du 1er janvier 2023.

D La contribution dédiée au financement du compte personnel de formation

Cette contribution concerne les employeurs occupant des salariés sous contrat à durée déterminée.

Elle est égale à 1 % des rémunérations versées aux titulaires d'un tel contrat sur une base identique à celle des cotisations de sécurité sociale. Cette contribution est recouvrée par l'Urssaf et les caisses de la mutualité sociale agricole.

3 Investissement obligatoire dans la construction

Les employeurs disposant au minimum d'un effectif de cinquante salariés doivent chaque année participer au financement de la construction de logements.

Le calcul de l'effectif se fait au 31 décembre de l'année N en fonction du temps de travail. Il convient de préciser qu'avant le 1er janvier 2020, le seuil était fixé à 20 salariés.

A Champ d'application

Les employeurs établis ou domiciliés en France sont soumis à l'obligation d'investir, quels que soient la nature de l'activité, le régime d'imposition ou la forme juridique de l'exploitation dès lors qu'ils emploient au moins cinquante salariés.

Pour le calcul du nombre de salariés, il est fait application des règles retenues en matière de contribution à la formation professionnelle.

L'État, les collectivités locales et leurs établissements publics administratifs, ainsi que les employeurs agricoles sont exonérés de cette taxe.

B Base et calcul de la taxe

L'entreprise doit investir une fraction égale à 0,45 % des salaires payés au cours de l'exercice précédent en retenant une base de calcul identique à celle des cotisations sociales.

La période de référence à retenir pour le calcul de l'investissement est constituée dans tous les cas (quelle que soit la date de clôture de l'exercice comptable) par l'année civile.

L'assiette de la participation doit être mentionnée chaque année sur la déclaration des salaires.

Pour les établissements placés dans le champ de la déclaration sociale nominative (DSN), ces éléments sont fournis dans la DSN effectuée début février N+1 au titre de décembre N.

Les employeurs peuvent effectuer des versements à des organismes agréés ou réaliser des investissements directs sous les formes suivantes :

- prêts aux salariés ;
- versements à des organismes collecteurs ;
- construction de logements neufs ou améliorations de logements anciens.

Pour être libératoires, ces dépenses doivent répondre à certaines conditions (avoir le caractère de résidence principale pour les salariés bénéficiaires dont sont exclus les dirigeants, intervenir dans l'année qui suit la délivrance du certificat de conformité ou trois mois après la première occupation du logement...).

Les employeurs qui ont investi des sommes supérieures au montant de la participation exigible au titre d'une année peuvent reporter l'excédent sur les années suivantes sans limitation de durée.

C Paiement de la taxe

En cas d'insuffisance ou d'absence d'investissement, l'employeur est redevable d'une cotisation égale à 2 % du montant des salaires correspondant à l'insuffisance d'investissement. Dans ce cas, la cotisation due doit être versée au service des impôts des entreprises avant le 30 avril de chaque année, accompagné du bordereau de versement n° 2485.

Les différentes taxes	Redevable	Calcul de la taxe
La taxe sur les salaires	Ensemble des employeurs domiciliés en France non redevable de la TVA	**Base** : rémunérations brutes versées **Montant** : taux normal de 4,25 % plus des majorations de 4,25 % et 9,35 % selon les niveaux de salaires versés Pour les employeurs partiellement soumis à la TVA, application d'un pourcentage égal au rapport entre le CA non soumis à la TVA et le CA total HT
La taxe d'apprentissage	Ensemble des employeurs domiciliés en France	**Base** : rémunérations brutes versées **Montant** : taux de 0,68 %
La cotisation supplémentaire à l'apprentissage	Ensemble des employeurs ayant au moins 250 salariés, sous certaines conditions	**Base** : rémunérations brutes versées **Montant** : taux variant de 0,05 % à 0,6 % selon l'effectif de l'entreprise
La contribution à la formation professionnelle	Ensemble des employeurs domiciliés en France	**Base** : rémunérations brutes versées **Montant** : taux de 0,55 % des salaires pour les employeurs de moins de 10 salariés et de 1 % pour les employeurs de 11 salariés et plus.
L'investissement obligatoire dans la construction	Ensemble des employeurs ayant au moins 50 salariés	**Base** : rémunérations brutes versées **Montant** : taux de 0,45 % des salaires
La contribution dédiée au financement du compte personnel de formation	Ensemble des employeurs occupant des salariés sous contrat à durée déterminée	**Base** : rémunérations brutes versées **Montant** : taux de 1 % des salaires

Contrôle fiscal et contentieux

Partie 7

Le système fiscal français repose essentiellement sur le principe du système déclaratif.

C'est ainsi que les impôts payés par le contribuable, personne physique ou personne morale, sont généralement déterminés à partir des éléments figurant sur les déclarations déposées auprès de l'administration fiscale.

Le choix de cette organisation traduit les exigences de notre démocratie et trouve son fondement dans la Déclaration des droits de l'Homme et du Citoyen à laquelle se réfère le préambule de la Constitution :

Art. 6 : « La Loi est l'expression de la volonté générale. Tous les citoyens ont droit à concourir personnellement ou par leurs représentants, à sa formation... ».

Art. 13 : « Pour l'entretien de la force publique, et pour les dépenses d'administration, une contribution commune est indispensable : elle doit être également répartie entre tous les citoyens, en raison de leurs facultés ».

Art. 14 : « Tous les citoyens ont le droit de constater par eux-mêmes ou par leurs représentants la nécessité de la contribution publique, de la consentir librement, d'en suivre l'emploi et d'en déterminer la quotité, l'assiette, le recouvrement et la durée ».

En contrepartie, l'administration dispose du pouvoir de contrôler ces déclarations et tous les actes utilisés pour l'établissement de l'impôt afin de s'assurer de la sincérité et de l'exactitude des éléments déclarés.

Le contrôle fiscal, garant du civisme fiscal, a vocation à appréhender l'ensemble des manquements à la législation fiscale qu'ils soient commis de bonne foi ou de manière délibérée.

Il poursuit trois grandes finalités :

- une finalité dissuasive qui consolide l'adhésion de tous les contribuables au respect des obligations fiscales ;
- une finalité budgétaire qui vise à recouvrer avec rapidité et efficacité l'impôt éludé ;
- une finalité répressive qui sanctionne les comportements les plus frauduleux, sur le plan financier voire sur le plan pénal.

Le contrôle des particuliers repose principalement sur le contrôle sur pièces. Il implique une analyse critique et exhaustive des déclarations souscrites à l'aide de tous les renseignements se rapportant au contribuable, ainsi que, le cas échéant, d'informations complémentaires demandées au contribuable ou collectées auprès de tiers.
Le contrôle des professionnels s'appuie sur le contrôle sur pièces (selon des objectifs et des modalités identiques à ceux du contrôle des particuliers), mais également sur le contrôle fiscal externe qui constitue la forme la plus visible de contrôle.
Des règles de procédure stricte définissent les droits et obligations des contribuables et de l'administration dans la mise en œuvre du contrôle fiscal. Elles sont codifiées dans le Livre des procédures fiscales (LPF).

Le contrôle fiscal et le contentieux de l'impôt

Chapitre 29

COMPÉTENCES ET SAVOIRS ASSOCIÉS

- **L'administration fiscale est dotée, par la loi fiscale, du pouvoir de contrôler l'application qui est faite de la réglementation et de sanctionner, le cas échéant, les erreurs ou les irrégularités constatées.**
- **Ce chapitre présente les délai de reprise, les différentes formes de contrôle, les procédures applicables et les droits et garanties du contribuable et de l'administration.**
- **Il détaille les différentes sanctions applicables et les recours pouvant être exercés par le contribuable.**

PLAN DU CHAPITRE

SYNTHÈSE P. 529

APPLICATIONS P. 530

LES RÉFÉRENCES POUR COMPRENDRE LE CONTEXTE

Le droit de reprise de l'administration fiscale

Trois questions sur le délai de reprise de l'administration fiscale. Vidéo explicative sur la chaîne YouTube du Groupe Revue Fiduciaire

La charte des droits et obligations du contribuable vérifié – Année 2022

Charte sur le site de la Direction générale des Finances publiques

Le cumul des sanctions pénales et fiscales

Sans limite, le cumul d'une sanction fiscale et d'une peine de prison se heurte au droit de l'UE. Article en ligne sur le site des Éditions Francis Lefebvre

La garantie fiscale

Comprendre les dispositions fiscales sur le site du Bulletin Officiel des Finances Publiques – Impôts (direction générale des Finances publiques)

Le contrôle de l'impôt a pour objet de s'assurer par divers moyens légaux que les contribuables se sont acquittés de leurs obligations. L'administration fiscale est en droit, soit d'assujettir à l'impôt les redevables qui s'y sont soustraits, soit d'apporter aux éléments déclarés les rectifications exigées par application de la loi. Bien évidemment, le contrôle des déclarations permet également au service des impôts de rétablir l'imposition exacte de certains contribuables qui auraient été surtaxées par erreur et de prononcer le cas échéant des dégrèvements d'office.

Ces opérations de contrôle strictement réglementées doivent s'effectuer dans un certain délai.

1 Le délai de reprise

La faculté de réparer les omissions ou insuffisances commises dans l'établissement de l'impôt doit être exercée dans le délai légal de reprise ou de prescription, à l'expiration duquel l'administration ne peut plus établir d'imposition primitive ou supplémentaire.

Cette prescription du droit de reprise doit être distinguée de celle de l'action de recouvrement qui suit des règles spécifiques.

Le délai de reprise varie de un à dix ans selon la nature de l'impôt.

A Délai général

Ce délai, fixé aux articles L. 169, L. 176 et L. 180 est de trois ans. Il concerne l'impôt sur le revenu, l'impôt sur les sociétés et taxes assimilées ainsi que les taxes sur le chiffre d'affaires.

- Concrètement, **pour l'impôt sur le revenu et l'impôt sur les sociétés**, le délai de reprise de l'administration expire, en principe, à la fin de la troisième année suivant celle au titre de laquelle l'imposition est due.

  Ainsi, pour les revenus de l'année 2022 (déclarés en 2023), le délai de reprise expirera le 31 décembre 2026.
- **Pour la TVA**, ce délai s'exerce jusqu'à la fin de la troisième année suivant celle au cours de laquelle la taxe est devenue exigible.

  Il sera donc possible pour l'administration, jusqu'au 31 décembre 2023, d'exercer son droit de reprise à l'égard des opérations réalisées depuis le 1er janvier 2020 (exercice coïncidant avec l'année civile) ou depuis l'ouverture de l'exercice 2019-2020 (exercice arrêté en cours d'année).
- **Pour les droits d'enregistrement et l'impôt sur la fortune**, l'action en reprise de l'administration se prescrit le 31 décembre de la troisième année suivant celle au cours de laquelle l'exigibilité des droits a été suffisamment révélée par l'enregistrement d'un acte ou d'une déclaration ou par l'exécution de la formalité fusionnée et ce sans qu'il soit nécessaire de recourir à des recherches ultérieures.
- Le délai de trois ans s'applique aussi à la **contribution économique territoriale**.

B Délai réduit

En matière de taxes foncières, taxe d'habitation et taxes annexes établies sur les mêmes bases, le délai général de reprise expire le 31 décembre de l'année suivant celle au titre de laquelle l'impôt est établi.

Ainsi, les avis d'imposition à la taxe d'habitation et de taxe foncière de 2023 pourront faire l'objet d'une rectification jusqu'au 31 décembre 2024.

C Délais spéciaux

Certaines situations peuvent entraîner l'application d'un délai supérieur au délai général de trois ans dont les principales sont :

1 La découverte d'agissements frauduleux

Lorsque cette découverte entraîne le dépôt d'une plainte en vue de l'application de sanctions pénales, l'administration peut opérer des contrôles et procéder à des rectifications au titre des deux années excédant le délai ordinaire de trois ans.

Par exemple, si une vérification de comptabilité effectuée en matière d'impôt sur le revenu et portant sur les années 2020 à 2022 donne lieu à une proposition de rectification en juin 2023 et au dépôt d'une plainte en août 2023, le vérificateur peut, après cette date et jusqu'au 31 décembre 2023, procéder à une nouvelle vérification et proposer des rectifications pour les années 2018 et 2019.

2 L'existence d'une activité occulte

L'administration bénéficie, dans le cadre de l'examen de la situation d'un contribuable qui n'a déposé aucune déclaration fiscale pour l'activité en cause dans le délai légal, d'un délai de reprise jusqu'à la fin de la dixième année suivant celle au titre de laquelle l'imposition est due.

Cette disposition s'applique aussi lorsque l'administration a dressé un procès-verbal de flagrance fiscale.

3 La prescription sexennale

Le droit de reprise au regard des droits d'enregistrement et de l'impôt de solidarité sur la fortune, est soumis à la prescription sexennale lorsque l'administration découvre une situation ou un fait non révélé par une déclaration ou un acte.

Ainsi, pour un décès intervenu en 2023, en l'absence de déclaration de succession déposée par les héritiers et d'acte juridique mentionnant un transfert quelconque de propriété, les services de l'administration fiscale dispose d'un délai jusqu'au 31 décembre 2029 pour réclamer les droits dus sur cette mutation par décès.

4 Le recours à l'assistance administrative internationale

Dans certaines situations, l'administration peut avoir besoin de demander certains renseignements à une autorité étrangère dans le cadre de l'assistance administrative internationale.

Les omissions ou erreurs d'imposition révélées à l'issue de ces informations étrangères peuvent être réparées, même si le délai initial est expiré, jusqu'à la fin de l'année qui suit celle de la réception de la réponse et, au plus tard, jusqu'au 31 décembre de la troisième année suivant celle au titre de laquelle le délai initial est expiré.

D Interruption de la prescription

Certains événements, lorsqu'ils interviennent avant l'expiration du délai de reprise, permettent d'interrompre la prescription.

Il s'agit essentiellement de la proposition de rectification adressée au contribuable dès lors qu'elle répond aux conditions légales de validité.

L'interruption, limitée alors aux droits mentionnés dans ce document, a pour effet de faire courir à compter de l'acte interruptif une prescription nouvelle de même nature et de même durée.

Ainsi, dans le cadre d'un contrôle si l'administration adresse une proposition de rectification en octobre 2023 au titre de l'impôt sur les revenus de 2020, elle a la possibilité d'établir les impositions correspondantes jusqu'au 31 décembre 2026.

2 Les moyens de contrôle

Pour exercer son pouvoir de contrôle, l'administration dispose de plusieurs moyens qu'elle adapte en fonction des objectifs recherchés.

A Informations recueillies auprès du contribuable

Deux types de demande peuvent être adressés au contribuable.

1 La simple demande d'informations (article L. 10 du LPF)

L'administration a la faculté de demander aux contribuables (verbalement ou par écrit) des renseignements ou des justifications concernant les déclarations souscrites.

Cette demande de renseignements, envoyée en courrier simple, permet de questionner directement le contribuable sur tous les points relatifs aux déclarations souscrites ou actes déposés.

Elle ne revêt aucun caractère contraignant et le contribuable n'a pas l'obligation de répondre. Le défaut ou le refus de réponse n'est pas sanctionné.

2 La demande d'éclaircissements ou de justifications (article L. 16 du LPF)

Cette demande dont le champ d'application est expressément défini présente un caractère plus contraignant pour le contribuable.

Elle ne concerne que le seul **impôt sur le revenu** pour les demandes relatives :

- à la situation et charges de famille ;
- aux charges retranchées du revenu global ou ouvrant droit à une réduction d'impôt ;
- aux éléments servant à la détermination des revenus fonciers, gains de cession de valeurs mobilières et plus-values immobilières ;
- et s'il est établi que le contribuable peut avoir des revenus plus importants que le revenu déclaré, aux avoirs ou revenus d'avoirs à l'étranger.

Le contribuable dispose d'un délai de réponse de deux mois.

En cas de réponse insuffisante, une mise en demeure invitera le contribuable à préciser sa réponse dans un délai de 30 jours.

L'absence ou l'insuffisance de réponse pourra entraîner l'application de la procédure de taxation d'office.

B Informations recueillies auprès de tiers

L'administration possède déjà un certain nombre d'informations sur la situation du contribuable personne physique ou personne morale, à travers les différentes déclarations déposées.

Le salaire porté sur la déclaration d'impôt sur le revenu du contribuable peut ainsi être rapproché de celui figurant sur la déclaration annuelle des salaires souscrite par son employeur. C'est d'ailleurs ce qui a incité l'administration fiscale à mentionner cette information sur la déclaration à souscrire qu'elle adresse au contribuable afin de limiter au maximum les contrôles à exercer sur la sincérité des salaires à déclarer.

Précision. La loi de finances pour 2020 autorise, à titre expérimental, l'administration fiscale et l'administration des douanes à collecter et exploiter au moyen de traitements informatisés et automatisés les contenus librement accessibles publiés sur Internet par les utilisateurs de plateformes en ligne afin de détecter les comportements frauduleux.

En plus des données recueillies, l'administration a la possibilité de compléter les informations qu'elle possède déjà en exerçant son droit de communication auprès de tiers français ou en ayant recours à l'assistance administrative internationale.

L'expérimentation a débuté au mois de février 2021 et doit prendre fin au mois de février 2024.

1 Le droit de communication

Ce droit de communication est le droit reconnu à l'administration fiscale de prendre connaissance et, au besoin, copie de documents détenus par des tiers en vue de détecter les manquements éventuels aux obligations déclaratives ou de vérifier la sincérité des chiffres déclarés.

Il peut s'exercer auprès :

- des professionnels (entreprise commerciale, agricole, certaines professions non commerciales, banque et assurances) ;
- des tribunaux (autorité judiciaire et ministère public) ;
- des organismes de sécurité sociale ;
- des administrations publiques et assimilées.

Aucune formalité particulière n'est prévue pour l'exercice du droit de communication, l'administration pouvant se contenter de consulter les documents concernés ou d'en prendre photocopies.

L'administration n'a pas l'obligation d'informer le contribuable des démarches qu'elle effectue dans le cadre du droit de communication. Cependant, si elle se fonde sur les renseignements recueillis pour établir des impositions supplémentaires, elle doit l'informer de la teneur et de l'origine de ces renseignements.

En cas de refus de communiquer les documents soumis au droit de communication, l'amende s'élève à 10 000 €.

2 L'assistance administrative internationale

L'administration peut échanger des renseignements avec les pays ayant conclu avec la France une convention fiscale internationale prévoyant l'assistance mutuelle ainsi qu'avec l'ensemble des États membres de l'Union européenne.

Afin de renforcer les moyens de lutte contre la fraude et l'évasion fiscales à l'encontre des États ou territoires qui refusent les standards internationaux d'échange d'information, la législation française a introduit à compter du 1er janvier 2011 la notion **d'État ou territoire non coopératif** avec application de mesures fiscales différenciées, particulièrement pénalisantes, pour les opérateurs localisés ou réalisant des transactions dans ces États ou territoires.

C Investigations auprès du contribuable

Plusieurs dispositifs existent pour permettre à l'administration d'exercer son droit de contrôle.

1 Le droit d'enquête

Le droit d'enquête codifié aux articles L. 80 F à L. 80 J du LPF a pour objet la constatation des manquements ou de l'absence de manquement aux règles de facturation auxquelles sont soumis les assujettis à la TVA.

Il peut s'agir, par exemple, de facturations incomplètes ou erronées, de facturation de complaisance (fausse facture ou facture ne correspondant pas à des opérations réelles) ou même d'absence de facturation.

Avec ce droit, l'administration peut intervenir directement de manière inopinée dans les locaux professionnels d'un assujetti ou le convoquer dans les bureaux de l'administration.

Une même enquête peut donner lieu à une ou plusieurs interventions sur place. Les enquêteurs peuvent consulter les **factures**, la **comptabilité matières**, les **livres**, les **registres** ainsi que tous documents professionnels pouvant se rapporter à des opérations ayant donné lieu à facturation. Ces documents peuvent être photocopiés et conservés par l'administration.

Chaque audition donne lieu à l'établissement d'un compte rendu d'audition.

L'enquête se conclut par un procès-verbal. Celui-ci doit être rédigé au plus tard dans les 30 jours qui suivent la dernière intervention sur place ou la dernière convocation.

Ce document consigne les manquements constatés aux règles de la facturation ou l'absence de tels manquements.

Une copie est remise à l'intéressé, qui dispose d'un délai de trente jours pour faire valoir ses observations.

2 Le droit de visite et de saisie

Lorsque l'administration détient des éléments laissant supposer une présomption de fraude portant sur les impôts directs ou la TVA, elle peut utiliser la procédure de droit de visite et de saisie prévue à l'article L. 16 B du LPF.

L'engagement d'une telle procédure doit être autorisé par une ordonnance du juge des libertés et de la détention. La visite et la saisie de documents doit s'effectuer sous l'autorité et le contrôle du juge qui les a autorisées.

Le droit de visite et de saisie est particulièrement encadré.

La visite ne peut commencer avant 6 heures ni après 21 heures ; elle peut être effectuée en tous lieux où les pièces et documents se rapportant aux agissements frauduleux sont susceptibles de se trouver (locaux d'habitation et locaux professionnels), chez le contribuable ou chez des tiers (conseil ou comptable du contribuable).

La visite est effectuée par des agents de l'administration ayant au moins le grade d'inspecteur et habilités à cet effet par le directeur général des finances publiques. Ils doivent être obligatoirement accompagnés par un officier de police judiciaire désigné par le juge.

Lors de cette perquisition, l'administration peut saisir tous les documents de nature à apporter la preuve des agissements frauduleux dont la recherche a été autorisée par l'autorité judiciaire.

L'inventaire des pièces et documents saisis est annexé au procès-verbal à établir par l'administration fiscale pour relater les modalités et le déroulement de l'opération et consigner les constatations effectuées.

Ce document est signé par les agents des impôts, l'officier de police judiciaire et l'occupant des lieux ou à son représentant (en cas de refus de signer, mention en est faite au procès-verbal).

Sauf cas particuliers, les documents saisis sont restitués dans les six mois de la visite.

3 La procédure de flagrance fiscale

Cette procédure permet à l'administration de prendre, dans certains cas, des mesures conservatoires pour sécuriser le recouvrement de l'impôt.

Ce dispositif s'applique dans les cas suivants :

- exercice d'une activité occulte ;
- établissement ou comptabilisation de factures fictives ;
- utilisation de logiciels permissifs ;
- infraction à la législation sociale en matière de travail dissimulé ;
- absence répétée de souscription de la déclaration mensuelle de TVA.

Ces situations peuvent être mises en évidence lors d'un droit d'enquête ou du droit de visite et de saisie. Elles donnent lieu à l'établissement d'un procès-verbal de flagrance fiscale avec possibilité pour le comptable des finances publiques de procéder à des saisies conservatoires (sans accord préalable d'un juge) à hauteur d'un montant représentatif des impôts afférents à la période en cours.

Une amende spécifique est applicable en cas de mise en œuvre de la procédure de flagrance fiscale. Son montant varie de 5 000 € à 30 000 € selon l'importance des faits reprochés à l'entreprise.

4 Le droit de vérification

Ce droit s'exerce selon plusieurs procédures :

- **la vérification de comptabilité** à destination des professionnels dans le cadre de leurs activités pour s'assurer que les déclarations déposées sont bien conformes aux opérations réalisées ;
- **l'examen contradictoire de la situation fiscale personnelle (ESFP)** à destination des personnes physiques, afin de contrôler la cohérence et l'exactitude des revenus déclarés ainsi que le train de vie du contribuable.

L'**examen de comptabilité**, procédure applicable depuis le 1er janvier 2017 pour les professionnels qui tiennent leur comptabilité sous forme informatisée.

Ces procédures de contrôle sont étudiées ci-après.

3 La mise en œuvre des contrôles

Le contrôle fiscal commence généralement par l'examen des déclarations et documents souscrits par le contribuable dans le cadre de ces obligations déclaratives.

Ce contrôle sur dossier porte d'abord sur la présentation formelle des éléments figurant sur ces déclarations, puis sur le fond, c'est-à-dire la cohérence des informations mentionnées en les rapprochant notamment de celles déjà détenues par l'administration fiscale.

Lorsqu'elle le juge utile, l'administration peut engager une procédure de vérification afin d'approfondir le contrôle du contribuable concerné.

A Contrôle sur pièces

1 Le contrôle formel

Il consiste à identifier et rectifier les erreurs matérielles constatées dans les déclarations déposées par les contribuables sans qu'il soit nécessaire de procéder à des recherches extérieures aux déclarations.

Avec la dématérialisation des imprimés fiscaux, ces erreurs restent marginales.

Pour le contribuable n'ayant pas déposé de déclaration, l'administration lui adresse une mise en demeure afin de lui rappeler ses obligations et de l'informer sur les conséquences fiscales pouvant être appliquées pour défaut de déclaration.

2 Le contrôle sur le fond

Dans le cadre de ce contrôle, l'administration procède à l'examen critique des déclarations à l'aide des renseignements et autres documents figurant dans le dossier du contribuable.

Ce contrôle, qui concerne aussi bien les personnes physiques que les personnes morales, porte sur l'ensemble des déclarations professionnelles ou personnelles et sur tous les impôts.

C'est à cette occasion que l'administration peut adresser si elle le juge utile une demande d'information ou une demande d'éclaircissements ou de justifications.

Ce contrôle conduit soit :

- **au classement sans suite du dossier** dès lors qu'aucune erreur n'a été constatée ;
- **à la mise en évidence d'une erreur devant faire l'objet d'une rectification.** Dans ce cas, l'administration utilise une procédure de rectification pour réclamer un complément d'impôt ou procède à un dégrèvement en cas d'erreur en défaveur du contribuable ;
- **à une proposition de vérification** compte tenu des anomalies ou incohérences constatées.

B Vérification de comptabilité

1 Définition et organisation de la vérification

La vérification de comptabilité représente l'une des formes principales de mise en œuvre du contrôle fiscal pour les professionnels.

Conformément à l'article R. 13-1 du LPF, elle comporte :

1. La comparaison des déclarations souscrites par les contribuables avec les écritures comptables et avec les registres et documents de toute nature, notamment ceux dont la tenue est prévue par le code général des impôts et par le code de commerce ;
2. L'examen de la régularité, de la sincérité et du caractère probant de la comptabilité à l'aide éventuellement des renseignements recueillis à l'occasion de l'exercice du droit de communication, et de contrôles matériels.

Elle implique, au-delà du simple examen de la comptabilité, une confrontation des renseignements extracomptables avec les données comptables qui se trouvent à la base des déclarations souscrites.

La vérification de comptabilité se distingue :

- du contrôle sur pièce, qui n'entraîne pas d'opérations sur place
  et
- du droit de communication, qui n'a seulement pour objet de recueillir des informations auprès d'un contribuable afin de les confronter avec les déclarations ou la comptabilité d'un autre redevable.

En contrepartie de ce pouvoir de contrôle à travers la vérification de comptabilité, le contribuable vérifié bénéficie d'un certain nombre de droits et garanties durant la procédure de contrôle.

Le non-respect des garanties prévues par la loi entraîne, en principe, l'irrégularité de la procédure d'imposition.

2 Déroulement du contrôle

a. L'engagement du contrôle

L'administration doit prévenir le contribuable à l'avance de l'engagement d'une vérification de comptabilité.

Cette information s'effectue par l'envoi d'un « **avis de vérification** » qui doit comporter une série de mentions obligatoires destinées à rappeler au contribuable les droits et les garanties dont il bénéficie durant la procédure de contrôle.

Les impôts visés et la période vérifiée

L'administration peut exercer son contrôle sur l'ensemble des impôts relatifs à la période concernée par la prescription ou limiter son contrôle à un seul impôt, à une période ciblée ou à une déclaration particulière.

La faculté de se faire assister d'un conseil

Il s'agit d'une garantie essentielle. Ce n'est bien sûr qu'une faculté puisqu'aucun texte ne fait de la présence effective du conseil une condition nécessaire à la validité de la vérification.

Afin de permettre au contribuable de recourir à l'aide d'un conseil l'administration, il doit respecter un certain délai entre la date de réception de l'avis de vérification par le contribuable et la date de la première intervention du service vérificateur.

La désignation des voies de recours hiérarchiques

La personnalisation des voies de recours hiérarchiques répond au souci de permettre au contribuable de s'adresser aux supérieurs hiérarchiques de l'agent vérificateur.

C'est pourquoi, l'avis de vérification doit comporter le nom, le grade et l'adresse administrative :

- de l'Inspecteur principal ou de l'inspecteur divisionnaire dont relève le vérificateur ;
- de l'interlocuteur départemental (ayant au moins le grade d'Administrateur des Finances publique Adjoint) de la Direction du vérificateur.

La charte du contribuable vérifiée

Cette obligation est prévue à l'article L. 10 du LPF : « Avant l'engagement d'une des vérifications prévues aux articles L. 12 et L. 13 du LPF, l'Administration des impôts remet au contribuable la charte des droits et obligations du contribuable vérifié ; les dispositions contenues dans la Charte sont opposables à l'Administration ».

Il s'agit d'une brochure, jointe à l'avis de vérification, qui résume les principales règles s'appliquant aux vérifications et informe les intéressés de leurs obligations ainsi que des garanties que leur offre la loi.

Depuis le 1er janvier 2016, cette brochure n'est plus remise, mais elle est mentionnée sur l'avis de vérification comme étant consultable sur le site Internet de l'administration fiscale.

Le non-respect de cette obligation entraîne la nullité de la procédure d'imposition.

Le contrôle inopiné

Dans certains cas, l'envoi d'un avis annonçant l'arrivée du vérificateur peut enlever au contrôle une partie de son efficacité.

L'article L. 47 du LPF prévoit la possibilité pour l'administration d'intervenir inopinément sur place dans le but d'effectuer des constatations matérielles d'éléments physiques et de l'existence et de l'état des documents comptables. Toutefois, l'examen au fond de ces documents ne peut commencer qu'à l'issue d'un délai raisonnable permettant au contribuable de se faire assister d'un conseil.

Dans le cas d'un contrôle inopiné, le vérificateur est autorisé à prendre des copies de fichiers informatiques sur lesquelles, en cas de difficultés ultérieures et suivant une procédure spéciale, il pourra effectuer les opérations nécessaires au contrôle, y compris les traitements informatiques.

b. Le contrôle des comptabilités informatisées

Lorsque la compatibilité est tenue au moyen de systèmes informatisés, le contribuable doit présenter ses documents comptables en remettant à l'administration pour chaque exercice une copie du fichier des écritures comptables (dénommés FEC) sous forme dématérialisée, au début des opérations de contrôle.

Lorsque le contrôle nécessite la mise en œuvre de traitements informatiques, ces traitements sont effectués, au choix du contribuable, soit par les agents de l'administration sur le matériel de l'entreprise, soit par le contribuable lui-même à partir d'un cahier des charges remis par l'administration, soit au moyen de copies fournies par l'entreprise sur support informatique.

Les copies de fichiers remises au vérificateur doivent répondre aux normes fixées par les articles A 47 A, 1 et A 47 A, 2 du Livre des Procédures Fiscales. Elles doivent être détruites en totalité avant la mise en recouvrement ou après l'envoi de l'avis d'absence de rectification.

Depuis le 1er janvier 2018, les assujettis redevables de la TVA qui effectuent des opérations ne donnant pas lieu à facturation (essentiellement des ventes à des particuliers) et qui enregistrent ces opérations au moyen d'un logiciel ou d'un système de caisse ont l'obligation d'utiliser un logiciel ou un système sécurisé satisfaisant à des conditions d'inaltérabilité, de sécurisation, de conservation et d'archivage des données.

Ils doivent être en possession d'un certificat délivré par un organisme accrédité ou d'une attestation individuelle délivrée par l'éditeur.

En cas de manquement à cette obligation il est prévu une amende de 7 500 € par logiciel ou système de caisse concerné.

c. Les interventions sur place

Il est nécessaire de retenir les points suivants.

Lieu d'intervention

En principe, le contrôle s'effectue dans les locaux professionnels du contribuable ou au siège de l'entreprise.

Toutefois, à la demande du contribuable et avec l'accord du vérificateur, la vérification peut se dérouler entièrement au lieu où se trouvent les documents comptables (locaux du cabinet d'expertise comptable ou du conseil de l'entreprise).

Il est possible, sur demande expresse du contribuable, de réaliser ces opérations dans les locaux de l'administration. Dans ce cas, le vérificateur rédige un inventaire détaillé des pièces emportées qui devront en tout état de cause être restituées avant l'organisation d'une réunion de synthèse.

Nature des investigations

L'administration dispose d'un pouvoir d'investigation dans la comptabilité pour apprécier l'exactitude des résultats des opérations réalisées par l'entreprise et la valeur des justifications fournies. Pour cela, elle peut consulter les documents juridiques (statuts, registres des assemblées, rapport de gérance, rapport des commissaires aux comptes, contrats, actes notariés...), les documents comptables (livre journal, grand livre, livre d'inventaire, factures fournisseurs, factures clients...), ainsi que tous documents ayant un lien direct ou indirect pour la détermination du résultat fiscal du contribuable vérifié.

Les entreprises exerçant une activité de ventes dont le chiffre d'affaires excède 152,4 millions d'euros ou 76,2 millions d'euros pour les autres entreprises sont tenues de présenter au vérificateur leur comptabilité analytique si elles en tiennent une.

Lorsque la comptabilité est tenue au moyen de systèmes informatisés, le contribuable doit présenter ses documents comptables en remettant à l'administration dès le début du contrôle une copie des fichiers des écritures comptables sous forme dématérialisée.

Si le contrôle nécessite la mise en œuvre de traitements informatiques, ces traitements sont effectués, au choix du contribuable, soit sur le matériel de l'entreprise par les agents des impôts ou par le contribuable lui-même, soit au moyen de copies fournies par l'entreprise sur support informatique.

Nécessité d'instaurer un dialogue

Le contrôle doit s'effectuer dans le cadre d'un débat oral et contradictoire fondée sur la nécessité de maintenir en permanence un dialogue entre le contribuable et le vérificateur.

Ce droit à un débat oral et contradictoire constitue une garantie essentielle des droits de la défense.

Il se matérialise par des entretiens tout au long des interventions sur place et par l'organisation d'une réunion de synthèse, afin de présenter verbalement les constatations du service vérificateur et ce afin d'améliorer la qualité des relations entre l'administration et les contribuables et de prévenir les contentieux ultérieurs.

Durée du contrôle

En vertu de l'article L. 52 du LPF, la vérification sur place ne peut excéder une durée supérieure à trois mois pour les contribuables dont le chiffre d'affaires ou le montant annuel des recettes brutes ne dépasse pas la limite d'admission au régime simplifié d'imposition, à savoir :

- 840 000 € pour les entreprises industrielles ou commerciales dont l'activité principale est l'achat-revente de biens ou la fourniture de logements ;
- 254 000 € pour les autres entreprises industrielles ou commerciales (prestataires de services) ;
- 391 000 € pour les entreprises agricoles.

Le délai de 3 mois peut, dans le cadre d'une vérification de comptabilité informatisée, être suspendu jusqu'à la remise de la copie des fichiers des écritures comptables au vérificateur et éventuellement prolongé de la durée nécessaire à la préparation des traitements informatiques.

De plus ce délai peut être porté à six mois si l'administration remet en cause le caractère régulier ou le caractère probant et sincère de la comptabilité compte tenu des nombreuses irrégularités constatées.

d. La conclusion du contrôle

Si la vérification de comptabilité ne révèle aucune erreur ou anomalie, le service vérificateur adresse un **avis d'absence de rectification**.

Si des erreurs ont été commises en défaveur du contribuable, l'administration procède à une restitution d'impôt.

Enfin, si des omissions ou anomalies ont été constatées, l'administration les consigne sur un document appelé « **proposition de rectification** » en suivant généralement la procédure contradictoire.

e. Garantie du contribuable

Lorsque l'administration a effectué à une vérification de comptabilité, pour une période et un impôt déterminés, elle ne peut pas procéder à une nouvelle vérification pour la même période et le même impôt. En cas de violation de cette règle, la deuxième vérification serait irrégulière.

C L'examen de comptabilité

La loi du 29 décembre 2016 de finances rectificative a créé un nouveau type de contrôle fiscal, intitulé l'examen de comptabilité à partir des comptabilités informatisées des entreprises.

1 Champ d'application de ce contrôle

Cette nouvelle procédure permet à l'administration fiscale de contrôler à distance, depuis ses bureaux, la comptabilité d'un contribuable exerçant une activité professionnelle dès lors que sa comptabilité est tenue de manière informatisée.

2 Déroulement de l'examen de comptabilité

L'administration se doit d'informer le contribuable en lui adressant un avis « **d'examen de comptabilité** » en précisant la période concernée et la nature des impôts vérifiés.

Suite à la réception de cet avis le contribuable dispose de 15 jours pour remettre **les fichiers des écritures comptables**.

À partir de ces fichiers l'administration pourra effectuer des tris, des classements ainsi que tous calculs permettant de vérifier la **concordance** entre la copie de la comptabilité informatisée et les déclarations du contribuable. Elle pourra aussi interroger le contribuable sur la signification de certaines écritures et demander si besoin des justificatifs.

La durée de ce contrôle est limitée à 6 mois.

Au terme de ce contrôle l'administration procédera à des rectifications, si elle décèle des irrégularités dans les écritures comptables, ou adressera un avis d'absence de rectification.

D Examen de la situation personnelle

L'examen contradictoire de la situation fiscale des personnes physiques (en abrégé, ESFP) a pour but de vérifier la sincérité et l'exactitude de la déclaration d'ensemble des revenus.

Il est mis en œuvre, généralement à la suite d'un contrôle sur pièces ou en complément d'une vérification de comptabilité.

Il a pour objectif de vérifier la cohérence entre les revenus portés sur la déclaration d'impôt sur le revenu et les éléments tirés de la situation patrimoniale, de la situation de trésorerie et du train de vie des membres du foyer fiscal.

Il est nécessaire de retenir les points suivants.

1 Engagement du contrôle

Comme pour une vérification de comptabilité, l'administration doit informer le contribuable de l'engagement d'un ESFP avec l'envoi d'un avis de vérification qui reprend les mêmes garanties que celles évoquées précédemment.

2 Lieu d'intervention

Le contrôle se déroule généralement, dans les locaux de l'administration.

3 Durée du contrôle

Elle est limitée en principe à **une année** à compter de la date de réception de l'avis de vérification.

4 Nature des investigations

L'administration va confronter les éléments de la déclaration d'impôt sur le revenu du contribuable avec les autres informations dont elle dispose :

- les relevés d'identité bancaire qu'elle obtient dans le cadre du droit de communication ;
- les informations émanant des services de police (contribuables se livrant à des activités illicites ou occultes), de l'Urssaf (cotisations payées pour les gens de maison), de l'administration des douanes (bateaux de plaisance, mouvements des œuvres d'art et antiquités), etc. ;
- du patrimoine immobilier à partir des actes conservés au service des hypothèques ;
- des éléments connus du train de vie des membres du foyer fiscal.

Le service vérificateur peut être amené à établir une balance de trésorerie pour détecter d'éventuelles anomalies entre les encaissements et décaissements.

5 Garanties du contribuable

Afin de respecter l'existence d'un débat oral et contradictoire, des réunions sont organisées entre le vérificateur et le contribuable pour échanger sur les documents examinés.

L'administration est tenue au secret professionnel ; elle ne peut en aucun cas divulguer des informations personnelles recueillies au cours du contrôle.

Comme en matière de vérification de comptabilité, l'administration ne peut pas contrôler à nouveau une année déjà examinée dans le cadre d'un ESFP.

6 Conclusion du contrôle

L'administration doit informer le contribuable de la fin du contrôle, qui peut se solder soit par l'envoi d'un avis d'absence de redressement, soit par l'envoi d'une proposition de rectification selon la procédure contradictoire.

4 Les procédures de contrôle

A Procédure contradictoire

Cette procédure, appelée aussi « procédure de droit commun », s'applique chaque fois que le contribuable a respecté ses obligations déclaratives.

Elle concerne à la fois le contrôle sur pièces et la vérification de comptabilité.

1 La proposition de rectification

L'administration qui entend modifier le résultat fiscal du contribuable à l'issue du contrôle doit adresser en recommandé un courrier pour exposer les erreurs constatées. Ce document doit être motivé de manière à permettre à l'intéressé de formuler ses observations ou de faire connaître son acceptation.

Lorsque la rectification fait suite à une vérification de comptabilité, l'administration est tenue d'indiquer en plus des montants rectifiés en base, les droits et pénalités en résultant. La notification de la proposition de rectification ouvre un délai de réponse de trente jours qui peut sur demande du contribuable être prolongé d'un mois.

Ce document va aussi permettre à l'administration d'interrompre le délai de prescription examiné au premier paragraphe de ce chapitre.

2 Le droit de réponse du contribuable

Dans ce délai de réponse, le contribuable peut soit accepter la rectification proposée, soit présenter des observations pour contester en partie ou en totalité les rappels notifiés.

En cas d'accord, l'imposition supplémentaire est établie sur la base rectifiée. Le contribuable conserve cependant le droit de présenter une réclamation après la mise en recouvrement de l'imposition.

Si le contribuable émet des observations dans le délai légal, et si ses observations sont reconnues fondées, en tout ou partie, l'administration abandonne ou modifie son projet de rectification.

Enfin, si l'administration rejette les observations, elle doit en informer le contribuable par une réponse motivée.

Aucun délai n'est imposé à l'administration pour répondre aux observations du contribuable. Cependant, la loi impose à l'administration de répondre dans un délai de 60 jours à compter de la réception des observations lorsque la proposition de rectification fait suite à la vérification de comptabilité d'une entreprise dont le chiffre d'affaires est inférieur à 1 526 000 € s'il s'agit d'une entreprise industrielle ou commerciale, ou à 460 000 € en ce qui concerne les prestataires de services.

Le défaut de notification d'une réponse dans le délai de soixante jours équivaut à une acceptation des observations du contribuable.

Si l'administration entend retenir un fondement juridique autre que celui qu'elle a utilisé lors de la proposition de rectifications, elle doit obligatoirement adresser d'une nouvelle proposition de rectification accompagnée d'un nouveau délai de 30 ou 60 jours pour que le contribuable puisse formuler ses observations.

3 Le recours possible à la commission départementale des impôts

En cas de désaccord entre l'administration et le contribuable, il est possible de solliciter l'avis de la commission départementale des impôts directs et des taxes sur le chiffre d'affaires.

Cette commission peut être saisie par l'administration ou par le contribuable.

Elle est présidée par un magistrat du tribunal administratif et composée de représentants de l'administration et des contribuables.

Cette commission est uniquement compétente pour l'examen des litiges portant sur la détermination du résultat fiscal des entreprises et de la TVA dès lors que le désaccord concerne des questions de fait et non de droit (par exemple, appréciation du caractère normal d'une charge, caractère probant ou non d'une comptabilité).

Après délibération, cette commission départementale formule un avis qui sera communiqué aux deux parties. L'administration conserve le droit de maintenir les rectifications envisagées. De son côté, le contribuable garde la possibilité, même en cas d'avis défavorable, d'engager une procédure contentieuse à l'issue de la vérification.

Lorsque le litige porte sur une insuffisance relevée en matière de droits d'enregistrement, de taxe de publicité foncière ou d'impôt sur la fortune, c'est la commission de conciliation qui est compétente.

Composée d'un magistrat de l'ordre judiciaire, de représentants de l'administration, d'un notaire et de représentants des contribuables, elle fonctionne selon les mêmes modalités que la Commission départementale des impôts directs et taxes sur le chiffre d'affaires.

B Procédure d'imposition d'office

La loi reconnaît, dans certains cas, à l'administration le pouvoir d'établir « d'office » les impositions supplémentaires.

Les procédures d'office sont dérogatoires du droit commun et ne concernent que certains impôts limitativement énumérés. Il en existe deux :

- la taxation d'office : elle concerne le défaut de production ou la souscription tardive des déclarations servant directement à l'assiette ou au calcul de l'impôt ;
- l'évaluation d'office : elle concerne le défaut de production ou la souscription tardive des déclarations spéciales déposées au titre des revenus catégoriels qui servent à la détermination de l'impôt sur le revenu.

Ces procédures de rectification peuvent aussi être mises en œuvre dans les situations suivantes :

- non-respect de certaines obligations incombant aux micro-entreprises (non-déclaration des recettes ou insuffisance d'au moins 10 %) ;
- défaut de réponse aux demandes d'éclaircissements ou de justifications ;
- opposition au contrôle fiscal (impossibilité pour l'administration d'effectuer le contrôle ou de réaliser des traitements en présence d'une comptabilité informatisée) ;
- défaut de désignation d'un représentant en France par un non-résident (pour les personnes établies hors de l'Union européenne).

Lorsqu'elle fixe d'office les bases d'imposition, l'administration fait une évaluation aussi exacte que possible de ces bases, à l'aide des éléments d'appréciation dont elle dispose.

Cette procédure prive le contribuable de certaines garanties telles que la saisine de la commission départementale ou le renversement de la charge de la preuve en cas de contestations ultérieures.

De plus, les compléments d'impôts réclamés peuvent être assortis de pénalités spécifiques.

C Procédures spéciales

1 Procédure de régularisation spontanée (article L. 62 du LPF)

Les contribuables qui font l'objet d'un contrôle sur pièces, d'un examen de comptabilité ou d'une vérification de comptabilité peuvent, en cours de contrôle, demander la régularisation des erreurs, inexactitudes ou omissions qui portent sur les déclarations ou les impôts vérifiés.

Cette procédure s'applique si le contribuable en fait expressément la demande avant la fin du contrôle et sa bonne foi n'est pas remise en cause par l'administration.

Cette procédure permet au contribuable de bénéficier d'une réfaction de 30 % des intérêts de retard dus sur les droits à payer.

2 Procédure d'abus de droit

Avec cette procédure, l'administration cherche à écarter les **actes dissimulant la portée véritable d'un contrat ou d'une convention** sous l'apparence de fausses stipulations n'ayant comme seul objectif d'éluder ou d'atténuer les charges fiscales qui incombent normalement au contribuable.

Cette procédure de remise en cause de la sincérité des actes est très rarement utilisée par l'administration fiscale.

Elle est sanctionnée par l'application de l'intérêt de retard et d'une majoration variant de 40 à 80 % selon la gravité des faits constatés.

D Garanties des contribuables

En plus des garanties déjà évoquées dans le cadre de la vérification de comptabilité, de l'examen de la comptabilité et de l'examen de la situation fiscale personnelle du contribuable, il existe d'autres garanties qui protègent le contribuable.

1 Le rescrit fiscal ou la garantie contre les changements de doctrine

a. L'interprétation administrative des textes de loi

Afin d'éclairer certains textes de loi, l'administration publie des instructions ou circulaires ministérielles qui constituent ce que l'on appelle **la « doctrine administrative »**.

Conformément aux dispositions de l'article L. 80 A du LPF, l'administration ne peut pas procéder à des rectifications d'impositions qui seraient en contradiction avec la doctrine administrative en vigueur au moment où le contribuable en fait application.

Si l'administration souhaite modifier l'interprétation qu'elle avait précédemment donnée à certains dispositifs fiscaux, elle doit rectifier sa doctrine avant de pouvoir l'opposer au contribuable.

b. L'appréciation des situations de fait

Dans le cadre d'un contrôle ou d'une question posée, l'administration peut être amenée à formuler par écrit une prise de position sur la situation de fait du contribuable au regard d'un texte fiscal.

Cette réponse lui est opposable en application de l'article L. 80 B. De fait, l'administration ne peut modifier sa position que pour l'avenir et après en avoir avisé le contribuable.

De plus, l'absence de réponse dans le délai de 3 mois de la part de l'administration à une demande faite par un contribuable sur la nature ou la qualification fiscale d'une opération peut, en application des articles L. 80 B et L. 80 C, être considéré comme un accord tacite.

c. La garantie fiscale en cas de contrôle

La loi de finances pour 2019 a renforcé la sécurité juridique des entreprises faisant l'objet d'une vérification de comptabilité.

Pour les contrôles engagés à compter du 1er janvier 2019 tout point examiné par l'administration fiscale lors d'un contrôle qui ne donne pas lieu à une rectification pourra, sous certaines conditions, être opposé à l'administration lors d'un contrôle ultérieur.

2 Déduction en cascade

En cas de vérification simultanée des taxes sur le chiffre d'affaires et de l'impôt sur le revenu ou l'impôt sur les sociétés, le système de la déduction en cascade permet à un contribuable d'obtenir que les suppléments de droits soient admis en déduction des rectifications opérées aux bases d'autres impôts également vérifiés.

L'imputation s'effectue dans l'ordre où les droits rappelés auraient dû normalement influencer ces bases si les déclarations fiscales avaient été correctement souscrites.

Ce système comporte deux dispositifs.

a. La cascade simple

La cascade simple permet de déduire les rappels de TVA notifiés au contribuable vérifié des bases d'impôt sur le revenu ou d'impôt sur les sociétés des exercices au cours desquels les infractions de TVA ont été commises.

Ce mécanisme s'applique de droit, mais l'entreprise peut toujours y renoncer.

Exemple

La société FLOUTE, soumise à l'impôt sur les sociétés a réalisé au cours des trois derniers exercices les résultats suivants :
2019 : bénéfice imposable 60 000 €
2020 : bénéfice imposable 54 000 €
2021 : bénéfice imposable 34 000 €
En 2022, cette société fait l'objet d'une vérification de comptabilité qui se traduit par des rectifications en matière d'impôt sur les sociétés et de TVA dont les montants rectifiés et acceptés par le contribuable sont indiqués dans le tableau ci-après :

Exercice	Impôt sur les sociétés Rectification en base	TVA Montant des rappels
2020	24 000 €	4 000 €
2021	14 000 €	3 000 €
2022	18 000 €	8 000 €

Les droits relatifs à ces rectifications et rappels sont mis en recouvrement en 2023.
Si la société ne bénéficie pas de la cascade, elle devra acquitter en 2023 la totalité des droits relatifs à l'impôt sur les sociétés d'une part, et les rappels de TVA d'autre part. C'est au titre de cette même année qu'elle comptabilisera en charge comptable et fiscale la TVA payée de 15 000 €.

>>>

>>> L'application de la cascade aboutit à rattacher les reprises de TVA à l'année au titre de laquelle le rappel est intervenu. Cela se traduit par une diminution des bases rectifiées en matière d'impôt sur les sociétés du montant de la TVA réclamé, soit :

Année	Bases initiales IS	Rectification en base (IS)	Rappel TVA	Bases IS sans cascade	Bases IS avec cascade
2020	60 000 €	24 000 €	4 000 €	84 000 €	80 000 €
2021	54 000 €	14 000 €	3 000 €	68 000 €	65 000 €
2022	34 000 €	18 000 €	8 000 €	52 000 €	44 000 €

Si la société bénéficie de la cascade, les rappels de TVA qui seront acquittés en 2023 et qui constitueront des charges comptables devront être réintégrés pour la détermination du résultat fiscal dès lors qu'ils ont été pris en compte au titre des années précédentes.
Dans certains cas, du fait de la comptabilisation hors taxes et de l'application automatique de la cascade, la TVA éludée peut constituer pour l'entreprise un profit sur le Trésor que l'administration réintègre au préalable dans les résultats déclarés pour la détermination des bénéfices imposables.

b. La cascade complète

La cascade complète est relative aux distributions. Elle permet, pour l'assiette de l'impôt sur le revenu, de diminuer les revenus distribués par une société soumise à l'impôt sur les sociétés du montant de cet impôt et de la TVA afférents à cette distribution.

Exemple

Mme Duverdie est gérante de la SARL CHAMPACOLAT soumise à l'impôt sur les sociétés. Elle dispose gratuitement d'un des véhicules de la société pour l'ensemble de ses déplacements professionnels et personnels. Pour les besoins de l'exemple, nous considérerons qu'elle acquitte son impôt sur le revenu au taux de 40 % et que le taux de l'IS est 15 %.
Le contrôle fiscal de la société a conduit l'administration à considérer comme bénéfice distribué à hauteur de 3 000 € l'avantage lié à utilisation à titre privatif du véhicule.
Cette analyse entraîne :
Pour la société CHAMPACOLAT, un complément d'impôt de 3 000 × 15 % soit 450 €.
Pour Mme Duverdie, un rappel d'impôt sur le revenu de 3 000 × 40 % = 1 200 €, soit une charge totale de 450 + 1 200 = **1 650** €.
Avec application de la cascade complète, Mme Duverdie reverse à la société le montant du rappel d'IS, soit 450 €.
De ce fait, elle aura reçu un montant net de : 3 000 – 450 = 2 550 et acquittera un impôt de 2 550 × 40 % = 1 020 €.
Avec application de ce dispositif, la charge totale s'élève à : 450 + 1 020 = **1 470** € (au lieu de 1 650 €).

3 Contrôle sur demande des PME

Cette disposition permet aux entreprises qualifiées de « PME » de demander à l'administration d'effectuer un contrôle fiscal.

Ce contrôle est limité à certains points précisés par le contribuable dans la demande.

L'administration n'est pas tenue de répondre favorablement à la demande de contrôle, mais si elle y donne suite, elle doit informer le contribuable des résultats du contrôle sur chacun des points visés par le contribuable.

Si certaines erreurs ou omissions sont relevées, le contribuable sera invité à procéder à une régularisation de sa situation avec application d'un intérêt de retard à taux réduit.

5 Les sanctions fiscales

Les sanctions applicables en matière fiscale se sont deux ordres :

- les sanctions proprement fiscales qui se traduisent par des pénalités financières appliquées par l'administration, en vertu de la loi et sous le contrôle des tribunaux ;

- les sanctions pénales qui se matérialisent par des peines correctionnelles prononcées par les tribunaux de l'ordre judiciaire pour les infractions les plus graves.

A Pénalités fiscales

Le terme « pénalité » revêt un caractère générique et correspond à l'ensemble constitué par les majorations, les amendes et l'intérêt de retard que l'administration peut appliquer.

1 L'intérêt de retard

L'intérêt de retard n'est pas une sanction au sens strict du terme. Il est destiné à compenser le préjudice financier subi par le Trésor du fait de l'encaissement tardif d'une créance.

Il est applicable quels que soient les impôts ou taxes concernés (impôts directs, TVA, droits d'enregistrement), la nature de l'infraction (retard de paiement, défaut ou retard de déclaration) et les modalités de correction de cette infraction (réparation spontanée, recouvrement forcé, proposition de rectification).

Il se calcule toujours sur le montant des droits dus. Son taux est de **0,20 % par mois**.

L'intérêt de retard se rajoute aux majorations et amendes qui pourraient être réclamées sur le montant des droits éludés par le contribuable.

Il se calcule à compter du premier jour du mois suivant celui au cours duquel l'impôt aurait dû être acquitté, jusqu'au dernier jour du mois de la souscription de la déclaration ou de la proposition de rectification.

Il n'est cependant pas réclamé dans les cas suivants.

a. La mention expresse

Si le contribuable précise, sur la déclaration ou une note annexe, les motifs de droit ou de fait pour lesquels il ne mentionne pas certains éléments d'imposition ou donne à ces éléments une qualification qui entraîne une taxation atténuée, l'administration qui rétablit à bon droit l'imposition dans le cadre d'une proposition de rectification ne peut pas assortir les rappels d'impôt de l'intérêt de retard.

b. La tolérance légale

Sauf en cas de majoration pour manquement délibéré, aucun intérêt de retard n'est applicable lorsque les insuffisances des chiffres déclarés n'excèdent pas après rectification :

- un dixième de la base d'imposition en matière de droits d'enregistrement, taxe de publicité foncière ;
- un vingtième de la base d'imposition en matière d'impôt sur le revenu et d'impôt sur les sociétés.

2 Majorations

Elles varient selon la nature et la gravité des manquements relevés.

a. Absence de déclaration ou dépôt tardif

Le défaut ou le retard dans la souscription des déclarations de toute nature ou dans la présentation d'un acte à la formalité est sanctionné comme suit :

- taux de 10 % en l'absence de mise en demeure ou lorsque le document a été déposé dans les trente jours suivant la réception d'une mise en demeure ;
- taux de 40 % lorsque le document n'a pas été déposé dans les trente jours suivant la réception d'une mise en demeure ;
- taux de 80 % en cas d'exercice d'une activité occulte.

Ces pénalités sont majorées du montant de l'intérêt de retard.

b. Insuffisance de déclaration

Il s'agit des insuffisances de déclaration relatives à la détermination de l'assiette ou à la liquidation de l'impôt ainsi que l'obtention indue du versement d'une créance fiscale (crédits d'impôt, créance née du report en arrière d'un déficit, remboursement de crédits de TVA...).

Pour le contribuable de bonne foi, seuls les intérêts de retard sont appliqués.

Les infractions relevées, dès lors qu'elles peuvent être qualifiées par l'administration comme relevant de **manquement délibéré**, sont passibles d'une **majoration de 40 %** en plus des intérêts de retard.

Cette majoration est portée à 80 % en cas de manœuvres frauduleuses ou de dissimulation de prix dans un acte.

La **charge de la preuve** pour l'application des majorations de 40 ou 80 %, incombe à l'administration.

Pour justifier un manquement délibéré, il lui appartient de réunir tous éléments d'information ou d'appréciation utiles en vue d'établir que le contribuable ne pouvait pas ignorer les insuffisances, inexactitudes ou omissions qui lui sont reprochées et que l'infraction a donc été commise sciemment.

Pour l'application des sanctions pour manœuvres frauduleuses, l'administration doit, en plus du caractère intentionnel des infractions commises, démontrer l'existence ou la mise en œuvre de procédés destinés à masquer l'existence de l'infraction ou à la présenter sous la forme d'une opération parfaitement régulière.

La décision d'appliquer les sanctions pour manquement délibéré ou manœuvres frauduleuses ne peut être prise que par un agent ayant au moins le grade d'inspecteur divisionnaire.

c. Défaut ou retard de paiement

Le défaut de paiement ou le paiement tardif des impôts est sanctionné par des majorations qui varient selon l'impôt.

Elles s'élèvent à 10 % pour l'impôt sur le revenu et les impôts directs locaux. Elle s'applique aux sommes qui n'ont pas été acquittées dans les 45 jours suivant la date de mise en recouvrement de l'imposition.

Dans ce cas, l'intérêt de retard ne s'applique pas dès lors que la majoration de 10 % est applicable.

Pour les autres impôts (TVA, impôt sur les sociétés, droits d'enregistrement, taxe sur les salaires, taxe d'apprentissage...), le retard ou défaut de paiement entraîne l'application de l'intérêt de retard et d'une majoration de 5 % du montant des sommes dont le paiement a été différé.

d. Autres infractions

Infractions aux règles de facturation

En principe, les professionnels qui ne respectent pas l'obligation de délivrance d'une facture sont redevables d'une amende fiscale égale à 50 % du montant de la transaction. Si l'opération a été effectivement comptabilisée, cette amende est réduite à 5 %.

Les factures de complaisance ou fictives sont passibles d'une amende fiscale égale à 50 % des sommes versées ou reçues au titre des opérations concernées.

Les omissions ou inexactitudes dans les factures sont, elles aussi, passibles d'une amende de 15 € par renseignement omis sans pouvoir dépasser le quart du montant qui y est mentionné.

Non-respect des obligations de déclaration ou paiement par voie électronique

Les contribuables qui ne se soumettent pas à l'obligation de souscrire par voie électronique une déclaration ou qui s'abstiennent de respecter l'obligation de payer un impôt par virement, télérèglement ou prélèvement sont passibles d'une majoration de 0,2 % du montant des droits correspondant aux déclarations déposées ou des droits payées selon un autre procédé avec un minimum de 60 €.

Non-respect des obligations liées à l'utilisation d'outils informatiques

Le défaut de présentation du fichier des écritures comptables (FEC), ou son absence de conformité au regard des normes édictées par le Livre des Procédures Fiscales, entraîne l'application d'une amende égale à 5 000 € ou, en cas de rectification et si le montant est plus élevé, à 10 % des droits mis à la charge du contribuable.

L'amende n'est applicable qu'une seule fois par contrôle, quel que soit le nombre d'exercices contrôlés.

Dès lors, pour déterminer son montant, il convient de prendre en compte la somme des rappels sur la période en infraction :

- si le montant des droits rappelés sur la période en cause est supérieur à 50 000 €, l'amende est égale à 10 % de ces droits ;
- si le montant des droits rappelés sur la période est nul ou inférieur à 50 000 €, l'amende est égale à 5 000 €.

De la même façon une amende égale à 5 000 € ou, en cas de rectification et si le montant en est plus élevé, d'une majoration de 10 % des droits mis à la charge du contribuable est applicable si l'administration ne peut pas mettre en œuvre des investigations informatiques prévues au II de l'article L. 47 A du Livre des procédures fiscales.

Enfin depuis le 1er janvier 2018 les assujettis redevables de la TVA qui enregistrent les règlements de leurs clients au moyen d'un logiciel de comptabilité ou de gestion ou d'un système de caisse, ont l'obligation d'utiliser un logiciel satisfaisant à des conditions d'inaltérabilité, de sécurisation, de conservation et d'archivage des données en vue du contrôle de l'administration fiscale.

À défaut de pouvoir justifier que le logiciel ou le système de caisse respecte les conditions prévues par la loi, en produisant un certificat ou d'une attestation individuelle, le contribuable est passible d'une amende égale à 7 500 €.

Délivrance irrégulière de documents ouvrant droit à avantage fiscal

Les personnes qui délivrent sciemment des documents (certificats, reçus, états, factures ou attestations, etc.), permettant à un contribuable d'obtenir indûment une déduction du revenu ou du bénéfice imposables, un crédit d'impôt ou une réduction d'impôt, est sanctionné par l'application d'une amende fiscale.

Celle-ci est égale au taux de la réduction ou du crédit d'impôt en cause par rapport aux sommes indûment mentionnées sur les documents délivrés au contribuable. Lorsque ces derniers ne mentionnent aucune somme ou lorsqu'ils portent sur une déduction du revenu ou du bénéfice, l'amende est égale au montant de l'avantage fiscal obtenu à tort.

Commercialisation de logiciels ou de systèmes de caisse frauduleux

Les entreprises qui conçoivent ou éditent des systèmes de caisse informatisés sont passibles d'une amende lorsque l'administration peut démontrer que les logiciels mis à disposition des utilisateurs permettent de supprimer ou d'altérer des enregistrements au moyen d'un dispositif électronique, sans préserver les données originales.

L'amende est égale à 15 % du chiffre d'affaires hors taxe provenant de la commercialisation des logiciels ou systèmes de caisse concernés ou des prestations réalisées.

Conseils se rendant complices de graves manquements fiscaux

Les professionnels du droit et du chiffre (avocats fiscalistes, conseils juridiques, experts-comptables, notaires, etc.) qui proposent à leurs clients des montages frauduleux peuvent être sanctionnés d'une amende fiscale.

Cela concerne les prestations qui ont directement permis au contribuable de se rendre coupable d'agissements pour lesquels une majoration égale à 80 % des droits éludés a été prononcée (activité occulte, manœuvres frauduleuses, dissimulation de prix, etc.).

L'amende est égale à 50 % des revenus perçus en contrepartie de la prestation fournie, avec un minimum de 10 000 €.

Opposition à contrôle fiscal

Si le contrôle ne peut être effectué du fait du contribuable ou d'autres personnes, les bases d'imposition sont évaluées d'office. Les droits rappelés sont alors assortis de l'intérêt de retard et d'une majoration de 100 %.

Non déclaration des avoirs à l'étranger

Les personnes physiques, tout comme les associations et les sociétés n'ayant pas la forme commerciale, domiciliées en France sont tenues de déclarer les références des comptes ouverts, utilisés ou clos à l'étranger, tel que défini par l'alinéa de l'article 1649 A du CGI.

Une obligation déclarative concerne également les contrats d'assurance-vie souscrits auprès d'assureurs établis hors de France.

Le défaut de production de ces déclarations entraîne l'application d'une amende de 1 500 € ou 10 000 € si le compte est détenu dans un État ou territoire qui n'a pas conclu avec la France une convention d'assistance administrative permettant l'accès aux renseignements bancaires, éventuellement indexée en fonction du solde créditeur du compte.

Depuis le 1er janvier 2017 une majoration de 80 % s'applique aux rappels d'impôts résultant du défaut de déclaration de comptes et contrats détenus à l'étranger. À l'exclusion de toute autre majoration ou amende forfaitaire.

Dans le cas où aucune déclaration n'a été faite au moins une fois au cours des dix dernières années, l'administration fiscale peut demander au contribuable de fournir, dans un délai de 60 jours, toute information ou justification sur l'origine et les modalités d'acquisition des avoirs figurant sur le compte ou le contrat d'assurance-vie.

L'administration peut demander des compléments d'informations par une mise en demeure autorisant un délai de 30 jours.

Sans réponse (ou à défaut de réponse suffisante), les avoirs figurant sur un compte ou un contrat d'assurance-vie étranger sont soumis aux droits de mutation à titre gratuit au taux de 60 %.

B Sanctions pénales

Les sanctions pénales ont pour objet de réprimer le délit de fraude fiscale. Une personne est coupable du délit de fraude fiscale lorsqu'elle se soustrait frauduleusement à l'impôt et ce quel que soit le procédé. Il peut s'agir de la dissimulation de sommes soumises à l'impôt, de l'organisation d'insolvabilité ou d'autres manœuvres faisant obstacle au recouvrement de l'impôt, d'irrégularités comptables graves et répétées.

Le caractère intentionnel et frauduleux de l'infraction doit être démontré par les parties poursuivantes.

Concrètement, l'administration porte plainte devant le tribunal correctionnel en charge du dossier après avoir recueilli un avis favorable de la commission des infractions fiscales.

Les sanctions pénales, indépendamment des sanctions fiscales, se matérialisent par une amende pouvant atteindre 3 000 000 € et d'une peine d'emprisonnement de cinq à sept ans selon la gravité des faits.

6 Les recours du contribuable

Le contribuable dispose toujours d'un recours contentieux pour contester le bien-fondé d'une imposition, demander le remboursement d'un impôt payé en trop, ou réclamer le bénéfice d'une mesure à laquelle il estime y avoir droit.

Le contribuable peut aussi solliciter, pour des raisons particulières, une remise ou modération d'une imposition dont il ne conteste pas le bien-fondé.

Enfin, il peut engager avec l'administration une transaction pour établir un accord à partir de concessions réciproques pour solder le litige en cours.

A Recours contentieux

Tout contribuable peut demander, par la voie contentieuse, une décharge totale ou partielle des droits mis à sa charge s'il estime avoir été injustement taxé au regard des textes de loi applicables.

Le droit fiscal prévoit, avant de pouvoir porter la contestation devant un juge de l'impôt, une procédure préalable auprès de l'administration fiscale : c'est la phase administrative préalable.

Une réclamation doit être normalement formulée par écrit et envoyée au service des impôts du lieu d'imposition du contribuable. Elle doit être adressée avant le 31 décembre de la seconde année suivant la mise en recouvrement de l'impôt ou de la troisième année suivant celle de la notification de la proposition de rectification.

L'administration dispose alors d'un délai de six mois pour instruire cette réclamation et communiquer au contribuable sa décision. Celle-ci doit être motivée dès qu'il s'agit d'un rejet partiel ou total de la demande du contribuable.

En cas de désaccord persistant, le contentieux peut entrer dans une phase juridictionnelle. Pour les impôts directs et taxes sur le chiffre d'affaires, la première instance se déroule devant le tribunal administratif (TA). Un recours est possible auprès de la cour administrative d'appel (CAA). Enfin, le Conseil d'État (CE) intervient en dernier recours si nécessaire. Pour les droits d'enregistrement c'est le tribunal de grande instance (TGI) qui statue dans un premier temps, avec recours possible auprès de la Cour d'Appel avant d'adresser un pourvoi de Cassation.

B Recours gracieux

Dans le cadre de cette démarche, le contribuable qui ne conteste pas le bien-fondé d'une imposition, souhaite obtenir de la part de l'administration une approche bienveillante de sa situation, afin d'obtenir une modération partielle ou totale des impositions qui lui sont réclamées.

Les demandes gracieuses ne sont soumises à aucun formalisme ni délai. Elles peuvent concerner les impôts directs ou indirects, mais aussi les pénalités dont le contribuable est redevable.

De son côté, l'administration n'est tenue à aucun délai pour instruire la demande et n'a pas à fournir d'explication sur la décision qu'elle prend.

C Transaction

La transaction est une convention entre le contribuable et l'administration qui consiste bien souvent à clore une procédure de contrôle. Elle intervient généralement lorsque les pénalités et, le cas échéant, les impositions principales ne sont pas définitives, c'est-à-dire lorsque le contribuable dispose encore du moyen de les contester suivant la procédure contentieuse.

La transaction négociée entre les deux parties a pour objectif de réduire et d'arrêter définitivement le montant des impositions et pénalités dû par le contribuable qui, de son côté, s'engage à s'acquitter de sa dette et renonce à mener une procédure contentieuse.

D Dégrèvements et restitutions d'office

En dehors de toute démarche de la part du contribuable, l'administration, de sa propre initiative, a la possibilité de rectifier par voie de dégrèvement d'office les erreurs commises au préjudice des contribuables. Généralement, elle limite cette possibilité dans un délai qui expire le 31 décembre de la quatrième année qui suit celle au cours de laquelle le délai légal de réclamation a pris fin.

Les différents moyens de contrôle	
Informations recueillies auprès du contribuable	- la demande d'information ; - la demande d'éclaircissements ou de justification.
Informations recueillies auprès de tiers	Exercice du droit de communication auprès de tiers français (entreprises, banques, administrations publiques) ou auprès des autorités fiscales étrangères
Investigations auprès du contribuable	- le droit d'enquête ; - le droit de visite et de saisie ; - la procédure de flagrance fiscale ; - le droit de vérification avec la vérification de comptabilité, l'examen de comptabilité et l'examen contradictoire de la situation fiscale personnelle.

Les procédures de contrôle	
Procédure contradictoire	Procédure de droit commun qui s'applique chaque fois que le contribuable a respecté ses obligations déclaratives.
Procédure d'imposition d'office	Procédure de taxation d'office ou d'évaluation d'office pour défaut de production ou souscription tardive des déclarations.
Procédures spéciales	- Procédure de régularisation spontanée en cas de demande spontanée par le contribuable d'une erreur commise. - Procédure d'abus de droit en cas d'actes dissimulant la portée véritable d'un contrat ou d'une convention.
Les sanctions et recours possibles	
Les sanctions fiscales	Application d'un intérêt de retard de 0,20 % par mois de retard Majorations possibles en fonction de l'infraction commise : - de 10 ou 40 % pour défaut ou retard de souscription de déclaration ; - de 40 % en cas de manquement délibéré ; - de 80 % pour exercice d'une activité occulte ou en cas de manœuvres frauduleuses ; - de 100 % pour opposition à contrôle fiscal.
Les recours	- Recours contentieux en cas de contestation des droits mis à la charge du contribuable - Recours gracieux pour demander une modération partielle ou totale des impositions sans les contester - Élaboration d'une transaction pour clore la procédure de contrôle.

Applications

QCM 29.01

1. **Une entreprise soumise de plein droit à l'impôt sur les sociétés dont l'exercice comptable va du 1er avril au 31 mars pourra faire l'objet d'un contrôle sur son exercice clos en 2020 jusqu'au 31 décembre 2023.**

A. ☐ Vrai
B. ☐ Faux

2. **L'administration peut mettre en recouvrement en 2023 une imposition complémentaire relative à l'impôt sur le revenu de 2019 dès lors qu'elle a adressé au contribuable concerné une proposition de rectification au cours de l'année 2022 sur les motifs de droit et de fait conduisant au rappel d'impôt.**

A. ☐ Vrai
B. ☐ Faux

3. **Le contribuable n'a pas l'obligation de répondre à d'une demande d'information adressée par l'administration fiscale sur sa situation au regard des impôts dont il est redevable.**

A. ☐ Vrai
B. ☐ Faux

4. **L'administration est habilitée dans le cadre du droit de communication à recueillir auprès de toutes personnes, personnes physiques comme personnes morales, des éléments pouvant lui servir à mettre en évidence les manquements de certains contribuables.**

A. ☐ Vrai
B. ☐ Faux

5. **Au niveau international l'administration fiscale peut échanger des renseignements avec les seuls pays de l'Union Européenne.**

A. ☐ Vrai
B. ☐ Faux

6. **Le droit d'enquête a pour objet la constatation des manquements ou de l'absence de manquement aux règles de facturation auxquelles sont soumis les assujettis à la TVA.**

A. ☐ Vrai
B. ☐ Faux

7. **L'administration doit obligatoirement avoir l'accord du juge des libertés et de la détention pour intervenir dans les locaux du contribuable dans le cadre du droit de visite et de saisie prévu à l'article L. 16 B du Livre des procédures Fiscales.**

A. ☐ Vrai
B. ☐ Faux

8. **La vérification de comptabilité doit être réalisée uniquement dans les locaux du contribuable.**

A. ☐ Vrai
B. ☐ Faux

9. Dans le cadre d'une vérification de comptabilité l'administration peut limiter à ne contrôler qu'un impôt.

A. ☐ Vrai
B. ☐ Faux

10. L'examen de comptabilité ne concerne que les entreprises qui tiennent leur comptabilité sous forme informatisée.

A. ☐ Vrai
B. ☐ Faux

11. La durée des interventions sur place est toujours limitée à 3 mois à compter de la date de la première intervention.

A. ☐ Vrai
B. ☐ Faux

12. En cas de contestation du contribuable à la proposition de rectification suite à contrôle, l'administration est tenue de lui répondre et l'informer de la suite donnée aux rectification initialement envisagées.

A. ☐ Vrai
B. ☐ Faux

13. En cas d'acceptation à une proposition de rectification le contribuable n'a plus la possibilité de contester l'imposition mis à sa charge.

A. ☐ Vrai
B. ☐ Faux

14. La déduction en cascade permet d'annuler les rappels de TVA sur le montant du résultat déclaré à l'impôt sur le revenu ou l'impôt sur les sociétés.

A. ☐ Vrai
B. ☐ Faux

15. Les intérêts de retard ne s'appliquent que si le contribuable est de bonne foi.

A. ☐ Vrai
B. ☐ Faux

EXO 29.02

La société MADDIE-MARLON, soumise de plein droit à l'impôt sur les sociétés au taux normal, a fait l'objet d'un contrôle fiscal en avril N sur la période du 01/04/N-4 au 31/03/N-1. Les rectifications suivantes ont été effectuées :

	N-4/N-3	N-3/N-2	N-2/N-1
En matière d'impôt sur les sociétés			
Immobilisation comptabilisée à tort en frais généraux	4 000 €		
Charge non déductible du résultat fiscal	12 500 €	6 800 €	800 €
Amende non déductible du résultat fiscal		2 200 €	
En matière de TVA			
TVA non déductible sur produits pétroliers	550 €	620 €	810 €
TVA non déductible sur location de véhicule de tourisme	340 €	380 €	1 350 €
TVA non déductible sur cadeaux	210 €		440 €

La société avait déclaré avant contrôle un résultat fiscal de :
- 42 500 € au titre de l'exercice N-4/N-3 ;
- 24 800 € au titre de l'exercice N-3/N-2 ;
- 32 100 € au titre de l'exercice N-2/N-1.

En supposant que la société accepte les rectifications relevées par l'administration fiscale, calculez le montant des impositions supplémentaires pour ces années vérifiées dans les deux hypothèses suivantes :
- **la société MADDIE-MARLON ne renonce pas au bénéfice de la cascade ;**
- **la société MADDIE-MARLON renonce expressément au bénéfice de la cascade.**

Index

A

B

C

INDEX

D

E

F

G

H

I

J

L

M

N

O

P

Q

R

S

T

V

Y

Table des matières

TDM

PARTIE 6 : LES IMPÔTS LOCAUX ET LES TAXES ASSISES SUR LES SALAIRES

PARTIE 7 : CONTRÔLE FISCAL ET CONTENTIEUX

PAPIER CERTIFIÉ

FOUCHER s'engage pour l'environnement en réduisant l'empreinte carbone de ses livres. Celle de cet exemplaire est de :
2.3 kg éq. CO_2
Rendez-vous sur www.editions-foucher-durable.fr

Achevé d'imprimer en France par Pollina - 47487
Dépôt légal 16970-02/01 - Août 2023
Conception graphique : Sylvie Vaillant
Composition Maury

01-MV-CK/JV